AF750607

La Convention pour la sauvegarde du patrimoine culturel immatériel

© L'Harmattan, 2013
5-7, rue de l'Ecole polytechnique, 75005 Paris

http://www.librairieharmattan.com
diffusion.harmattan@wanadoo.fr
harmattan1@wanadoo.fr

ISBN : 978-2-336-00470-9
EAN : 9782336004709

WANG Li

La Convention pour la sauvegarde du patrimoine culturel immatériel

Son application en droits français et chinois

Préface de JÉRÔME FROMAGEAU

L'Harmattan

Collection Droit du patrimoine culturel et naturel

dirigée par Marie Cornu et Jérôme Fromageau

Cette collection initiée par le Centre de recherche « Droit du patrimoine culturel et naturel » a pour but de développer et enrichir la réflexion sur les objets et modes de protection dans le domaine du patrimoine culturel et naturel. Les questions que soulèvent la conservation, la circulation, la valorisation du patrimoine sollicitent, en effet, ces deux disciplines. Le contexte d'un monument historique, son environnement, le paysage dans lequel il s'inscrit sont souvent essentiels à sa mise en valeur. Le droit de la culture et le droit de l'environnement développent cependant des concepts propres. Ils ne sont pas toujours en accord sur les méthodes et les moyens de protection, d'où l'intérêt de la confrontation et de la comparaison des ressources tirées de ces deux dispositifs.

C'est pourquoi la réflexion doit se renouveler sur les concepts fondamentaux du patrimoine, sur la délimitation des éléments qui méritent protection. Dans la compréhension des différents mécanismes et l'ouverture vers de nouveaux modèles, le droit comparé est essentiel, ainsi que le droit international.

Déjà parus

MARIE CORNU, JÉRÔME FROMAGEAU, JEAN-FRANÇOIS POLI, ANNE-CHRISTINE TAYLOR (sous la direction de), *L'inaliénabilité des collections, performances et limites ?*, 2012.

ARMELLE VERJAT, *Préservation et mise en valeur des monuments historiques privés : la fiscalité de l'impôt sur le revenu*, 2011.

LINE TOUZEAU, *La protection du patrimoine architectural contemporain. Recherche sur l'intérêt public et la propriété en droit de la culture*, 2011.

FRANÇOISE BENHAMOU, MARIE CORNU (sous la direction de), *Le patrimoine culturel au risque de l'immatériel. Enjeux juridiques, culturels, économiques*, 2010.

MARIE CORNU, CATHERINE CUENCA, JÉRÔME FROMAGEAU (sous la direction de), *Les collections scientifiques, de l'outil de connaissance à l'objet de patrimoine. Aspects juridiques et pratiques professionnelles et institutionnelles*, 2010.

MARIE CORNU, JÉRÔME FROMAGEAU (sous la direction de), *Quel avenir pour les archives ? Enjeux juridiques et institutionnels*, 2010.

JEAN-PIERRE ALLINNE, RENAUD CARRIER (sous la direction de), *La culture au risque du marché. Le mécénat face à ses acteurs*, 2010.

CHRISTEL DE NOBLET, *Protection du patrimoine architectural aux États-Unis et au Royaume-Uni*, 2009.

ANTOINETTE MAGET, *Collectionnisme public et conscience patrimoniale. Les collections d'antiquités égyptiennes en Europe*, 2009.

MARIE CORNU, JÉRÔME FROMAGEAU (sous la direction de), *La revendication du patrimoine écrit. Questions juridiques et pratiques institutionnelles*, 2009.

CAROLINE RAINETTE, en collaboration et sous la direction scientifique de MARIE CORNU et CATHERINE WALLAERT, *Guide juridique sur le patrimoine scientifique et technique*, 2008.

LAURENCE MAYER-ROBITAILLE, *Le statut juridique des biens et des services culturels dans les accords commerciaux internationaux*, 2008.

MARIE BONNIN, *Les corridors écologiques. Vers un troisième temps du droit de la conservation de la nature*, 2008.

DIRECTION DES ARCHIVES DE FRANCE, CENTRE DE RECHERCHE SUR LE DROIT DU PATRIMOINE CULTUREL (sous la direction de), *Archives et sciences sociales. Aspects juridiques et coopérations scientifiques*, 2006.

NÉBILA MEZGHANI, JEAN-FRANÇOIS POLI (sous la direction de), *Droit et protection du patrimoine culturel dans les pays méditerranéens*, 2006.

BRIGITTE BASDEVANT, MARIE CORNU, JÉRÔME FROMAGEAU (sous la direction de), *Le patrimoine culturel religieux. Enjeux juridiques et pratiques cultuelles*, 2006.

MARIE CORNU, NÉBILA MEZGHANI (sous la direction de), *Intérêt culturel et mondialisation*, 2 tomes, 2004.

MARIE CORNU, JÉRÔME FROMAGEAU (sous la direction de), *La forêt à l'aube du XXIe siècle. Aspects politiques et juridiques*, 2 tomes, 2004.

PIERRE-LAURENT FRIER (sous la direction de), *Le nouveau droit de l'archéologie préventive*, 2004.

CRIDEAU-CNRS, Limoges (sous la direction de), *Les monuments historiques : un nouvel enjeu ?*, 2 tomes, 2004.

MARIE CORNU, JÉRÔME FROMAGEAU (sous la direction de), *Archives et Patrimoine*, 2 tomes, 2004.

MARIE CORNU, MARIE-AGNÈS FÉRAULT, JÉRÔME FROMAGEAU (sous la direction de), *Patrimoine architectural, urbain et paysager : enjeux juridiques et dynamiques territoriales*, 2003.

MARIE CORNU, JÉRÔME FROMAGEAU (sous la direction de), *Archives et Recherche*, 2003.

ANNIE HÉRITIER, *La genèse de la notion juridique de patrimoine artistique*, 2003.

MARIE CORNU, JÉRÔME FROMAGEAU (sous la direction de), *Le patrimoine culturel et la mer*, 2 tomes, 2002.

MARIE CORNU, JÉRÔME FROMAGEAU (sous la direction de), *Genèse du droit de l'environnement*, 2 tomes, 2001.

MARIE CORNU, JÉRÔME FROMAGEAU (sous la direction de), *Fondation et trust dans la protection du patrimoine*, 1999.

Mise en page et maquette : Marie-Laure Berthe, CNRS-CECOJI

Sommaire

Préface

Jérôme Fromageau
Doyen de la Faculté de Droit-Économie-Gestion de l'Université Paris-Sud

L'ouvrage qui est ici proposé à la lecture fera date. Il s'agit d'un très beau et impressionnant travail dans lequel son auteur, Wang Li, confirme ses qualités de chercheur déjà remarquées à l'occasion d'études antérieurement menées au sein de l'équipe du CECOJI [1]. La richesse des analyses et l'approche ouverte de ce sujet, fort complexe, intégrant une perspective comparatiste et historique, rendent cet ouvrage incontournable pour ceux qui souhaitent mieux comprendre les obstacles à la mise en œuvre de la Convention pour la sauvegarde du patrimoine culturel immatériel de 2003.

Après avoir obtenu une maitrise de droit à l'Université normale supérieure de Hunan, et brillamment réussi un master de droit du patrimoine culturel à l'Université Paris-Sud, Madame Wang Li a réalisé sa recherche doctorale au sein du CECOJI dirigé par Marie Cornu. Elle a su y donner une impulsion nouvelle, en participant, comme spécialiste du droit chinois, à l'élaboration d'un rapport sur la « Protection de la propriété culturelle et circulation des biens culturels – Étude de droit comparé Europe/Asie » pour le compte du ministère de la Justice français.

En choisissant son sujet de thèse né de réflexions suivies dans le cadre des séminaires organisés au sein du CECOJI et des conférences au musée du quai Branly, elle s'est fixé un objectif bien déterminé : mener à bien une étude de droit comparé sur la protection du patrimoine culturel immatériel à partir de l'exemple de la Chine et de la France.

Soutenue à la Faculté Jean Monnet le 14 juin 2010, cette thèse a été appréciée par un jury particulièrement exigeant composé de : Françoise Sabban, directrice d'études à l'École des hautes études en sciences sociales ; Marie Cornu, directrice de recherche au Centre national de la recherche scientifique ; Manlio Frigo, professeur à l'Université d'État de Milan ; Qin Tiaobao, professeur à l'Université de Wuhan et de moi-même.

On lira bien sûr avec grand intérêt les développements consacrés à l'évolution de la perception du patrimoine en Chine, l'immatériel occupant une place essentielle dans la tradition culturelle chinoise. Mais au-delà de

---

[1] Centre d'études sur la coopération juridique internationale.

cette approche qui recadre bien le sujet du point de vue historique, il s'agit d'un sujet passionnant dont l'étude est remarquablement bien menée avec un grand discernement et beaucoup d'intelligence qui mettent en évidence les points communs et les divergences entre la Chine et la France, alors même que la disproportion géographique et numérique de la France et de la Chine ont condamné, *a priori*, d'emblée la comparaison. Pour autant, cet écueil a été surmonté sans difficulté aucune. Madame Wang Li montre bien comment les deux pays se sont maintenant approprié la notion de patrimoine culturel immatériel, même s'il est vrai que la Chine a été beaucoup plus réactive en agissant très rapidement après la ratification de la Convention de l'Unesco adoptée en 2003 et en étudiant comment chacun des deux pays en a fait une affaire d'État ce qui, bien sûr, justifie alors une telle comparaison.

L'auteur se pose la question de savoir en quoi la propriété, en apparence « levier puissant » pour la protection du patrimoine, serait une technique pertinente pour mieux sauvegarder les éléments du patrimoine immatériel. Question essentielle quand il s'agit d'envisager précisément la protection de cette nouvelle forme de patrimoine dont la double nature culturelle et économique rend particulièrement délicate la question de la propriété intellectuelle bien peu adaptée ici. À cet égard, la Convention de 2003 nous oblige à reconsidérer cette question de la propriété intellectuelle car il s'agit alors de préserver l'ensemble du patrimoine immatériel bien au-delà des intérêts commerciaux. Madame Wang Li souligne d'ailleurs l'incompatibilité du concept du patrimoine immatériel avec la théorie des biens immatériels en droit privé notamment sous l'angle de la qualification de l'œuvre de l'esprit, incompatibilité d'autant plus évidente que la détermination des titulaires des droits sur les éléments du patrimoine immatériel au sens de la Convention de 2003 est particulièrement délicate.

Le lecteur appréciera tout particulièrement les développements consacrés à la caractérisation de l'immatériel en droit en mettant en évidence la nécessité de saisir ce patrimoine immatériel. Approche d'autant plus complexe que la notion de patrimoine culturel immatériel relève du temps de la continuité, ce que confirment de manière magistrale les longs développements consacrés à la patrimonialisation controversée de la médecine traditionnelle « connaissance de l'univers ». Cette dernière est certes sauvegardée, mais elle est en même temps dénaturée, reconsidérée, ce qui se traduit, d'une part, par de nombreuses initiatives en matière d'enseignement, et, d'autre part, par la revalorisation de méthodes traditionnelles de production en pharmacologie tout particulièrement.

On ne peut que louer ici avec quelle aisance Madame Wang Li émet des hypothèses et de judicieuses interprétations, de manière très didactique tout en s'appuyant sur un impressionnant travail de documentation et de traduction. L'auteur conclut finalement à l'interdépendance entre les aspects matériels et immatériels du patrimoine culturel qui, comme l'affirme la déclaration de Yamato, sont deux éléments interdépendants formant de fait un ensemble intégral.

Plus encore, au-delà de la démarche juridique, ce travail invite à une véritable réflexion philosophique sur l'opposition quelque peu artificielle entre le matériel et l'immatériel.

Liste des abréviations

Accord ADPIC	Accord sur les aspects des droits de propriété intellectuelle qui touchent au commerce
AFDI	*Annuaire français de droit international*
AJDA	*Actualité juridique - Droit administratif*
APN	Assemblée populaire nationale (Chine)
BNMPC	Bureau national de la médecine et de la pharmacologie chinoises 中医药管理局
BNPC	Bureau national du patrimoine culturel (Chine) 国家文物局
Bull. civ.	*Bulletin des arrêts des chambres civiles de la Cour de cassation*
Bull. crim.	*Bulletin des arrêts de la chambre criminelle de la Cour de cassation*
CA	Cour d'appel
Cass.	Cour de cassation
Cass. civ.	Cour de cassation, chambre civile
Cass. com.	Cour de cassation, chambre commerciale
CDB	Convention sur la diversité biologique
CE	Conseil d'État
chron.	chronique
coll.	collection
Comité GRTKF	Comité intergouvernemental de la propriété intellectuelle relative aux ressources génétiques, aux savoirs traditionnels et au folklore (OMPI)
comm.	commentaires
Convention EDH	Convention de sauvegarde des droits de l'homme et des libertés fondamentales
Cour EDH	Cour européenne des droits de l'homme
CPI	Code de la propriété intellectuelle
D.	*Recueil Dalloz*
dir.	sous la direction de
Drac	Direction régionale des affaires culturelles
éd.	édition
fasc.	fascicule
Gaz. Pal.	*Gazette du Palais*
Icom	Conseil international des musées
Icomos	Conseil international des monuments et des sites

JCL	*Juris-Classeur*
JCP	*La Semaine juridique (Juris-Classeurs périodiques)*
JCP éd. A	*La Semaine juridique édition administration et collectivités territoriales*
JCP éd. G	*La Semaine juridique édition générale*
JORF	*Journal officiel de la République française*
MTC	médecine traditionnelle chinoise
obs.	observations
OMPI/ WIPO	Organisation mondiale de la propriété intellectuelle
OMS	Organisation mondiale de la santé
Rec. Lebon	*Recueil des décisions du Conseil d'État*
R.P.C.	République populaire de Chine
Rép. civ. D.	*Répertoire de droit civil Dalloz*
Rép. Not. Defrénois	*Répertoire du notariat Defrénois*
RFDA	*Revue française de droit administratif*
RFDC	*Revue française de droit constitutionnel*
RIDA	*Revue internationale du droit d'auteur*
RIDC	*Revue internationale de droit comparé*
RTD Civ.	*Revue trimestrielle de droit civil*
RTD Com.	*Revue trimestrielle de droit commercial*
SFDA	State Food and Drug Administration (Chine) 国家食品药品监督管理局
Sté.	société
TGI	Tribunal de grande instance
Unesco	Organisation des Nations unies pour l'éducation, la science et la culture
CNRS	Centre national pour la recherche scientifique
OMC	Organisation mondiale du commerce
ONU	Organisation des Nations unies
Vocabulaire Cornu	Gérard Cornu, *Vocabulaire juridique*, Association Henri Capitant, 2007.

Introduction générale

1. En février 2008, un projet annoncé par le président de la République française soulève une vague médiatique importante : la France souhaite déposer sa candidature auprès de l'Organisation des Nations unies pour l'éducation, la science et la culture[2] pour l'inscription de la gastronomie française sur la Liste représentative du patrimoine culturel immatériel de l'humanité instaurée et gérée par l'organisation[3]. Cette couverture médiatique d'un thème aussi populaire en France, interpelle comme jamais auparavant le grand public sur la question du patrimoine culturel immatériel. En effet, l'objet considéré comme patrimonial n'est, contrairement à ce que suggère habituellement l'expression « patrimoine culturel », ni un monument, ni un objet antique ou artistique, mais une tradition socioculturelle. Cette dernière peut-elle être un objet du patrimoine culturel ?

2. La question se pose, d'abord, de savoir ce qu'est le patrimoine culturel immatériel, et quels sont les liens et les différences de cette notion avec celle de « patrimoine culturel ». Pour répondre à ces questions, la définition que donne la *Convention pour la sauvegarde du patrimoine culturel immatériel*, qui établit ladite liste représentative du patrimoine culturel immatériel de l'humanité, apporte les premiers éléments de réponse.

---

[2] Désormais « Unesco ».

[3] *V.* par exemple : Alexandra Michot, « La cuisine, c'est de la culture », *Le Figaro*, n° 19783, samedi 8 mars 2008, p. 38. – Julia Csergo, « Patrimoine et pot-au-feu », *Libération*, n° 8532, vendredi 10 octobre 2008, p. QUO25. M. Nicolas Sarkozy a annoncé le projet lors de l'inauguration du Salon de l'agriculture le samedi 23 février 2008. « La gastronomie française au patrimoine de l'humanité ? », J.B. (*lefigaro.fr*) avec *AFP*, 23 février 2008. Finalement, l'élément est inscrit à la liste de l'Unesco en juin 2010 au titre du « repas gastronomique des Français » et non pas « la gastronomie française ». *V.* document d'inscription sur le site officiel de l'Unesco : [http://www.unesco.org/culture/ich/index.php?pg=00011].

« *Article 2 : Définitions*

Aux fins de la présente Convention, on entend par "patrimoine culturel immatériel" les pratiques, représentations, expressions, connaissances et savoir-faire – ainsi que les instruments, objets, artefacts et espaces culturels qui leur sont associés – que les communautés, les groupes et, le cas échéant, les individus reconnaissent comme faisant partie de leur patrimoine culturel. Ce patrimoine culturel immatériel, transmis de génération en génération, est recréé en permanence par les communautés et groupes en fonction de leur milieu, de leur interaction avec la nature et de leur histoire, et leur procure un sentiment d'identité et de continuité, contribuant ainsi à promouvoir le respect de la diversité culturelle et la créativité humaine. Aux fins de la présente Convention, seul sera pris en considération le patrimoine culturel immatériel conforme aux instruments internationaux existants relatifs aux droits de l'homme, ainsi qu'à l'exigence du respect mutuel entre communautés, groupes et individus, et d'un développement durable. »

En effet, c'est cette définition du patrimoine culturel immatériel que nous allons approfondir tout au long de notre étude ; de même, la mise en œuvre de la protection proposée par cette convention, fondée sur la définition de son article 2, nous intéresse naturellement. Cela sera réalisé sous deux angles : l'analyse de l'application de la convention d'une part, et la comparaison entre les systèmes français et chinois d'autre part.

Nous exposons ci-après l'objet de la recherche (I) et la méthode de la recherche retenue (II).

I – L'objet de la recherche

1) Présentation du sujet

3. Les revendications pour la reconnaissance et la protection du patrimoine culturel immatériel se multiplient depuis plus d'un demi-siècle, d'abord sous la dénomination de « folklore ». Ces revendications ont pour contexte historique les vagues d'émancipation des anciens pays colonisés d'Asie, d'Afrique et d'Amérique du Sud (processus d'indépendance, mouvements de lutte contre le néo-colonialisme, ...), parallèlement à la mondialisation économique et culturelle. L'impact très important de cette dernière est le plus souvent perçu comme une menace pour la survie et la pratique des cultures traditionnelles et populaires[4].

[4] Par exemple : Javier Pérez de Cuellar (dir.), *Notre diversité créatrice*, éd. Unesco, Paris, 1996. – Mike Featherstone (dir.), *Global culture: nationalism, globalization and modernity*, Sage, London, 1992. – Jonathan Friedman, *Cultural identity and global process*, Sage, London, 1994. – Gérard Leclerc, *La mondialisation culturelle : les civilisations à l'épreuve*, PUF, 2000.

En même temps que l'exportation de la culture occidentale dans les autres parties du monde, une sorte de « rétroaction » se produit sur l'Occident : c'est le mouvement du *New-Age* qui émerge au début des années 1960, se poursuivant particulièrement suite aux mouvements contestataires vers la fin de la décennie, et orienté vers une « nouvelle spiritualité » au début des années 1980[5]. Le monde connaît un changement inouï : lorsque certains font encore le culte du modernisme et de l'industrialisme, d'autres revendiquent le « retour à l'innocence »[6].

4. Cette situation conduit à repenser, dès les années 1970, la place de la culture traditionnelle et populaire dans la société contemporaine en tant qu'ensemble. La démarche coïncide avec la diffusion de la pensée lévi-straussienne dans l'ensemble des sciences sociales. La patrimonialisation de la culture traditionnelle et populaire devient nécessaire. Par conséquent, on est amené à élargir la perception du patrimoine culturel pour tenir compte d'une conception anthropologique plus large de la culture.

En 1982, la conférence mondiale sur les politiques culturelles de Mexico a formulé une définition de la « culture » qui mettait en lumière la place de la culture traditionnelle et populaire : « (…) dans son sens le plus large, la culture peut aujourd'hui être considérée comme l'ensemble des traits distinctifs, spirituels et matériels, intellectuels et affectifs, qui caractérisent une société ou un groupe social. Elle englobe, outre les arts et les lettres, les modes de vie, les droits fondamentaux de l'être humain, les systèmes de valeurs, les traditions et les croyances »[7].

Par ailleurs, l'Unesco, critiquée pour avoir agi selon des valeurs uniquement occidentales avec une vision « euro-centrique » dans la mise en œuvre de la *Convention concernant la protection du patrimoine mondial, culturel et naturel* adoptée en 1972[8], est amenée à introduire un certain nombre de nuances

[5] Marie-Jeanne Ferreux, *Le New-Age : ritualités et mythologies contemporaines*, L'Harmattan, Paris, 2001. – Michel Lacroix, *L'idéologie du New age*, Flammarion, Paris, 1996.

[6] *Return to innocence*, le titre du groupe *Enigma* sorti en 1993, a connu un succès international important avant de servir de thème musical officiel aux Jeux olympiques d'Atlanta, en 1996. Le thème musical de cette chanson est basé sur un chant traditionnel taïwanais. *V. infra* n° 244.

[7] *Déclaration de Mexico sur les politiques culturelles*, 6 août 1982, déclaration finale de la Conférence mondiale sur les politiques culturelles dite « mondiacult », Mexico, 26 juillet-6 août 1982.

[8] La convention est adoptée le 16 novembre 1972 à la 17ème Assemblée générale de l'Unesco à Paris. Elle compte à ce jour 186 États parties (parmi les 192 États membres de l'Organisation des Nations unies). Désormais la Convention de 1972. Malgré un certain nombre de critiques, cette convention est souvent considérée comme l'un des instruments internationaux les plus efficaces en matière de la culture. *V.* Dominique Audrerie, Raphaël

dans les orientations de ses travaux afin de prendre en compte cette nouvelle définition de la culture[9].

5. Ces questions relatives à la culture traditionnelle et populaire entraînent, dès les années 1950, des discussions passionnées, mais qui emploient une terminologie mouvante ; les réponses apportées dans les différentes régions du monde se différencient énormément, plusieurs orientations sont dégagées. L'une de ces orientations, qui aborde la question sous l'angle de la protection du patrimoine culturel, a abouti le 17 octobre 2003 à un premier instrument normatif international sur la question, la *Convention pour la sauvegarde du patrimoine culturel immatériel*, adoptée lors de la 32ème session de la Conférence générale de l'Unesco[10].

6. Compte tenu de son contexte d'élaboration, l'intérêt que représente le patrimoine culturel immatériel, tel qu'il est défini dans l'article 2 de la Convention de 2003, est donc l'intérêt de la diversité culturelle, plus précisément la diversité des valeurs que représentent les différentes communautés, manifestées par un « sentiment d'identité ». Cette définition opère une rupture avec la notion traditionnelle de patrimoine culturel qui repose sur les valeurs historique, artistique, esthétique et scientifique des éléments considérés[11].

Or, dans cet article 2 qui recouvre un champ extrêmement large, aucune valeur et aucun critère d'évaluation ne sont prédéfinis ; la notion devient entièrement dynamique mais aussi mouvante, car elle se définit selon la vision de chaque culture, c'est-à-dire selon ce que la communauté considère com-

---

Souchier & Luc Vilar, *Le patrimoine mondial*, PUF, Que sais-je ?, 1998. – Sélection bibliographique sur cette convention à l'occasion de son 30ème anniversaire en 2002, par le centre de documentation Unesco-Icomos (Conseil international des monuments et des sites), sur le site Web de l'Icomos :
[http://www.international.icomos.org/centre_documentation/convention_bibliography.pdf].

9 *V. infra*, n° 64 *sqq.*

10 Désormais « Convention de 2003 ».

11 « Valeurs » ou « intérêts » historique, artistique, esthétique et scientifique, tels sont les critères retenus par la Convention de 1972 dans ses articles 1er et 2, et également les critères retenus par le Code du patrimoine français dans son article 1er [ce code est instauré par l'ordonnance n° 2004-178 du 20 février 2004 relative à la partie législative du code du patrimoine et a notamment été modifié par l'ordonnance n° 2005-1128 du 8 septembre 2005 réformant le régime des monuments historiques ; par la loi n° 2006-961 du 1er août 2006 relative au droit d'auteur et aux droits voisins dans la société de l'information (en ce qui concerne le dépôt légal), et par la loi n° 2008-696 du 15 juillet 2008 relative aux archives], ainsi que la *Loi de la République populaire de Chine sur la protection du patrimoine culturel* dans son article 2 [中华人民共和国文物保护法, promulguée par la 25ème session du Comité permanent de la Vème législature de l'Assemblée populaire nationale (désormais l'APN) le 19 novembre 1982, amendée le 29 juin 1991, révisée le 28 octobre 2002, amendée le 29 décembre 2007].

me correspondant à son identité culturelle. Ainsi, la question de son appréciation se pose inévitablement. De surcroît, se posent les questions de savoir comment cette notion sera mise en œuvre dans les différents contextes culturels où l'appréciation de la notion sera nécessairement diverse. Enfin, il importe de savoir si l'on peut protéger ce patrimoine culturel immatériel avec les méthodes juridiques existantes.

7. Dans la présente étude, nous nous efforcerons d'apporter quelques réponses à ces interrogations à travers une analyse comparative du droit français et du droit chinois. En effet, la tradition culturelle chinoise attache une importance particulière à l'immatériel, alors que la vision française du patrimoine culturel repose avant tout sur l'aspect monumental. L'acceptation de la notion de patrimoine culturel immatériel dans les deux systèmes juridiques, et plus largement socioculturels, sera très différente ; les choix et appréhensions des deux pays apporteront des éléments intéressants.

2) Intérêts du sujet

8. La consécration de la notion de patrimoine culturel immatériel étant relativement récente, peu d'études juridiques, à l'heure actuelle, lui sont consacrées. Les quelques rares études existantes concernent notamment l'aspect du régime de la protection mais rarement l'origine et les raisons d'être de cette notion. Le premier objectif de notre étude est donc de retracer l'histoire de la Convention de 2003, les travaux qui la précèdent ainsi que les tensions et enjeux qui y sont liés, et de proposer une vision synthétique de la notion de patrimoine culturel immatériel depuis son émergence[12].

Dans un deuxième temps, la mise en œuvre réelle de cette notion ainsi que de la protection fondée sur cette notion, également peu étudiée en droit, mérite d'être examinée. En ce sens, la confrontation des solutions proposées par le droit français et le droit chinois semble intéressante.

En effet, la Chine a commencé, comme certains autres pays asiatiques, à procéder à la patrimonialisation des éléments immatériels dès les années 1950. Ce pays, qui s'estime particulièrement riche en patrimoine culturel immatériel, compte parmi les États qui se montrent les plus réceptifs à la Convention de 2003 et actifs dans sa mise en œuvre. En France, en revanche, comme dans un grand nombre de pays européens, la notion de patri-

---

[12] Cela explique l'étude des archives dans la première section consacrée à la genèse de la notion.

moine culturel immatériel ne semble pas correspondre, au premier abord, au contexte socioculturel et politique[13], et la tradition juridique comme sociale française n'a pas l'habitude de traiter la question des éléments culturels immatériels en tant que tels. La mise en œuvre de la protection du patrimoine culturel immatériel s'attache ainsi à l'innovation et à l'emprunt, mais aussi à l'adaptation du système existant pour la protection du patrimoine culturel physique.

Néanmoins, un point commun aux deux systèmes doit être relevé : c'est l'idéal politique commun de l'État-Nation. Ce dernier fait que la notion de patrimoine culturel immatériel est traitée avec une vision similaire, notamment en ce qui concerne l'acceptation de la notion de « communauté » qui est centrale dans l'appréhension de la notion de patrimoine culturel immatériel[14].

Par conséquent, les deux modèles de protection du patrimoine culturel immatériel se développent de manière très différente, tout en ayant un élément qui les associe. Il sera ainsi enrichissant pour les deux pays de connaître comment la notion est prise en compte par l'autre. Il est aussi particulièrement intéressant d'observer comment la notion peut se traduire sur le terrain juridique en France, car il s'agit d'une question que la tradition juridique française n'a pas l'habitude de traiter.

3) Les principes d'application des traités internationaux en France et en Chine

9. Pour étudier l'état de mise en œuvre de la Convention de 2003 en droits français et chinois, il importe d'aborder préalablement les principes d'application d'un traité international en droit interne dans les deux systèmes.

---

[13] En France, la notion de « patrimoine culturel » s'attache traditionnellement à l'aspect monumental. *V.* par exemple : Jean-Pierre Babelon & André Chastel, *La notion de patrimoine*, coll. Opinion art, éd. L. Levi, Paris, 2008. – Audrerie Dominique, *La notion et la protection du patrimoine*, PUF, Que sais-je ?, 1997. – Melot Michel, « Le monument à l'épreuve du patrimoine », *Les Cahiers de médiologie*, n° 7, 1999, p. 9. – Annie Héritier, *Genèse de la notion juridique du patrimoine culturel (1750-1816)*, L'Harmattan, coll. Droit du patrimoine culturel et naturel, 2003. – Botlan Marc, « Le passage de la notion de monument historique à celle de patrimoine, du patrimoine ancien au plus contemporain », in. Rousso Henry (dir.), *Le regard de l'histoire, L'émergence et l'évolution de la notion de patrimoine au cours du XXe siècle en France*, Actes des Entretiens du Patrimoine, Fayard, éd. du Patrimoine, Monum, 2003, p. 163 *sqq*.

[14] Sur la question de la communauté, *V.* le développement suivant, dans la présentation de la problématique et dans le chapitre « La création d'une qualification spécifique de patrimoine culturel immatériel ».

Cette application pose la question du rapport hiérarchique entre la convention et les autres normes. Deux positions théoriques existent sur cette question : l'une dualiste, l'autre moniste. Le dualisme s'attache à une conception volontariste[15] de juxtaposition entre ordre international et ordres internes qui constituent deux systèmes juridiques autonomes et égaux, de telle sorte que les règles de chacun d'eux dépendent de conditions de validité spécifiques et s'appliquent à des sujets comme à des situations juridiques différents[16]. Pour le monisme, les droits internes et international ne forment, théoriquement, qu'un seul corps de règles et sont donc conjointement applicables par les mêmes organes aux mêmes sujets[17]. Toutefois, dans la réalité, des conflits existent entre l'ordre international et les ordres internes. Dans ce cas, ces règles sont soumises au principe de subordination, la primauté étant accordée au droit international (« monisme à primauté du droit international ») ou au droit interne (« monisme à primauté du droit interne »)[18].

Si l'alternative théorique semble être claire, les orientations positives sont plus complexes, en particulier en droit chinois.

a) Le rapport hiérarchique entre le droit interne et les traités internationaux

10. Le rapport hiérarchique entre les traités internationaux et le droit interne n'est pas réglé de la même manière en droit français et en droit chinois. La Constitution française semble adopter une claire option moniste[19], alors qu'en droit chinois, aucun texte de l'ordre organique ne permet de répondre à cette question.

La Constitution française du 4 octobre 1958 prévoit en son article 55 que « les traités ou accords régulièrement ratifiés ou approuvés ont, dès leur publication, une autorité supérieure à celle des lois, sous réserve, pour chaque accord ou traité, de son application par l'autre partie ». Néanmoins, son article 54 prévoit une condition pour la ratification : si le Conseil constitutionnel, suite à une saisine, « a déclaré qu'un engagement international comporte une clause contraire à la Constitution, l'autorisation de ratifier ou

---

[15] David Ruzié, *Droit international public*, Dalloz, Paris, 2008, p. 11.

[16] Jean Combacau & Serge Sur, *Droit international public*, Montchrestien, Paris, 2008, p. 183. – Pierre-Marie Dupuis, *Droit international public*, Précis Dalloz, Paris, 2008, n° 416.

[17] Combacau & Sur, *ibid*, p. 183.

[18] *Ibid*, p. 183. – D. Ruzié, *Droit international public*, p. 11.

[19] P.-M. Dupuis, *Droit international public*, *op. cit.*, n° 423.

d'approuver l'engagement international en cause ne peut intervenir qu'après la révision de la Constitution »[20].

Le droit français affirme ainsi la suprématie des traités internationaux sur la loi sous trois conditions : ratification (ou approbation), publication et enfin réciprocité, c'est-à-dire l'application par l'autre partie[21]. Quant à l'effet des traités internationaux par rapport à la Constitution, cette dernière reste équivoque. Selon l'article 54, un contrôle de constitutionnalité peut intervenir avant l'engagement définitif de l'État dans l'ordre international : cela vise à éviter les situations fort difficiles qui résulteraient d'une contradiction substantielle entre le contenu du traité et la Constitution[22]. Dans cette hypothèse, il semble plus adéquat de parler de la compatibilité entre le traité et la Constitution, plutôt que de la primauté de l'un ou de l'autre[23].

Lorsqu'un traité n'a pas fait l'objet d'une saisine du Conseil constitutionnel sur la base de l'article 54, ou lorsque des dispositions de nature organique sont élaborées après le contrôle de constitutionnalité d'un traité interna-

---

[20] Ainsi, saisi dans le cadre de l'article 54, le Conseil constitutionnel a considéré à plusieurs reprises que les dispositions de certains traités ou accords étaient contraires à la Constitution et des révisions constitutionnelles ont été nécessaires pour permettre leur ratification : en 1992 pour le traité de Maastricht (décision n° 92-308 DC du 9 avril 1992 ; loi n° 92-554 du 25 juin 1992 constitutionnelle ajoutant à la Constitution un titre « Des Communautés européennes et de l'Union européenne » ; décision n° 92-312 DC du 2 septembre 1992), en 1999 pour le traité d'Amsterdam (décision n° 97-394 DC du 31 décembre 1997 ; loi constitutionnelle n° 99-49 du 25 janvier 1999 ; ratification du traité d'Amsterdam par la loi n° 99-229 du 23 mars 1999), ou encore plus récemment en février 2008 pour la ratification du traité de Lisbonne (loi constitutionnelle n° 2008-103 du 4 février 2008 modifiant le titre XV de la Constitution ; loi n° 2008-125 du 13 février 2008 autorisant la ratification du traité de Lisbonne modifiant le traité sur l'Union européenne, le traité instituant la Communauté européenne et certains actes connexes).

[21] D. Ruzié, *Droit international public*, *op. cit.*, p. 13. Les professeurs Jean Combacau et Serge Sur soulèvent également une quatrième condition d'« interprétation judiciaire » pour l'applicabilité des traités par rapport à la loi (Combacau & Sur, *op. cit.*, p. 197).

[22] P.-M. Dupuis, *Droit international public*, *op. cit.*, n° 425.

[23] Sur cette question, le professeur Ruzié parle d'une suprématie des traités internationaux sur la Constitution « matérielle mais non formelle », « puisque la révision constitutionnelle prend en compte la substance du traité jugé contraire à la Constitution » (D. Ruzié, *Droit international public*, *op. cit.*, p. 13). Néanmoins, ce contrôle de constitutionnalité implique que l'autorité constituante accepte volontairement de modifier la Constitution en sens du traité en question. L'essentiel de ce contrôle tient donc, nous semble-t-il, non pas à une conformité textuelle ou une régularité formelle (car peut être aménagée) mais avant tout par rapport aux valeurs fondamentales – parfois non écrites – de la Constitution. En ce sens, le cas de la Charte européenne des langues régionales ou minoritaires semble révélateur. Ainsi, lorsqu'un traité est considéré compatible avec la Constitution par le Conseil constitutionnel et est ratifié, il semble plus juste de dire, non pas que ce traité a un effet supérieur à la Constitution mais que ses dispositions sont jugées compatibles avec les valeurs fondamentales de la Constitution.

tional, le conflit est possible entre le traité et les normes constitutionnelles. Dans cette hypothèse, la suprématie de la Constitution sur le traité est reconnue d'abord implicitement par le Conseil d'État dans un arrêt en 1996[24]. Ce principe a ensuite été clairement affirmé par les deux hautes juridictions administrative et judiciaire[25]. La même position est également confirmée à l'égard du droit communautaire[26].

11. En droit chinois, en revanche, la situation est beaucoup plus confuse : si la primauté des traités internationaux ratifiés par la Chine sur la loi nationale est reconnue par un certain nombre de textes législatifs à portée particulière, aucun texte d'ordre organique n'explicite cette question, *a fortiori* s'agissant du rapport entre les traités internationaux et la Constitution.

La suprématie des traités internationaux sur la loi est affirmée par plusieurs textes législatifs : l'article 142-2 des *Principes généraux du droit civil*[27] énonce qu'en cas de conflit entre une convention internationale que la Chine a ratifiée et une loi d'ordre civil, c'est la convention internationale qui prévaut. Ce même principe est également posé par l'article 17 de la *Loi sur les marques*[28] et les articles 18, 29 et 63 de la *Loi sur les brevets*[29]. Par ailleurs,

---

[24] CE, 3 juillet 1996, n° 169219, Koné. La *RFDA* a consacré, dans son n° 5/1996, un dossier à l'affaire Koné : concl. Delarue, p. 870 ; Louis Favoreu, p. 882 ; Patrick Gaïa, p. 885 ; Henri Labayle, p. 891 ; Pierre Delvolvé, p. 908. *V.* également : Gilles Pellissier, « Le Conseil d'État pose un nouveau principe de valeur constitutionnelle », *Petites Affiches*, 20 décembre 1996, p. 19 – Gilles Guiheux, « L'impact de l'arrêt Koné sur la hiérarchie des normes », *Petites Affiches*, 27 décembre 1996, p. 12. – *D.*, 1996, p. 509, note F. Julien-Laferrière. – *AJDA*, 1996, p. 722, chron. D. Chauvaux et Th.-Xr Girardot.

[25] CE Ass., 30 octobre 1998, Sarran, Levacher *et al.*, *GAJA*, n° 113, Dalloz, 13e éd.. – *AJDA*, 1998, p. 962, chron. F. Raynaud, P. Fombeur. – *D.*, 2000, p. 152, note E. Aubin – *RTD civ*, 1999, p. 232, obs. N. Molfessis. – *RFDA*, 1998, p. 1081, concl. C. Maugüë et p. 1094, note D. Alland, 1999, p. 57, note L. Dubouis et p. 67, note B. Mathieu. Cass., Ass. plén., 2 juin 2000, Melle Fraisse, *D.* 2000, p. 865, note B. Mathieu et M. Verpeaux.– *RTD civ.* 2000, p. 672, obs. R. Libchaber. – *D.* 2001, p. 1636, chron. B. Beignier et S. Mouton. – *JCP* 2001, II.10453, note A.-C. de Foucauld.

[26] CE, 3 décembre 2001, Syndicat national des industries pharmaceutiques. – CE, 30 juillet 2003, Assoc. Avenir de la langue française.

[27] *Principes généraux du droit civil* 中华人民共和国民法通则, APN, 12 avril 1986. Il s'agit d'une loi générale du droit civil. Un Code civil est en préparation depuis les années 1990. Sur la codification du droit civil chinois, *V.* SHI Jiayou, *La codification du droit civil chinois au regard de l'expérience française*, LGDJ, Paris, 2006.

[28] *Loi de la R.P.C. sur les marques* 中华人民共和国商标法, Comité permanent de l'APN, promulguée août 1982, modifiée février 1993, octobre 2001.

[29] *Loi de la R.P.C. sur les brevets* 中华人民共和国专利法, Comité permanent de l'APN, promulguée mars 1984, modifiée septembre 1992, août 2000, décembre 2008.

l'article 142-3 des *Principes généraux du droit civil* admet également la primauté de la coutume internationale sur le droit interne.

Malgré ces stipulations spécifiques, en l'absence d'un principe général d'ordre organique, il est difficile d'affirmer catégoriquement la position du droit chinois, même s'il semble clair que le droit chinois n'appartient pas au système dualiste dans lequel les traités internationaux signés et ratifiés doivent être formellement repris par une loi interne.

12. Néanmoins, par l'analyse des dispositifs constitutionnels et législatifs sur la distribution des compétences institutionnelles, quelques pistes d'interprétation paraissent intéressantes.

En application des articles 62 et 64 de la Constitution de la R.P.C., la compétence de réviser la Constitution est attribuée à l'Assemblée populaire nationale (APN) ; une majorité absolue des deux tiers y est requise. Les articles 57 et 58 attribuent la compétence législative à l'APN ainsi qu'à son Comité permanent qui a pour vocation d'exercer certaines fonctions de l'Assemblée, dans l'intervalle séparant les sessions annuelles de cette dernière (qui durent généralement deux semaines)[30]. Il n'existe pas de mécanisme de contrôle de constitutionnalité ni d'organisme indépendant en charge de ce contrôle, le respect du domaine réservé de l'APN est assuré par cette dernière elle-même, ou plus exactement par son Comité permanent[31].

S'agissant des traités internationaux, en application de l'article 7 al. 3 de la *Loi sur la procédure de conclusion de traités internationaux*[32], lors de la signature d'un traité ou accord international « important »[33], le Conseil des affaires de

[30] Il s'agit d'un système monocaméral, mais le pouvoir législatif est d'une certaine mesure divisé ou partagé. L'APN a pour compétence de « réviser la Constitution, élaborer et modifier les lois civiles, pénales et institutionnelles de l'État ainsi que les autres lois fondamentales » (art. 62) ; le Comité permanent de l'APN, pour sa part, a la compétence d'« interpréter la Constitution et superviser le respect » de cette dernière ; d'« établir et modifier les lois autres que celles qui doivent être votées par l'APN » (art. 67). En vertu de l'article 88 de la *Loi de la R.P.C. sur les activités législatives* (中华人民共和国立法法, promulguée le 15 mars 2000. Sur le contexte de l'élaboration et le contenu de cette loi, *V.* Yves Dolais & Banggui Jin, « Le droit en Chine : vers une légalité formelle et effective », *Gaz. Pal.*, n° 196-199, 14-17 juillet 2004, p. 7-11), l'APN peut annuler une loi que le Comité permanent a promulguée ; le Comité permanent a la compétence d'annuler un règlement qui est incompatible avec la Constitution. Les membres du Comité permanent sont élus parmi les députés à l'APN. Plus de précisions sur cette question : Banggui JIN, « La répartition des compétences normatives nationales en France et en Chine », *RIDC*, n° 4, 2001, p. 945-964.

[31] Puisque celui-ci a la compétence d'« interpréter la Constitution et superviser le respect » de cette dernière. *V.* également Banggui JIN, *idem*, p. 950.

[32] 中华人民共和国缔结条约程序法, promulguée le 28 décembre 1990 par le Comité permanent de l'APN, ordonnance n° 37 du Président de la R.P.C.

[33] *V.* ci-après.

l'État (gouvernement central) présente une proposition de ratification au Comité permanent de l'APN afin d'obtenir son approbation, mais pour ce comité, seule une majorité absolue à plus de 50 % est requise[34]. Le Comité permanent, ayant la compétence d'interpréter la Constitution et de veiller au respect de cette dernière, lorsqu'il examine un traité international, son approbation semble présupposer logiquement la compatibilité du traité à la Constitution. Cette approbation exige une participation réduite de députés par rapport à la révision de la Constitution[35], ce qui pourrait être analysé, en tout cas théoriquement, comme une considération moindre quant à la valeur du document en question. Cela semble donc soumettre la valeur des traités internationaux à celle de la Constitution.

À ce sujet, l'article 7 al. 4 de la *Loi sur la procédure de conclusion de traités internationaux* est plus éclairant en donnant des précisions sur le terme « important » : l'approbation par le Comité permanent de l'APN est obligatoire pour les traités et accords internationaux contenant des clauses qui sont différentes de la loi nationale. Ainsi, si le traité ou accord en question est approuvé par le Comité permanent, il semble logique d'en déduire que ces clauses conflictuelles prévalent sur la loi, car acceptées telles quelles. En effet, la majorité des auteurs chinois partage cette vision en affirmant que les traités internationaux que la Chine a ratifiés font partie de la source officielle du droit[36].

b) L'applicabilité des traités internationaux en droit interne

13. Le fait de connaître la hiérarchie des normes internationales par rapport aux normes nationales n'est pas une fin en soi : ce qui nous intéresse ici est de savoir si la Convention de 2003 pour la sauvegarde du patri-

---

[34] La majorité à plus de 50 % est requise pour toute décision émise par le Comité permanent de l'APN. Article 31 de la *Loi de la R.P.C. sur l'organisation de l'Assemblée populaire nationale* 中华人民共和国全国人民代表大会组织法, 10 décembre 1982.

[35] Depuis 1983 (la 6ème législature, à savoir que chaque législature a une durée de cinq années), le nombre total de députés à l'APN est en moyen de 2 979 personnes (National Bureau of Statistics of China). En application de l'art.15 al. 2 de la *Loi de la R.P.C. sur l'élection des députés à l'Assemblée populaire nationale et aux assemblées populaires de différents niveaux administratifs* 中华人民共和国全国人民代表大会和地方各级人民代表大会选举法, promulguée 1er juillet 1979, dernière modification le 14 mars 2010), le nombre maximum de députés est fixé à 3 000 personnes. Le nombre de représentants au Comité permanent est entre 150-160 personnes. Ils sont élus parmi les députés à l'APN. *V.* Banggui JIN, précité, p. 950.

[36] *V.* par exemple : WANG Tieya 王铁崖, *Introduction au droit international* 国际法引论, éd. Peking University Press, 1998. – ZHU Xiaoqing 朱晓青 (dir.), *Droit international* 国际法, éd. Shehui kexue wenxian chubanshe, Beijing, 2005. – YANG Zewei 杨泽伟, *Droit international* 国际法析论, éd. Renmin Universtiy Press, 2007.

moine culturel immatériel produit des effets directement sur les États parties.

En droit chinois, en raison de l'absence de règle de principe sur la place des traités internationaux par rapport au droit interne, la situation de leur application est complexe. À ce jour, aucun texte législatif ne donne une réponse de principe sur la question de la voie d'application des traités internationaux, bien que certaines lois donnent, chacune dans son domaine, une solution. Ces solutions se résument en trois catégories. D'abord les traités internationaux s'appliquent lors d'un conflit avec la loi interne, par exemple en matière de relation civile internationale[37]. Ensuite, un certain nombre de règles internationales s'applique directement, par exemple l'enregistrement international des marques selon l'Arrangement de Madrid[38]. Enfin, certains traités s'appliquent seulement en cas de lacune de la loi nationale sur une question, par exemple sur l'usage de l'emblème de la Croix rouge[39].

En pratique, un certain nombre de décisions de justice démontre l'application directe et immédiate des traités internationaux en droit interne. L'exemple le plus cité en la matière est l'affaire opposant la société américaine Walter Disney à la maison d'édition *Beijing Publishing Press* (*Beijing chubanshe*). Dans cette affaire, le juge, en l'absence de mesures du droit interne sur la protection du droit d'auteur d'un citoyen étranger, s'appuie sur un mémorandum signé entre les deux pays en 1992 et considère que la maison d'édition viole le droit d'auteur de la société Walter Disney[40].

14. En droit français, en revanche, en raison de la position moniste, les traités internationaux sont, tant qu'ils ne sont pas incompatibles avec la Constitution, immédiatement applicables en droit interne dès leur ratification et ce avec une autorité supérieure à celle de la loi. Depuis les arrêts Jac-

---

[37] L'article 142 al. 2, *Principes généraux du droit civil*, précités.

[38] Article 3 du *Précisions sur l'application de la Loi sur les marques* 中华人民共和国商标法实施细则 (abrogé), inséré en 1995. Ce règlement est abrogé par le *Règlement d'application de la Loi sur les marques* 中华人民共和国商标法实施条例 du 3 août 2003, le dispositif sur l'enregistrement international des marques se trouve à l'article 12.

[39] Article 23, *Mesures sur l'utilisation de l'emblème de la Croix rouge* 中华人民共和国红十字标志使用办法, 29 janvier 1996, Conseil des affaires de l'État, ordonnance n° 194.

[40] Sté Walter Disney États-Unis d'Amérique c/ Beijng chubanshe 美国沃尔特迪斯尼公司诉北京出版社等侵犯著作权纠纷案, Cour d'instance supérieure de Beijing北京市高级人民法院, 19 décembre 1995. – *Memorandum of understanding between the Government of the People's Republic of China and the Government of the United States of America on the protection of intellectual property* 中华人民共和国政府与美利坚合众国政府关于保护知识产权的谅解备忘录, Washington, 17 janvier 1992.

ques Vabre et Nicolo[41], les juges peuvent écarter l'application d'une loi lorsque celle-ci apparaît contraire à une convention internationale. Ainsi, en principe, « les traités internationaux (...) sont généralement présumés produire des effets directs en droit interne, c'est-à-dire créer des droits subjectifs dont les particuliers peuvent se prévaloir devant le juge national »[42].

Néanmoins, cette présomption cède à deux conditions[43]. Premièrement, ne peuvent être reconnues d'effet direct que les stipulations conventionnelles qui sont suffisamment précises et inconditionnelles. Ainsi, le Conseil d'État avait écarté l'applicabilité directe de certaines stipulations du Pacte international relatif aux droits économiques, sociaux et culturels et du Code européen de la sécurité sociale[44]. La deuxième condition est que ne peuvent être d'effet direct que les normes conventionnelles dont l'objet est précisément de conférer des droits subjectifs aux particuliers. Ainsi, les dispositions de la Convention de La Haye du 1er mars 1954 sur la procédure civile et de la Convention de Vienne du 27 février 1979 relative à la coopération judiciaire franco-autrichienne sont jugées dénuées d'applicabilité directe[45]. Plus récemment, la Convention concernant les mesures à prendre pour interdire et empêcher l'importation, l'exportation et le transfert de propriété illicites des biens culturels de 1970[46] a également été considérée par les juges français comme dépourvue d'applicabilité directe[47].

Ces deux conditions semblent également correspondre à ce qui est réellement appliqué en droit chinois. Par exemple, la doctrine chinoise considè-

[41] Cass. Ch. Mixte, 24 mai 1975, Sté des Cafés Jacques Vabre, *D.*, 1975, p. 497, concl. Touffait. – CE, Ass., 20 octobre 1989, Nicolo, *RFDA*, 1989, p. 813 concl. Frydman.

[42] Ronny Abraham, « Les effets juridiques, en droit interne, de la Convention de New York relative aux droits de l'enfant » (concl. sur CE, sect., 23 avr. 1997, GISTI), *RFDA*, 1997, p. 589.

[43] R. Abraham, *ibid.* – Marie Gautier & Fabrice Melleray, *JCL. Administratif*, Fasc. 20 : « Applicabilité des normes internationales », novembre 2003, n° 59-68. Également : P.-M. Dupuis, *Droit international public*, *op. cit.*, n° 433 *sqq.*.

[44] CE, ass., 5 mars 1999, Rouquette, Lipietz *et al.*, *JurisData* n° 1999-050087 ; *Rec. CE*, p. 37 ; *RFDA*, 1999, p. 357, concl. C. Maugüé et note D. de Bechillon & P. Terneyre – *AFDI*, 2000, p. 715, chron. J.-F. Lachaume.

[45] CE, sect., 29 janv. 1993, Bouilliez : *Rec. CE*, p. 15 – *RFDA*, 1993, p. 794, concl. F. Scanvic et note D. Ruzié – *AJDA*, 1993, p. 364, note G. Burdeau – *AFDI*, 1994, p. 962, chron. J.-F. Lachaume.

[46] Adoptée par la 16ème Conférence générale de l'Unesco à Paris, le 14 novembre 1970.

[47] CA Paris, 5 avr. 2004, n° 2002/09897, République fédérale du Nigéria c/ Alain de Montbrison, *JurisData* n° 2004-238340 ; consolidé par la Cour de cassation : Cass. 1re civ., 20 sept. 2006, n° 04-15.599, *JurisData* n° 2006-034988 – *Journal des Arts*, n° 256, 30 mars-12 avr. 2007, p. 27, note J.-M. Schmitt.

re, de manière quasi unanime, que les dispositions de l'Accord ADPIC[48] ne sont pas applicables directement en droit interne, en raison du fait que cet accord prévoit que les États parties adopteront dans leur législation des dispositions permettant d'atteindre tel ou tel objectif[49], comme ce qui est affirmé par le Conseil d'État français[50]. Dans l'affaire Walter Disney de 1992, le juge s'appuie également sur le fait que le texte du mémorandum sino-américain explicite la création des droits pour les citoyens américains.

15. Pour la mise en œuvre de la Convention de 2003, aucune procédure particulière n'est donc nécessaire pour son application en droit français comme en droit chinois. Néanmoins, cette affirmation ne semble pas d'un intérêt particulier : le texte de la convention ne contient aucune stipulation qui soit suffisamment précise et inconditionnelle pour être applicable directement, ni aucun processus de contrôle d'application. Elle ne crée pas non plus de droits subjectifs aux particuliers. Ainsi, un justiciable ne semble pas pouvoir opposer cette convention à l'État français ou chinois et s'en prévaloir, le cas échéant, devant un tribunal. Dans une situation similaire, on a pu observer que la Convention de 1970 n'est pas considérée comme invocable par les juges français (*supra*). Le texte de la Convention de 2003, ne contenant que quelques obligations de résultat pour les États mais pas d'obligation de moyen, et ne prévoyant aucune sanction, ne peut que compter sur la bonne volonté des États parties pour son application.

4) Notion de patrimoine culturel en Chine

Comme nous l'avons évoqué précédemment, l'immatériel occupe une place particulière dans la tradition culturelle chinoise. Cela fait partie des raisons pour lesquelles les autorités chinoises paraissent particulièrement réceptives à la notion de patrimoine culturel immatériel. Arrêtons-nous à pré-

---

[48] Accord de l'Organisation mondiale du commerce sur les aspects des droits de propriété intellectuelle qui touchent au commerce. Négocié au cours du Cycle d'Uruguay (qui s'est tenu de 1986 à 1994), cet accord a introduit pour la première fois des règles relatives à la propriété intellectuelle dans le système commercial multilatéral. Il est entré en vigueur le 1er janvier 1995.

[49] *V.* par exemple : ZHANG Guangliang 张广良 & RUI Songyan 芮松艳, *Study on the Application of TRIPS Agreement and Related International Conventions in China* TRIP 协议及相关国际公约在我国的适用, *Intellectual Property* 知识产权 (revue du State Intellectual Property Office of the People's Republic of China), n° 5, 2007, p. 55. – ZHU Xiaoqing 朱晓青, *Étude sur l'application des traités internationaux en droit interne chinois* 国际条约在中国国内的适用研究, *Dialogue internationale en sciences sociales* 世界社科交流 (revue de la China Academy of Social Sciences), n° 33, 2001.

[50] CE, sect., 31 mai 2000, Sté Wellcome Fondation Limited et Sté Laboratoire Glaxo Wellcome : *JurisData* n° 2000-060365 ; *Rec. CE*, p. 205.

sent sur la notion de patrimoine culturel en Chine, afin de mieux comprendre l'intérêt du sujet présenté auparavant et de donner des clés de compréhension pour les développements qui suivront.

a) La question de l'authenticité matérielle dans la tradition chinoise

16. Le concept de monument historique est, comme l'a démontré Mme Françoise Choay, une invention de l'Europe qui s'est, depuis la deuxième moitié du XIXe siècle, imposée au reste du monde[51]. Mais l'exemple asiatique prouve qu'il existe des interprétations autres que celles développées en Europe.

En effet, au cours des débats durant la préparation de la Convention de 2003, la question de l'authenticité matérielle du patrimoine s'est trouvée au cœur des différences conceptuelles sur le patrimoine entre les cultures d'origine européenne et les autres. Si cette notion d'authenticité attribuée à un objet apparaît après la Renaissance en Occident[52], elle est absente dans la mentalité culturelle et artistique chinoise – et en Asie en général –, jusqu'à la fin du XIXe siècle. Nombreux sont les auteurs qui ont souligné cette différence de vision. On se rend compte qu'en Asie, ce qui compte d'abord, « ce n'est ni l'objet ni sa conservation, mais bien l'actualisation de la tradition »[53]. Ainsi, l'« authenticité n'existe pas dans la matière mais dans les savoir-faire et habiletés de ceux qui possèdent connaissance et expérience »[54]. Le sinologue Simon Leys résume cette vision chinoise dans une brillante formule : pour les Chinois, l'éternité « habite les gens plutôt que les pierres », l'architecte plutôt que l'architecture[55].

17. M. Zhang Liang, au sujet de la notion de patrimoine en Chine, évoque également dans la culture traditionnelle chinoise le « culte du souvenir » et le « goût de la ruine ». Car le souvenir est un sujet récurrent dans la tradition culturelle chinoise, pour laquelle le passé, le présent et le futur, assurés par les maillons de la mémoire éternelle des hommes, forment le relais de l'histoire. Par la transmission des générations, se trouve dans ce relais le

---

[51] Françoise Choay, *Allégorie du patrimoine*, Seuil, Paris, 1992, p. 21.

[52] Françoise Choay, « Sept propositions sur le concept d'authenticité et son usage dans les pratiques du patrimoine historique », in. *Compte rendu : Conférence Nara sur l'Authenticité*, conférence du 1-6 novembre 1994 à Nara, Japon, éd. Unesco-Iccrom-Icomos, Paris, 1995, p. 104.

[53] François Hartog, « Introduction : patrimoine et histoire : les temps du patrimoine », in. Jean-Yves Andrieux (dir.), *Patrimoine et société*, PUR, Rennes, 1998, p. 4.

[54] F. Choay, « Sept propositions sur le concept d'authenticité… », *ibid.*.

[55] Simon Leys, *L'humeur, l'honneur, l'horreur*, Robert Laffont, Paris, 1991, p. 15-18.

souvenir passé qui sera « réactualisé par un sujet futur se souvenant »[56]. L'accent étant mis sur le souvenir, l'authenticité matérielle passe ainsi au second plan. Le souvenir est toujours lié aux noms, aux lieux, aux environnements, aux détails, et non pas à l'intégrité des matériaux. L'objet peut être un édifice, mais le sujet est le souvenir. Le monument n'est donc pas un existant réel vers lequel va la remémoration. Au contraire, il n'est qu'intermédiaire, et à travers le souvenir il se transforme et acquiert son existence[57].

Si le concept de « mémoire des lieux » mis en avant par l'Icomos[58] prend de plus en plus d'ampleur depuis le début du XXIe siècle[59], et étend la protection d'un site ou monument à son « milieu »[60], la mémoire semble être ici une manière de donner un sens, en plus de sa valeur monumentale ou paysagère, à la protection d'un édifice ou d'un site. Au contraire, dans la culture classique chinoise, l'édifice ou l'objet matériel n'a en soi qu'une valeur résiduelle, l'attachement à ces derniers a toujours été fortement découragé[61].

18. Par ailleurs, on constate un phénomène très particulier dans l'histoire de l'art chinois, à savoir l'acquisition d'une signification culturelle d'un édifice ou d'un site après qu'il soit devenu le sujet d'une œuvre littéraire célèbre, en particulier des poèmes, comme la tour de Yueyang, la tour de la Grue jaune *huanghe lou*, ou encore le site *taohua yuan :* grands sites culturels

---

[56] ZHANG Liang, *La naissance du concept de patrimoine en Chine. XIXe-XXe siècle*, éd. Recherches/Ipraus, Paris, 2003, p. 14. L'auteur cite notamment le sinologue américain Stephen Owen (*Remembrances: The Experience of the Past in Classical Chinese Literature*, Harvard University Press, Cambridge, Mass., 1986) pour un développement philosophique sur le sujet de « souvenir » dans la littérature classique chinoise.

[57] ZHANG Liang, *ibid*, p. 16.

[58] Conseil international des monuments et des sites : créé par la Charte internationale sur la conservation et la restauration des monuments et des sites de 1964, dite charte de Venise, c'est l'organisme consultatif le plus important de l'Unesco sur les biens culturels à inclure sur la Liste du patrimoine mondial et sur le suivi des biens déjà inscrits.

[59] *La mémoire des lieux : préserver le sens et les valeurs immatérielles des monuments et sites*, Actes du symposium scientifique international, 14ème Assemblée générale et symposium scientifique de l'Icomos, à Victoria Falls, Zimbabwe, 27-31 octobre 2003, Icomos, 2003 ; *La mémoire des lieux*, *Bulletin Icomos France*, n° 50-51, 2002.

[60] *Monuments et sites dans leur milieu - Conserver le patrimoine culturel dans des villes et paysages en mutation*, 15ème Assemblée générale et symposium scientifique de l'Icomos à Xi'an, Chine, 17-21 octobre 2005, actes du symposium scientifique international, Icomos, 2005.

[61] Sur la vision de la culture traditionnelle chinoise relative à l'attachement aux objets matériels, *V*. Wan-Chen CHANG, *La Chine a-t-elle une approche de la notion de Patrimoine ?*, thèse en muséologie, ss. dir. de Michel Van Praët, Museum national d'histoire naturelle, Paris, soutenue en mars 2000, p. 76-78 ; p. 210-211.

et touristiques déjà dans l'Antiquité mais dont les édifices ont été maintes fois reconstruits voire déplacés. Cette vision de l'attachement à la signification culturelle et non au matériel est poussée à l'extrême au Japon, manifestée par la destruction et reconstruction volontaire du sanctuaire d'*Ise* tous les vingt ans[62].

b) Le wenwu *est le patrimoine culturel*

19. À ce stade, il convient de revenir sur l'origine de la notion de « patrimoine culturel » dans la tradition chinoise. En chinois contemporain, deux termes sont habituellement pris comme équivalents de « patrimoine culturel » et de « *cultural heritage* » : *wenwu* 文物 et *wenhua yichan* 文化遗产[63].

Il est à noter que le terme *wenwu* ne devient le correspondant de l'expression « patrimoine culturel » qu'au début du XXe siècle, alors qu'avant cela il est doté d'une signification assez différente mais très intéressante pour notre étude. Ce terme serait apparu pour la première fois vers le cinquième siècle avant notre ère ; il aurait alors désigné les rites *li* et les objets liés à ces cérémonies[64]. Le grand ouvrage historique le *Commentaire de Zuo*[65] précise : « La vertu, consiste à être économe, et à se soumettre à ces justes mesures [expliquées auparavant]. Les objets rituels [*wenwu*] sont là pour en témoigner, et les instruments de musique servent à les célébrer, afin que les officiers de tout grade prennent garde et craignent, afin qu'ils n'osent à transgresser les lois »[66]. Les *Annales des Han postérieurs* parlent également de « réglementer les costumes, et préparer les objets rituels *wenwu* »[67]. Puis à

---

[62] *V. infra*, n° 63.

[63] Nous nous référons notamment aux versions française et anglaise officielles des documents et discours des représentants du gouvernement chinois diffusés dans les relations diplomatiques et dans le cadre de l'Unesco.

[64] LI Xiaodong 李晓东, *L'essentiel de la gestion et protection de patrimoine culturel* 文物保护管理概要, éd. Wenwu chubanshe 文物出版社, Beijing, 1987, p. 6. – *Grand dictionnaire chinois* 汉语大词典, éd. Hanyu dacidian chubanshe 汉语大词典出版社, vol. 6, 1990. Sur la place de *li* dans le droit antique chinois, *v.* R. David & C. Jauffret-Spinosi, *Les grands systèmes de droit contemporains*, *op. cit.*, chapitre « Droit chinois ».

[65] Le *Zuo zhuan* 左传 est le principal commentaire des *Annales des Printemps et des Automnes* 春秋, une chronique de l'état de Lu de -722 à -481, l'un des textes canoniques de la tradition confucéenne. Sur cet ouvrage, *v.* Anne Cheng, *Histoire de la pensée chinoise*, Seuil, Paris, 1997, p. 56.

[66] « 夫德，俭而有度，登降有数，文物以纪之，声明以发之。» in. *Commentaire de Zuo, Année II sous le Prince Huan* 左传, 桓公二年. Notre traduction. L'ouvrage est traduit en français par Séraphin Couvreur, *La Chronique de la principauté de Lou*, Cathasia, Paris, 1951.

[67] « 制衣裳，备文物 », in. FAN Ye 范晔, *Annales des Han postérieurs, chapitre Récit sur les Huns méridionaux* 后汉书 南匈奴传 (couvre l'histoire des Han orientaux entre 25-220 apr. J.-C.).

l'époque des Tang, le terme *wenwu* est utilisé par les célèbres poètes Luo Binwang 洛宾王 (vers 627-684) et Du Mu 杜牧 (803-852) pour désigner des objets légués par le passé d'usage rituel et culturel, signification qui s'approche de celle d'aujourd'hui[68].

20. De manière paradoxale, malgré l'existence d'une grande tradition de collection et le « culte du souvenir », jusqu'à une époque très récente, on trouve difficilement un terme en chinois qui puisse désigner l'ensemble des éléments couverts par ce que couvre la notion actuelle de patrimoine culturel. On trouve souvent *guwan* 古玩, littéralement « objet antique à admirer » ; *gudong* 古董, « antiquité » ; *guzihua* 古字画, « œuvres calligraphiques et peintures antiques », ou alors *guji* 古迹, « vestiges ». Le concept de la collection d'objets antiques est également très éloigné de celui employé en Occident, par exemple l'idée de la copie, par les collectionneurs, en tant que moyen d'apprentissage et de transmission de patrimoine culturel[69].

21. Ce n'est qu'après la fondation de la République de Chine (1911) qu'un terme plus global, *guwu* 古物, apparaît pour désigner l'ensemble des objets, documents et vestiges. D'abord, en 1914, le premier musée moderne chinois est créé par le gouvernement nationaliste dans la Cité interdite où sont exposées des peintures et œuvres calligraphiques. Ce musée porte le nom d'« Institut d'exposition des objets antiques *guwu chenliesuo* 古物陈列所 » ; est également promulgué un *Règlement sur l'exposition des objets antiques*[70]. Puis en 1930, le gouvernement promulgue la *Loi sur la préservation des* guwu ; sont désignés les objets culturels antiques mais également les sites archéologiques. Dans son décret d'application publié l'année suivante, le terme *guwu* s'étend aux sites célèbres, vestiges et monuments historiques *mingsheng guji* 名胜古迹[71].

---

[68] LI Xiaodong 李晓东, *L'essentiel de la gestion et protection de patrimoine culturel*, *loc. cit.*.

[69] La pratique devient très courante dès l'époque de Ming (1368-1644). Sur cette question, *v.* par exemple : W.-C. CHANG, *La Chine a-t-elle une approche de la notion de Patrimoine ?*, thèse en muséologie, *op. cit.*, p. 182-189. - William P. Alford, *To steal a book is an elegant offense: intellectual property law in Chinese civilization*, Studies in East Asian law, Stanford, Calif., Stanford University Press, 1995, 222 p.

[70] 古物陈列章程. *V. Grande encyclopédie de la Chine* 中国大百科全书, terme « *wenwu bowuguan* 文物博物馆 », éd. Zhongguo da baike quanshu chubanshe 中国大百科全书出版社, 1993, Beijing.

[71] *Loi sur la préservation de* guwu 古物保存法, 24 mai de l'An 19 de la République de Chine (1930) ; *Décret d'application de la Loi sur la préservation de* guwu 古物保存法施行细则, 3 juillet de l'An 20 (1931).

Parallèlement, sous le régime de Yan'an[72], le gouvernement du Parti communiste chinois emploie le terme *wenwu* à partir de 1939 dans les recensements des antiquités, documents anciens et vestiges dans la région. Plusieurs comités pour la gestion de *wenwu* sont créés sous le régime, le terme désigne bien les objets, documents, vestiges et monuments historiques[73]. En 1946, le grand architecte chinois Liang Sicheng emploie le terme *wenwu* dans la réalisation du premier inventaire chinois des monuments historiques[74]. Désormais, c'est le terme *wenwu* qui sera utilisé par la République populaire de Chine dans l'ensemble de ses politiques culturelles et ses travaux législatifs et règlementaires relatifs à la protection du patrimoine culturel.

c) Termes utilisés en droit chinois

22. Outre *wenwu*, l'autre terme souvent considéré comme le correspondant de « patrimoine culturel » est *wenhua yichan* 文化遗产[75]. Littéralement « bien culturel légué », cette expression est d'invention récente et n'existait pas avant la fin des années 1970 dans le monde sinophone comme en Chine continentale, à Taïwan ou à Hongkong[76]. Cette invention est sans doute influencée par les expressions française « patrimoine culturel » ou anglaise « *cultural heritage* ». En effet, les textes internationaux dans le domaine de la protection du patrimoine culturel sont traduits en chinois généralement avec cette expression *wenhua yichan*, telles que la Convention concernant la protection du patrimoine mondial, culturel et naturel (1972) (ratification de la Chine le 12 décembre 1985) ou plus récemment pour la Convention sur la protection du patrimoine culturel subaquatique (2001) et la Convention sur le patrimoine culturel immatériel de 2003[77].

---

[72] Situé dans la région de Shaanxi 陕西, le district de Yan'an 延安 fut la base politique et militaire du Parti communiste chinois, après la Longue Marche, de 1935 à 1948, parallèle au gouvernement de la République de Chine contrôlé par le *Kuomintang*, le Parti nationaliste chinois (parti en 1949 à Taïwan).

[73] W.-C. CHANG, *La Chine a-t-elle une approche de la notion de Patrimoine ?*, *op. cit.*, p. 16.

[74] ZHANG L., *La naissance du concept de patrimoine en Chine*, *op. cit.*, p. 63.

[75] Nous nous référons notamment aux versions française et anglaise officielles des documents et discours des représentants du gouvernement chinois diffusés dans les relations diplomatiques et dans le cadre de l'Unesco.

[76] W.-C. CHANG, *La Chine a-t-elle une approche de la notion de Patrimoine ?*, *op. cit.*, Introduction.

[77] Les traductions officielles en chinois : Convention concernant la protection du patrimoine mondial, culturel et naturel : 保护世界文化和自然遗产公约 ; Convention sur la protection du patrimoine culturel subaquatique : 保护水下文化遗产公约 ; Convention pour la sauvegarde du patrimoine culturel immatériel : 保护非物质文化遗产公约.

23. Le terme *wenwu* quant à lui, devient la dénomination officielle pour désigner le patrimoine culturel dès 1982 par la loi chinoise sur la protection du patrimoine culturel *wenwu baohu fa*[78]. La notion de *wenwu* définie par l'article 2 de cette loi couvre les vestiges, monuments, objets et documents « représentant un intérêt historique, artistique ou scientifique »[79]. Selon le *Dictionnaire du chinois contemporain*, le terme *wenwu* signifie « les objets transmis par les générations antérieures et ayant une valeur dans l'histoire du développement culturel, tels que bâtiments, stèles et gravures sur pierre, outils, armes, ustensiles de la vie quotidienne et toutes les sortes d'œuvres d'art »[80]. Cela semble correspondre par sa connotation à la définition de « patrimoine » que donne le Code du patrimoine français[81].

24. La différence majeure entre le *wenwu* et le *wenhua yichan* est que le premier est une notion juridique clairement définie, utilisée dans la grande majorité des textes législatifs et règlementaires relatifs à la question de patrimoine culturel ; tandis que l'expression *wenhua yichan* trouve rarement sa traduction dans le droit positif chinois[82]. Par exemple le règlement chinois sur la protection du patrimoine culturel subaquatique emploie le terme de *wenwu*[83], alors que la traduction officielle de la convention sur le patrimoine culturel subaquatique en chinois emploie le terme *wenhua yichan*.

25. Néanmoins, on constate que dans le domaine du patrimoine culturel immatériel, c'est l'expression *wenhua yichan* qui est utilisée. Une loi sur le patrimoine culturel immatériel, en application de la Convention de 2003, est adoptée en février 2011 en Chine, et son intitulé utilise le terme « *wenhua yi-*

---

[78] *Loi pour la protection du patrimoine culturel*, modifiée 2002, précitée.

[79] *V.* Annexe 4 : Extrait de la *Loi pour la protection du patrimoine culturel.* Pour une traduction intégrale en français de cette loi : Annexe du Rapport Chine, in. Marie Cornu (dir.), *Protection de la propriété culturelle et circulation des biens culturels – Étude de droit comparé Europe/Asie*, CECOJI-CNRS / mission de recherche « Droit et justice », 2008.

[80] *Dictionnaire du chinois contemporain* 现代汉语辞典, l'Institut des langues, Académie chinoise des sciences sociales, éd. Shangwu yinshu guan 商务印书馆, Beijing, 1984.

[81] L'article premier du Code du patrimoine précise : « Le patrimoine s'entend, au sens du présent code, de l'ensemble des biens, immobiliers ou mobiliers, relevant de la propriété publique ou privée, qui présentent un intérêt historique, artistique, archéologique, esthétique, scientifique ou technique ».

[82] La seule exception à ce jour est les *Mesures sur la protection et la gestion des sites du Patrimoine culturel mondial* 世界文化遗产保护管理办法, ordonnance du ministère de la Culture n° 41, 14 novembre 2006.

[83] *Règlement sur la protection et la gestion du patrimoine culturel subaquatique* 中华人民共和国水下文物保护管理条例, ordonnance du Conseil des affaires de l'État n° 42, 20 octobre 1989.

chan » pré-délimité par « *fei whuzhi* (immatériel) »[84]. Cela est sans doute lié au fait que l'expression *wenwu*, habituellement utilisée par les règlementations pour désigner les monuments et les objets, se réfère à la matérialité par la présence du terme *wu*, « chose », « objet ».

Après avoir retracé l'évolution de la notion de patrimoine culturel en Chine, nous somme amenés à constater que d'une manière générale, avant que cette notion ne soit influencée par la notion européenne, elle est marquée par un détachement de la matérialité[85].

5) Présentation de la problématique

26. La définition du terme « culture » proposée par la conférence mondiale sur les politiques culturelles 1982 donne une perspective plus large de la culture et du patrimoine culturel, incluant les visions qui ont été jusqu'alors ignorées par l'Occident, telles que la vision chinoise du patrimoine culturel. Néanmoins, cette conception de la culture, qui englobe par définition la diversité des cultures, conduit naturellement à voir les droits culturels comme spécifiques d'une culture[86], chaque groupe culturel ayant le droit de maintenir et de développer sa culture propre, c'est-à-dire le droit à l'identité culturelle[87]. Parallèlement, nombreuses sont les revendications du droit à la restitution d'une propriété culturelle ou spirituelle[88].

Dans ce contexte, la problématique du patrimoine culturel immatériel est née de la poursuite de deux objectifs : d'une part, la revendication de reconnaissance des identités culturelles (notamment par les pays dits du Sud) et, d'autre part, la revendication de la propriété culturelle. Plus précisément, il s'agit, selon le modèle juridique disponible, de la propriété intellectuelle des éléments culturels, tels que les expressions culturelles traditionnelles et les savoir-faire traditionnels, qui faisaient l'objet d'exploitation industrielle dès les années 1950, une exploitation souvent illégitime, parfois irrespectueuse

[84] *V. infra*, chapitre « L'élaboration d'une législation ayant pour vocation la protection du patrimoine culturel immatériel. Analyses critiques de la loi chinoise ».

[85] C'est également la thèse des autres auteurs chinois comme W.-C. CHANG (p. 210-212) et ZHANG Liang (p. 11-17).

[86] *V.* Lyndel Prott, "Cultural rights as peoples' rights in international law", in. James Crawford (dir.), *The Rights of Peoples*, Clarendon Press, Oxford, 1992, p. 93-107.

[87] Le droit à l'identité culturelle est généralement considéré comme l'un des composants majeurs des droits culturels. *V.* Conclusion générale.

[88] Lyndel Prott, « S'entendre sur les droits culturels », in. Halina Niec, *Pour ou contre les droits culturels ?*, Unesco, Paris, 2000, p. 265-288.

voire offensante au regard des communautés[89]. Progressivement, les éléments culturels dits « élitaires » intègrent aussi la notion de patrimoine culturel immatériel, dans une même démarche de recherche de reconnaissance de l'identité culturelle[90] ; les revendications sur ces éléments sont identiques à celles sur le folklore.

27. La reconnaissance des identités culturelles est une question principalement d'ordre politique. Elle fait l'objet de nombreux discours et discussions au sein de la société internationale[91]. Du point de vue juridique, la question de la propriété intellectuelle se trouve dès le début au centre de la discussion. De nombreuses expériences et études ont été réalisées afin d'examiner comment conférer aux communautés la possibilité de protéger leur patrimoine culturel immatériel *via* la propriété intellectuelle.

Mais rapidement, la doctrine juridique reconnaît presque unanimement que la propriété intellectuelle classique ne peut offrir la protection nécessaire aux communautés pour leurs éléments culturels immatériels. Les travaux se consacrent alors à opérer un aménagement du droit de propriété intellectuelle classique pour en faire un droit *sui generis* des éléments culturels traditionnels. Certains autres outils juridiques qui ne nécessitent pas l'appropriation mais qui tiennent autour de l'idée du droit extrapatrimonial, donc un attachement nécessaire à la communauté, sont également mis en avant[92]. En somme, longtemps, on envisage la protection de la culture traditionnelle uniquement à travers l'idée de conférer des prérogatives aux communautés

---

[89] L'observation est faite dès le début des années 1980 et est présentée de manière explicite dans les *Dispositions types de législation nationale sur la protection des expressions du folklore contre leur exploitation illicite et autres actions dommageables*, Unesco-OMPI, Genève, 1985, I. Observations liminaires, n° 2. Sur ces Dispositions types, *v.* infra n° 51 ; 204.

[90] *V. infra,* une présentation du contexte historique, dans le chapitre sur le « système de trésor humain vivant et son application ».

[91] L'identité culturelle est en effet souvent prise comme la justification de la reconnaissance des droits culturels à une communauté ou un groupe, notamment pour les populations autochtones qui, se fondant sur leur identité culturelle, revendiquent également des droits politiques. C'est aussi la raison pour laquelle les États sont souvent méfiants à l'égard de cette notion. Sur cette question, *v.* Philippe Karpe, *Le droit des collectivités autochtones*, L'Harmattan, 2008, reproduction *in extenso* de la thèse de l'auteur intitulée *Les collectivités autochtones*, ss. dir. de Olivier Audéoud, Université Paris X-Nanterre, 2002. – Norbert Rouland, *et al. Droit des minorités et des peuples autochtones*, PUF, Paris, 1996. – Frédéric Deroche, *Les peuples autochtones et leur relation originale à la terre : un questionnement pour l'ordre mondial*, L'Harmattan, Paris, 2008. – Isabelle Schulte-Tenckhoff, *La question des peuples autochtones*, Bruxelles : Bruylant ; Paris : LGDJ, 1997.

[92] Par exemple le droit moral ou la responsabilité civile : *v. infra* chapitre « Mise en œuvre dans le cadre juridique »

pour qu'elles puissent se protéger, et cela particulièrement par l'appropriation des éléments culturels immatériels.

28. C'est dans cette situation là que l'Unesco tente de suivre une démarche différente : au lieu de chercher la protection des *droits sur* les éléments culturels immatériels, elle propose de contourner la question de l'appropriation et de se concentrer sur la *sauvegarde* de ces éléments en tant que tels. Ses efforts ont abouti à l'adoption de la Convention de 2003.

Afin de mettre en œuvre cette sauvegarde, ce ne sont plus les droits subjectifs des communautés qui sont évoqués pour s'opposer à l'utilisation illégitime ou irrespectueuse de leur patrimoine culturel immatériel par autrui, mais comme traditionnellement pour la protection du patrimoine culturel, les actions des autorités publiques, telles que le service public et la police administrative.

29. Une question se pose néanmoins de savoir si cette vision qui repose quasi uniquement sur les actions publiques des États est pertinente et efficace pour la sauvegarde du patrimoine culturel immatériel. L'interrogation vient naturellement lorsque l'on pense à la conservation et à la protection du patrimoine culturel physique, pour lequel la propriété reste au centre des discussions et est considérée comme un outil puissant de protection. En matière du droit civil, pour les choses immatérielles ou incorporelles, les droits opposables semblent être la meilleure solution pour éviter une exploitation illégitime par autrui. À cela il faut ajouter que d'autres méthodes juridiques du droit privé, qui ne se fondent pas sur l'appropriation des éléments, pourraient également offrir une protection pour les droits des communautés[93]. Une analyse de la mise en œuvre de cette vision de sauvegarde hors de l'appropriation est donc requise.

Quant à la question de la protection des droits subjectifs sur les éléments du patrimoine culturel immatériel, avec ou sans l'appropriation, elle fait actuellement l'objet d'études d'un comité spécial[94] à l'Organisation mondiale de la propriété intellectuelle (désormais OMPI), et mérite d'être étudiée de manière plus globale et complète. Nous nous limitons, dans la présente étude, à l'analyse de l'approche de la sauvegarde mise en avant par la Convention de 2003, plus précisément, à travers l'application de cette convention en droits français et chinois.

93 *Idem.*

94 *V. infra*, n° 87.

II – La méthode de la recherche

30. La notion de patrimoine culturel immatériel est d'abord un objet d'études anthropologiques avant de devenir une notion du droit international affirmée par la Convention de 2003[95]. Notre étude se consacrant sur la mise en œuvre de cette dernière en droits français et chinois dans une approche comparative, il est évident que nous poursuivons un constant souci de médiation entre des champs d'inspiration et de philosophie divers, que sont notamment le droit, l'anthropologie, la culture juridique chinoise et celle française. Plus concrètement, au plan méthodologique, il est nécessaire de préciser d'abord nos choix concernant notre démarche d'études comparatives, ensuite, dans la continuité du premier point, concernant la question de la traduction et enfin, concernant les différentes sources documentaires utilisées, notamment les sources en langue chinoise.

1) Méthode de comparaison

31. Comme l'indique le titre de la présente étude, nous allons étudier la mise en œuvre de la Convention de 2003 en France et en Chine. Pour ce faire, il importe d'évoquer la méthode de droit comparé retenue.

Le droit comparé est l'« étude comparative de deux ou plusieurs droits émanant de souverainetés différentes »[96]. Cette discipline permet au juriste d'élargir son champ de vision et d'approfondir la compréhension du système juridique dont il est issu. C'est dans ce sens que le droit comparé est utile pour améliorer le droit d'un pays[97]. Ce fut une des raisons de la création, en 1831, de la première chaire de législation comparée au sein du Collège de France[98]. Le phénomène de comparaison en tant que tel semble être une démarche intellectuelle naturelle de l'esprit humain[99]. Ainsi, l'utilisation de la technique de comparaison dans le but d'améliorer le droit du pays existe dé-

[95] *V. infra*, section « La genèse de la notion de patrimoine culturel immatériel ».

[96] *Vocabulaire Cornu*, p. 323.

[97] R. David & C. Jauffret-Spinosi, *Les grands systèmes de droit contemporains*, *op. cit.*, n° 5. – Léontin Jean Constantinesco, *Traité de droit comparé*, t. II, *La Méthode comparative*, LGDJ, Paris, 1974, n° 120 *sqq*.

[98] Mireille Delmas-Marty, *Les forces imaginantes du droit : le relatif et l'universel*, leçon d'inauguration au Collège de France pour la chaire Études juridiques comparatives et internationalisation du droit, le 20 mars 2003, Fayard, Paris, 2004, p. 5.

[99] Pierre Legrand, *Le droit comparé*, PUF, Que sais-je ?, 1999, p. 7.

jà en Chine antique, dès l'époque des Royaumes Combattants (475-221 av. J.-C.)[100].

L'étude comparative implique donc de mettre en parallèle les éléments d'étude pour faire apparaître des similitudes et des différences. Pour ce faire, les éléments, ordres juridiques, doivent d'abord être comparables.

Nous ne nous contenterons évidemment pas de la simple juxtaposition descriptive des éléments techniques, d'autant plus que ces derniers ne semblent pouvoir jouir d'une existence autonome. Car « sans une certaine conception du droit allant au-delà de la simple norme juridique, le droit n'est qu'une pauvre technique »[101]. Au contraire, nous nous efforcerons d'aborder le niveau du concept, suivant une démarche analytique dans l'étude des « objets » (les éléments techniques)[102] afin d'en dégager les traits essentiels dans les deux systèmes français et chinois sur la question de patrimoine culturel immatériel.

En ce sens, les méthodes comparatives enseignées par Léontin Jean Constantinesco nous servent de guide dans nos démarches[103], notamment les cinq règles méthodologiques fondamentales : étudier le terme tel qu'il est ; examiner le terme à comparer dans ses sources originaires (se trouve ici la question de la traduction) ; étudier le terme dans la complexité et la totalité des sources du droit considéré, et saisir la pratique réelle de la règle de droit ; respecter la hiérarchie des sources juridiques de l'ordre juridique considéré ; enfin, interpréter le terme à comparer selon la méthode propre à l'ordre juridique auquel il appartient[104].

32. Dans le domaine de la sauvegarde du patrimoine culturel immatériel et en particulier en ce qui concerne la mise en œuvre de la Convention de 2003, les méthodes d'étude comparative paraissent en effet particulièrement fructueuses. D'une part, la Convention de 2003 impose aux États membres un certain nombre d'objectifs à réaliser, il existe donc un objectif

---

100 SUN Wanzhong, "Comparative law in China, history and development", in. Olivier Moreteau & Jacques Vanderlinden (dir.), *La structure des systèmes juridiques*, acte du XVIe Congrès de l'Académie internationale de droit comparé, Brisbane (Australie), 2002, Bruylant, 2004, p. 231-232.

101 L. J. Constantinesco, *Traité de droit comparé*, t. II, *La Méthode comparative*, *op. cit.*, p. 121.

102 Sur cette question, *v.* une présentation critique des différentes positions théoriques concernant la nature du droit comparé, qui considèrent le droit comparé comme une simple méthode d'étude juridique ou comme une science autonome : L. J. Constantinesco, *Traité de droit comparé*, t. I, *Introduction au droit comparé*, *op. cit.*, p. 181-205.

103 L. J. Constantinesco, *Traité de droit comparé*, t. I, *Introduction au droit comparé*, *op. cit.* ; t. II, *La Méthode comparative*, *op. cit.* ; t. III, *La science des droits comparés*, Economica, Paris, 1983.

104 *Idem*, t. II, *La Méthode comparative*, p. 135-197.

commun à atteindre par les deux pays de notre étude que sont la France et la Chine. Toutefois, l'application réelle de ces dispositifs ne se réalisera que par le système du droit interne. La comparaison se situe donc au niveau de ce cheminement que prennent les deux pays en vue de réaliser leurs engagements envers la convention.

D'autre part, le droit comparé, ayant déjà joué un rôle important dans l'élaboration de la convention dans une approche dite « ascendante » – c'est-à-dire par la recherche d'une solution commune à partir de la concertation des États[105] – peut encore jouer un rôle positif dans l'intégration des principes de la convention en droit interne en guidant le choix des modalités et jouant un rôle subsidiaire d'interprétation, dans une approche dite « descendante », c'est-à-dire à partir du droit international[106].

33. Toutefois, partant de l'idée que les analyses comparatives ne doivent pas s'arrêter au plan technique, encore moins dans un domaine comme celui du patrimoine culturel qui est une notion par nature éminemment subjective, nous sommes amenés à comparer non seulement les éléments juridiques eux-mêmes, mais également les systèmes politico-sociaux auxquels ils appartiennent, car ce sont eux qui donnent le sens aux premiers[107]. Il est dès

---

[105] La démarche « ascendante » est, selon le professeur Delmas-Marty, la « recherche... de principes communs par comparaison des droits nationaux : soit lors des négociations au niveau international, par le recours à l'expertise comparée et la promotion par chaque État partie de son droit, sans que cela relève d'une volonté hégémonique, mais bien d'une prise en compte des différences ; soit par la création de commissions d'experts des droits nationaux et de droit comparé chargés d'élaborer un avant-projet de texte ». Mireille Delmas-Marty, *Critique de l'intégration normative : L'apport du droit comparé à l'harmonisation des droits*, PUF, Paris, 2004, p. 30. L'élaboration de la Convention de 2003 a eu recours à ces deux sortes de méthodes.

[106] Dans une démarche descendante, le droit comparé permet « d'évaluer une démarche d'intégration [de normes internationales] en mettant en évidence l'utilisation ou non de marges d'appréciation tant par l'émetteur que le destinataire de la norme ». M. Delmas-Marty, *Critique de l'intégration normative : L'apport du droit comparé à l'harmonisation des droits*, *op. cit.*, p. 29-30 ; p. 232-239. Le rôle du droit comparé lors de l'élaboration des traités internationaux et lors de l'interprétation des traités est également étudié par Constantinesco, *Traité de droit comparé*, *op. cit.*, t. II., p. 337-348.

[107] Nombreux sont les grands philosophes qui ont écrit sur ce sujet. Pour Montesquieu, les lois, déterminées par certaines valeurs fondamentales propres à chaque culture, sont spécifiques à chaque peuple, cette idée explique les conséquences méthodologiques qu'il tire, à savoir qu'on ne peut connaître réellement un droit étranger par un simple texte de loi et qu'il faut savoir quel est le régime politique qui a élaboré la loi concernée. (« Elles [les lois] doivent être tellement propres au peuple pour lequel elles sont faites que c'est un grand hasard si celles d'une nation peuvent convenir à une autre. » *Esprit des lois*, textes réunis par Catherine Volpilhac-Auger, Presses universitaires de Paris-Sorbonne, Paris, 2003, XXIX, 18.) Pour Karl Marx, les événements économiques sont le moteur de l'histoire et le droit n'est qu'un produit de l'économie et du pouvoir. Si cette théorie a dévoilé avec une grande

alors à admettre que nos démarches sortent du pur droit comparé pour rejoindre la logique de l'anthropologie juridique. Cette dernière vise, par l'analyse des discours (oraux ou écrits), pratiques et représentations, à étudier les « processus de juridicisation » propres à chaque société, et s'attache à découvrir les logiques qui les commandent[108]. Cette science partage de nombreuses similarités avec le droit comparé[109], mais leur différence est fondamentale.

34. Le droit comparé a comme vocation de déboucher sur une sorte d'influence des droits les uns sur les autres[110]. À ce sujet, un auteur affirme que « le droit comparé permet de retrouver, dans les sciences juridiques, le sens de l'universel »[111]. En effet, la question de l'unification des droits s'avère de plus en plus importante depuis la deuxième moitié du XXe siècle ; l'intérêt du droit comparé réside principalement dans la compréhension des peuples étrangers et la recherche d'un meilleur régime pour les relations de la vie internationale[112]. Pour le grand comparatiste René David, devant les différences des règles variées des pays, la recherche d'une entente sur les règles de fond devrait être préférée à la recherche des règles de conflit. Cette unification internationale est pour lui nécessaire, et l'œuvre de synthèse ou d'harmonisation qu'elle implique ne peut être accomplie sans l'aide du droit comparé[113]. Si cette vision devient par la suite moins partagée, à l'heure actuelle, l'objectif ultime du droit comparé reste, mais de manière plus nuan-

---

force les rapports entre le droit, la réalité économique et la structure sociale, elle semble interpréter de manière absolue ces rapports. Quelle que soit la théorie, on constate qu'en sociologie comme en anthropologie, le droit est un des éléments importants d'étude.

[108] Norbert Rouland, *Anthropologie juridique*, PUF, coll. Droit fondamental, Paris, 1988, n° 111. – même auteur, *Anthropologie juridique*, PUF, Que sais-je ?, 1995, p. 7.

[109] Par ailleurs, depuis 1932, l'anthropologie juridique (à l'époque sous l'appellation de l'ethnologie juridique) a eu sa place dans la plupart des congrès internationaux de droit comparé. N. Rouland, *Anthropologie juridique* (1988), *op. cit.*, n° 94.

[110] R. David & C. Jauffret-Spinosi, *Les grands systèmes de droit contemporains*, *op. cit.*, n° 5.

[111] René Rodière, *Introduction au droit comparé*, Précis Dalloz, 1979, Paris, p. 37.

[112] R. David & C. Jauffret-Spinosi, *Les grands systèmes de droit contemporains*, *op. cit.*, n° 6. - L. J. Constantinesco, *Traité de droit comparé*, t. II, *op. cit.* p. 329 *sqq.*.

[113] René David, *Les grands systèmes de droit contemporains*, Précis Dalloz, Paris, 7ème éd. 1978, n° 8. Il s'agit de la dernière version de l'ouvrage signée seul par René David ; à partir de la 8ème édition l'ouvrage est signé par René David et Camille Jauffret-Spinosi. Dans la 11ème édition mise à jour de l'ouvrage (*op. cit.*), ces deux solutions de recherche de règles de conflit ou de règles de fond communes sont considérées l'une comme l'autre pertinentes (n° 8).

cée, l'« internationalisation du droit », avec une superposition des normes internationales, régionales et nationales[114].

Le choix philosophique de l'anthropologie juridique est inverse : pour cette science, la diversité des systèmes juridiques correspond à la diversité des sociétés et des cultures. Le professeur Michel Alliot souligne ainsi l'intime relation entre les manières de penser le monde et de penser le droit par un aphorisme « Dis-moi comment tu penses le monde : je te dirai comment tu penses le Droit »[115]. Au fond, reflet du système politico-socio-culturel, le droit en lui-même est aussi une partie du patrimoine culturel de chaque civilisation. En ce sens, s'il n'existe pas d'universalité pour la culture et la société, le droit ne semble pas pouvoir, lui non plus, être soumis à une universalisation.

35. Une autre divergence entre les deux disciplines est la classification des éléments à comparer. Pour le droit comparé, le concept de « famille » ou « système » juridique est central. Ce groupement est propre à faciliter, « en les réduisant à un nombre restreint de types, la présentation et la compréhension des différents droits du monde contemporain »[116]. Ainsi, René David distingue notamment deux grandes familles de droit, la famille romano-germanique et celle de la *common law*[117].

Malgré ses contributions indiscutables aux études juridiques comparatives, cette classification fait l'objet d'un certain nombre de critiques. En réalité, à son origine, le droit comparé se focalise sur la distinction entre le système romano-germanique et la *common law*, ainsi qu'un troisième type, le système socialiste, et n'accorde qu'une place résiduelle aux droits non occidentaux : c'est ce qui est affirmé, par exemple, dans les premières versions de

---

[114] M. Delmas-Marty, *Critique de l'intégration normative*, *op. cit.*, notamment la conclusion. Également : même auteur, *Trois défis pour un droit mondial*, Seuil, Paris, 1998, p. 107 *sqq*.

[115] Michel Alliot, « La Méditerranée et le Droit », in. *Le droit et le service public au miroir de l'anthropologie*, textes choisis et édités par Camille Kuyu, Karthala, Paris, 2003, p. 87-94, édition antérieure : *Bulletin de liaison du LAJP*, 1989, n° 15, p. 31-36.

[116] R. David & C. Jauffret-Spinosi, *Les grands systèmes de droit contemporains*, *op. cit.*, n° 16.

[117] René David, *Traité élémentaire de droit civil comparé : introduction à l'étude des droits étrangers et à la méthode comparative*, LGDJ, Paris, 1950. – même auteur, *Les grands systèmes de droit contemporains : droit comparé*, Dalloz, Paris, première édition 1964. Partant d'un constat similaire à la classification de R. David, le professeur Raymond Legeais propose une classification de systèmes juridiques en deux groupes : le premier, le groupe des systèmes de droit des « États de droit à longue tradition juridique », le deuxième, le groupe des systèmes de droits des « États de droit sans tradition juridique ou États subordonnant le droit, soit à une religion, soit à une idéologie, ce qui ne permet pas de les retenir comme États de droit » (R. Legeais, *Grands systèmes de droit contemporains : approche comparative*, Litec-LexisNexis, Paris, 2008, p. 86-90).

l'ouvrage *Les grands systèmes de droit contemporains*[118]. Il existerait ainsi une hiérarchisation, bien qu'implicite, des différents systèmes de droit, parfois qualifiée d'« ethnocentriste »[119]. Par ailleurs, dans cette typologie, les critères de classification des droits non occidentaux ne sont pas toujours clairement définis, par exemple le droit chinois et le droit japonais dans une même catégorie de « droit de l'Extrême-Orient », ou alors les droits de l'Afrique et de Madagascar. Certains auteurs contestent alors les critères utilisés pour apparenter ces éléments aussi hétéroclites dans un même système[120].

Par exemple, si aujourd'hui le droit chinois est reconnu comme un sujet d'étude dans le droit comparé en France, c'est souvent son aspect antique qui est pris comme objet de comparaison, notamment la notion de rite (*li*) en tant que système de contrôle social[121]. Cependant, depuis la fin des années 1980, pour la Chine comme pour un grand nombre de pays d'Europe centrale et orientale, la tendance est aux emprunts simultanés à la *common law* et au droit civil[122]. Il existe ainsi un véritable éclatement des catégories et modèles juridiques découlant des transferts de droit dans ces pays. Ce malaise devant le droit « hybride » est par ailleurs bien cerné par le professeur Esin Örücü, lorsqu'elle appelle justement à une attitude plus ouverte des juristes occidentaux envers les droits nationaux issus des transferts de droit[123].

36. Force est alors de constater que cette notion de « système juridique » ne facilite pas la compréhension des droits issus du monde non occidental. Parlant de la vision que portait l'anthropologie, à son début, sur le monde non occidental, le professeur Norbert Rouland souligne que « l'évolutionnisme fut la maladie infantile de l'anthropologie »[124]. N'en serait-il pas

[118] Dans les sept premières éditions. 5ème à 7ème (1978), n° 21.

[119] N. Rouland, *Anthropologie juridique* (1995), *op. cit.*, p. 9.

[120] L. J. Constantinesco, *Traité de droit comparé*, t. III, *La science des droits comparés*, *op. cit.*, p. 123. Dans le même sens, Gérard Timsit, *Thèmes et systèmes de droit*, PUF, Paris, 1986, p. 86, n° 1, cité par N. Rouland, *Anthropologie juridique* (1988), *op. cit.*, n° 94.

[121] Tel est le cas de R. David & C. Jauffret-Spinosi, *Les grands systèmes de droit contemporains*, *op. cit.*, dans le chapitre consacré au droit chinois, p. 405-425. L'ouvrage évoque peu, par exemple, le transfert du droit et le caractère hybride du droit chinois depuis 1980. C'est également le cas de l'ouvrage du professeur R. Legeais, *Grands systèmes de droit contemporains : approche comparative*, *op. cit.*.

[122] Gianmaria Ajani, « La circulation de modèles juaridiques dans le droit post-socialiste », *RIDC*, 1994, vol. 46, n° 4, p. 1087-1105, notamment pp. 1097 ; 1104. Également l'ouvrage de Hélène Piquet, *La Chine au carrefour des traditions juridiques*, Bruylant, Bruxelles, 2005.

[123] Par exemple dans son article "Mixed and Mixing System: A Conceptual Search", in. Esin Örücü *et al.* (dir.), *Studies in Legal Systems: Mixed and Mixing*, Kluwer law International, The Hague, 1996, p. 343.

[124] N. Rouland, *Anthropologie juridique* (1995), *op. cit.*, p. 14.

de même pour le droit comparé à son origine ? Il ne faut pas oublier que le droit comparé, comme l'anthropologie juridique, puise ses sources dans le courant de pensée qualifié d'« évolutionnisme juridique » du XIXe siècle[125].

37. Néanmoins, une transformation est perceptible dans l'état actuel du droit comparé en France. En effet, comme le souligne le professeur Delmas-Marty, la tendance à l'internationalisation du droit exige une transformation des méthodes du droit comparé, « davantage axées vers l'analyse des influences entre systèmes et l'évaluation des solutions fournies par les différents systèmes dans tel ou tel domaine »[126].

Ainsi, dans une vision transformée du droit comparé, le recours à une démarche « ascendante » dans l'élaboration du droit international « est un véritable garde-fou contre les tentations hégémoniques qui peuvent naître dans certains ordres juridiques à l'occasion d'un projet d'intégration [du droit international] », car cette démarche « repose précisément sur la possibilité accordée à chacun des ordres juridiques impliqués dans le projet d'intégration d'exprimer ses particularités », cela contrairement à la technique de marge nationale d'appréciation qui est « insuffisante pour garantir une intégration cohérente et pluraliste »[127]. Le droit comparé paraît ainsi un instrument de réconciliation des points de vue universaliste et relativiste et favorise le respect du pluralisme[128]. Ce pluralisme juridique qui conduit au dépassement du clivage universalisme/relativisme, est justement ce que revendiquent les auteurs de l'anthropologie juridique française[129].

38. En ce sens, l'étude comparative des systèmes juridiques en France et en Chine pour la sauvegarde du patrimoine culturel immatériel n'est donc pas réalisée dans le simple objectif de rendre les expériences de l'un utiles pour l'évolution de l'autre, bien que cela soit tout à fait opportun. Il est nécessaire de se garder de la tentation de transporter tout système qui semble

---

[125] Constantinesco fait une analyse de l'œuvre d'Albert Hermann Post, fondateur de la matière de l'ethnologie juridique ainsi que de cette expression par la publication de son ouvrage *Das Naturgesetz des Rechts* (H. Gesenius, Bremen, 1867), et également une critique de la théorie de l'évolution juridique et des stades d'évolution : L. J. Constantinesco, *Traité de droit comparé*, *op. cit.*, t. I., p. 115-126 ; également : N. Rouland, *Anthropologie juridique* (1988), *op. cit.*, n° 35.

[126] M. Delmas-Marty, *Critique de l'intégration normative …*, *op. cit.*, p. 20.

[127] *Ibid*, p. 242

[128] *Ibid*, p. 254.

[129] Norbert Rouland, « Pluralisme juridique », in. *Dictionnaire encyclopédique de théorie et de sociologie du droit*, André-Jean Arnaud (dir.), LGDJ, 1993, p. 449. – Jacques Vanderlinden, « Vers une nouvelle conception du pluralisme juridique », *Revue de la recherche juridique - Droit prospectif*, Université Paul Cézanne, n° 2, 1993, p. 573-583.

fonctionner ailleurs. À ce sujet, le professeur Étienne Le Roy relève par exemple que le modèle confucéen de contrôle social à la place de la loi est impossible à transposer dans le contexte culturel judéo-chrétien[130].

Les analyses comparatives dans la présente étude auront davantage pour fonction, à travers l'appréhension et l'intégration de la notion de patrimoine culturel immatériel dans les deux systèmes juridiques, de permettre une meilleure compréhension du concept de patrimoine culturel immatériel et de patrimoine culturel en général et, éventuellement, de donner à chacun une possibilité d'élargir ses réflexions sur la protection du patrimoine culturel et de l'améliorer en apprenant des succès comme des échecs de l'autre. Enfin, la comparaison peut aussi indiquer la tendance d'évolution de certaines institutions juridiques[131]. La comparaison franco-chinoise en matière de droit civil constitue un exemple[132] ; nous l'observons également dans la protection juridique du patrimoine culturel immatériel qui est une matière en pleine évolution.

2) Choix retenus en matière de traduction

39. La traduction terminologique est une question centrale en droit comparé. Constantinesco relève que la terminologie juridique induit des difficultés parce qu'elle constitue un langage technique à l'intérieur de la langue usuelle : c'est en effet le « point de rencontre de la langue avec le droit »[133].

La traduction de la terminologie juridique pose un double problème : d'abord un problème de traduction linguistique ; ensuite un problème de transposition des notions et concepts juridiques. Le résultat final est atteint seulement par la réalisation simultanée de cette double opération. Entre les deux, la traduction n'est en réalité que le moyen par lequel la transposition juridique se réalise.

---

130 Étienne Le Roy, *Le jeu des lois : Une anthropologie dynamique du droit*, LGDJ, Paris, 1999, p. 205-208.

131 L. J. Constantinesco, *Traité de droit comparé*, *op. cit.*, t. II, p. 304-306.

132 *V.* SHI Jiayou, *La codification du droit civil chinois au regard de l'expérience française*, LGDJ, 2006.

133 L. J. Constantinesco, *Traité de droit comparé*, *op. cit.*, t. II, p. 146. Sur la traduction juridique, *v.* également : Sun Xuefen, *La traduction juridique du français vers le chinois : éléments de réflexion*, thèse de doctorat en traductologie, ss. dir. Marianne Ledeere, Université Paris 3, 2000. – Simone Glanert, *De la traductibilité du droit*, thèse de doctorat en droit, ss. dir. Pierre Legrand, Université Panthéon-Sorbonne, 2009. - *Traduction du droit et droit de la traduction*, (sous la direction de Marie Cornu et Michel Moreau), Dalloz, coll. Thèmes et commentaires, 2011, actes du colloque international organisé par le Juriscope et le CECOJI (Centre d'etudes sur la coopération juridique internationale, CNRS), 15 et 16 octobre 2009, Faculté de droit de Poitiers.

La traduction terminologique présuppose qu'il existe une équivalence entre les notions ou concepts dans les deux droits qui sont pris en objets de comparaison ; cela est difficile lorsque le concept n'existe pas dans l'autre droit[134]. Certains termes ne peuvent s'expliquer en effet que dans leur contexte social et historique. Dans ce cas, l'utilisation du terme original semble préférable à une traduction qui ne porte pas de sens dans l'autre système juridique, par exemple quand on parle de la notion de *trust* en France.

Les difficultés sont encore plus importantes lorsqu'il s'agit de notions juridiques apparemment communes mais qui, sous l'influence de valeurs fondamentales propres à chaque société, sont chargées d'une substance nouvelle[135]. C'est par exemple le cas du terme « démocratie » dans les pays du système socialiste. Dans ce cas, une description sera nécessaire, avant de traduire le terme et surtout avant de transposer le concept. Ces deux hypothèses se concrétisent dans notre étude dans la nécessité de présenter certains termes du droit chinois. Nous préférerons donc la transcription phonétique des termes en plus d'une description des concepts, à une traduction littérale. D'une manière générale, afin que la traduction et la transposition des termes et concepts soient fidèles aux textes originaux, la répétition sera nécessaire. En ce sens, un auteur souligne qu'il « ne faut pas avoir peur de répéter le bon mot »[136] : telle est l'orientation que nous retenons.

40. Par ailleurs, la question de la transcription phonétique des noms propres nécessite quelques précisions. Pour la transcription du chinois en français, nous adoptons la méthode de *pinyin*, le système officiel de transcription phonétique de la langue chinoise utilisé en République populaire de Chine (désormais R.P.C.), recommandé par l'Organisation des Nations unies (désormais l'ONU) et par l'Organisation internationale de la standardisation[137].

---

[134] L. J. Constantinesco, *Traité de droit comparé*, *op. cit.*, t. II, p. 147.

[135] *Ibid*, p. 148.

[136] Henry Weihofen, *Legal Writing Style*, Saint-Paul (Minn.): West publishing Co., 2e ed. 1990.

[137] En 1977, la troisième Conférence des Nations unies sur la normalisation des noms géographiques a recommandé – en s'appuyant sur les propositions du Groupe d'experts des Nations unies sur les noms géographiques –, que « l'alphabet phonétique chinois (*pinyin*) soit adopté comme système international », in. *Résolutions adoptées par les neuf conférences des Nations unies sur la normalisation des noms géographiques (1967-2007)*, III/8, *Romanisation des noms géographiques chinois*, United Nations Statistics Division, p. 92. [http://unstats.un.org/unsd/geoinfo/uncsgnresolutions.htm]. En 1982, l'Organisation internationale de normalisation (ISO) a adopté le *pinyin* comme système standard de romanisation du mandarin (document ISO 7098).

L'ensemble des textes en langue chinoise objets de citation est traduit par nous – sauf précision explicite – faute de traduction officielle.

3) Sources documentaires

41. Concernant les sources bibliographiques, les discussions dans le cadre académique relatives au patrimoine culturel immatériel étant assez récentes, on trouve peu d'ouvrages édités sur le sujet, mais plutôt des articles ou des actes de colloques. Pour citer les ouvrages ou articles en chinois, nous privilégions le titre officiellement traduit en anglais[138]. En effet, certaines revues scientifiques chinoises traduisent systématiquement en anglais les titres des articles publiés. Lorsque le titre n'est pas traduit, c'est nous qui le traduisons en français (sauf précision explicite).

Concernant les notes bibliographiques en bas de page, nous adoptons une double méthodologie. Pour les sources en langue chinoise, les noms de personne sont cités selon l'usage en chinois, c'est-à-dire le nom de famille précède le prénom. Mais pour les auteurs qui publient en langue européenne (français et anglais), nous respectons la présentation originale, généralement le prénom avant le nom de famille. Cette méthode de distinction entre les deux catégories d'auteurs est en effet utilisée par la plupart des maisons d'édition européennes, américaines et asiatiques publiant sur la Chine ; mais en France il n'y a pas de norme particulière en ce domaine. Dans les deux cas, afin d'éviter la confusion, le nom de famille est écrit en majuscule en toutes lettres, comme pour la citation des auteurs occidentaux.

Afin de faciliter la compréhension et la recherche des lecteurs sinophones qui seraient intéressés par l'une des notices, nous adoptons les méthodes de la sinologie française en matière de rédaction. Les textes chinois, tels que les noms propres ou les termes spécifiques, sont écrits en chinois immédiatement après leur traduction en français avec la transcription phonétique en *pinyin*, dans le texte comme dans les notes. En revanche, afin d'alléger les notes de bas de page, les titres d'ouvrages et d'articles ne seront cités qu'en français ou anglais suivis du chinois, sans transcription phonétique, car pour retrouver ces ouvrages ou articles, c'est leur titre original en chinois qu'il faut utiliser.

S'agissant des sources documentaires chinoises utilisées, afin de garantir une meilleure qualité des articles de revue ou actes de colloque cités, nous retenons uniquement les revues qui sont indexées dans la base de données

[138] Bien que certaines traductions en anglais puissent être contestables, ce choix consiste à faciliter la recherche d'un lecteur éventuellement intéressé par une référence citée.

China Academic Journal Network Publishing Database et les thèses de doctorat indexées dans la *China Doctoral Dissertations Full-text Database*. Ce sont en effet les deux bases de données les plus utilisées dans le milieu de la recherche scientifique notamment en sciences sociales. Elles sont les composantes importantes du projet de base de données scientifiques généraliste *China National Knowledge Infrastructure* (CNKI), sous la tutelle du ministère de l'Éducation nationale, développée et gérée par Tsinghua University depuis 1998.

L'accès à la base de données CNKI est très rarement proposé par les institutions de recherche en France, seuls l'Université Jean-Moulin Lyon 3 et le Centre d'étude sur la Chine moderne et contemporaine (EHESS) offrent un accès partiel[139]. En revanche, on peut obtenir des articles directement sur le site Internet de CNKI (www.cnki.net) en payant à l'unité.

42. Nous utilisons aussi fréquemment les documents techniques et administratifs émis par l'Unesco et l'OMPI ainsi que ceux issus des réunions, comités et conférences qu'elles organisent, dans le cadre de leurs travaux communs sur le « folklore », notion « ancêtre » du patrimoine culturel immatériel, sur la question du patrimoine culturel immatériel à l'Unesco et sur les « savoirs traditionnels et folklore » à l'OMPI[140]. En effet, cela nous semble primordial pour comprendre comment les réclamations initialement venues des pays dits du Sud sont parvenues à être entendues dans les tribunes internationales, et comment ces positions ont été affirmées par les deux organisations, puis ont évolué pour devenir le patrimoine culturel immatériel actuel.

Dans la grande majorité des cas, les documents produits par l'OMPI et ses comités sur la question peuvent être consultés soit *via* Internet[141], soit dans les grandes bibliothèques françaises. Une grande partie des documents produits par l'Unesco et ses comités sont également disponibles en ligne grâce au service d'archives informatisées de l'organisation[142]. Toutefois, compte tenu de l'ancienneté des travaux de l'Unesco sur la question du folklore (depuis les années 1970), un certain nombre de documents administra-

---

139 Le CECME est une composante de l'UMR 8173 Chine, Corée, Japon, créée le 1er janvier 2006, au sein de l'École des hautes études en sciences sociales, Maison des sciences de l'homme, Paris.

140 Les différences de ces notions et les interactions qui se sont produites entre elles tout au long de leur évolution sont décrites dans le chapitre I de la première partie.

141 Sur le site Web officiel de l'OMPI, à l'adresse : [http://www.wipo.int/meetings/fr/topic.jsp?group_id=22].

142 La base de données Document & publications de l'Unesco donne accès à une grande partie des archives administratives et techniques de l'Unesco : [http://www.unesco.org/archives/fre/index.html].

tifs ne sont pas consultables sous forme informatique. Nous sommes ainsi amenés à effectuer des recherches au service des archives de l'Unesco qui se trouve au siège de l'organisation à Paris. Ces archives se sont révélées d'une grande richesse pour notre étude.

43. En revanche, en raison du manque de pérennité fréquent des liens de pages Web, nous privilégions les sources éditées aux publications sur Internet, à moins qu'il ne s'agisse d'un site officiel qui maintient généralement une bonne stabilité dans leur contenu, tel que le site Web de l'Unesco ou celui de l'OMPI.

44. Enfin, tout au long de nos recherches, nous avons rencontré de nombreux ethnologues, folkloristes, chercheurs et fonctionnaires chinois comme français qui travaillent dans le domaine du patrimoine culturel immatériel ou qui sont intéressés par la question. Compte tenu de ce que nous nous intéressons à l'application en droit interne de la Convention de 2003 et qu'il s'agit d'une question relativement récente, les points de vue des professionnels nous ont été précieux même s'ils ne sont pas juristes. Ces discussions ne sont pas systématiquement citées lorsqu'elles portent sur les pistes de recherche ou réflexions de manière générale, mais sont toujours explicitées lorsqu'il s'agit d'une source unique ou d'un point de vue original.

45. Eu égard au double questionnement du sujet[143], d'un côté, sur les différentes possibilités d'une protection juridique efficace du patrimoine culturel immatériel, notamment celle de l'appropriation, dont la portée exacte nécessite un examen approfondi, et d'un autre côté, sur la pertinence de la vision de sauvegarde fondée notamment sur les actions publiques, il paraît judicieux de structurer la présente étude en deux temps :

- Première partie. La protection du patrimoine culturel immatériel face à l'appropriation
- Deuxième partie. La sauvegarde du patrimoine culturel immatériel hors de l'appropriation

---

[143] *Supra* n° 26-29.

Première partie :
La protection du patrimoine culturel immatériel face à l'appropriation

46. Il est tout d'abord primordial de souligner les deux aspects de la problématique du folklore, qui se trouve à l'origine de la Convention de 2003 : la recherche d'une solution de propriété culturelle pour protéger les droits des communautés porteuses de folklore (aspect « technique ») et la revendication d'une reconnaissance des identités culturelles de ces communautés (aspect « idéologique »). Les difficultés tiennent tant dans la détermination du concept que dans l'utilisation des modes de protection existants.

Toutes ces difficultés expliquent la lente élaboration du concept de patrimoine culturel immatériel jusqu'à sa consécration par la Convention pour la sauvegarde du patrimoine culturel immatériel de 2003 (Titre I).

L'affirmation de la notion de patrimoine culturel immatériel par la Convention de 2003 reste toutefois consensuelle : elle repose sur le bon vouloir des États parties ; surtout, elle ne tente pas de résoudre les questions les plus polémiques qui s'attachent à la notion de patrimoine culturel immatériel, à savoir, d'une part, la question de l'applicabilité des techniques de la propriété intellectuelle aux éléments du patrimoine culturel immatériel et, d'autre part, la question du statut des communautés et de leur capacité juridique à revendiquer un patrimoine culturel immatériel. Ces deux questions forment en effet les obstacles principaux à l'identification d'un outil de protection adéquat pour les éléments du patrimoine culturel immatériel, des difficultés se manifestant à la fois dans le cadre institutionnel et normatif des États (Titre II).

Titre I. Affirmation consensuelle du concept de patrimoine culturel immatériel en droit international

47. Le concept de patrimoine culturel immatériel a fait l'objet d'une longue maturation avant de devenir celui affirmé par la Convention de 2003. Dès son émergence, l'Unesco a la volonté d'intégrer ce concept, encore « folklore » à l'époque, dans la considération générale du patrimoine culturel de l'organisation. Si plusieurs autres organisations internationales, telles que l'OMPI, ont contribué à l'évolution du concept depuis près de trente ans, la Convention de 2003 joue un rôle incontestable dans l'adoption de la notion par le droit international (Chapitre I). Par l'observation de son évolution, on constate que le patrimoine culturel immatériel est comme le patrimoine dit matériel une notion éminemment subjective, dont le contenu varie selon les critères. La qualification de patrimoine culturel immatériel par la Convention de 2003 apporte des critères innovants comparés aux principes existant pour les patrimoines dits matériels. Toutefois, elle se trouve aussi limitée par la pesanteur politique des États (Chapitre II). Enfin, en raison de ces critères de qualification innovants, les éléments du patrimoine sont d'une diversité extrême. Un essai de classification de ces éléments nous permettrait d'envisager dans quelle branche de droit pourraient se trouver les meilleures solutions juridiques pour leur sauvegarde et leur protection (Chapitre III).

Chapitre I. Le patrimoine culturel immatériel dans la notion générale de patrimoine culturel

48. En étudiant l'évolution du concept de patrimoine culturel immatériel, il convient de garder en esprit son origine double à la fois technique et idéologique. En trente ans, la notion de départ « folklore » est devenue progressivement celle de patrimoine culturel immatériel en passant par le « patrimoine culturel non physique », processus par lequel l'aspect technique de la propriété intellectuelle est écarté de la notion retenue par la Convention de 2003 (Section 1). Si l'on veut distinguer le concept actuel de patrimoine culturel immatériel du concept économiste et technique du folklore qui demeure aujourd'hui un sujet central d'étude à l'OMPI, il ne faut pas oublier que le patrimoine culturel immatériel doit toujours être replacé dans la notion générale de patrimoine culturel. Mais le patrimoine culturel immatériel se trouve rapidement dans une situation embarrassante dans le concept « classique » de patrimoine culturel, raison pour laquelle l'immatérialité est trop souvent interprétée simplement comme la dimension immatérielle du patrimoine matériel (Section 2). Toujours dans la notion générale de patrimoine culturel, le patrimoine culturel immatériel est comme le patrimoine dit matériel une notion éminemment subjective ; les processus de patrimonialisation de la culture populaire en France le prouvent (Section 3).

Section 1. La genèse de la notion de patrimoine culturel immatériel

Une étude de la longue maturation de la Convention de 2003 nous permettra de mieux saisir l'évolution du concept de patrimoine culturel immatériel et de son contenu. À l'origine du concept de patrimoine culturel immatériel, on trouve la notion de « culture populaire » ou de « folklore » dans la discussion au sein de l'Unesco et de l'OMPI depuis 1973. Durant les trente années qui suivent, la notion évolue sans cesse et l'emploi de l'expression « patrimoine culturel immatériel » remplace progressivement le « folklore » et la « culture populaire » à l'Unesco sous l'influence importante de l'anthropologie ; tandis que le « folklore » reste aujourd'hui encore un objet d'étude de l'OMPI (Paragraphe I). Parallèlement, un certain nombre de définitions voisines de patrimoine culturel immatériel ont été élaborées par différents organismes à diverses occasions, elles participent à la formation du concept (Paragraphe II). Quelques études des textes d'archives nous semblent primordiales pour comprendre comment les réclamations d'abord venant des pays dits du Sud sont parvenues à se faire entendre dans les tribunes internationales, et comment ces positions ont été affirmées par les deux organisations, puis ont évolué pour devenir le patrimoine culturel immatériel actuel[144].

Paragraphe I. Du folklore au patrimoine culturel immatériel : contexte et origine de la Convention de 2003

En amont de la Convention de 2003, se trouve d'abord la notion de « folklore » sur laquelle l'Unesco et l'OMPI collaborent dès 1973 pour sa protection. Durant cette période de collaboration, l'Unesco cherche à intégrer le « folklore » dans le cadre général de la protection du patrimoine mondial et élabore la notion de « patrimoine non physique » (A). Puis vers la fin des années 1980, les deux organisations commencent à prendre des voies différentes, et c'est ainsi que l'Unesco s'oriente vers l'élaboration d'un instrument international en la matière (B).

A. L'émergence du concept : du folklore au patrimoine non physique[145]

Si la problématique de la protection du folklore s'insère naturellement dans le mandat de l'OMPI par les réflexions sur la propriété intellectuelle, pour l'Unesco, la tentative d'intégration de cette problématique, en passant par le concept de « patrimoine non physique », a été moins évidente.

1) Le folklore, nouveau champ de mandat pour l'Unesco et l'OMPI

a) L'origine double de la problématique du « folklore »

49. Les premières discussions sur le folklore remontent aux années 1950. À cette époque, la problématique du folklore s'inscrit dans une double dimension, d'une part technique, c'est-à-dire la recherche d'une solution de propriété intellectuelle pour la protection juridique du folklore, et d'autre part idéologique, c'est-à-dire la volonté de construction d'une identité culturelle indépendante par les pays colonisés ou sous l'influence du néo-colonialisme.

---

144 Afin d'alléger les notes de bas de page, les documents émis par l'Unesco et l'OMPI seront cités une première fois avec l'intitulé complet, ensuite seulement par leurs numéros de cote, qui sont uniques au sein de l'organisation émettrice conformément aux méthodes de documentation des deux organisations. La dernière partie de la bibliographie récapitule ces documents dans l'ordre de leur publication et selon l'organisation émettrice.

145 L'annexe 3 donne une récapitulation des réunions et conférences organisées autour du sujet de folklore tout au long de son évolution vers l'actuel patrimoine culturel immatériel.

Des discussions multilatérales abordent, dès 1950, la question de l'application du droit d'auteur au folklore et à la culture traditionnelle. Le développement des techniques d'enregistrement et de radiodiffusion, puis de la télévision et du cinéma, a permis au fil des années, une commercialisation des expressions du folklore à l'échelle mondiale « sans que soient dûment respectés les intérêts culturels ou économiques des communautés dont elles sont issues, et sans qu'une partie des recettes de ces exploitations du folklore reviennent aux peuples »[146]. En effet, à cette époque, la doctrine classique de la propriété intellectuelle considère généralement que le folklore, c'est-à-dire les formes traditionnelles d'expression culturelle tels que les chants, danses et légendes populaires, est dans le domaine public et n'est pas protégé par le droit d'auteur.

Cette affirmation ne fait toutefois pas l'unanimité et la nature exacte de la régulation fait alors encore débat au sein des différents organismes internationaux, notamment de l'OMPI[147]. En 1967, ces discussions conduisent à l'introduction d'un article 15.4) sur les « œuvres non publiées » dans la Convention de Berne pour la protection des œuvres littéraires et artistiques (ci-après Convention de Berne)[148]. Sans explicitement citer le « folklore », cet article a pour l'objectif de protéger les expressions culturelles traditionnelles par le droit d'auteur en tant qu'œuvres non publiées. Pourtant, l'article connaît très peu de succès et n'a jusqu'alors jamais été utilisé[149].

Il faut attendre 1973 pour que la question soit réactivée. Le 24 avril 1973, dans une communication adressée au directeur général de l'Unesco, le ministre des Relations extérieures et des Cultes de la République de Bolivie demande que soit examinée la possibilité d'établir un instrument international qui règlementerait « la conservation, la promotion et la diffusion du fol-

---

146 *Dispositions types révisées de législation nationale sur la protection des expressions du folklore*, Unesco-OMPI, 1982. Sur ce document, *v. infra*, n° 52.

147 Richard Kurin, « La sauvegarde du patrimoine culturel immatériel selon la Convention de l'Unesco de 2003 : une évaluation critique », *Museum international*, vol. 56, n° 221-222, 2004, p. 69.

148 Convention de Berne pour la protection des œuvres littéraires et artistiques du 9 sept. 1886, révisée à Paris le 24 juillet 1971 et modifiée le 28 sept. 1979.

149 La Conférence diplomatique de 1967 à Stockholm sur la révision de la Convention de Berne a visé à introduire la protection du folklore au niveau international. *V.* Mihály Ficsor, "Attempts to Provide International Protection for Folklore by Intellectual Property Rights", in. Acte du colloque *Forum mondial OMPI-Unesco sur la protection du folklore*, Phuket (Thaïlande), avril 1997, éd. Unesco- OMPI, 1998, 2001, p. 217. – Sam Ricketson, *The Berne Convention for the Protection of Literary and Artistic Works: 1886-1986*, London, 1987, p. 313-315, cité par : *Rapport final sur l'expérience acquise au niveau national en ce qui concerne la protection juridique des expressions du folklore*, WIPO/GRTKF/IC/3/10, n° 12-13. Également *infra*, n° 261.

klore » et qui protégerait les arts populaires et le « patrimoine folklorique » de « commercialisation et exportation clandestines », ainsi que d'ajouter à la Convention universelle sur le droit d'auteur[150] (ci-après Convention de 1971) un protocole qui déclarerait les expressions culturelles traditionnelles comme « propriété de l'État » donc ne relèvent pas du domaine public[151]. On constate que de manière très significative, cette réclamation qui relève du domaine du droit d'auteur est adressée à l'Unesco et non pas à l'OMPI qui gère pourtant la Convention de Berne.

En 1975, une étude est rendue par l'Unesco en réaction à la demande de la Bolivie[152]. Intitulée *Opportunité d'assurer au plan international une protection du folklore*, ce document souligne le caractère prématuré du projet de protocole et propose des études approfondies sur le sujet[153]. Ainsi, un comité d'experts sur la protection juridique du folklore est réuni par l'Unesco afin d'examiner de façon complète cette question[154]. À la lumière des discussions, il apparaît qu'un mécanisme de protection du folklore requiert « non seulement l'approfondissement de la notion même de folklore, mais aussi des règles concernant l'identification des éléments constitutifs de chacune des catégories d'expressions relevant de ce patrimoine culturel, sa conservation, sa préservation et sa protection contre son exploitation abusive »[155]. Le projet d'un instrument international sur le folklore devrait donc aborder à la fois son aspect patrimonial et son aspect économique et commercial.

---

[150] Convention signée à Genève le 6 sept. 1952 et révisée à Paris le 24 juillet 1971, gérée par l'Unesco.

[151] Communication DG0I/1006-79, in. *Proposition visant à élaborer un instrument international pour la protection du folklore*, 12ème session du Comité intergouvernemental du droit d'auteur, IGC/XII/12, Annexe A, 1973. Le texte de cette proposition ne définit pas ce qu'est la « propriété de l'État », mais sa formulation et l'objectif du document laissent entendre une reconnaissance de la propriété intellectuelle aux expressions de folklore dont le titulaire serait l'État.

[152] L'organe exécutif de la Convention de 1971, après avoir reçu la lettre de la Bolivie transmise par le directeur général de l'Unesco en décembre 1973, charge le Secrétariat de l'Unesco de procéder à une étude sur ce sujet et de lui présenter un rapport, ainsi qu'au Comité exécutif de l'Union de Berne dans la mesure où la protection du folklore relève du droit d'auteur. *V.* 22 C/28, n° 4 ; Rapport de la 12ème session ordinaire du Comité intergouvernemental du droit d'auteur, IGC/XII/17, n° 103.

[153] Première session extraordinaire du Comité de la Convention de 1971, IGC/XR.1(1971)/15, Annexe, n° 71 *sqq.*, Genève, déc. 1975.

[154] En application de la résolution 6.121.4 adoptée par la Conférence générale de l'Unesco à sa 19ème session, 1977, le comité d'experts sur la protection juridique du folklore s'est réuni à Tunis du 11 au 15 juillet 1977. Rapport de cette réunion : UNESCO/FOLK/I/4.

[155] 22 C/28, 1983, n° 5.

b) Le contexte socioculturel au plan mondial

50. Parallèlement au changement du contexte technique qui modifie la donne de la protection par la propriété intellectuelle du folklore, le contexte politique se modifie suite au second conflit mondial. Cette période correspond, à l'échelle mondiale, aux vagues d'émancipation des pays colonisés d'Asie, d'Afrique et d'Amérique du Sud. Parmi ces mouvements, deux courants de revendication en particulier ont participé à l'acceptation de la notion de patrimoine culturel immatériel, d'une part le besoin d'affirmer une identité encore incertaine (peuples nouvellement indépendants), et d'autre part le besoin de libérer une identité menacée (pays sous menace du néocolonialisme). Pour les pays, l'affirmation d'une identité culturelle propre est cruciale ; la protection des expressions traditionnelles en tant que « culture officielle » par un État lui procure une légitimité culturelle comme base de l'État-Nation. Tel est le cas de la protection de *El condor passa*, chant de résistance à la colonisation, consacré patrimoine folklorique de la nation péruvienne[156]. La demande de la Bolivie pour la protection du folklore s'inscrit dans le même contexte culturel et idéologique.

Au sein de l'Unesco, il existe à cette époque une volonté de prendre en compte les différentes cultures des régions du monde, notamment d'Afrique et d'Amérique du Sud. Dès 1972, après les deux conférences sur les politiques culturelles de Venise[157] et d'Helsinki[158], la Conférence générale de l'Unesco argumente sur la nécessité « d'éliminer les séquelles du colonialisme et de protéger les cultures internationales du néocolonialisme », et constate « l'influence néfaste que le colonialisme et le néocolonialisme sous toutes leurs formes et dans toutes leurs manifestations ont sur les cultures nationales des populations autochtones »[159]. La « crise des cultures » est ainsi constatée : les tendances « cosmopolites » qui s'accentuent dans la culture à cette époque, le développement rapide de la « culture de masse », « primaire par son contenu », sont considérés comme une « menace pour les cultures

---

[156] Valdimar Hafstein, « The most intensive clandestine commercialization and export : Intangible Heritage and Government Through Community », intervention à l'Atelier Patrimoine culturel immatériel, séminaire organisé par Lahic-CNRS (Laboratoire d'anthropologie et d'histoire de l'institution de la culture) et la mission ethnologie (ministère de la Culture et de la Communication) entre décembre 2006 et juin 2009, Hôtel de Vigny, Paris, le 19 déc. 2007, inédit.

[157] Conférence intergouvernementale sur les aspects institutionnels, administratifs et financiers des politiques culturelles, organisée par l'Unesco, Venise, 24 août - 2 sept. 1970.

[158] Conférence intergouvernementale sur les politiques culturelles en Europe, organisée par l'Unesco, Helsinki, 19-28 juin 1972.

[159] *Acte de la Conférence générale*, 17ème session, 17 C/RÉSOLUTIONS, point 3.312, 1972, Paris.

nationales des peuples et pour le développement culturel de l'humanité toute entière »[160].

En août 1982, la Conférence mondiale sur les politiques culturelles dite « Mondiacult »[161] révèle cette crise sociale de la fin des années 1970. Elle encourage dès alors la coopération culturelle et le rapprochement des peuples et recommande aux États membres de l'Unesco « d'accorder aux manifestations culturelles traditionnelles non encore consacrées le même rang qu'aux biens historiques ou artistiques, et d'épauler, sur le plan technique et financier, les mesures tendant à préserver, développer et diffuser ces manifestations culturelles »[162].

c) Les projets communs Unesco-OMPI

51. C'est dans ce cadre particulier, défini, d'une part, par les difficultés techniques du droit d'auteur, et d'autre part, par le contexte idéologique de l'époque, que la question de la protection juridique du folklore devient l'objet d'un projet commun de l'Unesco et de l'OMPI suite à leur première collaboration en 1973.

Leur coopération débute d'abord de façon informelle à l'occasion de l'élaboration de la Loi type de Tunis sur le droit d'auteur à l'usage des pays en voie de développement. Réalisée avec le soutien des deux organisations, la loi type accorde une protection spécifique aux œuvres du folklore national[163].

En février 1979, le Comité exécutif de l'Union de Berne gérée par l'OMPI et le Comité intergouvernemental de la Convention de 1971 gérée par l'Unesco décident communément d'élaborer un document similaire à la loi type de Tunis. Il s'agirait des dispositions types pouvant servir de modèle aux législations nationales, afin de résoudre le problème des aspects de propriété intellectuelle de la protection juridique des expressions du folklore[164].

---

160 Conférence générale de l'Unesco, 17ème session, 1972, Paris, 17 C/SHC/3 cote 202, Projet - Annexe - Recommandation, point 55, p. 2.

161 Conférence mondiale sur les politiques culturelles, organisée par l'Unesco, Mexico City, du 26 juillet au 6 août 1982. *V.* : Rapport final de la Conférence *Mondiacult*, CLT/MED/1, Partie III/3/80.

162 *Ibid*, Recommandation n° 64, p. 104.

163 Pour une présentation plus précise de cette loi type : n° 265.

164 Réunion du Comité régional d'experts sur les modalités d'application dans les États arabes des dispositions types sur les aspects « propriété intellectuelle » de la protection des expressions du folklore, Doha, 8-10 oct. 1984, UNESCO/OMPI/FOLK/AR/2, n° 17-24.

Un projet est adopté par deux réunions de groupes de travail en 1981[165], puis approuvé par un comité d'experts gouvernementaux convoqué conjointement par les deux organisations en 1982[166].

52. Suite à l'expérience des *Dispositions types* de 1982, l'Unesco et l'OMPI continuent à collaborer pour règlementer l'aspect de la propriété intellectuelle de la protection du folklore, compte tenu des particularités des différentes régions du monde[167]. Ensuite, un projet de traité international basé sur les *Dispositions types* est élaboré conjointement par les deux organisations. Toutefois, à l'issue d'une réunion d'experts sur ce projet de traité, la majorité des participants estime qu'il est prématuré d'établir un traité international dans la mesure où l'expérience acquise au niveau national est encore insuffisante, et qu'un instrument international ne peut dans un premier temps aller au-delà d'une simple recommandation[168]. En réalité, la plupart des pays industrialisés membres de l'OMPI ne sont pas prêts à accepter l'idée d'un folklore protégé par la propriété intellectuelle, jusqu'alors considéré comme dans le domaine public.

2) Le patrimoine non physique devant le patrimoine mondial

a) L'apparition de « patrimoine non physique » à l'Unesco

53. Au sein de l'Unesco, il est de plus en plus clair que la question de la protection juridique de folklore n'est pas uniquement envisagée par des projets de coopération avec l'OMPI mais doit intégrer l'ensemble de ses politiques culturelles et patrimoniales. En 1985, suite à une enquête réalisée auprès des États membres et conformément aux propositions des experts gouvernementaux, est établie une *Étude préliminaire sur les aspects techniques, juridiques et administratifs d'une règlementation internationale générale concernant la sau-*

---

165 Le premier groupe de travail est réuni le 7-9 janvier 1980 à Genève. Il est chargé d'étudier le projet de *Dispositions types de législation nationale sur la protection des créations du folklore* et commentaire de ces dispositions types (UNESCO/OMPI/WG.I/FOLK/2 et 2 ADD.) établis par le Bureau international de l'OMPI. À l'issue de ces examens et à partir des observations et suggestions formulées à cette occasion, est élaboré un nouveau projet intitulé *Dispositions types révisées de législation nationale sur la protection des expressions du folklore* (ci-après *Dispositions types* de 1982) et un commentaire de ce projet (UNESCO/OMPI/WG.II/FOLK/2 et 3). Une deuxième réunion du groupe de travail en février 1981 à Paris a adopté le projet (Annexe I du UNESCO/OMPI/WG.II/FOLK/4).

166 À Genève, du 28 juin au 2 juillet 1982 ; *v.* également : CPY-84/CONF.603/COL.2.

167 Trois groupes de travail sont ainsi organisés en Amérique latine et aux Caraïbes (1981, Bogota), en Asie et au Pacifique (1982, New Delhi) et en Afrique (1983, Dakar).

168 Réunion du groupe d'experts sur la protection internationale des expressions du folklore par la propriété intellectuelle, 10-14 déc. 1984 ; *v.* OMPI/GRTKF/IC/2/7, n° 14-15.

vegarde du folklore (ci-après *Étude préliminaire*)[169]. Cette étude est obligatoire, selon les règlements internes de l'organisation, avant de proposer de réglementer une question par voie d'adoption d'une recommandation aux États membres ou d'une convention internationale[170].

La définition du folklore est largement débattue dans cette étude, notamment en prenant en compte les réponses de plus de 70 États membres à ladite enquête[171]. Les missions d'enquête et d'information mettent en exergue l'ampleur et la nécessité de protéger des *pratiques et savoirs traditionnels* dont le folklore ne serait finalement qu'une sous-catégorie. Une définition du folklore y est proposée : « Le folklore (au sens large de culture traditionnelle et populaire) est une création émanant d'un groupe et fondée sur la tradition, exprimée par un groupe ou par des individus reconnus comme répondant aux attentes de la communauté en tant qu'expression de l'identité culturelle et sociale de celle-ci ; les normes et les valeurs se transmettent oralement, par imitation ou par d'autres manières »[172]. S'appuyant sur son caractère d'expression de l'identité culturelle et sociale, cette définition est dès alors assez proche de la définition actuelle du patrimoine culturel immatériel qui est, elle aussi, dotée d'une tournure clairement ethnologique.

54. Ainsi, progressivement, la question du folklore sort du « simple » domaine de la propriété intellectuelle et se dote d'un statut de patrimoine culturel, ce qui répond aux réclamations de l'identité culturelle par les pays dits du Sud à l'origine de la problématique de la protection du folklore. Avec les travaux effectués dans le cadre de la Convention concernant la protection du patrimoine mondial, culturel et naturel de 1972 (désormais Convention de 1972)[173], au sein de l'Unesco, les réflexions sur le folklore ou la culture traditionnelle rejoignent celle du patrimoine culturel en général.

En ce sens, un rapport de la 22ème session de la Conférence générale de l'Unesco (1983) reprend l'idée du rapport final de *Mondiacult* : « les méthodes retenues [de recherche, d'étude et de préservation] devraient également

---

[169] Annexe II, *Opportunité d'adopter une règlementation internationale générale concernant la sauvegarde du folklore*, Conférence générale, 23ème session, 1985, Sofia, 23 C/32.

[170] *Règlement relatif aux recommandations aux États membres et aux conventions internationales prévues par l'article IV, paragraphe 4, de l'Acte constitutif*, adopté par la Conférence générale à sa 5ème session (5 C/RÉS., p. 139 *sqq.*) et modifié à ses 7ème, 17ème, 25ème et 32ème sessions (32 C/RÉS., p. 129-130).

[171] *Étude préliminaire…*, n° 109.

[172] Rapport du deuxième comité d'experts gouvernementaux sur la préservation du folklore, Paris, janvier 1985, UNESCO/PRS/CLT/TPC/II.5, Annexe I : *Conclusion du comité d'experts gouvernementaux*, p. 1.

[173] Adoptée à la 17ème session de la Conférence générale de l'Unesco le 16 nov. 1972, Paris.

être adaptées aux différentes régions ou aux diverses catégories de patrimoine »[174]. Pour exemple, le rapport cite l'intérêt de la Colombie pour la création de conditions permettant « l'élaboration d'une méthode de protection du *patrimoine non physique* dans la région de l'Amérique latine et des Caraïbes »[175].

55. À cette Conférence générale (1983), le programme et budget de l'Unesco pour 1984-1985 prévoit pour la première fois, au titre d'un nouveau sous-programme (XI.1.2) intitulé *Inventaire, collecte et étude du patrimoine non physique*, une série d'actions en faveur de ce nouveau « membre de la famille » du patrimoine culturel. Il prévoit que les « voies et moyens d'assurer la sauvegarde du folklore seront poursuivis, en liaison avec les activités prévues au programme XI.2 (*La culture et l'avenir*) »[176]. C'est également à cette Conférence générale que pour la première fois, est annoncé explicitement le lien entre les aspects matériels et immatériels du patrimoine : « Les manifestations non physiques du patrimoine culturel, qui sont à la fois nombreuses et diversifiées, sont aussi vitales pour la continuité d'une culture que les éléments tangibles qui ont jusqu'à présent retenu l'attention. Dans de nombreux cas, les deux aspects sont inséparables, car le savoir-faire de l'artiste et de l'artisan ainsi que les connaissances concrétisées dans la tradition orale sont essentiels pour la conservation du patrimoine culturel matériel »[177].

Le sous-programme *Inventaire, collecte et étude du patrimoine non physique* continuera à exister jusqu'en 1993, quand l'expression « patrimoine culturel intangible » (« *intangible cultural heritage* » dans la version anglaise du document) vient le remplacer dans le programme et budget de la 27ème Conférence générale de l'Unesco[178]. À la session suivante de la Conférence générale en 1995, les termes sont devenus, dans la version française, le « patrimoine immatériel »[179], sans que le contenu du programme ni le terme en anglais soient modifiés.

L'existence de cette notion de « patrimoine non physique » entre 1983 et 1993 est sans doute une manière de permettre l'intégration du folklore ou de la culture traditionnelle populaire dans les programmes de patrimoine culturel de l'Unesco sans évoquer le terme folklore qui suggère plutôt l'idée

---

[174] Conférence générale, 22ème session, 1983, Rapport de la commission V, 22 C/COM.V/2, Partie I, p. 3, Unité 18, n° 11.

[175] *Ibid.* Notre italique.

[176] 22 C/5, paragraphes 15115-15117.

[177] 22 C/COM.V/2, Partie I, p. 2, Unité 18, n° 9 ; n° 12-14.

[178] 27 C/5 approuvé, titre III.1.2. *Le patrimoine culturel intangible*, paragraphes 03124 *sqq*.

[179] 28 C/5 approuvé, titre III.1.2. *Le patrimoine immatériel*, paragraphes 03131 *sqq*.

de sa protection par la propriété intellectuelle. On constate cependant que cette notion de patrimoine non physique peine à s'intégrer dans le cadre général du patrimoine culturel de l'Unesco et rencontre finalement peu de succès. Sa disparition des documents officiels de l'organisme correspond à l'évolution des réflexions vers le patrimoine culturel immatériel qui ne se limite plus à la culture « populaire ».

56. Les activités de l'Unesco sur le désormais dénommé patrimoine non physique rencontrent une difficulté majeure à caractère financier et budgétaire. En décembre 1983, les États-Unis d'Amérique annoncent leur retrait de l'Unesco pour la fin de l'année 1984 se plaignant d'une tendance à la politisation de l'organisation sur l'ensemble des sujets dont elle traite, notamment sur ceux de la liberté des marchés et de la presse ; un dysfonctionnement de son organisation financière et budgétaire ; enfin un déséquilibre entre l'importante contribution du pays comparée à une influence politique faible[180]. Sur le premier point, il est généralement admis qu'à cette époque, l'Unesco a tendance à se rapprocher des pensées tiers-mondistes. Les travaux de la Conférence *Mondiacult* et de la 22ème Conférence générale le prouvent.

Après le retrait des États-Unis, les difficultés financières et budgétaires que rencontre l'Unesco font réaliser à quel point le fonctionnement de l'organisation repose sur ce pays : plusieurs rapports officiels de l'organisation l'admettent[181]. Malgré cela, l'orientation de l'Unesco n'est pas modifiée et même le budget consacré au patrimoine non physique augmente. Si le premier budget en 1984-1985 ne représente que 0,6 % du budget général du patrimoine culturel[182], ce chiffre augmente dès la Conférence générale de

[180] Sean Murphy, « USA's return to Unesco », *American Journal of International Law*, oct. 2003, n° 97/4, p. 977-979. – « U.S. Statement on Unesco (announcement) », *New York Times*, 30 déc. 1983, p. A4. – *Communication du secrétaire d'État des États-Unis d'Amérique concernant le retrait des États-Unis d'Amérique*, 119 EX/14, avril 1984.

[181] *V.* les documents de la 122ème session du Conseil exécutif de l'Unesco sur la question du retrait des USA: *Décisions adoptées par le Conseil exécutif*, 122 EX/Décisions, le *Rapport du Directeur général sur la situation financière et budgétaire de l'organisation en 1985*, 122 EX/31. Également le *Rapport du Directeur général*, 26ème session, Conférence générale, 1991, 26 C/3, partie graphique, p. XXXV, sur les crédits inscrits au budget et montants demandés de 1979 à 1989.

[182] *Projet de programme et de budget pour 1984-1985*, 22ème session de la Conférence générale, 1983, Paris, 22 C/5 approuvé, n° 11101 : pour le programme XI.1 - *Patrimoine culturel*: 34 221 600 dollars des États-Unis d'Amérique (ci-après USD) ; n° 11121 : pour le sous-programme XI.1.2 - *Inventaire, collecte et étude du patrimoine non physique*, 218 800 USD.

1985 pour atteindre 2,7 % du budget général du patrimoine culturel puis 4,9 % en 1987[183].

b) Les contestations sur les critères de sélection du patrimoine mondial

57. Les réflexions sur les aspects « non physiques » du patrimoine, bien que de plus en plus considérées, n'apparaissent pas encore dans le cadre de la *Convention concernant la protection du patrimoine mondial, culturel et naturel* de 1972 (désormais Convention de 1972)[184]. Cependant, les révisions des *Orientations devant guider la mise en œuvre de la Convention du patrimoine mondial*[185] démontrent d'ores et déjà que la prépondérance du caractère bâti du patrimoine culturel ne fait pas l'unanimité parmi les États membres[186]. Malgré son efficacité[187], certains principes de la Convention de 1972 sont fortement contestés, notamment la valeur monumentale (*i*) et les critères d'authenticité (*ii*). Ces critiques sont en réalité liées aux aspects immatériels du patrimoine culturel qui sont jusqu'alors ignorés par la Convention de 1972 et participent à la remise en examen de la politique d'orientation du patrimoine culturel de l'organisation.

---

183 1986-1987 : 23 C/5 approuvé (Programme et budget), Programme XI.1 - *Patrimoine culturel:* 27 128 500 USD. (n° 11101). Sous-programme XI.1.1 - *Inventaire, collecte et étude du patrimoine non physique*, 754 900 USD (n° 11102). 1988-1989 : 24 C/5 approuvé (Programme et budget), Programme XI.1 - *Patrimoine culturel*: 23 185 900 USD. (n° 11101). Sous-programme XI.1.1 - *Inventaire, collecte et étude du patrimoine non physique*, 1 136 100 USD (n° 11102).

184 Quoique l'étude de Mme Janet Blake affirme que l'intégration du patrimoine culturel immatériel dans le cadre de la Convention de 1972 de l'Unesco a été d'abord envisagée et incluse dans les travaux préparatoires en vue de la Convention, mais a finalement été abandonnée avant la rédaction de la version finale du texte. Toutefois l'auteur ne donne pas davantage de précisions sur la question. Janet Blake, *Élaboration d'un nouvel instrument normatif pour la sauvegarde du patrimoine culturel immatériel : Éléments de réflexion*, Unesco, CLT.2001/WS/8 REV., version révisée 2002, p. 80, note de bas de page 402.

185 Il s'agit d'un document élaboré par le Comité du patrimoine mondial, principal organe de mise en œuvre de la Convention de 1972, dans lequel sont précisés les critères pour l'inscription de biens sur la Liste du patrimoine mondial et pour l'assistance internationale fournie au titre du Fonds du patrimoine mondial. Ce document est régulièrement révisé par le Comité afin d'intégrer les nouveaux concepts, connaissances ou expériences. Sa première version est élaborée en 1977 et la dernière en 2008.

186 Rapport du Comité du patrimoine mondial, 12ème session, 1988, SC.88/CONF.001/13, n° 25-26.

187 La Convention de 1972 serait l'instrument normatif la plus efficace parmi tous ceux destinés à la protection du patrimoine culturel. J. Blake, *Élaboration d'un nouvel instrument normatif …*, *op. cit.*, p. 80.

i) La valeur monumentale

58. Concernant la valeur d'un monument ou site, un principe souvent contesté est l'interprétation du critère d'évaluation pour l'inscription sur la liste du Patrimoine mondial « l'influence exercée par un bien ». D'après le professeur Léon Pressouyre, en recommandant de ne tenir compte de l'influence exercée par un bien du patrimoine mondial que dans la mesure où celle-ci est perceptible sur des monuments ou des ensembles de nature immobilière, les rédacteurs de la Convention de 1972 ont considérablement réduit la portée de ce critère[188].

Ces critère et raisonnement – estimés comme « eurocentriques »[189] – auraient entraîné un fort déséquilibre sur la liste du patrimoine mondial. Ainsi, en 1994, près de 50 % des biens inscrits sur la liste sont situés en Europe[190]. D'autres régions comme l'Asie et l'Afrique, où la tradition architecturale ne se soumet pas aux mêmes principes qu'en Europe, se voient alors largement sous-représentées, puisque les traces intangibles des biens culturels sont subordonnées à la présence de témoins physiques dans l'interprétation de la Convention de 1972. La liste paraît donc favoriser les cultures dotées d'une histoire architecturale très développée aux dépens de celles dont l'expression culturelle revêt d'autres formes.

59. Pour relativiser cette restriction, le Comité du patrimoine mondial a permis une lecture interprétative de ce critère, par exemple dans les dossiers du Mont Taishan et du Mont Huangshan[191] pour lesquels la notion d'influence est attachée à l'ensemble des arts plastiques (notamment à la peinture), au lieu d'être restreinte aux seuls ensembles monumentaux ou immobiliers[192]. Toutefois, le Comité hésite à franchir un pas supplémentaire et à recommander la prise en compte de l'« ensemble des filiations culturelles, y compris celles qui concernent le patrimoine immatériel »[193]. En effet, si un bien bâti ou un site naturel est du point de vue architectural « ordinaire »,

---

188 Léon Pressouyre, « La mémoire n'est pas que de pierres », *Le Courrier de l'Unesco*, décembre 2000, p. 18-19.

189 J. Blake, *Élaboration d'un nouvel instrument normatif…*, *op. cit.*, p. 80

190 L. Pressouyre, « La mémoire n'est pas que de pierres », précité, p. 19.

191 Mont Taishan 泰山, Chine, référence du Patrimoine mondial N/C 437 (1987) ; Mont Huangshan 黄山, Chine, référence du Patrimoine mondial N/C 547 (1990).

192 Document pour l'inscription par l'Icom-Icomos (Conseil international des musées - Conseil international des monuments et des sites), *Évaluation des organisations consultatives*, 1986, n° 437, critère II.

193 L. Pressouyre, « La mémoire n'est pas que de pierres », précité, p. 19.

les influences ethnologiques et sociales, même très importantes, ne sont pas suffisantes pour justifier son inscription à la liste de Patrimoine mondial.

60. C'est la raison pour laquelle, en 1992, les *Orientations devant guider la mise en œuvre de la Convention du patrimoine* ont été modifiées pour y intégrer le concept de paysage culturel et les sites sacrés[194]. Afin d'améliorer la représentativité de la liste du patrimoine mondial, cette nouvelle stratégie adoptée avait pour objectif de conduire à l'extension du concept de patrimoine mondial dans la convention, en faisant apparaître une approche anthropologique plus générale qui considère les vestiges matériels dans un contexte social et culturel plus large[195]. Au départ, les organismes consultatifs de l'Unesco ont considéré l'élaboration d'un critère pour les paysages culturels prématurée puisque « l'adjonction d'un tel critère à ceux qui régissaient les sites culturels entraînerait un certain nombre de conséquences pour les sites naturels » et que « tous les États n'étaient pas prêts à admettre le bien-fondé de cette adjonction »[196]. Malgré cette attitude sceptique, le concept de paysage culturel est intégré quelque temps plus tard dans les *Orientations* (version 1994), participant à un assouplissement progressif de la valeur monumentale.

61. Sur cette question, l'exemple du sanctuaire confucéen de *Jongmyo* (ou *Chongmyo*) en République de Corée semble révélateur. Le sanctuaire de *Jongmyo* est inscrit en 1995 sur la liste du patrimoine mondial sous le titre du critère IV défini par les *Orientations :* « offrir un exemple éminent d'un type de construction ou d'ensemble architectural ou technologique ou de paysage illustrant une ou des périodes significative(s) de l'histoire humaine », sa valeur étant « renforcée par la persistance d'un important élément du patrimoine culturel intangible »[197]. Les éléments immatériels tels que les rites et les traditions qui se présentent dans le site bâti ne sont cependant pas reconnus en tant que tels par la Convention de 1972. Ce n'est qu'en 2001[198] que le « rituel royal ancestral du sanctuaire de *Jongmyo* et sa musique » fut re-

---

[194] Modification du paragraphe 24(b)-(ii) et 34 des *Orientations* : *v.* le document du Comité du patrimoine mondial, 16ème session, Santa Fe, déc. 1992, WHC-92/CONF.002/10/ADD. *V.* aussi l'historique des *Orientations* [http://whc.unesco.org/fr/orientationshistorique]

[195] J. Blake, *Élaboration d'un nouvel instrument normatif …*, *op. cit.*, p. 82.

[196] *Rapport du Comité du patrimoine mondial*, 15ème session, 1991, SC-91/CONF.002/15, n° 58-61.

[197] Décision du Comité du patrimoine mondial, rapport de son 19ème session, déc. 1995, WHC-95/CONF.203/16, p. 47, n° 738.

[198] À l'occasion de la première Proclamation des chefs-d'œuvre du patrimoine oral et immatériel de l'humanité : *infra*, n° 80.

connu comme patrimoine culturel en tant que tel, ce rituel étant le véritable sens du site *Jongmyo*, sans lequel le site bâti perdrait sa raison d'être.

ii) Le critère d'authenticité

62. Les critiques sur les critères d'inscription de la Convention de 1972 se concentrent également sur celui de l'authenticité.

Dans les *Orientations* de 1980, ce critère est défini comme suit : « répondre au critère d'authenticité pour ce qui est de leur conception, de leurs matériaux, de leur exécution ou de leur situation (le Comité a souligné que la reconstruction n'est acceptable que si elle s'appuie sur une documentation complète et détaillée de l'original et si elle n'est aucunement conjecturale) »[199]. Outre le rajout en 1994 d'une phrase « et dans le cas d'un paysage culturel, de son caractère ou de ses composants distinctifs », ce critère reste inchangé depuis la version de 1980 jusqu'à celle de juillet 2002.

63. Ce critère d'authenticité, sensible dans l'espace européen, n'a pas toujours la même interprétation ni la même valeur dans le reste du monde. L'exemple le plus célèbre est sans doute le sanctuaire *Ise Jingū* 伊勢神宮 (ou *Ise Shrine*) au Japon qui est périodiquement reconstruit à l'identique. Situé dans la ville d'*Ise*, ce temple-sanctuaire est construit, selon les chroniques officielles, au quatrième siècle avant notre ère. Depuis la fin du septième siècle, tous les 20 ans, les temples y sont volontairement détruits (incendiés) avant qu'une reconstruction à l'identique n'y soit procédée[200]. Une série de cérémonies et de préparatifs dénommée *Shikinen sengū* débute souvent cinq à huit ans avant la cérémonie officielle de réaménagement[201]. Ainsi, l'authenticité s'attache essentiellement à la fonction du monument, beaucoup plus qu'au matériau ou à la forme[202]. Ce site, reconnu généralement

---

[199] *Orientations devant guider la mise en œuvre de la Convention du patrimoine mondial*, version octobre 1980, WHC 2/Révisé, *Critères relatifs à l'inscription de biens culturels sur la liste du patrimoine mondial*, critère b.

[200] Les bâtiments actuels, qui datent de 1993, sont de la 61ème reconstruction et seront remplacés en 2013. Les premières cérémonies de préparation de la future reconstruction se sont déroulées en mai 2007 afin de consacrer les bois qui y seront utilisés.

[201] Voir le déroulement de la 61ème *Shikinen sengu* entre 1985-1993 sur le site web officiel du *Ise Jingū* : [http://www.isejingu.or.jp/english/sikinen/sikinen2.htm].

[202] Présentation très détaillée de l'histoire du temple sur le site web officiel du *Ise Jingū* : [http://www.isejingu.or.jp/english/index.htm]. Également : Jonathan M. Reynolds, *Ise Shrine and a Modernist construction of Japanese tradition*, *The Art Bulletin*, June 2001.

comme représentatif de la culture nationale de *Shintō*[203], a vu cependant son inscription refusée sur la liste du patrimoine mondial de l'Unesco[204].

64. L'exemple du temple *Ise Jingū* n'est pas un cas isolé. On peut bien entendu relever quelques rares exemples de monuments reconstruits pour lesquels le critère d'authenticité paraît relativisé, tels que le centre historique de Varsovie ou le monastère de Rila[205], le premier considéré comme un « exemple unique de reconstruction *ex nihilo* témoignant à la fois de la volonté d'enracinement dans son passé de tout un peuple et de l'excellence scientifique des méthodes de restauration des archéologues et des architectes »[206] et le second comme un « témoignage privilégié de la Renaissance bulgare et des revendications identitaires qu'elle a révélées sur un site symbolique tout imprégné d'histoire nationale et d'orthodoxie »[207]. Malgré ces exceptions, le professeur Pressouyre estime que le critère d'authenticité, étant dans la majorité des cas rigoureusement appliqué, a en réalité provoqué des phénomènes de rejet lors de l'inscription de certains sites de grande valeur, sans doute aussi d'autres sites de cultures dans lesquelles l'attachement au matériel est moindre.

65. En 1994, une conférence sur le critère d'authenticité dans le cadre de la Convention de 1972 est organisée sur l'invitation de l'Agence des affaires culturelles du gouvernement japonais et la préfecture de Nara et avec la

---

[203] Le *Shintō* ou le shintoïsme 神道 est généralement considéré comme la religion fondamentale la plus ancienne du Japon, essentiellement polythéiste et liée particulièrement à sa mythologie. Le terme est employé par opposition au bouddhisme « importé » au Japon au VIe siècle. Quoique cette vision « sommaire » de la chose serait artificielle, car l'opposition entre le shintoïsme et le bouddhisme et la place de la religion nationale du *Shintō* serait une création artificielle dans l'objectif d'affirmation de l'État-Nation par les théoriciens de la restauration impériale à la fin du XIXe siècle. *V. Encyclopaedia universalis*, article « *Shinto* », par René Sieffert.

[204] Kenji YOSHIDA, « Le musée et le patrimoine culturel immatériel », *Museum international*, n° 221-222, p. 110.

[205] Varsovie (Pologne), inscription 1980, réf. C30 ; monastère de Rila (Bulgarie), inscription 1983, réf. C216. Léon Pressouyre, *La Convention du patrimoine mondial, vingt ans après*. éd. Centre du patrimoine mondial, Unesco, 1993, p. 12.

[206] L. Pressouyre, « La mémoire n'est pas que de pierres », *ibid.* L'organisation consultative d'évaluation (Icomos) a estimé que « le critère d'authenticité n'a pas lieu d'être invoqué dans son acception la plus étroite » mais « s'attache à cette réalisation unique des années 1945 à 1966 ». Rapport d'évaluation réf. C30.

[207] L. Pressouyre, *ibid.* L'Icomos a estimé lors du premier examen que le monastère « ne répond plus au critère d'authenticité » (juin 1983) mais a finalement accepté son inscription après la 9ème évaluation (sept. 1983). Rapport d'évaluation réf. C216.

coopération de l'Unesco[208]. Le Japon a ratifié la Convention de 1972 deux ans auparavant. Le *Document de Nara sur l'authenticité* rédigé à cette occasion[209] réclame que les évaluations de valeur et d'authenticité ainsi que de la fiabilité des sources d'information ne doivent se baser que sur des critères uniques. Au contraire, le respect dû à toutes les cultures exige que l'authenticité d'un patrimoine culturel soit considérée essentiellement dans les contextes culturels auxquels il appartient (paragraphe 11-12).

La conférence ouvre une vision novatrice en appelant à « élargir les horizons dans la perspective d'assurer un plus grand respect, dans la pratique de la conservation, de la diversité des cultures et des patrimoines »[210]. Cette conférence met également l'accent sur les aspects immatériels ou « valeurs associatives » qui peuvent compléter l'évaluation et la conservation du patrimoine matériel. Pour ces raisons, cette conférence constitue un grand pas dans l'élargissement de la notion de patrimoine culturel au sein de l'Unesco[211]. L'année suivante (1995), le Comité du patrimoine mondial décide lors de sa 18ème session que la question de l'authenticité doit faire l'objet d'une réflexion afin d'intégrer son esprit dans les *Orientations*[212]. Cela ne sera réalisé que dix ans plus tard[213]. Si l'interprétation du critère d'authenticité devient désormais plus souple, il ne s'agit pas encore d'une véritable acceptation de la valeur de l'immatériel.

66. Les critiques sur la Convention de 1972 démontrent l'impossibilité de ce texte de sauvegarder et protéger le patrimoine culturel immatériel. Certaines voix s'élèvent pour demander une révision de la Convention de

---

208 Nara, Japon, 1-6 nov. 1994, organisée en coopération avec Unesco, Iccrom et Icomos. L'Agence japonaise pour les affaires culturelles est un composant du ministère de l'éducation, de la culture, du sport, de la science et technologie.

209 *Document de Nara sur l'Authenticité* – Compte rendu : Conférence Nara sur l'Authenticité, éd. Unesco, Iccrom, Icomos, 1995.

210 Préambule du *Document de Nara sur l'authenticité.* Le centre de documentation Unesco-Icomos propose une sélection bibliographique sur le sujet : *Authenticité (dans le cadre de la convention du patrimoine mondial)*, disponible sur le site Web de l'Icomos : [http://www.international.icomos.org/centre_documentation/convention_bibliography.pdf].

211 Discours de M. Koïchiro MATSUURA, ancien directeur général de l'Unesco à l'occasion de la Conférence internationale *La sauvegarde du patrimoine culturel matériel et immatériel : vers une approche intégrée*, l'Unesco et l'Agence japonaise pour les affaires culturelles, 19-23 oct. 2004, Nara, Japon, DG/2004/141.

212 Rapport du Comité du patrimoine mondial, 1995, WHC-94/CONF.003/16, point XIV.4, p. 65.

213 Entre-temps, les *Orientations* ont connu plusieurs révisions en 1996, 1997, 1999 et 2002. La version 2005 des *Orientations* cite explicitement le *Document de Nara sur l'authenticité*, WHC.05/2, n° 79 *sqq*.

1972 afin d'y intégrer le concept de « patrimoine non physique », mais l'idée n'est pas facile à accepter car cette convention est considérée comme l'instrument international le plus efficace qui ne doit pas être modifié[214]. De surcroît, du point de vue pratique, une telle révision ne pourra se faire que par un vote majoritaire à la Conférence générale de l'Unesco (art. 37 de la Convention de 1972), ce qui n'est pas acquis d'avance ; la révision ne liera que les États qui accepteront de signer à nouveau la convention portant révision (art. 37), la convention risque alors de perdre un certain nombre de ses pays membres.

B. Vers une convention de droit international public

67. L'idée d'une préservation par le droit « dur » du patrimoine culturel immatériel n'a pu se réaliser que par étape. Les réflexions et expériences effectuées au sein de l'Unesco ont démontré l'impossibilité de prendre en compte l'aspect non physique du patrimoine culturel par la Convention de 1972, et même de tenter une modification de cette dernière. Ainsi, la volonté de contrebalancer la valeur monumentale s'oriente vers la tentative de préparer un instrument spécifique sur le folklore ou la culture traditionnelle populaire, la *Recommandation sur la sauvegarde de la culture traditionnelle et populaire* de 1989. Bien que se terminant par un échec, cette tentative prépare les esprits et conduit à la décision d'élaborer une convention internationale.

1) Les tentatives d'ouverture d'une nouvelle voie : la Recommandation de 1989

a) La préparation de la Recommandation de 1989

68. Après une série de réflexions, il est admis à l'unanimité lors de la réunion du deuxième comité d'experts gouvernementaux sur la préservation du folklore en janvier 1985[215] qu'une recommandation internationale, un « instrument souple », serait un outil plus adapté pour la protection du folklore[216].

Cette proposition des experts gouvernementaux est adoptée par la 23ème Conférence générale de l'organisation en novembre 1985. Il est décidé que « la question de la sauvegarde du folklore *pourrait* faire l'objet d'un instrument international par voie d'une recommandation aux États membres »[217].

---

214 J. Blake, *Élaboration d'un nouvel instrument normatif…*, *op. cit.*, p. 80-81, titre 6.1-6.2.

215 *V. supra*, n° 54.

216 UNESCO/PRS/CLT/TPC/II.5, p. 7, n° 51.

217 Résolution 15.3 adoptée par la 23ème session de la Conférence générale, 1985, 23C/Résolutions, 15.3, p. 90. C'est nous qui soulignons.

Le directeur général est chargé de réunir un comité spécial d'experts gouvernementaux pour examiner la question et de rédiger un rapport pour la prochaine session de la 24ème Conférence générale[218]. Il ressort des délibérations de ce comité un accord unanime à reconnaître « l'urgente nécessité d'une réglementation internationale sur la sauvegarde du folklore » dont « l'importance, *en tant que partie intégrante du patrimoine culturel* et de la culture vivante du monde, s'affirme de plus en plus »[219]. Puis, lors de la 24ème Conférence générale en 1987, la « possibilité » de 1985 devient un impératif : la résolution de la Conférence générale indique en effet que « la question de la sauvegarde du folklore *doit* faire l'objet d'une recommandation aux États membres »[220].

69. Il est intéressant de constater que cette résolution apparaît dans le programme « droit d'auteur » et non pas dans le programme « culture », alors que le patrimoine non physique existait déjà dans le programme XI.1 (culture). Par ailleurs, le budget du Comité spécial de techniciens et de juristes chargés de préparer un projet de règlementation internationale est partagé, dans le Programme et budget approuvé pour 1986-1987, par le sous-programme XI.1.1 « patrimoine non physique » et le programme « droit d'auteur »[221].

On constate que la question de folklore est à cette époque toujours envisagée sous l'angle de propriété intellectuelle. Pourtant, l'*Étude préliminaire* insiste sur le fait que le droit d'auteur n'est qu'un seul aspect de la protection du folklore (n° 164 *sqq.*). De même, lors de la discussion à la Commission du programme I de la 23ème Conférence générale[222], plusieurs représentants

---

218 La Conférence générale, aux termes de l'article 9 du *Règlement relatif aux recommandations aux États membres et aux conventions internationales* (précité), ne peut se prononcer sur l'adoption d'un projet de convention ou de recommandation avant la session ordinaire qui suit celle où elle aura décidé si la question examinée doit faire l'objet d'une réglementation internationale en la matière et la forme que prendra cette réglementation. Mais la Conférence générale peut charger le directeur général d'établir un rapport accompagné d'un avant-projet de la recommandation.

219 24 C/31, n° 15. C'est nous qui soulignons. Durant les discussions, les délégations ont regretté l'absence d'un mécanisme international dans ce domaine, alors qu'il en existe dans d'autres, notamment pour le patrimoine physique (Rapport de ce Comité, 24 C/31 Annexe III, n° 25). Il y a eu une longue discussion sur la question de la propriété intellectuelle et les délégations sont très partagées sur la question de savoir si la propriété intellectuelle doit faire partie de la future recommandation (n° 29-33).

220 24 C/Résolution, 15.3.1. C'est nous qui soulignons.

221 23 C/5 approuvé, n° 11105 et Activités générales, n° 15109.

222 Rapport de la Commission du programme I de la Conférence générale (23ème session), Partie II - point 6.7 de l'ordre du jour - *Opportunité d'adopter une réglementation internationale générale concernant la sauvegarde du folklore*, oct. 1985, n° 26 et 27, 23 C/COM.I/2. La Commission

d'États soulignent que la protection du folklore ne doit « pas être examinée sous l'angle du droit d'auteur » mais est une question qui relève du secteur de la culture. En effet, dans l'*Étude préliminaire*, la définition du folklore s'oriente davantage vers une définition de la culture traditionnelle et populaire (n° 16). Il semble qu'à cette époque, l'Unesco a une vision partagée de la protection du folklore : l'aspect de sauvegarde « d'ordre matériel », c'est-à-dire des infrastructures destinées à l'identification, la conservation et la préservation, relèverait de l'Unesco seule et l'aspect de protection juridique par la propriété intellectuelle serait vu comme un travail de coopération entre l'Unesco et l'OMPI.

70. Ainsi, les efforts de préservation du folklore au sein de l'Unesco aboutissent le 15 novembre 1989 à la *Recommandation sur la sauvegarde de la culture traditionnelle et populaire* (ci-après Recommandation de 1989) adoptée lors de la 25ème Conférence générale. Pour l'Unesco, cette Recommandation est sans doute aussi un moyen d'étendre son mandat en matière de droit culturel et de gagner en légitimité en élargissant la sphère que couvre la notion de patrimoine culturel. Comme prévu, il s'agit d'une « recommandation » : la nature non contraignante et la portée juridique restreinte de ce type de document est à la fois prévue par l'Acte constitutif de l'Unesco[223] et généralement acceptée par la doctrine juridique[224].

---

du programme I s'occupe en général des projets de programme et de budget ainsi que des questions sur la politique générale et les méthodes de travail de l'Organisation.

[223] L'article IV paragraphe 4 de l'Acte constitutif de l'Unesco distingue « les recommandations aux États membres et les conventions internationales à ratifier par les États membres. Dans le premier cas, la majorité simple suffit ; dans le second, une majorité des deux tiers est requise. Chacun des États membres soumettra les recommandations ou conventions aux autorités nationales compétentes, dans le délai d'un an à partir de la clôture de la session de la Conférence générale au cours de laquelle elles auront été adoptées ». Le *Règlement relatif aux recommandations aux États membres et aux conventions internationales prévues par l'article IV, paragraphe 4, de l'Acte constitutif* (adopté par la Conférence générale à sa 5ème session et modifié à ses 7ème, 17ème, 25ème et 32ème sessions, 32 C/Rés.) précise que les recommandations sont des instruments « par lesquels la Conférence générale formule les principes directeurs et les normes destinés à réglementer internationalement une question et invite les États membres à adopter, sous forme de loi nationale ou autrement, suivant les particularités des questions traitées et les dispositions constitutionnelles respectives des différents États, des mesures en vue de donner effet dans les territoires sous leur juridiction aux principes et normes formulés ».
Ses articles 16 et 17 précisent que le simple fait de l'adoption d'une recommandation entraîne des obligations pour les États membres qui n'auraient pas voté en sa faveur de soumettre la recommandation aux autorités nationales compétentes, néanmoins, cela n'implique nullement que la recommandation doit être acceptée. La vocation des recommandations est donc d'influencer le développement des législations et des pratiques nationales, sans création des normes juridiques précises.

b) Les critiques sur la Recommandation de 1989

71. Cependant, cette Recommandation de 1989 connaît un succès très limité. D'après une étude de M. Richard Kurin[225], les réponses des États membres au *Questionnaire sur l'application de la Recommandation de 1989* distribué par l'Unesco en 1994 démontrent que ce document n'a pas obtenu d'écho important au sein de la communauté internationale ; seule une petite partie des pays prend sérieusement en considération son application. En effet, suite à l'adoption de la recommandation, tous les États membres de l'Unesco sont censés soumettre le document auprès des autorités nationales et déposer un rapport à l'Unesco sur la suite qu'ils lui auront donnée[226]. Toutefois, seuls six parmi les 159 États membres ont effectivement déposé ce rapport et ce même après une lettre de rappel du directeur général de l'Unesco en 1990[227]. D'après les réponses au questionnaire de 1994 fournies par 103 États membres, 66 % d'entre eux estiment qu'une nouvelle politique sur la culture traditionnelle et populaire devrait être élaborée au sein de l'Unesco.

72. C'est dans cette situation défavorable pour la Recommandation de 1989 que huit séminaires régionaux sont organisés par l'Unesco entre 1995 et 1999 pour procéder à une évaluation systématique de l'application de ce document dans toutes les régions au monde[228]. Aboutissement de ces séminaires régionaux, une conférence intitulée *Évaluation globale de la Recommandation de 1989 relative à la sauvegarde de la culture traditionnelle et du folklore : Partici-*

---

224 Emmanuel Decaux, *Droit international public*, Dalloz, 2008, n° 69-71. – David Ruzié, *Droit international public*, Dalloz, 2008, p. 161. – Jean Combacau & Serge Sur, *Droit international public*, Montchrestien, 2008, p. 104-105. – Jean Salmon (dir.), *Dictionnaire de droit international public*, Bruylant Bruxelles, 2001.

225 Richard Kurin, "The Unesco Questionnaire on the Application of the 1989 Recommendation on the Safeguarding of Traditional Culture and Folklore: Preliminary Results", in. Peter SEITEL (ed.), *Safeguarding Traditional Cultures : A Global Assessment of the 1989 Unesco Recommendation on the Safeguarding of Traditional Culture and Folklore*, conference, Smithsonian/Unesco, Washington DC, juin 1999, ed. Smithsonian Institution, oct. 2001, p. 21-33.

226 Art. 16-17, *Règlement relatif aux recommandations aux États membres et aux conventions internationales*, précité ; *Recommandation de 1989*, paragraphe 12.

227 Selon Mme Noriko AIKAWA, ancien chef de la section du Patrimoine intangible de l'Unesco, *v. Rapport final*, n° 6, *in.* P. Seitel (ed.), *Safeguarding Traditional Cultures…*, *op. cit.* Les six pays sont : le Japon, le Tchad, l'Allemagne, le Liban, l'Italie et la Suisse. – J. Blake, *Élaboration d'un nouvel instrument normatif…*, *op. cit.*, p. 42-43, note bas de page n° 200.

228 Europe centrale et de l'Est (1995), Amérique latine et Caraïbes (1997), Asie (1998), Europe occidentale (1998), Asie centrale et Caucase (1998), Afrique (1999), Pacifique (1999) et enfin États arabes (1999). Les rapports de ces séminaires sont partiellement présentés dans P. Sietel (ed.), *Safeguarding Traditional Cultures*, *ibid.*

pation locale et coopération internationale est organisée en juin 1999 à Washington (ci-après Conférence de Washington)[229] par l'Unesco en collaboration avec l'institut Smithsonian. Elle a pour objet d'étudier systématiquement les expériences acquises en dix ans d'application de la Recommandation de 1989 et d'examiner les observations et propositions faites. Cette conférence permettra de voir plus clairement les limitations inhérentes au texte de la Recommandation de 1989 ; son rapport final en présente une analyse pertinente des causes d'échec. D'après les opinions réunies durant ces consultations, les critiques sur la recommandation se concentrent notamment sur trois points.

73. D'abord, il semble que cet échec soit lié à l'absence de mandat spécifique de l'Unesco ou de dispositions précises quant à sa mise en application par les pays membres. Le rôle de l'Unesco se limite par conséquent à promouvoir ce document et à encourager les États à en exécuter les dispositions[230]. En effet, durant les travaux préparatoires de la recommandation, la possibilité de créer un mécanisme international sous forme d'un comité ou conseil mondial du folklore a été envisagée[231]. Mais cette proposition n'eut pas de suite car durant les études et les consultations préalables, les États membres et experts gouvernementaux ont souhaité un instrument souple et l'institution d'un conseil avait été semble-t-il considérée comme une mesure contraignante. Si ce conseil avait été instauré, la recommandation aurait sans doute été plus efficace en raison de l'existence même d'un mécanisme d'exécutif. Par ailleurs, on peut noter l'absence d'une articulation entre la recommandation et les autres textes internationaux sur la culture et le droit de l'homme. Cette recommandation est en effet très peu prise en compte par les autres activités et documents de l'Unesco relatifs à la culture[232].

---

[229] Titre officiel de la conférence en anglais : *A Global Assessment of the 1989 Unesco Recommendation on the Safeguarding of Traditional Culture and Folklore: Local Empowerment and International Cooperation*, Washington DC., 27-30 juin 1999. L'intégralité des documents est disponible sur le site Internet de l'Institut Smithsonian : [http://www.folklife.si.edu/resources/Unesco/index.htm], Rapport final en français. Le fonds-en-dépôt japonais à l'Unesco s'est fortement engagé dans l'organisation de cette conférence : plus de 41 % du budget global est financé par ce fonds, soit 69 942 USD sur un total de 169 942 USD : *v. Le Fonds-en-dépôt Unesco/Japon pour le patrimoine culturel immatériel*, éd. Unesco, 2001, p. 10.

[230] *Rapport final* de la Conférence de Washington, n° 6.

[231] 24 C/31, *Opportunité d'adopter une réglementation internationale générale concernant la sauvegarde du folklore*, précité, n° 18.

[232] R. Kurin, "The Unesco Questionnaire on the Application of the 1989 Recommendation...", précité, p. 30.

74. Une deuxième raison de cet échec serait la définition trop limitée de son champ, et plus généralement dans la terminologie et de l'interprétation du document[233]. Par exemple, la définition du « folklore » est considérée comme étant trop étroite : elle ne prend pas en compte le contexte historique et le rôle socioculturel de ces éléments de culture, ni les valeurs et les savoir-faire des communautés en question et ne s'intéresse au folklore qu'en tant que produit de ces cultures ; elle porte ainsi préjudice à la continuité des cultures traditionnelles[234].

Il convient de rappeler que le terme « folklore » dans le document en anglais est traduit par « culture populaire » dans la version française, le terme « folklore » étant considéré comme ayant une connotation péjorative dans la langue française. En même temps, le terme de « communauté » (« *folk group* » en anglais) serait peu explicite voire dangereux pour certains chercheurs, d'autant que l'ethnicité n'est pas la seule source de culture populaire. Les communautés peuvent être aussi culturelles, religieuses ou liées à l'occupation d'un sol[235]. On observe là un débat qui se perpétue dans les travaux préparatoires de la Convention de 2003.

75. Enfin, il est constaté que la Recommandation de 1989 a une conception de la « sauvegarde » qui se fonde uniquement sur les visions des chercheurs et des pouvoirs publics au lieu de se consacrer aux attentes des porteurs de patrimoine culturel immatériel. La participation des groupes culturels porteurs de traditions est fortement limitée. Le texte de la recommandation est ainsi critiqué pour être « trop intégré aux institutions de documentation et d'archivage et [viser] ainsi à protéger les produits plutôt que les producteurs de la culture traditionnelle et du folklore ». Il y a besoin donc d'établir un équilibre « entre la nécessité de documenter et celle de protéger les pratiques qui créent et nourrissent ce qui sera ensuite documenté ». Les efforts de protection doivent, de ce fait, se centrer sur les communautés elles-mêmes[236]. Bien que le texte de la recommandation parle des « groupes » et des « porteurs de traditions », il apparaît que, dans de nombreux cas, ces références ne sont pas prises en compte. Le professeur Blake observe même que « le texte semble laisser entendre que les communautés

---

233 A. McCann *et al.*, "The 1989 Recommendation Ten Years On…", in. P. Seitel (ed.), *op. cit.*, p. 57.

234 J. Blake, *Élaboration d'un nouvel instrument normatif…*, *op. cit.*, p. 10 et 36 ; A. McCann *et al.*, *ibid*, p. 57.

235 A. McCann *et al.*, *ibid*, p. 61.

236 *Rapport final* de la Conférence Washington, n° 11.

d'origine n'ont pas d'intérêt significatif dans le folklore qu'elles créent et maintiennent »[237].

Cette insuffisance de participation des communautés se manifeste également dans l'absence de traitement de la question de la capacité des communautés traditionnelles à autoriser des usages particuliers de leur patrimoine, même s'il est évident que les modalités d'autorisation demeurent extrêmement complexes. Enfin, il apparaît que l'accès des porteurs de traditions aux données collectées par les scientifiques est aussi problématique et cela est vu comme un défaut du mécanisme de la recommandation[238].

76. Se fondant sur ces constats, le Plan d'action dressé par la Conférence de Washington recommande à l'Unesco et aux États membres d'envisager la création d'un nouvel instrument *normatif* sur la question des cultures traditionnelles (n° C-12).

77. L'état d'application de la Recommandation de 1989 pouvait laisser croire que les États n'étaient pas convaincus par l'intérêt de la protection du patrimoine immatériel. Mais après la période tourmentée des années 1989-1991, il y eut une recomposition des forces dans le paysage politique mondial ; plus que jamais, les pays cherchent une affirmation de l'identité culturelle. Si cette recommandation, comme la plupart des documents de ce genre, n'a pas de valeur contraignante, son mécanisme n'a pas non plus permis une application réelle, elle a une valeur idéologique importante et a sans nul doute changé le discours du droit international et sensibilisé le concept de la culture traditionnelle et de l'identité culturelle auprès des États.

Ce document constitue également une étape importante pour l'Unesco qui s'affirme ainsi dans son mandat de protecteur de la culture traditionnelle. Les coopérations avec l'OMPI avaient pour objectif d'élaborer un instrument commun pour la protection juridique de la culture traditionnelle par la propriété intellectuelle. Mais à l'issue de l'expérience de la recommandation, il semble que l'Unesco s'investit désormais uniquement dans les politiques culturelles et laisse la question spécifique de la propriété intellectuelle à l'OMPI. Comme l'a déclaré l'ancien directeur général de l'Unesco M. Koïchiro Matsuura, « l'OMPI traite des questions du patrimoine immatériel du point de vue de la propriété intellectuelle, et notamment de la propriété in-

---

237 J. Blake, *Élaboration d'un nouvel instrument normatif…*, *op. cit.*, p. 40-41.

238 A. McCann *et al.*, « The 1989 Recommendation Ten Years On... », précité, p. 61.

dustrielle. Nous les abordons du point de vue culturel. Ce sont là deux approches qui doivent être clairement distinguées »[239].

78. À ce propos, il est aussi intéressant de constater le rôle positif d'un directeur japonais sur la préparation de la convention, à savoir que le Japon est le premier pays du monde (1950) à intégrer l'immatériel dans ses politiques culturelles et législations nationales sur le patrimoine culturel[240]. Par ailleurs, un fonds-en-dépôt est établi à l'Unesco par le gouvernement japonais en 1993 pour la préservation et la promotion du patrimoine culturel immatériel. Intitulé *Fonds-en-dépôt japonais de l'Unesco pour la sauvegarde et la promotion du patrimoine culturel immatériel*[241], ce fonds a soutenu la Conférence de Washington en 1999 mais aussi bien d'autres programmes.

2) La décision d'adopter un nouvel instrument

La Recommandation de 1989 n'est pas une finalité en soi. Elle n'est qu'une étape avant d'arriver à un instrument normatif sur la sauvegarde de la culture traditionnelle et populaire. D'autres démarches ont été nécessaires avant de juger le moment opportun pour adopter une convention internationale.

a) La consultation internationale de 1993

79. En juin 1993, dans le nouveau Programme de préservation et mise en valeur du patrimoine mondial adopté par la 27ème Conférence générale de l'Unesco, l'expression « patrimoine intangible » remplace le « patrimoine non physique »[242]. Dans le cadre de ce programme, est organisée une consultation internationale intitulée *Patrimoine immatériel - Nouvelles perspecti-*

---

239 Discours à l'occasion de la Réunion d'experts sur l'avant-projet de Convention internationale pour la sauvegarde du patrimoine immatériel, le 20 mars 2002, Paris, DG/2002/26.

240 Sur le concept du patrimoine culturel immatériel japonais, *v. infra*, chapitre « Système de trésor humain vivant ».

241 À ne pas confondre avec le Fonds-en-dépôt japonais pour la Préservation du patrimoine culturel mondial créé en 1989 par le gouvernement japonais. Cette année 1993, la contribution du Japon au fonds-en-dépôt pour le patrimoine culturel immatériel atteint 205 000 USD (CLT/ACL/93/IH/01, n° 2-3). À titre de comparaison, le budget ordinaire de l'Unesco consacré au patrimoine culturel non physique pour 1992-1993 s'élève à 657 100 USD (26 C/5 approuvé, III.1.2, n° 03108). Jusqu'à 2004 inclus, la contribution totale du Japon à ce fonds a atteint approximativement la somme de 11 millions de USD (*UNESCO/Japan Funds-in-Trust for the Preservation and Promotion of the Intangible Cultural Heritage*, brochure d'information de l'Unesco, sept. 2005).

242 27 C/5 approuvé, programme III.1.2, « patrimoine culturel intangible », n° 03124 *sqq*.

ves[243]. Le but de cette consultation est de conseiller l'Unesco sur les axes futurs et sur l'orientation à donner concernant son programme de préservation et de mise en valeur du patrimoine culturel immatériel à moyen terme (1996-2001).

Au départ, dans la continuité des travaux sur la Recommandation de 1989, les projets de l'Unesco à court terme se concentrent notamment sur le folklore, c'est-à-dire la danse, la musique et le théâtre traditionnels, ainsi que les traditions orales et les langues en danger. C'est à l'occasion de cette consultation que des experts du monde entier font intégrer dans le projet les autres éléments du patrimoine culturel immatériel dans son acceptation actuelle : les techniques de fabrication, l'artisanat traditionnel, et plus généralement les savoir-faire[244].

Les experts conseillent alors à l'Unesco d'être vigilante sur un certain nombre de questions, comme le caractère d'évolution perpétuelle du patrimoine culturel immatériel, le phénomène de décontextualisation, le danger d'imposer des notions occidentales dans les études, le respect des avis des porteurs du patrimoine culturel immatériel, etc. (n° 24). Il est recommandé que l'action soit prise de façon à garantir la transmission de ce patrimoine, par exemple par l'organisation de formation ou par la publication des traditions orales. Ces principes sont largement repris dans la suite des travaux de l'Unesco et sont appliqués aujourd'hui dans la mise en œuvre de la Convention de 2003. On constate d'emblée dans ces propositions une vision de l'anthropologie ou de l'ethnologie. En effet, on compte 19 anthropologues ou ethnologues parmi les 41 participants.

Au cours de cette consultation, la plupart des participants souhaitent que l'Unesco prenne le rôle de coordinateur des actions de sauvegarde et de conservation et notamment se consacre à l'archivage et à l'enregistrement des données (n° 10-13). Mais les moyens d'intervention qu'elle peut mettre en œuvre ne sont pas clairement définis : l'Unesco aurait besoin de davantage de soutien des pays pour se consacrer à ce mandat de protecteur du patrimoine culturel immatériel.

b) Les projets de « trésor humain vivant » et de « proclamation des chefs-d'œuvre du patrimoine oral et immatériel de l'humanité »

80. Certaines actions de sensibilisation ont précédé le projet à long terme d'un instrument international, à travers le lancement de deux pro-

---

243 *Patrimoine immatériel : nouvelles perspectives*, Rapport final de la consultation, CLT/ACL/93/IH/01.

244 CLT/ACL/93/IH/01, n° 8.

grammes par l'Unesco : le « trésor humain vivant » et la proclamation des chefs-d'œuvre du patrimoine oral et immatériel de l'humanité (2001-2005).

Afin de mettre en avant la place primordiale de la transmission dans le concept du patrimoine culturel immatériel, un programme de « trésor humain vivant » est établi en 1994, sur la recommandation de la délégation coréenne à l'Unesco, prenant comme modèle des dispositions japonaises et coréenne. Il s'agit d'un dispositif d'amélioration des conditions de transmission, par la désignation des personnes en tant que « trésor vivant », dans l'objectif de sauvegarde des traditions culturelles. Deux ateliers internationaux de formation sur ce dispositif sont organisés[245] ; ils aboutissent à l'adoption des recommandations aux gouvernements et à l'Unesco sur le système des trésors humains vivants[246].

81. Parallèlement, en tant que stratégie à court terme, la première proclamation des chefs-d'œuvre du patrimoine oral et immatériel de l'humanité qui se déroule le 18 mai 2001 marque une étape cruciale dans la stratégie de l'Unesco pour la sauvegarde du patrimoine vivant. L'origine de ce dispositif est la Consultation internationale sur la préservation des espaces culturels populaires organisée par la Division du patrimoine culturel de l'Unesco et la Commission nationale marocaine pour l'Unesco en juin 1997 à Marrakech. Les experts qui y prennent part recommandent de créer une distinction internationale qui serait décernée par l'Unesco, afin d'attirer l'attention sur les plus remarquables exemples de patrimoine culturel immatériel ainsi que les espaces culturels qui y sont associés[247].

Les autorités marocaines présentent, suite à cette consultation, un projet de résolution qui est adopté par la Conférence générale de l'Unesco en novembre 1997. Concernant la définition du « patrimoine oral et immatériel », le programme reprend la notion des « cultures traditionnelles et populaires » de la Recommandation de 1989. L'objectif de ce dispositif est notamment de sensibiliser à l'importance du patrimoine oral et immatériel ainsi qu'à la nécessité de le sauvegarder et de recenser ce patrimoine dans les pays. Lors de la préparation de cette proclamation, le projet est affirmé comme étant le

---

[245] À Séoul en novembre 2000 intitulé « Le rôle de l'éducation dans la préservation des arts du spectacle traditionnel » et à Tokyo en février 2001 intitulé « Protection du patrimoine immatériel ».

[246] Nous allons analyser en détail ce dispositif ainsi que ses origines japonaise et coréenne dans le chapitre « trésor humain vivant et son application ».

[247] L'exemple le plus célèbre, étudié durant cette consultation, est la place Jemaa el-Fna à Marrakech. L'espace culturel est proclamé en 2001 chef-d'œuvre du patrimoine oral et immatériel de l'humanité.

complément de la Convention de 1972 puisque cette dernière « ne se réfère qu'aux monuments, ensembles (de constructions) et sites (œuvres de l'homme ou œuvres conjuguées de l'homme et de la nature) et qu'elle n'est pas applicable au patrimoine immatériel »[248].

Suite à la première proclamation de 2001, deux autres ont lieu en 2003 et en 2005. Les 90 éléments proclamés sont, conformément à l'article 31 al. 3 de la Convention de 2003, intégrés dans la *Liste représentative du patrimoine culturel immatériel de l'humanité* [249] en novembre 2008, désormais aucune nouvelle proclamation ne sera faite. On constate le remplacement du terme « chef-d'œuvre » par « représentative » : en effet, la qualification de « chef-d'œuvre » peut suggérer l'idée d'une hiérarchie culturelle, ce qui irait à l'encontre des principes de « patrimoine culturel immatériel » qui se veut représentant de la valeur de diversité culturelle.

On observe également qu'à cette époque, les expressions « patrimoine oral et immatériel » et « patrimoine intangible » sont utilisées parallèlement pour remplacer celle de « patrimoine non physique » dans les documents officiels de l'Unesco[250]. Les termes « oral et immatériel » ne sont bien entendu pas un choix dû au hasard. En effet, ils résument et rappellent les travaux auparavant réalisés par l'Unesco, car dans les travaux sur le « patrimoine non physique », figure déjà la sauvegarde des langues en danger et des autres éléments liés à l'oralité. De même, le programme de la Proclamation des chefs-d'œuvre oral et immatériel de l'humanité s'appuie sur la place de l'oralité dans la culture traditionnelle et populaire. Ce rappel rejoint aussi le discours de M. Matsuura de bien délimiter les approches de l'Unesco et d'éviter le « double emploi » dans ses coopérations avec l'OMPI.

c) L'étude sur la faisabilité d'un nouvel instrument international

82. Quelques mois après le Plan d'action de la Conférence de Washington qui recommande à l'Unesco la création d'un nouvel instrument *normatif* sur la question des cultures traditionnelles[251], se tient la 30ème session de la Conférence générale de l'Unesco en novembre 1999. Un amendement

---

[248] Conseil exécutif de l'Unesco, 154 EX/Décisions, point 3.5.1., avril-mai 1998. Décision de la Conférence générale sur la Proclamation : 29 C/Résolution, 23, oct. - nov. 1997. – *Chefs-d'œuvre du patrimoine oral et immatériel de l'humanité*, brochure de communication, CLT/CH/ITH/PROC/BR3.

[249] Instaurée par l'article 16 de la Convention : *infra*, n° 163.

[250] Par exemple dans les Résolutions de la 30ème Conférence générale (Paris, 26 oct.-17 nov. 1999), 30 C/Résolutions.

[251] *V. supra*, n° 72.

au projet de programme de l'organisation est soumis par la République tchèque, demandant qu'une étude préliminaire soit faite sur la question de l'élaboration d'un nouvel instrument normatif pour la sauvegarde de la culture traditionnelle et populaire, et avant tout que le terme « intangible » soit intégré dans le programme de « sauvegarde de patrimoine culturel » de l'organisation[252]. On constate par ailleurs que dans ce document, les termes « intangible » et « immatériel » sont utilisés sans distinction.

Cette proposition est adoptée par la Conférence générale avec l'appui de six autres pays[253] ; le directeur général est chargé de réaliser un rapport sur l'opportunité d'élaborer un tel instrument[254]. Une dizaine d'États ou groupes de pays ont ensuite manifesté leur soutien à la mise en place d'un instrument normatif pour la protection du « patrimoine immatériel »[255].

Suite à ces propositions et aux expériences acquises des programmes sur le patrimoine immatériel, la perspective d'un nouvel instrument se précise, et se pose la question du choix du type d'instrument à adopter pour réaliser la protection du patrimoine culturel immatériel. Une étude sur la faisabilité de l'élaboration d'un nouvel instrument international sur la sauvegarde du patrimoine culturel immatériel est ainsi réalisée à la demande de l'Unesco[256].

83. Dans cette étude, il est affirmé que plusieurs possibilités sont alors envisagées par l'Unesco, notamment : (1) un protocole additionnel à la Convention de 1972 ou une révision de cette dernière ; (2) l'élaboration d'une nouvelle recommandation qui « comble les lacunes » du texte de 1989, éventuellement sur la base du même texte ; (3) l'élaboration d'une convention en utilisant un système *sui generis* à partir des règles de la propriété intel-

---

252 30 C/DR.84.

253 Actes de la 30ème Conférence générale, 30 C/Résolutions, au titre du *Sous-programme III.1.1 - Sauvegarde et revitalisation du patrimoine matériel et immatériel.* Les six pays sont : la Lituanie, la Bolivie, la Bulgarie, la Côte d'Ivoire, la Slovaquie et l'Ukraine (J. Blake, *Élaboration d'un nouvel instrument normatif…*, précité. Introduction, p. 9.)

254 Conformément à la résolution 25 B. 2 (a) (iii) de la 30ème session de la Conférence générale et à l'article 3 du *Règlement relatif aux recommandations aux États membres et aux conventions internationales prévues*, précité.

255 Lors de la 160ème session plénière du Conseil exécutif de l'organisation (octobre 2000), comptes rendus analytiques, 160 EX/SR.1-15, Paris, 25 janv. 2001.

256 L'étude, premièrement intitulée *Étude préliminaire sur l'opportunité d'élaborer un instrument normatif pour la protection du patrimoine culturel immatériel*, est présentée par Mme Janet Blake d'abord en mars 2001 à la table ronde internationale « Patrimoine culturel immatériel – définitions opérationnelles » à Turin (*infra*). Sa version révisée est publiée par l'Unesco en 2002 sous le titre d'*Élaboration d'un nouvel instrument normatif pour la sauvegarde du patrimoine culturel immatériel*, précité. Comme nous l'avons vu (*supra*, n° 53), une étude de faisabilité est obligatoire au sein de l'Unesco avant d'élaborer une convention internationale.

lectuelle ; (4) une convention qui s'inspire de la Convention de 1972 ; (5) une convention générale sur le patrimoine culturel qui fait appel à une approche traditionnelle de la protection combinée à une approche *sui generis*.

L'auteur de l'étude écarte d'abord la possibilité d'un protocole additionnel à la Convention de 1972 (point 6.1). Quant à la Convention de 1972 en tant que modèle du futur instrument, elle est considérée comme très intéressante à étudier et à prendre en compte, mais cette possibilité est également mise en doute. En effet, dans ce modèle, les éléments ne peuvent être protégés seulement s'ils sont inscrits sur une liste et les critères de sélection sont toujours largement controversés (points 6.3 et 7.4).

De même, les approches de la propriété intellectuelle sont jugées trop limitées pour la sauvegarde de la culture traditionnelle. À cette époque, un investissement important a déjà été opéré dans les travaux sur les savoirs traditionnels en rapport avec les connaissances de la nature et la diversité biologique ; l'action de l'OMPI dans le domaine s'accélère avec la mise en place d'un Comité intergouvernemental d'experts en 2001[257]. L'Unesco réfléchit alors à une délimitation plus claire de son champ de travail. Sur la question encore émergente de patrimoine culturel immatériel, l'Unesco a tout intérêt à se concentrer sur l'aspect de l'action culturelle.

En effet, l'action reposant essentiellement sur les aspects de la propriété intellectuelle devient vite très influente, à tel point que si l'Unesco ne prend pas d'initiative en matière de sauvegarde du patrimoine culturel immatériel, l'approche de la propriété intellectuelle au sens étroit du terme risque de dominer l'ensemble de la problématique. Sur cette dernière, l'Unesco semble demeurer l'unique organisation capable de réglementer au niveau international la préservation et la protection juridique du patrimoine culturel immatériel dans une optique suffisamment large et équilibrée. Aussi est-il important que l'Unesco prenne sans tarder des mesures afin d'élaborer des normes internationales en matière de sauvegarde de ce type de patrimoine, « une telle action pouvant s'avérer très difficile à mener si on la reportait », affirme ainsi Janet Blake dans son étude (p. 103).

Les actions de politique culturelle et de défense du droit culturel deviennent alors également un champ de bataille pour la défense du mandat de l'Unesco. Il est donc important que l'organisation entame une procédure officielle assez rapidement car une fois qu'elle exprime son intérêt et assure que le patrimoine culturel immatériel relève de sa compétence, les autres organismes internationaux vont devoir prendre en compte ses activités.

---

[257] *V. infra*, n° 87.

3) Les travaux préparatoires

a) Le plan d'action de la table ronde de Turin

84. En guise de premier pas dans les travaux préparatifs, l'Unesco organise à Turin en mars 2001 une table ronde internationale d'experts intitulée *Le patrimoine culturel immatériel - Définitions opérationnelles.* C'est dans ce cadre-là que l'adoption d'un plan d'action révise entièrement l'approche de ce qui est désormais le « patrimoine culturel immatériel ». Ce plan d'action refond la Recommandation de 1989 notamment par l'implication de créateurs, de publics, d'organisations non gouvernementales et de divers acteurs du secteur privé. Il introduit la notion de « sentiment de continuité », ainsi que la valeur de patrimoine culturel immatériel pour la diversité culturelle et la créativité humaine[258]. Sont menées parallèlement une étude approfondie de la terminologie utilisée, la définition du champ d'application du futur instrument ainsi que les mesures juridiques à prendre. Ces questions sont étroitement liées entre elles, car il existe toujours une influence réciproque entre la définition du contenu et la mesure juridique appropriée.

Ce plan d'action est d'abord approuvé par le Conseil exécutif de la Conférence générale de l'Unesco[259]. Par la suite, après avoir examiné le rapport déposé par le directeur général[260] sur l'opportunité d'un instrument normatif, la 31ème Conférence générale de l'Unesco (août 2001), « *consciente* de l'importance du patrimoine culturel immatériel, de l'urgence qu'il y a à le protéger et du fait que l'Unesco est la seule organisation dont le mandat se réfère expressément à la sauvegarde de cet aspect du patrimoine culturel », « *décide* que la question doit être réglementée par la voie d'une convention internationale » et demande au directeur général de l'organisation de lui présenter à la prochaine session un avant-projet de la future convention[261].

85. Il est à noter que c'est lors de cette même session de la Conférence générale que la *Déclaration universelle sur la diversité culturelle* est adoptée. Les efforts déployés pour la préservation de la culture traditionnelle s'intègrent en

---

[258] Rapport final, table ronde internationale *Patrimoine culturel immatériel – définitions opérationnelles*, 14-17 mars, Turin, Italie.

[259] À sa 161ème session, 161 EX/15, Annexe. Sur les observations formulées par les États membres du Conseil exécutif sur ce rapport, 161 EX/SR. 12 (prov.) n° 6.13, *sqq.*

[260] Le Rapport relatif à l'étude préliminaire sur l'opportunité de réglementer à l'échelon international, par un nouvel instrument normatif, la protection de la culture traditionnelle et populaire. *V. supra*, n° 82.

[261] 31 C/Résolutions, résolution 30, p. 80. Cette demande est fondée sur l'article 10 du *Règlement relatif aux recommandations aux États membres et aux conventions internationales*, précité.

effet dans le cadre prioritaire de la diversité culturelle, ce lien est explicitement démontré par la déclaration finale de la table ronde d'Istanbul *Le patrimoine culturel immatériel, miroir de la diversité culturelle*[262]. Selon M. Koïchiro Matsuura, cette déclaration porte « un jugement d'opportunité et de nécessité quant à la préservation de tous les patrimoines culturels, y compris le patrimoine immatériel, qui en constitue un aspect essentiel »[263].

b) L'adoption de la Convention de 2003

86. Sur la demande de la 31ème Conférence générale pour la préparation d'un avant-projet d'une convention internationale, le directeur général de l'Unesco convoque, en janvier 2002, une réunion d'une vingtaine d'anthropologues, ethnologues, historiens et juristes afin de « mener une réflexion sur les domaines prioritaires à inclure dans une convention internationale sur la sauvegarde du patrimoine culturel immatériel »[264].

Conformément au calendrier suggéré par les participants à cette réunion, un groupe de rédaction restreint est réuni du 20 au 22 mars 2002 à Paris, composé essentiellement de juristes et ouvert aux observateurs des États membres. Ce groupe se voit confier l'importante et délicate tâche de rédiger le premier texte d'un avant-projet de la future convention internationale. Plusieurs points clés sont abordés au cours des discussions, par exemple de garantir la pleine participation des communautés et de ne pas employer le terme de « valeur universelle » dans le texte. « Malgré l'indéniable degré de spécificité du patrimoine culturel immatériel, la communauté de problématiques et d'exigences de protection du patrimoine culturel (matériel et immatériel) pourrait permettre de suivre avec profit le modèle de la Convention de 1972 », déclare le directeur général de l'Unesco dans un rapport rendu après cette réunion[265].

Un *Glossaire Patrimoine culturel immatériel*, regroupant les termes fréquemment présents dans les textes sur la question du patrimoine culturel immatériel, est établi par un groupe d'experts internationaux[266]. Dans les trois jours

---

[262] Troisième table ronde des ministres de la Culture organisée par l'Unesco, Istanbul, Turquie, 16-17 sept. 2002.

[263] Discours à l'occasion de la Réunion d'experts sur l'avant-projet de Convention internationale pour la sauvegarde du patrimoine immatériel, 20 mars 2002, Paris, DG/2002/26.

[264] À Rio de Janeiro (Brésil). 164 EX/19, n° 5.

[265] Rapport d'étape concernant la préparation d'une convention internationale pour la sauvegarde du patrimoine culturel immatériel, 164 EX/19, n° 7. Rapport final du Groupe de rédaction restreint : MISC/2002/CLT/CH/14.

[266] *Glossaire Patrimoine culturel immatériel*, préparé par la réunion internationale d'experts intitulé « Patrimoine culturel immatériel – Établissement d'un glossaire », La Haye, juin et août

qui suivent, l'avant-projet de la convention est élaboré par la deuxième réunion du groupe de rédaction restreint, intégrant ces nouvelles définitions. Par la suite, trois sessions d'une réunion intergouvernementale d'experts sur l'avant-projet de la convention sont organisées. La participation aux réunions est importante notamment lors de la troisième session : 249 participants représentant 103 États membres, ainsi que trois missions d'observation permanente auprès de l'Unesco, deux organisations intergouvernementales et cinq non gouvernementales[267]. À la fin de la 3ème session est adoptée la version finale de l'avant-projet ; ce dernier est ensuite proposé à la 32ème session de la Conférence générale de l'Unesco. Il est définitivement adopté le 17 octobre 2003 par les 128 pays membres, avec huit abstentions et aucune voix contre, un phénomène rare au sein de l'organisation[268].

c) Les travaux de l'OMPI

87. Parallèlement aux travaux de l'Unesco, l'OMPI continue à travailler sur les aspects de la propriété intellectuelle du folklore. En 1998-1999, l'OMPI mène des missions d'enquête dans 28 pays en vue de recenser les besoins et les attentes des détenteurs de savoirs traditionnels dans le domaine de la propriété intellectuelle[269]. En avril 2001[270], le Comité intergouvernemental de la propriété intellectuelle relative aux ressources génétiques, aux savoirs traditionnels et au folklore s'est réuni pour la première fois[271]. Ce

2002. Cependant, ce glossaire n'est finalement pas pris en compte par le texte de la convention et ne présente donc aucune valeur juridique.

[267] Première session, du 23-27 sept. 2002, Paris, CLT-2002/CONF.203/5. 2ème session, du 24 fév. - 1er mars 2003, Paris, CLT-2003/CONF.205/6. Groupe de travail intersessions d'experts gouvernementaux (22-30 avril 2003) a examiné les articles et a proposé une version consolidée du projet de la Convention CLT-2003/CONF.206/3. 3ème session, 2-14 juin 2003, Paris, CLT-2003/CONF.206/4. Liste des participants : Annexe III, CLT-2003/CONF.206/4.

[268] Intervention de Rieks Smeets, ancien chef de la section Patrimoine immatériel de l'Unesco, dans le cadre de l'*Atelier Patrimoine culturel immatériel*, précité, 17 janv. 2007, inédit.

[269] Un rapport est publié suite à ces missions : *Besoins et attentes des détenteurs de savoirs traditionnels dans le domaine de la propriété intellectuelle*, Publication de l'OMPI n° 768, avril 2001. Ces 28 pays sont notamment ceux dits du Sud, du Pacifique Sud, d'Afrique australe et orientale, d'Asie du Sud, d'Amérique du Nord, d'Amérique centrale, d'Afrique occidentale, du monde arabe, d'Amérique du Sud et des Caraïbes.

[270] Suite aux propositions du groupe des pays d'Amérique latine et des Caraïbes (GRULAC). *V. Les savoirs traditionnels et la nécessité de leur assurer une protection appropriée en tant qu'objets de la propriété intellectuelle et Comité de l'OMPI sur le lien entre la propriété intellectuelle, les ressources génétiques et les savoirs traditionnels*, déposées à la 26ème session de l'Assemblée générale de l'OMPI, WO/GA/26/9.

[271] Ce Comité intergouvernemental est créé par la 26ème session de l'Assemblée générale de l'OMPI (25 septembre au 3 octobre 2000, Genève), WO/GA/26/6, n° 13 et WO/GA/26/10,

comité discute notamment des projets de dispositions pour une protection des savoirs traditionnels et des expressions culturelles traditionnelles contre leur appropriation illicite et leur utilisation abusive[272]. Ces actions ont obtenu des reconnaissances auprès d'un certain nombre de communautés culturelles traditionnelles.

Néanmoins, malgré leurs volontés d'élaborer des mesures de protection *sui generis* adéquates au patrimoine culturel immatériel, les actions de l'OMPI se limitent par nature dans le domaine de la propriété intellectuelle, ce qui s'est avéré insuffisant vis-à-vis de l'ampleur et de la complexité de la problématique, notamment en ce qui concerne la préservation des expressions culturelles et savoirs traditionnels en danger[273]. C'est la raison pour laquelle une coopération permanente entre l'OMPI et l'Unesco semble alors nécessaire pour mieux assurer la sauvegarde et la protection du patrimoine culturel immatériel.

Paragraphe II. Analyses comparatives des différentes définitions

88. En retraçant l'historique de la Convention de 2003, on observe qu'au sein de l'Unesco, le sujet de discussion évolue discrètement passant du « folklore » au « patrimoine culturel immatériel », tandis qu'à l'OMPI, c'est toujours le terme « folklore » qui est d'usage. Parallèlement, plusieurs définitions ont été proposées par différents organismes. Comment ce changement s'est-il réalisé ? Quelles sont les différences de contenu de ces notions ? Le tableau ci-dessous récapitule dans l'ordre chronologique les définitions proposées par les différents organismes.

n° 71. Par souci de fluidité dans la lecture, nous adoptons le diminutif d'usage « GRTKF » (qui signifie « Genetic Resources, Traditional Knowledge and Folklore ») par ce comité dans ses documents administratifs, et désigne désormais le comité par « Comité GRTKF ».

[272] Tous les rapports et documents administratifs du comité se trouvent sur le site Internet de l'OMPI sur le lien suivant : [http://www.wipo.int/meetings/en/topic.jsp?group_id=110].

[273] Sur les actions de l'OMPI en cette matière, *v.* : Wend Wendland, « Le patrimoine immatériel et la propriété intellectuelle : défis et perspectives d'avenir », *Muséum international*, n° 221-222, vol. 56, 2004, p. 99-109. Également *infra*, chapitre « Proposition de classification des éléments du patrimoine culturel immatériel ».

Instrument ou organisme	**Notion**	**Définition** (nos italiques)
La mission du patrimoine ethnologique (« mission ethnologie »), ministère de la culture et de la communication français (1980)[274]	Patrimoine ethnologique	Le patrimoine ethnologique d'un pays comprend les modes spécifiques d'existence matérielle et d'organisation sociale des groupes qui le composent, leur savoir, leur représentation du monde et, de façon générale, les éléments qui fondent *l'identité de chaque groupe social et le différencient des autres*. On y inclura donc : 1. des agents : individus, groupes sociaux, institutions ; 2. des biens *matériels ou immatériels*, œuvres virtuelles ou réalisées ; 3. des savoirs organisés : techniques, symboliques, sociaux, esthétiques… 4. des moyens de communication : langues, parlers, systèmes de signes.
Deux comités d'experts gouvernementaux pour la préservation du folklore, organisés par Unesco (1982 et 1985)	Folklore	Le folklore (au sens large de culture traditionnelle et populaire) est une création émanant d'un groupe et fondée sur la tradition, exprimée par un groupe ou par des individus reconnus comme répondant aux attentes de la communauté en tant qu'expression de l'*identité culturelle et sociale* de celle-ci ; les normes et les valeurs *se transmettent oralement*, par imitation ou par d'autres manières.
Recommandation sur la sauvegarde de la culture traditionnelle et populaire, Unesco (1989)	Culture traditionnelle et populaire	L'ensemble des créations émanant d'une communauté culturelle fondées sur la tradition, exprimées par un groupe ou par des individus et reconnues comme répondant aux attentes de la communauté en tant qu'*expression de l'identité culturelle et sociale* de celle-ci, les normes et les valeurs se *transmettant oralement*, par imitation ou par d'autres manières.
Recommandation n° 7 du Plan d'action de la table ronde de Turin *Le Patrimoine culturel immatériel – définitions opérationnelles* (2001)	Patrimoine culturel immatériel	Les processus acquis par les peuples ainsi que les savoirs, les compétences et la créativité dont ils sont les héritiers et qu'ils développent, les produits qu'ils créent et les ressources, espaces et autres dimensions du cadre social et naturel nécessaires à leur durabilité ; ces processus inspirent aux communautés vivantes un *sentiment de continuité* par rapport aux générations qui les ont précédées et sont importants pour l'identité

[274] *V. infra*, n° 112 *sqq.*

Instrument ou organisme	**Notion**	**Définition** (nos italiques)
		culturelle ainsi que pour la sauvegarde de la *diversité culturelle* et de la *créativité* de l'humanité.
Besoins et attentes des détenteurs de savoirs traditionnels dans le domaine de la propriété intellectuelle, OMPI (2001)	Savoir traditionnel	[D]es œuvres littéraires, artistiques ou scientifiques fondées sur les traditions, des interprétations et exécutions, des inventions, des découvertes scientifiques, des dessins et modèles industriels, des marques, des noms et symboles, des renseignements non divulgués et toutes autres innovations ou créations fondées sur les traditions et résultant de l'activité intellectuelle dans les domaines industriel, scientifique, littéraire et artistique.
Déclaration adoptée à Istanbul par la 3ème table ronde des ministres de la Culture organisée par l'Unesco (2002)	Patrimoine culturel immatériel	[L]es traditions orales, les coutumes, les langues, la musique, la danse, les rituels, les festivités, la médecine et la pharmacopée traditionnelle, les arts de la table et les savoir-faire.
Charte de Shanghai pour la protection du patrimoine immatériel, Icom Asie-Pacifique (2002)	Patrimoine culturel immatériel	[L]a somme des expressions, des valeurs, des traditions, des langues, de l'histoire orale, des modes de vie traditionnels, de la créativité, des facultés d'adaptation et des caractères distinctifs d'un peuple.
Convention de l'Unesco pour la Protection du Patrimoine Culturel Immatériel (2003)	Patrimoine culturel immatériel	[L]es pratiques, représentations, expressions, connaissances et savoir-faire - ainsi que les instruments, objets, artefacts et espaces culturels qui leur sont associés - que les communautés, les groupes et, le cas échéant, les individus reconnaissent comme faisant partie de leur patrimoine culturel. Ce patrimoine culturel immatériel, transmis de génération en génération, est recréé en permanence par les communautés et groupes en fonction de leur milieu, de leur interaction avec la nature et de leur histoire, et leur procure un sentiment d'identité et de continuité, contribuant ainsi à promouvoir le respect de la diversité culturelle et la créativité humaine.

89. L'histoire de la formation de la notion de patrimoine culturel immatériel récapitulée dans ce tableau nous dévoile une *double évolution* dans le contenu de la notion comme dans la prise de la problématique, démontrée par la convention de l'Unesco.

D'une part, si l'origine de la notion de patrimoine culturel immatériel est le folklore ou la culture populaire traditionnelle, au travers des réflexions formées au tour de la Recommandation de 1989, l'aspect de la culture dite « d'élite » intègre progressivement la notion de patrimoine culturel immatériel qui devient le reflet de la culture dans son ensemble structural. Ainsi, le mot clé de la notion est modifié de « folklore » – en tant que champ de connotation – à « sentiment d'identité et de continuité » – en tant que critère essentiel de désignation. La distinction, plus ou moins arbitraire, entre la culture populaire traditionnelle et le reste n'est plus, pour laisser place à la culture d'une communauté qui la reconnaît en tant que telle.

D'autre part, il convient de nous rappeler que la problématique du folklore était à l'origine de résoudre les difficultés des deux dimensions – aussi bien du point de vue politico-socio-culturel qu'au point de vue technique de la propriété intellectuelle – dans une même démarche, ou plus précisément dans un seul traité du droit international. Cette tentative échoue ; mais l'Unesco modifie sa vision et réussit le pari en se limitant à la question de la sauvegarde du patrimoine culturel immatériel et en laissant la question de la propriété intellectuelle à l'OMPI. C'est en quelque sorte cette vision « pragmatiste » de l'Unesco qui lui permet d'aboutir au résultat de la Convention de 2003.

On constate ainsi le rôle positif et décisif de la Convention de 2003 dans l'adoption du concept de patrimoine culturel immatériel par le droit international. Cette convention est en effet le premier instrument international contraignant sur l'ensemble des questions de la culture traditionnelle. Par ce texte, la place de l'immatériel dans la notion de patrimoine culturel est enfin affirmée. Néanmoins, l'acceptation réelle de cette nouvelle dimension de l'immatérialité n'est pas évidente.

Section 2. Le patrimoine culturel et l'immatérialité

En plaçant l'immatérialité dans la dimension générale de la notion de « patrimoine culturel », des interrogations émergent : d'abord, le patrimoine peut-il être immatériel ? Est-ce une notion acceptable juridiquement (Paragraphe I) ? Ensuite, la notion de « patrimoine culturel immatériel » est-elle une nouvelle manière d'appréhender l'actuel patrimoine culturel physique, ou est-elle une véritable catégorie de patrimoine (Paragraphe II) ?

Paragraphe I. Le patrimoine peut-il être immatériel ?

Le patrimoine peut-il être immatériel ? Pour certains, l'immatérialité du patrimoine doit être incarnée dans un support matériel afin de pouvoir être reconnue. Pour d'autres, la reconnaissance de la valeur immatérielle entraîne l'acceptation d'un patrimoine immatériel en tant que tel sans qu'il soit nécessairement présenté par un support matériel certain.

A. L'immatériel dans le droit

Malgré le grand nombre de recherches effectuées et de documents publiés, la notion juridique de « patrimoine culturel immatériel » reste imprécise. Quelques notions juridiques existantes peuvent prêter à confusion : d'une part l'« immatériel » dans le droit des biens (1) et d'autre part la notion de « patrimoine immatériel de l'État » (2). D'une manière générale, en droit, le terme d'« immatériel » est employé pour désigner les « biens ou valeurs qui échappent à toute appréhension matérielle »[275].

1) L'immatériel dans le droit des biens

90. Longtemps, le droit des biens fut envisagé en termes de prérogatives sur des choses corporelles. Mais par un « mouvement de dématérialisation », le droit des biens s'est étendu aux biens incorporels[276]. En droit des biens actuel, on constate une substitution fréquente du terme « bien immatériel » au terme « bien incorporel »[277]. Le doyen Carbonnier écrit, en définissant le bien incorporel, « ce sont des biens immatériels »[278].

Cette « dématérialisation » des biens en droit français apparaît d'abord par une « dévalorisation de valeur mobilière » : il s'agit de la réforme de 1981 entraînant la disparition des titres financiers physiques[279]. Puis la dématérialisation s'étend aux immeubles, par exemple les droits sur le lot immobilier. Affectant tant les meubles que les immeubles, la dématérialisation est

---

[275] *Vocabulaire Cornu*, « Incorporel ».

[276] Philippe Malaurie & Laurent Aynès, *Les biens*, coll. « Droit civil », Defrénois, 2007, n° 28. – François Terré (éd.), *Le droit et l'immatériel*, Sirey, coll. « Archives de philosophie du droit », t. 43, 1999. – Béatrice Parance, *La possession des biens incorporels*, LGDJ, Paris, 2008, n° 5 *sqq*.

[277] François Terré & Philippe Simler, *Droit civil. Les biens*, Précis, Dalloz, Paris, 2006, n° 43. – Alain Piédelièvre, « Le matériel et l'immatériel. Essai d'approche de la notion de bien », in. *Les aspects du droit privé en fin du XXe siècle (Études M. de Juglart)*, 1986, p. 55-62.

[278] Jean Carbonnier, *Droit civil*, vol. II, *Les biens*, PUF, 2004, n° 712.

[279] Loi n° 81-1160 de finance pour 1982, du 30 déc. 1981, art. 94-II, abrogée et codifiée art. L.211-4 du Code monétaire et financier. Terré & Simler, *loc. cit.*. Sur cette question, le professeur Michel Germain souligne que la dématérialisation des titres n'est peut-être que juste retour des choses, car le titre est lui-même « la matérialisation de la créance » (M. Germain, « Sociologie de la dématérialisation », in. *Argent et le droit*, coll. « Archives de philosophie du droit », t. 42, Sirey, 1998).

connue par les deux institutions fondamentales du droit des biens, la propriété comme la possession[280].

91. Après la dématérialisation des biens corporels, des nouveaux biens incorporels « par nature » sont apparus, ce sont des droits liés à l'intelligence, au talent et à l'activité de leur titulaire : la « propriété » commerciale, littéraire, artistique, l'exploitation des brevets d'invention, des marques de fabrique… des droits « intellectuels »[281]. Ce droit est distinct du bien corporel que constitue pour l'auteur la propriété de la chose dans laquelle se matérialise son œuvre[282]. Qu'elles soient qualifiées de propriété ou de monopole d'exploitation[283], ces « richesses immatérielles »[284] font l'objet d'une codification administrative, sous l'appellation générale de propriété intellectuelle[285].

92. Malgré des critiques sur « les effets pervers d'un forçage systématique du système du droit des biens »[286], les auteurs constatent qu'aujourd'hui, « on est naturellement porté à considérer comme synonymes les mots incorporel et immatériel »[287], sinon nuancés par le fait que l'« immatériel » est d'origine économique tandis que l'« incorporel » s'inscrit dans la tradition juridique romaine des biens[288].

93. En somme, pour le droit des biens, ce qui est « immatériel » dans les « biens immatériels », ce sont les droits eux-mêmes, mais pas nécessairement les choses sur lesquelles portent ces droits, ces choses pouvant être aussi incorporelles que corporelles[289]. Cela le différencie de notre notion de « patrimoine culturel immatériel », car en cette dernière, on reste dans le

---

[280] Malaurie & Aynès, *Les biens*, *op. cit.*, n° 28. Sur la possession : B. Parance, *La possession des biens incorporels*, *op. cit.*

[281] Malaurie & Aynès, *ibid.*

[282] Article L. 111-3 al. 1 du CPI : « La propriété incorporelle définie par l'article L. 111-1 est indépendante de la propriété de l'objet matériel. ». Terré & Simler, *Droit civil. Les biens*, *op. cit.*, n° 62.

[283] Pour une synthèse des débats sur la nature juridique des biens incorporels : Malaurie & Aynès, *Les biens*, *op. cit.*, n° 206-209.

[284] *Ibid*, n° 204.

[285] *Ibid*, n° 208.

[286] Daniel Gutmann, « Du matériel à l'immatériel dans le droit des biens. Les ressources du langage juridique », in. F. Terré (éd.), *Le droit et l'immatériel*, *op. cit.*, p. 65.

[287] F. Terré & Ph. Simler, *Droit civil. Les biens*, *op. cit.*, n° 43.

[288] B. Parance, *La possession des biens incorporels*, *op. cit.*, n° 5, note de bas de page 15.

[289] J. Carbonnier, *Droit civil*, vol. II, *Les biens*, *op. cit.*, n° 712.

domaine « auto-existant » de la « chose » et n'entre pas dans le monde spéculatif du système juridique dans lequel sont créés les « droits ».

2) L'immatériel dans le droit administratif

94. L'« immatériel » est également une notion émergente dans le domaine du droit administratif des biens français. Le 18 avril 2007, une circulaire du Premier ministre relative à la gestion des « actifs immatériels de l'État » inaugure une démarche de « valorisation » des actifs publics. Est mise en place l'Agence du patrimoine immatériel de l'État (APIE) dans le but de « dynamiser l'économie et de contribuer au désendettement de l'État ». Cette agence est un service à compétence nationale du ministère chargé de l'Économie, rattaché conjointement au directeur général de la Comptabilité publique et au directeur général du Trésor et de la politique économique.

Selon cette circulaire, le patrimoine immatériel de l'État recouvre « les brevets, les licences, les fréquences, les marques, les savoir-faire publics, les bases de données, les droits d'accès et les images publiques »[290], et également le capital humain[291]. On constate que l'APIE est une institution économique et l'expression « patrimoine immatériel » employée dans ce contexte correspond en réalité aux « actifs immatériels », considérés comme acteur primordial de l'économie du futur. Par ailleurs, dans la circulaire du Premier ministre, les expressions « actifs immatériels » et « patrimoine immatériel » sont employées sans distinction : par exemple, elle demande aux différents ministères « de poursuivre et d'accélérer le travail de recensement des actifs immatériels qui relèvent de [leur] champ de compétences ministériel », afin de « mettre en place une stratégie de valorisation du patrimoine immatériel identifié dans [leurs] services ». Si l'expression « patrimoine immatériel » est choisie pour le nom de l'Agence, c'est sans doute par souci de mettre en avant le rôle de « régulateur de bon fonctionnement » de l'État et d'éviter d'afficher une image d'entité économique.

Cette notion d'« actifs immatériels » en droit administratif correspond donc aux « biens immatériels » du droit des biens mais appartenant à une personne morale de droit public, en l'occurrence l'État, et soumis en raison de son propriétaire à un régime particulier. Cependant, le statut de ces actifs immatériels nécessite des éclaircissements, par exemple est-il toujours ques-

[290] Circulaire du 18 avril 2007 *relative à la gestion des actifs immatériels de l'État*, publiée au *JORF*, n° 99 du 27 avril 2007, p. 7490.

[291] Maurice Lévy & Jean-Pierre Jouyet, *L'économie de l'immatériel La croissance de demain*, dit « Rapport Lévy-Jouyet » (fondateur de l'APIE), rapport de la Commission sur l'économie de l'immatériel, au ministre de l'Économie, des Finances et de l'Industrie, nov. 2006.

tion de savoir si les droits immatériels des administrations appartiennent nécessairement à leur domaine privé[292]. Les chercheurs constatent également que le récent Code général de la propriété des personnes publiques (du 21 avril 2006) ne traite nullement des biens immatériels[293].

Au demeurant, l'immatériel est une notion existante dans le droit mais d'une appréhension différente de celle de patrimoine culturel immatériel.

B. L'immatériel dans le concept du patrimoine culturel de l'Unesco

1) Immatériel, intangible et *wuxing*

95. Au début des discussions à l'Unesco sur le patrimoine culturel immatériel, les documents officiels de l'organisation emploient dans leur version française les termes « patrimoine culturel intangible » venant directement de l'expression anglophone « *intangible cultural heritage* ». Suite à la table ronde de Turin[294], les experts linguistiques retiennent l'expression francophone de « patrimoine culturel immatériel » lors des discussions préalables au projet[295]. La disparition de l'expression de « culture traditionnelle et populaire » au profit de celle de « patrimoine culturel immatériel » apporte une nuance très intéressante et charge d'une nouvelle signification le sens de la Convention de 2003. Désormais, le patrimoine culturel immatériel ne se limite plus aux cultures populaires. La culture dite d'« élite » entre également dans le champ d'étude, tant qu'elle revêt un caractère immatériel. C'est par exemple le cas de la calligraphie et la cithare chinoise, ou encore l'art du feu au Japon. Par ailleurs, dans la loi japonaise sur le bien culturel de 1950, la première loi au monde évoquant le concept de « bien culturel immatériel », ce dernier ne concerne que la culture d'élite, alors que la culture populaire fait l'objet d'une catégorie spécifique de « bien culturel folklorique »[296].

---

[292] Jean-Bernard Auby, « L'immatériel dans l'État », *Droit administratif* (*JCL*), n° 6, Juin 2007. Sur cette question, un auteur (Thibaut Soleilhac, « Les bibliothèques numériques, un domaine public immatériel », *AJDA*, 2008, p.1133) a cherché à démontrer que la propriété intellectuelle constituée par une bibliothèque numérique devient un actif de la personne publique qui est incorporé dès sa création au domaine public mobilier. Mais un autre auteur (Raphaël Léonetti, « La protection de l'affectation au service public des biens incorporels », *AJDA*, 2009, p. 1689) a, au contraire, essayé de démontrer que le droit administratif des biens adopte une approche spécifique des notions de bien et de propriété qui aurait pour effet de limiter la domanialité publique aux seuls biens corporels.

[293] Philippe Yolka, « Les meubles de l'administration », *AJDA*, 2007, p. 964.

[294] *V. supra*, n° 84.

[295] Rapport final de la table ronde de Turin, précité.

[296] Sur cette question, *v. infra*, n° 380.

96. De surcroît, le remplacement du terme d'« intangible » par celui d'« immatériel » semble tout à fait pertinent car les nuances entre « intangible » et « immatériel » peuvent engendrer des confusions. Selon le dictionnaire *Le Petit Robert* (2003), les termes « matériel », « immatériel » et « intangible » signifient respectivement :

— *Matériel*, adj. : 1°. philo. *Cause matérielle et cause formelle. Vérité matérielle d'une idée*, consistant dans l'accord de la pensée et de l'expérience. 2°. Qui est de la nature de la matière, constitué par de la matière. Substance matérielle. Être matérielle. → corporel. ◊ cour. Qui s'exprime, se manifeste dans la matière ou par la matière. → concret. 3°. vielli. Qui concerne le corps humain (et non l'âme). → charnel, physique. *Plaisir matériel.* 4°. Qui concerne les aspects extérieurs, visibles, des êtres ou des choses. Organisation matérielle d'un spectacle. → manifeste, palpable, tangible.

— *Immatériel*, adj. : 1°. philo. Qui n'est pas formé de matière. → incorporel, spirituel. *L'âme immatérielle. Les anges, être immatériels.* 2°. Qui est étranger à la matière, ne concerne pas la chair, les sens. 3°. Qui ne semble pas de nature matérielle. → aérien, léger.

— *Intangible,* adj. : 1°. Qu'on ne peut toucher, qui échappe au sens du toucher. → impalpable. *Fluide intangible.* 2°. mod. À quoi on ne doit pas toucher, porter atteinte ; que l'on doit maintenir intact. → inviolable, sacré. *Principe intangible.*

On s'aperçoit que le terme d'« intangible » en français peut se confondre avec d'autres termes touchant à la conservation de la matière et à la sacralité (ce « à quoi on ne doit pas toucher »), tandis que dans nos discussions, il s'agit de « choses » que l'on ne peut toucher, non pas parce qu'on les abîmerait, mais parce qu'elles sont « étrangères à la matière », insaisissables matériellement et donc impossibles à toucher.

97. Dans la version chinoise faisant foi des documents de l'Unesco, c'est d'abord l'expression « *wuxing wenhua yichan* 无形文化遗产 »[297] qui est employée, traduite littéralement de l'expression anglophone « *intangible cultural heritage* », « *wuxing* » signifiant « ce qui ne se manifeste pas par une forme physique ». Depuis la table ronde de Turin, les textes chinois se sont adaptés aux formules françaises « patrimoine culturel immatériel » et la traduction officielle est devenue « *fei wuzhi wenhua yichan* 非物质文化遗产 », « *fei wuzhi* » si-

[297] Sur l'expression *wenhua yichan*, *v.* Introduction.

gnifiant « immatériel ». En effet, ces deux termes chinois pourraient être interchangés sans engendrer de confusions majeures.

Ici se pose encore une fois la question de savoir s'il est vraiment essentiel de disposer d'une forme physique pour qu'un élément soit reconnu comme relevant du patrimoine culturel. Nous pensons à la définition du « patrimoine » en chinois classique : ce n'est ni objet, ni bâti, mais *li*, les rites et l'ordre politico-social, une « chose » sans forme ni support physique, devant laquelle tout produit matériel de la culture et de la civilisation n'a qu'une valeur inférieure[298]. Au regard de cette philosophie antique chinoise – qui est devenue, au cours de l'histoire, dominante en Asie orientale –, s'attacher au matériel revient à se tromper d'objet lorsque l'on parle de la conservation du patrimoine.

2) La place embarrassante du patrimoine culturel immatériel dans les champs classiques du patrimoine culturel

98. C'est à l'occasion de l'Année des Nations unies pour le patrimoine culturel en 2002 que l'Unesco adopte plus explicitement une nouvelle vision du patrimoine culturel en y intégrant l'aspect immatériel : « le patrimoine culturel, c'est l'esprit d'un peuple, dans ses valeurs, dans ses actes, dans ses œuvres, dans ses institutions, dans ses monuments et ses sites »[299]. M. Koïchiro Matsuura précise dans son discours : « le patrimoine culturel d'un peuple est la mémoire de sa culture vivante. Il s'exprime par une multiplicité d'expressions tant matérielles (monuments, paysages, objets) qu'immatérielles (langues, savoir-faire, arts du spectacle, musique…) »[300]. L'immatériel est considéré désormais d'une importance égale aux objets et aux immeubles bâtis.

99. Malgré cette reconnaissance de principe, l'immatériel semble problématique au regard des éléments « traditionnels » du patrimoine culturel. Car les muséologues, archéologues, archivistes, historiens de l'art et conservateurs des monuments et des sites travaillent principalement avec des objets et des édifices. L'objectif de leur travail est la sauvegarde, la conservation et la mise en valeur de ceux-ci, d'où l'affirmation de l'ancien secrétaire

---

[298] *V. supra* introduction sur la notion de « patrimoine » dans la culture chinoise, n° 16 *sqq.* Également Anne Cheng, *Histoire de la pensée chinoise*, Seuil, 1997, notamment p. 47-52 ; 68-71.

[299] Unesco, Année des Nations unies pour le patrimoine culturel, dossier de presse, 2002.

[300] Message du directeur général de l'Unesco à l'occasion de l'Année des Nations unies pour le patrimoine culturel, Unescopresse, Communiqué de presse n° 2002-18, 2 avril 2002.

général de l'Icomos M. Jean-Louis Luxen : « la dimension immatérielle, pour sa conservation, doit s'incarner dans des manifestations tangibles, des signes visibles »[301].

Si la pertinence de cette déclaration peut encore être discutée, M. Luxen soulève une question de principe philosophique : l'immatériel a-t-il nécessairement besoin d'une existence physique pour s'imprégner dans notre réalité consciente ? La discussion a déjà été maintes fois reprise[302]. Il semble que pour être considéré comme réel, un élément doit être perceptible et appréciable par un de nos cinq sens[303]. Dans le domaine du patrimoine culturel, le patrimoine culturel immatériel semble nécessiter un support matériel et tangible pour pouvoir intégrer les musées ou les monuments, car une des vocations principales des institutions culturelles modernes est l'accès à la culture et à l'éducation. Sans la possibilité de s'ouvrir à son public et d'être perceptible par ce dernier, le patrimoine culturel immatériel aurait du mal à trouver sa place dans un musée ou un monument. Cela explique vraisemblablement le souci de « matérialiser » l'immatériel dans le milieu muséal comme dans le milieu des monuments et des sites.

100. Quel est alors le support du patrimoine culturel immatériel ? Les objets et les monuments le reflètent, mais ils sont loin de pouvoir représenter le tout. Mme Mariannick Jadé procède à ce propos à une analyse philosophique intéressante[304] : le « matériel » que l'on prend en compte n'est en réalité qu'un morceau figé du réel et ne représente pas sa globalité, car le réel se manifeste par une « succession de faits matériels inscrits dans un cadre spatio-temporel ».

D'une part, d'un point de vue temporel, les objets et les monuments que l'on sauvegarde ne sont qu'un fait matériel qui fixe en lui-même un fragment du Temps ou du Réel. Le « patrimoine » ainsi construit (par l'homme occidental) n'est finalement qu'un morceau du temps ou de l'espace fixé. La

---

[301] Jean-Louis Luxen, « La dimension immatérielle des monuments et des sites avec références à la Liste du Patrimoine Mondial de l'Unesco », *Nouvelles de l'Icom-Icomos*, vol. 10, n° 2, juillet 2000.

[302] *Patrimoine culturel immatériel : Définitions opérationnelles*, Réunion à Turin, précité.. – André Desvallées, « La muséologie et les catégories de patrimoine immatériel, » provocative paper, in *Museology and intangible heritage II*, International symposium, Icofom Study Series 33, Supplement, ss. dir. Hildegard K. Vieregg *et al.*, München : Museums-Pädagogisches Zentrum, 2004, p. 7. – Mariannick Jadé, *Patrimoine immatériel, Perspectives d'interprétation du concept de patrimoine*, L'Harmattan, Paris, 2006, p. 139-143.

[303] Le professeur François Terré analyse ainsi la notion de « bien » par sa perception par nos cinq sens. F. Terré & Ph. Simler, *Droit civil. Les biens*, *op. cit.*.

[304] M. Jadé, *Patrimoine immatériel, Perspectives d'interprétation du concept de patrimoine*, *op. cit.*, p. 139-143.

notion de patrimoine culturel immatériel, en revanche, permet d'investir le mouvement qui relève du temps de la continuité[305]. Cela constitue une *approche structuraliste du patrimoine* qui permet de se préserver de la prise de position historique et conceptuelle devant un moment figé du « fait patrimonial total » qui doit être transmis fidèlement, dans sa totalité et dans sa cohérence, aux générations suivantes. D'autre part, d'un point de vue spatial, le produit ou la description d'un savoir-faire ne représente jamais la totalité de ce dernier dans son état vivant, car créé par et servant à l'homme, ces savoir-faire ne sont intègres que dans leur utilisation par ce dernier.

Ainsi, l'homme serait le seul véritable support du patrimoine culturel immatériel. Il porte en lui les connaissances et savoirs auxquels il donne une médiation par la langue, le geste et le comportement. Si nous nous abstenons de critiquer le « phénomène d'obsession sur la matière »[306] du milieu muséal, il est certain que cette approche de l'homme en tant que véritable support du patrimoine ouvre un nouveau champ de vision dans les domaines classiques du patrimoine culturel.

101. L'immatériel est donc aussi un patrimoine. Toutefois, le patrimoine culturel immatériel se trouve à une place embarrassante face aux domaines classiques du patrimoine culturel. L'immatériel, parce qu'il est détaché de la matière, ne peut être considéré comme réel par la notion classique du patrimoine culturel que s'il est incarné dans un support matériel. Cette tendance à matérialiser l'immatériel, notamment dans le milieu muséologique, nous conduit à nous poser une autre question : s'agit-il de patrimoine immatériel ou d'une dimension immatérielle du patrimoine matériel ?

Paragraphe II. La dimension immatérielle du patrimoine culturel ou patrimoine culturel immatériel ?

102. L'interrogation sur la « dimension immatérielle » du patrimoine matériel existe dans le milieu des monuments et des sites comme dans le milieu muséal. Parallèlement à l'Unesco, le milieu muséologique consacre de grands efforts sur l' « immatériel » dès les années 1970. MM. George Henri Rivière et Hugue de Varine, en tant que directeurs successifs du Conseil international des musées (Icom), ont contribué à l'émergence du concept de l'écomusée, qui apparaît pour la première fois à l'Icom à l'occasion de la 9ème

---

[305] L'auteur cite notamment (p. 139) plusieurs ouvrages du philosophe Henri Bergson (1959, 1968).

[306] M. Jadé, *ibid.*

Conférence générale de l'organisation en 1971. L'objet des écomusées est l'homme et son milieu, ou « l'homme et son territoire : son foyer, son village, son petit pays, sa région »[307]. Pour l'Icom, la valeur que porte la notion d'écomusée ou de « musées de société » n'est autre que celle du patrimoine culturel immatériel, dans le sens où elle se base sur les communautés et groupes créateurs et détenteurs des éléments culturels qui sont considérés comme leur culture[308].

Les travaux de l'Icom sur la question du patrimoine culturel immatériel continuent au cours des années 1980-1990, telle que la *Charte de Shanghai*[309], pour aboutir à sa 20ème Conférence générale en 2004 consacrée au thème *musées et patrimoine immatériel* (Séoul, Corée). Aux yeux des muséologues, le patrimoine immatériel est tantôt donné comme véritable objet de collection muséale[310], tantôt comme de la documentation[311], parfois aussi comme « émanation du matériel » dont « la restitution ne peut qu'être une évocation par des témoins matériels »[312], voire des thèmes qui ne sont pas vraiment dans le débat au sens de la Convention de 2003 comme le patrimoine naturel[313] ou la culture virtuelle[314]. Quelle que soit l'interprétation, ces considérations tendent toujours à « trouver la place du patrimoine culturel immatériel dans le cadre de la Convention sur le patrimoine mondial »[315], c'est-à-dire dans le concept du patrimoine monumental ou paysager.

103. De même, l'Icomos, l'organisation consultative principale de l'Unesco pour la Liste du patrimoine mondial, consacre sa 14ème assemblée générale, en octobre 2003, au thème de la « mémoire des lieux : préserver le

---

[307] André Desvallées, « L'écomusée : Rêve ou réalité », *Publics et Musées*, n° 17-18, 2000.

[308] Alissandra Cummins (présidente de l'Icom), *Welcome to…*, *International journal of intangible heritage*, vol. 1, 2006, p. 8.

[309] Précité, *v.* tableau n° 88.

[310] Giovanni Pinna, « Le patrimoine immatériel et le musée », *Nouvelles de l'Icom*, n° 4, 2003, p. 3.

[311] Amareswar Galla, « Questions-réponses sur le patrimoine immatériel », *Nouvelles de l'Icom*, n° 4, 2003, p. 4.

[312] A. Desvallées, « La muséologie et les catégories de patrimoine immatériel », précité, p. 7.

[313] Michel van Praët, « Le patrimoine naturel : trois approches de l'intangible », *Nouvelles de l'Icom*, n° 1, 2004, p. 11.

[314] Bernard Deloche, « Le patrimoine immatériel : Héritage spirituel ou culture virtuelle ? » in. *Museology and intangible heritage I*, International symposium, Icofom Study Series - ISS 32, ss. dir. Hildegard K. Vieregg *et al.*, München : Museums-Pädagogisches Zentrum, 2000, p. 41.

[315] Amareswar Galla, « Workshop overview », acte de l'*Atelier sur les musées et le patrimoine immatériel*, 7ème assemblée régionale de l'Icom Asie-Pacifique, Shanghai, oct. 2002, p. 9.

sens et les valeurs immatérielles des monuments et sites »[316]. Les réflexions au sein de l'organisation sur la question de l'immatériel ont sans doute débuté beaucoup plus tôt car c'est elle qui est confrontée en premier à cette problématique lors de l'examen des dossiers de candidature à la Liste du patrimoine mondial (*supra*).

104. Quant au Comité du patrimoine mondial, dès 1997, il admet dans la nouvelle version des *Orientations devant guider la mise en œuvre de la Convention du patrimoine mondial* que peut être inscrit sur la Liste du patrimoine mondial un bien culturel qui apporte « un témoignage unique ou du moins exceptionnel sur une tradition culturelle ou une civilisation vivante ou disparue », ou bien, qui est « directement ou matériellement associé à des événements ou des traditions vivantes, des idées, des croyances ou des œuvres artistiques ou littéraires ayant une signification universelle exceptionnelle » (critère a. vi.). À l'évidence, avec les travaux de l'Unesco tendant, depuis plusieurs années, à intégrer le concept de patrimoine culturel immatériel dans l'ensemble des programmes du patrimoine mondial, ces critères tentent d'appliquer le concept de patrimoine culturel immatériel à la Convention de 1972, mais de manière limitée.

L'évolution de la notion de l'« intégrité des biens naturels » fait également écho à la problématique émergente de patrimoine culturel immatériel. Cette notion, qui englobe les systèmes culturels, religieux ou coutumiers en rapport avec le paysage, est d'un intérêt particulier pour les sites fortement associés au patrimoine culturel immatériel. Ce thème a fait l'objet d'une réunion d'experts sur l'authenticité et l'intégrité dans le contexte africain organisé au Zimbabwe en mai 2000[317].

105. À cet égard, il est intéressant de rappeler que la loi française de 1930 sur les sites[318] parlait déjà des sites « à caractère légendaire ». Par le terme « légendaire », peut-on songer que le patrimoine immatériel est pris en compte dès 1930 ? En réalité, l'objectif de cette loi, comme celui de la Convention de 1972 et ceux de l'Icom ou de l'Icomos, est fondamentalement différent du concept de patrimoine culturel immatériel : ce dernier vise à préserver des pratiques, activités et relations humaines *vivantes*, qui peuvent éventuellement se manifester à travers des objets ou d'un site monu-

---

316 Précité.

317 WHC-2000/CONF.202/INF.13.

318 Loi du 2 mai 1930 Réorganisation de la protection des monuments naturels et des sites de caractères artistique, historique, scientifique, légendaire ou pittoresque, publiée au *JORF* du 4 mai 1930, p. 5003, codifié à article L341-1 *sqq.* du Code de l'environnement.

mental ou paysager mais qui ne l'est pas toujours. Or, la loi de 1930 cherche d'abord à préserver le site en lui-même. Le caractère « légendaire », comme d'autres valeurs « classiques » en matière du patrimoine culturel et naturel telles que artistique, historique, archéologique ou scientifique, censées être représentatives de l'intérêt général, ne fait que justifier l'acte de classement[319]. Les dispositifs de conservation dans le milieu muséal ou pour le patrimoine mondial vont dans le même sens.

106. Ainsi, les discussions au sein de l'Icom et de l'Icomos comme au Comité du patrimoine mondial se limitent principalement à la « dimension immatérielle » du patrimoine matériel et la nécessité de matérialisation de l'immatérialité. Telle a été l'affirmation de M. Luxen : « la distinction entre patrimoine physique et patrimoine immatériel apparaît aujourd'hui factice. Le patrimoine physique ne prend pleinement son sens qu'avec l'éclairage des valeurs qu'il sous-tend. Et réciproquement, la dimension immatérielle, pour sa conservation, doit s'incarner dans des manifestations tangibles, des signes visibles »[320]. On observe que les autres travaux de l'Icomos en la matière se réalisent également autour de cette vision de « dimension immatérielle »[321]. Comme l'a constaté M. Dawson Munjeri, « À l'issue des nombreux débats (…), ce qui à l'origine était le thème du 'patrimoine immatériel', est rapidement devenu 'le matériel dans l'immatérialité' ou vice-versa et, à l'heure actuelle, il apparaît comme 'la dimension immatérielle du patrimoine bâti' »[322].

107. Les interprétations de l'Icom et de l'Icomos ne peuvent peut-être pas s'expliquer simplement par « la difficulté des esprits à sortir des sentiers

[319] Il convient de rappeler que la devancière de la loi de 1930, la loi du 21 avril 1906 sur la protection des sites et des monuments naturels de caractère artistique (qui est aussi la première loi de protection des sites naturels), ne retient que les caractères « artistique ou pittoresque ». C'est bien en raison de l'appréciation du critère « artistique » particulièrement délicate et non dénuée de subjectivité que la loi de 1930 ajoute d'autres critères, les caractères « historique ou légendaire », ainsi que le caractère scientifique. Ainsi, ces critères servent avant tout pour l'administration à justifier son acte de classement. *V.* Jacqueline Morand-Deviller, « L'identification des sites protégés », *AJDA*, 2006, p. 1986.

[320] J.-L Luxen, « La dimension immatérielle des monuments et des sites … », précité.

[321] *V.* par exemple le rapport du symposium scientifique ainsi que les contributions soumises à l'occasion de l'Assemblée, publiées dans *Les Nouvelles de l'Icomos*, vol. 10, n° 2, juillet 2000.

[322] Dawson Munjeri (ancien vice-président de l'Icomos entre 1999-2002), « Patrimoine immatériel en Afrique : S'agirait-il de « beaucoup de bruit pour rien » ? », in. *Nouvelles de l'Icom-Icomos*, vol. 10, n° 2, juillet 2000, p. 7.

qu'ils connaissent par habitude »[323], mais sont déterminées par les vocations de chacun des deux : les objets et les bâtis. Il paraît naturel du point de vue de ces organismes d'essayer d'intégrer le nouveau concept de patrimoine culturel immatériel dans les travaux les intéressant. Or, en réalité, le véritable intérêt du débat ne porte pas sur l'aspect immatériel du patrimoine ou sur la patrimonialisation de l'immatériel, mais sur des éléments culturels qui par nature ne se manifestent pas à travers un support matériel certain.

À ce propos, Mme Jadé révèle à juste titre que la dimension immatérielle « offre un point de vue intéressant mais limite considérablement les perspectives car elle restreint la question en jeu au mécanisme du processus de patrimonialisation et sa portée immatérielle »[324]. En effet, le problème est que les objets et les sites nécessitent une « justification » pour leur patrimonialisation. C'est ainsi qu'une série de « valeurs de référence » telles que la référence spirituelle, la référence aux origines de l'homme ou la référence politique et sociale, est établie par l'Icomos afin de « mettre en évidence la dimension intangible d'un bien physique »[325]. Comme le résume Mme Jadé, « la patrimonialisation se manifeste, entre autres, par un acte qui se traduit par l'attribution d'une valeur à une chose ». M. Deloche écrit également : « la patrimonialité même – en tant qu'appartenance d'une chose quelconque à un système de valeurs et de transmissibilité – est par elle-même constitutive de la part d'immatérialité de la chose »[326]. C'est donc par ces valeurs que le statut patrimonial d'un objet ou d'un bâtiment est reconnu ; ces valeurs donnent à l'objet sa patrimonialité car elles font naître la motivation de conserver l'objet. Or, par ces processus de patrimonialisation, le patrimoine culturel immatériel perd toute la valeur de son concept, il devient simplement celui qui justifie la conservation de l'objet ou du bâti, et n'est plus l'objet de la conservation en lui-même.

Conclusion de la section 2

L'interprétation du patrimoine culturel immatériel comme « dimension immatérielle du patrimoine matériel » semble être réductrice du concept de patrimoine culturel immatériel. Ce dernier ne doit pas être une autre manière d'interpréter la valeur des monuments consacrés au titre du patrimoine mondial ou des monuments historiques, ou des objets qui se trouvent dans

[323] M. Jadé, *Patrimoine immatériel, Perspectives d'interprétation du concept de patrimoine*, précité, p. 93.

[324] M. Jadé, *ibid.*

[325] J.-L. Luxen, « La dimension immatérielle des monuments et des sites… », précité.

[326] B. Deloche, *Le patrimoine immatériel : Héritage spirituel ou culture virtuelle ?*, précité.

les collections muséales. La notion de patrimoine culturel immatériel est une reconnaissance à part entière des pratiques et expressions culturelles et ne doit pas être obligatoirement attachée à une quelconque forme matérielle, un objet ou un bâti. La dimension immatérielle du patrimoine culturel matériel, bien que porteur d'intérêt, ne résume pas les enjeux du patrimoine culturel immatériel et ne permet pas de saisir l'intégralité de sa portée[327]. En réalité, comme l'affirme la *Déclaration de Yamato*[328], les deux aspects matériel et immatériel du patrimoine culturel sont deux éléments interdépendants et qui forment un ensemble intégral.

Section 3. Du patrimoine ethnologique au patrimoine culturel immatériel : notion scientifique, notion politique

Parallèlement à l'émergence du « patrimoine non physique » au sein de l'Unesco, on constate une démarche très similaire de patrimonialisation des cultures populaires notamment régionales en France, se traduisant par l'institutionnalisation de la science ethnologique (Paragraphe I). La nouvelle notion de « patrimoine ethnologique » va être plus tard considérée comme l'équivalent de patrimoine culturel immatériel par les autorités françaises, appréhension toutefois discutable (Paragraphe II).

Paragraphe I. La nouvelle ethnologie des cultures régionales et son institutionnalisation

Au lendemain de la Seconde Guerre mondiale, l'ethnologie connaît un renouveau de problématique. L'émergence de la nouvelle ethnologie postcoloniale (A), rejointe par les revendications de plus en plus importantes des cultures régionales, conduisent à l'institutionnalisation de l'ethnologie en France en 1980 (B).

A. L'émergence de la nouvelle ethnologie postcoloniale

108. Nous avons pu observer le rôle important de l'ethnologie et de l'anthropologie dans les travaux préparatoires de la Convention de 2003. En effet, le développement du concept de « protection du folklore » coïncide avec la période de renaissance de l'ethnologie. Cette science qui étudie les relations sociales et culturelles des groupes humains naît avec le début de l'expansion coloniale. Dans le même contexte que la revendication de la

---

[327] M. Jadé, *Patrimoine immatériel, Perspectives d'interprétation du concept de patrimoine*, précité.

[328] *Déclaration de Yamato sur les approches intégrées de la sauvegarde du patrimoine culturel matériel et immatériel*, Conférence internationale « La sauvegarde du patrimoine culturel matériel et immatériel : vers une approche intégrée », 2004, Nara, précité, WHC-04/7 EXT.COM/INF.9.

protection du folklore, en réalité de la reconnaissance de l'identité culturelle, l'ethnologie occidentale se trouve devant un bouleversement profond et a besoin de trouver une nouvelle dynamique. La question de la protection du folklore (ou de la culture populaire et traditionnelle) semble être une bonne occasion pour y parvenir[329].

109. Durant les années 1960-1970, l'Europe connaît un changement profond mais sous-jacent. Ce qui distingue jusque-là l'ethnologie de la sociologie est que la première se consacre à des sociétés « primitive », « non civilisées » alors que la seconde s'intéresse à des sociétés industrielles. Cette distinction fâcheuse limite considérablement le développement de l'ethnologie. Le mouvement de décolonisation crée des incidences sur l'ethnologie : elle ne peut plus se limiter à des collectes d'objets ethniques et aux analyses en tant qu'observateur ; surtout elle ne peut plus se limiter à l'observation des groupes de peuples colonisés ou minoritaires.

C'est ainsi que l'ethnologique française se tourne vers la France au lieu des sociétés coloniales ; elle se tourne vers l'étude des cultures au lieu de l'observation de comportements humains considérant que les groupes ethniques ne sont que les supports de ces cultures. Cela ouvre de nouveaux champs d'étude pour les ethnologues français à l'ère postcoloniale et correspond également aux attentes des autorités publiques d'encadrer les forces culturelles régionalistes par une politique clairement définie sur la recherche ethnologique. L'ethnologie se rapproche ainsi de l'anthropologie culturelle et sociale.

B. L'institutionnalisation de l'ethnologie en France : le Rapport Benzaïd

110. En France, l'histoire de l'institutionnalisation de cette nouvelle ethnologie rebaptisée se mélange avec l'émergence du concept de « bien culturel immatériel ». Ce dernier s'est imposé pour la première fois en 1979 dans le rapport dit Benzaïd[330] fondateur de la mission du patrimoine ethnologique (devenue ensuite la mission ethnologie) au ministère de la Culture. C'est l'époque où la science ethnologique connaît une grande révolution re-

[329] Florence Weber, « Politique du folklore en France (1930-1960) », in. Philipp Poirrier & Loïc Vadelorge (dir.), *Pour une histoire des politiques du patrimoine*, Comité d'histoire du ministère de la Culture, Fondation Maison des sciences de l'homme, Paris, 2003, p. 269-300.

[330] *Rapport sur l'ethnologie de la France, Besoins et projets*, dit « Rapport Benzaïd », du groupe de travail sur le patrimoine ethnologique présidé par M. Redjem Benzaïd, présenté au ministère de la Culture en octobre 1979, éd. La Documentation française, Paris, 1980.

nouvelant « ses cadres de pensée et ses paradigmes »[331]. Tout comme l'institutionnalisation de l'archéologie dès les années 1950 et la création en 1978 de la direction du patrimoine[332] avaient d'une certaine manière vocation à « sauver les archéologues en leur trouvant du travail à faire en France »[333], il est temps pour la science ethnologique de trouver une nouvelle perspective. C'est dans ce contexte qu'un certain nombre d'ethnologues influents de l'époque réussissent à attirer l'attention des pouvoirs publics en s'appuyant notamment sur l'idée d'une « identité culturelle nationale ».

M. Isac Chiva, alors directeur adjoint du laboratoire en anthropologie sociale dirigé par Claude Lévi-Strauss au Collège de France[334], propose en 1978 au ministère de la Culture d'instituer une section spéciale pour le patrimoine ethnologique français. Son initiative reçoit le soutien de plusieurs hommes importants[335]. C'est ainsi qu'à la demande du président Giscard d'Estaing, un groupe d'étude est organisé par le ministre de la Culture, M. Jean-Philippe Lecat, pour entreprendre une étude préliminaire sur la question. Celui-ci désigne l'inspecteur général des Finances M. Redjem Benzaïd pour présider le groupe de travail. Sont présents dans le groupe, la division pour la musique et la danse (ministère de la Culture), le directeur des musées de France, les représentants des écomusées régionaux, les musées folklori-

---

331 Daniel Fabre, « L'institution de la culture : naissance d'un laboratoire », *Culture et Recherche*, n° 87, oct.-nov. 2001, p. 6.

332 Suite à un rapport de Jacques Soustelle déposé auprès du Premier ministre en 1974 (*Rapport sur la recherche française en archéologie et anthropologie*, La Documentation française, 1975), une série de mesures importantes sont adoptées pour améliorer la situation de la recherche de l'archéologie en France, notamment en 1977 l'adoption de l'article R.111-3-2 du Code de l'urbanisme qui permet de refuser un permis de construire « si les constructions sont de nature (…) à compromettre la conservation ou la mise en valeur d'un site ou de vestiges archéologiques ». Cet outil réglementaire a permis aux services de l'État de multiplier les opérations archéologiques de sauvetage. Le 13 octobre 1978, le décret n° 78-1013 portant création d'une direction du patrimoine au ministère de la culture et de la communication annonce la création de la nouvelle structure du patrimoine.

333 Herman Lebovics, « On the origins of the Mission du patrimoine ethnologique », *Ethnologies comparées*, n° 8, printemps 2005, [http://alor.univ-montp3.fr/cerce/r8/h.l.htm].

334 En 1970, M. Chiva est élu directeur d'études à l'École des hautes études en sciences sociales (désormais EHESS) et intitule sa chaire « Ethnologie des sociétés paysannes ». Cette année 1978, il organise un colloque intitulé *Les régions de France* (colloque de la Société d'ethnologie française, Grenoble, décembre 1978). En 1979, il devient président de la société d'ethnologie française.

335 Un fonds des papiers scientifiques d'Isac Chiva est disponible depuis décembre 2009 à la bibliothèque du Laboratoire d'anthropologie sociale (CNRS-EHESS-Collège de France) dans lequel se trouve une série organique d'archives (cote : FR/CDF/LAS/FIC.D.S3) consacrée à la question du patrimoine ethnologique. Le catalogue de la base d'archives est consultable sur le site : [http://arlas.college-de-france.fr].

ques, le Musée national des arts et traditions populaires, ainsi que des académiciens influents dans le domaine d'étude de la culture populaire[336].

111. Cette implication des autorités publiques a pour contexte complexe les mouvements régionalistes qui pratiquent une « anthropologie autochtone » ou « intérieure »[337]. Comme le souligne un document préparatif de la mission ethnologie, « (...) il est nécessaire d'intégrer les cultures populaires dans la politique culturelle nationale par la création d'un cadre politique qui peut contraindre les deux parts »[338]. La création d'une institution de l'ethnologie est donc aussi bénéfique voire nécessaire pour les pouvoirs publics afin de mieux maîtriser la situation sur le terrain des cultures populaires régionales, en lui donnant, si possible, « l'armature d'une véritable politique de l'ethnologie »[339]. On y observe une étonnante similitude avec la situation de la culture populaire en Chine dès la fondation de la République populaire : son institutionnalisation par la création de la direction Culture sociale et bibliothèque au ministère de la Culture ainsi que les services de Maison de culture dans tous les échelons administratifs[340], même si elle n'est pas devenue immédiatement et explicitement une catégorie du patrimoine culturel. Si leurs contextes politiques sont différents, les objectifs demeurent très similaires : l'intégration des cultures régionales en France, ethniques et populaires en Chine, dans la formation de la « culture nationale ».

112. Le groupe de travail Benzaïd doit alors trouver la solution à cette question politico-culturelle complexe. Malgré des intérêts très différents, les autorités et les ethnologues se mettent d'accord sur une chose essentielle : définir le cadre de la science ethnologique en tant que telle et stopper ce que le rapport appelle l'« illusion pseudo-scientifique d'une ethnologie spontanée qu'individus et groupes pourraient pratiquer sur eux-mêmes » (p. 24). D'un point de vue scientifique, cela peut être une simple question de méthodolo-

---

[336] *V.* les annexes du Rapport Benzaïd, *op. cit.*.

[337] Michel Valière, *Ethnographie de la France. Histoire et enjeux contemporains des approches du patrimoine ethnologique*, Armand Colin, Paris, 2002, p. 157.

[338] Hugues de Varine, *La place des cultures populaires dans la politique nationale d'action culturelle*, in. *Dossier création de la mission à l'ethnologie*, 1979, 1980, 1981, 14-18, archives de la mission ethnologie, aux Archives nationales de Fontainebleau.

[339] Pierre Nora, « La ruée vers le passé », *Magazine littéraire*, hors série, « La passion des idées », 1996, p. 70.

[340] Direction Culture sociale et bibliothèque 社会文化和图书馆处 ; Maison de la culture 文化馆. Nous allons voir plus tard les rôles de ces services dans la promotion du patrimoine culturel immatériel, *infra*, n° 306 *sqq*.

gie de recherche ; mais du point de vue des autorités publiques, cette « illusion pseudo-scientifique » peut être (et est très probablement) interprétée comme le déploiement des cultures régionales traditionnelles délibérément figées, sanctifiées voire déformées dans le but de cultiver et d'élever l'identité culturelle régionaliste. Du point de vue scientifique, la critique d'une « représentation contestable de l'identité et du patrimoine culturel d'un groupe » et les « processus systématiques et critiques de connaissance des groupes sociaux individualisés et de leur culture » (p. 24) doivent donc être laissés aux scientifiques bien formés et surtout politiquement neutres ; sauf que, comme l'écrit ironiquement le professeur Herman Lebovics, il s'agit des spécialistes « éduqués et envoyés par Paris », « élèves des anciens enquêteurs dans les cultures coloniales »[341].

Suite à ce rapport, un conseil du patrimoine ethnologique est créé auprès du ministre de la Culture le 15 avril 1980. Une mission du patrimoine ethnologique est créée en même temps auprès du directeur du patrimoine. Elle assure le secrétariat du conseil du patrimoine ethnologique, prépare les travaux et traite l'ensemble des problèmes administratifs, financiers et techniques de ce conseil[342].

113. Avec la nouvelle mission du patrimoine ethnologique et notamment après 1981 avec le ministère de M. Jack Lang, un processus de patrimonialisation des cultures régionales populaires commence à se mettre en place par le biais d'une démarche ethnologique. Cette institution offre une renaissance à la science ethnologique en France, car elle justifie et légitime l'existence de la discipline. Le concept de l'identité culturelle est devenu l'objectif premier de l'ethnologie en France. C'est le nouveau paradigme de l'ethnologie française qui émerge.

Mais cette institution a aussi comme arrière-plan la tendance mondiale de reconnaissance *des* cultures comme le fondement même de la libération de l'homme, en tant que groupe et en tant qu'individu, idée qui trouve son écho dans le rapport du *Mondiacult* : « L'affirmation de l'identité culturelle contribue donc à la libération des peuples. Inversement, toute forme de domination nie ou compromet cette identité »[343].

[341] Herman Lebovics, « On the origins of the Mission du patrimoine ethnologique », précité, p. 9.

[342] Décret n° 80-277 du 15 avril 1980 instituant un conseil du patrimoine ethnologique (modifié par le décret n° 2005-343 du 5 avril 2005) ; arrêté du 15 avril 1980 création d'une mission du patrimoine ethnologique (*JORF* du 19 avril 1980, p. 992).

[343] Déclaration de Mexico sur les politiques culturelles, Conférence *Mondiacult*, précitée.

Paragraphe II. L'invention française du « patrimoine ethnologique »

L'institutionnalisation de l'ethnologie conduit à la consécration d'un « patrimoine ethnologique » (A). Toutefois, en sa qualité d'institution administrative et politique, la compétence scientifique de la mission ethnologie est parfois contestée : on parle du « paradoxe institutionnel » de cette mission (B).

A. La consécration de « patrimoine ethnologique »

114. L'institutionnalisation de l'ethnologie au sein de la direction du patrimoine consacre désormais la notion d'un « patrimoine ethnologique ». On constate que de par son idée de noyau d'identité culturelle, la définition du patrimoine ethnologique donnée par le rapport Benzaïd est effectivement proche de l'esprit fondateur de la notion de patrimoine culturel immatériel de la Convention de 2003. Selon ce rapport, le patrimoine ethnologique constitue « les modes spécifiques d'existence matérielle et d'organisation sociale des groupes qui le composent, leurs savoirs, leur représentation du monde et, de façon générale, les éléments qui fondent l'identité de chaque groupe social et le différencient des autres » (p. 27). Cette définition donne par ailleurs comme exemples les « biens matériels ou immatériels, œuvres virtuelles ou réalisées ». Cette manière d'envisager la notion de patrimoine ethnologique a été plusieurs fois confirmée par la doctrine. La définition donnée par le professeur Alain Morel, alors responsable de recherche à la mission du patrimoine ethnologie, englobe quasiment tous les domaines que proposent la Recommandation de 1989 et la Convention de 2003[344].

115. Dans la continuité des efforts des années 1970-80, le patrimoine ethnologique gagne davantage en légitimité avec l'instauration par l'Unesco du label du « patrimoine non physique » puis celui du patrimoine culturel immatériel. Après la modification en 2005 du décret instituant le conseil du patrimoine ethnologique de 1980, une des missions de ce conseil est désormais la consultation sur les « mesures ou actions relatives au *patrimoine ethnologique immatériel* »[345]. La mission ethnologie, chargée également du secrétariat

---

[344] Alain Morel, « La Mission du patrimoine ethnologique », *Culture et Recherche*, n° 87, oct. - nov. 2001, p. 4. *V.* également *supra*, tableau comparatif des définitions, n° 88.

[345] L'article 4 du décret n° 2005-343 du 5 avril 2005 modifiant le décret n° 80-277 du 15 avril 1980 modifié instituant un conseil du patrimoine ethnologique, publié au *JORF* du 13 avril 2005. C'est nous qui soulignons. Mais suite au décret n° 2006-672 du 8 juin 2006 modifié par le décret n° 2009-613 du 4 juin 2009 relatif à la création, à la composition et au fonctionnement de commissions administratives à caractère consultatif, en application de

du comité interdirectionnel pour le patrimoine culturel immatériel au ministère de la Culture[346], occupe dès alors une place incontournable dans le domaine du patrimoine culturel immatériel en France.

Depuis l'application de la Convention de 2003, le patrimoine ethnologique trouve encore de nouveaux terrains d'action tels que le « patrimoine ethnologique ou immatériel des communautés immigrées en France » longtemps ignoré[347]. Depuis la réorganisation du ministère de la Culture en novembre 2009[348], la mission ethnologie est absorbée par le département du pilotage de la recherche et de la politique scientifique au sein de la nouvelle direction générale des patrimoines ; une nouvelle institution qui regroupera le patrimoine ethnologie et le patrimoine culturel immatériel est en cours de préparation[349].

B. Le paradoxe institutionnel du patrimoine ethnologique

116. La légitimité institutionnelle de la mission ethnologie pour le patrimoine culturel immatériel n'est pourtant pas acquise sans difficultés. En effet, jusqu'au 2004, la mission ethnologie n'est pas encore considérée comme le correspondant national d'une catégorie patrimoniale promue au niveau international. Lors de la première Journée du patrimoine culturel immatériel organisée à Paris en mars 2004 (par la Commission française pour l'Unesco, le ministère de la Culture et la Maison des cultures du monde[350]), la mission du patrimoine ethnologique qui vient tout juste d'être re-

---

son article 17, le conseil du patrimoine ethnologique est dissous automatiquement le 9 juin 2009. L'article 2 du décret énonce qu'une commission administrative à caractère consultatif doit être créée par décret pour une durée maximale de cinq ans. On peut dès alors supposer qu'un nouveau décret sera promulgué afin de redonner existence à ce conseil.

[346] *V. infra*, n° 214 *sqq*.

[347] Les premiers projets de recherches de la mission ethnologie dans le cadre du patrimoine culturel immatériel ont concerné les communautés immigrées chinoises et juives en France, réalisés en collaboration avec LAHIC (Laboratoire d'anthropologie et d'histoire de l'institution de la culture, un laboratoire conventionné CNRS-ministère de la Culture). Sylvie Grenet et Chiara Bortolotto (responsable du projet au Lahic), entretien du 9 juillet 2007, au ministère de la Culture, 182, rue Saint-Honoré, Paris.

[348] Article 8, arrêté du 17 novembre 2009 relatif aux missions et à l'organisation de la direction générale des patrimoines.

[349] Dans le développement suivant, par souci de garder une plus grande lisibilité, nous continuons à employer l'intitulé de « mission ethnologie » en parlant de cette institution qui n'existe plus

[350] La Maison des cultures du monde, créée en 1982, est une association de loi de 1901 d'intérêt général (articles 200 et 238 bis du Code général des impôts). Elle est subventionnée par le ministère de la Culture et par la Ville de Paris, et bénéficie du soutien du ministère des Affaires étrangères et de la fondation Alliance française.

baptisée en mission ethnologie est présente dans la salle mais pas à la tribune alors que c'est à M. Michel Colardelle, alors directeur du Musée national des arts et traditions populaires – institution pour beaucoup concurrente de la mission ethnologie[351] – qu'est confié le soin d'introduire le premier débat sur le thème « patrimoine culturel immatériel et ethnologie ».

117. Même si la mission ethnologie est désignée, à l'approbation de la Convention de 2003 par la France, comme institution officielle en charge du patrimoine culturel immatériel, les objections ne sont pas négligeables. Les auteurs soulignent le paradoxe constitutif de cette institution, ou le « paradoxe de l'objet ». Le véritable fondement de la mission ethnologie est, comme le fait valoir son chef M. Christian Hottin, la tradition d'expertise et la recherche ethnologique[352]. En effet, le Rapport Benzaïd pointe l'insuffisance de la recherche, la carence en matière d'enseignement et l'absence d'instruments pédagogiques : l'objectif de la mission est alors pour cette institution « de construire la matière scientifique ethnologique en France afin de lutter contre l'illusion pseudo-scientifique d'une ethnologie spontanée ».

Or, la Convention de 2003 est élaborée suite aux échecs des programmes fondés sur les recherches des années 1980-90 ; l'essentiel de la convention est donc lié aux communautés, aux groupes et aux personnes détenteurs de tradition. Selon certains auteurs, pour la mission ethnologie, se conformer à la notion de patrimoine culturel immatériel, c'est remettre en cause ses véritables compétences – l'expertise scientifique comme mobile de l'action patrimoniale. Ainsi, la notion de patrimoine culturel immatériel – des objets des communautés ou des objets culturels – ratifie l'éviction de l'ethnologie – des objets intellectuels construits dans une démarche de recherches, à savoir des objets ethnologiques, d'où le « paradoxe de l'objet »[353]. Bien que la mis-

---

[351] Car le Musée national des arts et traditions populaires a constitué, en association avec le CNRS, un laboratoire de recherche, le Centre d'ethnologie française. Le musée est définitivement fermé au public en 2005, de même que le Centre d'ethnologie française. Les collections sont progressivement transférées au Musée des civilisations de l'Europe et de la Méditerranée qui a ouvert ses portes en 2008 à Marseille. Sur la relation entre le folklore et l'ethnologie française et sur l'histoire du MNATP, *v* : Florence Weber, *Politique du folklore en France (1930-1960)*, précité. Sur le Centre d'ethnologie française : Martine Segalen, « Un regard sur le Centre d'ethnologie française », *La Revue pour l'histoire du CNRS*, n° 13, novembre 2005, en ligne: [http://histoire-cnrs.revues.org/document1683.html].

[352] On constate en ce sens que la mission ethnologie est intégrée, suite à la réforme du ministère de la Culture en novembre 2009, au département du pilotage de la recherche et de la politique scientifique.

[353] Jean-Louis Tornatore, « L'inventaire comme oubli de la reconnaissance. À propos de la prise française de la Convention pour la sauvegarde du patrimoine culturel immatériel »,

sion se montre en position de garante de la portée scientifique des projets qu'elle mène, ses agents de décentralisation en région, au contact des directions régionales des affaires culturelles (Drac) et confrontés aux demandes des institutions (musées, parcs régionaux etc.) et des collectivités locales, sont davantage enclins à élaborer une action à la limite de leurs compétences scientifiques et de leurs missions[354].

118. Finalement et, après tout naturellement, la mission ethnologie du ministère de la Culture n'est pas uniquement comme le préconise le rapport Benzaïd une institution de recherche scientifique[355]. Sa création serait plutôt une action de politisation de la science ethnologique et la patrimonialisation des cultures régionales populaires[356].

Cette tendance à la politisation de l'ethnologie est également très présente en Chine contemporaine. Après la période tourmentée des années 1960-1970, les ethnologues chinois, comme leurs confrères français, réfléchissent à une nouvelle direction de la matière, passant de l'étude des ethnies minoritaires à l'étude de la société des Han. Au sein de la discipline, de nombreux chercheurs proposent de distinguer la matière de l'« anthropologie culturelle (*wenhua renlei xue* 文化人类学) » de l'ethnologie[357]. D'un point de vue scientifique, l'ethnologie chinoise connaît à cette époque un tournant réflexif comme l'ethnologie française durant les années 1950. Or, aux yeux des autorités publiques, la place de l'ethnologie est encore mal définie. En effet, jusqu'en 1993, dans le catalogue des formations dispensées par l'enseignement supérieur élaboré par le ministère de l'Éducation, l'ethnologie est toujours placée dans la catégorie d'étude historique mais pas sociale, ou plus précisément dans l'objectif de construire une « histoire de la formation de la communau-

---

version réaménagée de son intervention intitulée « Le patrimoine culturel immatériel, une nouvelle catégorie, entre action publique et anthropologie ? », à l'Atelier Patrimoine culturel immatériel, précité, 19 décembre 2007.
[http://www.lahic.cnrs.fr/IMG/pdf/JLTornatore.pdf].

354 Jean-Louis Tornatore, « La difficile politisation du patrimoine ethnologique », *Terrain*, n° 42, mars 2004, p. 149-160.

355 Par ailleurs, pour de nombreux ethnologues chercheurs, si l'on parle de l'ethnologie en tant que matière scientifique, c'est en effet l'ancien Centre d'ethnologie française qui devrait être cité.

356 J.-L. Tornatore, « La difficile politisation du patrimoine ethnologique », précité. Plusieurs autres auteurs sont d'avis similaire : P. Nora, « La ruée vers le passé », *op. cit.* – H. Lebovics, « On the origins of the Mission du patrimoine ethnologique », précité. – M. Valière, « Ethnographie de la France. Histoire et enjeux contemporains des approches du patrimoine ethnologique », *op. cit.*.

357 CHEN Guoqiang 陈国强, *Aperçu historique de l'anthropologie chinoise* 中国人类学发展史略, *Journal of Guangxi University for Nationalities (Philosophy and Social Sciences Edition)* 广西民族大学学报(哲学社会科学版) (revue), n° 1, 1995, p. 21-25.

té d'ethnie chinoise ». D'emblée, l'ethnologie est vue à cette époque comme un outil d'édification de la Nation chinoise multiethnique[358].

Conclusion de la section 3

119. Aujourd'hui, le patrimoine ethnologique semble trouver dans la Convention de 2003 un nouveau fondement à sa légitimité : le patrimoine culturel immatériel. Si la patrimonialisation de l'ethnologie est initialement conçue par les autorités publiques comme devant poursuivre l'entreprise déjà ancienne de l'édification de la Nation, que ce soit en France ou en Chine, la prise en compte du patrimoine culturel immatériel va incontestablement dans le même sens, confrontée aujourd'hui aux nouveaux défis de mutations sociales et de mondialisation.

Depuis la Convention de 2003, la mission ethnologie s'appuie en effet sur la similitude entre la notion de « patrimoine ethnologique » du rapport Benzaïd et celle de patrimoine culturel immatériel pour faire reconnaître ses travaux depuis une vingtaine années en la matière. Si l'expérience française du « patrimoine ethnologique » dément une véritable remise en question du champ du patrimoine par la Convention de 2003, des perspectives nouvelles s'imposent toutefois en termes d'identification et d'intervention vis-à-vis de la discipline ethnologique. N'oublions pas que le « patrimoine ethnologique » était un objet intellectuel construit dans une démarche de recherche à l'opposition de « l'illusion pseudo-scientifique d'une ethnologie spontanée »[359]. Cette matière scientifique, fondée sur une perspective documentaire qui a distingué jusqu'à aujourd'hui l'expertise ethnologique, se trouve à une place contrariée devant la nécessité d'une reconsidération de ses méthodes

---

[358] WANG Jianmin, *Ethnology's normalization and nativisation: a review over the past a hundred years' development of ethnology in China* (2000) 学术规范化与学科本土化—中国民族学学科百年回眸, *Ethno - National Studies* 民族研究 (revue), n° 1, 2000. p. 8-16. À partir de juillet 1993, en application de la nouvelle classification standardisée des disciplines scientifiques, la science d'ethnologie n'est plus une catégorie d'histoire mais une matière indépendante sous laquelle l'anthropologie culturelle et l'étude folklorique sont classées. « 学科分类与代码国家标准 », publié par la Commission nationale pour la standardisation des normes, élaboré communément avec le ministère de l'Éducation, réf. GB/T13745-1992, le 1re nov. 1992 (entrée en vigueur en juillet 1993), dernière modification le 4 juillet 2008. La sociologie est classée comme une catégorie parallèle à l'ethnologie. En France, selon la classification de la Mission scientifique, technique et pédagogique (ministère de l'Enseignement supérieur et de la Recherche), la sociologie, l'anthropologie et l'ethnologie sont trois disciplines parallèlement placées sous la catégorie des Sciences de la société.

[359] *V. supra*, n° 117.

traditionnelles[360] : selon la Convention de 2003, le rôle de qualification des éléments patrimoniaux revient désormais aux communautés elles-mêmes ; de même que la sauvegarde du patrimoine culturel immatériel n'est plus concentrée sur l'archivage mais des actions culturelles.

Conclusion du chapitre I

120. Dans la première phase de l'évolution du concept de patrimoine culturel immatériel, du « folklore » au « patrimoine non physique », dans le contexte de la recherche de l'identité culturelle de nombreux États face au néocolonianisme, l'idéologie des pays dits du tiers-monde ainsi que le courant de pensée proche de ces derniers au sein de l'Unesco ont été décisifs. Les réflexions sur la Convention de 1972 vont aussi dans ce sens à cette période.

Mais progressivement, le concept de patrimoine culturel immatériel dépasse le cadre de l'opposition Nord-Sud pour arriver à la formation d'une notion de patrimoine culturel plus globale dont l'immatériel est l'un des deux aspects qui sont, selon le terme de la Convention de 2003, « interdépendants ». Il convient de souligner l'importance de l'inclusion de la culture dite « d'élite » dans la notion de patrimoine culturel immatériel. Cette insertion semble être décisive, sans quoi, la notion de patrimoine culturel immatériel resterait une simple expression du tiers-mondiste. L'interprétation réductrice qui équivaut le patrimoine culturel immatériel à la culture traditionnelle populaire aurait pour effet de mettre simplement en avant l'opposition Nord-Sud. Avec cet élargissement, la notion de patrimoine culturel immatériel devient plus pertinente que la seule culture traditionnelle populaire. La consécration de l'aspect patrimonial et la reconnaissance de l'intérêt de la préservation et la promotion des éléments culturels immatériels pour l'humanité dans son ensemble, dépassent alors la seule préoccupation de l'aspect de valeur économique du folklore.

Malgré les difficultés d'acceptation de l'immatérialité au regard de la vision traditionnelle de patrimoine culturel, l'Unesco manifeste une volonté forte de faire une notion de patrimoine culturel holistique qui contiendra à la fois les aspects matériel et immatériel. Cela participe en effet à élargir les champs de compétence de l'organisation.

Il reste tout de même à relever que parmi les deux revendications à l'origine sur le folklore, seul l'aspect idéologique est retenu par la Conven-

[360] J.-L. Tornatore, « Le patrimoine culturel immatériel, une nouvelle catégorie, entre action publique et anthropologie ? », précité. - Chiara Bortolotto, « Les enjeux de l'institution du patrimoine culturel immatériel », *Culture et recherche*, n° 116-117, 2008, p. 32.

tion de 2003. En réalité, cet aspect est envisagé par de nombreux pays dans leur politique du patrimoine, tel est le cas de la culture populaire consacré « patrimoine ethnologique » en France. En Chine également, la notion de patrimoine culturel immatériel est acceptée dans une perspective très proche, celle de la culture traditionnelle en tant qu'élément de l'édification de l'État-Nation. Cette revendication de l'identité culturelle est affirmée par la Convention de 2003 à travers sa définition et ses conditions de qualification.

Chapitre II. La création d'une qualification spécifique de patrimoine culturel immatériel par la Convention de 2003

121. Une fois la notion de patrimoine culturel immatériel légitimée, la convention confère aux États parties le rôle de qualifier les éléments du patrimoine culturel immatériel devant être sauvegardés. Les critères de qualification de patrimoine culturel immatériel sont introduits par la convention dans son article 2 sur la définition de patrimoine culturel immatériel[361]. Cette définition conceptuelle du patrimoine culturel immatériel par la convention est le résultat d'une approche intégrée du patrimoine culturel[362] et de son caractère complexe et composite. La prise en compte des éléments immatériels du patrimoine culturel – et non pas uniquement de la dimension immatérielle du patrimoine matériel[363] – et de l'approche de certaines traditions culturelles ne faisant aucune distinction entre le matériel et l'immatériel, est considérée comme une application du principe de diversité culturelle[364].

Ce caractère innovant de l'approche holistique et globale que propose la notion de patrimoine culturel immatériel est pourtant limité par sa nature subjective, nécessitant une appréciation en conformité avec le droit international[365]. Cela se traduit d'une part par la condition préalable de sa conformité aux droits de l'homme (Section 1). La convention impose d'autre part quelques critères qualificatifs, telles que la reconnaissance ou la transmission au sein de la communauté. Parallèlement, les États membres sont libres, par les législations internes, d'élaborer leurs propres critères plus stricts. Cherchant à renforcer le rôle des communautés dans l'ensemble des travaux de sauvegarde du patrimoine culturel immatériel, ces critères laissent toutefois des interrogations sur la faculté juridique des communautés à la qualification de patrimoine culturel immatériel (Section 2).

---

[361] *V.* Introduction générale, n° 2.

[362] Telle est l'affirmation de la *Déclaration de Yamato sur les approches intégrées de la sauvegarde du patrimoine culturel matériel et immatériel*, Conférence internationale « La sauvegarde du patrimoine culturel matériel et immatériel : vers une approche intégrée », 2004, précité.

[363] *V. supra*, n° 103 *sqq*.

[364] Peter Seitel (ed), "Rapport final" (version française), in. *Safeguarding Traditional Cultures: A Global Assessment of the 1989 Unesco Recommendation on the Safeguarding of Traditional Culture and Folklore*, juin 1999, Washington DC, ed. Smithsonian Institution/Unesco, oct. 2001.

[365] Leila Lankarani, « L'Avant-projet de Convention de l'Unesco pour la sauvegarde du patrimoine culturel immatériel - évolution et interrogations », *AFDI*, XLVIII, 2002, p. 634.

La qualification de patrimoine culturel immatériel au sens de la Convention de 2003 se concrétise dans les États membres par un inventaire national du patrimoine culturel immatériel. La convention prévoit un système double avec des inventaires nationaux et deux listes internationales. À l'échelle nationale, les États membres s'engagent à établir un ou plusieurs inventaires qui visent à inclure tout le patrimoine culturel immatériel du pays (art. 12). À l'échelle internationale, deux listes sont établies : une « Liste représentative du patrimoine culturel immatériel de l'humanité » (ci-après « Liste représentative ») visant à « assurer une meilleure visibilité » du concept de patrimoine culturel immatériel (art. 16) et une « Liste du patrimoine culturel immatériel nécessitant une sauvegarde urgente » (ci-après « Liste de sauvegarde urgente »). Ainsi, par définition, ces deux listes de l'Unesco font partie des mesures de sauvegarde.

Toutefois, contrairement à ce que son intitulé pourrait laisser entendre, nous verrons que la Liste représentative n'est pas une qualification « officielle » par la Convention de 2003 comme ce qui est le rôle de la Liste du patrimoine mondial de la Convention de 1972 : les éléments figurant sur la Liste représentative sont qualifiés par les États et la convention n'effectue pas de sélection de fond mais une évaluation de forme. Cette Liste représentative est par conséquent plus un « registre » des éléments du patrimoine culturel immatériel des différents pays qu'un signe de distinction[366].

Section 1. La condition préalable : le respect des droits de l'homme

122. À la lecture de la Convention de 2003, nous constatons que son préambule s'inspire fortement de celui de la Déclaration universelle de l'Unesco sur la diversité culturelle de 2001, non seulement par ses références à la diversité culturelle, au respect mutuel entre les cultures et au développement durable, mais surtout par les références au respect des droits de l'homme, devenus normes de référence conventionnelles[367]. Selon le préambule de la convention, les « instruments internationaux existant relatifs aux droits de l'homme » (art. 2) s'entendent notamment la Déclaration universelle des droits de l'homme de 1948, le Pacte international relatif aux droits économiques, sociaux et culturels de 1966 et le Pacte international re-

[366] Allocution de M. Chérif Khaznadar, président de l'Assemblée générale des États parties à la Convention de 2003, lors de la 4ème session du Comité intergouvernemental de sauvegarde du patrimoine culturel immatériel, Abou Dhabi (Émirats arabes unis), 28 septembre 2009.

[367] L. Lankarani, « L'Avant-projet de Convention de l'Unesco pour la sauvegarde du patrimoine culturel immatériel… », précité, p. 634.

latif aux droits civils et politiques de 1966. De surcroît, selon la Convention sur la protection et la promotion de la diversité des expressions culturelles, les droits de l'homme doivent primer, en cas de contradiction, sur le principe de la diversité culturelle[368].

Sans se présenter de façon explicite comme un critère de qualification, cette condition de conformité aux droits de l'homme écarte certains éléments, notamment des pratiques et rituels, tels que les « cérémonies de différenciation liées au statut et au prestige » ou les « pratiques sociales sexo-spécifiques », proposées comme élément du patrimoine culturel immatériel par le Premier avant-projet de convention internationale pour la sauvegarde du patrimoine culturel immatériel[369] mais non retenues par les textes finaux. Ainsi, certaines pratiques, telles que l'excision en Afrique ou les Intouchables en Inde, bien que faisant partie de la tradition culturelle, sont considérées comme incompatibles avec la Déclaration universelle des droits de l'homme[370] et donc n'entrent pas dans le champ du patrimoine culturel immatériel.

Toutefois, l'appréciation de cette condition préalable n'est pas sans équivoque. D'une part, dans un rôle actif, l'examen de la conformité aux droits de l'homme écarte certains éléments, tandis que l'appréciation de ces droits peut être, ou tend à être variable dans des contextes différents (Paragraphe I). D'autre part, même lorsqu'un élément du patrimoine culturel immatériel s'avère conforme aux droits de l'homme, ces derniers peuvent être placés dans un rôle passif et devenir un objet de négation, si l'élément est considéré comme opposé à d'autres conditions, non figurées dans la convention, mises en avant par les États (Paragraphe II).

Paragraphe I. Les différentes appréciations des droits de l'homme

123. Les droits de l'homme sous différents contextes culturels sont appréciés selon deux aspects : l'aspect universaliste et l'aspect individualiste.

---

368 Convention sur la protection et la promotion de la diversité des expressions culturelles, adoptée le 25 octobre 2005 par la 33ème session de la Conférence générale de l'Unesco à Paris, entrée en vigueur le 18 mars 2007. Son article 2 reprend l'esprit de l'article 4 de la Déclaration universelle de l'Unesco sur la diversité culturelle (2001) : « Nul ne peut invoquer les dispositions de la présente Convention pour porter atteinte aux droits de l'homme et aux libertés fondamentales tels que consacrés par la Déclaration universelle des droits de l'homme ou garantis par le droit international, ou pour en limiter la portée ».

369 Premier avant-projet de convention internationale pour la sauvegarde du patrimoine culturel immatériel, Annexe, p. 18, Paris, 26 juillet 2002, CLT-2002/CONF.203/3.

370 Article premier : « Tous les êtres humains naissent libres et égaux en dignité et en droits. » Article cinq : « Nul ne sera soumis à la torture, ni à des peines ou traitements cruels, inhumains ou dégradants ».

L'affirmation de l'universalité des droits de l'homme trouve son origine contemporaine d'abord dans la Charte des Nations unies dont l'article 55 prévoit qu'elle favorisera « le respect universel et effectif des droits de l'homme et des libertés fondamentales pour tous, sans distinction de race, de sexe, de langue ou de religion ». Cette volonté de l'universalité trouve ensuite un prolongement direct dans la Déclaration universelle des droits de l'homme de 1948, puis dans un grand nombre d'instruments, conventionnels ou simplement déclaratoires, conclus au sein de l'organisation.

124. Pourtant, depuis son origine, le principe de l'universalité des droits de l'homme est souvent questionné. Bien qu'elle se veuille universelle, la Déclaration universelle des droits de l'homme puise d'abord son origine dans la morale judéo-chrétienne. Déterminée dans un contexte culturel particulier et basée sur un « acte discrétionnaire », une telle déclaration générale s'est développée « au nom du Dieu unique, de l'Empire unique, de la Religion unique », puis « aujourd'hui sous l'égide de la science unique et de la technologie unique »[371]. Le professeur Michel Alliot estime en ce sens que « les juristes français [...] ne pourront concevoir l'État – avatar laïcisé du Dieu chrétien – que comme unique, centralisé, extérieur aux citoyens [...] : hors de l'État et de ses lois uniformes point de Droit. Les juristes français ne pourront imaginer que le Droit prenne en compte la variété des identités individuelles ou collectives, ils ne pourront concevoir de décentralisations qu'ordonnées par l'État central, uniformes et garanties par lui »[372]. Pour le professeur Norbert Rouland, cette pensée française du droit et de l'universel, matrice de la théorie occidentale des droits de l'homme, « se nourrit d'une représentation homogène et rationnelle de l'humanité ». En effet, ces droits de l'homme sont fortement influencés par les travaux philosophiques du siècle des Lumières et sont « découverts » par le travail de Raison : la pensée juridique française « décrète donc l'universel avant de l'expérimenter »[373].

---

[371] Raimundo Panikkar, « La notion des Droits de l'Homme est-elle un concept occidental ? », *Diogène*, Unesco, n° 120, 1982, p. 87-115.

[372] Michel Alliot, « La coutume dans les droits originellement africains », in. *Le droit et le service public au miroir de l'anthropologie*, textes choisis et édités par Camille Kuyu, Karthala, Paris, 2003, p. 53-72, édition antérieure : *Bulletin de liaison du LAJP* (Laboratoire d'anthropologie juridique de Paris, Université Paris 1 Panthéon-Sorbonne), n° 78, 1985, p. 79-100.

[373] Norbert Rouland, « La tradition juridique française et la diversité culturelle », *Droit et société*, n° 27, 1994, p. 381-419, notamment p. 382.

Or, ce qui est légitime dans une tradition culturelle ne l'est pas nécessairement dans d'autres ; il est nécessaire de repenser l'universel dans un monde pluri-polaire : « Un monde dont la Raison classique n'est plus le seul démiurge : d'autres rationalités le parcourent, notamment celle qui s'attache à l'expérience issue des traditions, toujours réinterprétée »[374]. Dans ce sens, la tradition confucéenne dans laquelle les rites sont préférés à la loi[375], ou bien l'Islam qui a expérimenté l'unité dans la diversité, en valorisant l'unité à chaque fois que l'identité de la communauté était menacée[376] offrent deux exemples significatifs.

125. Au-delà de la légitimité d'un principe universel, l'interprétation de l'« universalité » est aussi divergente. C'est par l'individu que la tradition française accède à l'universel : les droits individuels sont la « claire expression de la transcendance de l'homme », alors que les droits collectifs « l'obscurcissent »[377]. Cet aspect des droits de l'homme fait l'objet d'objections au sein même de l'Occident, considéré par exemple par le marxisme comme « droits de l'homme séparés de l'homme et de la communauté »[378]. La « conception socialiste d'inspiration marxiste » des droits de l'homme telle qu'elle est défendue dans les pays socialistes d'Europe de l'Est et demeure effective en Chine, sans nier par principe les droits de la personne, les situe d'abord par rapport à la collectivité sociale à laquelle celle-ci appartient. Au contraire de la doctrine dite « occidentale », cette doctrine socialiste ne met pas l'accent sur les droits civils et politiques, dénonçant une vision qu'elle juge individualiste. Selon elle, le respect des droits propres

---

[374] *Ibid*, p. 383.

[375] Sur ce sujet, v. Wm. Theodore de Bary & Weiming Tu (eds.), *Confucianism and Human Rights*, New York, Columbia University Press, 1998. – François Jullien, *De l'universel, de l'uniforme, du commun et du dialogue entre les cultures*, Fayard, Paris, p. 121-126.

[376] Étienne Le Roy, « L'universalité des droits humains peut-elle être fondée sur le principe de la complémentarité des différences ? », in. *Recueil des cours* - Institut international des Droits de l'homme de Strasbourg, 28ème session, 1997, p. 13-30. – F. Jullien, *ibid.*, p. 112-119. – Le Centre de recherches et d'études sur les droits de l'homme et le droit humanitaire (CREDHO, Université Paris XI-Sud, Faculté Jean-Monnet) se consacre à la question de l'« Islam et droits de l'homme » et publie une bibliographie analytique et critique sur son site Internet : [http://www.credho.org/biblio/islam/index.htm].

[377] N. Rouland, « La tradition juridique française et la diversité culturelle », précité, p. 382.

[378] « Constatons avant tout le fait que les "droits de l'homme", distincts des "droits du citoyen", ne sont rien d'autre que les droits du membre de la société bourgeoise, c'est-à-dire de l'homme égoïste, de l'homme séparé de l'homme et de la communauté. » in : Karl Marx, *La question juive. Suivi de « La question juive » par Bruno Bauer*, trad. Jean-Michel Palmier, Paris, Union générale d'éditions, coll. Le monde en 10-18, 1968, n° 412.

d'un individu ne doit pas passer devant l'intérêt communautaire[379]. L'État chinois, par exemple, déploie de grands moyens pour défendre et illustrer une vision de la démocratie et des droits de l'homme dans une société « basée sur le confucianisme »[380]. La vision occidentale des droits de l'homme est par ailleurs perçue comme un « cheval de Troie » qui véhicule le néocolonialisme culturel, les critiques de l'Occident sur l'état des droits de l'homme en Chine sont ainsi qualifiées de volonté impérialiste culturelle[381].

126. Les désaccords sur l'appréciation des droits de l'homme se manifestent au travers des nombreuses déclarations élaborées sur le sujet par les « non-occidentaux ». Citons notamment : la Charte africaine des droits de l'homme et des peuples de 1981[382] ; la Déclaration islamique universelle des droits de l'homme de 1981[383] ; la Déclaration des devoirs fondamentaux des peuples et des États asiatiques en 1983[384] ; la Déclaration des droits de l'homme en Islam en août 1990[385]. Lors des grandes crises politiques des deux dernières décennies, comme au Kosovo, en Afghanistan ou en Irak, ce désaccord se révèle particulièrement important en ce qui concerne le principe de l'ingérence humanitaire. De même, des peuples autochtones ont

---

379 Pierre-Marie Dupuy, *Droit international public*, Précis Dalloz, 9e éd. 2008, n° 213. Il est nécessaire de préciser que cette « conception socialite des droits de l'homme » est contestée par de nombreux auteurs français qui soutiennent pourtant la pluralité des systèmes juridiques, par exemple : Norbert Rouland *et al.*, *Droit des minorités et des peuples autochtones*, PUF, Paris, 1996, p. 19.

380 DU Gangjian & SONG Gang, "Relating human rights to Chinese culture: the four paths of the Confucian analects and the four principles of a new theory of benevolence", in. Michael C. Davis (ed.), *Human right and Chinese values: Legal, philosophical, and political perspectives*, Oxford university press, 1995, notamment p. 35-56.

381 *Livre blanc : Progrès de la cause des droits de l'homme en Chine en 2004,* 2004 中国人权白皮书, Office d'information du Conseil des affaires de l'État, avril 2005. Le texte en français en ligne : [http://french.china.org.cn/fa-book/050425/2004rqsy.htm]. – Gérard Fellous, *Les droits de l'homme. Une universalité menacée*, La Documentation française, 2010, p. 29-34. Sur cette question, *v.* également : F. Jullien, *De l'universel, de l'uniforme,…*, *op. cit.*, notamment p. 173 *sqq.* ; même auteur, « Universels, les droits de l'homme ? », *Le Monde diplomatique*, fév. 2008, p. 24-25.

382 Par l'Union africaine. Créée en 1963, elle porte le nom d'Organisation de l'unité africaine jusqu'à 2002 et compte aujourd'hui 53 États membres.

383 Par le Conseil islamique pour l'Europe. On retrouve le terme « universelle » qui demeure évidemment aussi problématique dans le cadre de cette déclaration que dans la Déclaration universelle des droits de l'homme.

384 Par le Conseil régional sur les droits de l'homme en Asie.

385 Par l'Organisation de la conférence islamique. Créée en septembre 1969, elle compte 57 États membres.

adopté des déclarations spécifiques : 27 déclarations et positions de peuples indigènes peuvent être dénombrées[386].

Sans se soumettre au relativisme culturel[387] ni rejeter toute possibilité d'évolution des valeurs ethniques, il est incontestable que les différences d'appréciation des droits de l'homme représentent une population culturelle considérable. En effet, la question posée par le professeur François Jullien, philosophe et sinologue, mérite d'être méditée : la revendication d'une universalité des droits de l'homme viendrait-elle du fait que le mode de vie occidental s'impose dans le reste du monde et qu'il est donc désormais nécessaire – ou fatal – d'adopter l'idéologie des rapports humains, à la fois sociaux et politiques, allant de pair avec ces transformations ? Ou bien cette légitimité viendrait-elle de ce que la pensée européenne qui a porté les droits de l'homme exprime effectivement un progrès historique : de ce que, à l'instar du développement de la science à partir du début du XVIIIe siècle et contemporains de celui-ci, ils constituent un gain pour l'humanité entière ?[388]

127. Quelles que soient les réponses à ces questions, il est indéniable que la reconnaissance de la diversité de cultures et de sociétés amène obligatoirement à la considération de la diversité de droit, car la manière de « penser le droit » est intimement liée à celle de « penser le monde »[389]. En ce sens, la Déclaration universelle sur la diversité culturelle, la Convention sur la sauvegarde du patrimoine culturel immatériel et la Convention sur la protection et la promotion de la diversité des expressions culturelles qui affirment le principe de la diversité culturelle ont comme jamais bouleversé la notion d'universalité. On observe par ailleurs l'utilisation qui peut sembler antinomique mais avisée du terme « universelle » dans la Déclaration universelle sur la diversité culturelle qui prône le respect de la diversité : pour la

[386] Recensement réalisé par le groupe de travail sur l'article 8. j) de la Convention sur la diversité biologique, cité par Carole Martinez, « La question des connaissances autochtones en droit international. Contenu ou fonction ? », in. Nébila Mezghani et Marie Cornu (dir.), *Intérêt culturel et mondialisation - Tome II, Les aspects internationaux*, L'Harmattan, 2004, p. 70.

[387] Les revendications d'une interprétation différente des droits de l'homme, par la Chine ou par les pays islamiques, sont en effet qualifiées de relativisme culturel et religion par certains auteurs. Par exemple : G. Fellous, *Les droits de l'homme. Une universalité menacée*, précité, notamment p. 29-34.

[388] F. Jullien, *De l'universel, de l'uniforme…*, *op. cit.*, p. 179-180.

[389] « Dis-moi comment tu penses le monde : je te dirais comment tu penses le droit », Michel Alliot, « La Méditerranée et le Droit », in. *Le droit et le service public au miroir de l'anthropologie*. Camille Kuyu (éd.), *op. cit.*, p. 87-94.

première fois, la chose universellement réclamée est la diversité et non l'universalité.

Ainsi on peut s'intéresser à la doctrine du pluralisme juridique : reposant sur le postulat selon lequel à la pluralité des groupes sociaux correspondent des systèmes juridiques multiples[390], il propose de passer d'une logique d'« exclusion des contraires » à celle de « complémentarité des différences »[391]. De cette manière, le clivage universalisme/relativisme se voit dépassé par une logique plurielle et innovatrice du droit, ou plus précisément une « diversification des droits de l'homme », qui peut tenter de conjuguer la dialectique des ressemblances et des différences[392]. Les droits de l'homme, comme l'affirme le professeur Rouland, « ne peuvent être que le fruit de réinterprétations mutuelles de traditions culturelles spécifiques »[393].

128. Cependant, malgré les efforts de ces nombreuses revendications et positions réclamant une interprétation différente des droits de l'homme, malgré les textes doctrinaux sur ce sujet[394] et la disproportion des populations concernées, force est de constater qu'actuellement, les droits de l'homme dans son interprétation par l'Occident l'emportent toujours sur les autres considérations. La prépondérance des droits de l'homme sur la diversité culturelle est ainsi confirmée, après la Convention de 2003, par la Convention sur la protection et la promotion de la diversité des expressions culturelles adoptée en 2005.

Paragraphe II. Les droits de l'homme limités par d'autres principes du droit

129. Dans l'application de ce principe de prépondérance des droits de l'homme sur la qualification des éléments du patrimoine culturel immatériel, les droits de l'homme bien que considérés comme prééminents, sont dans la réalité limités par d'autres principes qui n'ont aucun rapport avec

---

390 André-Jean Arnaud (dir.), *Dictionnaire encyclopédique de théorie et de sociologie du droit*, LGDJ, 1993, p. 449, « Pluralisme juridique », par N. Rouland – Jacques Vanderlin, « Vers une nouvelle conception du pluralisme juridique », *Revue de la recherche juridique - Droit prospectif*, Université Paul Cézanne, n° 2, 1993, p. 573-583.

391 C. Martinez, « La question des connaissances autochtones en droit international… », précité, p. 69.

392 C. Martinez, *idem*, p. 71.

393 Norbert Rouland, « Note d'anthropologie juridique : l'inscription juridique des identités », *RTD Civ.*, 1994, p. 287.

394 Prenons l'exemple notamment des travaux du groupe de travail « Droits de l'Homme et Dialogue Interculturel », Laboratoire d'anthropologie juridique de Paris (LAJP), rattaché à l'UFR 07, l'Université Paris 1 Panthéon-Sorbonne.

l'appréciation du rôle des éléments culturels dans une société ou communauté, tels que la liberté d'autrui ou l'ordre social. Certaines pratiques culturelles sont reconnues simultanément comme conformes aux droits de l'homme et comme faisant partie de l'identité culturelle par une communauté, mais considérées comme portant atteinte à la liberté d'autrui ou à l'ordre social par l'État ou par une autre communauté vivant sur un même territoire. Dans cette hypothèse, les droits de l'homme se trouvent souvent dans une position passive et subordonnés aux autres principes fixés par l'État. L'exemple des conflits entre les communautés religieuses et la laïcité dans l'enseignement public, en France comme en Chine, peut nous apporter quelques éléments de réflexion.

L'instruction est obligatoire pour les enfants à partir de six ans dans les deux pays, elle doit durer jusqu'à l'âge de seize ans selon le droit français[395] et doit accomplir les programmes prévus répartis sur neuf années scolaires dans le droit chinois[396]. Les établissements d'enseignement public sont laïcs chez l'un comme chez l'autre[397], et la liberté de croyance est instaurée par les deux Constitutions[398]. Dans ce contexte, la tradition de certaines communautés peut entrer en conflit avec le principe de laïcité dans l'enseignement. Si les divergences dans le cas français concernent le conflit entre la liberté d'expression de religion et « la protection des droits et libertés d'autrui et de l'ordre public », pour la région du Tibet, le conflit concerne le droit à l'enseignement religieux d'une part et le droit à l'éducation d'autre part.

130. En France, avant la loi du 15 mars 2004 dite « sur le port des signes religieux ostensibles »[399], s'il y a une obligation absolue de laïcité pour les enseignants et les personnels[400], le Conseil d'État considère, en 1989, que la liberté de conscience comportait pour les élèves « le droit d'exprimer et

---

[395] L'obligation de l'instruction primaire est instaurée en France par la loi n° 11696 du 28 mars 1882 qui rend l'enseignement primaire obligatoire, dite loi Ferry. Elle est codifiée à l'article L. 131-1 du Code de l'éducation. Sur l'histoire de cette loi et notamment les débats autour d'elle : [http //www.assemblee-nationale.fr/histoire/loiferry/sommaire.asp].

[396] Art. 2 et 11, *La loi sur l'éducation obligatoire de la R.P.C.* 中华人民共和国义务教育法, promulguée le 12 avril 1986, modifiée le 29 juin 2006.

[397] France : Code de l'éducation, Livre premier, Titre IV « La laïcité de l'enseignement public ». Chine : Article 8-2 de la *Loi sur l'éducation de la R.P.C.* 中华人民共和国教育法, « L'État applique la séparation de l'éducation et de la religion 国家实行教育与宗教相分离 ».

[398] Article premier de la Constitution de la République française de 1958 ; art. 36 de la Constitution de la R.P.C. de 1982.

[399] La loi n° 2004-228 du 15 mars 2004 encadrant, en application du principe de laïcité, le port de signes ou de tenues manifestant une appartenance religieuse dans les écoles, collèges et lycées publics, créant l'article L. 141-5-1 du Code de l'éducation.

[400] CE, avis n° 217.017 du 3 mai 2000, Mlle Marteaux, *Rec. CE* 2000, p. 169.

de manifester leurs croyances religieuses à l'intérieur des établissements scolaires, dans le respect du pluralisme et de la liberté d'autrui, et sans qu'il soit porté atteinte aux activités d'enseignement, au contenu des programmes et à l'obligation d'assiduité »[401]. Ainsi, plusieurs arrêts du Conseil d'État affirment que le port du foulard n'est pas en soi incompatible avec le principe de laïcité de l'école publique[402], comme le repos sabbatique n'est pas en soi une atteinte à l'obligation d'assiduité scolaire[403]. Quelques exceptions d'interdiction et de sanction d'élève existaient mais la limitation de la liberté de manifester sa religion est justifiée par un but légitime prévu par la Convention européenne de sauvegarde des droits de l'homme et des libertés fondamentales (désormais Convention EDH) et considérée, par la Cour européenne des droits de l'homme (ci-après Cour EDH), comme n'étant pas disproportionnée[404].

Or, la loi du 15 mars 2004 semble remettre en cause l'autorisation de principe des signes religieux à l'école posée par le Conseil d'État en 1989. Désormais, l'interdiction devient la règle et l'autorisation l'exception[405]. Suite à l'application de cette loi, à la rentrée de septembre 2004, 639 signes religieux sont recensés, et 47 élèves sont exclus de l'école après l'échec d'une tentative de dialogue[406]. Pour certains auteurs, la conformité de cette loi à la Convention EDH n'est pas évidente : son « automaticité et innéité de l'interdiction » marquerait un « réel changement dans la conception de la laïcité »[407] qui deviendrait une « laïcité négative »[408]. Pour d'autres, la liberté de religion des élèves reste intacte et cela présente la condition *sine qua non* de la

---

[401] CE, « Port de signe d'appartenance à une communauté religieuse (foulard islamique) », avis n° 346.893 du 27 novembre 1989, *AJDA*, 1990, p. 39, note J.-P. C. – *RFD adm.* 1990, p. 1 note Rivero. – *Les grands avis du Conseil d'État*, Dalloz, 2ème édition, n° 22.

[402] CE, n° 159.981, 10 mars 1995, Épx Aoukili, *JCP* éd. *G.*, 1995, II 22431, note Nguyen Van Tuong ; *D.* 1995, Jurisprudence, p. 365, note Koubi.

[403] Nguyen Van Tuong , « Comment concilier la liberté religieuse et l'obligation d'assiduité scolaire », *JCP* éd. G., n° 21, 24 mai 1995, II 22437.

[404] Cour EDH, Dogru c/ France, n° 27058/05, 4 déc. 2008. Également : Phull c/ France (déc.), n° 35753/03, 11 janvier 2005. – El Morsli c/ France (déc.), n° 15585/06, 4 mars 2008. – Philippe Raimbault, « La question du voile devant la CEDH », *Droit Administratif*, n° 1, janv. 2009, comm. 8.

[405] Frédéric Dieu, « Le Conseil d'État et la laïcité négative », *JCP*, éd. *A*, n° 13, 24 mars 2008, § 1.

[406] Hanifa Chérifi, *Application de la loi du 15 mars 2004 sur le port des signes religieux ostensibles dans les établissements d'enseignement publics*, Rapport au ministre de l'Éducation nationale de l'Enseignement supérieur et de la Recherche, juillet 2005.

[407] Ph. Raimbault, « La question du voile devant la CEDH », précité.

[408] F. Dieu, « Le Conseil d'État et la laïcité négative », précité, § 1.

constitutionnalité comme de la conventionnalité de cette loi[409]. Mais le débat est tranché en juin 2009 par six décisions d'irrecevabilité rendues par de la Cour EDH : cette dernière a rejeté les requêtes d'élèves exclus définitivement de leur établissement scolaire pour avoir refusé de se plier aux exigences découlant de la loi du 15 mars 2004[410].

131. En Chine, le port des signes religieux à l'école n'est pas interdit par la loi[411], mais la laïcité des établissements d'enseignement public est stricte. De surcroît, contrairement au cas français, l'enseignement n'est pas véritablement laïque, c'est-à-dire neutre au regard des croyances ou religions, mais est généralement dominé par l'athéisme[412]. Cela conduit à certains conflits avec les communautés pour lesquelles l'enseignement religieux est considéré comme faisant partie de leur culture et comme un exercice des droits de l'homme, tel est le cas du Tibet.

---

[409] Au regard des articles 10 et 11 de la Déclaration des droits de l'homme et du citoyen et l'article 9 de la Conv. EDH. F. Dieu, « Le Conseil d'État et la laïcité négative », § 12.
Le contrôle de conventionnalité est la conséquence de la décision du Conseil constitutionnel n° 75-54 DC du 15 janvier 1975 sur la loi relative à l'interruption volontaire de grossesse dite Décision « IVG ». Suite à cette décision par laquelle le Conseil constitutionnel refuse d'opérer un contrôle de conventionnalité, la Cour de cassation a immédiatement estimé qu'il revenait aux juridictions de droit commun d'assurer le respect de l'article 55 de la Constitution et la supériorité des traités sur les lois (Cass, Ch. Mixte, 24 mai 1975, Société des Cafés Jacques Vabre, *D.*, 1975, p. 497, concl. Touffait). Le Conseil d'État a retenu la même orientation mais seulement 15 ans plus tard, le 20 oct. 1989 dans l'« arrêt Nicolo » (Ass., 20 octobre 1989, Nicolo, *RFDA*, 1989, p. 813 concl. Frydman, note Genevois). Désormais, les juges peuvent écarter l'application d'une loi lorsque celle-ci apparaît contraire à une convention internationale et, dans la pratique, essentiellement à la Convention européenne de sauvegarde des droits de l'homme et des libertés fondamentales (communément appelée « Convention européenne des droits de l'homme »).

[410] Cour EDH, cinquième section, le 30 juin 2009, Aktas (n° 43563/08), Bayrak (n° 14308/08), Gamaleddyn (n° 18527/08), Ghazal (n° 29134/08), J. Singh (n° 25463/08), et R. Singh (n° 27561/08).

[411] *A priori*, on considère que cela est protégé par l'article 36 de la Constitution sur la liberté religieuse. Mais en réalité, les pratiques varient selon les régions et les établissements, certaines écoles et universités, notamment dans le nord-ouest de la Chine, exigent en effet que leurs personnels et étudiants ne portent aucun signe religieux à l'intérieur de l'établissement, cela concerne en particulier les voiles islamiques.

[412] Le principe de l'éducation athée est consolidé par plusieurs documents officiels de nature de règlement administratif depuis les années 2000, tels que : *Décision du Conseil des affaires de l'État sur l'amplification de la réforme et le développement de l'éducation chez les ethnies minoritaires* 国务院关于深化改革加快发展民族教育的决定, 7 juillet 2002, n° *guofa* 国发 [2002] 14. – *Circulaire du ministère de l'éducation sur la campagne de lutte anti-sectaire dans les établissements primaires et secondaires* 教育部关于进一步在中、小学校开展反邪教教育的通知, 12 fév. 2002, n° *jiaoshezheng* 教社政 [2002] 3.

La Région[413] autonome de Tibet est soumise à la *Loi sur l'éducation obligatoire* (*supra*). Avant 1950, dans cette région où 10 % de la population sont monastiques, l'éducation se faisait notamment par l'apprentissage de classiques bouddhistes dans un monastère tandis que l'accès en était réduit, réservé à une élite[414]. Ainsi, 95 % de la population étaient analphabètes et la connaissance était d'une manière générale monopolisée par le milieu monastique[415].

Actuellement, une grande partie de la Région autonome est soumise à l'obligation réduite de six années de scolarisation (école primaire) au lieu de neuf (école primaire et collège) selon le régime général de l'enseignement obligatoire[416]. L'enseignement élémentaire public est dispensé entièrement en langue tibétaine en toute matière dans 95 % des écoles[417], l'apprentissage de la langue chinoise étant introduit en cinquième année de la scolarité[418]. Durant les six années d'éducation primaire et les six années du secondaire (collège et lycée), l'enseignement de la langue tibétaine représente au minimum 1 775 heures et l'enseignement de la langue chinoise 1 705 heures[419]. À partir de 1985, afin de garantir l'accès à l'éducation aux populations défavorisées de la région, les écoles primaires et secondaires des zones agricoles et

413 Pour le choix terminologique et orthographique (« Région » avec majuscule) dans la traduction des différents niveaux administratifs chinois, *V.* Annexe 1 : Division administrative de la République populaire de Chine.

414 *Education in Old Tibet under Feudal Serfdom*, ministère des affaires étrangères de la R.P.C. Sur le site web du ministère : [http://www.fmprc.gov.cn/eng/ljzg/3585/3586/3588/3589/]. – DAI Qingxia 戴庆厦, DONG Yan 董艳, « Un aperçu historique de l'éducation bilingue des ethnies minoritaires chinoises » 中国少数民族双语教育的历史沿革, *Journal of research on education for ethnic minorities* 民族教育研究 (revue), n° 4, 1996, p. 50-61.

415 *Education in Old Tibet under Feudal Serfdom*, *idem*. – WANG Shiyou 王世友, « La situation actuelle de l'apprentissage de la langue chinoise dans les écoles tibétaines » 藏族中小学汉语教学的现状性质和对策, *Science éducative* 教育科学 (revue), n° 11, 2002, p. 56-59.

416 *Livre blanc : Le cinquantenaire de la réforme démocratique au Tibet* 西藏民主改革50 年, Office d'information du Conseil des affaires de l'État, mars 2009. Version française officielle : [http://french.china.org.cn/livreblanc/Tibet/node_7063270.htm].

417 ZHOU Wei 周炜, « L'évolution des politiques linguistiques au Tibet » 西藏语言政策的变迁, *N. W. Minorities Research* 西北民族研究 (revue), 2002, n° 34, p. 166.

418 YAO Junkai 姚俊开, « The implementation of "compulsory education law of the People's Republic of China" in Tibet » 义务教育法在西藏的实施, *Journal of research on education for ethnic minorities* 民族教育研究 (revue), vol. 17, n° 5, 2006.

419 西藏中青年教师成藏语新传承者, actualité presse Xinhua, 31 oct. 2007. Pour comparaison, les enfants Han sinophones (sans obligation d'apprentissage bilingue) suivent un total de 9 522 heures de cours durant les neuf années de l'éducation obligatoire, l'enseignement de la langue chinoise représentant environ 2 000 heures. *V.* : *Programme expérimental pour la répartition des matières de l'éducation obligatoire* 义务教育课程设置实验方案, ministère de l'Éducation, 19 nov. 2001.

pastorales sont principalement établies sous forme d'internat, et prennent en charge la pension complète comme les frais scolaires de tous les élèves durant six ans[420]. En 2008, le taux de scolarisation des enfants atteint 98,5 % pour les écoles primaires et 92,2 % pour les collèges[421]. Si l'effort des autorités publiques pour faciliter l'accès à l'éducation est incontestable, nombreuses sont les critiques sur l'absence de l'enseignement religieux à l'école obligatoire comme sur l'obligation même de l'école[422]. Les autorités publiques évoquent, pour se défendre, le principe de laïcité et le droit à l'instruction, mettant en avant le faible taux de scolarisation avant 1950.

Une des particularités du cas tibétain est que la population est majoritairement religieuse, ce qui semble pouvoir justifier la prévalence de la liberté d'expression religieuse à la laïcité de l'enseignement public. Toutefois, on constate que le raisonnement est autre chez les juges européens dans le cas de la Turquie, que l'on peut, *mutatis mutandis*, comparer à la société tibétaine dans le sens où la majorité de la population adhère à une religion considérée comme faisant partie de son identité culturelle. Dans l'affaire de port de signe religieux à l'université d'Istanbul en 2004, la Cour de Strasbourg donne raison à l'État turc, faisant prévaloir les principes d'égalité et de neutralité de l'enseignement public sur la liberté religieuse et affirme le bien-fondé de l'interdiction du port du voile à l'université[423].

132. Ainsi, l'expression de croyance religieuse par le port des signes ostensibles – malgré sa reconnaissance par une communauté comme faisant partie de son identité culturelle et sa conformité aux droits de l'homme – est limitée, lorsqu'elle est considérée comme incompatible avec certains autres principes tels que l'ordre public ou la liberté d'autrui[424] ; elle ne saurait par conséquent être qualifiée de patrimoine culturel immatériel par l'État. De

[420] *Livre blanc : Le cinquantenaire de la réforme démocratique au Tibet*, *op. cit.*. Mais le document ne donne pas de précision sur la définition des « zones agricoles et pastorales » ni le pourcentage des élèves ainsi pris en charge par rapport à l'ensemble des élèves de la Région autonome.

[421] *Livre blanc : Le cinquantenaire de la réforme démocratique au Tibet*, *idem*..

[422] En effet il s'agit des mêmes constats sur la loi Ferry lorsqu'elle instaure l'obligation de l'instruction primaire laïque en France, *v. supra.*

[423] Cour EDH, Leyla Şahin c/ Turquie, 10 novembre 2005, n° 44774/98, § 34. – *AJDA*, 2006, p. 315, note G. Gonzalez. – *JCP*, éd. A. 2006, p. 1033, note O. Dubos – *Droit Administratif*, n° 10, oct. 2004, comm. 146, M. Lombard.

[424] Par exemple, pour la loi n° 2003-660 du 21 juillet 2003 de programme pour l'outre-mer qui abolit la polygamie et répudiation de femme à Mayotte, le gouvernement (ministre de l'Outre-mer) évoque « ordre public » et « droits de femme ». Saisi par 60 députés, le Conseil constitutionnel a affirmé la constitutionnalité de cette loi. Conseil constitutionnel, 17 juillet 2003, n° 2003-474-DC, obs. Olivier Le Bot, *D.*, 2004, p. 1272.

surcroît, dans les démarches d'examen de « compatibilité », le pouvoir d'appréciation appartenant à l'État, le risque de partialité est toujours présent. Ceci est particulièrement important, en cas de conflit entre les différentes communautés vivant sur le même territoire, selon l'appartenance ou non des instances de l'appareil étatique à l'une des deux communautés en question[425]. Pour les pays européens membres de la Convention EDH tel que la France, l'appréciation de l'État est restreinte par un devoir de neutralité et d'impartialité, les empêchant, théoriquement, d'effectuer quelque appréciation que ce soit quant à la légitimité des croyances religieuses ou des modalités d'expression de celles-ci[426]. Mais dans le fait, en matière de laïcité dans l'enseignement, ou de lutte contre les activités sectaires, on constate qu'en France comme en Chine, l'appréciation par l'État de la légitimité des croyances ou des modalités d'expression est bien réelle.

Conclusion de la section 1

133. En fin de compte, l'application de cette condition préalable des droits de l'homme est en réalité sans véritable contrôle par la Convention de 2003 et ne permet pas vraiment de cerner le champ de la notion de patrimoine culturel immatériel. Si pour être inscrit sur les deux listes de l'Unesco il y a obligation de conformité, ces mesures n'ont qu'un rôle symbolique et ce sont les États qui exercent véritablement la fonction de sauvegarde. Chaque pays dresse son inventaire national du patrimoine culturel immatériel sous sa propre responsabilité, finalement avec ses propres interprétations des « droits de l'homme » et ses propres appréciations de prépondérance entre ces droits et d'autres principes définis en droit interne. En cas de litige, aucun recours n'est prévu par la convention. À cela il faut ajouter le fait que la Déclaration universelle des droits de l'homme à laquelle la Convention de 2003 se réfère n'a pas de valeur juridique contraignante. Le « flou » qui « caractérise le droit des droits de l'homme »[427] perpétue ainsi dans l'appréciation de la qualification de patrimoine culturel immatériel selon la Convention de 2003. Malgré sa présence significative, cette condition pré-

---

[425] L. Lankarani, « L'Avant-projet de Convention de l'Unesco pour la sauvegarde du patrimoine culturel immatériel… », précité, p. 635.

[426] CEDH, Leyla Şahin c/ Turquie, précité, § 107 – Manoussakis et autres c/ Grèce, arrêt du 26 septembre 1996, Recueil 1996-IV, p. 1365, § 47 – Hassan et Tchaouch c/ Bulgarie [GC], n° 30985/96, § 78, 2000-XI – Refah Partisi et autres c/ Turquie [GC], n° 41340/98, 41342/98, 41343/98 et 41344/98, § 91, 2003-II.

[427] Ou le « *fuzzy law* ». Mireille Delmas-Marty, *Trois défis pour un droit mondial*, Seuil, Paris, 1998, p. 76.

alable des droits de l'homme semble être davantage une promotion d'idée qu'un véritable critère de qualification.

Section 2. Les critères qualificatifs : la prépondérance de l'État sur la « communauté »

134. Parallèlement à la condition préalable du respect des droits de l'homme, les critères qualificatifs fixés par la Convention de 2003 rencontrent des difficultés similaires dans leur application : si l'aptitude de la qualification de patrimoine culturel immatériel semble être accordée aux « communautés » par l'article 2 de la convention, le reste du texte affirme cependant la compétence réelle des États dans les démarches de qualification. L'identification de patrimoine culturel immatériel est alors soumise à une double évaluation : d'une part, le patrimoine culturel immatériel doit être perçu par les communautés comme faisant partie de leur patrimoine culturel, processus difficile à contrôler (Paragraphe I) ; et d'autre part, le patrimoine culturel immatériel doit être « validé » selon les critères définis par les États, dont le caractère arbitraire est contestable (Paragraphe II).

Cette attribution de compétence n'a pourtant pas abouti facilement : la Convention de 2003 avait initialement prévu un processus de sélection d'éléments à la Liste représentative par le Comité intergouvernemental de sauvegarde du patrimoine culturel immatériel (ci-après Comité intergouvernemental) établi par l'article 5 de la convention. Certains critères ci-après analysés ont fait l'objet d'un projet de critères pour la Liste représentative. Cependant, ce projet a été considéré par les États membres du Comité intergouvernemental comme excessif ; le comité a finalement décidé de ne pas procéder lui-même à la sélection et accorde cette compétence aux États parties[428]. Cela étant, il semble que les critères établis par ledit projet sont en pratique appliqués par les États membres pour la qualification des éléments du patrimoine culturel immatériel nationaux, bien qu'ils soient écartés pour l'inscription sur la Liste représentative.

Paragraphe I. Au regard des communautés

Au regard des communautés, il semble logique que la qualification d'un élément du patrimoine culturel immatériel passe par le double critère évoqué par l'article 2 de la convention : d'une part conforme à l'« identité » de la communauté (A) et d'autre part la « continuité » dans la transmission (B).

---

[428] *V. infra*, n° 164 *sqq.*

A. *L'appréciation équivoque de l'« identité » et de la « reconnaissance »*

135. Il ressort de la Conférence de Washington de 1999 que l'absence de participation des communautés porteuses de tradition est le défaut essentiel de la Recommandation de 1989[429]. Sur cette base, une des innovations de la Convention de 2003 est de renforcer le rôle de ces communautés porteuses du patrimoine culturel immatériel dans la sauvegarde de ce dernier. Cette nouvelle méthode se concrétise d'abord par l'implication des communautés dans la qualification et l'identification du patrimoine culturel immatériel, par le biais des deux articles de la convention.

D'abord, un élément ne peut être reconnu comme patrimoine culturel immatériel que lorsque « les communautés, les groupes et, le cas échéant, les individus [le] reconnaissent comme faisant partie de leur patrimoine culturel » (art. 2). Ensuite, les États membres sont tenus « d'identifier et de définir les différents éléments du patrimoine culturel immatériel présents sur [leur] territoire, avec la participation des communautés, des groupes et des organisations non gouvernementales pertinentes » (art. 11).

Afin de concrétiser ces deux articles, un document intitulé Directives opérationnelles concernant l'implication des communautés et de leurs représentants, des experts, des centres d'expertise et des instituts de recherche dans la mise en œuvre de la Convention est élaboré par le Comité intergouvernemental de la convention[430]. Dans ce document, la convention encourage les États parties à établir une coopération fonctionnelle et complémentaire entre les communautés, les groupes et les individus qui créent, entretiennent et transmettent le patrimoine culturel immatériel, ainsi que les experts, les centres d'expertise et les instituts de recherche. Cela peut par exemple se réaliser par la création des organismes consultatifs ou des mécanismes de coordination qui permettront d'impliquer les communautés dans l'identification de leur patrimoine culturel immatériel et dans la réalisation des inventaires (art. 2). Les résultats des recherches devraient être accessibles aux communautés concernées (art. 10). Les États parties devront s'efforcer de faire prendre conscience aux communautés de l'importance et de la valeur de leur patrimoine culturel immatériel, ainsi que de celles de la convention afin que les détenteurs puissent s'approprier cet instrument

---

[429] *V. supra*, n° 72.

[430] Projet (ITH/08/2.EXT.COM/CONF.201/6) approuvé par la 2ème assemblée générale des États parties à la Convention ; ce document est ensuite intégré dans les Directives opérationnelles pour la mise en œuvre de la Convention, adaptées par l'Assemblée générale des États parties de la Convention à sa seconde session ordinaire en juin 2008, ITH/08/2.GA/CONF.202/5.

normatif (art. 3) ; ils doivent également prendre des mesures appropriées en vue du renforcement des capacités des communautés (art. 4). Cette catégorie du patrimoine se fonde donc sur une logique sociale procédant de la reconnaissance par les acteurs de ce patrimoine qui n'est plus réduit à une catégorie savante et encadrée dans les logiques administratives classiques.

Malgré ces théories innovantes, les Directives opérationnelles pour la mise en œuvre de la Convention (juin 2008), comprenant 11 articles, restent abstraites, et ceci se reflète par son vocabulaire très peu contraignant[431]. L'implication des communautés dans la qualification du patrimoine culturel immatériel rencontre une série de difficultés, tant dans la définition (1) et l'identification (2) même de la « communauté », que dans l'implication (3) de celle-ci aux opérations menées par la convention : l'usage du terme « communauté » toujours accompagné d'un complément « groupe et individu » en est un témoin[432].

1) Les difficultés dans la définition de « communauté »

Pour que ces engagements se réalisent, il est d'abord nécessaire d'identifier les « communautés ». Or, la Convention de 2003 ne donne aucune définition du terme de « communauté » et celle-ci reste abstraite quant à sa portée. En revanche, il est procédé à diverses tentatives pour déterminer le contour de ce terme dans le cadre de la convention. La notion de communauté est appréhendée tantôt en lien avec un territoire de vie (a), tantôt en lien avec une culture (b), mais elle est aussi parfois liée à la volonté des personnes de s'associer et de former un groupe (c).

a) Définition s'attachant au territoire

136. Lors de la rédaction du premier avant-projet de la convention, un Glossaire du patrimoine culturel immatériel[433] a été préparé pour définir les termes utilisés dans les textes de la convention. Ce glossaire propose la définition de plusieurs termes au tour de la notion de communauté :

---

[431] Il est nécessaire de se rappeler que ces Directives opérationnelles étant adoptées par l'Assemblée générale des États parties, ont des effets juridiques contraignants pour les États membres de la Convention.

[432] Par exemple son article premier : « On entend par 'patrimoine culturel immatériel' les pratiques, représentations, expressions, connaissances et savoir-faire – ainsi que les instruments, objets, artefacts et espaces culturels qui leur sont associés – que les communautés, les groupes et, le cas échéant, les individus reconnaissent comme faisant partie de leur patrimoine culturel. »

[433] Définitions adoptées et révisées par la Réunion internationale d'experts sur le Patrimoine culturel immatériel - Établissement d'un glossaire, août 2002. Finalement ce glossaire n'a pas été intégré dans le texte de la convention : *v. supra*, n° 86.

« Communauté : Individus qui se sont dotés d'un sentiment d'appartenance à un même groupe. Ceci peut se manifester par exemple par un sentiment d'identité ou un comportement commun, ainsi que par des activités et un territoire. Des individus peuvent appartenir à plus d'une communauté.

Communauté autochtone : Communauté dont les membres se considèrent comme originaires d'un certain territoire. Ceci n'exclut pas l'existence de plus d'une communauté autochtone sur le même territoire.

Communauté locale : Communauté vivant dans un lieu déterminé. »

Par souci de consensus, les rédacteurs de la convention s'efforcent à éviter soigneusement toutes références explicites aux sujets polémiques du droit international quant aux questions de la protection des minorités et aux titulaires possibles de patrimoine culturel immatériel. Ainsi, ces définitions ne sont pas retenues dans la version définitive de la convention, puisque les références faites aux territoires et aux cultures locales « dérangeraient » certains pays pour lesquels la question de communauté culturelle et territoriale s'avère sensible[434]. En fait, la problématique avait déjà été soulevée lors des discussions à l'ONU[435] relative à la question des « peuples autochtones » – qui, eux, sont fondamentalement liés à leurs territoires –, sans pouvoir aboutir à des résultats concrets[436]. D'autant plus que les autochtones, une

---

[434] Rieks Smeets, intervention à l'*Atelier Patrimoine culturel immatériel* (précité), 17 janv. 2007, inédit ; intervention intitulée « La convention relative au patrimoine immatériel », au musée quai Branly dans le cadre du cycle de conférences « Droit du patrimoine culturel », 29 mars 2007, inédit.

[435] Le lien entre un territoire et une culture distincte dans le concept d'« autochtone » est avancé par le fameux rapport de José R. Martínez Cobo, *Étude du problème de la discrimination à l'encontre des populations autochtones* (*Study of the Problem of Discrimination Against Indigenous Populations*) E/CN.4/SUB.2/1986/7/ADD.4, par. 379 (ONU, 1986) pour la sous-commission de la lutte contre les mesures discriminatoires et de la protection des minorités de l'ONU. Cette étude est citée comme référence dans le projet de glossaire lors de la Réunion internationale d'experts sur le patrimoine culturel immatériel - Établissement d'un glossaire, précité. Texte du projet : TER/CH/2002/WD/4.
Ce lien des autochtones avec le territoire est également confirmé par la Conférence des Nations unies sur l'environnement et le développement (CNUED) au paragraphe 26.1 du programme Action 21 (ou Agenda 21) qui se lit comme suit : « Les populations autochtones et leurs communautés ont un lien historique avec leurs terres et sont généralement les descendants des habitants originaux de ces terres ». Sur la questoin de l'antériorité d'occupation d'un territoire en tant que critère de qualification d'une collectivité autochtone, *v.* Philipe Karpe, *Le droit des collectivités autochtones*, L'Harmattan, 2008, reproduction *in extenso* de la thèse de l'auteur intitulée *Les collectivités autochtones*, ss. dir. de Olivier Audéoud, Université Paris X-Nanterre, 2002, notamment p. 31-71.

[436] Après 25 ans de négociations et malgré l'opposition des États-Unis, du Canada, de l'Australie et de la Nouvelle-Zélande, la Déclaration sur les droits des peuples autochtones est adoptée le 13 septembre 2007 à New York par l'Assemblée générale des Nations unies. Mais en avril 2009, l'Australie a exprimé formellement son adhésion à la déclaration. Il

fois qualifiés comme « peuples », peuvent réclamer un droit à l'autodétermination : cela, même sans conduire nécessairement à la sécession, est inacceptable pour les États multiethniques. La Convention de 2003, visant une solution consensuelle[437], essaie de contourner cette question épineuse qui risque d'être une discussion sans fin et ne mentionne qu'une seule fois les « communautés autochtones » dans son préambule et ne limite évidemment pas les « communautés » de son texte aux seules communautés autochtones[438].

b) Définition s'attachant au lien culturel

137. Outre la question du territoire, une autre question se pose sur la notion de communauté : doit-elle inclure toute personne ayant des liens d'attachement quelconque à une culture ou bien seulement les personnes qui vivent et pratiquent des éléments culturels avec un réel sentiment d'y appartenir ? Avec notamment des réflexions portant sur cette question, en mars 2006, une autre série de définitions est proposée par des chercheurs[439] :

« Les communautés sont des réseaux de personnes dont le sentiment d'identité ou de liens naît d'une relation historique partagée, ancrée dans la pratique et la transmission de, ou l'attachement à, leur patrimoine culturel immatériel. »

On observe que cette fois-ci, contrairement aux définitions données dans le Glossaire, les experts s'efforcent de n'inclure aucune mention et allure territoriale dans les définitions, sans doute pour une plus large acceptation de leur proposition. Les communautés sont, selon eux, organisées par des *liens de sentiment d'identité* et de *relation historique partagée* et cela n'exige aucun attachement nécessaire avec le territoire ou leurs contextes géographiques. Toutefois, cela ne semble pas être une réelle évolution de notion mais une

---

s'agit du premier instrument international en la matière, mais de nature juridique non contraignante. La déclaration affirme notamment les droits à réparation et à l'autodétermination pour les 370 millions d'autochtones dans le monde. En revanche, faute de consensus, ce document ne définit nulle part ce qu'est un « peuple autochtone ».

[437] R. Smeets, intervention à l'*Atelier Patrimoine culturel immatériel*, 17 janv. 2007, précité ; intervention « La convention relative au patrimoine immatériel, » 29 mars 2007, précité.

[438] Au § 7 : « Reconnaissant que les communautés, en particulier les communautés autochtones, les groupes et, le cas échéant, les individus, jouent un rôle important dans la production, la sauvegarde, l'entretien et la recréation du patrimoine culturel immatériel, contribuant ainsi à l'enrichissement de la diversité culturelle et de la créativité humaine.»

[439] Réunion d'experts sur la participation des communautés à la sauvegarde du patrimoine culturel immatériel, 13-15 mars 2006, Tokyo, Japon, organisée par Centre culturel pour l'Unesco en Asie/Pacifique (ACCU). Rapport complet : site web de l'ACCU : [http://www.accu.or.jp/ich/en/reports/reports1.html].

sorte de limite volontairement imposée dans l'objectif de proposer une définition plus consensuelle. En réalité, il semble artificiel, d'un point de vue anthropologique, de vouloir séparer l'aspect de lien culturel et d'éléments géographiques dans la formation d'une communauté. En outre, ici les communautés sont définies par l'attachement qu'elles prouvent envers « leur patrimoine culturel immatériel » : cela rend la définition du patrimoine culturel immatériel circulaire, ce dernier étant défini lui-même par la reconnaissance des communautés. Cet embarras de logique est de toute évidence intrinsèquement lié à la portée dérangeante du terme « communauté ».

c) De la communauté au groupe : Définition s'attachant à une « volonté d'association »

138. Outre les deux éléments ci-dessus exposés, une autre définition de « communauté » en sociologie, souvent revendiquée par les uns et rejetée par les autres, peut nous éclairer : c'est la communauté « de choix », ou de « libre association » selon le terme de philosophe Michael Walzer[440]. L'adhésion à une telle communauté est un acte volontaire, et la communauté est fondée uniquement sur l'*affectio societatis* des participants. Tandis que pour certains, le « libre choix » ne peut constituer une véritable communauté qui, elle, doit se baser sur des liens d'origine ou de langue[441], ou selon le terme du professeur Walzer, « association involontaire » fondée sur les liens socio-familiaux.

Toutefois, il nous semble que c'est justement cette volonté d'« être ensemble » qui réunit des individus dans une communauté et qui construit leur identité commune. Contrairement aux deux premières définitions pour lesquelles ce sont les personnes extérieures aux communautés qui établissent les critères et qui les identifient, le critère de « libre association » met en évidence la reconnaissance d'une identité commune par les membres des communautés eux-mêmes. C'est la volonté « d'y être », sans nécessairement être consciente et explicite, qui forme la base de l'appartenance d'une personne à une communauté, tandis que l'absence de cette volonté résulte généralement un état d'embarras pour cette personne qui serait pourtant considérée par la société comme faisant partie d'une telle ou telle commu-

---

[440] Michael Walzer, *Raison et passion. Pour une critique du libéralisme* (titre original : *Reason, Politics, and Passion*), traduit par Camille Fort-Cantoni, éd. Circé, 2003. Publication en anglais : Fischer Taschenbuch Verlag, 1999 - The Horkheimer Lectures, in German.

[441] Philippe Kaminski, « Peut-on qualifier la force du lien communautaire ? », in. Michel Michel (dir.), *Les communautés. Une question posée à la France*, L'âge de l'homme, 2002, p. 48-55.

nauté d'origine ou sociolinguistique[442]. Ce critère d'auto-qualification est par ailleurs utilisé par la Convention relative aux peuples indigènes et tribaux, le seul instrument normatif international actuellement en vigueur concernant les droits des peuples indigènes et tribaux[443].

En ce sens, certains préfèrent le terme « groupe » pour exprimer une communauté « de choix » : des individus, même de différentes cultures et origines, peuvent se grouper volontairement car partageant des caractéristiques et intérêts communs[444]. Ici le terme « groupe » entend en effet la forme de communauté « de libre association » du professeur Walzer : dans le cadre de la présente étude, il s'agit donc les communautés *culturelles* « de libre association »[445].

Cette forme de communautés culturelles « de libre association » semble être qualifiée comme légitime dans l'application de la convention en France comme en Chine : les praticiens de calligraphie traditionnelle en Chine, ou le « compagnonnage » en France, sont considérés comme des « communautés » en tant que telles, les deux étant sur la Liste représentative de l'Unesco proposée par leurs pays[446].

139. Pour ce qui concerne l'appréhension même du terme « communauté » dans le contexte chinois, on constate que, dans la version chinoise faisant foi de la Convention de 2003 (en application de son article 39), le terme « communauté » est traduit par « *shequ* 社区 ». *She* signifie initia-

[442] C'est par exemple le cas en France de certains enfants d'immigrés qui se sentent ou se veulent entièrement Français mais qui se rendent compte de leur identité particulière dans la vie sociale.

[443] Communément dénommée Convention 169 de l'OIT (Organisation internationale du travail). Son article 1-2 : « Le sentiment d'appartenance indigène ou tribale doit être considéré comme un critère fondamental pour déterminer les groupes auxquels s'appliquent les dispositions de la présente convention. »

[444] « Les groupes sont constitués de personnes issues d'une ou plusieurs communautés qui partagent des caractéristiques telles que des savoir-faire, une expérience et des connaissances particulières, et qui, à ce titre, jouent un rôle spécifique dans la pratique actuelle et future, la recréation et/ou la transmission de leur patrimoine culturel immatériel comme, par exemple, les gardiens, les praticiens ou les apprentis. » Définition de « groupe » donnée par la réunion d'experts de l'ACCU (mars 2006), précité.

[445] Nous préférons l'expression « de libre association » à celle « de choix » car la volonté d'« être ensemble » est plus souvent spontanée et n'est pas nécessairement le résultat d'un choix totalement conscient et délibéré.

[446] La calligraphie traditionnelle est inscrite en 2009 sur la première liste et le « compagnonnage » (réseau de transmission des savoirs et des identités par le métier) est inscrit en 2010. *V.* les éléments inscrits et leurs descriptions sur le site Web de l'Unesco : [http://www.unesco.org/culture/ich/index.php?pg=00011].

lement, dans le chinois classique, « culte rendu au dieu *Houtu* »[447] et *qu* « zone, secteur, quartier ». Dès le septième siècle avant notre ère, le *she* est devenu une unité d'organisation sociale : un *she* regroupe 25 foyers, notamment dans l'organisation des affaires civiles et religieuses[448]. En chinois contemporain, la « société » se dit *shehui* 社会, *hui* signifiant « regrouper, rassembler ». On constate ainsi que cette conception de « société » et de « communauté » est fondée sur des croyances et intérêts communs : se rassembler pour rendre culte aux dieux.

Ceci étant, la traduction de « communauté » par *shequ* nécessite quelques interrogations, car le terme *shequ*, en chinois contemporain et notamment dans le langage du droit administratif, signifie « communauté résidentielle » ou « quartier résidentiel » ; *qu* signifie « quartier », une zone résidentielle urbaine dont les affaires civiles des habitants sont gérées administrativement par un bureau d'administration du quartier (*jiedao banshichu* 街道办事处)[449]. Dans une plus large interprétation, on peut encore inclure dans ce terme *shequ* les groupes de personne qui vivent ensemble sur un morceau de territoire. Ils sont éventuellement réunis par un certain réseau social, sans toutefois nécessairement un fondement culturel commun, comme par exemple les collègues d'une entité de travail qui vivent dans le quartier résidentiel construit et attribué par leur employeur, ou encore les étudiants universitaires qui vivent dans un campus, phénomènes courants en Chine. Le terme *shequ* correspond donc à « communauté locale » (qui occupe un lieu déterminé de l'espace), plutôt qu'à « communauté » tout court.

---

[447] Selon le *Grand Dictionnaire Kangxi* « *Gonggong* engendra *Julong* ; celui-ci domina les neuf Continents de la terre. Ainsi devint-il *Houtu*, la déité de la Terre. L'homme lui rend culte, ceci est dénommé *she* » (« 共工氏有子句龍爲后土，能平九州，故祀以爲社。 ») 康熙字典, vol. 午集下石部, p. 13 十三页, éd. 同文书局, 中华书局, 1958, 1981. Cette description se retrouve également dans les plus grands Classiques et Annales de l'Histoire chinoise, tels que « 告于皇天后土 » (*Shangshu* 尚书·武成) ; « 使主后土，以揆百事 » (*Zuozhuang* 左传·文公十八年) ; « 王大封则先告后土 » (*Zhouli* 周礼·春官·大宗伯). Dans la croyance populaire, *Houtu* prend souvent une allure féminine. Son père *Gonggong* 共工 est descendant du Souverain *Yandi* 炎帝 et la déité des eaux. *V.* : Charles Le Blanc, Rémi Mathieu, *Philosophes taoïstes, tome II : Huainan zi*, Gallimard, La Pléiade, 2003.

[448] *Zuo zhuan* (ou *Commentaire de Zuo*), chronique de l'état de *Lu*, principal commentaire des *Annales des Printemps et des Automnes*, couvrant 722 av. J.-C. à 468 av. J.-C. 左传·昭公二十五年 : « 请致千社 », 杜预注: « 二十五家为社 ».

[449] Il s'agit d'un service de déconcentration administrative à l'échelle de l'« arrondissement (*qu* 区) » ou à l'échelle de la « ville ne disposant pas d'arrondissement (*bu she qu de shi* 不设区的市) » dans les quartiers. *Loi organique des assemblées populaires locales et des gouvernements populaires locaux de la R.P.C.*
中华人民共和国地方各级人民代表大会和地方各级人民政府组织法, adoptée en juillet 1979, modifiée en 1982, 1986, 1995 et dernière modification le 27 oct. 2004), article 68.

Avec cette traduction, on aura compris que l'appréhension du terme « communauté » dans le contexte chinois concerne uniquement les communautés locales attachées à un territoire de vie, ce qui est loin d'être la réalité. D'une part, cette interprétation ne correspond pas à ce que la Convention de 2003 tente de traduire par le terme « communauté » qui est basée sur des liens culturels. D'autre part, cela exclut de nombreuses communautés culturelles reconnues en Chine qui ne se fondent point sur le territoire de vie.

Par exemple, c'est le cas des membres de l'association nationale de *yinglian* 中国楹联学会, ce dernier étant une forme populaire de poésie en deux vers symétriques et plus souvent présentée sous forme de calligraphie traditionnelle. Cet art, bien qu'exigeant une certaine initiation en poésie classique et en calligraphie, reste très populaire dans toutes les régions sino-chinoises et au sein de toutes les couches sociales. Il est inscrit sur la Liste de patrimoine culturel immatériel au niveau national en Chine lors de la première proclamation en 2006[450]. La qualité de communauté porteuse d'un patrimoine culturel immatériel a donc bien été reconnue à cette association formelle qui regroupe pourtant des adeptes répartis dans le monde entier. D'autres exemples similaires apparaissent dans cette liste nationale, tels que la calligraphie traditionnelle, la médecine et la pharmacopée traditionnelle ou encore le jeu d'échec chinois, certes populaires mais pratiqués par des personnes initiées, sans liens socio-familiaux certains, et répandus dans le monde entier là où vit la culture sinophone.

Les communautés culturelles « de libre association » sont, comme on le constate dans ces exemples, réellement prises en considération par les administrations culturelles chinoises dans la mise en œuvre de la Convention de 2003, bien que la traduction du terme « communauté » par *shequ* semble l'exclure. Comparé à *shequ*, le terme *shequn* 社群 semblerait plus adapté, car ici ce n'est plus le *qu*, « morceau de territoire », mais le *qun*, « groupement de personne » qui est mis en avant.

Le chinois étant une des langues officielles de l'ONU, la version chinoise de la convention est considérée comme faisant foi. Cette traduction problématique du terme « communauté » entraînerait ainsi des confusions dans la communication et l'application de la convention. Ceci étant, le fait que plusieurs versions faisant foi d'un traité international puisse contenir des discordances n'est certainement pas surprenant. Ceci est par ailleurs confirmé par l'existence d'une règle *ad hoc* d'interprétation en droit international coutumier tel que prévu dans la Convention de Vienne sur le droit des trai-

---

450 *V. infra*, n° 333 *sqq*.

tés[451]. Selon l'article 33-4 de cette convention, « lorsque la comparaison des textes authentiques fait apparaître une différence de sens que l'application des articles 31 et 32 ne permet pas d'éliminer, on adoptera le sens qui, compte tenu de l'objet et du but du traité, concilie le mieux ces textes ».

140. Par les analyses des trois appréhensions du terme « communauté », on peut conclure qu'en réalité, toutes les « communautés », dans l'interprétation la Convention de 2003 comme pour la Convention 169 de l'OIT[452] sont d'abord « volontaires », qu'elles soient sociolinguistique, territoriale, les deux ou encore ni l'un ni l'autre : ce sont toutes des communautés culturelles « de libre association ». On comprend également l'usage de « communauté » qui est toujours complété par celui de « groupe et individu » dans le texte de la convention : l'emploi du terme « groupe » permet d'éviter les polémiques sur l'attachement au territoire et aux origines/langues dans la qualification de « communauté » et par conséquent à faciliter le consensus. Parallèlement, l'emploi de la locution « au cas échéant, les individus » suivant « les communautés, les groupes » pourrait s'expliquer par les difficultés pour certaines communautés d'obtenir une reconnaissance officielle.

2) Les difficultés dans la reconnaissance des communautés

L'implication des communautés dans la mise en œuvre de la convention nécessite, outre leur définition, leur identification. Dans de nombreux pays, la notion de communauté ne possède pas de fondement juridique officiel. Il en est ainsi en France comme en Chine : les deux Républiques étant par leurs Constitutions « une et indivisible » semblent exclure, de fait, la reconnaissance de communautés. Malgré cette absence de fondement, le terme est, dans les deux pays, d'un emploi courant dans les médias, dans les travaux de recherche et, de plus en plus, chez les individus, qui se réclament de telle ou telle communauté. On constate une absence de prise en considération en général de la notion de « communauté » dans les deux systèmes juridiques (a), à l'exception de la notion de « communauté ethnique » retenue en droit chinois (b).

a) L'absence générale de la reconnaissance juridique de « communauté » dans les deux pays

141. En France, la notion de communauté revêt essentiellement trois dimensions : le régionalisme, souvent lié aux particularismes linguistiques ;

---

[451] Adoptée par l'Assemblée générale des Nations unies le 23 mai 1969, et entrée en vigueur le 27 janvier 1980.
[452] *V. supra*, n°138.

l'ethnicisme, souvent lié aux communautarismes religieux[453], et enfin la communauté dite « de mœurs », reconnaissance moins étendue et pourtant très présente[454]. Ainsi, la communauté est souvent prise comme la cause de l'intolérance et l'ennemie de la démocratie[455], menaçant la dimension universaliste de la Nation et de la République française[456] et ainsi incompatible avec la Constitution[457]. Notons par ailleurs la très intéressante entrée dans le dictionnaire *Petit Robert* du mot « communautarisme » en 2003, dont la définition se lit comme suit : « Système qui développe la formation de communautés (ethnique, religieuses, culturelles, sociales...) pouvant diviser la nation au détriment de l'intégration ». Malgré un certain nombre de revendications pour accorder l'égalité et la liberté à ces communautés et les critiques sur le « conservatisme républicain »[458], malgré la reconnaissance progressive et nuancée des droits de certaines communautés, notamment par la liberté religieuse et la décentralisation administrative[459], il n'existe en France « qu'un seul peuple français »[460] ; la République doit rester laïque et indivisible et aucun statut juridique ne doit être accordé aux communautés de quelle sorte que ce soit[461].

---

453 Plus souvent, le « communautarisme religieux » se réfère à la communauté musulmane. *V.* les critiques de Laurent Lévy, *Le spectre du communautarisme*, Amsterdam, 2005.

454 Il s'agit par exemple de la communauté « LGBT : lesbienne, gay, bi, trans ». *V.* les analyses d'Agnès Rabagny-Lagoa, *Le communautarisme : la République divisible ?*, Ellipses, Paris, 2007. p. 56 *sqq.*

455 Pierre-André Taguieff, *La République enlisée. Pluralisme, communautarisme et citoyenneté*, éd. des Syrtes, 2005. p. 18-23.

456 Julien Landfried, *Contre le communautarisme*, Armand Colin, Paris, 2007. p. 34 *sqq.*

457 Bertrand Mathieu & Michel Verpeaux, « Jurisprudence constitutionnelle », Chronique, *JCP*, éd. G., n° 49, 7 déc. 2005, I 192, n° 16.

458 L. Lévy, *Le spectre du communautarisme*, *eod. loc.*

459 A. Rabagny-Lagoa, *Le communautarisme : la République divisible ?*, *op. cit.*, p. 78-83 et 90-99. Sur le particularisme juridique de la France d'outre-mer : Jean-François Auby, *Droit des collectivités périphériques françaises*, PUF, 1992.

460 Décision du Conseil constitutionnel n° 91-290 DC du 09 mai 1991 concernant la Loi portant statut de la collectivité territoriale de Corse.

461 Dans sa décision du 15 juin 1999 concernant la ratification de la Charte européenne des langues régionales ou minoritaires (Conseil de l'Europe, 1992), après avoir cité l'intégralité de l'article premier de la Constitution de 1958, le Conseil constitutionnel déclare que « ces principes fondamentaux s'opposent à ce que soient reconnus des droits collectifs à quelque groupe que ce soit, défini par une communauté d'origine, de culture, de langue ou de croyance ». Le Conseil constitutionnel déclare ainsi la ratification impossible. Décision n° 99-412 DC, *JO*, 18 juin 1999, p. 8964. Ce principe est rappelé par la même autorité dans la décision n° 2004-505 DC du 19 novembre 2004 concernant le Traité établissant une Constitution pour l'Europe, considérant que le Traité ne va pas à l'encontre du principe ci-dessus exposé.

On s'aperçoit ainsi que l'absence de statut juridique de la notion de « communauté » en France est due à une appréhension négative de ce concept à l'égard de l'unité de la République. À l'opposé du cas français, dans le contexte chinois, cette absence semble s'inscrire dans un double postulat, non seulement d'ordre idéologique, mais aussi d'ordre socio-historique, en rapport avec la place de « communauté » contrebalancée par la filiation familiale dans la tradition culturelle.

142. La communauté en tant que modèle d'organisation sociale existe en Chine antique comme dans n'importe quelle culture. Elle peut être économique, culturelle, religieuse voire politique[462]. Toutefois, le développement de ce modèle d'organisation sociale semble être limité par un autre, plus puissant dans la société traditionnelle chinoise, celle de l'affiliation familiale ou de clan[463]. Cette dernière n'est pas uniquement un moyen d'auto-organisation, elle est également un lien social légitimé par les institutions étatiques : le célèbre Code de Tang en apporte des preuves[464]. Jusqu'à la fin de la Seconde Guerre mondiale, le réseau familial et ses coutumes représentent une force parallèle à celle étatique et forment un domaine d'« affaires familiales » dans lequel le pouvoir étatique ne pénètre pas[465].

Ce lien particulièrement étroit entre les concepts de la famille et de la Nation dans la conscience chinoise est par ailleurs illustré par la manière dont on dénomme le « pays » : ce dernier se dit en chinois *guojia* 国家, littéralement « patrie-famille ».

143. À côté de la communauté « involontaire » de filiation familiale qui ne menacera pas la Nation – puisque les deux notions sont intrinsèquement liées, la force des communautés dites « volontaires », c'est-à-dire dont le lien d'attachement n'est pas familial, est toujours surveillée : lorsque ce lien de-

---

462 CHEN Baoliang 陳寶良, *La communauté et la société en Chine* 中國的社与會, éd. Nantian shuju 臺北南天書局, Taipei, 1998.

463 Le professeur CHEN donne des exemples sur l'interaction entre la communauté culturelle et le clan dans son ouvrage précité.

464 Ce très influent code pénal est élaboré en 625 apr. J.-C.. Plus d'un tiers de ces 502 articles concernent les relations familiales. Dans ce code, un délit commis par l'enfant envers un parent est beaucoup plus sévèrement sanctionné que le même délit commis par un parent envers son enfant. De surcroît, sur certains délits légers, les règles familiales priment sur les règles légales : dans ce cas, lorsque des règles familiales existent, les autorités publiques se gardent d'intervenir. Ce code eut également des impacts importants dans la culture juridique de l'Asie de l'Est et du Sud.

465 SHIGA Shuzo 滋賀秀三, *Principes du droit chinois de la famille* 中国家族法の原理 (éd. originale Tokyo Sobunsha, 1976), traduit en chinois par ZHANG Jianguo & Li Li, éd. Falü chubanshe, 2002, p. 9-14.

vient trop fort, formant une solidarité ou adhésion, son existence devient alarmante car il peut menacer le lien social le plus important, celle de la Nation. Sans doute fait-elle partie des raisons pour lesquelles le texte du projet de loi chinoise sur le patrimoine culturel immatériel ne parle point de « communautés », seules dans les exposés des motifs, ont été évoquées les minorités ethniques[466], qui font l'objet par ailleurs d'un traitement juridique particulier favorisant (*infra.* b)).

144. Partageant une vision politique similaire de l'État-Nation[467], les administrations françaises comme chinoises semblent préférer interpréter le terme de « communauté » du texte de la convention dans le sens du langage commun et non pas juridique. Quant à la Convention de 2003, elle ne semble pas vouloir se préoccuper des conflictualités internes et se prête à accepter toutes sortes d'interprétations de la part des acteurs qui déclinent cette notion sur différentes échelles nationale, régionale ou locale. Les travaux parlementaires français relatifs à l'approbation de la convention précisent par ailleurs que cette dernière « n'oblige pas les États parties à donner à ces communautés un statut juridique : elle est donc compatible avec les principes constitutionnels d'indivisibilité du peuple français et d'égalité devant la loi »[468]. La question de communauté n'apparaissant pas comme un obstacle devant les Assemblées, le texte fut adopté à l'unanimité[469].

---

466 *V. infra*, loi chinoise sur le patrimoine culturel immatériel, n° 290 *sqq.*

467 Introduite par LIANG Qichao 梁启超 à la fin du XIXe siècle, la notion de la « Nation chinoise » est développée par SUN Yat-sun (ou SUN Zhongshan) 孙中山 lors de son investiture à la fondation de la première République de Chine en 1911 : selon SUN, la Nation chinoise se compose des cinq ethnies principales, les Han, les mandchous, les mongoles, les Hui (en réalité les Ouïghours d'aujourd'hui), et les Tibétains. L'ouvrage chinois contemporain le plus célèbre en la matière est celui de FEI Xiaotong 费孝通, *Unité et pluralité dans la configuration de la Nation chinoise* 中华民族多元一体格局, éd. Zhongyang minzu chubanshe 中央民族出版社, 1989. FEI fut élève de Bronisław K. Malinowski et de Raymond Firth. Sa théorie constitue aujourd'hui la base des doctrines politiques chinoises en matière des minorités ethniques.

468 Assemblée nationale, XIIe législature, Comptes rendus de la Commission des affaires étrangères (2005-2006), n° 23, mardi 21 février 2006, p. 7. – Sénat, Rapport n° 369 (2005-2006) fait au nom de la Commission des affaires étrangères, de la défense et des forces armées, sur le projet de loi autorisant l'approbation de la Convention pour la sauvegarde du patrimoine culturel immatériel, par Mme Joëlle Garriaud-Maylam, déposé le 31 mai 2006, Annexe I, *Étude d'impact.*

469 Assemblée nationale, Compte rendu intégral, 189e séance de la session ordinaire 2005-2006, 2e séance du mardi 4 avril 2006, vote sur le projet de loi autorisant l'approbation de la convention internationale pour la sauvegarde du patrimoine culturel immatériel (n° 2605, 2875). – Sénat, séance du 27 juin 2006, compte rendu intégral des débats, n° 4.

b) Groupe ethnique : un statut juridique exceptionnellement reconnu

145. En réalité, malgré une réticence générale à la reconnaissance de droits collectifs aux « communautés », dans les deux pays, certains droits sont reconnus aux personnes identifiées par leur appartenance ethnique, à titre de particulier ou à titre de groupe. Il s'agit de toute ethnie minoritaire officiellement reconnue en Chine[470] et des « populations d'outre-mer » en France, même si l'expression « groupe ethnique » ne correspond pas à la qualification française des populations d'outre-mer. Mais peut-on qualifier ces droits d'un véritable statut juridique des « communautés » ?

En premier lieu, si la définition des populations bénéficiant de droits spécifiques existe mais reste imprécise en France, elle est totalement absente en droit chinois. En revanche, sur le plan des régimes concernés, la tendance est inversée : en Chine il existe depuis 1956 un système juridique concernant l'autonomie des ethnies minoritaires, alors que cela reste tout à fait dérogatoire en droit français.

La reconnaissance des populations d'outre-mer n'est pas évidente dans le droit français. Le Conseil constitutionnel a reconnu à deux reprises la notion de « peuple d'outre-mer » par opposition au « peuple français » : il s'agit des peuples des territoires d'outre-mer « auxquels est reconnu le droit à la libre détermination »[471]. Pourtant, la Constitution telle que révisée le 28 mars 2003 semble « balayer les errements du Conseil constitutionnel »[472] dans ces deux décisions par son nouvel article 72-3 : « La République reconnaît, au sein du peuple français, les populations d'outre-mer, dans un idéal commun de liberté, d'égalité et de fraternité ». Mis à part le cas exceptionnel de la population de Nouvelle-Calédonie qui s'est vu accordée une « citoyenneté calédonienne » (*infra*), la notion de « population d'outre-mer » reste obscure et ne semble pas donner accès à des droits politiques collectifs.

Dans le droit chinois, malgré la présence des politiques de l'autonomie administrative des ethnies minoritaires dès 1954[473], il n'existe pas de défini-

---

[470] Ils sont 55 et représentent 9,4 % de la population totale, chiffre du recensement partiel 2005. *V.* les rapports de recensement sur le site officiel du National Bureau of Statistics of China, [http://www.stats.gov.cn]. Concernant les critères de distinction des ethnies minoritaires : *infra.*

[471] Décision du Conseil constitutionnel n° 91-290 DC du 9 mai 1991 concernant la loi portant statut de la collectivité territoriale de Corse, n° 12 ; décision n° 2000-428 DC du 4 mai 2000 concernant la loi organisant une consultation de la population de Mayotte, n° 10.

[472] Jean-Yves Faberon, « La France et son outre-mer : un même droit ou un droit différent ? », *Pouvoir*, 2005/2, n° 113, p. 8.

[473] Le principe est instauré premièrement par un document à valeur de loi organique intitulé *Principes généraux sur l'autonomie des ethnies minoritaires* 中华人民共和国民族区域自治实施纲要 en

tion juridique explicite des « ethnies minoritaires ». La reconnaissance des groupes ethniques s'est réalisée avec l'établissement de l'état civil, à partir des recensements durant les années 1950. Le principe d'identification d'une ethnie minoritaire s'établit d'abord sur la pratique d'une ou plusieurs langues communes[474]. Ce sont donc à la fois des communautés locales (attachées à un territoire) et des communautés linguistiques. L'absence de notion juridique ne semble pas être volontaire et n'a pas empêché d'accorder un régime particulier aux ethnies minoritaires.

Ces régimes juridiques, chinois comme français, sont organisés autour de deux axes, les droits en tant qu'individus et les droits en tant que groupe de personnes. Dans les deux cas, ces régimes s'appliquent à une personne lorsqu'est réclamée et reconnue son appartenance à un groupe ethnique et culturel plus ou moins clairement défini.

i) Les droits individuels

146. Les ethnies minoritaires chinoises comme les populations d'outre-mer françaises, bénéficient de certains droits civils particuliers. La différence la plus importante entre les deux systèmes est la reconnaissance officielle d'un statut civil particulier. En effet, il existe en droit français une reconnaissance officielle de statut personnel coutumier par la Constitution, tandis qu'en droit chinois, ce statut n'est pas explicité pour les membres des ethnies minoritaires, bien que plusieurs textes permettent de leur accorder un traitement particulier.

Ainsi, l'article 75 de la Constitution française de 1958 énonce que « les citoyens (...) qui n'ont pas le statut de droit commun conservent leur statut personnel tant qu'ils n'y ont pas renoncé ». Créé à l'origine à destination des départements d'Algérie, ce statut personnel fondé sur les coutumes locales est aujourd'hui appliqué, avec des appellations différentes, aux Kanaks (ou « Canaques ») de Nouvelle-Calédonie (« statut civil coutumier »)[475], aux Ma-

---

1952. Il s'inscrit ensuite dans l'article 3-4 de la première Constitution de 1954 devenu l'actuel article 4-3 : « Les territoires où se rassemblent les minorités ethniques appliquent l'autonomie des ethnies minoritaires ; elles établissent des organes administratifs autonomes et exercent leur droit à l'autonomie. Les régions d'autonomie ethnique font partie du territoire inséparable de la République populaire de Chine ».

[474] Françoise Grenot-Wang, *Chine du sud. La mosaïque des minorités*, Les Indes savantes, 2001, 2e éd. 2005. p. 15 *sqq*. – ZHOU Qingsheng 周庆生, « Langue et identification des ethnies » 语言与民族识别问题, *Journal of graduate school of chinese academy of social sciences* 中国社会科学院研究生院学报 (revue), mars 2006, n° 12, p. 133-136.

[475] La première référence jurisprudentielle à ce statut coutumier procède d'un arrêt de la Cour d'appel de Nouméa de 1920 qui affirme que le droit français ne peut être appliqué aux Mélanésiens parce qu'ils ont un statut personnel. D'autres décisions ont conforté cette

horais de Mayotte (« statut civil de droit local »)[476] et aux Wallisiens et Futuniens (« statut personnel de droit local »)[477]. Toute personne pouvant justifier son origine culturelle et ethnique peut réclamer ce statut[478]. En outre, certains habitants d'autres territoires d'outre-mer vivent en réalité selon des coutumes non reconnues par la loi[479].

Dans le droit chinois en revanche, le statut civil particulier n'existe pas dans les *Principes généraux du droit civil*[480]. Contrairement au droit français où la coutume est admise comme source du droit[481], les coutumes des ethnies ne sont pas admises par la doctrine comme source « officielle » du droit chinois[482], ni explicitement reconnues dans les textes de niveau national. Il existe tout de même des possibilités pour prendre en compte les particularités culturelles des groupes ethniques (y compris les lois religieuses) : les trai-

jurisprudence (CA Nouméa, 11 juill. 1921, *Rec. Dareste*, p. 96 ; 8 août 1923, *ibid.*, p. 111 ; 19 sept. 1933, *Rec. Penant*, 5, p. 86). Puis les Constitutions de 1946 et de 1958 (art. 75) confirmèrent à leur tour l'existence de ce statut dont il est fait état ensuite dans d'autres textes : l'Accord sur la Nouvelle-Calédonie dit Accord de Nouméa du 5 mai 1998 et la loi organique du 19 mars 1999 relative à la Nouvelle-Calédonie, modifiée par la loi organique n° 2007-223 du 21 février 2007 portant dispositions statutaires et institutionnelles relatives à l'outre-mer (art. 7 à 17). Cité par Gérard Orfila, *Rép. civ.*, *D.*, « Outre-mer », n° 64, sept. 2002.

476 L'article 6 du décret du 29 mars 1934 portant réorganisation de la justice indigène dans l'archipel des Comores et élargi par l'article 4 de la délibération n° 64-12 bis du 3 juin 1964 de la Chambre des députés du territoire des Comores ; arrêt Cass. 1er ch. civ. 25 février 1997 (*Bull. civ.* I, n° 67 ; *D.* 1997, p. 453, note H. Fulchiron) ; titre VI de la loi n° 2001-616 du 11 juillet 2001 relative à Mayotte (créé par la loi de programme pour l'outre-mer n° 2003-660 du 21 juillet 2003, art. 68).

477 Reconnu par art. 2, la loi n° 61-814 du 29 juillet 1961 conférant aux îles Wallis et Futuna le statut de territoire d'outre-mer, modifiée par la loi n° 2007-224 du 21 février 2007 portant dispositions statutaires et institutionnelles relatives à l'outre-mer.

478 François Garde, « Les autochtones et la République », *RFDA*, 1999, p. 1, « à raison de leurs origines ». Accord de Nouméa : « La pleine reconnaissance de l'identité kanak conduit à préciser le statut coutumier ». Pour les Kanaks, par exemple, les personnes concernées par ce statut sont les Mélanésiens nés de parents mélanésiens possédant le statut de droit local et qui n'y ont pas renoncé. Il s'agit également de personnes nées d'un parent mélanésien et d'un parent possédant un autre statut personnel lorsque la filiation à l'égard de ce parent n'a pas été établie.

479 C'est le cas de la Polynésie française (où le statut personnel a été supprimé par l'ordonnance n° 45-482 du 24 mars 1945) et de la Guyane. Gérard Orfila, *Rép. civ.*, *D.*, « Outre-mer », précité, n° 62.

480 Précité, *supra*, n° 11.

481 Pascale Deumier, « La coutume kanake, le pluralisme des sources et le pluralisme des ordres juridiques », *RTD Civ.*, 2006, p. 516.

482 ZHU Yumiao 朱玉苗, « Sur l'effet juridique des règles coutumières des ethnies minoritaires » 试论少数民族习惯法的效力, *Journal of Southwest University for Nationalities* 西南民族学院学报 (revue), 2002, vol. 23, n° 7, p. 224-228.

tements particuliers sont intégrés, d'une part, dans des textes législatifs de nature organique, telle que l'autonomie administrative des ethnies minoritaires ou l'organisation du pouvoir autonome des hameaux (*cun*)[483] ; d'autre part, dans des règlements administratifs, tels que l'accès à l'éducation supérieure[484] ou la dérogation en matière de contrôle de naissance[485]. Les privilèges accordés aux ethnies minoritaires font parfois l'objet de débats quant à sa nature de « discrimination positive »[486].

Les conflits entre les lois nationales et les coutumes sont fréquents. Dans l'Ouest de la Chine, les phénomènes de « seconde juridiction 二次司法 », altérant l'autorité des juridictions de l'État, deviennent préoccupants[487]. Il est à noter que les coutumes qui sont incluses de cette manière dans le droit chinois concernent principalement les droits des personnes, et pas les droits

---

[483] Selon la *Loi sur l'organisation des villages (cun)* 村民委员会组织法 du 4 nov. 1998, le comité du village (parfois traduit par « hameau » en sinologie française) est élu par suffrage universel. Sur le terrain, les coutumes jouent souvent un rôle important dans la gestion des affaires par ce comité. GUAN Bo 官波, « On the Interdependence of the Minority Customary Laws and the Constitutional Law and their Conflicts : A case study of the pluralism of law in the minority area of China » 少数民族习惯法与国家法的依存和冲突, *Thinking* 思想战线 (revue), 2004, vol. 30, n° 6, p. 45.

[484] Le statut d'ethnie minoritaire donne un accès prioritaire à l'enseignement supérieur par des bonifications particulières lors du concours d'entrée à l'université qui est réputé être très sélectif. Cette politique est mise en place dès 1950 et est confirmée par un décret du ministère de l'Éducation en 1980 après la reprise du concours d'entrée à l'université en 1978. *V.* : TENG Xing 滕星 & MA Xiaoyi 马效义, « China's Preferential Policy to Minority Nationalities in Higher Education and Education Equality » 中国高等教育的少数民族优惠政策与教育平等, *Ethno-national Studies* 民族研究 (revue), 2005, n° 5, p. 10-18.

[485] Le statut d'ethnie minoritaire peut dispenser de l'obligation du contrôle de naissance lorsqu'une personne appartient à une ethnie minoritaire dont le nombre total ne dépasse pas dix millions, soit 53 groupes ethniques sur les 55 (Chiffre des recensements généraux de 2005, National Bureau of Statistics of China [www.stats.gov.cn]).

[486] Ces débats s'inspirent notamment des discussions en Amérique sur l'« affirmative action programs ». TENG X. & MA X., "China's Preferential Policy to Minority Nationalities in Higher Education and Education Equality", précité.

[487] Les parties, après le jugement de la juridiction compétente et lorsque celui-ci ne les satisfait pas, se soumettent volontairement à un arbitrage ou un « jugement » des personnes considérées comme représentant l'autorité coutumière, tel que le cadi ou l'iman dans les régions d'Ouest où l'Islam est répandu. *V.* : WANG Zuoquan 王作全 & MA Xudong 马旭东, « The Influence of West China's Territorial Characters Upon Legal Unitarity » 试论我国西部区域特征对法制统一性之影响, *Journal of Southwest University for Nationalities*西南民族大学学报 (revue), 2007, n° 3. – SHI Lingya 石伶亚, « The Customary Law of the Minority Ethnic and the Legal System Construction of the West Rural Area » 少数民族习惯法与西部乡村法制建设, *Journal of Jishou University*吉首大学学报 (revue), 2003, vol. 24, n° 1.

des biens[488], ce qui n'est pas le cas du droit français où les coutumes foncières sont également admises dans certains cas[489].

ii) Les droits collectifs

147. On trouve, à côté des droits des individus, des droits collectifs des groupes, également fondés sur l'appartenance ethnique et culturelle des personnes comme sujet de droits. Ces droits concernent notamment le droit culturel (culture et langue) et le droit politique (droit de vote, droit d'organiser son institution). Mais on observe aussi l'exercice collectif du droit foncier par ces groupes de personnes. Plus précisément, il y a trois sortes de dispositifs : d'abord l'institution de l'autonomie territoriale, mécanisme existant dans les deux pays, ensuite l'institution d'une « citoyenneté d'outre-mer » et d'un droit foncier collectif, propres au droit français.

Concernant l'institution de l'autonomie territoriale, les deux Constitutions tiennent compte du droit à l'autonomie de certaines populations, légitimé par des raisons très similaires : au nom des « particularités géographiques, économiques et ethniques » en France[490] et dans le but de « respecter et protéger le droit des ethnies minoritaires de gérer les affaires internes de leurs communautés », « prenant en compte les relations historiques, les situations économiques et sociales de ces communautés » en Chine[491].

En droit chinois, la *Loi sur l'autonomie des ethnies minoritaires* de 1984[492] reprend le principe constitutionnel selon lequel « les territoires où se rassemblent les minorités ethniques appliquent l'autonomie des ethnies minoritai-

[488] ZHANG Jing 张静, « Special Civil Rights Protection of Minority Nationalities in Current Chinese Law » 试析我国现行法律对少数民族公民特别民事权利的保护, *Journal of Northwest Universtity for Nationalities* 西北民族学院学报 (revue), n° 1, 2001, p. 35. – YUAN Xiangzhu 袁翔珠, « Improvement of the Statutory Framework to Protect the Rights and Interests of Scattered-living Members of Minority Nationalities » 关于完善散居少数民族权益保障法律制度的思考, *Journal of SWUPL* 西南政法大学学报 (revue), vol. 6, n° 5, sept. 2004, p. 68.

[489] La Nouvelle-Calédonie : l'article 18 de la loi organique du 19 mars 1999 ; Mayotte : ordonnance n° 2005-870 du 28 juillet 2005 portant adaptation de diverses dispositions relatives à la propriété immobilière à Mayotte et modifiant le livre IV du code civil.

[490] Circulaire du Premier ministre du 21 avril 1988 relative à l'applicabilité des textes législatifs et réglementaires outre-mer, à la consultation des assemblées locales de l'outre-mer et au contreseing des ministres chargés des DOM-TOM, *JORF* 24 avril 1988, p. 5454, modifiée et complétée par la circulaire du 15 juin 1990, *JORF* 30-31 juillet 1990, p. 9209, et brochure *JORF* n° 5002. Cité par : Jean-Yves Faberon, *Rép. de collectivité territoriale, D.*, « Le régime général de l'article 74 de la Constitution », n° 27, mars 2005.

[491] Préambule de la *Loi de la R.P.C. sur l'autonomie des ethnies minoritaires* 中华人民共和国民族区域自治法 de 1984, adaptée par l'APN le 31 mai 1984, modifiée le 28 février 2001. Ci-après « Loi de 1984 ».

[492] *Idem.*

res » (art. 2), et « les organes administratifs autonomes font partie des organes administratifs locaux de différents échelons » (art. 3). Dans le cas de la France, la Polynésie française est la seule collectivité visée par l'article 74 de la Constitution dotée d'un statut d'autonomie depuis la loi organique de 2004[493]. Dans l'organisation des compétences accordées à la Polynésie française, on retrouve des similitudes importantes avec les entités de l'autonomie ethnique chinoise : les domaines de compétence législative réservés à l'État définis par l'article 7 de la loi organique de la Polynésie française sont pratiquement les mêmes que ce que définit la loi chinoise *sur les activités législatives* (par son article 8)[494].

148. Concernant la citoyenneté accordée à la Nouvelle-Calédonie[495], ce statut n'est pas d'une acceptation facile, car la tradition constitutionnelle française se méfie de la « citoyenneté de superposition », cette dernière étant suspectée de contrevenir au pacte républicain en affectant le principe d'égalité et l'indivisibilité de la souveraineté nationale[496]. En effet, l'existence de ce statut est tout à fait exceptionnelle, il est « seulement à titre transitoire, dans le cadre d'un processus politique particulier, limité à ce territoire et fondé sur la restriction du droit de suffrage »[497]. Cette citoyenneté calédonienne est donc fondamentalement liée à l'avenir institutionnel du territoire. Par contraste, on ne parle pas de citoyenneté polynésienne au sein de la citoyenneté française dans le statut de 2004, car là l'institution de droit civil a « une finalité essentiellement sociale (protection de l'emploi) et économique (protection du patrimoine) et non politique »[498].

493 Loi organique n° 2004-192 du 27 février 2004 portant statut d'autonomie de la Polynésie française, complétée par la loi ordinaire n° 2004-193 du même jour.

494 Loi sur les activités législatives, précitée.

495 Établie par l'article 4 de la loi organique du 19 mars 1999.

496 Patrick Dollat, « La citoyenneté française : une superposition de citoyennetés », *RFDA*, 2005, p. 69. – Brigitte Girardin, ministre de l'Outre-mer : « Il fallait rompre avec la parcellisation de la citoyenneté française, qui ne pouvait que porter en germe de graves atteintes à l'unité du peuple français », discours au Sénat, compte rendu des débats sur le projet de loi organique portant statut d'autonomie de la Polynésie française, séance du 18 déc. 2003.

497 B. Girardin, *idem*.

498 Gaston Flosse, « La citoyenneté de pays : l'exemple de la Polynésie française », in. acte de colloque *Identité, nationalité, citoyenneté outre-mer*, dir. Jean-Yves Faberon & Yves Gautier, Cheam, La Documentation française, 1999, p. 172, 177 et 218. – Jean-Yves Faberon, « Nouvelle-Calédonie et Polynésie française : des autonomies différentes », *RFDC*, 2006/4, n° 68, p. 691-712.

149. S'agissant du droit collectif foncier créé en Nouvelle-Calédonie, *les groupements de droit particulier local* (GDPL)[499], sa création a pour but de « permettre aux tribus canaques de devenir propriétaires, dans les conditions de droit commun de terres hors des réserves »[500]. Selon l'article 18 de la loi organique du 19 mars 1999, les terres coutumières sont régies par la coutume comme les biens appartenant aux personnes ayant le statut civil coutumier. Les terres coutumières sont constituées des réserves, des terres attribuées aux GDPL et des terres qui ont été ou sont attribuées par les collectivités territoriales ou les établissements publics fonciers. Elles incluent les immeubles domaniaux cédés aux propriétaires coutumiers. Les GDPL restent les principaux bénéficiaires de la politique de redistribution foncière du territoire avec 98 % des attributions annuelles[501]. Reconnus comme une personnalité morale, les GDPL sont perçus comme une entité à mi-chemin entre la société commerciale et l'association du type « loi de 1901 »[502].

150. Malgré les affirmations du Conseil constitutionnel, on a pu constater qu'il existe en France de réels droits collectifs accordés aux « groupes de personnes distingués par leur origine » : si le terme « ethnie » n'obtient pas de reconnaissance juridique parce qu'il serait le substitut de « race »[503], les « groupes » connaissent désormais une « judiciarisation » ou des droits « groupusculaires »[504]. Cette reconnaissance des intérêts collectifs particuliers conduit à une révision de l'intérêt général « intégrant les intérêts particuliers et collectifs »[505]. Cela est par ailleurs affirmé par l'article 74 de la Constitu-

---

[499] La notion apparaît pour la première fois dans l'ordonnance n° 82-880 du 15 octobre 1982 relative à l'aménagement foncier, à l'établissement rural et à la reconnaissance des droits coutumiers sur le sol de la Nouvelle-Calédonie et dépendances, sous l'appellation de « groupement relevant du droit particulier », puis reprise dans l'article 42 de la loi n° 86-844 du 17 juillet 1986 relative à la Nouvelle-Calédonie ; ainsi que le décret n° 89-570 du 16 août 1989 relatif aux groupements de droit particulier local.

[500] F. Garde, *Les autochtones et la République*, précité, p. 1.

[501] Hugues Béringer, *JCL Collectivités territoriales*, Fasc. 470 : « Nouvelle-Calédonie », n° 87. Chiffre daté de février 2007.

[502] Guy Agniel, « Les adaptations juridiques des particularismes sociologiques locaux », in. Paul de Deckker (dir.), *Coutume autochtone et évolution du droit dans le Pacifique Sud*, Actes de colloque international, L'Harmattan, 1995, p. 70.

[503] Danièle Lochak, « La race, une catégorie juridique ? », *Revue Mots*, vol. 33, n° 1, décembre 1992. p. 291. Cette ambiguïté entre les notions d'« ethnie » et de « race » serait également la cause des « réticences » des sciences sociales françaises envers la notion d'« ethnicité ». *V.* Philippe Poutignat & Jocelyne Streiff-Fenart, *Théories de l'ethnicité. Suivi de Les groupes ethniques et leurs frontières de Fredrik Barth*, PUF, 2008, p. 189.

[504] Patrick Fraisseix, « De l'État-Nation à l'État "groupusculaire" : chronique d'un dépérissement engagé », *D.*, 2000, p. 61.

[505] *Idem.*

tion 1958 révisée en 2003 : les « intérêts propres dans l'ensemble des intérêts de la République » deviennent « intérêts propres de chacune d'elles au sein de la République ».

151. Ces éléments restent tout de même différents du droit chinois. D'une part, en droit chinois, les droits civils et politiques accordés aux ethnies minoritaires ont pour objet les communautés ethniques vivant sur tout le territoire chinois, groupées ou dispersées, alors qu'en droit français, l'application du traitement particulier est limitée aux zones géographiques des territoires d'outre-mer. D'autre part, en Chine, le statut des ethnies minoritaires fait partie inhérente du principe de droit constitutionnel dès le premier document à l'effet de constitution en 1945 et sa première Constitution 1952 ; en France il s'agit de mesures dérogatoires aux principes constitutionnels[506].

Ainsi, bien qu'il y ait des similitudes importantes entre les deux systèmes, au fond, si l'on peut qualifier de statut juridique particulier des « ethnies minoritaires » en Chine, il n'y a pas, en droit français, de disposition similaire. Le droit français reste limité à la notion strictement géographique de « populations d'outre-mer », fondamentalement distincte de celle de populations de « communautés ethniques » ou « autochtones ». D'une manière générale, le statut de « communautés ethniques » est une règle *inhérente* du droit en Chine, tandis qu'en France, ce sont les traitements accordés aux populations d'outre-mer, notamment fondés sur leurs coutumes locales, restreints en prérogatives civiles et limités sur les zones géographiques d'outre-mer, qui restent *dérogatoires* du droit commun. On peut par conséquent difficilement parler de « communauté d'outre-mer » en termes juridiques français.

3) Les difficultés dans l'implication des communautés

Outre les difficultés à identifier et à reconnaître pleinement les communautés, dans les démarches d'inventorisation et de sauvegarde du patrimoine culturel immatériel, deux difficultés majeures subsistent entravant la pleine implication des communautés à la reconnaissance de leur patrimoine. Il s'agit, d'une part, de la représentation des communautés (a), et d'autre part, des modalités de participation des communautés dans les recensements et les actions de sauvegarde du patrimoine culturel immatériel (b).

---

506 Conseil constitutionnel, décision n° 99-409 DC du 15 mars 1999 sur la loi relative à la Nouvelle-Calédonie, Commentaire aux cahiers.

a) La représentation des communautés

152. Se poser la question de l'implication des communautés dans la qualification du patrimoine culturel immatériel nécessite d'abord de déterminer, de façon concrète, qui peut représenter les « communautés ». Concrètement, quel type d'interlocuteur l'État va-t-il *choisir et solliciter* pour représenter les « communautés » ? Car il appartient en effet aux États d'« identifier et de définir les différents éléments du patrimoine culturel immatériel présents sur son territoire, avec la participation des communautés, des groupes et des organisations non gouvernementales pertinentes » (art. 11 de la Convention de 2003).

153. Dans la pratique, la première difficulté concerne l'existence et la légitimité de l'instance représentative au sein des communautés. On comprend dès lors que les experts du Comité intergouvernemental de la Convention de 2003 soulignent qu'il ne faut pas systématiquement un accord administratif des communautés pour la reconnaissance d'un élément culturel en tant que leur patrimoine culturel immatériel « car dans beaucoup de cas le problème de la représentativité et de l'adhésion se pose »[507]. En effet, l'existence d'une institution représentative juridiquement établie n'est pas toujours aisée à identifier.

On peut, de façon empirique, récapituler deux types d'institutions représentatives de par leur statut juridique : d'une part, les institutions administratives, tel est le cas du système chinois de territoire autonome des ethnies minoritaires, ou les établissements publics à vocation de conservation de cultures traditionnelles, tels que l'Institut national de l'Opéra de Pékin ; et d'autre part, les associations légales des praticiens du patrimoine culturel immatériel, comme la Confédération nationale des groupes folkloriques français, reconnue d'utilité publique. Ce sont actuellement des acteurs impliqués dans le recensement du patrimoine culturel immatériel dans les deux pays. Mais en réalité, peu de communautés sont organisées de manière institutionnelle, il est souvent impossible d'obtenir un « accord administratif » des communautés qui ne sont pas représentées par une telle institution – c'est le cas des communautés immigrées, par exemple chinoises, en France ou en Amérique du Nord.

---

[507] *Rapport du rapporteur de l'organe subsidiaire sur les modalités de participation des communautés ou de leurs représentants, des praticiens, des experts, des centres d'expertise et des instituts de recherche à la mise en œuvre de la Convention*, Comité intergouvernemental, 2ème session extraordinaire, Sofia, 18-22 fév. 2008, n° 20, ITH/08/2.EXT.COM/CONF.201/INF.4.

154. Lorsque l'institution existe, les objections sur sa légitimité sont fréquentes, mettant en doute sa représentativité, la qualifiant « autoproclamée » voire quelques fois « fantasmée »[508]. Le cas des immigrés ouïghours dans le sud de la Chine (Guangzhou) est symptomatique : une partie importante de cette population immigrée est organisée sous forme d'association formelle et légale, revendiquant un double statut musulman et commerçant. Mais lors de conflit des membres de cette association avec les populations locales, les autorités ne veulent pas entreprendre les négociations directement avec le représentant de l'association et préfèrent employer d'autres personnes d'origine ouïghour pour servir d'intermédiaire[509].

Dans l'hypothèse où aucune institution légitime n'est identifiée, la convention évoque les « individus » qui sont estimés par les membres de la communauté comme pouvant les représenter. Dans la pratique, ce sont souvent les ethnologues enquêteurs qui se substituent à eux en s'appuyant sur leur connaissance du terrain, sur leur relation privilégiée avec telle ou telle personne pour identifier un individu en tant que « représentant ». Dans d'autres circonstances, l'identification d'une communauté peut paraître artificielle, dans le sens où ses membres « présumés » ne prouvent pas nécessairement de sentiment de solidarité entre eux en tant que corps d'une entité, c'est par exemple le cas de certains métiers artisanaux en France : il est alors difficile de désigner un représentant légitime pour ces communautés[510].

155. Dans les expériences actuelles, l'identification de représentants des communautés passe essentiellement par les associations et les établissements de recherche en France, et par les administrations territoriales en Chine. D'une manière générale, le rôle des administrations culturelles de l'ethnologie[511] reste essentiel.

---

508 Julien Landfried, *Contre le communautarisme*, Armand Colin, 2007, p. 46-53.

509 Elisabeth Allès, « Organisation informelles/formelles de migrants Hui et Ouïghours à Canton », intervention lors du colloque international *Figures d'association en Chine contemporaine*, organisé par le Centre d'étude sur la Chine moderne et contemporaine (CECMC, UMR 8173 ; EHESS-CNRS), Maison des Sciences de l'Homme, Paris, 30-31 mars 2009, à paraître. Ce cas est bien entendu à être replacé dans le contexte des conflits recrudescents entre la population ouïghoure et chinoise depuis le début du siècle.

510 Entretien avec Francesca Cominelli, chargée de la réalisation de l'inventaire des métiers artisanaux rares de France, auprès de la Société d'encouragement des métiers d'art (*V. supra* n° 342) et la mission ethnologie, 7 avril 2009. Mlle Cominelli est doctorante à l'Université Paris-I et travaille sur la question de l'impact économique du patrimoine culturel immatériel.

511 *V. infra*, chapitre « La mise en œuvre dans le cadre des politiques publiques ».

En France, où la notion juridique de communauté n'est pas explicite, le contact s'est établi, premièrement, avec des représentants d'associations ou d'organisations non gouvernementales qui sont attachées à la pratique, à l'étude, à la transmission ou à la valorisation des éléments considérés comme pouvant constituer le patrimoine culturel immatériel. Pour l'État, privilégier les ONG permettrait une prise en compte des formes de patrimoine culturel immatériel non liées à un territoire, mais attachées à une pratique, comme c'est le cas en particulier dans le domaine des métiers artisanaux[512].

Cependant, après une période d'expérimentation, l'interlocuteur principal devient plutôt des établissements publics à caractère administratif ou scientifique, ou encore des associations reconnues d'utilité publique ou labellisées et placées sous la tutelle d'une administration, car estimés plus sérieux et peu porteurs d'intérêts mercantiles, ce que présenteraient certaines ONG dans la pratique. Ce sont donc principalement des chercheurs qui sont chargés d'identifier les représentants des communautés sur lesquelles ils travaillent[513].

156. Sur le terrain chinois, les méthodes employées sont très différentes : l'identification des éléments du patrimoine culturel immatériel procède exclusivement des instances administratives territoriales et le travail d'inventaire du patrimoine culturel immatériel est réalisé grâce au réseau de services culturels territoriaux, avec parfois une participation informelle d'associations et amateurs locaux en tant que conseillers. Curieusement, les « communautés ethniques » administrativement établies ne sont pas investies pour représenter tel ou tel groupe ethnique de façon particulière, le recensement se déroulant uniquement selon la répartition administrative des territoires, dans ces collectivités dites « autonomes » comme dans n'importe quelles autres. Si l'État fait des efforts pour sensibiliser les communautés à la valeur de leur patrimoine, la participation de ces dernières reste limitée dans le rôle passif d'« informateur », lorsqu'elles sont sollicitées par les enquêteurs[514].

---

512 *Commentaires des États parties sur la participation des communautés :* Commentaire de la France, n° 73-74. Document de travail rédigé par le Secrétariat du Comité intergouvernemental de sauvegarde du patrimoine culturel immatériel en vue de sa 3ème réunion (Vitré-France, 28-30 janvier 2008), suivi de la décision 2.COM 8 du Comité intergouvernemental, Tokyo, sept. 2007, Unesco.

513 *V.* le chapitre « Le repérage. Recensements, inventaires nationaux et leurs relations avec les deux listes de l'Unesco ».

514 *Idem.*

b) La modalité de participation des communautés

157. La modalité de participation des communautés dans la qualification du patrimoine culturel immatériel est aussi problématique que leur représentation, notamment dans l'élaboration des inventaires nationaux et des candidatures à l'inscription sur les listes de l'Unesco.

Les expériences de la Proclamation des chefs-d'œuvre du patrimoine oral et immatériel de l'humanité ont démontré que la documentation audiovisuelle peut être un moyen efficace, garantissant à la fois la participation des communautés et la preuve de cette participation. Ainsi, afin de s'inscrire sur la Liste de sauvegarde urgente de l'Unesco, deux enregistrements vidéo et audio sont requis (de deux heures et dix minutes au total), ce qui exige une véritable participation au moins dans la description des pratiques par la communauté elle-même. Mais pour la Liste représentative, seule une description textuelle est demandée[515]. Cette obligation d'enregistrement audio-vidéo se présente également dans les recensements français comme chinois[516].

Toutefois, cette implication dans la collecte des données semble élémentaire et ne donne aux communautés qu'un rôle passif : elle survient seulement après la prise de décision d'identification d'un élément en tant que patrimoine culturel immatériel et n'implique pas les communautés dans les processus de prises de décision ; il s'agit plutôt d'une participation à la documentation ou à l'archivage et non à la qualification elle-même de patrimoine culturel immatériel. Se pose alors la question de savoir comment garantir la véritable participation des communautés, outre les documentations et archivages, aux décisions plus importantes, par exemple quel élément choisir pour représenter la communauté, ou quelle forme/variation de cet élément est plus reconnue par l'ensemble de la communauté.

158. Quant au consentement des communautés pour participer au recensement, pour collecter les données relatives à leur patrimoine culturel immatériel ou pour l'inscription sur une des listes, cela est obligatoire pour l'inscription aux deux listes de l'Unesco[517], et l'est également pour les recen-

---

[515] Formulaires de candidature à la Liste de sauvegarde urgente ICH-01 (LU) ; à la Liste représentative ICH -02 (LR), 5.b. *Consentement libre, préalable et éclairé.*

[516] *V. infra*, n° 318 *sqq.*

[517] Selon les Directives opérationnelles pour la mise en œuvre de la convention pour la sauvegarde du patrimoine culturel immatériel (précité), 1.2. Critères pour inscription sur la Liste représentative, critère R.4. Par exemple pour la Grande troménie de Locronan (Finistère), le dossier d'inscription, déposé par un ethnologue travaillant à Locronan, est suspen-

sements nationaux français comme chinois[518]. Néanmoins, la question se pose toujours de savoir quelle forme il doit adopter (par accord écrit ou enregistré ?). Il est aujourd'hui difficile de définir une forme particulière permettant d'exprimer un tel consentement, au vu des divers régimes juridiques en place dans différents États, au vu des nombreuses questions pratiques sur la manière de déterminer et de justifier le consentement, et au vu de l'absence même de précisions sur la notion de « communauté ».

Dans leur section relative à l'implication des communautés dans la mise en œuvre de la convention, les Directives opérationnelles pour la mise en œuvre de la Convention[519] n'emploient que des formules peu contraignantes, par exemple « les États parties sont encouragés à » prendre des mesures facilitant la participation des communautés. Les critères d'inscription sur la Liste représentative comme les notices explicatives du formulaire de candidature aux deux Listes ne parlent que d'un « consentement libre, préalable et éclairé ». Le Comité intergouvernemental de la convention se dit favorable à « une diversité de manifestations ou d'attestations de consentement des communautés au lieu d'imposer une norme unique », laissant les États et les communautés choisir leur propre méthode justifiant la manifestation de consentement, par « déclaration écrite ou enregistrée »[520].

En pratique, les premiers éléments qui sont inscrits en septembre 2009 sur les deux Listes de l'Unesco sont tous dotés d'une déclaration écrite de la part des communautés identifiées par l'État en question[521]. En revanche, en France comme en Chine, sans doute en raison de la difficile acceptation du concept de « communauté » et l'absence, dans une grande partie des cas, de l'institution administrative représentante des communautés, le consentement de la communauté manifesté dans une forme institutionnelle n'est pas

du en raison du refus des propriétaires fonciers des terrains par lesquels passent habituellement la procession, « par crainte d'un tourisme de masse et en raison d'un sentiment de dépossession ». *V.* « Troménie à l'Unesco : c'est non pour les propriétaires fonciers », *Ouest-France*, 3 nov. 2008. - « Troménie. Arrêt du dossier d'inscription à l'Unesco », *Le Télégramme*, 5 nov. 2008. - « Troménie de Locronan. Abandon du dossier d'inscription au patrimoine de l'Unesco », *Le Télégramme*, 6 nov. 2008.

518 *V. infra*, n° 319 *sqq.*

519 ITH/08/2.GA/CONF.202/5, précité, paragraphe 3.1, *Participation des communautés, des groupes et, le cas échéant, des individus, ainsi que des experts, des centres d'expertise et des instituts de recherche.*

520 Critères R.4. pour inscription sur la Liste représentative des Directives opérationnelles, précité ; formulaires de candidature à la Liste représentative ICH-02 (LR), paragraphe 5. b., *Consentement libre, préalable et éclairé.*

521 Avec la seule exception de la fabrication traditionnelle de jouets en bois pour enfants à Hrvatsko Zagorje (Croatie), dont le document est en préparation au moment de l'inscription.

exigé. On constate alors une substitution du consentement de la « communauté » par celui des praticiens identifiés par les autorités publiques comme étant « représentants de la communauté ». On observe toutefois quelques cas de consentement présentés par un représentant institutionnel de la communauté en question, par exemple le Centre national du patrimoine culturel immatériel pour la candidature de la calligraphie chinoise.

159. Quel que soit l'état de l'institution représentative, publique ou associative, les rôles respectifs des communautés (ou en son absence des individus), de l'État et des chercheurs nécessitent de plus amples discussions. Rappelons-nous que la première tentative de la Recommandation de 1989 a échoué en grande partie à cause du déséquilibre de participation des trois parties. En effet, si le statut patrimonial doit presque toujours être validé par des institutions étatiques qui maintiennent, dans les faits, la prérogative de sélectionner les candidatures, la valeur patrimoniale d'une pratique ou d'une manifestation n'est pas censée être établie par des fonctionnaires ou chercheurs mais être reconnue par la communauté elle-même[522]. Ce constat ne remet en rien en cause la compétence spécialisée des chercheurs dans leurs domaines, tout comme les critiques sur le monopole scientifique accordé aux architectes en chef des monuments historiques ne visent en aucun cas leur compétence en la matière[523]. Cette nécessité d'interaction entre l'État, les chercheurs et les praticiens de patrimoine culturel immatériel est en effet requise dans toutes les actions, de la qualification à la sauvegarde et la transmission de patrimoine culturel immatériel.

B. La définition difficile du terme « continuité » dans la transmission

160. De l'autre côté, l'article 2 de la Convention de 2003 met en place une condition de « transmission de génération en génération ». Cette transmission, et particulièrement l'interaction entre les générations, permettrait à la communauté de « procurer un sentiment de continuité ». La continuité devrait être prise donc à la fois dans l'acte de transmission et dans le sentiment de l'identité culturelle. Cette condition garantit également que les éléments qualifiés par les États (plus concrètement recueillis par les inventaires nationaux) représentent de véritables traditions vivantes et « ayant résisté à

---

522 Chiara Bortolotto, « Les enjeux de l'institution du patrimoine culturel immatériel », *Culture et recherche*, n° 116-117, 2008, p. 33.

523 Jacqueline Morand-Deviller, « Le patrimoine monumental, patrimoine de la nation ? », in. Nébila Mezghani & Marie Cornu (dir.), *Intérêt culturel et mondialisation - Tome I : Les protections nationales*, L'Harmattan, 2004, p. 93.

l'épreuve du temps »[524]. Par ailleurs, le rapport du Sénat français à l'occasion de l'approbation de la convention affirme que « la France a particulièrement veillé à ce que ce patrimoine intègre des traditions toujours vivantes, écartant ainsi le risque qu'y soit amalgamé des pratiques folkloriques qui seraient réactivées pour l'occasion »[525]. En effet, la convention se veut être d'abord un outil de « sauvegarde », c'est-à-dire qu'elle ne peut concerner que les éléments culturels encore vivants. L'ancien chef de section du patrimoine culturel immatériel de l'Unesco, M. Rieks Smeets, s'est exprimé plusieurs fois sur ce sujet en insistant sur le fait que la convention a pour principal objectif la sauvegarde et n'envisage pas de ranimer les traditions déjà perdues[526].

161. Une réflexion opposée est pourtant apportée à ce principe : certains chercheurs proposent d'utiliser l'expression « enraciné dans la communauté » au lieu de l'expression « transmis de génération en génération », qui paraît exclure les éléments du patrimoine culturel immatériel ayant été ou étant interrompus[527]. En effet, dans certaines circonstances, quelques interprétations plus souples de la « continuité » ou de la « transmission de génération en génération » sont nécessaires. Il convient, tout d'abord, de définir le terme « interruption » – par opposition à celui de « continuité » – et de déterminer quelles sortes d'interruption seront considérées comme « irréparables », car la discontinuité d'un élément dans le temps ne signifie pas automatiquement la disparition de l'esprit générateur de cet élément au sein de la culture concernée. Dans le cas où une communauté reconnaît un élément culturel ayant été interrompu et repris comme représentant leur identité, la reconnaissance de leur part semble devoir prévaloir sur le critère de continuité dans le temps.

---

[524] Rapport de la première session de la réunion intergouvernementale d'experts sur l'avant-projet de convention pour la sauvegarde du patrimoine culturel immatériel, Paris, 23-27 septembre, CLT-2002/CONF.203/5, p. 3.

[525] Rapport n° 369 sur le projet de loi autorisant l'approbation de la Convention de 2003, précité, II-B.

[526] Rieks Smeets, intervention à l'*Atelier Patrimoine culturel immatériel* (précitée), 17 janv. 2007, inédite ; intervention intitulée « La convention relative au patrimoine immatériel », au musée du quai Branly dans le cadre du cycle de conférence « Droit du patrimoine culturel », 29 mars 2007, inédite.

[527] Lors d'une réunion d'experts sur la participation des communautés à la sauvegarde du patrimoine culturel immatériel, Organisé pour l'Unesco par ACCU (Centre culturel pour l'Unesco en Asie-Pacifique), 13-15 mars 2006, Tokyo. Rapport (anglais), p. 9. Texte complet du rapport : site web de l'ACCU [http://www.accu.or.jp].

C'est l'exemple du culte officiel à l'« Empereur Jaune » qui existe dès le début de notre ère[528] ; interrompu durant les guerres et repris en 2004 par le Gouvernement central, ce rite trouve sa place en 2006 dans la première proclamation de l'inventaire du patrimoine culturel immatériel au niveau national[529]. Malgré une interruption de près d'un siècle et l'allure idéologique forte du culte officiel traditionnel (légitimation du règne) comme actuel (action participant à l'édification de l'identité culturelle nationale), on constate que ce personnage mythique demeure important dans la croyance populaire[530]. En ce sens, un siècle d'interruption comparé à ses vingt siècles d'existence, ne semble pas être une raison suffisamment convaincante pour déclarer son extinction.

À ce propos, l'exemple de l'« artisanat archéologique » en Lituanie est aussi fort intéressant : il s'agit d'un artisanat traditionnel disparu qui est reconstitué par des universitaires. Ces « formes historiques qui sont redevenues vivantes » sont également considérées comme faisant partie du patrimoine culturel immatériel dans le pays[531].

Ainsi, une appréciation au cas par cas semble nécessaire afin de déterminer, d'une part, si la discontinuité de transmission d'un élément durant un certain temps rompt réellement la continuité dans le « sentiment d'identité », et si cela suffit pour déraciner l'élément de la communauté ; d'autre part, si

---

528 *Huangdi* 黄帝 ou « Empereur Jaune » est, selon le mythe fondateur, l'un des augustes souverains et ancêtre de tous les Chinois. Le premier culte officiel aurait été offert par le Prince Ling du Royaume Qin 秦灵公en 422 av. J.-C. (description de l'élément sur la Liste du patrimoine culturel immatériel au niveau national, *v.* ci-après), mais ce n'est que sous le règne de l'empereur Hanwu Di 汉武帝 dès 113 av. J.-C. que le culte devient permanent et protocolaire. V. Anne Cheng, *Histoire de la pensée chinoise*, *op. cit.*, p. 287 *sqq.*

529 Publiée le 20 mai 2006. Le culte à l'Empereur Jaune est inscrit sous le numéro 480 IX-32.

530 Pendant les guerres, si le culte officiel est interrompu, le culte populaire persiste. Par ailleurs, durant la décennie passée, les cultes officiels locaux aux ancêtres sont devenus de plus en plus en vagues en Chine, à tel point que le ministère de la culture a demandé en 2007 aux administrations culturelles locales de fournir des renseignements sur les événements officiels importants de nature rituelle dans leur circonscription. Ces événements sont certes porteurs d'intérêts locaux touristiques et commerciaux, mais leur popularité prouve également leur enracinement profond dans l'esprit de la population (*Circulaire du ministère de la culture concernant la base de données d'experts en matière de patrimoine culturel immatériel et concernant le rapport d'informations sur les événements officiels importants de nature rituelle* 文化部办公厅关于推荐国家非物质文化遗产保护工作专家库专家和报送重大祭典公祭活动情况的通知, n° *bansketuhan* 办社图函 [2007] 372, le 7 août 2007).

531 Rapport final de la réunion d'experts sur les inventaires du patrimoine culturel immatériel, organisée par l'Unesco, 17-18 mars 2005, Paris, p. 20. Il convient néanmoins de relever une différence fondamentale entre les cas chinois et lituanien : pour ce dernier, la pratique est ravivée par les chercheurs, tandis que dans le cas chinois, elle est perpétuée au sein de la population de manière spontanée.

la « revitalisation » est une « réactivation » artificielle, pour des raisons politiques ou commerciales, ou bien émane d'un courant populaire qui témoigne la continuité réelle du sentiment d'appartenance que porte cet élément.

162. On s'aperçoit que la convention ne donne aucune précision concernant les processus de qualification par les communautés. Aucune règle précise ne permet de définir ce qu'est l'« identité » et d'évaluer la « reconnaissance » d'une communauté envers son patrimoine, ou bien de retenir un élément en particulier et d'écarter l'autre, au sein d'une même communauté. Cela laisse des marges importantes d'appréciation aux États, tant dans la définition et la reconnaissance des communautés que dans leur implication à la qualification de patrimoine culturel immatériel. Si la présence de l'État est moindre quant à l'évaluation de la continuité de l'élément au sein d'une communauté, l'appréciation est souvent opérée par les chercheurs plutôt que par les communautés elles-mêmes. D'une manière générale, sans vouloir remettre en cause la compétence des chercheurs participant à l'inventorisation, force est de constater que le choix des éléments est souvent effectué avec beaucoup de subjectivité et de manière arbitraire, voire parfois hasardeuse[532].

Paragraphe II. Au regard des institutions étatiques

Deux autres critères qualificatifs extérieurs à la communauté agissent sur la qualification d'un élément du patrimoine culturel immatériel. Ils sont principalement établis par les institutions étatiques : d'une part, le caractère représentatif de l'élément (A) et d'autre part, son impact sur la cohérence et la stabilité sociale (B).

A. Le caractère représentatif

163. Si les critères « valeur exceptionnelle » et « authenticité » sont écartés par les initiateurs de la Convention de 2003[533], la « représentativité » reste un des vocables essentiels dans l'identification des éléments du patrimoine culturel immatériel, notamment par la Liste représentative du patrimoine culturel immatériel de l'humanité prévue à l'article 16 de la convention. Visant à « assurer une meilleure visibilité » du patrimoine culturel immatériel[534], cette liste est supposée présenter au monde les résultats concrets de

---

[532] *V. infra*, le chapitre « Le repérage. Recensements, inventaires nationaux et leurs relations avec les deux listes de l'Unesco ».

[533] *V. supra*, n° 58 *sqq.*

[534] L'article 16-1 de la Convention. Sur l'interprétation par les différents États de la nature de cette liste, *v.* : *Finalité et nature de la Liste représentative du patrimoine culturel immatériel de*

l'identification des éléments du patrimoine culturel immatériel. Son interprétation nécessite toutefois quelques réflexions, notamment en ce qui concerne la nature exacte de cette Liste représentative : s'agit-il d'un acte de qualification des éléments du patrimoine culturel immatériel par la convention ? Ou bien est-elle plutôt une simple « vitrine » des résultats des actions menées par les États membres, sans être en soi un instrument de qualification ?

Durant les travaux du Comité intergouvernemental de la convention, cette question de la nature de la Liste représentative, notamment en ce qui concerne ses critères d'inscription de « représentativité », a suscité des vifs débats. Dans un premier temps, le Comité a proposé dix critères d'inscription sur la Liste représentative[535]. Certains pays estiment ces critères d'inscription excessifs et suggèrent un seul examen technique, laissant le travail de sélection aux États membres ; d'autres pays, au contraire, insistent sur le fait que les éléments doivent être rigoureusement conformes à un certain nombre de critères pour être inscrits sur la Liste représentative[536].

---

l'humanité, in. Synthèse des commentaires reçus des États parties comme suite aux décisions 1. COM 5, 1. COM 6 et 1. COM 7, Comité intergouvernemental, 1ère session extraordinaire, Chengdu (Chine), mai 2007, ITH/07/1.EXT.COM/CONF.207/INF.2 REV, n° 28.

535 Lors de sa première session en novembre 2006 à Alger, le *Projet des critères d'inscription* : ITH/06/1.COM/CONF.204/7.
Les dix critères sont : « (i) Relèvent d'un ou plusieurs des domaines énumérés à l'article 2.2 de la Convention ; (ii) Sont compatibles avec les instruments internationaux relatifs aux droits de l'homme, et avec les exigences du respect mutuel et du développement durable ; (iii) Sont reconnus par la communauté, le groupe ou, le cas échéant, les individus concernés comme faisant partie de leur patrimoine culturel ; (iv) Apportent à la communauté ou groupe concerné un sentiment d'identité et de continuité, procédant d'une expérience partagée et d'une mémoire collective ; (v) S'enracinent dans la communauté ou le groupe où ils sont continûment transmis et recréés ; (vi) Renforceront la diversité des éléments du patrimoine culturel immatériel inscrits sur la Liste, témoignant ainsi de la diversité culturelle dans le monde et attestant de la créativité humaine ; (vii) Sont soumis avec le consentement préalable, libre et éclairé de la communauté, du groupe ou, le cas échéant, des individus concernés ; (viii) Sont soumis après que la communauté, le groupe ou, le cas échéant, les individus concernés ont participé à toutes les étapes des processus d'identification, définition, documentation et désignation ; (ix) Ont été identifiés et définis et figurent déjà dans un inventaire du patrimoine culturel immatériel présent sur le territoire (les territoires) de l'État partie (des États parties) soumissionnaire(s) ; (x) Sont efficacement sauvegardés par des moyens et mesures appropriés, ou peuvent être efficacement sauvegardés au moyen d'un plan de sauvegarde bien conçu et applicable. »

536 Les débats durant la première session extraordinaire du Comité à Chengdu (Chine) en mai 2007. Le premier groupe comprend notamment : République centre-africaine, Burundi, Hongrie, Inde, Algérie et Japon. Le deuxième inclus notamment : Belgique, Croatie, Espagne, Slovaquie, et Viêt-Nam. *V.* : Commentaires des États partis, ITH/07/1.EXT.COM/CONF.207/INF.2 REV, précité, n° 30 *sqq.*.

Plus tard, un Projet de directives opérationnelles pour l'inscription du patrimoine culturel immatériel sur les listes de la Convention est proposé par le Secrétariat du Comité. Mais une très grande partie des États membres constatent que les discussions précédentes relatives aux critères d'inscription n'ont pas été prises en compte dans ce document ; ils reprochent également à celui-ci de refléter « l'esprit des Chefs-d'œuvre et de la Convention de 1972 plutôt que celui de la Convention de 2003 », et aux procédures définies de s'inspirer « de celles de la Convention de 1972 et par conséquent introduisaient le concept de 'valeur universelle exceptionnelle' au lieu de celui de 'représentativité' ». Pour ces États, « les erreurs faites lors de la mise en œuvre de la Convention de 1972 ont été reproduites, ce que le Comité voulait précisément éviter »[537]. Suite à ces constats, un nouveau projet est proposé par un groupe de travail spécifiquement organisé et est finalement adopté par le Comité[538].

164. Ce nouveau document ne contient que cinq critères, dégagés essentiellement du texte de la convention[539]. Un des changements essentiels de cette nouvelle version des Directives opérationnelles est que la Liste représentative est désormais *ouverte* sans limite de nombre de candidat par pays et par cycle[540], et que l'organe subsidiaire du Comité chargé d'examiner les propositions des États membres n'effectue qu'une « analyse de la conformité de la candidature avec les critères d'inscription » (Directives opérationnelles, n° 22) des dossiers de candidatures à la Liste représentative. Il n'y a

---

[537] Lors de la deuxième session du Comité intergouvernemental à Tokyo, sept. 2007, compte rendu analytique, adopté par la 2ème session extraordinaire, Sofia, Bulgarie, février 2008, n° 69 *sqq.*, ITH/08/2.EXT.COM/CONF.201/4.

[538] Il s'agit du Projet de directives opérationnelles…, 2ème session, Tokyo, sept. 2007, ITH/07/2.COM/CONF.208/6 REV. Approuvé par la 2ème session ordinaire de l'Assemblée générale des États parties en juin 2008, précité.

[539] Directives opérationnelles, précité, n° 19. Les critères sont : « R.1. L'élément est constitutif du patrimoine culturel immatériel tel que défini à l'article 2 de la Convention. R.2. L'inscription de l'élément contribuera à assurer la visibilité, la prise de conscience de l'importance du patrimoine culturel immatériel et à favoriser le dialogue, reflétant ainsi la diversité culturelle du monde entier et témoignant de la créativité humaine. R.3. Des mesures de sauvegarde qui pourraient permettre de protéger et de promouvoir l'élément sont élaborées. R.4. L'élément a été soumis au terme de la participation la plus large possible de la communauté, du groupe ou, le cas échéant, des individus concernés et avec leur consentement libre, préalable et éclairé. R.5. L'élément figure dans un inventaire du patrimoine culturel immatériel présent sur le territoire de(s) (l')État(s) partie(s) soumissionnaire(s), tel que défini dans les articles 11 et 12. »

[540] Suite aux dépôts de dossiers de candidature à l'inscription sur la Liste représentative de 2009, le débat sur la limite de nombre de dossier est de nouveau ouvert, mais ne semble pas modifier l'orientation fixée. *V.* ci-après.

donc plus d'examen scientifique de fond par un l'organe subsidiaire comme c'est le cas, par exemple, pour l'inscription sur la Liste de patrimoine mondial de la Convention de 1972.

Ainsi, la responsabilité de sélection des dossiers est laissée aux États membres ; ces derniers deviennent véritablement les premiers responsables de la sauvegarde du patrimoine culturel immatériel national. En revanche, l'inscription sur la Liste de sauvegarde urgente est soumise aux évaluations de fond[541] car elle donne accès à une assistance financière. Malgré l'inquiétude de la délégation belge craignant que « la Liste représentative ne devienne un fourre-tout sans valeur à défaut d'un examen sérieux fait par des experts »[542], la majorité des États membres se sont prononcés en faveur de l'interprétation de « représentativité » plus souple de la nouvelle version des Directives opérationnelles.

En effet, en renonçant à la philosophie de « valeur exceptionnelle », la Convention de 2003 a désormais fixé le principe de sauvegarde du patrimoine culturel immatériel par le biais, entre autre, de la Liste de sauvegarde urgente, tandis que la finalité de la Liste représentative est d'assurer une sorte de « publicité » de la convention. Ainsi, le terme « représentatif » devrait être interprété dans un sens large comme l'indique son intitulé complet, « Liste représentative du patrimoine culturel immatériel de l'humanité » : contrairement à ce que propose le premier projet des critères d'inscription[543], les éléments inscrits ne nécessitent pas d'être eux-mêmes « représentatifs » des cultures d'où ils sont issus, mais c'est plutôt la diversité du contenu de cette liste qui en fait la représentativité de la diversité des cultures humaines.

De cette manière, contrairement à ce qu'avait avancé la délégation belge, la Liste ne sera pas « un fourre-tout sans valeur » car il n'existe guère de valeur universelle absolue et c'est aux États membres d'apprécier la valeur des éléments qu'ils proposent chacun dans leur culture. On peut en conclure que la Liste représentative n'est pas en soi un instrument de qualification,

---

541 Directives opérationnelles, précité, n° 5 sur l'examen de candidatures à la Liste de sauvegarde urgente : « En vue de leur évaluation par le Comité, les candidatures sont examinées de préférence par plus d'une organisation consultative accréditée conformément à l'article 9.1 de la Convention. Conformément à l'article 8.4, le Comité peut inviter les organismes publics ou privés, et/ou des personnes physiques, possédant des compétences avérées dans les différents domaines du patrimoine culturel immatériel pour les consulter sur toute question particulière. Aucune candidature ne sera examinée par un (des) ressortissant(s) de l'(des) État(s) partie(s) soumettant cette proposition ».

542 ITH/08/2.EXT.COM/CONF.201/4, précité, n° 161.

543 ITH/06/1.COM/CONF.204/7, précité, p. 4.

comme la Liste du patrimoine mondial de la Convention de 1972, mais un simple dispositif de promotion de l'esprit de la convention. Il s'agit, non pas d'une liste de « chefs-d'œuvre » ou de « trésors », ni d'une liste d'« exemples typiques », mais d'un « registre » des éléments du patrimoine culturel immatériel, « banalisé par le nombre d'éléments qui y figurera »[544].

165. L'interprétation du critère de « caractère représentatif » crée, par exemple, quelques confusions dans la mise en œuvre de la convention en Chine. Le ministère de la culture chinois, voulant appliquer fidèlement l'esprit de la convention, avait visé dans un premier temps l'établissement d'une liste des « œuvres représentatives du patrimoine culturel immatériel au niveau national »[545]. Littéralement « œuvres représentatives », le terme « *daibiao zuo* 代表作 » est utilisé, dans la version chinoise officielle de la convention, pour traduire le terme français « chefs-d'œuvre » dans l'article 31 sur la « proclamation des chefs-d'œuvre du patrimoine oral et immatériel de l'humanité ». Avec la référence faite aux « chefs-d'œuvre », cette liste des « œuvres représentatives » ou de « chefs-d'œuvre » du patrimoine culturel immatériel inclurait ainsi la valeur « exceptionnelle » au côté de la valeur « représentative ».

Mais finalement, lors de la publication de cette liste (juin 2006), le terme « *daibiao zuo* » disparaît, l'intitulé de la liste devient « la première inscription sur la Liste du patrimoine culturel immatériel au niveau national 第一批国家级非物质文化遗产名录 ». On y trace les empreintes des réflexions qui aboutissent au fur et à mesure à la prise de conscience de ce que peut signifier le terme « représentatif » : son rejet démontre la volonté des administrations chinoises de se conformer à l'esprit de la convention et ainsi d'écarter la valeur « exceptionnelle » dans leur choix. En revanche, le caractère de « représentativité » dans son appréhension « emblématique » et la « notoriété nationale » reste un critère de sélection pour cette Liste du patrimoine culturel immatériel au niveau national[546].

---

[544] Allocution de M. Chérif Khaznadar, Président de l'Assemblée générale des États parties à la Convention de 2003, lors de la 4ème session du Comité intergouvernemental de sauvegarde du patrimoine culturel immatériel, Abu Dhabi (Émirats arabes unis), 28 septembre 2009.

[545] 国家级非物质文化遗产代表作. Par une circulaire du 30 juin 2005. Sur cette liste nationale, *v. infra*, n° 311 *sqq*.

[546] « 项目应具有典型性、代表性和重大影响，体现国家级项目水平 », *La Chine va publier sa deuxième proclamation à la Liste du patrimoine culturel immatériel à niveau national* 中国将公布第二批国家级非物质文化遗产名录, Communiqué du ministère de la Culture, Presse Xinhua, 11 juin 2008. *V. infra*, n° 333 *sqq*.

166. Sur le plan pratique, la sélection s'impose aussi car la gestion d'une liste ouverte sans aucune sélection nécessite un engagement trop important de l'administration et ne paraît guère réalisable[547]. En effet, au bout de deux proclamations en juin 2008, la Liste chinoise du patrimoine culturel immatériel au niveau national compte déjà 1 175 éléments, tous avec des projets de sauvegarde de cinq ans minimum[548]. La Chine, bien que clairement partisane du fait que la Liste représentative de l'Unesco soit ouverte, exprime à plusieurs reprises l'inquiétude quant à la gestion difficile d'une liste trop longue lors des réunions à l'Unesco.

Cette préoccupation n'est pas insensée car dès la première inscription aux deux listes de l'Unesco en septembre 2009, les candidats à la Liste représentative atteignent le nombre de 111 dossiers ; ils sont au nombre de 147 pour le deuxième cycle 2009-2010[549]. Le travail devient vite insoutenable pour l'organe subsidiaire du Comité intergouvernemental chargé d'examiner les dossiers, pour le Secrétariat du Comité qui s'occupe de la traduction, autant que pour le Comité qui doit évaluer les rapports d'experts sur chacun des éléments et donner sa décision, durant une session de cinq jours[550]. Il était par ailleurs physiquement impossible pour le Comité et son organe subsidiaire de stocker les dossiers de candidature avant même de les examiner. Finalement, en attendant de détenir des moyens matériels plus adéquats, le Comité intergouvernemental a été obligé de limiter, « exceptionnellement », le nombre total de candidats pour le deuxième cycle à environ 50, et d'examiner en priorité les candidatures pour la Liste représentative des États parties qui n'ont pas d'éléments inscrits sur cette liste[551]. Même devant ces difficultés, la convention ne peut pas changer son orientation concernant le « caractère représentatif » et sa décision de ne faire au-

[547] Entretien avec YANG Zhi 杨志, chef adjoint de la section Culture et relations extérieures 对外文化处 du ministère de la Culture (Chine), 21 avril 2006, Paris, siège de l'Unesco.

[548] Pour la deuxième inscription, les projets de sauvegarde doivent se faire sur cinq ans. *V. infra*, n° 337.

[549] Allocution de Chérif Khaznadar, 28 septembre 2009, précitée. C'est à l'occasion de cette 4ème session du Comité intergouvernemental que la première inscription sur les deux listes a eu lieu.

[550] Pour la procédure d'évaluation des éléments pour la Liste représentative, *V.* Directives opérationnelles, précité, n° 22.

[551] Lettre de Mme Cécile Duvelle, secrétaire de la Convention de 2003, chef de la section patrimoine culturel immatériel de l'Unesco, à Mme Catherine Colonna, Ambassadeur, déléguée permanente de la France auprès de l'Unesco, le 7 oct. 2009, Réf. CLT/CIH/ITH/2009/513.

cune sélection pour la Liste représentative, de peur de créer une hiérarchie culturelle entre les différents États[552].

167. Les problèmes que pose le critère de « caractère représentatif » dans les États apparaissent non seulement du point de vue administratif, mais également du point de vue jurisprudentiel. Il est question, par exemple, de savoir quel est le rôle du juge dans la qualification d'un élément du patrimoine culturel immatériel et comment peut-il apprécier un élément culturel, et dans certains cas des objets, en tant que patrimoine culturel immatériel (et en tant que patrimoine culturel tout court) en cas de contentieux. En effet, le critère « significatif » ou « représentatif » est également utilisé dans la qualification juridique de bien culturel matériel[553]. Mais comme l'appréciation des autres critères tels que la « rareté » ou le « recul dans le temps », celle de « caractère représentatif » paraît éminemment subjective et les juges administratifs français, appelés lors des rares différends, se sont jusqu'alors contentés de suivre les appréciations de l'expertise[554]. Quant à la Chine, le contentieux portant sur la qualification administrative d'un bien culturel matériel est jusqu'ici quasiment inexistant[555].

Finalement, dans la matière par nature subjective qu'est la culture, aucune règle de droit ne peut prétendre l'ordonner et la solution qui consiste à suivre les motifs invoqués par les experts paraît s'imposer[556], bien que les experts ne soient, très souvent, pas d'accord entre eux. D'autant plus qu'à l'inverse, l'appréciation effectuée par le juge serait elle aussi inévitablement arbitraire, « ajoutant ses choix à ceux discrétionnaires de l'autorité publique »[557]. En fin de compte, le juge ne devrait-il pas s'abstenir de se prononcer

---

[552] Discours de Mme Françoise Rivière, sous-directrice générale de l'Unesco pour la culture, à l'occasion de la 4ème session du Comité intergouvernemental, précité, 28 sept. 2009, ADG 4COM, p. 3.

[553] Marie Cornu, *Le droit culturel des biens - Intérêt culturel juridiquement protégé*, Bruylant Bruxelles, 1996, p. 208.

[554] M. Cornu, *idem*, p. 126.

[555] Cette qualification (ou non-qualification) est par exemple nécessaire lors de la sortie du territoire d'un objet culturel, ou bien lors d'un procès sur le vol d'un objet culturel. Sur cette question, *v. Protection de la propriété culturelle et circulation des biens culturels - Étude de droit comparé Europe/Asie, Rapport Chine*, Centre d'études sur la coopération juridique internationale (CECOJI) - Université de Poitiers/CNRS, ss. dir. Marie Cornu, septembre 2008.

[556] M. Cornu, *Le droit culturel des biens…*, *op. cit.*, p. 216, p. 245.

[557] Yves Rodriguez, « La protection administrative de l'esthétique », *Droit et ville*, n° 14, 1982, p. 139-169. Parlant de l'appréciation de l'esthétique par le juge en matière de l'urbanisme, notamment p. 162-163.

cer dans les domaines qui ne sont pas du droit[558] ? Seulement, le fait est que la justice « laisse toute puissante l'administration dans l'exercice de délimitation du 'patrimoine culturel' »[559]. Cette délimitation, « discrétionnaire », est exercée aussi d'autres manières, par le critère de la « cohésion et stabilité sociales » notamment.

B. La cohésion et la stabilité sociales

168. Bien qu'elles ne soient pas incluses dans les critères de la convention, certaines conditions sont réellement exigées par les États pour qualifier un élément du patrimoine culturel immatériel. Tel est le cas du critère dit de « cohésion et stabilité sociales ».

Le critère de « cohésion et stabilité sociales » est un principe général dans l'ensemble de l'administration chinoise. C'est également un critère d'évaluation des hauts fonctionnaires territoriaux chinois : le « zéro accident » en la matière durant le mandat de gouverneur d'une collectivité territoriale lui facilite la promotion dans la suite de sa carrière tandis qu'un seul accident important en la matière suffirait pour conduire à une évaluation négative de ses compétences et empêcher ses évolutions[560]. Le principe de « cohésion et stabilité sociales » devient également de plus en plus une priorité en France, le Plan de cohésion sociale[561] de décembre 2004 et son versant législatif Loi de programmation pour la cohésion sociale[562] de janvier 2005 en sont des expressions.

La loi chinoise *pour la protection du patrimoine culturel immatériel* énonce que « la protection du patrimoine culturel immatériel doit [...] favoriser l'unité du pays et la cohérence des ethnies nationales, ainsi que le développement

---

558 Note Claro, D., 23 Fév. 1905, 1906-2-337, cité par M. Cornu, *Le droit culturel des biens*, *op. cit.*, p. 216.

559 M. Cornu, *idib.*

560 Les trois critères d'évaluation les plus importants des fonctionnaires sont : le développement économique, la cohésion et la stabilité sociales ainsi que le contrôle du taux de naissance. Un accident important dans un des trois domaines annule tout mérite et exerce une négation absolue sur l'ensemble de bilan de la personne. Notamment : WANG Hansheng 王汉生 et WANG Yige 王一鸽 (Université de Beijing), « Relations de pouvoir, questions d'intérêts et de responsabilités » 制度与行动: 权威关系与"利益－责任"联结, in. *Figures d'association en Chine contemporaine*, précité.

561 Ce plan politique est présenté en Conseil des ministres par Jean-Louis Borloo, ministre de l'Emploi, de la Cohésion sociale et du Logement, le 30 juin 2004. Il se compose de 20 programmes et 107 mesures destinés à agir simultanément sur trois leviers : l'emploi, le logement et l'égalité des chances.

562 Loi n° 2005-32 du 18 janvier 2005 de programmation pour la cohésion sociale.

harmonieux et durable de la société » (art. 4)[563]. On s'aperçoit que d'après les législateurs, « cohésion et stabilité sociales » concernent ici plus précisément les relations entre les différentes communautés ethniques. En effet, les communautés ethniques occupent une place importante dans les politiques culturelles dès la fondation de la République populaire ; il existe même une section Culture ethnique 少数民族文化处 au sein de la direction Culture sociale et bibliothèque au ministère de la Culture. Dans les politiques chinoises des ethnies minoritaires, la protection et le développement des cultures ethniques sont considérés comme le fondement de l'unité nationale et de la cohésion entre les différentes ethnies[564]. Quant à la France, de manière similaire, la notion de cohésion sociale est étroitement liée à celle d'« identité nationale » : les populations « minoritaires » sont les premières concernées par la politique de cohésion sociale, au cœur de laquelle se trouvent l'accueil et l'intégration des populations immigrées dans la société française[565].

Ce principe de cohésion et stabilité sociales est appliqué minutieusement par les administrations culturelles chinoises. En ce qui concerne la sélection des éléments des inventaires nationaux, non seulement la cohésion sociale et ethnique fait partie des critères, mais les éléments culturels des groupes d'ethnies minoritaires se voient accordés la priorité dans la sélection[566]. Cela va de même dans le choix des candidatures à la Proclamation des chefs-d'œuvre du patrimoine oral et immatériel de l'humanité de l'Unesco (durant 2001-2005). Pour exemple, le *muqam* ouïghour de Xinjiang et le chant long mongol (proclamés en 2005) sont deux éléments représentatifs des cultures ouïghoure et mongole et de l'unité de la Chine multiethnique et multiculturelle. De même, la musique *fujian nanyin* se trouve dans la première inscription sur la liste nationale de 2005[567] : littéralement « air méridional », c'est un style de musique traditionnelle répandue des deux côtés du détroit de Taï-

---

[563] *V. infra*, n° 293.

[564] *V.* les Livres Blancs : *National Minorities Policy and Its Practice in China* 中国的少数民族政策及其实践, sept. 1999, version anglaise juin 2000 – *Regional Autonomy for Ethnic Minorities in China* 中国的民族区域自治, fev. 2005. Information Office of the State Council of the Peoples Republic of China中华人民共和国国务院新闻办公室, Beijing.

[565] Projet de loi de programmation pour la cohésion sociale, Exposé des motifs, Chapitre IV : Accueil et intégration des étrangers. Sénat, session extraordinaire de 2003-2004, n° 445, déposé le 15 septembre 2004. – Laetitia van Eeckhout, « M. Sarkozy relance le débat sur l'identité nationale », *Le Monde*, Politique, mercredi 22 avril 2009, p. 10.

[566] *V. infra*, n° 337.

[567] 福建南音 ; ou *nanguan* 南管, n° 102/II-71 dans la Liste du patrimoine culturel immatériel au niveau national.

wan, à la fois dans la Région de Fujian et sur l'Île de Taïwan[568]. Le choix de cet élément avait notamment pour objectif de démontrer le lien culturel étroit entre ces deux régions[569]. En ce qui concerne la sélection des éléments des inventaires nationaux, non seulement la cohésion sociale et ethnique fait partie des critères, mais les éléments culturels des groupes d'ethnies minoritaires se voient accordés la priorité dans la sélection[570].

169. Le souci de la cohésion entre les différentes cultures régionales et ethniques présentes sur son territoire et l'appréhension de l'affirmation des identités culturelles suite à la reconnaissance du patrimoine culturel immatériel ne sont pas spécifiques à la Chine. C'est la raison pour laquelle, dès le début des discussions à l'Unesco sur la convention, la France comme d'autres pays concernés par cette problématique tels que l'Inde et l'Australie ont évoqué la question de la définition de « communauté » et de leur statut. En France, bien que d'une manière moins manifeste et formelle, le fait d'être neutre au regard de cette question épineuse de la culture régionale se présente comme une condition nécessaire à l'acceptation du concept de patrimoine culturel immatériel : le rapport des Assemblées lors de l'approbation de la convention en France démontre clairement que la question du statut des communautés culturelles n'entrera pas dans les discussions[571].

Le sujet de « cohésion sociale », parfois appelé « lien social », est par ailleurs depuis quelques années systématiquement mis en rapport avec la politique de diversité culturelle. La politique culturelle française l'« interculturalisme », « par l'opposition à la théorie du 'creuset' américain dans lequel les éléments se fondent dans un mélange qui abolit leur singularité et leur identité », favoriserait la juxtaposition des différentes cultures et l'abolition des hiérarchies et des dominations, et présenterait une sorte de « synergie permettant (...) de fabriquer une reconnaissance et du lien so-

---

568 Les deux régions partagent la même langue régionale (ou dialecte) *minnan* et une culture locale très particulière et identificatrice (par exemple le culte de la déesse *Mazu*). En septembre 2009, le *nanyin* et les cultes et rituels de *Mazu* 妈祖 sont inscrits sur la Liste représentative de l'Unesco. On constate que ce lien culturel entre les régions côtières méridionales de la Chine continentale et les régions de Taïwan, Hongkong et Macao est mis en avant dans les dossiers de candidature présentés par les autorités chinoises. Les dossiers de candidature sont consultables (en français et anglais) sur le site Web officiel du patrimoine culturel immatériel de l'Unesco : [http://www.unesco.org/culture/ich/].

569 Entretien avec YANG Zhi, chef adjoint de la section Culture et relations extérieures du ministère de la Culture (Chine), 21 avril 2006, précité.

570 *V. infra*, n° 336.

571 Rapport n° 369 (2005-2006) au Sénat par Mme Joëlle Garriaud-Maylam, précité.

cial » dans l'interaction des différents acteurs[572]. Par ailleurs, cette vision française d'une société composée d'individus libres et égaux « destine les politiques publiques de la culture au renforcement symbolique et concret de l'unité d'un peuple et non à sa diversification »[573].

Conclusion du chapitre II

170. À travers les difficultés observées dans les démarches de qualification de patrimoine culturel immatériel, tant par la condition préalable des droits de l'homme que par les critères qualificatifs, qu'elles soient exercées par les communautés ou par les autorités publiques, on constate deux caractéristiques générales, d'une part la *nature subjective* des critères de qualification, d'autre part et en conséquence de la première, une *hiérarchie* établie entre l'auto-qualification des communautés et la reconnaissance par l'État.

171. Le texte de la Convention de 2003 est élaboré avec une prudence particulière, pour que toutes les cultures puissent s'y reconnaître et ne pas répéter les « erreurs » du texte de 1972 qui imposaient les valeurs occidentales dans la qualification des patrimoines culturels. Ainsi, partant de l'objectif de ne pas être trop contraignant et de se faire accepter plus facilement par le plus grand nombre de signataires possible, ce texte réussit le défi du consensus.

Cependant, l'accessibilité ne signifie pas nécessairement l'aisance dans son application. En raison de l'absence volontaire de la notion de « communauté » et de précisions sur la participation des communautés à la qualification des éléments, l'identification des « communautés » en amont comme la qualification de patrimoine culturel immatériel par ces communautés sont effectuées de manière souvent discrétionnaire, avec l'intervention importante de l'État ou des chercheurs. De même, les critères extérieurs à la communauté sont appréciés de manière prédominante par les autorités étatiques, notamment avec le critère de « cohésion sociale » qui exerce en réalité un « droit de veto » sur tout autre critère. Par ailleurs, l'implication des communautés reste largement problématique dans un certain nombre de pays européens, qui redouteraient l'amplification des formes d'autodétermination des minorités par le biais de la défense des droits cultu-

[572] Pierre Mayol, « La diversité culturelle à l'ordre du jour », *Culture et recherche*, n° 106-107, numéro spécial *Démocratisation culturelle, diversité culturelle, cohésion sociale*, décembre 2005, p. 14-15.

[573] Claude Rouot, « Universalité de la culture et droit des individus, des groupes et des sociétés », *Culture et recherche*, *idem*, p. 12-13.

rels[574]. Cela est loin d'être un cas isolé ; en effet, comme le souligne le professeur Delmas-Marty, un point commun de l'application des différents instruments internationaux de protection des droits de l'homme est de se fonder sur l'ordre public, au sens le plus large du terme[575]. Finalement, la reconnaissance de patrimoine culturel immatériel par une communauté en tant que représentatif de son « identité culturelle » est loin d'être évidente, la place des communautés tendant à être remplacée par l'État : même si ce sont les communautés qui sont supposées « qualifier » leur patrimoine culturel immatériel, c'est l'État qui qualifie d'abord les communautés et ajuste leur position dans les démarches de la qualification.

Cela rejoint les analyses concernant le critère préalable des droits de l'homme : un élément, même réclamé par les communautés comme faisant partie de leur identité culturelle et affirmé comme conformes aux instruments juridiques sur les droits de l'homme, peut être considéré comme incompatible avec les autres principes du droit interne apprécié par l'État, notamment l'ordre public et la liberté d'autrui – en quelques sortes c'est aussi la cohésion sociale –, ou avec un autre principe des droits de l'homme (le droit religieux et le droit à l'instruction), et donc ne saurait qualifier le patrimoine culturel immatériel et faire l'objet de protection.

Cette prépondérance des prérogatives de l'État par rapport aux communautés, étant la proposition la plus largement relayée dans les discussions internationales[576], est par ailleurs confirmée par l'article 11 de la convention sur le rôle des États parties : « Il appartient à chaque État partie (...) d'identifier et de définir les différents éléments du patrimoine culturel immatériel présents sur son territoire ». L'identification du patrimoine culturel immatériel étant en soi un acte politique pour les États[577], l'auto-qualification des communautés est naturellement subordonnée à une validation par l'État : cette hiérarchie, sans être prononcée, est réelle.

Finalement, on doit admettre que la culture est par définition subjective, la qualification de patrimoine culturel, matériel ou immatériel, semble ainsi être soumise naturellement à une certaine appréciation subjective voire arbitraire. Dans la grande majorité des cas, pour un individu, la reconnaissance

---

574 *V.* les interventions lors du colloque *Le patrimoine culturel immatériel de l'Europe, inventer son inventaire*, Institut national du patrimoine, 30 nov. 2007, Paris.

575 M. Delmas-Marty, *Trois défis pour un droit mondial*, *op. cit.*, p. 89.

576 *Savoirs traditionnels : options juridiques et de politique générale en matière de protection*, WIPO/GRTKF/IC/6/4, p. 35.

577 "... [T]he identification of cultural heritage is in itself a political act given its symbolic relationship to culture and society in general", Janet Blake, "On Defining the Cultural Heritage", *The International and Comparative Law Quarterly*, n° 1, jan. 2000, vol. 49, p. 68.

d'un élément culturel comme étant le patrimoine culturel de sa communauté est un geste largement plus émotif que rationnel. Toutefois, c'est précisément pour cette raison que dans le domaine du patrimoine culturel immatériel, les critères de qualification devraient être plus précis, objectifs ou du moins opérationnels, afin de contrebalancer les facteurs aléatoires causés par la nature même du patrimoine culturel immatériel.

Chapitre III. Proposition de classification des éléments du patrimoine culturel immatériel

172. L'opération de classification des éléments du patrimoine culturel immatériel est nécessaire afin, d'une part, de comprendre la spécificité de chacun de ces éléments, et de leurs rapports aux autres éléments du patrimoine culturel immatériel et au patrimoine culturel physique et, d'autre part, d'en faciliter l'étude, en matière juridique et anthropologique. Cette classification est avant tout indispensable pour comprendre dans quelle mesure le patrimoine culturel immatériel peut trouver sa traduction sur le terrain du droit, dans l'objectif de proposer des outils juridiques adéquats pour sa sauvegarde. Les critères de classification « classique » du patrimoine culturel comme ceux utilisés durant la préparation de l'avant-projet de la Convention de 2003 s'avérant peu appropriés (Section 1), il semble que l'exercice de classification doive non pas suivre la nature des éléments du point de vue sociologique, mais obéir aux nécessités réelles pour chacun de ces éléments et pour les communautés qui les détiennent, afin de mettre en place des mesures juridiques permettant de garantir la viabilité et continuité de ces éléments (Section 2).

Section 1. Les critères de classification existants des patrimoines culturels matériels et immatériels

173. Un certain nombre de critères de classification que l'on peut appeler « classiques » sont utilisés de manière constante dans le droit du patrimoine culturel. Ces critères, qu'ils se fondent sur la préciosité, la distinction meuble/immeuble ou l'ancienneté, et malgré leur large acceptation dans un grand nombre de systèmes juridiques, présentent de nombreuses difficultés quant à leur transposabilité dans le domaine du patrimoine culturel immatériel, en particulier à cause de leur rapport étroit à la matérialité de l'objet ou de l'immeuble.

Par choix délibéré, la Convention de 2003 ne donne pas de précision en ce qui concerne la classification des éléments du patrimoine culturel immatériel, laissant aux États membres une plus grande marge de manœuvre dans l'exercice de l'inventorisation[578]. Par ailleurs, les organes de la convention avaient pour projet d'élaborer un manuel visant à proposer des méthodes d'identification des éléments et de mise en œuvre des mesures de sauvegar-

[578] Le *point sur la Convention, Les experts se consacrent à la question des inventaires, Messager du patrimoine immatériel*, n° 2, Unesco, avril 2006.

de pour chacun des cinq « domaines » du patrimoine culturel immatériel[579], mais sa publication a été reportée pour des raisons liées tant à la forme qu'au contenu d'une telle démarche[580]. Toutefois, les « domaines » du patrimoine culturel immatériel proposés par l'article 2-2 de la convention peuvent être un indice de classification dans son application, car ils reflètent l'esprit des rédacteurs de la convention. Ces derniers reconnaissent vraisemblablement une nature similaire aux éléments ainsi placés dans chaque catégorie :

- a) les traditions et expressions orales, y compris la langue comme vecteur du patrimoine culturel immatériel ;
- b) les arts du spectacle ;
- c) les pratiques sociales, rituels et événements festifs ;
- d) les connaissances et pratiques concernant la nature et l'univers ;
- e) les savoir-faire liés à l'artisanat traditionnel.

Malgré l'absence volontaire de classification par la convention, plusieurs méthodes de classification du patrimoine culturel immatériel existent : certaines sont scientifiques (Paragraphe I), d'autres administratives (Paragraphe II).

Paragraphe I. La classification scientifique dans les travaux de l'Unesco

174. Dès 1984, sous la direction de l'Unesco, débutent des études relatives au patrimoine non physique – concept précédant le patrimoine culturel immatériel[581]. La recherche d'une typologie est accomplie dans la perspective de l'élaboration d'un premier répertoire international des principales manifestations du patrimoine non physique[582]. Parmi les options proposées, deux typologies sont considérées comme représentatives : celle de l'école anthropologique et celle de l'école folkloriste[583].

---

579 Trois réunions thématiques sont organisées au siège de l'Unesco dans la perspective d'élaborer un manuel : sur les pratiques sociales, rituels et événements festifs (juillet 2004), sur les musique, danse et traditions théâtrales (nov. 2005) et sur les traditions et expressions orales (janv. 2006).

580 Selon Anahit Minasyan, spécialiste adjointe du programme, section patrimoine culturel immatériel de l'Unesco. Échange par courriel en mars 2008.

581 *V. infra*, n° 49 *sqq.*

582 CLT/NPH-87/CONF.609, p. 5. Résultat des échanges dans Annexe I du document, p. 3.

583 Ces propositions de typologie sont examinées lors d'une réunion internationale d'experts en vue de l'établissement d'un programme concernant le patrimoine non physique, Unesco, Paris, 28-30 nov. 1984, CLT-84/CONF.603.

A. Approche anthropologique

175. L'approche anthropologique consiste en une liste relevant tous les domaines qui toucheraient le concept de patrimoine non physique. Cette approche se fonde sur le célèbre *Outline of cultural materials* utilisé pour le *Human Relations Area Files collection of Ethnography* (HRAF) représentant la plus importante base de données ethnographiques au monde créée par l'ethnologue américain George Peter Murdock en 1947[584]. Il s'agit en effet d'un guide de processus scientifique pour les ethnologues lors d'enquête de terrain : il tente, par une grille à remplir lors de l'enquête, d'organiser les informations de manière à ce qu'elles reflètent la structure de la société en question.

Cette méthode est critiquée par les experts du groupe de travail pour son « manque de précision envers le sujet du patrimoine non physique »[585]. En effet, la proposition de la grille de Murdock semble établir une homologie entre le concept de « patrimoine non physique » et l'objet de l'anthropologie : cela n'obtient pas l'adhésion de la majorité des experts qui y voient deux matières distinctes. Par ailleurs, cette structuration de données nécessite d'être maniée avec précaution, car elle en apprend davantage sur le cadre de référence intellectuelle euro-américaine que sur les cultures dont elle prétend donner une description approfondie.

B. Approche folkloriste

176. L'autre proposition de typologie examinée est celle de l'école folkloriste. Selon le professeur David Dunaway, le patrimoine non physique « englobe toutes les manifestations matérielles et immatérielles de la culture transmises et modifiées par un processus de recréation collective dans le temps »[586]. Il comprend, d'une part, la « culture matérielle » ou « représen-

---

[584] George P. Murdock *et al.*, *Outline of Cultural Materials*, New Haven, Conn. : HRAF Press, 1938, 5th revised edition, 1987. Aujourd'hui, le *Outline of Cultural Materials* (OCM) est devenu quasiment le système standard pour le classement d'éléments culturels des formes sociales. Sise à Yale University, la base de données HRAF a comme unique dépositaire européen sur papier l'EHESS. *V.* le texte intégral en version française de cet *Outline* dans Examen des problèmes découlant de la nécessité d'inventorier, de collecter et d'étudier le patrimoine non physique, Réunion du groupe de travail pour la préparation d'un plan d'action pour sauvegarder le patrimoine non physique, 5-8 oct. 1987, CC.87/CONF.609/3, Annexe II. Version originale en anglais sur le site Web de Yale University : [http://www.yale.edu/hraf].

[585] CC-87/CONF.609/3, Annexe II ; également dans rapport de David Dunaway : *Le patrimoine non physique mondial*, CLT-84/CONF.603, *op. cit.*.

[586] CC-87/CONF.609/3, Annexe II, p. 23.

tation matérielle de la tradition », que sont les produits de l'art et artisanat populaires, les objets et instruments en tant que « fruit des conceptions ou des techniques traditionnelles » ; et, d'autre part, la « culture immatérielle » qui regroupe toutes les « pratiques culturelles dont la représentation physique n'est pas l'élément dominant ». La « culture immatérielle » est ensuite distinguée en trois sous-groupes, à savoir les traditions verbales, les traditions non verbales et les acquis culturels, ce dernier désignant notamment les pratiques où les objets, éléments verbaux et non verbaux sont mêlés, tels que les médecines et cuisines traditionnelles, les cérémonies, les rites ou les jeux.

Cette proposition de classification est également contestée par les experts parce qu'elle englobe des éléments du patrimoine physique, y compris immobilier (les monuments et sites)[587]. Malgré cela, on constate qu'elle est très proche de la définition donnée par la Convention de 2003. Par ailleurs, la convention reconnaît également comme patrimoine culturel immatériel les « instruments, objets, artefacts et espaces culturels » qui sont « associés » aux éléments immatériels (art. 2).

177. Finalement, il ressort des échanges entre les deux écoles[588] que l'élaboration d'une typologie doit être envisagée du double point de vue des formes/genres des traditions culturelles (approche folkloriste) et de leur contexte (approche anthropologique). Depuis, cette typologie intégrée sert de référence aux travaux de l'Unesco dans le recensement et la collecte du patrimoine non physique, en particulier en matière des langues et des expressions culturelles[589]. Cependant, malgré l'intérêt scientifique de ces méthodes de classification, elles ne sont finalement pas prises en compte par le texte de la convention.

178. Outre les méthodes présentées ci-dessus, d'autres techniques de classification scientifique existent, par exemple un guide technique au Québec destiné à dresser l'inventaire des ressources du secteur de l'immatériel, basé sur les « grilles de pratiques culturelles » de l'ethnologue québécois Jean

---

[587] CC-87/CONF.609/3, Annexe II et CLT-84/CONF.603.

[588] Les principaux représentants des deux écoles les professeurs David Dunaway et Asen Balikci poursuivent le dialogue et parviennent finalement à s'entendre sur une approche commune. *Pour une typologie du patrimoine non physique*, *op. cit.*, p. 5. Résultat de leurs échanges de vues dans Annexe I, *Principes directeur pour l'établissement d'une typologie du patrimoine non physique.*

[589] *V.* les programmes « Inventaire, collecte et étude du patrimoine non physique » dans les documents « Programme et budget » de la Conférence générale de l'Unesco, à partir de la 22ème session, 1983.

du Berger. Ces grilles sont également reprises par les administrations françaises dans leurs travaux de recensement. Quant à la Chine, qui a commencé ses recensements officiels du patrimoine culturel immatériel en 2005, elle utilise une grille partiellement inspirée par celle de Murdock[590].

179. Bien qu'elles permettent d'avoir un aperçu général des éléments pouvant être inclus dans la notion de patrimoine culturel immatériel et facilitent la recherche, ces méthodes de classification scientifique n'entraînent aucun effet juridique, ni dans les démarches de l'Unesco, ni dans les pays où les inventaires sont réalisés. De surcroît, vu la multidisciplinarité des éléments, ces méthodes de classification ne correspondent pas à une réalité suffisamment stable pour être jugées pertinentes du point de vue juridique.

Paragraphe II. La classification administrative

180. L'exemple coréen de classification administrative semble également intéressant. La *Loi de protection des biens culturels* (1962), pionnière en matière de protection juridique du patrimoine culturel immatériel, instaure un Comité des biens culturels immatériels chargé de désigner les biens culturels immatériels. Dans l'objectif d'une gestion plus simple et efficace, les éléments ainsi désignés sont divisés en deux groupes : les éléments relevant des arts de l'interprétation et ceux relevant de l'artisanat ; chacun des deux groupes est ensuite divisé en deux catégories, selon que les éléments sont exécutés par des groupes ou par des individus. La catégorie des éléments relevant des arts de l'interprétation couvre toutes les formes de patrimoine culturel immatériel qui font preuve d'un talent d'interprétation artistique, tandis que la catégorie des éléments relevant de l'artisanat couvre également les éléments matériels produits par des artisans qualifiés (œuvres et outils utilisés)[591].

Cette distinction entre l'« art de l'interprétation » et l'« artisanat d'art » se retrouve également au Japon, l'autre pays fondateur du concept de « patrimoine culturel immatériel », avec la *Loi sur la protection des biens culturels* du Japon (1950). La principale différence des deux systèmes est que dans la loi japonaise, le « patrimoine folklorique » est une catégorie indépendante de celle de « patrimoine culturel immatériel », contrairement à la loi coréenne

590 *V. infra*, n° 316.

591 Jongsung YANG, « La Loi de protection des biens culturels coréens au regard du patrimoine immatériel coréen », *Museum international*, n° 221-222, vol. 56, 2004, p. 183 – même auteur, *Cultural protection policy in Korea : intangible cultural properties and living national treasures*, ed. Edison, Seoul, Jimoondang, 2003.

qui, elle, considère le folklore, c'est-à-dire la culture populaire, comme une partie intrinsèque du concept de patrimoine culturel immatériel[592].

Il est à noter que ces législations ont pour but notamment de mettre en place une institutionnalisation culturelle dédiée et une gestion administrative plus simple et efficace ; elles ne permettent pas pourtant de distinguer quel régime juridique vont rejoindre ces éléments immatériels de la culture ni quel traitement juridique leur sera adapté.

Conclusion de la section 1

Nous constatons que les méthodes de classifications analysées ont, soit pour objectif essentiellement la recherche scientifique, plus précisément, pour la réalisation d'un inventaire des éléments du patrimoine culturel non physique ou immatériel ; soit pour but de faciliter la gestion administrative de ces éléments. Dans l'objectif de rechercher des mesures juridiques adéquates aux éléments du patrimoine culturel immatériel, le raisonnement ne devrait-il pas être inversé, c'est-à-dire viser le classement des éléments non pas en fonction de leur nature, mais d'après leurs nécessités réelles en terme de protection, pour ainsi optimiser les règles juridiques qui lui seront consacrées ?

Section 2. Essai de classification à partir des nécessités réelles des éléments du patrimoine culturel immatériel

181. Le Préambule de la Convention de 2003 attire l'attention sur les dangers menaçant le patrimoine culturel immatériel : ce sont de « graves menaces de dégradation, de disparition et de destruction ». On peut y distinguer deux types de menaces, d'une part le danger de « disparition », qui appelle ainsi des actions de sauvegarde, parfois urgente (Paragraphe I), et d'autre part, le danger de « dégradation », en raison d'une utilisation dénaturante ou culturellement offensante au regard de la nature d'un élément, qui requiert des mesures de protection défensive (Paragraphe II).

Évidemment, peu d'éléments du patrimoine culturel immatériel relèvent exclusivement d'un seul de ces domaines, la plupart d'entre eux sont exposés aux deux types de danger. Notre proposition ne prétend donc pas fixer l'élément dans une catégorie : il s'agit plutôt d'un repérage des menaces qui pèsent sur le patrimoine culturel immatériel et des mesures juridiques qui leur sont éventuellement applicables. Par ailleurs, il convient de préciser que les objets et instruments associés aux éléments du patrimoine culturel im-

---

[592] Nous allons voir plus précisément ces deux lois japonaise et coréenne, *infra,* chapitre « Système de trésor humain vivant et son application ».

matériel (art. 2-1 de la convention) appartiennent à chaque catégorie du patrimoine culturel immatériel dont ils sont le support, car sans le patrimoine culturel immatériel ces objets et instruments n'ont pas de sens.

Paragraphe I. Nécessité de sauvegarde : éléments soumis au danger de disparition

182. Certains éléments du patrimoine culturel immatériel sont particulièrement exposés au danger de disparition. De par leur manière d'expression et les mesures juridiques qui peuvent éventuellement leur être appliquées, ces éléments sont de deux ordres : d'une part, les traditions orales et les moyens de communication, associés essentiellement à l'expression orale (A), et d'autre part, les pratiques culturelles et sociales traditionnelles, associées essentiellement à certains protocoles d'actions (B). Ces éléments ne sont évidemment pas tous menacés de disparition immédiate mais sont plus sensibles à ces menaces notamment en raison de leur fort attachement au mode de vie traditionnel.

A. Traditions orales et moyens de communication

1) Champ d'éléments concernés

183. Certains éléments du patrimoine culturel immatériel se présentent sous forme verbale, ce sont les expressions orales et traditions orales, qui font partie des champs d'application expressément énoncés par l'article 2-2 de la convention. Le Glossaire du patrimoine culturel immatériel définit les expressions orales comme les « aspects du patrimoine culturel immatériel exprimés par le langage parlé ou chanté » et les traditions orales comme la « transmission par le bouche à oreille et mémorisation d'information issues du passé ». Par exemple, les traditions orales sont souvent supports des coutumes. Ainsi, elles jouent un rôle important dans la détermination de la propriété foncière, en Nouvelle-Calédonie ou à Wallis-et-Futuna[593].

Pour la plupart des chercheurs, ces expressions ou traditions orales peuvent se présenter sous forme narrative comme non narrative[594]. Narratives

[593] Gérard Orfila, *Rép. Civ.* Dalloz, v° « Outre-mer », n° 128-130, sept. 2002.

[594] Le premier avant-projet de la convention avait inclus seulement les formes narratives des expressions orales (Premier avant-projet de la Convention, juillet 2003, CLT-2002/CONF.203/3, Annexe sur l'article 2-2, p. 18. « Représentations et expressions publiques de la poésie, de l'histoire, des mythes, des légendes et autres formes de narration ayant une importance pour les communautés culturelles »). Mais les formes non narratives sont également prises en compte dans le texte final de la convention, suite à une consultation auprès des experts gouvernementaux (Deuxième session de la réunion intergouvernemen-

ou non, chantées ou parlées, ces formes d'expression sont reconnues par la jurisprudence française comme des « extraits du patrimoine culturel d'un peuple »[595].

184. Parallèlement, il y a aussi les moyens de communication, qui concernent bien entendu les langues et écritures[596]. De nombreuses discussions se sont engagées durant la préparation de la convention pour savoir si les langues devraient être introduites dans la notion du patrimoine culturel immatériel *per se*, avant qu'elles ne s'intègrent dans le texte sous l'expression de « vecteur du patrimoine culturel immatériel ». De même, pour les législateurs français et chinois, il est admis que la langue n'est pas un objet direct de protection mais véhicule des éléments du patrimoine culturel immatériel ; il n'est pas question de raviver certaines langues disparues, l'objet de protection étant les éléments du patrimoine culturel immatériel exprimés en ces langues[597]. Néanmoins, on constate que l'Unesco intègre la sauvegarde des langues en danger notamment dans le budget de la sauvegarde du patrimoine culturel immatériel[598].

Les moyens de communication concernent aussi d'autres formes qui ne se présentent pas nécessairement sous forme verbale, comme le tam-tam en Afrique[599], ou le *nüshu* en Chine[600], ces méthodes remplaçant l'expression

---

tale d'experts sur l'avant-projet de convention pour la sauvegarde du patrimoine culturel immatériel, Paris, 24 février-1er mars 2003, CLT-2003/CONF-205/6, p. 3.)

595 Griolet c./ Vautrin, TGI Paris, 1er ch. 16 janv. 1991, CA Paris 14 janv. 1992, obs. C. Colombet, *D.*, 1992, p. 11.

596 Sans entrer dans les détails de la science linguistique, nous entendons ici par « langues » également les langues régionales et locales que certains auteurs préfèrent nommer « dialectes ».

597 Rapport n° 369 de Mme J. Garriaud-Maylam, Sénat, précité ; Loi chinoise sur le patrimoine culturel immatériel (*infra*, n° 291), note explicative, p. 21.

598 La sauvegarde des langues « en danger » ou « en péril » est intégrée dans le budget prévu pour la sauvegarde du patrimoine culturel immatériel depuis l'adaptation de la Convention de 2003. On retrouve ce budget, à la 32ème session de la Conférence générale de l'Unesco en 2003 (32 C/5 Approved) : dans Grand programme IV, Culture, IV.2.2, Axe d'action 2 : « Sauvegarde et promotion du patrimoine culturel immatériel » ; à la 33ème session en 2005 (33 C/5 Approved) : dans Grand programme IV, Culture, IV.1.2 « Identification et sauvegarde du patrimoine culturel immatériel » ; à la 34ème session en 2007 (34 C/5 Approved) : dans Grand programme IV - Culture, Axe d'action 2 : « Sauvegarde du patrimoine vivant, en particulier par la promotion et la mise en œuvre de la Convention pour la sauvegarde du patrimoine culturel immatériel » ; à la 35ème session en 2009 (35 C/5 Approved) : dans Grand programme IV – Culture, Priorité sectorielle biennale 1 : « Protection, sauvegarde et gestion du patrimoine matériel et immatériel ».

599 *Inventaire et utilisation des moyens traditionnels de communication au centre, sud, est et extrême-nord du Cameroun*, Organisation des Nations unies pour l'alimentation et l'agriculture (FAO), Rome, 2002.

orale. Tout comme cette dernière, elles transmettent un savoir, des valeurs et une mémoire collective et jouent un rôle important dans le dynamisme culturel.

2) Nécessités des actions publiques actives

185. La difficulté principale que doit envisager l'ensemble d'éléments ci-dessus est qu'ils sont d'une fragilité particulière : les traditions orales et les autres moyens de communication sont presque exclusivement transmis de bouche à oreille et leur représentation fait l'objet d'imitation, d'improvisation et de création, ce qui entraîne généralement des modifications plus ou moins importantes. En raison de cette caractéristique, ces éléments cèdent facilement devant les influences culturelles extérieures à la communauté. Les langues et écritures, généralement reconnues comme premiers symboles de l'identité culturelle, ont toujours fait l'objet de politiques d'extinction dans l'histoire de l'impérialisme et du colonialisme[601].

Le danger lié à la perte de ces éléments est à considérer de manière primordiale, car ils ont le rôle de vecteur des traditions culturelles ; leur disparition entraînera la perte des autres formes de patrimoine culturel immatériel qui ne se transmettent que par ces moyens, tels que certains savoir-faire et pratiques culturelles. En même temps, contrairement à l'artisanat ou aux arts de spectacles, les traditions orales et les moyens de communication, hormis quelques rares exemples, disposent d'une faible valeur économique et commerciale directe. Leur sauvegarde ne peut être assurée que par les interventions désintéressées, sans lesquelles ces éléments seront donc souvent ignorés et tomberont dans l'oubli. Le secteur privé, par exemple associatif, ne disposant pas suffisamment de moyens ni d'impact pour des actions de telle ampleur, une politique de soutien des pouvoirs publics se révèle

---

[600] 女书, littéralement « écriture de femmes », est un système d'écriture, exclusivement utilisée par les femmes du District de Jiangyong 江永 dans la Région du Hunan. Il s'agit d'un syllabaire inventé par les femmes de la région de façon à ce que les hommes ne puissent comprendre leurs écrits. L'élément est inscrit à la Liste du patrimoine culturel immatériel au niveau national en 2006, n° X-69. *V.* : Liming ZHAO, « Nüshu : Chinese women's characters », *International journal of the sociology of language*, 1998, n° 129, p. 127-137. – Anne Collet, « Une langue faite par les femmes et pour les femmes », *Courrier international*, 25 oct. 2004.

[601] Parfois, cette perte n'est pas nécessairement subie, elle fait partie des moyens de survie de la communauté lorsque le déséquilibre du rapport de forces culturelles est trop important entre la communauté et l'extérieur. C'est par exemple le cas de l'ethnie Oroqen qui renonce progressivement à sa propre langue pour le chinois ; pourtant les membres de la communauté s'attachent à leurs traditions, les particularités culturelles de ce groupe ethnique au regard de la communauté Han demeurent.

d'autant plus nécessaire, comme le souligne la Convention de 2003, afin de faire prendre conscience de l'importance du patrimoine culturel immatériel.

186. Plus précisément, les interventions publiques peuvent concerner deux axes d'action. D'une part, cela peut consister à la reconnaissance du statut officiel des langues. Cette reconnaissance est sans doute l'un des meilleurs moyens de préservation. Elle peut se traduire par son institutionnalisation, par l'usage dans la sphère publique, par l'enseignement, etc.[602]. D'autre part, les interventions publiques peuvent consister en actions d'inventorisation et d'archivage. Ces actions sont non seulement un outil de recherches scientifiques, mais aussi traditionnellement un outil de sauvegarde, notamment pour les éléments en danger. La reconnaissance de la valeur patrimoniale d'un élément par un inventaire ou liste officielle du patrimoine culturel immatériel, même sans valeur juridique, assure sa visibilité et donne aux communautés l'envie de le perpétuer. Les enregistrements audiovisuels peuvent faciliter la transmission des éléments de la tradition orale et linguistique. Dans ce domaine, des actions importantes d'archivage sonore sont réalisées en France sous l'appellation des « archives sonores du patrimoine oral », présentées sous la forme d'un portail de catalogue collectif des enregistrements sonores et audiovisuels sur la tradition orale[603].

Le problème que posent de telles démarches d'archivage est qu'il existe le risque de figer les expressions et de créer artificiellement une sorte de « norme » de l'expression, ce qui va à l'encontre de la nature de ces éléments qui sont soumis à perpétuelle recréation. C'est en effet une question commune pour tous les domaines du patrimoine culturel immatériel, mais particulièrement aiguë s'agissant de l'expression orale et des moyens de communication[604].

---

[602] Ainsi, en Chine, les langues minoritaires sont langues de l'administration (art. 121 de la Constitution de 1982 ; art. 21 et 49 de la *Loi de la R.P.C. sur l'autonomie des ethnies minoritairesde* de 1984, précitée), de l'enseignement (art. 36 de la loi de 1984) et de la justice (art. 134 de la Constitution de 1982 ; art. 47 de la loi de 1984) ; elles sont aussi utilisées dans les assemblées populaires locales des zones d'autonomie minoritaire (*Loi relative aux députés de l'Assemblée populaire nationale et des assemblées populaires locales* 中华人民共和国全国人民代表大会和地方各级人民代表大会代表法, promulguée le 3 avril 1992, art. 38).

[603] Le projet « Portail du patrimoine oral » est réalisé avec le soutien du département de l'audiovisuel de la Bibliothèque nationale de France (BnF), la Fédération des Associations de Musiques et Danses Traditionnelles (FAMDT) en tant que pôle associé de la BnF, avec cinq autres associations ou centres de recherche pôles associés de la BnF. Le catalogue contient plus de 68 300 enregistrements. Le catalogue est accessible en ligne depuis décembre 2008. [http://www.portaildupatrimoineoral.org/].

[604] Jongsung YANG, *La Loi de protection des biens culturels coréens…*, précité, notamment p. 185-186.

B. *Pratiques sociales et culturelles*

1) Champ d'éléments concernés

187. Par les pratiques sociales et culturelles, nous entendons les activités et les usages qui structurent et qui révèlent le mode de vie d'une société et auxquels la plupart des membres sont attachés. Il s'agit donc seulement des pratiques répandues et reconnues par l'ensemble de la communauté. Les « pratiques sociales » sont définies dans le Glossaire du patrimoine culturel immatériel comme suit :

- Processus ; lieu ; espace culturel.
- Activités qui expriment des concepts, des connaissances et des compétences en évolution permanente, et qui sont liées, entre autres, aux relations sociales, au rang social, aux méthodes de prise de décision, à la résolution des conflits et aux aspirations collectives.

Ces pratiques comprennent par exemple : les rituels de la vie humaine, les coutumes liées au concept du temps (y compris les fêtes traditionnelles), les coutumes et traditions liées à l'organisation sociale (y compris tradition juridique), ou encore les pratiques liées aux croyances. Les phénomènes sociaux sont complexes et les domaines que l'on repère sont en réalité en permanente interaction entre eux comme avec leur environnement social. Ainsi, de nombreux éléments concernent à la fois plusieurs domaines : les festivités de bateaux-dragon dans le sud de la Chine sont liées au concept du temps, des jeux, mais prennent aussi leurs sources dans les croyances populaires ; de même, la feria du riz à Arles est liée aux coutumes de production et de consommation ainsi qu'aux jeux et sports.

2) Nécessités des actions publiques passives

188. Un grand nombre de ces pratiques sociales et culturelles sont menacées de disparition. Parfois cela est dû aux politiques nationales défavorisantes. Ainsi, de nombreuses pratiques religieuses disparaissent au cours des années 1960-1970 en Chine car interdites par les autorités. En France, certains producteurs de denrées alimentaires traditionnelles dites « de terroir » sont amenés à modifier leur processus de fabrication sous la pression des règlementations d'hygiène[605] ; certains artisans doivent modifier leurs procé-

---

[605] Laurence Bérard & Philippe Marchenay, « Un élément fort du débat : normes, d'hygiène, réglementation internationale et industrie agroalimentaire », in. mêmes auteurs, *Les produits de terroirs : entre cultures et règlements*, CNRS, Paris, 2004, p. 175-185. – Jean-Paul Branlard, *La gastronomie - Une approche juridique*, Eska, Paris, 2009, notamment le chapi-

dés de fabrication car les matériaux utilisés traditionnellement sont interdits d'usage[606]. Mais plus souvent, compte tenu du rapport d'interaction fort des pratiques culturelles et sociales avec leur environnement, ces pratiques disparaissent ou se modifient en raison de l'évolution du mode de vie. Par exemple, la polygamie est interdite par la loi en Chine depuis 1912[607] et disparaît vers les années 1950 ; ce genre de pratique est aussi interdit à Mayotte en 2003[608].

Ainsi, pour que subsistent les pratiques culturelles et sociales qualifiées de patrimoine culturel immatériel (c'est-à-dire qui ne sont pas contraires aux droits de l'homme), il semble que les politiques publiques comme l'environnement social favorisants soient essentiels. Une interrogation s'impose toutefois : peut-on, au nom de la sauvegarde du patrimoine, empêcher l'évolution naturelle d'une culture et d'un mode de vie ? Certes, de nombreuses pratiques culturelles disparaissent en raison des pressions extérieures ; mais il y a aussi certaines évolutions de la société qui sont naturelles et il n'y a pas de raison de préserver artificiellement les pratiques délaissées par les communautés, car cela prouve que ces pratiques ne sont pas porteuses de l'identité. À ce propos, la Constitution de la R. P. de Chine dispose dans son article 4-4 que « toute ethnie a le droit d'utiliser et de développer ses langues et écritures, a la liberté de perpétuer ou de transformer leurs us et coutumes » : cela fait preuve d'une vision évolutive au regard des cultures et des traditions[609].

189. Par conséquent, il semble que contrairement au cas des éléments oraux et des moyens de communication traditionnelle, pour les pratiques culturelles et sociales, les activités publiques de sauvegarde devraient rester cantonnées dans la seule fonction de maintien de l'espace de libre exercice de ces pratiques. Car les formes de manifestation de ces pratiques nécessi-

---

tre « Le droit du camembert - Aspect juridique d'un fromage mythique du patrimoine national ».

[606] Francesca Cominelli & Catherine Virassamy, *Rapport final de l'« Inventaire des Métiers d'Art Rares »*, réalisé par la Société d'encouragement aux métiers d'art (SEMA) pour la mission ethnologie, mars 2009, p. 3. Il s'agit par exemple de la colle traditionnellement utilisée dans la fabrication artisanale qui serait toxique.

[607] Par la Constitution provisoire de la République de Chine du 3 août 1912. Mais en raison de la guerre civile, cette Constitution n'est pas réellement appliquée.

[608] Suite à la loi n° 2003-660 du 21 juillet 2003 *de programme pour l'outre-mer* abolissant la polygamie et la répudiation des femmes à Mayotte.

[609] Actuel article 4-4 (ancien article 3-3 dans la première Constitution de 1954) : « 各民族都有使用和发展自己的语言文字的自由，都有保持或者改革自己的风俗习惯的自由。 » Il convient de préciser que les conditions réelles d'application de cet article nécessitent des discussions.

tent un espace d'évolution suivant les modifications de leur environnement social, tandis que les interventions publiques actives peuvent empêcher ces évolutions et fausser les formes de pratiques culturelles traditionnelles. Au fond, la liberté consiste à ce que l'on dispose d'un *véritable choix*. Le libre exercice des pratiques culturelles et religieuses se fonde donc sur le fait que ces communautés peuvent choisir de perpétuer ou de renoncer à certaines pratiques traditionnelles. Cette garantie de choix est loin d'être évidente, car elle engage à trouver un « juste milieu » entre l'acceptation des autres cultures et le maintien de l'espace de vitalité pour les cultures traditionnelles.

190. Les actions publiques peuvent se réaliser à travers le cadre politique et législatif de différents domaines, sous forme notamment de la reconnaissance, sans pourtant impliquer des interventions actives importantes. On y trouve d'abord la liberté de croyance. Les pratiques sociales et culturelles trouvent souvent leurs origines dans les croyances religieuses. Si l'interdiction des rites religieux en Chine au cours des années 1960-70 a entraîné la disparition de nombreuses pratiques culturelles, aujourd'hui, la reconnaissance de la liberté de croyance donne la possibilité de perpétuer les pratiques religieuses populaires, notamment au sein des communautés ethniques[610]. Malgré une dégradation de la situation depuis septembre 2001

[610] Ces principes sont définis par un document politique de 1982, qui ne trouve pas sa place dans la doctrine du système juridique actuel mais qui joue le rôle du fondateur théorique en matière d'affaires religieuses en Chine. Il s'agit des *Positions et principes généraux sur la question de la religion en phase du socialisme* 关于我国社会主义时期宗教问题的基本观点和基本政策 (Comité central du Parti communiste chinois, circulaire n° 19 aux comités locaux du Parti, 31 mars 1982). Ce document reconnaît les erreurs du Parti en matière des affaires religieuses durant les années 1960-1970 et exige que désormais, pour l'ensemble des comités du Parti dans le pays, la différenciation soit faite entre les religions et la superstition, entre les affaires religieuses chez les Han et chez les ethnies minoritaires « pour qui les croyances font partie de leur culture et coutume ». D'une manière générale, ce document considère comme de la superstition les pratiques et activités en rapport avec la spiritualité qui ne sont pas conformes à la doctrine et liturgie classiques des « quatre grandes religions » (bouddhisme, du taoïsme, de l'islam et du christianisme), sauf lorsqu'elles se produisent chez les ethnies minoritaires où elles sont tolérées tout en restant surveillées. Ce document demeure jusqu'à ce jour le fondement des politiques religieuses en Chine et est régulièrement cité par les actes administratifs en la matière, y compris dans les travaux préparatoires des *Règlements sur les affaires religieuses* 宗教事务条例 (*tiaoli*, ordonnance n° 426 du Conseil des affaires de l'État, le 7 juillet 2004). Il est à souligner que dans la pratique législative et judiciaire chinoise, les politiques de l'État y compris les politiques du Parti sont considérées comme la source du droit. L'article 6 des *Principes généraux du droit civil* (précité) énonce que les politiques de l'État s'appliquent lorsque la loi est muette sur les activités du droit civil. Cela explique pourquoi un document du Parti peut être cité dans un acte administratif. On constate également la pratique d'émettre des circulaires conjointement par le Comité central du Parti communiste chinois et le Conseil des affaires de l'État sur des affaires importantes de l'État. Par exemple récemment la circulaire commune sur le renforcement et l'amélioration des procédures de l'élection directe des comités des villageois

pour les musulmans chinois, notamment les Ouighours et les Hui[611] – ce qui n'est pas un cas isolé sur le plan mondial – on constate que de nombreuses manifestations culturelles qui étaient qualifiées de superstitions durant les années 1960-1970 sont aujourd'hui inscrites sur les listes du patrimoine culturel immatériel au niveau national et régional : c'est le cas, par exemple, des danses rituelles chez l'ethnie Miao[612] comme des danses chamanes chez les Han[613]. Les sociologues observent que depuis une dizaine d'années, de plus en plus d'autorités locales même non ethniques, au lieu de qualifier certaines activités comme « religieuses » pour lesquelles les règlements de contrôle sont stricts, les rangent volontairement dans la catégorie de « coutumes », laissant ainsi l'espace de libre exercice aux communautés culturelles locales[614].

La reconnaissance du droit coutumier des populations d'outre-mer par le droit français[615] contribue également à la préservation des pratiques sociales et culturelles. De même, l'instauration des jours fériés pour les fêtes traditionnelles encourage les pratiques sociales et culturelles liées à ces occasions, sans directement promouvoir certaines formes de pratiques[616]. Dans la même idée, la reconnaissance d'utilité publique en droit français pour les groupes folkloriques[617] peut aussi encourager leurs pratiques sans que les autorités publiques interviennent de manière positive.

191. Il se trouve dans ces éléments menacés de disparition un intérêt vital pour la communauté toute entière et pour chacun de ses membres. Cet intérêt, lorsque l'on l'identifie comme une expression de l'intérêt public

---

中共中央办公厅国务院办公厅关于加强和改进村民委员会选举工作的通知, n° *zhongbanfa* 中办发 [2009] 20, 24 avril 2009.

611 Sur cette question, *v.* Élisabeth Allès, « Turkestan oriental », *Outre-mer*, n° 15, *Puissance Chine ?*, 2006, p. 409-417.

612 Danse au tambour de bois 木鼓舞, inscrite en 2006 sur la Liste du patrimoine culturel immatériel au niveau national, n° III-25/128.

613 Danse *No* 傩舞, inscrite en 2006 sur la Liste du patrimoine culturel immatériel au niveau national, n° III-7/110.

614 FAN Lizhu 范丽珠 (Université Fudan, Shanghai), Ling FANG (GSRL-CNRS), « Mémoires plurielles et capital culturel : Le temple en l'honneur de Lin Xiangru dans la ville de Handan ainsi que les discussions autour du sujet », colloque *Figures d'association en Chine contemporaine*, précité.

615 *V. supra*, n° 145 *sqq*.

616 Par exemple, l'instauration d'un jour férié en 2008 pour la fête de *qingming* (jour où traditionnellement les Chinois rendent visite aux tombes familiales), encourage dans les faits les activités religieuses populaires (cultes rendus aux morts).

617 C'est le cas de la Confédération nationale des groupes folkloriques français reconnue d'utilité publique en 1987.

culturel, justifie l'action de l'administration dans sa protection[618] : les personnes publiques interviennent historiquement en faveur du patrimoine culturel, il semble logique qu'elles interviennent désormais en faveur du patrimoine culturel immatériel au nom de l'intérêt public culturel. Plusieurs autres raisons justifient la nécessité des actions publiques, actives ou passives. D'abord raison juridique, car cette sauvegarde nécessite l'emploi de prérogatives de puissance publique, telle que la reconnaissance du statut officiel des langues. Ensuite raison économique, car ces éléments ont comme point commun que leur sauvegarde appelle des actions de grande ampleur et est par nature exclusive de tout profit, de telle sorte que l'initiative privée ne peut ou ne veut répondre : soit en raison de l'absence de retombée économique, soit parce que l'initiative privée n'a pas le moyen d'atteindre à un niveau de coordination sur l'ensemble du territoire. Cette carence ou état fragmentaire de l'initiative privée conduit également à la nécessité des actions publiques, ces dernières étant essentiellement désintéressées[619]. Enfin, la raison politique, car eu égard des relations complexes entre la sauvegarde du patrimoine culturel immatériel et le modèle politique de l'État-Nation, on peut supposer que l'intervention de l'État c'est, en quelque sorte, pour éviter que cette question n'échappe complètement à son contrôle[620].

Paragraphe II. Nécessité de protection défensive : éléments en danger d'utilisation dénaturante ou culturellement offensante

192. Certains éléments du patrimoine culturel immatériel ne sont pas menacés de disparition immédiate car souvent, en raison de leur potentiel économique, leur exploitation leur donne la possibilité de continuer à exister. En revanche, également en raison de leur potentiel économique, ils sont exposés à des risques importants d'appropriation illicite ou illégitime,

---

618 Dans un registre similaire mais distinct, l'intérêt local est admis comme une partie de l'intérêt public en matière du patrimoine bâti. J. Morand-Deviller, « Le patrimoine monumental, patrimoine de la nation ? », précité, p. 88. – Jean-Marie Pontier, « La protection du patrimoine monumental », *RFDA*, 1989, p. 771. En matière de langues également, cet intérêt local est évoqué par la législation : art. 2 de la loi n° 86-1067 du 30 septembre 1986 modifiée relative à la liberté de communication : « Sont [notamment] considérés comme des programmes d'intérêt local [...] les émissions consacrées à l'expression ou à la vie locale, les fictions radiophoniques et les émissions musicales dont la composition ou l'animation ont un caractère local, ainsi que tous les programmes produits et diffusés localement par l'exploitant dans un but éducatif ou culturel ».

619 Jean Rivero & Jean Waline, *Droit administratif*, Précis Dalloz, Paris, 21e éd. 2006, n° 3.

620 Telle serait, par ailleurs, la raison essentielle de la reconnaissance d'un « patrimoine ethnologique » en France. *V. infra*, section « Du patrimoine ethnologique au patrimoine culturel immatériel : notion scientifique, notion politique ».

d'utilisation dénaturante ou culturellement offensante, sans l'accord de la communauté : ce n'est pas la viabilité mais avant tout l'intégrité culturelle de ces éléments qui est en danger. Il s'agit, d'une part, des connaissances et savoirs traditionnels, dont le contenu est plus souvent touché par des actes d'appropriation illicite et illégitime (A), et d'autre part, des représentations et manifestations culturelles, dont la forme est plus souvent touchée par des utilisations dénaturantes ou culturellement offensantes (B).

Ces éléments étant confrontés souvent aux actes commerciaux illégaux et à l'appropriation illégitime, la propriété intellectuelle et le droit du commerce interviennent naturellement[621]. Si la Convention de 2003 ne vise aucunement des mesures de ces domaines, son texte « ne peut être interprété comme (...) affectant les droits et obligations des États parties découlant de tout instrument international relatif aux droits de la propriété intellectuelle » (art. 3. b). On peut y lire les méthodes juridiques qui permettent de réaliser *indirectement* la sauvegarde du patrimoine culturel immatériel, telle que l'idée d'une « protection défensive »[622] proposée par le Comité GRTKF de l'OMPI[623]. Par ailleurs, si la distinction entre les connaissances et savoirs et leurs formes d'expression est peu évidente du point de vue sociologique et anthropologique, du point de vue juridique, cela vise à préserver la distinction fondamentale entre la protection du contenu et la protection de la forme d'expression, distinction qui est, en particulier, « profondément ancrée dans la structure du droit de la propriété intellectuelle »[624].

A. Connaissances et savoirs traditionnels

1) Champ d'éléments concernés

193. La Convention de 2003, dans sa définition du patrimoine culturel immatériel (art. 2), utilise le terme de « connaissance et savoir-faire », mais aucune précision sur cette expression n'est donnée ni par elle ni par le Glos-

621 *V. Savoirs traditionnels : Besoins et attentes en matière de propriété intellectuelle*, Rapport de l'OMPI, précité. - *Infra*, chapitre « La mise en œuvre dans le cadre juridique ».

622 Selon les travaux de l'OMPI, « la protection positive entraîne l'affirmation active de droits de propriété intellectuelle sur l'objet protégé en vue d'empêcher des tiers d'avoir recours à des formes spécifiques d'utilisation du matériel protégé. La protection défensive n'entraîne pas l'affirmation de droits de propriété intellectuelle, mais vise plutôt à empêcher des tiers de revendiquer des droits sur des objets qui auraient été détournés ». WIPO/GRTKF/IC/5/7, n° 13. Également : WIPO/GRTKF/IC/4/3, n° 42 ; WIPO/GRTKF/IC/4/8, n° 14.

623 Sur la nature et les travaux de ce comité, *V. supra*, n° 87.

624 WIPO/GRTKF/IC/5/8, n° 70.

saire du patrimoine culturel immatériel. Cependant, les « savoirs traditionnels » sont définis de manière globale dans de nombreuses législations nationales comme dans les enceintes internationales[625], par exemple dans les délibérations sur l'article 8 *j)* de la Convention sur la diversité biologique pour lesquelles les savoirs traditionnels sont présentés comme des connaissances détenues au sujet de la nature et de l'environnement et des interactions de l'homme avec celui-ci[626] ; ou le colloque de l'Unesco de Nouméa en 1999 dans lequel le « savoir traditionnel » et leurs « formes d'expression » sont considérés comme un ensemble[627]. Selon les Projets d'objectifs et de principes pour la protection des savoirs traditionnels[628] établis par le Comité GRTKF, le terme « savoir traditionnel » s'entend, « du contenu ou de la subs-

---

[625] Un document de travail de l'OMPI daté de mai 2002 recense 36 lois nationales, 12 instruments et processus internationaux ou multilatéraux, 24 documents des organisations non gouvernementales ou recherches universitaires ainsi que 2 déclarations autochtones concernant le sujet de « savoir traditionnel ». *Savoirs traditionnels – terminologie et définitions*, document établi par le Secrétariat du Comité GRTKF, 3ème session, Genève, 13 juin-21 juin 2002, WIPO/GRTKF/IC/3/9.

[626] « Les connaissances traditionnelles et la diversité biologique », note du Secrétaire exécutif de la Convention sur la diversité biologique, 1997, UNEP/CBD/TKBD/1/2, n° 85 : « L'expression 'connaissances traditionnelles' … décrit un ensemble de connaissances accumulées à travers les générations par un groupe de gens qui vivent en contact étroit avec la nature. Elles comprennent un système de classification, un ensemble d'observations empiriques sur l'environnement local et un système d'autogestion qui régit l'utilisation des ressources ». Le texte de l'article 8 *j)* : « Sous réserve des dispositions de sa législation nationale, respecte, préserve et maintient les connaissances, innovations et pratiques des communautés autochtones et locales qui incarnent des modes de vie traditionnels présentant un intérêt pour la conservation et l'utilisation durable de la diversité biologique et en favorise l'application sur une plus grande échelle, avec l'accord et la participation des dépositaires de ces connaissances, innovations et pratiques et encourage le partage équitable des avantages découlant de l'utilisation de ces connaissances, innovations et pratiques. »

[627] Colloque de l'Unesco sur la protection du savoir traditionnel et des formes d'expression des cultures autochtones dans les îles du Pacifique, Nouméa, 1999. La déclaration de Nouméa énonce que « Le savoir traditionnel et les formes d'expression des cultures autochtones sont définis comme les modalités selon lesquelles s'expriment les cultures autochtones et se manifeste la vision du monde qu'ont les peuples autochtones du Pacifique ».

[628] *La protection des savoirs traditionnels : projet d'objectifs et de principes.* Suite aux analyses des options juridiques et des politiques générales employées par les États membres de l'OMPI, deux documents sont établis par le Secrétariat du Comité GRTKF à la demande des États dès la 6ème session du Comité : *La protection des savoirs traditionnels : projet d'objectifs et de principes* et *La protection des expressions culturelles traditionnelles ou expressions du folklore : projets d'objectifs et de principes* (désormais « Projets d'objectifs et de principes » WIPO/GRTKF/IC/6/4, n° 105 et 6/14, n° 109) et révisé et réexaminé lors des sessions suivantes. La version la plus récente de ces deux documents est émise par la 16ème session du Comité, *La protection des savoirs traditionnels : objectifs et principes révisés*, WIPO/GRTKF/IC/16/5 (adopté en mai 2010). Selon le mandat du Comité GRTKF, ces projets amèneraient à un instrument juridique international contraignant. WIPO/GRTKF/IC/10/5, n° 25. AG de l'OMPI: WO/GA/30/8, n° 93.

tance d'un savoir résultant d'une activité intellectuelle dans un contexte traditionnel, et comprend le savoir-faire, les techniques, les innovations, les pratiques et l'apprentissage qui font partie des systèmes de savoirs traditionnels, ledit savoir s'exprimant dans le mode de vie traditionnel des communautés autochtones ou locales, ou étant contenu dans les systèmes de savoirs codifiés transmis d'une génération à l'autre. Le terme n'est pas limité à un domaine technique spécifique, et peut s'appliquer à un savoir agricole, écologique ou médical, ainsi qu'à un savoir associé à des ressources génétiques » (art. 3). Par ailleurs, cette notion de « savoir traditionnel » inclut celle de « savoir autochtone »[629] qui est fréquemment utilisée par d'autres organismes notamment des organisations non gouvernementales[630] et considérée comme moins éclairante que celle de « savoir traditionnel »[631].

194. Il est à souligner que la définition donnée par le Comité GRTKF comprend le « savoir agricole, écologique ou médical » ou « associé à des ressources génétiques », tandis que le concept de patrimoine culturel immatériel dans la Convention de 2003 n'inclut pas ces éléments de ressources génétiques. En effet, les travaux du Comité ont toujours été et sont toujours structurés suivant le triptyque « ressources génétiques, savoirs traditionnels et folklore », triptyque qui se trouve d'ailleurs dans la dénomination du Comité. Ce regroupement est proposé pour la première fois par un rapport de Mme Erica-Irene Daes préparé pour l'OMPI en 1998[632]. Un tel aménagement semble pourtant « ne tenir que par la force de l'affirmation »[633] notamment en ce qui concerne le rapport entre les ressources génétiques et les savoirs traditionnels. C'est sans doute la raison pour laquelle les ressources génétiques s'intègrent plus ou moins dans les discussions sur les savoirs traditionnels dès la troisième session du Comité GRTKF.

---

629 WIPO/GRTKF/IC/3/9, n° 21.

630 Par exemple par le Centre pour la recherche internationale et les réseaux de conseil (CIRAN), WIPO/GRTKF/IC/3/9, Annexe III, p. 1.

631 Graham Dutfield, "Developing and Implementing National Systems for Protecting Traditional Knowledge: A Review of Experiences in Selected Developing Countries", paper prepared for UNCTAD Expert Meeting on Systems and National Experiences for Protecting Traditional Knowledge, Innovations and Practices, Geneva, 30 October - 1 November 2000, p. 3-4.

632 Table ronde de l'OMPI sur la propriété intellectuelle et les peuples autochtones, Genève, 23 et 24 juillet 1998. Les trois groupes proposés par Mme Daes étaient : 1) le folklore et l'artisanat, 2) la biodiversité et 3) les savoirs autochtones. WIPO/GRTKF/IC/3/9, Annexe III, p. 2.

633 Sitsofé Serge Kowouvih, *Le savoir-faire traditionnel : Contribution à l'analyse objective des savoirs traditionnels*, ss. dir. de Jean-Pierre Marguenaud, Université de Limoges, 2007, p. 121.

195. La notion de savoirs traditionnels ainsi exprimée semble extrêmement globale voire comme un « fourre-tout »[634]. La difficulté est en effet double : d'une part, la définition du « savoir » ou de la « connaissance » n'est pas évidente ; mais s'ils ne sont formalisés, ils échappent à l'emprise du droit. D'autre part, il faut aussi distinguer les savoirs « traditionnels » de ceux qui sont en réalité modifiés sous le mode de vie et de développement actuel. On peut se demander toutefois si la définition ne pourrait pas rester utilement vague, telle qu'elle est, car compte tenu de la multiplicité et de la complexité des connaissances et savoirs accumulés par de nombreuses cultures, une définition ouverte ne serait pas inutile pour faciliter l'évolution du concept[635].

196. En outre, on constate que les savoirs traditionnels dans la définition de l'OMPI sont, conformément à son mandat, uniquement les domaines susceptibles d'exploitation commerciale et, par conséquent, sur lesquels les principes de propriété intellectuelle sont applicables. Ainsi, certains aspects et éléments, par exemple ceux purement spirituels, ne sont pas inclus dans la définition du Comité GRTKF. Pour notre étude cependant, la notion de « connaissances et savoirs traditionnels » devrait inclure toute sorte de connaissance et savoir dès lors que ceux-ci sont considérés par la communauté d'origine comme représentant leur identité, qu'ils soient susceptibles ou non d'exploitation commerciale. C'est aussi la raison pour laquelle nous privilégions le terme « savoir traditionnel » à celui « savoir-faire traditionnel », car le « savoir-faire » est doté d'une connotation juridique particulière liée à l'aspect économique et commercial de la propriété intellectuelle.

2) « Savoir traditionnel » et « savoir-faire traditionnel »

197. La doctrine juridique française comme chinoise commence depuis peu à s'intéresser à la sauvegarde et la protection des connaissances et savoirs traditionnels et la définition de ces derniers reste à débattre[636]. Il sem-

---

634 *Ibid.*

635 *Ibid.*

636 Par exemple : Ysolde Gendreau, « Pour un renouveau du droit moral à travers les revendications des autochtones », *Propriétés Intellectuelles*, n° 14, janv. 2005, p. 15-21. – Philippe Karpe, « L'illégalité du statut juridique français des savoirs traditionnels », *Revue juridique de l'environnement*, n° 2, 2007, p. 173-186. Plusieurs thèses de doctorat se consacrent à la question des savoirs traditionnels en droit de la propriété intellectuelle : Jenny Ho Kong Ciat, *La protection intellectuelle des médecines traditionnelles par le droit de la propriété industrielle*, première inscription nov. 2001, ss. dir. de Philippe Gaudrat, Université de Poitiers (non soutenue). – Marie-Cécile Mancho, *La protection des arts et savoirs traditionnels*, première inscription oct.

ble qu'en droit français, les savoirs traditionnels ne peuvent obtenir une place dans la doctrine et bénéficier d'une protection juridique qu'en devenant des « savoir-faire traditionnels »[637]. En fait, en droit français, le « savoir-faire » qui se substitue par francisation au terme anglophone « know-how »[638] désigne, selon Jean-Marc Mousseron, la « connaissance technique transmissible mais non immédiatement accessible au public et non breveté »[639].

À côté de leurs caractères techniques, secret et non breveté[640], les savoir-faire doivent également être substantiels, c'est-à-dire « important et utile pour la production »[641]. Ce critère économique de l'« utilité » trouve sa traduction juridique dans la définition de M. Régis Fabre par le terme « praticité »[642]. Le savoir-faire est un bien économique ; quant à sa nature de bien juridique, suite aux débats sur la nature des contrats portant sur le transfert de savoir-faire, la doctrine estime presque unanimement les savoir-faire comme ne pouvant être considérés comme des biens juridiques[643]. Pourtant, le droit positif actuel permet d'assimiler l'atteinte portée au savoir-faire à l'atteinte portée à un bien intellectuel[644]. Ces techniques, notamment de la propriété intellectuelle sont parfois applicables aux connaissances et savoirs traditionnels en les qualifiant de « savoir-faire traditionnels », mais l'adaptation n'est pas sans difficultés[645].

2006, ss. dir. de Marie Cornu, Université de Poitiers (non soutenue). – S. S. Kowouvih, *Le savoir-faire traditionnel : Contribution à l'analyse objective des savoirs traditionnels*, op. cit..

[637] Ce que soutient la thèse de S. S. Kowouvih, *id.*.

[638] *Vocabulaire Cornu.*

[639] Jean-Marc Mousseron, « Aspects juridiques du know-how, Le Know-How », *Cahier du droit de l'entreprise*, n° 1, 1972, p. 6. Cité par : Albert Chavanne & Jean-Jacques Burst, *Droit de la propriété industrielle*, Dalloz, 2006, n° 893.

[640] Chavanne & Burst, *idem*, n° 896 *sqq.*.

[641] Règlement (CE) n° 772/2004 de la Commission du 27 avril 2004 concernant l'application de l'article 81, paragraphe 3, du traité à des catégories d'accords de transfert de technologie, art. 1. Cité par Chavanne & Burst, *ibid.*.

[642] C'est-à-dire l'« acceptation objective » d'un point de vue juridique de la notion économique de l'« utilité », *v.* : Régis Fabre, *Le know-how et sa réservation en droit commun*, Litec, 1976. Cité par : S. S. Kowouvih, *Le savoir-faire traditionnel : Contribution à l'analyse objective des savoirs traditionnels*, *op. cit.*, n° 212.

[643] Jacques Azema, *Droit commercial*, Lamy, 2005, n° 4510. – Chavanne & Burst, *op. cit.*, n° 912. – Jean-Marc Mousseron, « Aspects juridiques du know-how, Le Know-How », n° 37. *V.* : S. S. Kowouvih, *idem*, n° 233.

[644] Chavanne & Burst, *Droit de la propriété industrielle*, *op. cit.*, n° 894.

[645] *V. infra*, chapitre « La mise en œuvre dans le cadre juridique ».

198. Si les connaissances et savoirs traditionnels peuvent bénéficier de certaines protections juridiques prévues pour les savoir-faire, ils ont toutefois une portée différente que le « savoir-faire » en droit. D'une part, les connaissances et savoirs traditionnels ne disposent pas nécessairement du caractère secret, nature constituante des savoir-faire ; ils peuvent être connus de tous au sein d'une communauté. Dans ce cas de figure, les éléments sont considérés le plus souvent comme dans le domaine public au sens de la propriété intellectuelle[646] et les techniques du droit de la propriété intellectuelle ne suffiront pas pour préserver ces connaissances et savoirs traditionnels. Il semble difficile de replonger dans le débat tranché de la non-protection des « idées » par la propriété intellectuelle dans le but de protection des connaissances et savoirs traditionnels[647]. Ainsi, de nombreux savoirs traditionnels en matière d'écologie et de gestion de l'écosystème sont exclus de toute protection, ces savoirs étant plutôt des modes de vie[648].

D'autre part, les connaissances et savoirs traditionnels ne se limitent pas à des savoirs et procédés techniques : outre le savoir instrumental, c'est-à-dire le « savoir-comment », il existe aussi le savoir éthique, c'est-à-dire le « savoir-pourquoi », les connaissances sur les valeurs éthiques et spirituelles qui orientent les actions techniques, ces dernières étant également des actions sociales[649]. Ces valeurs éthique et spirituelle donnent sens aux éléments techniques des savoir-faire ainsi qu'aux objets matériels résultant de ces savoirs, mais elles ne sont pas incluses dans la notion juridique de « savoir-faire ». Cette question est aussi mise en avant par certains pays dans les

---

646 *V. infra*, chapitre « La mise en œuvre dans le cadre juridique ».

647 Pour l'OMPI, il n'est pas question de remettre en cause le système existant de la propriété intellectuelle : il s'agit, en cas de difficulté ou d'impossibilité d'adaptation, de rechercher une solution *sui generis* adaptée aux savoirs traditionnels en dehors du système actuel. *V* : Protection des savoirs traditionnels : projet d'analyse des lacunes y relatives : version révisée, WIPO/GRTKF/IC/13/5(b) Rev., Annexe I ; dernière version de ce document : WIPO/GRTKF/IC/16/5 (adopté mai 2010).

648 Les connaissances traditionnelles et la diversité biologique, UNEP/CBD/TKBD/1/2, précité.

649 Peter Seitel, « Définition du domaine couvert par l'expression "patrimoine culturel immatériel" », document de travail pour la Réunion internationale d'experts sur le patrimoine culturel immatériel Établissement d'un glossaire, Unesco, 10-12 juin 2002, TER/CH/2002/INF/4, p. 5. Pour exemple, dans la construction des *yaodong* (maison-grotte traditionnelle dans le Nord-ouest de la Chine), les aspects technique et spirituel sont indissociables : les menuisiers sont très respectés non seulement par leurs savoir-faire mais avant tout par le fait qu'ils maîtrisent les « règles » derrière les protocoles de fabrication et qu'ils peuvent ainsi exercer une influence faste comme néfaste sur l'habitation. *V.* : Caroline Bodolec, *L'architecture en voûte chinoise : un patrimoine méconnu*, Maisonneuve & Larose, 2005.

discussions à l'OMPI[650]. De surcroît, l'accès à certaines connaissances et savoirs traditionnels peut être limité même à l'intérieur d'une communauté, non seulement en raison de leur caractère de « secret technique » lié à des intérêts commerciaux, mais plus souvent en raison de leur caractère religieux ou spirituel. S'il existe des techniques juridiques permettant de protéger ou réserver certains savoir-faire, ce n'est pas le cas pour les valeurs culturelles, morales ou religieuses dont ces savoir-faire ne sont que des expressions[651].

199. Ainsi, les connaissances et savoirs traditionnels présentent des champs plus larges que ceux de la notion juridique de « savoir-faire traditionnel » ; les mesures de protection pour le « savoir-faire traditionnel » sont loin d'être suffisantes pour fournir des protections efficaces pour l'ensemble des connaissances et savoirs traditionnels. Cette qualification de « savoir-faire traditionnel » serait une interprétation réductrice par rapport au concept de savoir traditionnel en tant qu'élément du patrimoine culturel immatériel.

3) Nécessité d'une protection défensive par la propriété industrielle aménagée

200. Les connaissances et savoirs traditionnels font souvent l'objet d'usurpation de droits, notamment par l'appropriation des connaissances biomédicales (dite « biopiraterie » ou « biopiratage »)[652]. Plus précisément, les connaissances et savoirs traditionnels sont appropriés, dans la majorité des cas de manière illégale ou illégitime, par des personnes ou entreprises extérieures à la communauté, par exemple par le moyen de brevet ou de marque[653]. Parfois, les éléments qui sont ainsi exploités, de façon contradictoire,

---

[650] L'Afrique du Sud, par exemple, demande que soient insérés les termes « savoir-faire technique et spiritualité » dans la définition du terme « savoirs traditionnels » proposée par l'organisation. WIPO/GRTKF/IC/12/4(b), p. 42.

[651] Cette question est également discutée au sein du Comité GRTKF : WIPO/GRTKF/IC/13/5(b) Rev., n° 43-44, n° 72.

[652] OMPI, *Savoirs traditionnels : besoins et attentes en matière de propriété intellectuelle*, précité.

[653] Cinq types d'appropriation dite « abusive » sont relevés par le Comité GRTKF dans le Projet d'objectifs et de principes pour les savoirs traditionnels. Ils sont : « i) actes purs et simples d'appropriation abusive délibérée, ii) appropriation abusive par violation d'arrangements juridiques aux fins de l'obtention d'un consentement préalable donné en toute connaissance de cause et du partage des avantages, iii) appropriation abusive par tentative d'obtention de droits de propriété intellectuelle illégaux sur des savoirs traditionnels, iv) appropriation abusive sous la forme d'une concurrence déloyale ou d'un enrichissement injustifié engendrant un avantage commercial manifestement inéquitable, et v) certaines formes d'utilisation abusive volontaire et d'outrage en ce qui concerne les savoirs traditionnels ». WIPO/GRTKF/IC/10/5, n° 20.

acquièrent une viabilité par le fait de leur commercialisation. On ne peut négliger pour autant les dangers menaçant ces patrimoines culturels immatériels : cette acquisition non autorisée de propriété industrielle outrage l'identité culturelle des communautés ; son utilisation hors du contexte culturel dénature le patrimoine culturel immatériel et peut être considérée par les communautés comme culturellement offensante. Ainsi, des mesures juridiques sont nécessaires non seulement pour lutter contre l'appropriation illicite de ces éléments, mais aussi pour la sauvegarde de leur nature et de leur valeur éthique intrinsèquement liées à l'identité culturelle des communautés qui les pratiquent.

201. Les options juridiques mises en place par différents États pour protéger les connaissances et savoirs traditionnels reposent notamment sur la propriété industrielle, la responsabilité civile et le droit commercial[654]. Ces méthodes ainsi que les difficultés rencontrées sont analysées par les travaux du Comité GRTKF depuis 2001. Se fondant sur ses documentations d'une ampleur impressionnante[655], les Projets d'objectifs et de principes pour la protection des savoirs traditionnels proposés par le Comité visent notamment la protection des savoirs traditionnels contre l'appropriation illicite ou illégitime et d'autres utilisations déloyales et inéquitables. Pour ce faire, ces Projets prennent en compte, d'une part, les mesures juridiques de la « propriété intellectuelle conventionnelle », qui sont aussi largement critiquées qu'employées[656] ; et d'autre part, les mesures *sui generis* adaptées par une dizaine de pays[657]. Par exemple, les Projets proposent une durée de protection illimitée, non par le titre de propriété intellectuelle, mais par une protection qui « s'apparente plutôt aux formes de protection qui ont trait à une association distinctive entre les bénéficiaires de la protection et l'objet de la protection et qui durent autant que cette association existe » et qui serait un droit « inaliénable et imprescriptible » (art. 9). Plus important, ils sollicitent des mesures juridiques empêchant l'« utilisation intentionnellement insultante par des tiers, en dehors du contexte coutumier, d'un savoir tradition-

---

[654] *V. infra*, n° 261 *sqq.*

[655] Pour un aperçu de ses travaux : WIPO/GRTKF/IC/10/5, n° 31.

[656] Examen des systèmes actuels de protection des savoirs traditionnels par la propriété intellectuelle, WIPO/GRTKF/IC/3/7, n° 32 ; WIPO/GRTKF/IC/5/7. L'expression « propriété intellectuelle conventionnelle » est utilisée au sein de l'OMPI pour désigner les doctrines traditionnelles du droit de la propriété intellectuelle par opposition du droit *sui generis*.

[657] Le Comité a fait l'état général des expériences acquises au plan national en matière de protection *sui generis* des savoirs traditionnels (WIPO/GRTKF/IC/5/8) et a procédé à une analyse comparative de dix législations *sui generis* existantes pour la protection des savoirs traditionnels (WIPO/GRTKF/IC/5/INF/4).

nel doté d'une valeur morale ou spirituelle particulière pour ses détenteurs » (art. 1).

B. Expressions culturelles traditionnelles

1) Champ d'éléments concernés

202. Nous retenons ici la notion d'« expressions culturelles traditionnelles » proposées par le Comité GRTKF : ces expressions, « caractéristiques de l'identité culturelle et sociale et du patrimoine culturel d'une communauté », comprennent, d'une part, les expressions verbales, musicales ou corporelles, fixées ou non sur un support, et d'autre part, les « expressions tangibles », telles que les ouvrages d'art, l'artisanat, les objets de décoration comme des ustensiles, ainsi que les instruments de musique et les ouvrages d'architecture[658]. Il est tout de même à noter que l'objectif de sauvegarde ou de protection n'est pas ces objets dits « tangibles » en tant que tels, mais les éléments socioculturels générateurs derrière ces objets.

203. Les expressions de la culture traditionnelle se trouvent en effet à l'origine des travaux de l'Unesco sur le patrimoine culturel immatériel, appelées à l'époque le « folklore » dans les travaux des deux organismes[659]. Parmi les instruments nationaux, régionaux et internationaux traitant de la protection des expressions culturelles dites du folklore depuis les années 1970[660], on retient notamment les Dispositions types de législation nationale sur la protection des expressions du folklore contre leur exploitation illicite et autres actions dommageables de 1982 élaborées grâce aux efforts communs de l'Unesco et de l'OMPI[661]. Les travaux du Comité GRTKF, reprenant la définition des « expressions du folklore » des Dispositifs types, incluent les arts du spectacle dans la catégorie d'expressions culturelles traditionnelles ou d'« expressions du folklore »[662], les deux termes étant interchangeables au sein de l'Organisation[663].

---

[658] La protection des expressions culturelles traditionnelles ou expressions du folklore : projets d'objectifs et de principes, art. 1er. Comme les Projets d'objectif pour les savoirs traditionnels, ceux-ci sont établis premièrement lors de la 6ème session du Comité (WIPO/GRTKF/IC/6/3, n° 211 et 6/14, n° 66). La version la plus récente de ce document est émise par la 16ème session du Comité, mai 2010, WIPO/GRTKF/IC/16/4.

[659] *V. supra*, « Genèse ».

[660] Résumé et analyses de ces instruments dans : WIPO/GRTKF/IC/5/INF/3, WIPO/GRTKF/IC/5/ INF/4, WIPO/GRTKF/IC/9/ INF/4, annexe II.

[661] *V. supra*, n° 51.

[662] Pou une analyse de la portée et de la nature des expressions culturelles traditionnelles, *v.* : WIPO/GRTKF/IC/3/10, n° 88-109 ; WIPO/GRTKF/IC/4/3, n° 23-35. En effet, au com-

204. Dans la doctrine juridique française, le concept des expressions culturelles traditionnelles n'existe que sous le terme de « folklore » et bénéficie jusqu'alors d'une attention réduite[664] ; c'est également le cas de la doctrine chinoise. D'une manière générale, on constate que trois critères principaux de définition sont retenus par les auteurs : l'anonymat et le caractère traditionnel, auxquels on ajoute parfois le mode de transmission oral[665].

2) Nécessités d'une protection défensive par la propriété littéraire et artistique aménagée

205. Certaines de ces expressions culturelles traditionnelles peuvent être menacées de disparition. Mais d'une manière générale, en raison de leurs aspects artistiques ou spectaculaires[666] et donc du potentiel économique, elles font souvent l'objet d'exploitation commerciale. Les rapports du Comité GRTKF et les commentaires des États membres de l'OMPI sur cette question démontrent qu'il existe un risque important d'utilisations dénaturantes et culturellement offensantes pour les communautés qui les pratiquent[667]. Ce risque s'avère d'autant plus considérable lorsque l'on souligne la nature sa-

---

mencement des travaux du Comité GRTKF, les expressions culturelles traditionnelles étaient traitées comme une partie composante de la notion de savoirs traditionnels *lato sensu*. Il a été suggéré par les États membres du Comité que la question des expressions culturelles traditionnelles devait être traitée séparément, justifié par les particularités des aspects artistico-culturels vis-à-vis des aspects technico-scientifiques des savoir-faire (WIPO/GRTKF/IC/3/10, n° 96).

663 WIPO/GRTKF/IC/6/3, n° 18.

664 On peut dénombrer de manière presque exclusive les ouvrages ou articles français consacrés à la question : Claude Masouyé, « La protection des expressions du folklore », *RIDA*, 1983, n° 115, p. 3-25. – Alain Gobin, « Le folklore musical », *Les cahiers du droit*, t. IV, 1984, 33-88 ; « Un siècle de jurisprudence en matière de folklore musical », *Gaz. Pal.*, 22 mars 1984, p. 132 ; « Les interprètes, collecteurs et éditeurs de musique folklorique », *RIDA*, 1985, n° 124, p. 105-137. – Kouliga Nikiema, *La protection des expressions du folklore par la propriété intellectuelle*, thèse de doctorat, Université Paris II, 1988, 522 p. – Pierre-Yves Gautier, *La protection du folklore par le droit de la propriété industrielle et celui des obligations*, rapport au colloque Forum mondial Unesco-OMPI sur la protection du folklore, Phuket, Thaïlande, 8-10 avril 1997, Acte, Unesco Publication CLT/CIC/98/1 ; OMPI Publication 758(E/F/S), p. 113-127. – Agnès Lucas-Schloetter, *JCL Propriété littéraire et artistique*, Fasc. 1962 : « Protection juridique du folklore », avril 2003.

665 A. Lucas-Schloetter, *ibid*, n° 6.

666 Ces aspects artistiques ou spectaculaires sont plutôt extérieurs aux communautés pratiquant ces expressions, alors que les communautés, dans une grande majorité des cas, ne distinguent pas les expressions purement artistiques ou spectaculaires de celles à caractère religieux ou spirituel.

667 OMPI, *Savoirs traditionnels : besoins et attentes en matière de propriété intellectuelle*, précité.

crée et cultuelle de certains éléments[668]. Certaines expressions ne doivent être exposées en public ou être présentées hors de leur contexte particulier, tels que le rite de guérison ou la cérémonie funéraire. D'autres expressions culturelles ne disposent pas de caractères secrets mais sont considérées par les communautés traditionnelles comme hautement symboliques ou sacrées : l'utilisation des telles expressions par l'industrie et le commerce, comme les termes « Cherokee », « Crazy Horse », ou « Navajo », allant de l'automobile aux équipes de football, ou la reproduction d'images sacrées sur des torchons ou tee-shirts, est considérée par les Amérindiens ou aborigènes australiens comme offensive et dénigrante[669].

206. Comme pour les savoirs traditionnels, un certain nombre d'outils juridiques est employé afin d'offrir une protection aux expressions culturelles traditionnelles. Il s'agit notamment du droit d'auteur et des droits voisins du droit d'auteur, mais également de la propriété industrielle et du droit de la concurrence déloyale[670]. Malgré les observations faites sur la non-conformité du système de la propriété intellectuelle conventionnelle vis-à-vis des particularités de la culture et du savoir traditionnels[671], les travaux du Comité GRTKF considèrent que les droits de propriété intellectuelle existants et les mesures *sui generis* mises en place par les États sont complémentaires, et qu'ils peuvent former une « solution globale » afin de s'adapter aux particularités des expressions culturelles traditionnelles[672].

---

668 C'est par exemple le cas de la fameuse jurisprudence australienne *Foster v. Mountford.* Il s'agissait en l'espèce de la publication d'un ouvrage intitulé *Nomads of the Australian Desert.* Dans cet ouvrage, l'anthropologue Charles P. Mountford décrivait ses observations concernant le peuple *Pitjantjatjara.* L'ouvrage contenait notamment des informations relatives à des sites sacrés, des objets et des peintures de cette communauté aborigène que celle-ci considérait comme secrets, et sa publication fut par conséquent interdite au motif que les informations divulguées « n'ont pu être fournies qu'en raison d'une relation de confiance, une confiance qu'il [Dr. Mountford] a lui-même, en tant qu'anthropologue, acceptée (could only have been supplied and exposed in confidence, a confidence [Dr Mountford] himself, as an anthropologist, accepted) ». *Foster and Others v. Mountford and Rigby Ltd.* (1977) 14 A.L.R 71, Supreme Court of the Northern Territory, p. 72, cité par : Agnès Lucas-Schloetter, "Folklore", in. Silke von Lewinski (dir.), *Indigenous heritage and intellectual property : genetic resources, traditional knowledge, and folklore*, Kluwer Law International, The Hague, 2003, p. 314.

669 Stephen Palethorpe & Stefaan Verhulst, *Report on the International Protection of Expressions of Folklore under Intellectual Property Law*, Programme in Comparative Media Law and Policy, University of Oxford, study commissioned by the European Commission, oct. 2000, § 3.4.2. – Kamal Puri, "Préservation et conservation des expressions du folklore", *Bulletin du droit d'auteur*, Unesco, vol. xxxii, n° 4, 1998, p. 28.

670 *V. infra*, le chapitre « La mise en œuvre dans le cadre juridique ».

671 *Idem.*

672 WIPO/GRTKF/IC/7/4, n° 34.

Le Comité propose ainsi des solutions spécifiques dans ses Projets d'objectifs et de principes pour la protection des expressions culturelles traditionnelles[673] inspirés des mesures *sui generis* des expériences nationales : la non-exigence de la fixation comme condition de protection (art. 1er) ; le droit pour les communautés d'empêcher la reproduction, l'utilisation ou l'acquisition des droits des expressions culturelles traditionnelles ayant une valeur ou une signification culturelle ou spirituelle particulière, sous réserve d'un enregistrement ou d'une notification préalable de la part des communautés (art. 3) ; ainsi que la durée de protection illimitée (art. 6). Il s'agit en effet d'un « remaniement » des éléments de la propriété intellectuelle conventionnelle empêchant son application aux expressions culturelles traditionnelles. Par ailleurs, les Projets d'objectifs et de principes reconnaissent, outre les valeurs économique, scientifique et commerciale des expressions culturelles traditionnelles, leurs valeurs sociale, culturelle et spirituelle et promeuvent le respect des cultures traditionnelles.

Ces mesures, en particulier l'article 3 précité, semblent propices pour empêcher l'utilisation dénaturante ou culturellement offensante des éléments culturels d'une communauté ; elles participent également au maintien de la viabilité des éléments. Selon la position officielle du Comité GRTKF, ces Projets visent une solution qui évite la création des droits patrimoniaux distincts[674] et qui règle seulement les droits d'usage des expressions culturelles traditionnelles. Cependant, ces mesures permettent aux communautés d'entretenir une relation étroite avec le patrimoine culturel immatériel de qualité double : à la fois par le droit de jouir de leurs biens incorporels et par le droit d'exclure l'accès à ces biens à d'autres personnes s'agissant de certains éléments considérés comme sacrés – il s'agit là en réalité les deux qualités classiques que l'on reconnaît à la propriété.

Conclusion de la section 2 et du chapitre III

207. Les analyses précédentes permettent de déterminer la double nature de la protection recherchée, dégagée des nécessités réelles des éléments du patrimoine culturel immatériel : d'un côté, une exclusivité sur l'exploitation des éléments du patrimoine culturel immatériel, permettant

[673] La protection des expressions culturelles traditionnelles ou expressions du folklore : Projets d'objectifs et de principes, la version la plus récente de ce document est émise par la 16ème session du Comité GRTKF, WIPO/GRTKF/IC/16/4 PROV, adopté en mai 2010.

[674] WIPO/GRTKF/IC/10/4, n° 17 ; WIPO/GRTKF/IC/10/5, n° 17 : « éviter la création de droits de propriété distincts » ; art. 2-2 « La protection ne doit pas nécessairement revêtir la forme de droits de propriété exclusifs » ; WIPO/GRTKF/IC/16/5, Annexe, p. 23.

une protection pécuniaire et, de l'autre, une protection contre l'atteinte culturellement inacceptable, permettant une protection morale. Ce sont ces différentes nécessités qui ont conduit à deux visions différentes sur la question de la protection juridique du patrimoine culturel immatériel, d'une part, la vision d'une sauvegarde des éléments du patrimoine culturel immatériel proposée par la convention de l'Unesco, et d'autre part, la vision d'une protection défensive des droits subjectifs *sur* ces éléments conférés aux communautés, proposée par les projets du Comité GRTKF.

Sont d'abord en question les éléments qui nécessitent une sauvegarde souvent urgente face aux menaces de disparition. En l'absence d'actions privées et associatives suffisantes, l'absence due à l'ampleur de la tâche et de leur nature qui exclut tout profit commercial, l'intervention du pouvoir public, qu'elle prenne forme active ou passive, est nécessaire pour en assurer la sauvegarde. La Convention de 2003, par ses articles 11 à 15, encourage les États membres à entreprendre des actions publiques pour favoriser cette sauvegarde.

Quant aux éléments menacés particulièrement par les utilisations commerciales dénaturantes et culturellement offensantes, les moyens de « protection défensive » proposés par le Comité GRTKF – c'est-à-dire de conférer un droit opposable aux communautés d'empêcher l'utilisation des éléments de leur patrimoine culturel immatériel – semblent être propices. Mais les solutions du droit privé ne sont pas les seules qui peuvent être utilisées pour empêcher ces utilisations dénaturantes et culturellement offensantes. Ce genre d'utilisation peut, par exemple, être considéré comme une transgression de l'ordre public si le droit positif permet de la qualifier comme telle. Il peut s'agir, par exemple, des références à la moralité ou à la dignité humaine[675]. Ainsi, la police administrative peut intervenir dans la prévention de cette transgression. Dans cette perspective, la loi chinoise sur la protection du patrimoine culturel immatériel[676] énonce dans son article 4 que la protection du patrimoine culturel immatériel doit respecter « son au-

---

675 Bien que considérées comme ambiguës et très discutées, ces références existent en droit français : la « moralité publique » est introduite dans la conception de l'ordre public par le Conseil d'État dans un arrêt en 1959 ; de même que le respect de la dignité humaine en tant que « composante de l'ordre public » par un autre arrêt du Conseil d'État en 1995 (CE, Sect., 18 déc. 1959, n° 36385, Sté « Les films Lutétia » et Syndicat français des producteurs et exporteurs de films, S. 1960.94, concl. Mayras, *GAJA*, n° 79. – CE, Ass., 27 cot. 1995, Commune de Morsang-sur-Orge, Ville d'Aix-en-Provence, *RFDA*, 1995.1204, concl. P. Frydman, *GAJA*, n° 102. *V.* également Georges Dupuis *et al.*, *Droit administratif*, Sirey, coll. Université, Paris, 2007, p. 527-528).

676 *V. infra*, chapitre « L'élaboration d'une législation ayant pour vocation la protection du patrimoine culturel immatériel. Analyses critiques de la loi chinoise ».

thenticité, son intégrité et sa transmissibilité ». Cette loi étant « par nature une loi du droit administratif », son article 4 inclut en réalité la protection de la nature des éléments du patrimoine culturel immatériel dans la conception de l'intérêt public. Il est néanmoins regrettable qu'aucune mesure de sanction n'est prévue pour la violation de cette règle.

208. Sur cette question, la Convention de 2003 propose un point de vue différent du droit de la propriété intellectuelle et du droit du commerce jusqu'alors utilisés pour la protection juridique des éléments du patrimoine culturel immatériel. Au vu de ces systèmes existants, un élément est protégé car il est « utile » et cette utilité est convoitée en raison de ses intérêts économiques. La protection conférée vise alors les droits subjectifs sur les éléments du patrimoine culturel immatériel et non pas les éléments eux-mêmes. La Convention de 2003, au contraire, vise à préserver l'ensemble du patrimoine culturel immatériel, y compris les éléments qui, pour des raisons diverses ci-précédemment analysées, ne peuvent être exploités commercialement. Au-delà des intérêts économiques ou commerciaux, la sauvegarde des éléments du patrimoine culturel immatériel proposée par la convention inclut un éventail plus large et confère avant tout une protection aux éléments qui n'entrent pas dans le champ de protection par la propriété intellectuelle et le droit du commerce.

209. Il semble enfin important d'insister sur l'opposition entre la structure le plus souvent rigide de toute typologie et l'impondérabilité et la fluidité des cultures vivantes dans lesquelles aucun cloisonnement n'est possible. Les traditions culturelles ne portent pas de numéro, et les communautés traditionnelles n'éprouvent nullement la nécessité d'analyser leurs propres modes de vie et de comportement. Il s'ensuit que toute classification part nécessairement du point de vue limité de l'observateur ; ainsi, la plupart des typologies sont plus ou moins induites. Il n'est donc pas étonnant d'observer dans notre classification qu'un élément puisse se trouver dans deux catégories différentes, car à la fois soumis au danger de disparition et à la menace de l'utilisation dénaturante ou offensante. Les différentes tentatives de classification, qu'elles soient scientifiques, administratives ou juridiques, mettent en évidence – bien que de manière indirecte –, les caractéristiques holistiques mais multidisciplinaires du concept de patrimoine culturel immatériel. C'est justement à partir de cette multidisciplinarité que l'on va ensuite constater le caractère très divers des solutions avancées pour la sauvegarde du patrimoine culturel immatériel ainsi que la protection des droits sur ces derniers.

Conclusion du titre I

210. Le passage progressif du folklore au patrimoine culturel immatériel et la consécration de l'aspect patrimonial des éléments culturels immatériels mettent en avant l'intérêt culturel de ces derniers par rapport à leur valeur économique. C'est ainsi que l'Unesco et l'OMPI suivent désormais des voies différentes, dans les actions de sauvegarde des éléments du patrimoine culturel immatériel d'un côté et la recherche d'une solution de la protection des droits sur les éléments du patrimoine culturel immatériel par la propriété intellectuelle de l'autre.

Plus encore, la préoccupation du statut des populations autochtones au sein de l'Unesco se voit refléter dans le concept de patrimoine culturel immatériel. Ainsi, ce dernier forme une définition originale, en s'appuyant non pas sur un critère de valeur prédéfini, mais sur une appréciation individuelle par les communautés elles-mêmes de leur propre patrimoine culturel. Si la volonté est claire de séparer la notion de patrimoine culturel immatériel de la question du statut des communautés autochtones, la qualification de patrimoine culturel immatériel par les communautés elles-mêmes semble pourtant suggérer un « droit au patrimoine culturel », un composant des droits culturels dont la portée politique est fort sensible.

L'affirmation du concept de patrimoine culturel immatériel en droit international par cette convention de l'Unesco explicite désormais la compétence de l'organisation dans le domaine. Avec ce nouvel instrument, rejoint plus tard en 2005 par la Convention sur la protection et la promotion de la diversité des expressions culturelles, l'action normative de l'Unesco couvre désormais « tous les aspects de la diversité culturelle mondiale : matériels et immatériels, passés et présents »[677].

Néanmoins, l'acceptation de la définition dynamique de patrimoine culturel proposée par l'article 2 de la Convention de 2003 n'est pas évidente. La difficulté vient d'abord du caractère irréductiblement conflictuel de la relation entre l'État (dans sa conception positiviste) et les communautés. Le rôle de ces dernières est alors fort limité dans la qualification du patrimoine culturel immatériel. Il s'ensuit que la multidisciplinarité des éléments du patrimoine culturel immatériel requiert naturellement des mesures de protection des matières diverses. Ces besoins, qui peuvent se résumer en la sauvegarde des éléments d'une part, et la protection défensive des droits subjectifs des communautés sur ces éléments d'autre part, ne seront satisfaits que

[677] Discours de M. Koïchiro Matsuura lors de la 4ème session du Comité intergouvernemental pour la sauvegarde du patrimoine culturel immatériel, Abou Dhabi (Émirats arabes unis), 2 octobre 2009, DG/2009/124, p. 2.

lorsque le concept aura réussi à surmonter les obstacles pour son acceptation par les cadres institutionnels et normatifs des États.

Titre II. La mise en œuvre complexe de la protection du patrimoine culturel immatériel en droit interne

211. Après avoir retracé le processus de la formation du concept de patrimoine culturel immatériel et examiné son contenu, il convient à présent d'étudier comment ce concept trouve sa traduction dans la pratique institutionnelle et juridique, en prenant compte les particularités de chacune des catégories d'éléments. Nous avons vu que le premier outil juridique ayant été évoqué pour la protection des éléments du patrimoine culturel immatériel est l'appropriation de ces éléments par les communautés *via* les techniques de propriété intellectuelle. Dans cette vision, les communautés peuvent, en tant que titulaires des droits sur ces éléments du patrimoine culturel immatériel, s'opposer aux utilisations de ces éléments lorsqu'elles le considèrent nécessaire.

Cette appropriation en tant que moyen de protection doit être soumise à une double évaluation, du point de vue institutionnel et normatif. L'idée que les éléments du patrimoine culturel immatériel appartiennent à des communautés est-elle acceptable par les politiques générales des États ? La mise en œuvre de la protection du patrimoine culturel immatériel dans le cadre des politiques publiques en France et en Chine permettra d'apporter quelques pistes de réponse (Chapitre I). Dans un deuxième temps, la question se pose sur l'aspect technique de cette appropriation mise en doute par les méthodes classiques de propriété intellectuelle. Est-ce possible de réaménager ces méthodes classiques, ou faut-il apporter d'autres solutions que l'appropriation ? La mise en œuvre de la protection du patrimoine culturel immatériel dans le cadre juridique de différents pays est riche d'enseignement (Chapitre II).

Chapitre I. La mise en œuvre dans le cadre des politiques publiques

En matière de politiques publiques, la Convention de 2003, par ses articles 13 et 14, préconise deux types d'action : d'une part et concrètement, l'établissement d'« organismes compétents » pour la sauvegarde du patrimoine culturel immatériel ; d'autre part et plus généralement, la sensibilisation au patrimoine culturel immatériel et sa mise en valeur. Dans les deux orientations, les problématiques sont similaires en France et en Chine. Si, en apparence, les autorités chinoises semblent beaucoup plus réceptives à la notion de patrimoine culturel immatériel et paraissent s'impliquer davantage en matière de sensibilisation au patrimoine culturel immatériel (Section 2), en réalité, la mise en œuvre du concept de patrimoine culturel immatériel en droit interne engage l'acceptation de la notion de communauté ainsi que le rôle de celle-ci dans la qualification de patrimoine culturel immatériel, ce qui semble être la difficulté majeure en matière d'institutionnalisation du patrimoine culturel immatériel en Chine comme en France (Section 1).

Section 1. Une institutionnalisation indécise du patrimoine culturel immatériel

212. Selon l'article 13. *b*) de la Convention de 2003, « chaque État partie s'efforce (...) de désigner ou d'établir un ou plusieurs organismes compétents pour la sauvegarde du patrimoine culturel immatériel présent sur son territoire ». Le fait de désigner ou de créer une administration dédiée aux éléments du patrimoine culturel immatériel procure une certaine légitimité au sein de l'institution étatique et leur accordera une certaine liberté pour son évolution. Dans l'histoire, l'archéologie et l'ethnologie françaises ont ainsi trouvé leur place dans les administrations culturelles au cours des années 1960-80[678]. Derrière ces décisions, il y a souvent plusieurs personnalités éminentes qui jouent un rôle de catalyseur. Mais au fond, l'institutionnalisation d'une matière scientifique ne peut être basée que sur une préparation longue et mature des professionnels du métier autant que de l'ensemble de la société. En ce sens, on constate que le patrimoine culturel immatériel

[678] L'autonomie institutionnelle de l'archéologie est datée généralement de 1964, avec le décret n° 64-94 du 29 janvier 1964 créant à l'administration centrale du ministère des Affaires culturelles un bureau des fouilles et antiquités et portant transfert d'attributions. Pour l'histoire institutionnelle de l'ethnologie française, *v. infra*, n° 110 *sqq*.

obtient rapidement une place au sein des institutions culturelles chinoises : cela s'explique en partie par le caractère plus concentré des pouvoirs de décision, mais cela vient avant tout de la maturation des réflexions de la société chinoise sur le concept de patrimoine culturel immatériel. *A contrario*, malgré les efforts des ethnologues fonctionnaires français qui appellent de leurs vœux une action d'importance majeure pour leur métier, le concept de patrimoine culturel immatériel semble rencontrer en France de nombreuses difficultés pour s'intégrer dans le cadre des politiques publiques.

On constate que dans les deux pays sont d'abord créées des institutions temporaires responsables du patrimoine culturel immatériel (Paragraphe I). Puis l'institution chinoise a évolué vers un service autonome de patrimoine culturel immatériel au sein du ministère de la Culture. Cela sera-t-il le cas pour la France (Paragraphe II) ?

Paragraphe I. Organisation d'une institution temporaire

Dans un premier temps, les deux pays ont mis en place des organisations temporaires durant une période de réflexion, afin de trouver une manière adaptée d'organiser leur administration du patrimoine culturel immatériel. Le fonctionnement de ces institutions temporaires repose sur une institution culturelle existante instaurée pour une autre mission : en Chine, la culture populaire et en France, l'ethnologie. Ces institutions temporaires française et chinoise partagent deux points communs. D'une part en raison de la multidisciplinarité du patrimoine culturel immatériel, ces institutions regroupent en réalité les différents services de l'État qui sont en rapport avec la sauvegarde du patrimoine culturel immatériel ; d'autre part, leurs missions principales sont de dresser l'inventaire national du patrimoine culturel immatériel et de préparer les candidatures nationales aux deux listes de l'Unesco.

213. Les deux institutions temporaires française et chinoise partagent une organisation interdisciplinaire. En Chine, il s'agit d'une réunion interministérielle créée par décret du Conseil des affaires de l'État et directement responsable devant lui. En France, en revanche, il ne s'agit que d'un comité interdirectionnel organisé au sein du ministère de la Culture. Par opposition au cas chinois, la création de ce comité interdirectionnel n'a été formalisée par aucun texte juridique. Ainsi, leur place au sein de l'organisation administrative – et, par voie de conséquence, leur poids institutionnel – est donc très différente[679].

S'étant réuni pour la première fois le 17 octobre 2006, le comité interdirectionnel français a pour principale mission de valider les dossiers de candidature à la liste du patrimoine culturel immatériel de l'Unesco. Presque toutes les composantes du ministère de la Culture sont représentées dans ce comité[680]. Sont également présents la commission française pour l'Unesco (ministère des Affaires étrangères et européennes)[681] et le directeur de l'ancien Musée national des arts et traditions populaires[682,683]. La mission ethnologie[684], en charge de sa coordination, gère l'élaboration de l'inventaire national du patrimoine culturel immatériel. Il est à noter qu'en 2005, un décret du Premier ministre[685] a donné au Conseil du patrimoine ethnologique[686] une compétence consultative facultative sur les mesures ou actions

---

679 Ainsi, on peut s'interroger sur la légitimité de certaines décisions prises par ce comité, par exemple la présélection nationale des candidats français aux deux listes de l'Unesco est effectuée par ce comité (*V. infra*, n° 312), mais lors du rejet d'un dossier par ce comité, la question se pose de savoir quel sera le recours à cette décision. Cette situation impose qu'un fondement juridique soit posé.

680 Suite à la réorganisation du ministère de la Culture en novembre 2009, la direction de l'architecture et du patrimoine, la direction des musées de France et la direction des archives de France sont intégrées à la nouvelle direction générale des patrimoines ; la direction de la musique, de la danse, du théâtre et des spectacles et la délégation aux arts plastiques sont intégrées à la nouvelle direction générale de la création artistique ; la délégation au développement et aux affaires internationales est intégrée au secrétariat général. Article 8, décret n° 2009-1393 du 11 novembre 2009 relatif aux missions et à l'organisation de l'administration centrale du ministère de la Culture et de la Communication.

681 L'intitulé officiel de la commission française pour l'Unesco est « Commission nationale pour l'éducation, la science et la culture », article D. 239-15, Code de l'éducation. En octobre 2006 lors de cette première réunion, le président du comité Culture de la Commission française pour l'Unesco était M. Chérif Khaznadar qui a joué un rôle actif dans les travaux préparatoires de la Convention de 2003. En qualité de directeur de la Maison des cultures du monde (*supra*), il y accueille la Journée française du patrimoine culturel immatériel depuis 2004, avec le soutien du ministère des Affaires étrangères. Il fut élu en juin 2008 président de l'Assemblée générale des États parties de la convention.

682 Aujourd'hui le Musée des civilisations de l'Europe et de la Méditerranée à Marseille.

683 Entretien avec Sylvie Grenet (ancienne mission ethnologie), 8 janvier 2007, précité.

684 Comme nous l'avons vu, la mission ethnologie est absorbée par le département du pilotage de la recherche de la direction générale des patrimoines depuis l'application de l'arrêté du 17 novembre 2009 relatif aux missions et à l'organisation de la direction générale des patrimoines. Toutefois, afin de garder une plus grande lisibilité, nous continuons à utiliser l'intitulé « mission ethnologie » pour désigner cet organisme dans la description des faits du passé.

685 Décret n° 2005-343 du 5 avril 2005 modifiant le décret n° 80-277 du 15 avril 1980 modifié instituant un conseil du patrimoine ethnologique.

686 *V. infra*, n° 112.

relatives au « patrimoine ethnologique immatériel, tels que les savoirs et savoir-faire, les pratiques sociales et les représentations et conceptions » (art. 4).

214. En Chine, les premières actions de mise en œuvre de la Convention de 2003 datent de mars 2005, soit quatre mois après sa ratification (le 2 décembre 2004). Le 26 mars, le Conseil des affaires de l'État décrète un *Avis visant à renforcer la protection du patrimoine culturel immatériel national*[687]. Cet Avis pose les principes directeurs de la protection et de la sauvegarde du patrimoine culturel immatériel, et annonce surtout le projet gouvernemental de recensement national et l'établissement d'une liste représentative nationale du patrimoine culturel immatériel. Il comporte un document annexé, le *Règlement portant sur l'organisation de la réunion interministérielle pour la protection du patrimoine culturel immatériel*[688], qui vise l'instauration d'une institution administrative provisoire pour la sauvegarde du patrimoine culturel immatériel. Il convient de préciser que la protection du patrimoine culturel relève habituellement du Bureau national du patrimoine culturel qui est placé sous la tutelle du ministère de la culture et dont le chef est au rang de vice-ministre (désormais BNPC)[689]. L'intention du gouvernement central est de ne pas intégrer la sauvegarde du patrimoine culturel immatériel parmi les missions du BNPC mais de créer un organisme de gestion parallèle *ad hoc*. Il s'agit, comme le relève l'intitulé dudit règlement, d'une « réunion interministérielle », rassemblant le ministère de la culture, le comité national du développement et de la réforme, le ministère de l'éducation, le comité national des affaires ethniques, le ministère de l'aménagement territorial, le Bureau national du tourisme, le Bureau national des affaires de religion et le BNPC ainsi que le

[687] 国务院办公厅关于加强我国非物质文化遗产保护工作的意见, n° *guoban*国办 [2005] 18, 26 mars 2005, publié au *Bulletin du Conseil des affaires de l'État* 国务院公报, n° 4, 2005.
Les « Avis 意见 » du Conseil des affaires de l'État, malgré leur intitulé, doivent en principe être considérés comme des règlements administratifs dans le sens où ils créent des obligations non seulement pour les administrations locales mais également pour les administrés. Ils sont appliqués par les juges à la seule condition qu'ils ne soient pas en contradiction avec la loi. Sur l'applicabilité de ces documents : Cai Xiaoxue 蔡小雪 (juge de la chambre administrative, Cour suprême populaire de la Chine), « Sur l'effet juridique des documents règlementaires émis par les départements du Conseil des affaires de l'État et leur application » 国务院下属部门规范性文件的法律效力判断与适用, *Renmin sifa*人民司法 (revue de la Cour suprême populaire de la Chine), n° 4, 2008, p. 4-9.

[688] 非物质文化遗产保护工作部际联席会议制度. Les ministères et autorités nationales qui y sont réunis en chinois : 发展改革委员会, 教育部, 国家民族事务委员会, 建设部, 旅游局, 宗教局, 文物局, 财政部.

[689] 国家文物局. Sur l'administration du patrimoine culturel en Chine, *v.* l'ouvrage de Jocelyne Fresnais, *La Protection du patrimoine en République populaire de Chine (1949-1999)*, éd. du CTHS, Paris, 2001, 653 p.

ministère des Finances et du Budget comme, traditionnellement, tous les grands projets nationaux. Le ministre de la Culture est chargé des convocations à la réunion ; les représentants des administrations concernées sont tous directeurs adjoints de chaque institution[690].

Selon son règlement statuaire, cette réunion interministérielle est directement responsable devant le Conseil des affaires de l'État (art. 1-4). Les missions de cette réunion concernent notamment deux axes : d'une part, « examiner et approuver l'inventaire représentatif national du patrimoine culturel immatériel et le rapporter au Conseil des affaires de l'État pour son approbation » (article 1-3), d'autre part, sélectionner les « transmetteurs majeurs 代表性传承人», ce qui correspond à un statut similaire à celui du « maître d'art » français ou du « trésor humain vivant » japonais[691]. Les ministères se réunissent régulièrement ; la première réunion s'est déroulée le 12 mai 2005 à Beijing.

Cette réunion dispose également d'un bureau permanent au sein du ministère de la culture, chargé des opérations quotidiennes. Il s'agit de la direction Culture sociale et bibliothèque qui a des missions similaires à celle de la mission ethnologie en France. Elle représente la culture populaire mais aussi l'ethnologie et l'anthropologie dans les institutions culturelles. Les moyens d'action de cette direction sont les réseaux d'ethnologues et des « maisons de culture » et les bibliothèques publiques sur tout le territoire, en particulier dans les zones rurales. Les ethnologues fonctionnaires de ces réseaux sont généralement originaires des régions où ils travaillent et en contact étroit avec les communautés locales. Cela facilite les actions culturelles et permet de faire participer activement les communautés à l'inventorisation et à la sauvegarde.

215. Les deux institutions française et chinoise pour le patrimoine culturel immatériel, en dehors du caractère temporaire, partagent les mêmes difficultés : outre la mise en place d'un fonds spécifique pour le recensement et l'inventaire, il n'y a ni augmentation conséquente de budget, ni nouveaux postes créés. Cette situation ne peut durer tant du point de vue de l'organisation que de celui des personnels qui ne se retrouvent plus dans les nouvelles missions qui leur sont confiées. L'efficacité de la fonction de sauvegarde du patrimoine culturel immatériel est donc limitée. Les administrations des deux pays sont alors amenées à trouver de nouvelles solutions.

---

690 Les noms et fonctions des personnes désignées au sein des différentes administrations se trouvent dans l'annexe III de l'Avis 非物质文化遗产保护工作部际联席会议成员名单.

691 *V. infra*, le chapitre « Système de trésor humain vivant et son application ».

Paragraphe II. Éventualité d'une institution permanente

216. Devant ces nécessités, la création d'une nouvelle institution dédiée au patrimoine culturel immatériel chargée par le service public est requise. Cela constituerait par ailleurs une véritable reconnaissance du concept de patrimoine culturel immatériel dans les politiques publiques et correspondrait à l'esprit de la Convention de 2003. En effet, créer une nouvelle institution dans le service public, c'est affirmer que l'intervention d'une personne publique est indispensable pour protéger un intérêt général[692], en l'occurrence la sauvegarde et la protection du patrimoine culturel immatériel.

Ainsi une nouvelle direction Patrimoine culturel immatériel 非物质文化遗产司 est créée au sein du ministère de la culture chinois. Le service existe de manière « virtuelle » dès 2007, sans création de poste budgétaire, mais à travers un simple intitulé ajouté à celui de la direction Culture sociale et bibliothèque[693]. En juillet 2008, à l'occasion du réaménagement de son organigramme[694], le ministère de la Culture crée officiellement la direction Patrimoine culturel immatériel. Cette dernière comprend trois sections : la section de gestion, la section de protection et le secrétariat général. Ceci est accompagné de la création de nouveaux postes et de budgets dédiés au patrimoine culturel immatériel[695].

Selon le nouveau organigramme du ministère, les missions de cette nouvelle institution sont les suivantes : élaborer les politiques de protection du patrimoine culturel immatériel ; préparer les projets de lois et de règlements en la matière ; élaborer les projets de sauvegarde du patrimoine culturel immatériel au niveau national ; organiser et mettre en œuvre les projets de sauvegarde ; se charger de l'organisation des candidatures à la Liste du patrimoine culturel immatériel au niveau national et aux deux listes de patrimoine culturel immatériel de l'Unesco et de l'évaluation de ces dossiers ; organiser et mettre en œuvre la transmission et la promotion des éléments

---

692 Jean Rivero & Jean Waline, *Droit administratif*, Précis Dalloz, 2006, n° 363.

693 Par la circulaire ministérielle n° *wenrenfa* 文人发 [2007] 1336 文化部关于社会文化司加挂非物质文化遗产司牌子的通知.

694 Suite à la réforme institutionnelle du gouvernement central approuvée par la onzième législature de l'APN (*Décision de l'Assemblée populaire nationale sur le projet de réforme institutionnelle du Conseil des affaires de l'État* 第十一届全国人民代表大会第一次会议关于国务院机构改革方案的决定) le 15 mars 2008.

695 *L'organisation des services, des compétences et l'aménagement des personnels du ministère de la Culture* 文化部主要职责内设机构和人员编制规定 (*guiding*), décret du Conseil des affaires de l'État, n° *guoobanfa* 国办发 [2008] 79, le 10 juillet 2008. Les trois sections sont : 办公室, 管理处, 保护处.

d'excellence de la culture nationale ; enfin, se charger de l'organisation de la rédaction de l'Histoire de la dynastie Qing. Parallèlement, la Réunion interministérielle reste opérationnelle lorsque l'autorité en charge des convocations à la Réunion (le ministre de la Culture) approuve la nécessité de réunir plusieurs ministères pour leur coopération.

Les cinq premières missions confiées à cette nouvelle institution semblent correspondre tout à fait à l'exigence de l'article 13 de la Convention de 2003. Toutefois, les deux dernières laissent perplexe. En effet, la « transmission et la promotion des éléments d'excellence de la culture nationale » est une des missions générales du ministère de la Culture depuis sa création. Avant le patrimoine culturel immatériel, il n'y avait pas d'institution particulière pour cette charge qui semble vague et difficile à évaluer. À l'occasion de l'institutionnalisation du patrimoine culturel immatériel, le ministère semble entendre que la « culture nationale 民族文化 » – en réalité la culture « traditionnelle » officielle de la Nation chinoise en tant que concept créé artificiellement vers la fin du XIXe siècle – fait partie de la notion de patrimoine culturel immatériel. Si cette nouveauté peut être associée à une logique idéologique et institutionnelle compréhensible[696], la mission de rédaction de l'Histoire de Qing semble en revanche difficilement justifiable dans cette nouvelle institution. En effet, la rédaction de l'Histoire de Qing relevait depuis 2002 de la mission d'un comité de travail sous l'autorité directe du Conseil des affaires de l'État et dont le président était le ministre de la Culture en personne[697]. De plus, le ministère de la Culture n'avait pas jusqu'alors de mission particulière sur l'Histoire en tant que matière scientifique.

217. Ainsi, la nature de cette nouvelle institution du patrimoine culturel immatériel reste incertaine. D'une part, elle n'est plus en lien avec les institutions de la culture populaire : la direction Culture sociale et bibliothèque n'a désormais plus d'influence directe en matière de patrimoine culturel immatériel bien qu'elle ait fait preuve de sa compétence durant les travaux de

---

[696] Dans l'histoire des institutions françaises de la Culture, on observe également une tendance qualifiée de « gaullisme culturel » qui suppose que l'histoire de l'art soit ramenée plus ou moins autoritairement à une histoire de l'expression nationale d'où elle procéderait logiquement et esthétiquement. Yvon Lamy, « Patrimoine et culture : l'institutionnalisation », in. Loïc Vadelorge (dir.), *Pour une histoire des politiques du patrimoine*, Comité d'histoire du ministère de la Culture, Fondation Maison des sciences de l'homme, Paris, 2003, p. 56.

[697] Le projet de rédaction de l'Histoire officielle de Qing est lancé en août 2002 par le Conseil des affaires de l'État. Le Comité de rédaction de l'Histoire de Qing 清史编纂委员会 est ensuite créé en décembre 2002. Il s'agit de l'un des projets culturels majeurs nationaux qui a reçu les plus importants financements de l'État depuis la fondation de la République.

l'inventorisation du patrimoine culturel immatériel notamment de par ses réseaux d'ethnologues locaux[698]. D'autre part, cette nouvelle direction n'a pas la capacité interdisciplinaire de la Réunion interministérielle qui réagit activement face aux divergences des compétences des différentes administrations. Il existe pourtant dans l'administration chinoise des institutions spécifiques dédiées à une thématique, par exemple le Comité du Fleuve jaune[699] qui est une institution déconcentrée du ministère des Ressources hydrauliques dans les régions des vallées du Fleuve jaune et dont le chef est un ministre adjoint. Il représente le ministère et exerce l'ensemble de ses fonctions techniques dans les régions concernées par la gestion du Fleuve jaune.

218. Pour l'administration française, les difficultés sont sans doute similaires. Depuis la réorganisation du ministère de la Culture en novembre 2009[700], la mission ethnologie est absorbée par le département du pilotage de la recherche et de la politique scientifique de la nouvelle direction générale des patrimoines[701] et le réaménagement est encore en cours. Mais le décret du 17 novembre 2009, en définissant les missions de la direction générale des patrimoines, emploie l'expression « patrimoine ethnologique et immatériel ». Il est donc clair que le patrimoine culturel immatériel et le « patrimoine ethnologique » restent deux notions très proches pour l'institution culturelle française. Il est alors permis de supposer que la future institution permanente pourra bien porter le nom de « mission pour le patrimoine ethnologique *et* immatériel ». Comme en Chine, cette nouvelle institution devra déterminer comment gérer les très probables conflits entre les différents services du ministère de la Culture, et éventuellement extérieurs au ministère, concernés par le patrimoine culturel immatériel, tel que le cas des métiers d'art[702], ou de certaines manifestations culturelles traditionnelles (festi-

---

698 Sur cette question, *V. infra*, n° 328.

699 L'institution 黄河水利委员会 existe depuis la fondation de la République. Elle couvre les régions des vallées du fleuve que sont Hebei 河北, Shandong 山东, Henan 河南, Xinjiang ouighour 新疆, Qinghai 青海, Gansu甘肃 et la Mongolie intérieure 内蒙古. Dans l'histoire de la Chine, le Fleuve jaune, qualifié du « berceau de la civilisation chinoise », est également réputé pour ses crues désastreuses et sa gestion occupe depuis la Haute Antiquité une place primordiale pour les autorités.

700 Décret n° 2009-1393 du 11 novembre 2009 relatif aux missions et à l'organisation de l'administration centrale du ministère de la Culture et de la Communication, précité.

701 Article 8-IV, arrêté du 17 novembre 2009 relatif aux missions et à l'organisation de la direction générale des patrimoines.

702 *V. infra*, n° 384 *sqq*.

vals, folklores) relevant de la direction de la musique, de la danse, du théâtre et des spectacles[703].

Conclusion de la section 1

219. L'application de la Convention de 2003 passe ainsi dans les deux pays d'abord par une reconnaissance institutionnelle. Loin d'être anodine, cette action institutionnelle peut représenter autant de pièges que de possibilités. Les risques d'une production de l'identité nationale *via* la culture traditionnelle et les dangers de son instrumentalisation politique sont beaucoup étudiés et suscitent toujours des débats passionnés[704].

L'intégration institutionnelle du concept de patrimoine culturel immatériel induit également une mutation de point de vue sur les pratiques patrimoniales. L'action institutionnelle doit désormais se focaliser non plus seulement sur la « conservation » des objets porteurs de valeur culturelle, mais aussi sur la « sauvegarde » de l'acte social de création et de réélaboration qui permet leur production. En effet, cette action institutionnelle est liée fonctionnellement à un objectif de gestion des politiques culturelles. En raison des nécessités juridiques et administratives, il y a toujours dans le découpage des compétences le risque d'une fragmentation rigide de la réalité socioculturelle du patrimoine culturel immatériel qui est d'une extrême interdisciplinarité. L'impact concerne également les chercheurs et les professionnels du patrimoine, car leur approche archivistique et documentaire ne sera plus la seule référence dans cette nouvelle perspective du patrimoine introduite par le concept de patrimoine culturel immatériel. Ce dernier, se voulant dynamique et axé sur la culture vivante, requiert de nouvelles possibilités d'interaction avec les acteurs de ces pratiques culturelles[705].

Il y a donc une nécessité d'interaction entre l'institution étatique qui maintient de fait la prérogative de sélection[706] et la communauté qui est censée établir la valeur patrimoniale d'une pratique ou connaissance. En ce sens, dans le cas chinois, le fait de détacher la gestion du patrimoine culturel immatériel de la direction Culture sociale et bibliothèque, qui est en contact réel avec les communautés de par ses réseaux d'ethnologues, semble ôter les

---

[703] La direction des arts plastiques et la direction de la musique, de la danse, du théâtre et des spectacles sont depuis le décret du 11 novembre 2009 intégrées à la nouvelle direction générale de la création artistique.

[704] Par exemple Anne-Marie Thiesse, *La création des identités nationales : Europe XVIIIe-XXe siècle*, Seuil, Paris, 1999.

[705] Chiara Bortolotto, *Les enjeux de l'institution du patrimoine culturel immatériel*, précité, p. 32.

[706] *V. supra*, chapitre « Qualification de patrimoine culturel immatériel ».

fondements des actions publiques. La nouvelle institution du patrimoine culturel immatériel ne semble pas à l'heure actuelle impliquer réellement les communautés dans la sauvegarde et la gestion du patrimoine culturel immatériel : son seul effet par rapport à la gestion par la direction Culture sociale et bibliothèque ne serait qu'une reconnaissance symbolique de la notion de patrimoine culturel immatériel. En somme, la logique institutionnelle ne serait pas la meilleure garantie de la viabilité des pratiques culturelles. Comme le requiert l'article 13. *i*) de la convention, les actions des secteurs privés et associatifs, souvent plus proches des communautés, devraient voir leur rôle s'imposer pour exercer des influences parallèles aux institutions publiques.

Section 2. Des engagements inégaux dans la sensibilisation au patrimoine culturel immatériel

220. La sensibilisation au patrimoine culturel immatériel étant l'une des méthodes de sauvegarde mises en avant par la Convention de 2003, les gouvernements français comme chinois ont pris des mesures pour communiquer au grand public cette nouvelle notion. Toutefois, dans les deux pays, le concept politique de l'État-Nation vient limiter le plein essor de la notion de patrimoine culturel immatériel qui se fonde sur la notion de « commu-nauté », cette dernière considérée comme portant atteinte à l'unité nationale.

L'État chinois a montré un fort intérêt pour la notion de patrimoine culturel immatériel dès son élaboration. Il a été le sixième pays à ratifier la Convention de 2003 et a déposé dès 2004 à l'Unesco les premiers projets de sauvegarde. Cette prompte réaction des autorités chinoises est certainement liée au régime juridique du pays. En effet, la ratification d'une convention internationale en Chine ne nécessite que l'approbation du Comité permanent de l'APN[707], tandis que dans le système français une convention internationale ne peut être ratifiée ou approuvée qu'en vertu d'une loi, c'est-à-dire après examen par les deux chambres, l'Assemblée nationale et le Sénat[708]. L'avènement tardif de la ratification de la Convention de 2003 par la France s'explique également par une volonté parlementaire de s'assurer préalablement de l'adoption, par l'Unesco, de la Convention sur la protection et la promotion de la diversité des expressions culturelles intervenue en novembre 2005, dans laquelle la France s'est particulièrement investie[709].

[707] Art. 7-3 de la Loi de la R.P.C. *sur la procédure de conclusion des traités internationaux* 中华人民共和国缔结条约程序法, le 28 décembre 1990, précitée.

[708] Art. 53 de la Constitution française de 1958.

[709] Rapport n° 369 (2005-2006) de Mme Garriaud-Maylam au Sénat, précité, conclusion.

Toutefois, la diligence de la Chine démontre aussi la volonté politique forte du gouvernement central et le mouvement de préparation déjà avancé dans la société. *A contrario*, derrière la réaction plus lente du gouvernement français se cache sa moindre sensibilité à la question, seul le milieu de l'ethnologie étant mobilisé.

221. Le gouvernement chinois a, dès 2005, mis en place une série de mesures afin de sensibiliser le grand public à la notion de patrimoine culturel immatériel et de favoriser l'accès à celui-ci : une exposition au Musée national suite aux premiers travaux de repérage des éléments du patrimoine culturel immatériel[710] ; une présentation sur le site Internet gouvernemental d'information dirigé par le bureau d'information du Conseil des affaires de l'État[711] ; de nombreux reportages dans les journaux comme dans les médias télévisés[712] …

En mars 2006, la Réunion interministérielle pour la protection du patrimoine culturel immatériel, par le biais de l'Académie de l'art, lance le concours de création de l'« emblème officiel du patrimoine culturel immatériel de la Nation ». Le résultat du concours est publié le 8 juin deux jours avant la première Journée nationale du patrimoine culturel. En février, le BNPC a lui aussi publié l'emblème national du patrimoine culturel obtenu par un concours parallèle[713].

[710] Accueillie au Musée national (Beijing) durant février-mars 2006, cette exposition est organisée notamment autour des dossiers de candidature que les Régions déposent pour la première inscription sur la liste du patrimoine culturel immatériel au niveau national (publiée en mai 2006, *V. infra*, n° 311 *sqq.*). Sont invités sur place les artistes et artisans qui présentent leurs arts et savoir-faire, il s'agit d'une forme d'exposition complètement inédite au Musée national.

[711] Une dizaine d'enregistrements vidéo de l'exposition au Musée national est mise en ligne, complétée par un grand nombre de photographies et de documents. La page de l'exposition en ligne : [http://www.china.com.cn/chinese/zhuanti/bh/1116783.htm].

[712] Par exemple dans la Région de Hunan, le quotidien *Sanxiang dushi bao* 三湘都市报 a réalisé, pendant un an, une série de reportages hebdomadaires sur les éléments du patrimoine culturel immatériel de la Région, avec le soutien du département régional de la culture.

[713] Mesures sur la gestion et l'utilisation des deux emblèmes : 中国文化遗产标志管理办法 (*banfa*), BNPC, n° *wenwuzhengfa* 文物政发 [2006] 5, 6 février 2006 ; 文化部办公厅关于印发中国非物质文化遗产标识管理办法的通知, circulaire du ministère de la Culture, n° *banshetufa* 办社图发 [2007] 14, 23 juillet 2007.

Emblème du patrimoine culturel © BNPC de la R.P.C.	Emblème du patrimoine culturel immatériel © Ministère de la Culture de la R.P.C.

Le 10 juin 2006, la première journée nationale du patrimoine culturel est, en grande partie, consacrée au patrimoine culturel immatériel. Ce jour-là, 18 Régions publient leurs listes régionales du patrimoine culturel immatériel. Le ministère de la culture et l'Académie chinoise de l'art lancent le site Internet intitulé « Le patrimoine culturel immatériel chinois » entièrement consacré à la communication du patrimoine culturel immatériel[714].

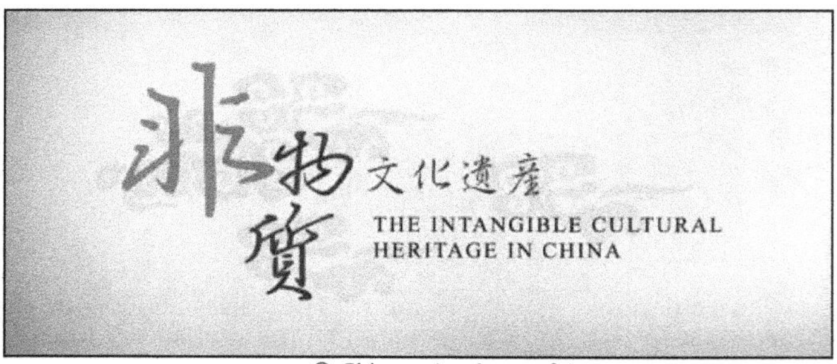

© Chinese Academy of Art

222. Comparés à ces dispositifs officiels chinois, les applications des administrations françaises sont beaucoup moins élaborées. Depuis l'approbation française de la convention en juillet 2006, mise à part la mobilisation du milieu de la recherche, seules deux institutions françaises se sont engagées dans des travaux sur le patrimoine culturel immatériel, la mission ethnologie (ministère de la Culture) et la Commission française pour l'Unesco (ministère des Affaires étrangères). Bien que la mission ethnologie

[714] Site Internet *China intangible heritage :* [www.ihchina.cn].

ait été considérée, dans les rapports du Sénat et de l'Assemblée nationale relatifs à l'approbation de la convention[715], comme l'organe d'État déjà existant pour la protection du patrimoine culturel immatériel, elle n'a pas été consultée pour la préparation des rapports officiels ou l'approbation de la convention ni directement, ni par l'intermédiaire du ministère de la Culture[716]. Son rôle étant notamment de dresser l'inventaire français du patrimoine culturel immatériel et de mener des projets de recherche sur ce thème, cette institution n'a ni la vocation ni les moyens d'assurer la communication relative au patrimoine culturel immatériel. Si la série de séminaires *Atelier du patrimoine culturel immatériel* que la mission a organisée en coopération avec le Laboratoire d'anthropologie et d'histoire de l'institution de la culture (Lahic)[717] a œuvré pour la sensibilisation à la notion de patrimoine culturel immatériel, son influence se limite aux chercheurs en anthropologie et ethnologie.

Quant à la Commission française pour l'Unesco, elle a soutenu dès 2004 la Journée du patrimoine culturel immatériel organisée par la Maison des cultures du monde. Cet évènement annuel a su dépasser le milieu de la recherche scientifique et aller vers les médias. La Journée est devenue en France un moyen de communication important pour le patrimoine culturel immatériel. Il semble néanmoins que l'influence de quelques éminentes personnalités y soit plus importante qu'un véritable engagement de la part des autorités publiques[718].

Au-delà d'un contexte de désengagement de l'État français au regard des sciences sociales, il ne serait pas injustifié de dire que les autorités françaises ne s'investissent que peu dans la communication relative au patrimoine culturel immatériel en comparaison des autorités chinoises. Mais en y regardant de plus près, on constate qu'en Chine, derrière les apparences d'un engagement important de l'État, il existe la même méfiance qu'en France en raison du concept politique de l'État-Nation commun aux deux pays. Car le

---

715 Le rapport n° 369 (2005-2006) de Mme Garriaud-Maylam au Sénat (précité) et le rapport n° 2875 par M. Bruno Bourg-Broc, au nom de la Commission des affaires étrangères, déposé le 21 février 2006 à l'Assemblée nationale, sur le projet de loi autorisant l'approbation de la convention internationale pour la sauvegarde du patrimoine culturel immatériel. Loi n° 2006-791 promulguée le 5 juillet 2006.

716 Entretien avec Sylvie Grenet, le 18 janvier 2007, précité.

717 Le Lahic est un laboratoire conventionné CNRS-ministère de la Culture.

718 Rappelons-nous, par exemple, que M. Chérif Khaznadar, qui a participé activement aux travaux préparatoires de la Convention de 2003, était en 2004 président du comité culturel de la Commission française pour l'Unesco ainsi que directeur de la Maison des cultures du monde. Il a été élu en juin 2008 président de l'Assemblée générale de la Convention de 2003.

fait de reconnaître le patrimoine culturel immatériel de telle ou telle communauté c'est, en quelque sorte, opposer les cultures ethniques ou régionales à la présumée « culture nationale » de la Nation multiethnique et multiculturelle. Afin de réduire les éventuels risques d'une telle reconnaissance, nous verrons que dans la pratique, la qualification des éléments du patrimoine culturel immatériel est largement effectuée par une institution étatique plutôt que par les communautés elles-mêmes[719] : cette action est alors orientée dans l'affirmation d'une culture nationale, tout comme ce que l'on peut observer dans les campagnes de sensibilisation auprès du grand public, tels l'exposition au Musée national ou l'emblème de « patrimoine culturel immatériel de la Nation ».

Conclusion du chapitre I

223. Dans le cadre institutionnel, la notion de patrimoine culturel immatériel se heurte premièrement à la contradiction entre l'interdisciplinarité du patrimoine culturel immatériel et la nature plus ou moins rigide des découpages administratifs. Ainsi, face à l'institution du patrimoine culturel déjà établie, le patrimoine culturel immatériel semble avoir du mal à trouver sa place.

Mais la difficulté majeure pour les deux pays tient à la vision politique commune de l'État-Nation. En raison de cette pesanteur politique et de l'absence de notion juridique de communauté – totale en France et partielle en Chine – l'acceptation réelle de la notion de patrimoine culturel immatériel semble problématique. Dans le fait, l'appropriation des éléments du patrimoine culturel immatériel par les communautés en tant que moyen de protection semble difficilement réalisable : dans le cas chinois, ces éléments sont envisagés comme faisant partie du « patrimoine culturel de la Nation », alors que dans le cas français, ils sont vus comme simples objets de recherche scientifique en matière d'ethnologie : toute référence à la communauté est soigneusement évitée.

Dans une telle vision, la recherche d'une protection juridique du patrimoine culturel immatériel ne peut qu'être cantonnée dans le schéma d'une institution étatique encadrée. Si l'État chinois se montre très réceptif au concept de patrimoine culturel immatériel, ses efforts pour la sauvegarde et la sensibilisation de ce dernier doivent aussi s'analyser dans son orientation générale de l'édification d'identité culturelle unique de la « Nation chi-

---

[719] *V.* chapitre « Recensements, inventaires nationaux et leurs relations avec les deux listes de l'Unesco ».

noise », tout comme dans ses efforts dans la mise en valeur des patrimoines immobiliers[720].

[720] J. Fresnais, *La protection du patrimoine en République populaire de Chine (1949-1999)*, *op. cit.*, p. 461-462.

Chapitre II. La mise en œuvre dans le cadre juridique

Dans le cadre juridique, le concept de patrimoine culturel immatériel est dès son émergence confronté à la question de son appropriation par le droit de la propriété intellectuelle, car ce dernier est considéré comme le meilleur moyen de conférer des droits subjectifs aux communautés de s'opposer à l'utilisation illégitime et offensante de leurs éléments du patrimoine culturel immatériel et de réclamer un partage équitable des retombées économiques engendrées par l'exploitation commerciale de ces éléments. Parallèlement, le système de conservation du patrimoine culturel physique existant est naturellement appelé pour la protection du patrimoine culturel immatériel. Néanmoins, on constate l'existence d'une incompatibilité importante entre les systèmes juridiques existants et le nouveau concept de patrimoine culturel immatériel (Section I). En raison de ces contradictions et pour offrir une protection au patrimoine culturel immatériel, un certain nombre de tentatives sont faites afin d'adapter les systèmes existants au concept de patrimoine culturel immatériel (Section II).

Section 1. Les incompatibilités avec les systèmes existants

Les systèmes existants peuvent-ils offrir une protection suffisante aux éléments du patrimoine culturel immatériel ? Les interrogations portent tant sur la nature juridique du patrimoine culturel immatériel (Paragraphe I), que sur le titulariat de ces éléments culturels particuliers (Paragraphe II), notamment en ce qu'il présente certaines contradictions avec les concepts de la propriété intellectuelle classique.

Paragraphe I. Incompatibilités dues à la nature juridique des éléments du patrimoine culturel immatériel

La première question qui se pose concerne la nature juridique des éléments du patrimoine culturel immatériel au regard du droit des biens. Or, la confrontation du patrimoine culturel immatériel à la notion de bien semble malaisée (A), de même qu'à la notion traditionnelle de patrimoine culturel (B).

A. L'incompatibilité du concept de patrimoine culturel immatériel avec la théorie des biens immatériels en droit privé

Nous avons constaté que l'immatériel dans le droit des biens consiste en des droits, qu'ils se portent sur des choses matérielles ou immatérielles[721] : on ne doit pas confondre les choses immatérielles (ou incorporelles) avec les biens incorporels les plus ordinaires qui sont les droits. Nous nous limiterons dans le développement suivant à une partie des biens immatériels, ceux « par nature », que sont les droits de propriété intellectuelle. À cet égard, le concept de patrimoine culturel immatériel rencontre de nombreuses difficultés dans sa qualification en tant que bien juridique. En effet, pour être qualifiée de bien juridique, une chose, corporelle ou incorporelle, doit avoir de la valeur, être appropriable et dans le commerce juridique, c'est-à-dire être cessible[722]. Pourtant, il existe en doctrine comme dans la pratique actuelle, une tendance à refuser l'appropriation privative des éléments du patrimoine culturel immatériel (1). Même lorsque celle-ci est théoriquement possible, ces éléments sont souvent indisponibles, par le droit ou par le fait (2).

1) L'examen de l'appropriabilité privative des éléments du patrimoine culturel immatériel

224. On peut être tenté, par la similitude des formules, de rapprocher la notion de patrimoine culturel immatériel de la catégorie de « chose incorporelle » ou de « chose immatérielle » du droit des biens. En droit civil les « choses » sont des objets sur lesquels peuvent exister des droits subjectifs[723]. Les choses incorporelles sont le « fruit d'une conception en esprit », elles émergent néanmoins à la considération du droit des biens « par la sanction du marché économique, c'est-à-dire par la valeur qui leur est conférée »[724]. Il s'agit en effet de la chose « intellectuelle » : de la création ou de l'information. L'acceptation de l'appropriation des choses incorporelles dans la doctrine passe par une sorte d'aménagement de la notion classique de bien[725], conduisant à l'appellation de propriété intellectuelle. En réalité,

---

721 *V. supra*, n° 93.

722 Frédéric Zénati-Castaing & Thierry Revet, *Les biens*, PUF, Paris, 2008, n° 2. – Rémy Libchaber, *Rép. civ. D.*, v. *Bien*, n° 2.

723 *Vocabulaire Cornu.*

724 Alain Piédelièvre, « Le matériel et l'immatériel. Essai d'approche de la notion de bien », in. *Les aspects du droit privé en fin du 20ème siècle (Mélange Juglart)*, 1986, p. 55-62.

725 Zénati-Castaing & Revet, *Les biens*, *op. cit*, n° 83, 86. – R. Libchaber, *Rép. civ. D.*, v. « Bien », n° 42. V. également *supra*, n° 95-98.

pour la protection du patrimoine culturel immatériel, cette branche du droit a été la première évoquée pour agir et a joué un rôle important dans les réflexions en cours[726].

a) Conditions de protection par la propriété intellectuelle

Afin de permettre aux communautés culturelles d'exercer des droits exclusifs sur leurs éléments du patrimoine culturel immatériel, certaines solutions de la propriété intellectuelle sont évoquées, notamment le droit d'auteur, mais aussi le droit des dessins et modèles ainsi que le droit des brevets. Cependant, pour que ces législations s'appliquent et qu'une appropriation soit possible, les éléments du patrimoine culturel immatériel doivent, d'une part, remplir les deux conditions d'« activité créative » et de « création de forme » pour être qualifiés d'œuvre de l'esprit, et d'autre part, prouver leur originalité, souvent aussi la nouveauté de leur création (pour la propriété industrielle).

i. Œuvre de l'esprit

225. La qualification d'« œuvre de l'esprit » est une étape essentielle pour bénéficier de la protection du droit d'auteur[727]. Il est généralement admis, en doctrine chinoise comme française, que l'œuvre doit procéder d'une activité intellectuelle créative pour être ainsi qualifiée[728]. En ce qui concerne les œuvres des expressions culturelles traditionnelles, même si l'on ne peut identifier clairement le moment exact de la création, elles ont bien été mises au monde par une activité créative à un moment donné.

---

726 *Cf.* les rapports du Comité GRTKF sur les expériences de la protection des savoirs traditionnels et des expressions culturelles traditionnelles par la propriété intellectuelle au niveau national, notamment : WIPO/GRTKF/IC/3/7 et 3/10, précité.

727 Selon art. L. 111-1 du Code de la propriété intellectuelle (ci-après CPI), l'« œuvre de l'esprit » est l'objet de protection de la propriété littéraire et artistique. La doctrine admet généralement que l'œuvre de l'esprit est une création de forme originale. Sur la qualification d'œuvre de l'esprit, *v.* André Lucas & Henri-Jacques Lucas, *Traité de la propriété littéraire et artistique*, Litec, 2006, n° 65 *sqq.* – Pierre-Yves Gautier, *Propriété littéraire et artistique*, PUF, 2007, n° 37 *sqq.*.

728 Frédéric Pollaud-Dulian, *Le droit d'auteur*, coll. Corpus droit privé, Economica, Paris, 2004, n° 104. Un arrêt de la Cour d'appel de Paris confirme que le travail « sans la preuve rapportée d'une création intellectuelle personnelle qui dénote l'existence d'une activité créative, ne peut conférer la qualité d'auteur ». CA Paris, 8 octobre 1997, Louise Laurin veuve Lam *et al.* c/ Hemsi, *Juris-Data* n° 1997-024398. En droit chinois, « La création qu'entend la *Loi sur le droit d'auteur* désigne l'activité intellectuelle produisant directement des œuvres littéraire, artistique ou scientifique », art. 3, le *Décret d'application de la Loi sur le droit d'auteur de la R.P.C.* 中华人民共和国著作权法实施条例 (*tiaoli*), Conseil des affaires de l'État, ordonnance n° 359, le 2 août 2002.

226. En revanche, le critère de « création de forme » est plus difficile à satisfaire. L'œuvre est reconnue comme telle à partir du moment où elle « quitte le monde de la spéculation pour entrer dans le monde sensible de la forme »[729], qu'elle soit fixée sur un support matériel ou demeurée immatérielle[730], tant qu'elle peut être perçue par le sens de l'être humain. Pourtant, une des caractéristiques majeures du patrimoine culturel immatériel est que beaucoup de ces éléments ne se présentent pas sous une forme fixe et évoluent constamment avec la modification de leurs contextes culturels. Le moment d'appréciation de l'apparition d'une « forme sensible » peut donc poser problème pour la qualification des éléments du patrimoine culturel immatériel en tant qu'œuvre de l'esprit.

En effet, dans l'ensemble des pays de *copyright*, la fixation de l'œuvre est une condition obligatoire pour qu'elle puisse bénéficier de la protection : cela exclut la plupart des pratiques linguistiques et des arts du spectacle, ainsi qu'une partie des pratiques culturelles qui se manifestent sous forme d'œuvre éphémère (par exemple la peinture en sable tibétaine *kylkhor*)[731]. En droit d'auteur chinois, même si la fixation n'est pas obligatoirement requise, « l'achèvement de l'œuvre » est tout de même obligatoire pour ouvrir la protection[732]. Le moment de cet achèvement est difficile à apprécier pour certains éléments du patrimoine culturel immatériel qui sont soumis constamment à des variations et des improvisations.

Sur cette question, il a souvent été proposé que l'artiste interprète soit reconnu comme l'auteur de l'œuvre improvisée afin d'accorder une protection aux œuvres. Mais cela ne fournit pas de protection directe à l'œuvre préexistante qui est, elle seule, le réel patrimoine à protéger, d'autant que cela laisse des possibilités d'appropriation illégitime des œuvres traditionnelles par le fait de l'interprète. En droit français, en revanche, l'intangibilité n'est pas une condition de la protection[733]. Un spectacle, par exemple, n'a pas besoin d'être identique à chaque représentation pour être protégé par le droit d'auteur[734]. Cette vision du droit français semble être plus propice à la protection du patrimoine culturel immatériel par la propriété intellectuelle. La même solution est par ailleurs également adoptée par le Comité GRTKF

---

729 André Lucas, *Propriété littéraire et artistique*, Dalloz, Paris, 2002, p. 12.

730 F. Pollaud-Dulian, *Le droit d'auteur*, *op. cit.*, n° 105.

731 *V. infra*, n° 236.

732 *Décret d'application de la Loi sur le droit d'auteur de la R.P.C.*, précité, art. 6 : « Le droit d'auteur naît le moment où la création de l'œuvre s'achève. »

733 A. Lucas & H.-J. Lucas, *Traité de la propriété littéraire et artistique*, *op. cit.*, n° 62.

734 Guez c/ Cinquieme, CA Paris, 4e ch. A., 3 déc. 2003, n° 2002/00798.

dans les Projets d'objectifs et de principes pour les expressions culturelles traditionnelles (Article premier)[735].

ii. Originalité

227. Parallèlement, la reconnaissance de l'originalité des éléments du patrimoine culturel immatériel reste problématique. En effet, l'originalité est un critère expressément obligatoire de l'œuvre protégée par le droit d'auteur chinois[736]. En droit français, bien que le Code de la propriété intellectuelle reste silencieux sur ce point, il ne fait aucun doute que l'œuvre doit être originale pour accéder à la protection[737]. Dans la doctrine française dominante, l'originalité s'entend de l'empreinte de la personnalité de l'auteur[738]. Elle doit se manifester dans la forme – puisque les idées sont exclues de considération –, et se présenter comme un lien manifeste qui unit l'œuvre à son auteur[739].

En ce qui concerne les éléments du patrimoine culturel immatériel, nous avons vu que l'œuvre est généralement créée par l'ensemble de la communauté culturelle ; résultat d'un long et constant processus d'activité créatrice, les œuvres du patrimoine culturel immatériel véhiculent les caractéristiques culturelles d'une communauté, en sont la marque et l'expression concrète de leur identité culturelle. Ces créations portent donc en elles l'empreinte des caractéristiques culturelles de cette communauté définie en tant qu'ensemble et souvent aisément reconnaissable. Ainsi, on peut distinguer facilement la polyphonie de Corse de la polyphonie des *Hani*[740] – sans nécessairement savoir leur attribuer un nom ou une origine –, bien que l'idée soit la même, celle de chants à plusieurs voix ordonnées suivant le principe de contrepoint et d'harmonie. Les œuvres du patrimoine culturel immatériel reflètent et expriment ainsi une « personnalité » culturelle et artistique, qui par ailleurs ne se traduit pas nécessairement par une personnalité juridique.

---

735 *V. supra*, n° 207.

736 L'article 2 du *Décret d'application de la Loi sur le droit d'auteur de la R.P.C.* dispose que : « L'œuvre qu'entend la présente loi désigne le fruit intellectuel original et pouvant être reproduit sur un support matériel, dans le domaine littéraire, artistique ou scientifique. »

737 F. Pollaud-Dulian, *Le droit d'auteur*, *op. cit.*, n° 127.

738 A. Lucas & H.-J. Lucas, *Traité de la propriété littéaire et artistique*, *op. cit.*, n° 80.

739 F. Pollaud-Dulian, *Le droit d'auteur*, *op. cit.* n° 130.

740 Le *Hani* est un groupe ethnique vivant dans le sud de la Chine (Yunnan) et également dans le nord du Laos et de la Birmanie. La polyphonie des *Hani* 哈尼族多声部民歌 est inscrite sur la Liste du patrimoine culturel immatériel au niveau national en 2006, II-30, n° 061. La polyphonie de Corse, ou plus précisément le *Cantu in paghjella*, est inscrit en septembre 2009 sur la Liste représentative de patrimoine culturel immatériel de l'Unesco.

228. Toutefois, certains auteurs estiment que d'une manière générale, les œuvres du patrimoine culturel immatériel ne peuvent être investies d'originalité, car l'expression peut exister dans d'autres communautés[741] car « ces œuvres ont pour origine un thème qui leur est antérieur »[742]. Ces affirmations semblent se fonder uniquement sur l'absence de nouveauté, au lieu de rechercher si la condition d'originalité est remplie. En effet, en droit français comme dans la plupart des pays de droit d'auteur, la nouveauté n'est pas une condition nécessaire de la protection de droit d'auteur, la seule condition nécessaire étant l'originalité dans la forme[743]. La jurisprudence française affirme en ce sens qu'« au regard de l'appréciation du caractère original d'une œuvre de l'esprit, la notion d'antériorité est dénuée de toute portée juridique »[744]. Le fait que l'œuvre s'inspire d'une œuvre antérieure n'exclut donc nullement que cette œuvre nouvelle soit originale, dès lors qu'elle porte l'empreinte de la personnalité de son auteur[745].

De surcroît, même si les influences et les échanges culturels sont fréquents, du point de vue culturel et ethnologique, il est peu probable qu'une communauté adapte fidèlement les expressions d'un autre environnement culturel sans aucune modification ; il est donc quasiment impossible que la similitude entre les expressions culturelles des différentes communautés soit totale. Ce n'est pas parce que les festivités coréennes de *Danou* ont comme origine la fête chinoise *Duanwu* qu'elles ne manifestent pas les caractéristiques de la culture coréenne[746]. Ce n'est pas non plus parce que le conte *Peau d'Âne* connaît de nombreuses variantes dans différents pays européens que l'on ne le reconnaît pas comme une œuvre célèbre de la littérature française. D'autant plus que l'existence d'une même expression culturelle dans différentes communautés est un phénomène très courant et souvent uniquement née d'une coïncidence : dans les régions du sud-est de la Chine (Jiangsu, Zhejiang), une danse traditionnelle présentée lors de la fête de la récolte du

---

[741] Kamal Puri, « Copyright protection of folklore: a New Zealand perspective », *Bulletin du droit d'auteur*, vol. XXII, n° 3, p. 18-28.

[742] Alain Gobin, « Le folklore musical », *Les cahiers du droit*, 1984, t. IV, p. 33.

[743] F. Pollaud-Dulian, *Le droit d'auteur*, *op. cit.*, n° 103. Sur la distinction entre l'originalité et la nouveauté, également : André Lucas & Pierre Sirinelli, « L'originalité en droit d'auteur », *JCP* éd. *G.*, n° I. 3681, 1993. Mais certains auteurs établissent une équivalence entre l'originalité et la nouveauté (P.-Y. Gautier, *Propriété littéraire et artistique*, *op. cit.*, n° 26).

[744] CA Paris, 4e ch. A., 17 déc. 2003, Webb c/ Bittoun (dit Lary). *D.*, 2004, n° 22, p.1588.

[745] Il s'agit là d'une nouvelle création s'inspirant d'une œuvre préexistante ; elle se distingue de l'« œuvre composite », qui est « l'œuvre nouvelle à laquelle est incorporée une œuvre préexistante sans la collaboration de l'auteur de cette dernière », CPI, art. L. 113-2, al. 2.

[746] Sur cette question, *v.* la « querelle de *Duanwu* », n° 367.

riz partage des gestes corporels extrêmement proches d'une danse folklore pratiquée lors de la feria du riz à Arles, région rizicultrice.

Par conséquent, bien que les œuvres du patrimoine culturel immatériel soient souvent caractérisées par la recréation basée sur des imitations consécutives, ceci ne semble guère être une contrainte pour la reconnaissance de leur originalité.

Ainsi, il semble que d'un point de vue général, les critères de l'œuvre d'esprit ou celui de l'originalité ne devraient pas empêcher l'attribution de la qualité d'œuvre en droit d'auteur aux éléments du patrimoine culturel immatériel, bien que la fixation de forme constitue encore une source de controverses. Néanmoins, la protection par le droit d'auteur de ces œuvres fait naître un autre débat, notamment en raison de la durée de protection (*infra*).

iii. Nouveauté

229. Si elle n'est pas requise pour la protection par le droit d'auteur, la nouveauté est une condition commune pour la protection par le droit des dessins et modèles des expressions graphiques ou figuratives et la protection par le droit des brevets des savoir-faire traditionnels.

Pour les dessins et modèles, la nouveauté est caractérisée si aucun dessin ou modèle identique n'a été divulgué à la date du dépôt de la demande d'enregistrement, ou à la date de priorité revendiquée. Est considéré comme identique un dessin ou modèle dont les caractéristiques ne diffèrent que par des détails insignifiants (L. 511-3 CPI). Aux termes de l'article L. 511-6 du CPI, « un dessin ou un modèle est réputé avoir été divulgué s'il a été rendu accessible au public (…) ». Ainsi, peu importe l'auteur, le mode ou la date de la divulgation antérieure, tant que cette divulgation est connue par les professionnels du secteur intéressé, les éléments sont considérés comme divulgués.

Pour le brevet, selon l'article L. 611-11 du CPI et l'article 54 de la Convention de Munich de 1973[747], une invention n'est reconnue que lorsqu'« elle n'est pas comprise dans l'état de technique » : ceci est une définition absolue de la nouveauté[748]. Il a été ainsi jugé que la mise à disposition des informations qui détruit la nouveauté peut être faite « sous une forme quelconque, par une personne quelconque, en un temps et en un lieu quel-

[747] Convention sur la délivrance de brevets européens, Organisation européenne des brevets, Munich, 5 oct. 1973. La France est État membre depuis octobre 1977.

[748] Joanna Schmidt-Szalewski, *JCL*, Fasc. 170, « Brevets d'invention », 1992.

conque »[749]. La même condition de nouveauté, également mesurée par son « accessibilité au public », est établie par l'article 23 de la loi chinoise sur les brevets[750]. Il est à souligner qu'en droit chinois, les dessins et modèles sont protégés par le brevet[751].

Dans ce contexte, la condition de nouveauté est difficile à remplir étant donné que le plus souvent, les éléments figuratifs traditionnels, les modèles et savoir-faire existent depuis de très longues périodes et sont donc considérés comme ayant été divulgués au public. Dans cette hypothèse, les éléments étant dépourvus de nouveauté, les communautés culturelles ne peuvent revendiquer de droits exclusifs sur leurs connaissances et expressions traditionnelles. En réalité, la grande majorité des éléments figuratifs et graphiques se situent dans cette catégorie.

230. En revanche, dans le cas où les connaissances et savoirs sont conservés par les communautés et ne sont pas divulgués, ils pourraient faire l'objet du droit des dessins et modèles et même des brevets, à condition qu'ils puissent servir à une destination industrielle. Toutefois, les éléments qui sont ainsi jalousement conservés par les communautés sont le plus souvent de caractère sacré ou secret, ou tout au moins ont une signification culturelle ou cultuelle particulière. Dans ce cas de figure, c'est surtout la conservation de l'intégrité culturelle qui importe et les communautés ne souhaitent pas en général se soumettre aux droits des dessins et modèles et des brevets, craignant la divulgation définitive après la période de protection relativement courte, de 25 ans maximum pour les dessins et modèles[752] et de 20 ans pour le brevet[753]. La durée de protection qu'offre la propriété industrielle classique est en effet l'un des obstacles majeurs à cette protection pour les éléments du patrimoine culturel immatériel qui seront ainsi considérés comme sortis de la période de protection et entrés dans le domaine public (de la propriété intellectuelle).

---

[749] CA Paris, 11 mai 1976, Annales 177, n° 2, p. 101, cité par S. S. Kowouvih, *Le savoir-faire traditionnel : Contribution à l'analyse objective des savoirs traditionnels*, *op. cit.*, n° 351.

[750] « Accessibilité au public 为公众所知 ». *Loi de la R.P.C. sur les brevets* 中华人民共和国专利法, promulguée le 12 mars 1984, modifiée le 4 sept. 1992, 25 août 2000, 27 déc. 2008.

[751] Nommés respectivement « brevet de nouveau modèle pratique 实用新型专利权 » et « brevet de designs industriels 外观设计专利权 » faisant différence au « brevet d'invention 发明专利»

[752] Période de cinq ans reconductible jusqu'à un maximum de 25 ans en droit français (art. L. 513-1, CPI) et période de dix ans en droit chinois (art. 42, *Loi sur les brevets*, précitée.)

[753] Art. L. 611-2 du CPI ; art. 42, *Loi sur les brevets*.

b) Entrée de certains éléments du patrimoine culturel immatériel dans le domaine public

231. Le domaine public au sens de la propriété intellectuelle est ainsi défini par le doyen Cornu : « régime selon lequel les œuvres littéraires et artistiques, les inventions brevetées, les dessins et modèles, les marques ont cessé, à l'expiration d'un certain délai, de donner prise à un droit patrimonial et sont désormais d'exploitation libre et gratuite »[754]. Comme pour la propriété industrielle, la protection des œuvres par le droit d'auteur est en effet par nature limitée dans le temps. La plupart des pays signataires de la Convention de Berne (art. 7, al. 1)[755], telle que la Chine, retiennent une durée de 50 ans ; les pays de l'Union européenne 70 ans[756] *post mortem auctoris.*

Or, l'existence de la grande majorité des éléments du patrimoine culturel immatériel remonte à des époques très anciennes, les délais de protection se sont ainsi largement écoulés. Afin de leur offrir tout de même une protection par le droit d'auteur, certains chercheurs proposent que les œuvres du patrimoine culturel immatériel puissent être qualifiées d'œuvres anonymes ou pseudonymes, selon qu'elles sont connues ou non sous le nom de la tribu[757], ou encore au titre d'œuvres posthumes[758].

232. Admettons ces qualifications. Pour les œuvres pseudonymes ou anonymes, en droit français, si l'œuvre n'est pas divulguée dans un délai de 70 ans après sa création, lorsque le titulaire légal des droits la publie, la protection ne durera que 25 ans (L. 123-3 CPI). Pour les éléments du patrimoine culturel immatériel, les difficultés sont, d'une part, d'identifier le titulaire légal des droits de cette œuvre, car celle-ci est le plus souvent issue d'une création commune et que les communautés ne sont pas toujours représentées par une personnalité juridique ; et d'autre part, que la durée de protec-

[754] *Vocabulaire Cornu.*

[755] *V. supra*, n° 49.

[756] Art 1-1., Directive 2006/116/CE du Parlement européen et du Conseil du 12 décembre 2006 relative à la durée de protection du droit d'auteur et de certains droits voisins (abrogeant la Directive 93/98/CEE du Conseil du 29 oct. 1993 relative à l'harmonisation de la durée de protection du droit d'auteur et de certains droits voisins).

[757] Stéphanie Choisy, *Le domaine public en droit d'auteur*, Litec, 2002, n° 336, 337. L'auteur reprend et développe l'idée du professeur Pierre-Yves Gautier qui préconise la protection du folklore par le droit d'auteur et invente l'expression de « cercle limité du clan » dans lequel la perpétuation du folklore ne revêt pas un caractère public, ce qui permet de considérer que l'œuvre n'a pas été réellement divulguée et donc que le délai de protection par le droit d'auteur n'a pas commencé à courir. P.-Y. Gautier, « La protection du folklore par le droit de la propriété industrielle et celui des obligations », in. Acte du *Forum mondial Unesco-OMPI sur la protection du folklore*, Phuket, *op. cit.*, p. 118. – Même auteur, *Propriété littéraire et artistique*, *op. cit.*, p. 87.

[758] S. Choisy, *Le domaine public en droit d'auteur*, *ibid.*

tion de 25 ans ne fait aucun obstacle à ce que l'œuvre tombe dans le domaine public finalement peu de temps après. En droit chinois, c'est la personne qui détient la copie originale d'une œuvre qui exerce les prérogatives du droit d'auteur à l'exception du droit de paternité, cela durant 50 ans à compter de la publication de l'œuvre[759]. À la différence du droit français, il n'y a pas de délai précis pour la publication de l'œuvre. Ce régime qui se base sur la détention d'une copie d'origine n'est pas toujours applicable au cas du patrimoine culturel immatériel.

233. S'agissant de l'œuvre posthume, le point de départ de la durée de protection est également le jour de la publication de l'œuvre. La durée de protection est de 70 ans en droit français et 50 ans en droit chinois. Afin de bénéficier de droits patrimoniaux, l'œuvre doit être divulguée dans les 70 ans (droit français) ou 50 ans (droit chinois) qui suivent la mort de l'auteur. Cependant, étant donnée la difficulté d'identifier un auteur, il est pratiquement impossible de déterminer ce terme. En droit français, si l'œuvre est divulguée à l'expiration de cette période de 70 ans, elle bénéficiera de 25 ans de protection à compter de la publication avant d'entrer dans le domaine public ; mais elle ne bénéficiera d'aucune protection par le droit d'auteur chinois car une fois le délai de 50 ans après le décès de l'auteur écoulé, l'œuvre entre dans le domaine public[760]. Comme sous le régime des œuvres anonymes ou pseudonymes, ces délais sont insuffisants pour la protection des œuvres du patrimoine culturel immatériel et donc sans intérêt pour les communautés culturelles, si ce n'est de confirmer la « chute » de l'œuvre dans le domaine public par l'acte d'acceptation de 25 ans de protection.

234. Ainsi, on constate que dans un grand nombre de pays[761], y compris la France et la Chine, les éléments du patrimoine culturel immatériel les plus visibles, qui font également le plus souvent l'objet d'une exploitation commerciale, sont considérés comme dans le domaine public au regard de la propriété intellectuelle. Par conséquent, tout le monde peut exploiter ces éléments sans autorisation. La Cour de cassation française a établi que le folklore est dans le domaine public et constitue une source à laquelle tout auteur peut puiser librement son inspiration voire acquérir un droit d'auteur

759 Articles 13 et 18, *Décret d'application de la Loi sur le droit d'auteur*, précité.

760 Art. 21 de la *Loi sur le droit d'auteur*, précitée.

761 Par exemple : Australie, Belgique, Canada, Colombie, Italie, Honduras, Japon, Kirghizistan, Pays-Bas, République de Corée, République tchèque, Russie, Viêt-Nam, WIPO/GRTKF/IC/3/10, n° 129.

lorsque son œuvre basée sur le folklore présente un caractère original[762]. Dans le même ordre d'idée, le Tribunal de grande instance de Paris a décidé que les chansons, contes ou expressions populaires, « extraits du patrimoine culturel d'un peuple », relèvent du domaine public et ne peuvent faire l'objet d'une appropriation[763]. De même, la jurisprudence chinoise considère les chants traditionnels populaires comme étant dans le domaine public[764]. Cette qualification de domaine public est également faite par la doctrine au regard de la propriété industrielle en ce qui concerne les manifestations tangibles, graphiques ou figuratives des traditions culturelles[765], ainsi que les savoir-faire techniques traditionnels[766], en raison notamment, nous l'avons vu, de l'absence de nouveauté[767].

Par conséquent, malgré quelques rares exceptions[768], la doctrine comme la jurisprudence admettent généralement que l'appropriation privative des expressions culturelles traditionnelles et des connaissances et savoir-faire traditionnels par le droit d'auteur[769] ou par la propriété industrielle[770] est dif-

---

762 « Boire un petit coup, c'est agréable », Cass. 1re civ., 23 Oct. 1962, *Bull. civ.*, 1962, n° 440, p. 377. – « Manitas de Plata », Cass. 1re civ., 1er juillet 1970, *RIDA*, 1971, n° 68, p.210, note B. Edelman.

763 Griolet c/ Herman, TGI Paris, 1re ch., 11 janv. 1991, CA Paris, 14 janv. 1992, *Gaz. Pal.* 1992, 2, p. 570, 575. – Note C. Colombet, *D.*, 1992, p. 11.

764 Nous allons voir par la suite la première jurisprudence chinoise en matière de propriété intellectuelle appliquée aux expressions culturelles traditionnelles, l'affaire du chant traditionnel Hezhe, *v. infra*, n° 271.

765 P.-Y. Gautier, « La protection du folklore par le droit de la propriété industrielle et celui des obligations », *op. cit.*, p. 117. – Agnès Lucas-Schloetter, *JCL Propriété littéraire et artistique*, Fasc. 1962 : « Protection juridique du folklore », avril 2003, n° 45.

766 *V.* l'analyse approfondie de S. S. Kowouvih sur la possibilité de protection des savoirs traditionnels par le brevet, *Le savoir-faire traditionnel : Contribution à l'analyse objective des savoirs traditionnels*, *op. cit.*, n° 337-366. – OMPI, *Savoirs traditionnels : Besoins et attentes en matière de propriété intellectuelle*, précité.

767 Le droit exclusif peut toutefois être acquis pour les adaptations contemporaines des éléments traditionnels, c'est-à-dire « toute variation ou emprunt un tant soit peu substantiel par rapport à des représentations graphiques appartenant au domaine public », P.-Y. Gautier, « La protection du folklore par le droit de la propriété industrielle et celui des obligations », *op. cit.*, p. 117.

768 S. Choisy et P.-Y. Gautier, *op. cit.* sur le « cercle limité du clan ».

769 *Cf.* l'analyse synthétique sur cette question d'A. Lucas-Schloetter, « Protection juridique du folklore », précité, n° 9-15. Également : Paul Kuruk, *Protecting Folklore under Modern Intellectual Property Regimes: A Reappraisal of the Tensions between Individual and Communal Rights in Africa and the United States*, *American University Law Review*, vol. 48, 1999, notamment p. 792 *sqq.* et sa bibliographie.

770 *Cf.* l'analyse approfondie de S. S. Kowouvih sur la possibilité de protection des savoirs traditionnels par le brevet, *Le savoir-faire traditionnel : Contribution à l'analyse objective des savoirs traditionnels*, *op. cit.*, n° 337-366.

ficile voire impossible. D'une manière générale, dans la perspective de la propriété intellectuelle classique, même les communautés généralement reconnues à l'origine de certaines expressions culturelles, modèles ou savoirs de fabrication ne peuvent revendiquer aucun droit de propriété sur ces richesses.

2) L'examen de la cessibilité des éléments du patrimoine culturel immatériel

235. En même temps, l'existence d'une circulation licite entre particuliers, autre condition de qualification des biens, semble également difficile à remplir.

Nous avons vu qu'un grand nombre d'éléments du patrimoine culturel immatériel sont considérés comme étant du domaine public par le droit de la propriété intellectuelle. Ainsi, les droits sur ces éléments ne peuvent naturellement pas faire l'objet d'une appropriation privative. Comme l'écrit Mme Cornu, le domaine public au sens de la propriété intellectuelle ne constitue pas une véritable propriété dont le titulaire serait le public, mais plutôt une jouissance commune dont l'État serait le gardien[771]. Dans cette perspective, les éléments du patrimoine culturel immatériel ne peuvent être qualifiés de *res nullius*, dont le régime suppose que le premier occupant devienne le propriétaire privatif, mais de *res communes*, qui correspond à une forme de « co-usufruit » inappropriable et insusceptible de monopole. Ils sont ainsi mis hors du commerce juridique[772].

236. Certains autres éléments du patrimoine culturel immatériel ne sont pas ainsi qualifiés en bien du domaine public (au sens du droit de la propriété intellectuelle) et donc inappropriables et incessibles, mais de par leur nature culturelle, ils ne sont ou ne doivent être soumis à exploitation commerciale en raison de leur caractère de secret culturel ou cultuel. C'est par exemple le cas des *kylkhor* (ou *Mandalas*) tibétains, diagrammes dessinés en sable artificiel de quatorze couleurs sur une étoffe, et détruits systématique-

---

[771] M. Cornu, *Le droit culturel des biens*, *op. cit.*, p. 495-500.

[772] En droit français, l'extra-commercialité couvre notamment la personne humaine (son intégralité physique et morale) et les droits portant sur la personne, le domaine public en droit administratif ainsi que les choses communes au sens de l'article 714 du Code civil. *V.* Zénati-Castaing & Revet, *Les biens*, *op. cit.*, n° 26 *sqq.* – Isabelle Moine, *Les choses hors commerce, une approche de la personne humaine juridique*, LGDJ, Paris, 1997. En droit chinois, les choses hors du commerce *jinzhi liutong wu* 禁止流通物 comprennent notamment le corps humain et les ressources naturelles (qui correspondent au domaine public en droit administratif français) ; les ressources foncières appartenant à l'État sont inaliénables mais peuvent faire l'objet des conventions de location et d'exploitation, toutefois, elles sont souvent considérées par la doctrine comme hors du commerce.

ment une fois les rituels qui suivent la réalisation – qui peuvent durer de quelques jours à plusieurs mois –, célébrés, les matériaux utilisés jetés dans l'eau courante. S'il n'est pas interdit aux non-initiés d'assister au déroulement de l'ouvrage, l'appropriation privative des techniques de réalisation de ces œuvres éphémères et de ces œuvres elles-mêmes, ainsi que la possibilité de l'exploiter commercialement (par exemple sous forme de spectacle vivant), que ce soit par un moyen pécuniaire ou non, semble être incompatible avec l'esprit même de l'entreprise. Dans cette hypothèse, le titulaire des droits présumé de l'élément[773] peut faire valoir son droit exclusif pour détenir les éléments secrets ou indisponibles, par l'attribut du droit de divulgation et du droit d'exploitation dans la propriété littéraire et artistique[774]. La circulation ou l'exploitation commerciale d'un tel élément ou d'un objet porteur de cet élément immatériel, si elles s'effectuent, sont donc illégales car elles vont à l'encontre de la volonté de l'exercice de la propriété incorporelle appliqué à la divulgation[775] et à l'encontre de la volonté du propriétaire corporel[776].

237. Le droit exclusif du titulaire (ou du propriétaire corporel en cas d'objet matériel associé aux éléments du patrimoine culturel immatériel) de tenir son bien indisponible, aussi protecteur et absolu qu'il soit, n'offre cependant pas une protection suffisante aux éléments du patrimoine culturel

---

[773] Il paraîtrait évident que les éléments du patrimoine culturel immatériel appartiennent aux communautés au sein desquelles ils se sont développés. Nous allons voir toutefois dans le développement suivant que l'identification du titulaire des droits n'est pas si évidente.

[774] Concernant la distinction entre le droit de divulgation et le droit d'exploitation : Philippe Gaudrat, *Rép. civ. D.*, « Propriété littéraire et artistique, 1° Propriété des créateurs », septembre 2007, n° 531 *sqq.*.

[775] L'article L. 121-2 du CPI dispose que « l'auteur a seul le droit de divulguer son œuvre ». Le professeur Gaudrat précise en ce sens que « l'acte de divulgation [est] l'acte juridique unilatéral qui rend licite l'exploitation, en ce qu'il lève l'interdit sur la révélation et patrimonialise la forme externe pour en faciliter mais aussi en contrôler la diffusion. (…) Parce qu'il est un acte juridique, la qualité de la volonté qui le fonde est déterminante ; c'est la nature de cette volonté que souligne la loi lorsqu'elle dispose que l'auteur 'seul' a le 'droit de divulguer' ». Ph. Gaudrat, *ibid*, n° 578.

[776] Le Conseil constitutionnel considère en ce sens que le « droit de disposer librement de son patrimoine » est un « attribut essentiel du droit de propriété », et participe ainsi de sa valeur constitutionnelle ; il est en outre « indissociable » du « principe du libre consentement qui doit présider à l'acquisition de la propriété » (Cons. const. 29 juillet 1998, note W. Sabete, *D.*, 1999, p. 269). Le droit pour le propriétaire de conserver son bien est apprécié ainsi d'une manière très absolue par la jurisprudence, elle estime qu'en règle générale, le propriétaire « ne peut être privé (de sa propriété) sans son consentement ou hors des cas prévus par la loi » (Cass. 1re civ. 1er juillet 1965, *Bull. civ.* I, n° 442, *D.* 1965, p. 650, *JCP* 1966, II. 14499, note R. L. ; 13 déc. 1965, *Bull. civ.* I, n° 704 ; Cass. 3e civ. 27 mars 1969, *ibid.* III, n° 275), cité par Alain Sériaux, *Rép. Civ. D.*, v. *Propriété*, n° 65.

immatériel, notamment en raison de la nature immatérielle de ces éléments[777], tant que sa commercialisation même n'est pas interdite par la loi.

Dans le domaine du patrimoine culturel mobilier, l'inaliénabilité des collections publiques est utilisée comme une technique efficace face aux risques de vol ou de transfert illicite[778]. Pour le patrimoine culturel immatériel, l'inaliénabilité ou plus largement l'indisponibilité peut aussi être une technique de protection. Le respect de la volonté des communautés à l'origine des éléments du patrimoine culturel immatériel est une partie intrinsèque du concept, tout autant que la volonté du propriétaire doit être respectée de façon absolue dans le concept de propriété. Il semble par conséquent que son régime de protection devrait s'accorder aux besoins et attentes réels de ces communautés et offrir une possibilité de retirer du commerce juridique les éléments qu'elles considèrent devoir rester incessibles (les droits subjectifs sur les éléments) et inaliénables (les objets matériels qui y sont associés), de manière absolue et définitive. Car exercer son droit exclusif de conserver le titre de propriété aussi longtemps qu'il le voudrait est une chose, mais rendre un bien absolument et définitivement indisponible en est une autre[779]. Il s'agirait d'un régime similaire à ceux des *res sacrae* et des *res religiosae* en droit romain[780] : en raison de leur sacralité, ces deux sortes de biens sont hors du commerce et inaliénables. Il pourrait aussi être comparé à celui du patrimoi-

---

777 Puisque selon le célèbre adage, les idées sont « de libre parcours ».

778 Marie Cornu, « La mise hors commerce des biens culturels comme mode de protection », *Légicom*, n° 36, 2006, p. 75-89. – Marie Cornu & Nathalie Mallet-Poujol, *Droit, œuvres d'art et musées, protection et valorisation des collections*, CNRS Droit, Paris, 2006.

779 À ce propos, l'inaliénabilité conventionnelle qui donne des restrictions temporaires à la circulation du bien ne remet pas en cause la nature de bien juridique. Zénati-Castaing & Revet, *Les biens*, *op. cit.*, n° 33. – Rémy Libchaber, *Rép. civ. D.*, v. « Bien », n° 83.

780 « Les *res sacrae* sont les choses consacrées aux *dii superi*, c'est-à-dire aux divinités autres que les dieux mânes : tels sont les bois sacrés, les sanctuaires de tout genre, les statues des dieux, les trésors des temples, et plus tard, après l'avènement du christianisme, les choses consacrées à Dieu. … Les *res sacrae* sont hors du commerce et absolument inaliénables. Toute violation d'une *res sacrae* est d'ailleurs punie sévèrement, sous le nom de sacrilège. » « Les *res religiosae* sont les choses consacrées aux *dii inferi*, c'est-à-dire aux dieux mânes, divinités propres à chaque famille. Elles consistent, en définitive, dans les tombeaux et dans le terrain où ils sont élevés ; aussi leur notion survécut-elle à la disparition du culte des mânes. Les *res religiosae*, bien que hors du commerce et inaliénables, donnent lieu à un véritable droit privé connu sous le nom de *jus sepulcri*. Ce droit emporte notamment, au profit de celui qui le possède, le droit d'obtenir, moyennant indemnité, un chemin d'accès au tombeau, lorsque celui-ci est enclavé dans le terrain d'autrui ; il comporte aussi la faculté de léguer le *jus mortuum inferendi*. La violation des *res religiosae* n'est pas poursuivie, comme celle des *res sacrae*, par voie d'action criminelle, mais par une action entraînant l'infamie et une peine pécuniaire, l'action de *sepulcro violato* ». Daremberg & Saglio, *Dictionnaire des Antiquités Grecques et Romaines*, Hachette, Paris, 1877-1919, p. 843.

ne culturel appartenant à une personne de droit public, mis à part que pour ce dernier, les objets peuvent faire l'objet d'autres conventions que la cession, par exemple le prêt ou la location : il s'agit de l'inaliénabilité mais pas de l'indisponibilité[781].

Or, lorsque le droit classique des biens reconnaît le statut de bien à un élément, corporel ou incorporel, c'est pour sa qualité de valeur marchande car « la possibilité de céder participe des utilités attendues d'une chose »[782]. Si un bien est mis hors du circuit commercial, par le droit (entrée dans le domaine public du droit d'auteur) ou par le fait (volonté de son propriétaire), doit-il toujours être considéré comme un bien juridique ? L'incertitude règne encore au sein de la doctrine sur cette question[783]. On peut néanmoins dire qu'une chose que l'on n'envisage pas de céder ne peut satisfaire légitimement au désir d'autrui de se l'approprier, pourtant nature première des biens. C'est ainsi, par ailleurs, que le savoir-faire est généralement considéré comme exclu du champ des biens juridiques[784]. De surcroît, le fait d'interdire ou de réduire la commercialité d'un bien par la volonté privée de son propriétaire (ou de titulaire des droits) est considéré comme dangereux pour la libre circulation des biens qui est une des valeurs centrales de la société occidentale contemporaine, ce qui fait que ce type d'action est souvent contrôlé ou interdit par la loi[785]. Il existe ainsi une sorte d'antinomie entre la reconnaissance de la valeur de l'élément, la possibilité de lui accorder la protection par l'attribution à une personne qui exerce sur lui son droit exclusif, et l'impossibilité d'accorder à cette personne le droit de condamner de façon absolue et définitive sa circulation. C'est la raison pour laquelle la notion de bien juridique soudée à la valeur marchande sem-

781 Sur la distinction entre l'inaliénabilité et l'indisponibilité : Zénati-Castaing & Revet, *Les biens*, *op. cit.*, n° 25.

782 Rémy Libchaber, *Rép. civ. D.*, v. « Bien, » n° 69.

783 *Idem*, n° 89. Pour les professeurs Zénati-Castaing et Revet « une chose qui ne peut pas être objet de propriété n'est pas un bien ». Zénati-Castaing & Revet, *Les biens*, *op. cit.*, n° 2.

784 Régis Fabre, *JCL* « Brevet », Fasc. 4200 : « Réservation du savoir-faire », n° 3. Toutefois, l'article 321-1 du Code pénal sur le recel fait resurgir l'idée que le savoir-faire pourrait s'analyser en un bien, en qualifiant une personne qui a accueilli en connaissance de cause des renseignements frauduleusement communiqués sur un secret de fabrique et qui les a exploités de receleur. *V.* analyses de S. S. Kowouvih, *Le savoir-faire traditionnel : Contribution à l'analyse objective des savoirs traditionnels, op. cit.*, n° 233.

785 Zénati-Castaing & Revet, *Les biens*, n° 33 *sqq.*.

ble fondamentalement inadaptée aux besoins et attentes des communautés culturelles[786].

B. *L'incompatibilité du concept de patrimoine culturel immatériel et de la notion traditionnelle de patrimoine culturel*

Si la confrontation du concept de patrimoine culturel immatériel avec la notion juridique de bien s'avère difficile, on pourrait présupposer, par l'analogie terminologique et par l'origine du patrimoine culturel immatériel, que l'intégration du concept de patrimoine culturel immatériel dans la notion de « patrimoine culturel » en droit administratif serait plus aisée. Mais, en réalité, l'incompatibilité des concepts persiste également dans ce domaine.

1) Concernant le lien entre le patrimoine culturel et la personne du propriétaire

238. Le « patrimoine culturel » en tant qu'« ensemble de biens communément reconnus comme ayant une valeur éminente »[787], se rapproche de la conception objective du patrimoine, fondée sur l'affectation des biens à un même but[788] et pour qui « c'est la communauté d'affection qui soude entre eux les éléments hétérogènes », écrit le doyen Carbonnier[789]. Le droit positif confirme cette vision par l'article premier du Code du patrimoine : « Le patrimoine s'entend, au sens du présent code, de l'ensemble des biens, immobiliers ou mobiliers, relevant de la propriété publique ou privée, qui présentent un intérêt historique, artistique, archéologique, esthétique, scientifique ou technique ». Ainsi, pour le patrimoine culturel, le lien qui en forme l'unité est l'intérêt culturel dont il est porteur et non pas son appartenance à une même personne[790]. On peut même dire qu'au final c'est la « plus-value immatérielle »[791], les intérêts culturels que portent les patrimoines culturels physiques, qui justifient leur protection. Le patrimoine culturel immatériel partage ce lien d'unité avec le patrimoine culturel physique, car nous avons vu que sa patrimonialisation se justifie par la valeur socioculturelle qu'il porte autant que par son rôle dans la promotion de la diversité culturelle.

---

[786] Sur ce sujet, *v.* également les analyses sur l'inadéquation de la propriété intellectuelle à la protection des cultures traditionnelles : OMPI, *Savoirs traditionnels : Besoins et attentes en matière de propriété intellectuelle*, précité.

[787] *Vocabulaire Cornu.*

[788] Elle s'oppose en ce sens à la théorie personnaliste développée par Aubry et Rau.

[789] *Droit civil*, t. 3, n° 4.

[790] M. Cornu, *Le droit culturel des biens*, *op. cit.*, p. 29, p. 569.

[791] M. Cornu, *idem.*, p. 164.

L'unité de l'ensemble du patrimoine culturel immatériel trouve ainsi sa cohérence dans sa valeur culturelle, sans support matériel certain. De la même manière, la valeur culturelle fait des deux aspects matériel et immatériel du patrimoine culturel un ensemble holistique.

239. Cependant, outre le fait que le patrimoine culturel immatériel ne se manifeste pas nécessairement par un support physique, son intégration dans la notion actuelle de patrimoine culturel semble difficile. On constate que le concept de patrimoine culturel immatériel n'est pas inclus dans le Code du patrimoine français, et de toute manière ne semble pas pouvoir l'être si l'on regarde la définition du patrimoine par ce code[792].

Il s'ensuite que dans le patrimoine culturel immatériel, il n'y a pas que les « richesses et objets qu'il contient »[793] comme pour le contenu uniquement actif du patrimoine culturel, mais aussi des éléments que l'on peut considérer comme « passifs » : les règles de conduite, les interdits, obligations et protocoles socioculturels, le passé et la mémoire qui jouent un rôle essentiel dans l'évolution d'une culture… que les communautés considéreraient comme faisant partie de leur identité culturelle[794]. Tout cela construit les biens que l'on pourrait assimiler à la notion de « droits extrapatrimoniaux » du droit civil et appeler les « biens extrapatrimoniaux » d'une communauté : c'est-à-dire « tous les biens qui sont la personne elle-même de leur titulaire »[795], dans le cas des communautés il s'agit notamment de l'honneur, de la réputation et d'une dimension religieuse.

2) Concernant l'accès au patrimoine culturel

240. Les éléments du patrimoine culturel immatériel, malgré le fait qu'ils n'aient pas de support physique certain, partagent le lien d'« intérêt culturel » avec le patrimoine culturel physique. En raison de l'existence d'un intérêt culturel public qui forme l'unité de patrimoine culturel, il existerait une propriété culturelle superposée à la propriété corporelle et intellectuelle du bien qui donnerait une unité aux régimes de protection du patrimoine culturel en les unissant sous une seule bannière. Le titulaire de cette propriété culturelle

---

[792] Article premier : « Le patrimoine s'entend, au sens du présent code, de l'ensemble des biens, immobiliers ou mobiliers, relevant de la propriété publique ou privée, qui présentent un intérêt historique, artistique, archéologique, esthétique, scientifique ou technique. »

[793] M. Cornu, *Le droit culturel des biens*, *op. cit.*, p. 27.

[794] Ainsi est-il question, par exemple, de « patrimoine moral » pour l'identité judéo-chrétienne : *v.* Jean-Paul II, *Veritatis splendor*, août 1993, n° 4 et 37.

[795] Alain Sériaux, *Rép. civ. D.*, v. « Propriété », *op. cit.*, n° 2.

serait l'État représenté par le ministre en charge du patrimoine[796]. Cette propriété culturelle justifie que l'État puisse mettre en place certaines mesures pour garantir l'accès aux biens culturels, mobiliers ou immobiliers. La volonté de rendre accessible au public est nette : « rendre accessibles les œuvres capitales de l'humanité au plus grand nombre » et « assurer la plus vaste audience à notre patrimoine culturel », c'est la mission première du ministère de la Culture telle qu'elle a été définie par André Malraux[797]. Ainsi, les musées de France ont comme mission de rendre leurs collections accessibles au public le plus large[798]. La loi relative au mécénat introduit des déductions fiscales pour inciter les entreprises à l'acquisition d'œuvres d'art ou de trésors nationaux à condition que ces derniers soient exposés au public dans un lieu spécialement aménagé[799].

Quant au droit chinois, si la doctrine se fait encore rare en matière de propriété culturelle, on constate que d'une part l'État reste le propriétaire-protecteur majeur du patrimoine culturel physique[800], et d'autre part, le droit d'accès à la culture devient un concept de plus en plus valorisé[801]. La *Loi sur le patrimoine culturel* encourage par exemple les propriétaires privés de patrimoine mobilier à les donner ou prêter aux institutions publiques afin de les exposer au public (art. 52)[802] ; son décret d'application et les mesures sur la

[796] Line Touzeau, *Architecture contemporaine et patrimoine. Intérêt public et propriété en droit de la culture*, thèse de doctorat en droit public, ss. dir. Jérôme Fromageau, Université Paris Sud-11, soutenue en novembre 2009, n° 427 ; 432 *sqq.*.

[797] Tel est le thème de la Journée européenne du patrimoine culturelle de 2009 : « Un patrimoine accessible à tous ». *V.* communiqué de presse de l'évènement.

[798] Article L. 441-2 Code du patrimoine.

[799] Loi n° 2003-709 du 1er août 2003 relative au mécénat, aux associations et aux fondations, art. 6, 14.

[800] En droit chinois, les choses sans maître sont attribuées automatiquement à l'État (art. 79 des *Principes généraux du droit civil de la R.P.C.* 民法通则). Selon l'article 5 de *Loi pour la protection du patrimoine culturel* (précité), « La totalité du patrimoine culturel enfoui dans le sol, situé dans les eaux territoriales maritimes ou dans le réseau hydrographique national, appartient exclusivement à l'État. »

[801] Ce concept des « droits des citoyens à la culture 公民文化权利 » prend l'élan au sein de l'intelligentsia chinoise vers la fin du XXe siècle, notamment depuis la signature du *Pacte international relatif aux droits économiques, sociaux et culturels* (adopté par l'Assemblée générale des Nations unies dans sa résolution 2200 A (XXI) du 16 décembre 1966, entré en vigueur le 3 janvier 1976 ; signature de la Chine le 27 oct. 1997, ratification le 27 mars 2001).

[802] Le texte de la loi utilise le terme « prêt *chujie* 出借», mais dans la pratique il s'agit plutôt du dépôt (*baoguan* 保管) car la condition de l'usage sur un temps déterminé ou pour un objectif défini est rarement évoquée.

gestion des musées (2005) qui officialisent le statut des musées privés favorisent également l'accès des biens culturels se trouvant en main privée[803].

241. Le principe du droit d'accès aux biens culturels semble pourtant difficilement applicable au patrimoine culturel immatériel, car pour ce dernier, il est souvent question précisément de *ne pas* rendre accessibles les éléments du patrimoine culturel immatériel. Nous avons vu que l'intérêt culturel qui justifie la sauvegarde du patrimoine culturel immatériel est la promotion de la diversité culturelle. Le patrimoine culturel immatériel est donc d'abord la manifestation de l'identité culturelle d'une communauté qui l'aurait qualifié comme tel, avant d'être le patrimoine culturel de l'humanité. Sa nature et ses qualités qui se rapprochent des droits extrapatrimoniaux font que les communautés doivent avoir la prépondérance sur le droit d'accès à la culture et disposer de manière exclusive de leur patrimoine. Il serait par conséquent judicieux de laisser le choix aux communautés de garder un élément du patrimoine culturel immatériel dans leur cercle ou, au contraire, de le diffuser et d'en laisser l'accès libre. En outre, dans une grande majorité des cas, les communautés ne sont pas, du point de vue financier ou social, dans une position équitable avec ceux qui tentent d'exploiter leur patrimoine culturel immatériel. Cela explique les appropriations illégitimes des expressions et savoirs traditionnels et les « biopiratages ». C'est aussi une raison pour laquelle des moyens juridiques sont nécessaires aux communautés pour garantir l'intégrité de leur patrimoine et de leur identité culturelle, au lieu d'admettre le principe de son accès.

Ainsi, il semble clair que le concept de patrimoine culturel immatériel, qui à l'origine a pour vocation de protéger l'accès au patrimoine culturel immatériel, est incompatible avec le droit administratif du patrimoine culturel qui, lui, veut favoriser l'accès du patrimoine culturel pour le public en raison de sa valeur culturelle.

242. Le patrimoine culturel immatériel, partageant le lien de l'intérêt culturel avec les patrimoines culturels physiques, forme avec ces derniers un ensemble de patrimoine culturel appartenant à une culture. Toutefois, le régime actuel élaboré pour le patrimoine culturel physique n'est évidement pas adapté à appliquer au patrimoine culturel immatériel, comme c'est également le cas du droit des biens immatériels classique.

---

803 *Mesures d'application de la loi pour la protection du patrimoine culturel* 中华人民共和国文物保护法实施细则, décret n° 377 du Conseil des affaires de l'État, 13 mai 2003. Version anglaise officielle sur le site Web du BNPC [http://www.sach.gov.cn] – *Mesures sur la gestion des musées* 博物馆管理办法 (*banfa*), ordonnance du ministère de la culture n° 35, 22 décembre 2005.

Il y a là une antinomie entre le droit et la réalité : l'absence de qualification théorique en bien juridique du patrimoine culturel immatériel n'empêche pas son exploitation commerciale, licite ou non. En effet, si certains éléments se trouvent dans le domaine public du droit d'auteur, car ils sont dépourvus de nouveauté dans une zone géographique définie, ces mêmes éléments sont souvent exploités commercialement dans d'autres zones où ils ne sont pas connus du grand public. On trouve aussi le droit d'utiliser le nom et l'image qui est désormais cédé par certaines communautés, par exemple pour la production artisanale. La dégradation de l'extra-commercialité en simple inaliénabilité a évidemment atteint les droits traditionnellement qualifiés d'extrapatrimoniaux[804]. Bien que l'exploitation commerciale de certains éléments du patrimoine culturel immatériel soit souvent mal acceptée par leurs communautés d'origine, on ne peut négliger la réalité que le patrimoine culturel immatériel est très fréquemment soumis aux relations économiques ; c'est par ailleurs une des raisons essentielles qui font que la problématique du patrimoine culturel immatériel est aujourd'hui discutée par les juristes. Par conséquent, pour procéder à la mise en œuvre de la protection juridique du patrimoine culturel immatériel, il est inévitable d'envisager le rapport du titulaire des droits avec son patrimoine culturel immatériel dans les relations économiques. Cela est essentiel pour savoir quelles seront les actions que leurs propriétaires, vraisemblablement les communautés desquelles ils sont issus, pourront entreprendre pour sauvegarder et protéger leur identité culturelle ainsi que de réclamer un partage équitable des retombées économiques.

Paragraphe II. Incompatibilités dues à la détermination des titulaires de droits sur les éléments du patrimoine culturel immatériel

La définition du bien, au sens du droit civil, s'attache largement à la propriété. « C'est de l'appropriation dont ils sont susceptibles que les biens tirent leur essence », écrit le doyen Carbonnier[805]. Pour les éléments du patrimoine culturel physique, le lien avec la personne propriétaire est essentiel puisque le droit chinois comme le droit français considère traditionnellement la propriété comme représentant le mode suprême de protection des biens culturels, et plus spécialement, la propriété publique, à tel point que la notion de « patrimoine culturel » semble parfois se fondre dans celle de propriété de la Nation[806]. Pour le patrimoine culturel immatériel, compte te-

---

[804] Sur cette question : R. Libchaber, *Rép. civ. D.*, v. « Bien », n° 92.

[805] *Droit civil*, t. 3, *op. cit.*, n° 67.

[806] M. Cornu, *Le droit culturel des biens*, *op. cit.*, p. 324.

nu du potentiel économique très important de certains éléments, en particulier des expressions culturelles et des connaissances traditionnelles, l'identification du titulaire des droits se trouve au centre de l'approche juridique du patrimoine culturel immatériel. On observe cependant l'incompatibilité du concept de patrimoine culturel immatériel avec la doctrine classique de la propriété intellectuelle d'une part (A), et avec les dispositifs concernant le propriétaire en droit du patrimoine culturel classique d'autre part (B) : la raison pour laquelle certains auteurs proposent quelques solutions alternatives pour contourner la notion de « propriétaire » (C).

A. L'incompatibilité du concept de patrimoine culturel immatériel et des moyens d'acquisition du titre de la propriété intellectuelle

Nous avons vu les obstacles imposés par l'absence d'originalité et de nouveauté ainsi que par la sacralité de certains éléments du patrimoine culturel immatériel pour bénéficier des droits de la propriété intellectuelle. Ici seront discutés les aspects de l'identification du titulaire d'un élément du patrimoine culturel immatériel. Les difficultés relèvent, d'une part, de l'utilisation des méthodes classiques d'acquisition du titre de propriété intellectuelle (1), et d'autre part, de l'identification de la personne physique ou morale en tant que titulaire des droits (2).

1) Les difficultés liées aux méthodes classiques d'acquisition du titre de propriété intellectuelle

En droit chinois comme en droit français, l'acquisition du titre de propriété s'effectue, en matière de propriété industrielle, à travers notamment le dépôt ou l'enregistrement, alors que la propriété littéraire et artistique s'acquiert automatiquement à la naissance de l'œuvre. Ces méthodes, adoptées à l'origine dans le contexte de production industrielle, se trouvent maintenant confrontées aux processus de création collectifs, perpétuels et trans-générationnels du patrimoine culturel immatériel.

a) L'acquisition du droit d'auteur et des droits voisins en propriété artistique et littéraire

243. Dans certaines législations, les expressions culturelles traditionnelles sont, en raison de leur ancienneté, considérées comme appartenant au domaine public et ne peuvent donc bénéficier de la protection du droit d'auteur. Mais au-delà de cette question de durée de protection[807], la qualification de l'auteur ou de l'interprète détenteur du droit de propriété intellec-

[807] C'est-à-dire même si l'on peut accorder une durée de protection indéterminée, comme ce que proposent certaines législations. *cf.* n° 265 *sqq*.

tuelle pose problème pour l'application du droit d'auteur à la protection du patrimoine culturel immatériel.

Pour la propriété littéraire et artistique, l'auteur est celui ou ceux « sous le nom de qui l'œuvre est divulguée »[808] pour le droit français et « le créateur de l'œuvre » en droit chinois[809]. Les droits voisins d'interprétation sont acquis par celui qui représente une œuvre[810]. Pour qualifier l'auteur, le principe est la présomption : l'auteur est celui dont le nom a été porté à la connaissance du public d'une manière quelconque[811]. En général, la preuve de la qualité d'auteur est libre, les juges du fond pouvant à cet égard tenir compte de toutes présomptions de fait.

Ainsi, on constate que certains éléments du patrimoine culturel immatériel – notamment les expressions culturelles traditionnelles – sont utilisés, dans un autre contexte culturel (dans lequel le public n'a pas la connaissance de ces éléments) par certaines personnes qui perçoivent, à ce titre, les droits d'auteur. C'est ainsi qu'un morceau d'un chant traditionnel de Taïwan *Huan-le yinjiu ge*[812] est utilisé dans le titre « *Return to Innocence* » du groupe *Enigma*, qui a connu un succès international important avant de servir de thème musical pour les Jeux Olympiques d'été de 1996 à Atlanta[813]. Bien entendu, le

---

808 L. 113-1, CPI.

809 Art. 11, *Loi de la R.P.C. sur le droit d'auteur* 中华人民共和国著作权法, précitée.

810 L. 212-1, CPI ; Art. 9-9, *Loi sur le droit d'auteur.*

811 « Sauf preuve contraire », L. 113-1, CPI. *V.* Anne Kessler, *Présomptions et droit d'auteur*, thèse de doctorat, ss. dir. Pierre Sirinelli, Université Paris Sud-11, 2001.

812 欢乐饮酒歌 traduit par « *Joyful Drinking Song* » ou « La Chanson de boisson des anciens » dans un disque enregistré à Paris en 1998 par la Maison des cultures du monde (MCM) qui l'a diffusé sous le titre de « Polyphonies vocales aborigènes de Taïwan ».

813 En décembre 1997, KUO Ying-nan 郭英男 et sa femme KUO Hsiu-chu 郭秀珠, chanteurs qui ont enregistré la chanson en 1988 à Paris, attaquent en justice (Los Angeles) le groupe *Enigma* d'une part et le Comité international olympique d'autre part. En juillet 1999, un règlement à l'amiable a mis fin à ce procès. Les prévenus ont reconnu les droits voisins d'interprétation au couple Kuo et leur ont versé un dédommagement d'un montant inconnu ; il a été convenu que leurs noms seront mentionnés en tant qu'interprètes du morceau utilisé dans les futures diffusions de la chanson *Return to Innocence* et qu'une bourse sera créée en leur honneur pour encourager et promouvoir la musique aborigène de Taïwan. *V.* La Rédaction, « Un couple aborigène voit ses droits reconnus », *Les Échos* (en français), Government Information Office of Taïwan, vol. 32, n° 20, Économie, le 21 juillet 1999. – Nancy Guy, « Trafficking in Taïwan Aboriginal Voices », in Sjoerd R. Jaarsma (ed.), *Handle with Care: Ownership and Control of Ethnographic Materials*, Pittsburgh: University of Pittsburgh Press, 2002, p. 195-209. – CHEN Zhaohua 陈昭华, « Discussions sur les règlements de la protection des expressions culturelles traditionnelles » 传统文化表达保护立法规范之探讨, in. ZHENG Chengsi 郑成思 (dir.), *Recueil de la Propriété Intellectuelle* 知识产权文丛, n° 13, Centre de la propriété intellectuelle de l'Académie chinoise des Sciences sociales 中国社会科学院知识产权中心, éd. Fangzheng, juillet 2006, p. 349. – Shzr Ee Tan, « Returning to and from "Innocence": Taïwan Aboriginal Recordings », *Journal of American Folklore*, vol.

principe de présomption de paternité permet cette possibilité d'appropriation illégitime pour tout genre d'œuvre ; cela ne concerne pas uniquement les expressions culturelles traditionnelles. Toutefois, les moyens juridiques actuellement existants en prévention de l'action de l'appropriation illégitime sont difficilement accessibles pour la plupart de communautés traditionnelles. Les rapports de force entre les communautés culturelles et le monde de l'industrie culturelle étant particulièrement déséquilibrés, les communautés traditionnelles victimes de ce genre d'action ne peuvent pas toujours se défendre comme les artistes taïwanais.

b) L'acquisition du droit de créateur en propriété industrielle

244. Pour les dessins et modèles[814], comme pour les marques[815], la titularité des droits de propriété industrielle résulte d'un enregistrement ; l'auteur de cette demande d'enregistrement est normalement regardé comme le titulaire du droit, sans qu'il ait besoin de prouver qu'il est l'auteur de la création. De même, pour obtenir un brevet d'invention, la personne effectuant le dépôt est réputée titulaire du droit[816]. Les dépôts et enregistrements sont payants et la redevance, imaginée et évaluée pour les exploitations industrielles, peut s'avérer inabordable pour certaines communautés.

Ces modes d'acquisition de la propriété posent de sérieux problèmes pour les éléments d'expressions culturelles traditionnelles et de savoirs traditionnels qui sont exposés aux membres de la communauté et au monde extérieur. En effet, si ces éléments sont considérés comme étant entrés dans le domaine public de leur lieu d'origine, ils sont souvent inconnus du grand public des autres pays et peuvent y être considérés originaux. Dans cette hypothèse, aucune preuve de la paternité du demandeur sur la création déposée n'étant demandée, les industriels peuvent facilement acquérir la propriété d'un dessin, modèle ou d'un brevet basé entièrement sur un savoir-faire traditionnel. Outre la facilité d'accès aux marchés internationaux des industriels, les conditions financières limitent les communautés traditionnelles dans le dépôt ou l'enregistrement d'une marque ou d'un brevet, dans son pays d'origine et encore plus à l'étranger.

121, n° 480, Spring 2008, p. 222-235. – La brochure de présentation du disque « Polyphonies vocales aborigènes de Taïwan » disponible sur le site web officiel de la MCM [www.mcm.asso.fr].

814 Art. L. 511-9, CPI ; art. 2, *Loi sur les brevets*, précitée.

815 Art. L. 712-1, CPI ; *Loi sur les marques*, précitée.

816 Art. L. 611-6, CPI ; art. 6, *Loi sur les brevets*.

245. En réalité, l'appropriation d'une expression culturelle traditionnelle ou d'un savoir traditionnel, notamment médical et technique, est fréquemment pratiquée par les industriels de façon non pas nécessairement illégale mais injustifiée. En Australie, les objets dits « artisanaux » rapportent des ressources financières importantes à l'industrie du tourisme, tandis que le retour de ces bénéfices aux peuples autochtones reste marginal[817]. Les recettes employées traditionnellement par des guérisseurs de Madagascar, contenant notamment la plante *Vinca rosea*, sont utilisées depuis une cinquantaine d'années par l'industrie pharmaceutique américaine pour fabriquer des médicaments contre le cancer, mais les peuples de Madagascar n'ont jamais pu bénéficier des retombées financières de ceux-ci[818].

Ainsi, les modes d'appropriation par la propriété intellectuelle des éléments du patrimoine culturel immatériel deviendraient en réalité des moyens de légaliser les utilisations pourtant illégitimes des expressions et savoirs traditionnels par les industriels[819]. Le titre de propriété qui est absolu, exclusif et perpétuel semble aller à l'encontre de la réquisition et de l'intérêt des communautés. Ces dernières constatent généralement l'inadéquation résiduelle du droit commun positif en matière de protection de leur patrimoine culturel[820], et considèrent que la création d'un droit pa-

---

[817] Terri Janke, *Our Culture: Our Future. Report on Australian Indigenous Cultural and Intellectual Property Rights*, 1998, p. 12-13. – Même auteur, *Minding culture. Case studies on intellectual property and traditional cultural expressions*, WIPO, Geneva, 2003. Notamment : Case study 4, *Industrial Designs and their Application to Indigenous Cultural Material* ; Case study 5, *Protection of indigenous dance performances.*

[818] Erica-Irene Daes, *Study on the protection of the cultural and intellectual property of indigenous peoples*, for *Sub-Commission on Prevention of Discrimination and Protection of Minorities Commission on Human rights*, United Nations, 1993, E/CN.4/SUB.2/1993/28, n° 91.

[819] À la réunion régionale organisée par le COICA (coordinadora de organizaciones indigenas de la cuenca amazónica) et UNDP (United Nations Development Programme) intitulée *Regional Meeting: Intellectual Property Rights and Biodiversity* (28-30 spet. 1994, Santa Cruz de la Sierra, Bolivie), les représentants affirment unanimement que « For indigenous peoples, the intellectual property system means legitimization of the misappropriation of our peoples' knowledge and resources for commercial purposes » (§ 2 de la Déclaration de clôture).

[820] Par exemple, à l'occasion de la première Conférence internationale sur les droits de propriété culturelle et intellectuelle des peuples autochtones (Whakatane, Nouvelle-Zélande, 12-18 juin 1993), l'ensemble des collectivités autochtones présentes ont fermement soutenu que « […] existing protection mechanisme […] are insufficient for the protection of indigenous Peoples' Intellectual and Cultural Property Rights. » (§ 1.2 ; 2.3 de la Déclaration de Mataatua sur les droits de propriété culturelle et intellectuelle des peuples autochtones adoptée au terme de cette conférence). La déclaration des peuples autochtones lors de la réuion de COICA/UNDP de 1994 (précité) affirme les mêmes idées. Enfin, c'est également ce que constate M. Ph. Karpe dans sa thèse *Le droit des collectivités autochtones*, *op. cit.*.

trimonial distinct sur les éléments du patrimoine culturel immatériel est fondamentalement inadéquate au regard des cultures traditionnelles[821].

2) Les difficultés relatives à l'identification du titulaire des droits de la propriété intellectuelle

Les droits de propriété intellectuelle sont en principe attribués au créateur, celui qui crée une œuvre ou qui procède à l'invention ou au dessin. La reconnaissance du droit de propriété intellectuelle nécessite donc son identification. En raison de la nature collective et transgénérationnelle des éléments du patrimoine culturel immatériel, il semble que les droits collectifs devraient être préférés à la titularité individuelle des droits. Toutefois, en l'absence d'identité juridique des communautés, l'exercice de droits collectifs serait largement limité.

a) Incompatibilité avec la titularité individuelle des droits

246. Dans la doctrine classique de la propriété littéraire et artistique, le titulaire des droits, donc le créateur, est une personne physique car elle est seule capable d'avoir et d'exprimer une personnalité à travers son œuvre. Dans le domaine de la propriété industrielle, la notion de « personnalité » est moins présente mais les droits privatifs ne sont pas moins attachés à la personne physique qui réalise le dépôt ou l'enregistrement. C'est là qu'apparaît une des distinctions fondamentales entre le droit de la propriété intellectuelle et le concept de patrimoine culturel immatériel.

En effet, nous avons vu que l'une des caractéristiques majeures du concept de patrimoine culturel immatériel est sa dimension collective : la notion même suppose une transmission de génération en génération, et finalement une perpétuelle évolution avec la pratique des membres de la communauté. Le patrimoine culturel immatériel est donc impersonnel au double motif qu'il est l'attribut d'une collectivité et qu'on ne lui connaît pas d'auteur individualisé[822]. Ainsi, pour les communautés, sauf quelques cas exceptionnels, l'idée qu'une personne, au sein ou à l'extérieur de la communauté, puisse obtenir la titularité des droits exclusifs sur la culture que partage l'ensemble de la communauté paraît inacceptable : c'est bien la nature anonyme, collective et continue du développement du patrimoine culturel immatériel qui rend difficile l'identification d'un auteur ou inventeur indivi-

---

[821] D'après les enquêtes et études du Comité GRTKF, WIPO/GRTKF/IC/10/4, n° 17 ; WIPO/GRTKF/IC/10/5, n° 17. Également Wend Wendland, *Le patrimoine immatériel et la propriété intellectuelle : défis et perspectives d'avenir*, précité, p. 101.

[822] A. Gobin, « Le folklore musical », précité, p. 41.

duel[823]. Or, l'exploitation commerciale des éléments culturels devenant de plus en plus fréquente, la question s'impose de savoir si ce sont des droits individuels ou droits collectifs qui doivent être reconnus[824].

b) Contradiction avec les droits obtenus collectivement : absence d'identité juridique

247. Devant la difficulté d'attribuer la paternité d'un élément du patrimoine culturel immatériel à une personne physique déterminée, la question se pose de savoir si l'on ne peut recourir aux régimes reconnaissant la pluralité des titulaires ou le droit collectif, afin d'accorder des droits à tous les membres de la communauté ou à la communauté en tant qu'ensemble. Toutefois, l'examen des dispositifs existants ne permet pas facilement de répondre de manière affirmative à cette question.

Pour le droit d'auteur, le régime de l'œuvre de collaboration n'apparaît pas approprié. En effet, en droit chinois comme en droit français, une œuvre de collaboration doit être réalisée sous inspiration commune et concertée des différents auteurs[825], les participants doivent être conscients de l'objectif de cette collaboration qui est l'élaboration d'une œuvre littéraire ou artistique ainsi que de la participation d'autres personnes. Certains auteurs chinois poussent plus loin l'idée de « collaboration » : l'expression de la volonté de collaborer doit être explicite et, suivant les règles de droit civil commun, la personne qui exprime le consentement doit avoir la capacité civile[826]. Pour le patrimoine culturel immatériel, les différentes générations qui se sont transmis leurs connaissances et pratiques culturelles en les recréant, au fil des siècles, ne peuvent être considérées comme ayant travaillé en commun, notamment en absence de volonté (exprimée) de collaboration.

248. De même, l'œuvre collective en droit français comme « œuvre d'une personne morale » en droit chinois[827], concepts qui supposent tous

[823] Silke von Lewinski, « Le folklore, les savoirs traditionnels et les ressources génétiques : sujet débattu dans le contexte de la propriété intellectuelle », *Propriétés Intellectuelles* (revue), n° 14, janv. 2005, p. 25.

[824] *V.* Lyndel Prott, « Droits individuels ou collectifs pour le patrimoine culturel dans la société de l'information ? », *Museum international*, n° 216, 2004, p. 7-12.

[825] Cass. 1re civ., 18 oct. 1994, *Bull. civ.* I, n° 298, p. 217, *RIDA*, avril 1995, p. 305, obs. A. Latreille, *D.*, 1994, inf. rap. 249. – F. Pollaud-Dulian, *Le droit d'auteur*, *op. cit.*, n° 323.

[826] *V.* une analyse synthétique des différentes doctrines par Feng Zhongfu 冯中福, « A Probe into the Connotation of Collaborative Works » 合作作品含义探悉, *Journal of Political Science and Law* 政法学刊 (revue), vol. 20, n° 4, août 2003, p. 25-27.

[827] *Faren zuopin* 法人作品. *Loi sur le droit d'auteur*, précitée, article 11-3. En effet, en droit chinois comme en droit français, il s'agit du seul régime dérogatoire au principe général du droit d'auteur, c'est-à-dire la seule hypothèse où ce droit est attribué à une personne morale

deux l'existence d'une personne physique ou morale ayant pris l'initiative de la création de l'œuvre et dirigeant sa réalisation, ne semblent pas adaptés aux éléments du patrimoine culturel immatériel[828]. On se rend compte dès lors que ces concepts sont générés sous le contexte de l'industrie culturelle contemporaine, fondamentalement inaptes au contexte culturel du patrimoine culturel immatériel où la place de « créateur » est réduite au profit de la pratique.

249. En droit des marques, la marque collective et la marque de certification semblent pouvoir bénéficier à l'ensemble de la communauté. La délégation du gouvernement français pour l'OMPI confirme ce point eu égard à la marque collective « Laguiole Origine Garantie » déposée par l'Association du couteau de Laguiole pour la défense de la coutellerie à Laguiole (Aveyron)[829]. L'association a en effet gagné deux actions en contrefaçon de la marque collective en 1994 et en 1997[830]. Une marque collective peut être utilisée pour distinguer les produits ou services des membres d'un groupement qui en est titulaire ; une marque de certification peut, par exemple, indiquer que les objets ont été fabriqués conformément aux pratiques et croyances traditionnelles. Les marques de certification ont l'avantage de pouvoir être détenues de façon collective et d'être ainsi utilisées pour défendre des intérêts collectifs[831]. Des expériences de marque de certification sont observées en Australie[832], en Nouvelle-Zélande[833], au Canada[834] et aux

---

qui est pourtant par nature incapable de créer. Ce sujet demeure doctrinalement très controversé *Cf.* F. Pollaud-Dulian, *Le droit d'auteur*, *op. cit.*, n° 366. – A. & H.-J. Lucas, *Traité de la propriété littéraire et artistique*, *op. cit.*, n° 206. – HU Kangsheng 胡康生, *Commentaires de La Loi sur les droits d'auteur de la R.P.C.* 中华人民共和国著作权法释义, coll. *Les lois de la R.P.C. commentées* 中华人民共和国法律释义丛书, ss. dir. Comité des affaires juridiques du Comité permanent de l'APN de la R.P.C. 全国人大常委会法制工作委员会, éd. Falu chubanshe, janv. 2002, commentaire de l'article 11. *V. infra*, n° 356.

828 Sur cette question : A. Lucas-Shloetter, « Protection juridique du folklore », précité, n° 12.

829 *Renseignements sur les expériences nationales en matière de protection des savoirs traditionnels par la propriété intellectuelle*, WIPO/GRTKF/IC/5/INF/2, p. 7-8.

830 TGI Paris, 23 avril 1997, *Propriété Industrielle Bulletin Documentaire*, INPI, 1997, n° 635, III, p. 374. – CA Paris, ch. 13.B, 19 déc. 1997, n° 97-02774.

831 Palethorpe & Verhulst, *Report on the International Protection of Expressions of Folklore under Intellectual Property Law*, précité, n° 3.4.1.

832 Une association de gestion et d'exploitation des arts aborigènes (*Aboriginal Arts Management Association*, devenue *National Indigenous Arts Advocacy Association*) travaille depuis les années 1980 au développement d'une marque de certification qui permette aux consommateurs de distinguer les produits aborigènes authentiques. Terri Janke, "The Application of Copyright and other Intellectual Property Laws to Aboriginal and Torres Strait Islander Cultural and Intellectual Property", *Art Antiquity and the Law*, vol. 2(1), 1997, p. 23.

États-Unis[835]. Toutefois, la marque collective, si elle offre une possibilité d'exclure les exploitations commerciales illégitimes hors de la communauté, ne peut pas garantir l'intégrité culturelle des éléments du patrimoine culturel immatériel[836]. Plus important, que ce soit des marques collectives ou de certification, la protection par ces mesures exige l'existence d'une personnalité morale représentant les membres de la communauté concernée. Par exemple dans le cas de la coutellerie à Laguiole, il s'agit d'une association regroupant tous les fabricants locaux qui maîtrisent les savoir-faire traditionnels spéciaux.

250. Le système d'indication géographique[837] est aussi un droit collectif et semble pouvoir offrir une protection efficace notamment en ce qui concerne la production artisanale d'une communauté locale. Il s'agit d'un droit collectif, une forme particulière de propriété industrielle[838], qui appartient à tous les producteurs d'une zone géographique qui remplissent ses conditions d'emploi, et non à une personne juridique déterminée, qu'elle soit physique ou morale. On trouve sa mise en place en Europe à travers les systèmes de l'Indication géographique protégée et de l'Appellation d'origine

---

833 Selon la délégation de la Nouvelle-Zélande à l'OMPI, « *Te Waka Toi - the Maori Arts Board of Creative New Zealand* » utilise la protection par les marques avec la création d'une marque spéciale « *Maori Made* ». Cette marque doit devenir une garantie d'authenticité et de qualité, certifiant aux consommateurs que l'auteur des produits est d'origine maori et qu'il crée des objets d'une qualité particulière. Cette marque répondrait aux préoccupations des Maoris concernant la protection des droits de propriété culturelle et intellectuelle, l'utilisation abusive et la dénaturation des concepts, des styles et de l'imaginaire maoris ainsi que l'absence de retombées économiques pour les Maoris. WIPO/GRTKF/IC/3/10, précité, n° 126. ii).

834 Depuis les années 1970, le gouvernement canadien encourage les artistes inuits à s'organiser en coopératives et à adopter des marques de certification. E.-I. Daes, *Study on the protection of the cultural and intellectual property of indigenous peoples*, précité, n° 62. – WIPO/GRTKF/IC/3/10, n° 126. iii).

835 *The Indian Arts and Crafts Act* de 1990 vise la protection et la promotion de l'art et de la culture des communautés traditionnelles amérindiennes mais également la protection des consommateurs contre les produits d'imitation. P. Kuruk, *Protecting Folklore under Modern Intellectual Property Regimes ...*, précité, p. 824.

836 T. Janke, *Our Culture : Our Future*, précité, n° 5.6.5.

837 La notion d'« indication géographique » est une expression consacrée au niveau international (art. 22(1), Accord ADPIC) et renvoie ainsi à un régime unitaire. Ce sont « des indications qui servent à identifier un produit comme étant originaire du territoire d'un Membre, ou d'une région ou localité de ce territoire, dans les cas où une qualité, réputation ou autre caractéristique déterminée du produit peut être attribuée essentiellement à cette origine géographique. »

838 Qualifiée parfois de « propriété démembrée », *v.* Marie-Christine Piatti, « Nature juridique de l'AOC : une propriété démembrée », *Revue Lamy Droit des affaires*, supp n° 68, fév. 2004, p. 5.

protégée[839]. Avec les marques, ce système représente l'un des deux mécanismes de propriété intellectuelle utilisés en France pour la protection des savoirs traditionnels[840]. La doctrine juridique chinoise également met en avant cette solution depuis le début des années 2000. Néanmoins, comme les marques collectives ou de certification, cela suppose l'existence d'associations des communautés ayant obtenu une reconnaissance gouvernementale pour mettre en œuvre leurs appellations d'origine. Cela peut s'avérer difficile dans certaines législations notamment en raison du refus de reconnaissance des communautés attachant à un territoire défini.

251. Ainsi, la consécration de la notion de droits collectifs apparaît déterminante pour identifier le titulaire du droit. Il reste néanmoins la question de savoir si une telle communauté a la possibilité d'exercer ces droits collectifs : pour en être titulaire, les communautés devraient avoir une identité juridique active, le préalable idéal à l'investiture des prérogatives, « aux fins des procédures judiciaires, y compris pour faire valoir leurs droits »[841]. Cela peut sembler plus évident quand il s'agit des savoir-faire d'un métier tel que le cas de la coutellerie, ou de certaines pratiques purement culturelles, tel que les *yinglian* en Chine[842]. Toutefois, lorsqu'il s'agit des communautés dites « ethniques », la recherche d'une personnalité juridique est soumise à certaines pesanteurs politiques : comme nous l'avons déjà vu dans l'identification de la « communauté »[843], l'existence de la personnalité juridique, structurée et permanente de l'État, semble à tout point de vue faire obstacle à la recherche de celle de la communauté traditionnelle.

---

839 Règlement (CE) n° 510/2006 (modifié) du Conseil du 20 mars 2006 relatif à la protection des indications géographiques et des appellations d'origine des produits agricoles et des denrées alimentaires. *V.* notamment : Jacques Audier, « Mondialisation et indications géographiques : Applications nationales de l'accord ADPIC », *Propriétés Intellectuelles* (PI), n° 26, 2008, p. 26-36. – Olivier Thrierr, « Les conflits entre indications géographiques et marques », *Propriété industrielle*, n° 6, 2007, p. 8-15. – Patrick Ravillard, « La protection du produit : des indications d'origine au droit des marques, les enjeux économiques », *Revue Lamy Droit des affaires*, n° 26, 2008, p. 69-72.

840 Selon la délégation française à l'OMPI. WIPO/GRTKF/IC/5/INF/2, précité, p. 7-8.

841 WIPO/GRTKF/IC/6/4, n° 85.

842 Il s'agit d'une sorte de calligraphie traditionnelle, présentés en deux vers symétriques sur des papiers généralement rouges en forme rectangulaire verticale, que l'on expose à l'entrée d'une maison, notamment en période de fête. Dans la Liste du patrimoine culturel immatériel au niveau national (n° X-62/510), le « demandeur » de cette tradition est l'Association nationale de *yinglian* 中国楹联学会. Sur le terme « demandeur », *infra*, n° 255.

843 *V. supra*, n° 137 *sqq.*

On constate que dans l'inventaire chinois de patrimoine culturel immatériel[844], tous les éléments retenus en rapport avec les communautés ethniques sont déposés par les institutions administratives ethniques[845]. Les droits collectifs, s'ils existent, sont donc attribués à ces autorités locales.

En droit français, pour accorder la titularité des droits collectifs aux communautés traditionnelles dans le cadre de la propriété foncière, est créé un statut de « groupements de droit particulier local » en Nouvelle-Calédonie. Il permet « aux tribus canaques de devenir propriétaires, dans les conditions de droit commun de terres hors des réserves »[846]. Mais comme l'ensemble des régimes particuliers à l'outre-mer, il s'agit de règles constitutionnelles spéciales. Actuellement, l'état fragmentaire de l'inventaire français du patrimoine culturel immatériel ne permet pas encore de juger l'orientation retenue dans la reconnaissance de la titularité des éléments du patrimoine culturel immatériel des communautés dites « ethniques ». Toutefois, on sait que l'administration se méfie grandement du terme de « communauté » et considère que ses interlocuteurs devraient être essentiellement des établissements publics ou des associations importantes, de préférence reconnues d'utilité publique, afin d'éviter tout danger de communautarisme[847].

L'absence d'une identité juridique collective demeure donc toujours déterminante dans l'impossibilité d'appliquer le régime de la propriété intellectuelle aux éléments du patrimoine culturel immatériel.

B. Propositions d'alternatives face au caractère inadéquat du régime de propriété

252. La difficulté pour définir un titulaire des droits sur le patrimoine culturel immatériel fait naître des réflexions sur l'éventualité de mettre en place un régime particulier : au lieu de créer des droits de propriété intellectuelle distincts sur les éléments du patrimoine culturel immatériel, ces der-

[844] *V. infra*, n° 303 *sqq.*

[845] C'est par exemple le cas de *muqam* ouighour de la Région autonome ethnique de Xinjiang ouighour ; les techniques de construction en bois de l'ethnie Dong du District autonome ethnique de Dong situé dans la Région autonome de Guangxi (广西三江侗族自治县 Liste du patrimoine culturel immatériel au niveau national, n° VIII-30/380). Concernant le système de l'autonomie ethnique en Chine, *V. supra*, n° 145 ; également Annexe : Division administrative territoriale de la R.P.C. Les niveaux administratifs sont écrits avec la première lettre en majuscule afin de les distinguer des notions du français courant ou du langage administratif français.

[846] *V. supra*, n° 150.

[847] *V. infra*, chapitre « Recensements, inventaires nationaux et leurs relations avec les deux listes de l'Unesco ».

niers pourraient être liés juridiquement aux communautés par un autre régime. Cette idée est par exemple avancée par les États membres de l'OMPI présents au Comité GRTKF.

En effet, si le Comité GRTKF considère que les communautés devraient être dotées d'une personnalité morale pour faire valoir leurs droits, en pratique, on constate que cet organisme emploie une série de termes très variés pour désigner l'idée de la « personne morale à qui doivent revenir les prérogatives sur les éléments du patrimoine culturel immatériel ». Jusqu'en 2003, ce comité utilisait la longue expression « titulaires, propriétaires, dépositaires ou bénéficiaires des droits » pour désigner cette personne juridique[848].

Depuis la version des Projets d'objectifs et de principes en octobre 2006 pour les expressions culturelles traditionnelles et pour les savoirs traditionnels, le terme « propriétaire » est considéré comme inadéquat car le comité souhaite éviter la création de droits de propriété distincts. En février 2008, une tentative est faite pour éclairer les différents termes utilisés. Ainsi, lorsqu'aucun bénéficiaire ne peut être déterminé, les « dépositaires » des prérogatives seraient les organismes de droit public[849]. Mais le comité continue à utiliser parallèlement les termes de « titulaire » et de « bénéficiaire » dans ces documents en 2008, vraisemblablement parce que les États membres ne parviennent pas à s'accorder ni sur la terminologie ni sur les prérogatives que la notion contiendrait[850]. Cette « tergiversation terminologique »[851] révèle à quel point l'incertitude règne, en doctrine comme dans la pratique, face aux particularités du patrimoine culturel immatériel.

253. Ce malaise dans l'identification d'un terme – et d'un régime juridique en conséquence – adapté au patrimoine culturel immatériel, transparaît déjà, en réalité, à la fin des années 1980, à l'occasion de la préparation de la *Convention sur la diversité biologique* (ci-après « CDB »), bien qu'à l'époque il soit question de la notion de « connaissance traditionnelle ». Depuis, certaines propositions ont été faites en vue d'organiser un « pouvoir » à qui serait conférée une série de prérogatives sur les connaissances ou pratiques. Par

---

[848] WIPO/GRTKF/IC/6/4, n° 85.

[849] *La protection des savoirs traditionnels : Récapitulatif d'extraits factuels*, WIPO/GRTKF/IC/12/5(b), p. 42. « Les organismes d'État peuvent (...) jouer le rôle de dépositaires lorsque aucun autre bénéficiaire ne peut être déterminé, accorder le statut de bénéficiaires aux communautés pouvant prétendre à ce statut, ou jouer le rôle de titulaires des droits sur les savoirs traditionnels au regard des communautés désignées comme bénéficiaires ».

[850] On constate dans les réponses que fournissent les États au questionnaire du Comité dans ces documents que les deux termes sont utilisés de façon interchangeable.

[851] S. S. Kowouvih, *Le savoir-faire traditionnel : Contribution à l'analyse objective des savoirs traditionnels*, *op. cit.*, n° 264.

exemple les experts participant à l'élaboration de la Convention de 2003 suggèrent le terme « gardien » au lieu de « titulaire »[852]. Ce terme n'apporte toutefois aucune prérogative aux communautés pour protéger leur patrimoine, d'autant plus qu'il suggère l'idée que les communautés « surveillent » des patrimoines qui ne sont pas nécessairement les leurs.

En ce sens, le professeur Graham Dutfield considère que le terme « *holder* », utilisé par l'article 8. *j*) de la CDB[853] serait le vocabulaire le plus pertinent, car il suggérerait l'existence d'une titularité légale sans impliquer le rapport juridique de « propriété » classique. Ainsi, le rapport de « propriété » serait tempéré et il s'agirait non plus d'une titularité des droits exclusifs mais d'une sorte d'habilitation à exercer de tels droits ou prérogatives. En effet, d'après le professeur Dutfield, par ce terme que nous traduisons par « détenteur », l'article 8. *j*) semble affirmer que ce dernier dispose des droits sur ses connaissances et pratiques, qu'elles soient susceptibles ou non d'être protégées par la propriété intellectuelle. Lorsqu'elles ne peuvent être protégées dans une législation nationale, les États parties ont tout de même une sorte d'« obligation morale » vis-à-vis de ces droits, soit par une mise à jour des législations de la propriété intellectuelle, soit par d'autres moyens juridiques[854].

254. Quant à la Convention de 2003, elle prend soin d'éviter ce débat dans le corps de son texte et se concentre sur l'incitation aux actions de sauvegarde. Pourtant, sans proclamer ostensiblement la « propriété » des communautés, le texte de la convention parle de « respect du patrimoine culturel immatériel des communautés, des groupes et des individus concernés » (article premier), ce qui conduit inévitablement à la question de l'appartenance de ce patrimoine.

255. À ce sujet, on observe qu'en Chine, la solution adoptée est de contourner la question de « propriétaire » ou de « détenteur » dans la mise en œuvre de la convention. En effet, dans les fiches d'inventaire national des éléments du patrimoine culturel immatériel, au lieu de « détenteurs », sont figurés les « transmetteurs *chuancheng ren* 传承人 », c'est-à-dire les personnes ou les groupes qui sont considérés comme jouant un rôle important

---

852 *Rapport final* de la table ronde de Turin, précité, p. 5.

853 Le terme correspondant dans la version française de l'article 8. *j*) est « dépositaire ». Cependant nous rejoignons la proposition de traduction de S. S. Kowouvih (*ibid.*, n° 263) de « détenteur » qui nous semble plus proche de l'esprit de l'article.

854 Graham Dutfield, "The Public and Private Domains : Intellectual Property Rights in Traditional Knowledge", *Science Communication*, vol. 21, March 2000, p. 274-295. Également S. S. Kowouvih, *Le savoir-faire traditionnel…*, *op. cit.*, n° 263 sqq.

dans la perpétuation de la tradition, ou les « interviewés *shou fang ren* 受访人», c'est-à-dire la/les personne(s) interviewée(s) pour réaliser un enregistrement dans le cas, par exemple, de la musique et/ou de la danse traditionnelle, de la littérature orale. Dans la fiche de chaque élément de la Liste du patrimoine culturel immatériel au niveau national, est mentionné le « demandeur *shenqing ren* 申请人», c'est-à-dire la personne physique ou morale qui a présenté sa candidature pour qu'un élément soit inscrit sur la Liste nationale. Dans ce dernier cas, les « demandeurs » reconnus pourront être considérés comme des détenteurs réels de certains droits sans que cela soit prononcé officiellement, dans le sens où ils perçoivent les aides de l'État (notamment financière) pour perpétuer et transmettre leurs connaissances et pratiques. Néanmoins, cette mention en tant que « transmetteur » ou « demandeur » ne confère évidemment aucune prérogative de s'opposer à l'utilisation des éléments culturels en question par les tierces personnes, à moins que ce soit au nom des droits de la personnalité qui en soi ne concerne pas l'élément.

256. Quant à la France, l'orientation générale de l'administration chargée du patrimoine culturel immatériel est de se concentrer sur la pratique mais pas sur la personne[855]. Dans les travaux déjà réalisés de l'inventaire, la description de la pratique prime tandis que les mentions sur les « détenteurs » restent primaires : généralement, seules sont mentionnées une ou deux entreprises parmi les plus reconnues pour chacun des éléments recensés. Surtout, aucune mesure particulière n'existe en faveur des détenteurs ainsi repérés.

257. En réalité, lorsque l'on soutient que les droits attachés au patrimoine culturel immatériel se résument essentiellement, d'une part, à la sauvegarde en prévention de disparition, et d'autre part, à la protection défensive contre les utilisations dénaturantes et offensantes (c'est-à-dire au pouvoir de demander certaines mesures de réparations), il ne semble pas indispensable, du point de vue pratique, de désigner un titulaire particulier. Ainsi, une certaine souplesse est nécessaire au niveau du droit national pour déterminer l'identité des titulaires de droits et pour vérifier leur personnalité juridique ou leur droit d'agir, ainsi que la nature des avantages accordés et les moyens d'administrer le partage des avantages. Une solution plus réconciliatrice serait de simplement déterminer les parties intéressées qui ont qualité pour transmettre les connaissances et pratiques, et pour entreprendre des poursuites contre les actes illicites.

---

[855] *V. infra*, n° 305 *sqq*.

En ce sens, M. Kowouvih propose une solution « anti-brevet » pour les savoir-faire traditionnels : selon l'auteur, dans une vision préventive, les communautés traditionnelles pourraient, par la divulgation de leurs savoirs, détruire la nouveauté de toute demande de brevet ultérieur. Ainsi, sans être le propriétaire de ses connaissances traditionnelles, cette communauté pourrait poursuivre les actes d'exploitation illicite et non équitable de ses savoirs au nom de la responsabilité civile[856]. Cette solution, fort intéressante, serait toutefois d'une applicabilité réduite car cette divulgation n'empêchera pas l'acquisition d'un brevet sur une invention basée sur ce savoir traditionnel ; de surcroît, certains savoirs traditionnels, en particulier ceux liés à la croyance, ne pourront être dévoilés par les communautés.

258. Dans le même ordre d'idées, l'exemple chinois de la pharmacopée traditionnelle mérite d'être étudié : selon le *Règlement sur la protection des variétés des préparations pharmaceutiques de la médecine traditionnelle chinoise*[857], ce sont les sociétés fabricantes qui sont reconnues titulaires des droits sur les préparations pharmaceutiques élaborées dans la tradition de la médecine chinoise. Les recettes concernées sont le plus souvent des recettes célèbres éprouvées par le temps, qui se trouvent dans des ouvrages médicinaux anciens de plusieurs siècles. Parfois ces recettes sont aussi adoptées ou améliorées par les pharmacies pour des syndromes différents, d'où le terme de « variétés » ; mais le contenu de ces modifications est généralement connu car également anciennes.

La protection créée par ce dispositif ne relève pas du droit de la propriété intellectuelle[858], mais elle accorde aux entreprises qui obtiennent une licence pour une préparation un droit exclusif de production de cette préparation allant de sept à trente ans renouvelables (art. 12). En effet, pour des raisons historiques, une grande majorité des entreprises fabricantes de médicaments traditionnels prêts à consommer émanent des pharmacies historiques célèbres qui ont été nationalisées au moment de la fondation de la République populaire. Depuis, ce sont notamment ces entreprises qui œuvrent, avec le soutien de l'État, dans la transmission des savoir-faire pharmaceutiques traditionnels, dans la recherche pour l'élaboration des médicaments traditionnels prêts à consommer et dans la mise en valeur de la pharmacopée tradi-

---

[856] S. S. Kowouvih, *Le savoir-faire traditionnel…*, *op. cit.*, n° 395 *sqq*.

[857] 中药品种保护条例 (*tiaoli*), ordonnance du Conseil des affaires de l'État n° 106, le 14 oct. 1992.

[858] *V.* une description approfondie, n° 498 *sqq*.

tionnelle chinoise[859]. Dans ce contexte, ces entreprises fabricantes sont en effet les plus à même d'exercer des prérogatives sur ces savoir-faire, alors qu'il est pratiquement impossible de leur accorder la protection de leurs recettes par la propriété intellectuelle puisque celles-ci sont généralement dans le domaine public.

Conclusion de la section 1

259. Plusieurs auteurs ont déjà relevé les différences entre le concept de « bien culturel » et celui de « patrimoine culturel »[860]. En effet, l'utilisation du régime de la propriété intellectuelle pour la protection du patrimoine culturel entraîne parfois des confusions. Force est de constater que la notion de propriété n'est pas développée pour la protection du patrimoine culturel et n'est donc pas nécessairement le meilleur outil dans tous les cas[861]. Nous avons pu constater que cette affirmation est particulièrement vraie pour le domaine du patrimoine culturel immatériel.

Ainsi, que ce soit au regard de leur nature juridique ou au regard des rapports du titulaire des droits aux éléments du patrimoine culturel immatériel, il s'avère que le régime existant des biens immatériels en droit civil, plus précisément la propriété intellectuelle, ne présente qu'un intérêt limité et réducteur pour le concept de patrimoine culturel immatériel.

En réalité, d'une manière générale, les notions et les institutions du droit de la propriété intellectuelle correspondent à une approche occidentale de l'ère industrielle qui est différente de celle d'une grande partie des communautés culturelles traditionnelles. Il existe ainsi en la matière un conflit culturel, c'est-à-dire une « opposition nette et immédiate » entre deux visions du monde, de laquelle découle l'inaptitude du droit commun à protéger utilement les droits des communautés culturelles[862].

---

[859] Sur cette question, *v.* Deuxième partie, Titre II.

[860] Lyndel Prott & Patrick J. O'Keffe, “"Cultural heritage" or "cultural property"? ”, *International Journal of Cultural Property*, vol. 1, 1992, p. 307-320. – Janet Blake, “On Defining the Cultural Heritage,” *The International and Comparative Law Quarterly*, vol. 49, n° 1, Jan., 2000, p. 61-85. – Manlio Frigo, “Cultural Property v. Cultural Heritage : a "Battle of Concepts" in International Law ?”, *International review of the Red Cross*, vol. 86, issue 854, 2004, p 367-378. – Francesco Francioni, “A Dynamic Evolution of Concept and Scope: From Cultural Property to Cultural Heritage”, in. Abdulqawi A Yusuf (ed.), *Standard-setting in Unesco, Normative Action in Education, Science and Culture. Essays in Commemoration of the 60th Anniversary of Unesco*, vol. 1, 2007, p. 221-236.

[861] L. Prott & P. J. O'Keffe, *idem*, p. 313.

[862] M. Philippe Karpe parle de l'« inaptitude absolue » dans sa thèse (*Le droit des collectivités autochtones*, 2008, *op. cit.*, p. 746. – (*V.* également même auteur : « L'illégalité du statut juridique français des savoirs traditionnels », *Revue juridique de l'environnement*, n° 2, 2007, p. 177).

Cette incompatibilité existe de même entre le concept de patrimoine culturel immatériel et le régime des patrimoines culturels physiques. Il y a certes une communauté d'intérêts avec le patrimoine culturel physique qui est l'intérêt public culturel. Mais la nature immatérielle et l'intérêt particulier de communauté du patrimoine culturel immatériel font que ces derniers ne peuvent pas partager le régime du patrimoine culturel physique qui est étroitement lié au droit de la propriété et fondé sur l'intérêt général. Cette opposition, en tout cas immédiate[863], entre l'intérêt général et l'intérêt communautaire est probablement l'une des raisons de la difficile assimilation du concept de patrimoine culturel immatériel par l'État-Nation.

Section 2. La recherche d'une solution de protection *ad hoc*

Malgré les incompatibilités des concepts que l'on a pu observer, les tentatives d'adapter les dispositifs de la propriété intellectuelle aux éléments du patrimoine culturel immatériel existent dès les années 1970. Cependant, leur faisabilité comme leur efficacité laissent perplexe (Paragraphe I). C'est la raison pour laquelle d'autres outils juridiques sont mis en avant. Sans se fonder sur une appropriation juridique, ces méthodes s'appuient néanmoins sur l'idée de l'appartenance et de l'attachement des éléments du patrimoine culturel immatériel aux communautés, ce qui, malgré leur caractère opportun dans certaines situations, limite leur applicabilité de manière générale (Paragraphe II).

La Convention de 2003 n'est pas évoquée en tant que telle dans ces expériences nationales, mais ces dernières sont réalisées dans les recherches relatives au traitement juridique des éléments du patrimoine culturel immatériel effectuées parallèlement à la préparation de la convention. Certaines actions sont même réalisées par l'Unesco.

Paragraphe I. Propriété intellectuelle aménagée et législations *sui generis*

Dès les années 1960, dans le cadre de la recherche d'un régime juridique de protection du folklore, un certain nombre de propositions sont faites dans la perspective, soit d'aménager les mécanismes de la propriété intellec-

---

Nous préférons tempérer le discours : en effet, certains éléments du droit civil s'avèrent utiles pour les communautés, tel est le cas du droit moral du droit d'auteur dans la jurisprudence chinoise des Hezhe (*infra*, n° 271).

863 Car dans une perspective plus large, l'intérêt communautaire participe à la sauvegarde de la diversité culturelle qui est elle-même une partie de l'intérêt général.

tuelle classique afin de les adapter aux particularités des éléments culturels immatériels, soit d'élaborer des régimes *sui generis*.

A. Protection sur le fondement de la propriété artistique et littéraire

La possibilité de protection par le droit d'auteur classique des expressions et des savoirs traditionnels est généralement exclue. Certaines solutions issues d'un aménagement de la propriété artistique et littéraire ont été proposées pour tenter de réaliser cette protection.

1) Œuvres non publiées : Article 15.4) de la Convention de Berne pour la protection des œuvres littéraires et artistiques

260. La Conférence diplomatique de 1967 à Stockholm sur la révision de la Convention de Berne pour la protection des œuvres littéraires et artistiques (1886, ci-après Convention de Berne) a visé à introduire la protection du folklore au niveau international. Elle a eu pour résultat les alinéas suivants de l'article 15.4) des Actes de Stockholm (1967) et de Paris (1971) de la Convention de Berne :

« a) Pour les œuvres non publiées dont l'identité de l'auteur est inconnue, mais pour lesquelles il y a tout lieu de présumer que cet auteur est ressortissant d'un pays de l'Union, il est réservé à la législation de ce pays la faculté de désigner l'autorité compétente représentant cet auteur et fondée à sauvegarder et à faire valoir les droits de celui-ci dans les pays de l'Union.

b) Les pays de l'Union qui, en vertu de cette disposition, procéderont à une telle désignation, le notifieront au Directeur général [de l'OMPI] par une déclaration écrite où seront indiqués tous les renseignements relatifs à l'autorité ainsi désignée. Le Directeur général communiquera aussitôt cette déclaration à tous les autres pays de l'Union. »

Cet article 15.4) organise donc la protection par le droit d'auteur des œuvres non publiées et d'auteurs inconnus mais présumés être ressortissants d'un pays de l'Union de Berne. Bien que le folklore ne soit pas expressément cité, il ne fait aucun doute, à la lecture des travaux préparatoires[864], que son incorporation dans la Convention de Berne répond aux demandes qui avaient été faites à l'époque concernant une protection internationale spécifique des expressions du folklore.

---

[864] Sur cette question : Mihály Ficsor, « Attempts to Provide International Protection for Folklore by Intellectual Property Rights », in. *Acte du Forum de Phuket* (1997), précité, p. 217. – Sam Ricketson, *The Berne Convention for the Protection of Literary and Artistic Works: 1886-1986*, London, 1987, p. 313-315, cité par : WIPO/GRTKF/IC/3/10, précité, n° 13.

261. La portée de cet article est pourtant limitée : d'une part, la protection des expressions du folklore dans le cadre de cette convention ne peut qu'être limitée dans le temps, du fait de la nature même du système du droit d'auteur[865] ; d'autre part, cet article exige que l'œuvre ne soit pas publiée. Ainsi, en Chine, les littératures et musiques populaires et ethniques traditionnelles qui ont été collectées et publiées[866], dans l'objectif de préserver les œuvres folkloriques menacées de disparition, ne peuvent bénéficier du droit d'auteur au titre de cet article 15.4). De même, l'efficacité pratique du système suscite la circonspection, ne serait-ce que parce que l'Inde est le seul pays à ce jour à avoir procédé à la désignation prévue dans cet article[867]. Par conséquent, si cet article a contribué à une prise de conscience du phénomène du folklore au niveau international, il n'apporte pas de solution satisfaisante à la difficile question de la protection juridique de la culture traditionnelle dite à cette époque folklore.

2) Droits voisins : Traité de l'OMPI sur les interprétations et exécutions et les phonogrammes

262. Dans les pays de droit civil, la protection des droits voisins présuppose que l'expression interprétée par l'artiste-interprète soit qualifiée d'œuvre de l'esprit, c'est le cas du droit français comme du droit chinois[868]. Toutefois, nous avons vu que la qualification d'« œuvre » au sens du droit d'auteur reste délicate pour les expressions culturelles traditionnelles. La protection des artistes pour leurs interprétations de ces expressions est par conséquent également incertaine. C'est dans ce contexte que le Traité de l'OMPI sur les interprétations et exécutions et les phonogrammes (ci-après WPPT) de décembre 1996 vient dissiper les ambiguïtés. Il mentionne en effet expressément les « expressions du folklore » parallèlement aux « œuvres littéraires ou artistiques » dans son article 2 *a*). Ainsi, les artistes-interprètes des expressions culturelles traditionnelles peuvent bénéficier, comme les ar-

---

[865] Une grande partie de la doctrine considère qu'il faut appliquer par analogie les règles édictées en matière d'œuvres anonymes et pseudonymes, c'est-à-dire retenir une durée de 50 ans à compter de la publication. A. Lucas-Schloetter, « Protection juridique du folklore », précité, n° 25.

[866] Publiés entre 1979 et 2006 sous le titre de *Recueil des arts et des littératures ethniques et populaires.* (*infra*, n° 302). Ce recueil est cité dans un rapport officiel chinois à l'OMPI en 2002 : *Folklore national en Chine - Protection et législation – L'état d'avancement actuel*, WIPO/GRTKF/IC/3/14, Annexe, document présenté par la délégation de la Chine à l'OMPI.

[867] WIPO/GRTKF/IC/3/10, n° 13.

[868] Art. L. 212-1, CPI. – Art. 36, *Loi sur le droit d'auteur de la R.P.C.*, précitée ; art. 5, *Décret d'application de la Loi sur le droit d'auteur*, précité.

tistes-interprètes des œuvres traditionnellement reconnues d'un droit moral, des divers droits exclusifs de fixation, reproduction, distribution ou location (art. 6-10).

Les signataires de ce traité vont devoir inclure les expressions du folklore dans la définition de l'artiste-interprète dans leurs législations internes : pour la Chine, le traité est entré en vigueur depuis juin 2007 ; pour la France qui a signé le traité en octobre 1997, le texte est entré en vigueur depuis le 14 mars 2010[869].

263. Il convient toutefois de souligner que les droits voisins des artistes-interprètes des expressions culturelles traditionnelles ne peuvent être utilisés que pour protéger une partie des éléments du patrimoine culturel immatériel, ceux qui peuvent être joués, chantés ou exécutés de toute autre manière. En revanche, les éléments de savoirs traditionnels et certaines autres pratiques culturelles qui ne peuvent être présentées sous forme de spectacle, ne sauront être protégés par ces droits. Il s'ensuit que ce mode de protection ne profite pas ou rarement à l'ensemble de la communauté à l'origine des expressions culturelles traditionnelles, mais seulement aux artistes-interprètes pris individuellement : dans ce cas-là, même si les artistes-interprètes méritent que leurs droits soient reconnus, ceux-ci n'améliorent pas toujours la protection de la nature et de l'intégrité des éléments culturels en jeu.

B. Protection sur le fondement de la notion de « domaine public payant »

264. Le concept de « domaine public payant » émerge au XIXe siècle. Victor Hugo le défendit lors du Congrès littéraire international en 1878[870]. En Allemagne, l'idée du domaine public payant avait fait partie du projet de loi allemand sur le droit d'auteur de 1965, mais a été retirée à la dernière minute malgré la défense de l'un des plus éminents commentateurs du droit d'auteur de ce pays, le professeur Heinrich Hubmann[871]. Dans le contexte de recherche d'un régime juridique adapté aux expressions culturelles traditionnelles, généralement considérées comme étant dans le domaine public, le concept de « domaine public payant » retient l'attention dès les années 1970. Dans ce cadre, l'idée fondamentale est que les connaissances et ex-

---

869 [http://www.wipo.int/treaties/fr/Remarks.jsp?cnty_id=1544C].

870 Victor Hugo, « Discours au Congrès littéraire international », 1878, la séance du 21 juin, in. *Actes et paroles - Depuis l'exil*, Paris.

871 Adolf Dietz, « Le droit de la communauté des auteurs : un concept moderne de domaine public payant », *Bulletin du droit d'auteur*, Unesco, vol. XXIV, n° 4, 1990, p. 15.

pressions traditionnelles restent de libre parcours mais que leur utilisation donne automatiquement droit à rémunération.

1) Loi type de Tunis sur le droit d'auteur

265. Le premier texte au niveau international qui institue le domaine public payant est la loi type sur le droit d'auteur à l'usage des pays en voie de développement, dite « Loi type de Tunis », adoptée par un comité d'experts gouvernementaux réunis par l'Unesco et l'OMPI à Tunis du 23 février au 2 mars 1976. Ce texte est destiné à servir d'inspiration aux pays en voie de développement désireux d'élaborer ou de réviser leur législation nationale sur le droit d'auteur. Il est aussi le premier régime *sui generis* élaboré à un niveau supranational pour la protection juridique du folklore[872]. Cette loi type permet d'accorder une protection spécifique aux œuvres du folklore national : contrairement aux contraintes imposées par le droit d'auteur traditionnel, aucune fixation matérielle de ces œuvres folkloriques n'est nécessaire pour permettre une protection (art. 1.5 bis) qui leur est d'ailleurs acquise indéfiniment (art. 6). L'article 17 de cette loi type institue le paiement d'une redevance lors de « l'exploitation des œuvres du domaine public ou de leurs adaptations, y compris les œuvres du folklore national ». Les dispositions de cette loi type ont été transposées dans la législation nationale d'une trentaine de pays[873].

266. Toutefois, cette loi type est critiquée pour avoir établi un système contradictoire en instituant le domaine public payant. En effet, le système de domaine public payant est destiné à protéger les œuvres dont le délai de protection est expiré et qui entrent donc dans le domaine public. L'utilisation de ces œuvres du domaine public devient libre, mais subordonnée au paiement d'une redevance. Or, la protection instituée par la loi type des œuvres de folklore étant illimitée dans le temps (art. 6), on s'interroge alors sur le fait de savoir à partir de quel moment le domaine public payant est appelé à remplacer le principe du droit exclusif[874].

[872] Sur l'ensemble des législations *sui generis* pour la protection des expressions culturelles traditionnelles, *v.* les travaux du Comité GRTKF : Analyse globale de la protection juridique des expressions culturelles traditionnelles, WIPO/GRTKF/IC/5/3 et Synthèse comparative des législations *sui generis* pour la protection des expressions culturelles traditionnelles, WIPO/GRTKF/IC/5/INF/3.

[873] A. Lucas-Schloetter, « Protection juridique du folklore », précité, n° 27.

[874] *Ibid*, n° 28.

2) Accord de Bangui

267. Après la loi type de Tunis, l'Accord de Bangui instituant l'Organisation africaine de la propriété intellectuelle (OAPI)[875] introduit également le système du « domaine public payant » pour les expressions culturelles traditionnelles. Contrairement à la loi type de Tunis, cet accord est un véritable instrument juridique international à force contraignante. Parmi les dix annexes de l'Accord sur la propriété intellectuelle, l'Annexe VII est consacrée à la propriété littéraire et artistique.

Dans sa troisième partie relative aux dispositions communes au droit d'auteur et aux droits voisins, l'article 59 intitulé Domaine public payant et exploitation des œuvres du folklore dispose : « L'exploitation des expressions du folklore ainsi que celle des œuvres ou productions tombées dans le domaine public à l'expiration des périodes de protection (…) est subordonnée à la condition que l'exploitant souscrive l'engagement de payer à l'organisme national de gestion collective des droits une redevance y afférente ». Cependant, à la lecture de l'ensemble de l'annexe VII, on s'aperçoit que les « expressions du folklore et les œuvres inspirées du folklore » figurent dans la liste (non exhaustive) des œuvres protégées par le droit d'auteur (art. 5), dont la durée de protection est de 70 ans après la mort de l'auteur (art. 22).

268. Les difficultés qui se posent sont similaires à celles de la loi type de Tunis : les deux dispositions semblent contradictoires, car elles instaurent d'une part la reconnaissance du droit d'auteur à ces expressions du folklore, et d'autre part un système *sui generis* d'exploitation (paiement d'une redevance). Il s'ensuit que, contrairement à la loi type de Tunis qui instaure une protection illimitée, ici les expressions du folklore ont comme les œuvres protégées par le droit d'auteur une durée de protection de 70 ans après la mort de l'auteur. En raison de l'impossibilité d'identifier un auteur à une expression de folklore, on ne sait pas à quel moment commence à courir le début du délai de protection, ce qui est par ailleurs la raison pour laquelle la doctrine considère généralement que les œuvres du folklore ne peuvent bénéficier de la protection du droit d'auteur.

269. Le concept de domaine public payant a été adopté pour pallier la durée limitée de la protection du folklore qu'apporte le droit de la propriété

---

[875] Accord relatif à la création d'une Organisation africaine de la propriété intellectuelle, Bangui (République centrafricaine), 2 mars 1977, révisée le 24 février 1999 afin de rendre ses dispositions compatibles avec les exigences de l'accord sur les ADPIC, et à laquelle font désormais partie 16 États africains.

intellectuelle que ce soit en matière de droits d'auteur ou de propriété industrielle. Un tel système de protection offre notamment des avantages aux pays en développement. Mais les zones d'ombres que recèle ce concept sont nombreuses. Les interrogations se posent par exemple sur l'évaluation des folklores « traditionnels » et des œuvres « inspirées du folklore », ainsi que sur la question toujours présente de l'identification du titulaire du droit à rémunération. Pour l'Accord de Bangui, c'est l'« organisme national de gestion collective des droits » qui perçoit la redevance. La légitimité d'une telle institution pourrait toutefois être remise en cause, par exemple dans le cas d'un État multiethnique comme la Chine où certaines communautés peuvent contester le fait que ces redevances ne leur bénéficient pas directement.

Enfin, non pas par une critique inhérente au système mais pour des raisons principalement idéologiques, le domaine public payant fait l'objet d'une appréciation négative au motif qu'il compromet le rôle important joué par le domaine public dans le système du droit d'auteur[876]. Suite aux deux tentatives précitées, l'Unesco et l'OMPI organisent en 1982 un comité d'experts non gouvernementaux sur le domaine public payant[877] dans le cadre de coopérations en vue de préparer les Dispositions types sur la protection du folklore[878]. Les résultats des enquêtes réalisées dans les différents pays et les discussions des experts n'ont toutefois pas permis d'avancer davantage sur l'applicabilité de ce régime.

C. Protection sur le fondement du droit moral distinct du droit d'auteur

270. Les échanges des chercheurs internationaux dans les années 1970 dans le cadre de la protection du folklore introduisent une notion du droit français qui n'existait pas dans le droit anglo-saxon et qui semble gagner rapidement du terrain en la matière : la notion de droit moral de l'auteur. En effet, il semble qu'au-delà des prérogatives économiques prédominantes dans le droit anglo-saxon, on peut s'inspirer du droit à la paternité et du droit à l'intégrité pour consacrer l'obligation de mentionner la source à l'occasion de l'exploitation des éléments culturels immatériels d'une part, de respecter l'intégrité et l'authenticité de ces éléments en interdisant les déna-

---

876 Les expressions culturelles traditionnelles ou expressions du folklore : options juridiques et de politique, WIPO/GRTKF/IC/6/3, n° 146.

877 Analyse des réponses a l'enquête sur les dispositions législatives nationales prévoyant le domaine public payant, document de travail du Comité d'experts non gouvernementaux sur le domaine public payant, UNESCO/OMPI/DPP/CE/I/2, 26-30 avril 1982, Genève.

878 *V. infra*, n° 51-52.

turations d'autre part[879]. Le droit de divulgation (dit aussi de publication) peut également empêcher la divulgation d'un élément culturel considéré par la communauté comme sacré ou secret.

La loi type de Tunis confère ainsi le droit aux communautés traditionnelles de revendiquer la paternité de l'œuvre et de demander réparation en cas de déformation, de mutilation ou de tout autre acte préjudiciable à son honneur ou à sa réputation (art. 5 et 6). De même, l'Accord de Bangui confère le droit moral aux œuvres de folklore au titre du droit d'auteur (art. 8 et 9) : ce droit moral est illimité dans le temps (art. 60). En 1982, la notion de droit moral intègre également les Dispositions types Unesco-OMPI qui impose l'obligation, pour toute utilisation d'une expression du folklore, d'indiquer la source « par la mention de la communauté et/ou du lieu géographique dont elle est issue » (art. 5) ; l'inobservation de cette obligation est passible d'une sanction pénale (art. 6). Plus tard, dans son rapport concacré à la propriété culturelle des peuples autochtones, Mme Daes considère également que le droit moral peut être un moyen de prévention des utilisations dénaturantes et culturellement offensantes des expressions culturelles traditionnelles bien qu'il ne protège pas les intérêts économiques des communautés[880].

271. Ce principe de protection du droit moral est également évoqué dans la première jurisprudence chinoise sur l'exploitation des expressions culturelles traditionnelles : l'affaire des chants traditionnels de l'ethnie Hezhe[881]. M. Guo Song 郭颂, après avoir réalisé des collectes de musique traditionnelle auprès de la communauté des Hezhe (Région de Heilongjian 黑龙江) au bord de l'Oussouri durant les années 1950, compose le *Chant de barque de l'Oussouri* 乌苏里船歌 en 1962, dont la mélodie est en grande partie reprise des deux morceaux de chant traditionnel (une sorte de barcarolle à quatre vers) de Hezhe, mais avec une partie de composition nouvelle ainsi que les paroles écrites par lui-même.

---

[879] Kamal Puri, "The experience of the pacific region", in. Acte du Forum de Phuket (1997), précité, p. 57.

[880] E.-I. Daes, E/CN.4/SUB.2/1993/28, précité, n° 70.

[881] L'ethnie Hezhe 赫哲族 (parfois nommé *Nanai* ou *Hezhen*) est l'un des 56 groupes ethniques officiellement reconnus par la R.P.C. et est également un groupe d'ethnie minoritaire en Russie. Vivant aux bords des fleuves Amour, Soungari et Oussouri, ils sont au nombre de 4 640 personnes en Chine en 2000 (selon le *China Statistical Yearbook 2003* 中国统计年鉴, vol. 22, Bureau national de statistique 中华人民共和国国家统计局, p. 48).

En 2002, la commune Sipai d'autonomie ethnique de Hezhe 四排赫哲乡 poursuit Guo et la chaîne de télévision *CCTV-1*[882], pour avoir exploité cette chanson sans mentionner sa source, notamment par une présentation en 1999 lors d'un grand gala télévisé produit par *CCTV-1*, durant lequel la chaîne a présenté la chanson comme étant une « création personnelle de M. Guo », et non une chanson traditionnelle de Hezhe « contrairement à ce que l'on croit ». Après le jugement de première instance, la cour d'appel[883] confirme en décembre 2003 l'attribution du droit d'auteur à M. Guo en raison des parts de créations artistiques considérées comme originales et affirme, en vertu de l'article 12 de la *Loi sur les droits d'auteur*[884], que le *Chant de barque de l'Oussouri* de Guo est une œuvre dérivée 改编作品 des chants traditionnels des Hezhe.

En même temps, il est affirmé que les Hezhe sont les auteurs des œuvres musicales premières empruntées par l'œuvre de Guo ; « ces chants traditionnels sont entrés dans le domaine public [...] mais demeurent un bien spirituel et culturel précieux créé collectivement par l'ensemble des Hezhe et appartiennent ainsi à chacun d'eux »[885]. Ces derniers sont par conséquent consacrés titulaires du droit moral, bien qu'ils ne bénéficient pas de droits patrimoniaux. Ainsi, M. Guo et la chaîne *CCTV-1* sont contraints de publier une annonce dans un journal national par laquelle ils déclarent que le *Chant de barque de l'Oussouri* est une œuvre dérivée des chants traditionnels de Hezhe, et de mentionner le peuple Hezhe lors des utilisations ultérieures de cette chanson.

272. Cette jurisprudence est la première en Chine sur les droits d'auteur des œuvres des expressions culturelles traditionnelles. Elle affirme la protection par le droit d'auteur des œuvres dérivées contemporaines des expressions culturelles traditionnelles, et également le droit moral des auteurs d'une œuvre d'expression culturelle traditionnelle déjà entrée dans le do-

---

[882] 中国中央电视台综合频道 *China Central Television channel 1*, le principal canal de télévision généraliste de la télévision d'État chinois.

[883] La Cour d'instance supérieure de Beijing 北京市高级人民法院.

[884] Le droit d'auteur chinois reconnaît le droit moral de l'auteur. L'intégralité du texte de cette loi ainsi que les règlements d'application (en chinois, français et anglais) se trouve dans la base de données *Collection de lois* accessible en ligne de l'OMPI à l'adresse : [http://www.wipo.int/clea/fr].

[885] « (...) 赫哲族群体共同创作和每一个成员享有的精神文化财富 ». *Autorité communale d'autonomie ethnique de hezhe c/ Guo Song et al. : le droit d'auteur des œuvres folkloriques* 饶河县四排赫哲族乡政府诉郭颂等侵犯民间文学艺术作品著作权纠纷案, Cour d'instance supérieure de Beijing 北京市高级人民法院, n° *gaominzhongzi* 高民终字 [2003] 246, *Bulletin de la Cour suprême de la R.P.C.* 中华人民共和国最高人民法院公报, 2004, n° 7, p. 26-32.

maine public. De surcroît, en première instance, les défenseurs avaient avancé que les autorités communales de Sipai n'avaient pas la capacité juridique de réclamer le droit de propriété intellectuelle au nom du peuple Hezhe. En répondant à cette question, la cour d'appel affirme, au contraire, dans son arrêt que la commune de Sipai est la représentante politique et des intérêts généraux des Hezhe dans la zone géographique établie en tant que commune d'autonomie ethnique. Afin de protéger les intérêts communs des Hezhe dans la commune, les autorités communales sont compétentes pour agir en tant que personne morale de droit public ; ceci est consacré par la Constitution ainsi que par les législations nationales sur l'établissement des administrations locales d'autonomie ethnique[886] et ne transgresse aucune interdiction du droit positif. Ainsi, cet arrêt consacre également la capacité juridique des collectivités territoriales d'autonomie ethniques à revendiquer les droits relatifs au patrimoine culturel immatériel. L'on peut, par ailleurs, considérer la publication de cet arrêt dans le très sélectif *Bulletin de la Cour populaire suprême de la R.P.C.* comme une affirmation de sa nature de décision de principe par la plus haute autorité judiciaire[887].

273. Comme on l'observe dans cet exemple d'œuvre contemporaine basée sur les expressions culturelles traditionnelles, il semble que la solution du droit moral puisse favoriser un équilibre, entre la protection contre les utilisations abusives des expressions culturelles traditionnelles d'un côté, et la liberté et la promotion du développement de ces expressions et de leur diffusion[888] de l'autre. La solution du droit moral distinct du droit d'auteur convainc ainsi un certain nombre de pays, qui dans leurs législations prescrivent l'obligation d'indiquer la source de l'expression folklorique utilisée

---

886 Sur l'autonomie ethnique, *v. supra*, n° 146 *sqq.*

887 Il convient de préciser que le droit chinois ne prévoit pas explicitement de système jurisprudentiel, bien que cela fasse partie des objectifs à atteindre dans la « construction du système juridique d'un État de droit socialiste ». Les jurisprudences, une fois sélectionnées et publiées dans le *Bulletin de la Cour populaire suprême*, sont considérées comme susceptibles de servir de modèle de références pour les tribunaux de tous les degrés. Dans l'autre sens, le respect d'une jurisprudence antérieure, même de la Cour suprême, n'est pas obligatoire. *V.* CAO Sanming (vice-président de l'École nationale de la magistrature), « La jurisprudence en droit chinois : Tradition et rôle actuel », in. Xiao-Ying LI-KOTOVTCHIKHINE (dir.), *Les sources du droit et la réforme juridique en Chine*, Litec, Paris, 2003, p. 241-246. L'auteur explique également le rôle du *Bulletin de la Cour populaire suprême* en tant que source jurisprudentielle du droit. À cela doit s'ajouter que dans la pratique, pour les tribunaux de l'échelon basique *jiceng renmin fayuan* 基层人民法院, l'accès à ces bulletins n'est pas toujours garanti. D'une manière générale, les juges se réfèrent beaucoup plus souvent aux ouvrages de doctrine spécialisés qu'aux jurisprudences.

888 C'est l'argument qu'avance le Commentaire des Dispositions types Unesco-OMPI (précité, n° 23), ainsi que le juge chinois dans l'affaire Hezhe.

(Lesotho, Malawi, Rwanda, Samoa) et prohibent sa dénaturation (Algérie, Lesotho). De même, l'Australie étudie la possibilité d'accorder aux communautés le droit d'exercer les prérogatives du droit moral afin de se protéger contre toute utilisation inappropriée[889]. Dans une étude en 2008, le Comité GRTKF, après avoir analysé les lacunes des dispositions actuelles en matière de protection des expressions culturelles traditionnelles, considère également que le droit moral serait une solution pertinente[890].

Paragraphe II. Autres modes de protection

Certains autres modes de protection, sans l'appropriation, sont également proposés pour la protection du patrimoine culturel immatériel. Mais ces méthodes se situent toujours dans la vision d'un attachement de ces éléments aux communautés et à travers l'invocation des droits subjectifs de ces dernières.

A. Concurrence déloyale

274. Parmi les expériences réalisées dans les différents pays, les dispositions contre la concurrence déloyale constituent une solution à la fois admise par la doctrine et utilisée en pratique pour la protection des éléments du patrimoine culturel immatériel. En effet, toutes les législations nationales sanctionnent d'une façon ou d'une autre la concurrence déloyale, c'est-à-dire « tout acte de concurrence contraire aux usages honnêtes en matière industrielle ou commerciale » réprimé par l'article 10 *bis* de la Convention de Paris[891]. Dès la troisième session du Comité GRTKF en juin 2003, la délégation de la Norvège à l'OMPI propose d'examiner la possibilité d'appliquer cet article 10 *bis* de la Convention de Paris pour protéger les savoirs traditionnels. Après de nombreux examens, la protection par la concurrence déloyale intègre les Projets d'objectifs et de principes pour les savoirs traditionnels comme pour les expressions culturelles traditionnelles[892]. Dans la pratique, cette solution s'avère aujourd'hui utilisée notamment dans les pays de *common law*.

---

[889] Rapport du Comité GRTKF, WIPO/GRTKF/IC/5/15, n° 103.

[890] Projet d'analyse des lacunes en matière de protection des expressions culturelles traditionnelles, WIPO/GRTKF/IC/13/4(b)Rev, n° 87.

[891] Article 10 *bis*, alinéa 2 de la Convention de Paris pour la protection de la propriété industrielle, du 20 mars 1883, dernière révision à Stockholm le 14 juillet 1967, et modifiée le 28 septembre 1979.

[892] Pour les savoirs traditionnels : il s'agit de l'article premier, alinéa 4. WIPO/GRTKF/IC/10/5. Pour les expressions culturelles traditionnelles : il s'agit de l'article 10, WIPO/GRTKF/IC/10/4, commentaire de l'article 10.

275. On distingue généralement deux sortes d'actions susceptibles d'être condamnées sur le fondement de la concurrence déloyale : la divulgation d'information confidentielle et l'exploitation injustifiée de la renommée d'autrui. La protection des informations confidentielles, qui existe aussi dans la *common law* sous le nom de « *breach of confidence* », est une obligation pour les États signataires de l'Accord ADPIC conformément à son article 39 sur la « protection des renseignements non divulgués ». Cette méthode peut être utilisée par des communautés traditionnelles arguant d'une divulgation non autorisée de certaines expressions culturelles ayant un caractère sacré ou/et secret[893]. L'exemple le plus célèbre de son application est l'affaire de *Foster v. Mountford* en Australie, dans laquelle la publication d'un ouvrage scientifique est interdite au motif de la protection d'informations confidentielles[894].

Quant à l'exploitation injustifiée de la renommée d'autrui, elle est sanctionnée par les mesures protégeant la réputation commerciale : il s'agit d'une hypothèse classique de concurrence déloyale ou d'agissements parasitaires, ou d'une action dite « *passing off* » dans la *common law*. Ces méthodes peuvent également être appliquées contre les actions du parasitisme en matière de folklore (aussi bien pour les expressions culturelles traditionnelles que pour les savoirs traditionnels)[895] ; plusieurs jurisprudences consacrent par ailleurs le principe de *passing off* pour la protection de la réputation et de l'intégrité culturelle des communautés autochtones en Australie[896].

276. L'utilisation des techniques de la concurrence déloyale a pour avantage, premièrement, de ne pas supposer l'existence d'un droit privatif sur les éléments du patrimoine culturel immatériel en question. Ainsi, elle ne se heurte pas aux obstacles tenant notamment à la détermination du titulaire comme en matière de la propriété intellectuelle. De surcroît, ces méthodes n'exigent pas de véritable relation contractuelle entre les parties[897], ce qui est l'un des obstacles d'application des dispositions du droit commercial.

---

[893] S. Palethorpe & S. Verhulst, *Report on the International Protection of Expressions of Folklore under Intellectual Property Law*, précité, n° 3.7.2. – T. Janke, *Our Culture : Our Future …*, précité, n° 5.7. – E.-I. Daes, *Study on the protection of the cultural and intellectual property of indigenous peoples*, précité, n° 84-86.

[894] *V. supra*, n° 206.

[895] P.-Y. Gautier, *La protection du folklore par le droit de la propriété industrielle et celui des obligations*, précité, p. 126.

[896] WIPO/GRTKF/IC/3/10, n° 126. – T. Janke, *Our Culture : Our Future*, précité, n° 5.8.

[897] A. Lucas-Schloetter, *JCL*, « Protection juridique du folklore », précité, n° 52.

277. Pourtant, ces méthodes sont marquées par quelques inconvénients importants. Tout d'abord, la qualification d'une action en « concurrence déloyale » ne peut être appliquée qu'aux transactions commerciales, et suppose un rapport de concurrence entre la communauté et le tiers qui exploite commercialement un élément du patrimoine culturel immatériel que la communauté considère comme le sien : cela semble exclure les expressions et savoirs traditionnels qui ne sont pas mis en commerce volontairement par les communautés en question[898]. Ensuite, afin d'être qualifiés d'actes de concurrence déloyale, les agissements commerciaux doivent remplir un certain nombre de conditions. Par exemple pour la divulgation d'une information confidentielle, il doit y avoir une obligation de confidentialité qui pèse sur le destinataire et l'information doit avoir été utilisée sans autorisation[899]. Pour l'exploitation injustifiée de la renommée d'autrui, il faut que la communauté en question puisse prouver que l'atteinte à sa réputation a été effectivement causée par la conduite du défendeur. Enfin, bien que ce mode de protection par la concurrence déloyale ne soit pas fondé sur la consécration d'un droit exclusif, il reste à démontrer que la communauté concernée a la qualité juridique pour agir en justice pour une telle revendication : en raison des pesanteurs politiques dans la reconnaissance des communautés culturelles notamment ethniques, cette qualité juridique est loin d'être acquise partout[900].

B. Droit des sociétés

278. Des règles de droit des sociétés peuvent aussi permettre de conférer une certaine protection aux savoir-faire traditionnels en France comme en Chine : dans les deux pays, il existe un label pour les entreprises qui détiennent des savoir-faire renommés et ancestraux, le dispositif de

---

898 E.-I. Daes, *Study on the protection of the cultural and intellectual property of indigenous peoples*, précité, n° 148. – P. Kuruk, *Protecting Folklore under Modern Intellectual Property Regimes*, précité, p. 834.

899 C'est le cas par exemple dans l'affaire de *Foster v. Mountford*, où le juge australien a estimé que les informations divulguées dans l'ouvrage de Mountford « n'ont pu être fournies qu'en raison d'une relation de confiance, une confiance qu'il [Dr. Charles P Mountford] a lui-même, en tant qu'anthropologue, acceptée (could only have been supplied and exposed in confidence, a confidence [Dr. Mountford] himself, as an anthropologist, accepted) ». *Foster and Others v. Mountford and Rigby Ltd.* (1977), *V. supra*, n° 205.

900 Même en Chine où nous avons vu que les Hezhe se voient consacrer la capacité de revendication du droit moral, cela peut être tout à fait différent selon les circonstances.

l'Entreprise du patrimoine vivant en France et le *China Time-honored Brand zhonghua lao zihao* en Chine[901].

Le dispositif français de l'Entreprise du patrimoine vivant est créé par l'article 23 de la loi du 2 août 2005 en faveur des petites et moyennes entreprises[902]. Il s'installe donc clairement dans la dimension économique du soutien aux petites et moyennes entreprises. Le dispositif chinois est créé par une circulaire du ministère du commerce en avril 2006 adressée aux administrations régionales chargées du commerce. Intitulé *Projet de revitalisation des China Time-honored Brand*, ce document demande aux administrations régionales de procéder à la protection et la gestion des noms commerciaux historiques et de proposer des candidats régionaux afin d'être labélisés par le ministère[903].

279. Les deux dispositifs partagent la volonté de valoriser les savoir-faire renommés ou ancestraux représentés par ces labels. Toutefois, de par leurs critères d'attribution, le dispositif français met l'accent sur les connaissances techniques et la haute technicité ; tandis que le label chinois s'appuie davantage sur la dimension culturelle et historique de ces noms commerciaux.

280. Enfin, les conséquences juridiques de ces deux dispositifs sont limitées. En effet, la seule conséquence du label Entreprises du patrimoine vivant est que ces entreprises bénéficient de certaines mesures fiscales particulières[904] ; quant au dispositif chinois, s'il créé l'obligation pour les entreprises labélisées de déposer un rapport d'activité annuel[905], il n'a aucune conséquence juridique réelle. On ne doit certes pas négliger l'impact médiatique

---

901 « 中华老字号 ». Traduction officielle du ministère du Commerce chinois.

902 Loi n° 2005-882 du 2 août 2005 en faveur des petites et moyennes entreprises. Les critères et modalités d'attribution du label sont fixés par le décret n° 2006-595 du 23 mai 2006 relatif à l'attribution du label « entreprise du patrimoine vivant ».

903 商务部关于实施"振兴老字号工程"的通知, n° *shanggaifa* 商改发 [2006] 171, 10 avril 2006. L'annexe II de cette circulaire porte sur les critères et modalités d'attribution du label (中华老字号认定规范(试行))

904 L'article 45 de la loi n° 2005-1720 du 30 décembre 2005 de finances rectificative pour 2005, codifié dans un nouvel article 244 quater O du CGI, instaure un crédit d'impôt de 10 % maximum, sans plafond, au profit des entreprises exerçant des métiers d'art, dès lors qu'elles engagent des dépenses de conception de nouveaux produits. Sont notamment visées par ce nouveau dispositif fiscal, les entreprises portant le label « Entreprise du patrimoine vivant ».

905 Le rapport est déposé au comité pour la revitalisation de *China Time-honored Brand*. Ce comité est créé par le ministère du Commerce dans l'objectif de mettre en place le projet de revitalisation des noms commerciaux historiques. L'annexe II de la circulaire du 10 avril 2006.

de ces dispositifs qui peuvent en effet mettre en valeur les savoir-faire que détiennent ces entreprises et donner un élan à ces dernières. Mais ces dispositifs, visant avant tout la valorisation des entreprises et des noms commerciaux, restent insuffisantes pour la sauvegarde des connaissances et savoir-faire en danger de disparition, et plus encore pour la protection des éléments culturels exploités illicitement.

C. Droit de l'environnement

281. De manière plutôt surprenante, en matière de droit de l'environnement, la nouvelle règlementation française relative aux parcs nationaux[906] a introduit depuis avril 2006 un régime qui pourrait s'appliquer à la protection des droits au patrimoine culturel des communautés traditionnelles. Par cette loi, l'État français admet clairement ses engagements internationaux en faveur des communautés traditionnelles, ceci se manifestant déjà au cours des débats lors de l'élaboration des textes législatifs. Il est ainsi fait légalement référence à l'article 8 *j)* de la Convention sur la diversité biologique (CDB) dans les articles L. 331-15-5 et 6 nouveaux du Code de l'environnement, créés par l'article 12 de ladite loi de 2006. Selon la CDB, les « connaissances traditionnelles » comprennent un système de classification, un ensemble d'observations empiriques sur l'environnement local et notamment un « système d'autogestion qui régit l'utilisation des ressources »[907]. Le nouveau statut des parcs nationaux fixe les premiers jalons en droit français d'un statut juridique spécifique de l'accès aux ressources génétiques et les connaissances associées et des conditions financières de leur exploitation.

282. Cependant, en raison de l'absence dans cette loi de précisions garantissant la représentativité des populations des communautés locales, ces dernières ne disposent pas en propre d'un pouvoir consultatif ou de décision, tant pour l'autorisation d'accès que pour la détermination des éléments financiers. Leurs droits et revendications s'en trouvent dès lors affaiblis et susceptibles d'être ignorés ; même lorsque leurs revendications sont représentées et entendues, les communautés n'auront pas à elles seules un poids suffisant pour être sûres d'obtenir des décisions correspondant à leurs souhaits[908]. Bien que cette loi reconnaisse symboliquement les droits des com-

---

[906] Loi n° 2006-436 du 14 avril 2006 relative aux parcs nationaux, aux parcs naturels marins et aux parcs naturels régionaux, codifiée au Code de l'environnement.

[907] *V. supra*, n° 194.

[908] Ph. Karpe, *L'illégalité du statut juridique français des savoirs traditionnels*, précité, p. 184-185.

munautés traditionnelles à leur patrimoine immatériel notamment les connaissances et savoir-faire traditionnels, elle ne donne pas suffisamment de moyens d'action et fait douter de l'effectivité de l'« autogestion ».

Conclusion de la section 2

283. À l'analyse des expériences réalisées, reconnaître des droits de propriété intellectuelle aux communautés culturelles sur leur patrimoine culturel immatériel semble difficile. Ce qu'une partie de la doctrine nomme le « droit de la propriété intellectuelle traditionnelle » demeure une invention à parfaire[909]. En revanche, au-delà de l'idée d'une protection pécuniaire par l'acquisition de l'exclusivité de l'exploitation, la protection « morale » des éléments du patrimoine culturel immatériel semble plus adéquate et efficace, que ce soit dans le cadre du droit moral du droit d'auteur ou par les moyens de la responsabilité civile. Cela correspond par ailleurs davantage à l'esprit même de la Convention de 2003 qui vise la sauvegarde des éléments du patrimoine culturel immatériel notamment pour son intégrité culturelle et la garantie d'un espace libre d'expression et d'évolution.

Toutefois, les solutions proposées ne concernent en général qu'un seul aspect de la notion de patrimoine culturel immatériel, soit les expressions culturelles traditionnelles, soit les savoirs traditionnels. En l'absence d'une vision systématique et organisée en amont, elles se présentent plutôt comme une sorte de « bricolage » juridique. Il s'agit en effet dans la majorité des cas de l'adaptation de textes législatifs qui sont élaborés sur la base philosophique très différente de celle du patrimoine culturel immatériel et qui présentent ainsi des incompatibilités inhérentes. De surcroît, les expériences actuelles se concentrent sur l'accès au patrimoine culturel immatériel et la protection des droits des communautés, mais peu sur leur transmission[910]. Pourtant, seule la transmission permet de garantir la réelle viabilité du patrimoine culturel immatériel ; elle est en effet l'un des deux axes majeurs de la Convention de 2003.

Conclusion du chapitre II

284. Nous avons pu observer des difficultés d'appropriation des éléments du patrimoine culturel immatériel par les méthodes classiques du droit de la propriété intellectuelle. Celui-ci ne pouvant pas offrir de protec-

---

[909] S. S. Kowouvih, *Le savoir-faire traditionnel…*, *op. cit.*, n° 301.

[910] Les mesures sur la transmission sont rares mais existent. Nous allons les examiner dans le chapitre « Transmission : le système de trésor humain vivant et son application ».

tion adéquate, les solutions utilisées par les différents pays se concentrent sur des méthodes qui ne se fondent pas sur une appropriation. C'est le cas de la reconnaissance d'un droit moral par une jurisprudence chinoise.

En ce sens, le rapport entre le patrimoine culturel immatériel et les communautés pourrait être assimilé à la doctrine classique des biens théorisée par Aubry et Rau qui voient dans le patrimoine une « émanation de la personnalité » de son propriétaire[911]. Par analogie, le patrimoine culturel immatériel serait le reflet de la communauté : certes son avoir, mais avant tout son être, son identité. Parmi les aspects qui distinguent le patrimoine culturel immatériel comme le patrimoine culturel physique de la théorie du « patrimoine » en droit civil français, on relèvera notamment que si le propriétaire a le droit de disposer de ses biens « de la manière la plus absolue » (art. 544 Code civil), le propriétaire d'un élément du patrimoine culturel doit en revanche être responsable de la manière dont il gère ses biens, devant ses aïeux qui lui les ont transmis autant que devant ses descendants à qui il les transmettra.

Le patrimoine culturel immatériel entremêle ainsi les notions de « patrimoine » au sens du droit civil et de « patrimoine culturel » au sens du droit administratif. Il s'agit à la fois des biens patrimoniaux et extrapatrimoniaux – même si les méthodes classiques de la propriété intellectuelle ne permettent pas toujours de conférer des droits aux communautés sur les éléments de leur patrimoine culturel immatériel. En ce sens, pourrait-on considérer que les communautés, par la reconnaissance d'un certain nombre d'éléments comme leur patrimoine culturel immatériel, construisent une sorte de « personnalité collective », ainsi que des droits attachés à cette personnalité ? Néanmoins, pour que cette personnalité collective trouve sa traduction sur le terrain juridique, il semble nécessaire que ces communautés se dotent d'une personnalité morale, chose difficilement réalisable devant la pesanteur politique de l'État.

911 *Cours de droit civil français*, t. 9, 5e éd., 1917, n° 573.

Conclusion du titre II et de la Première partie

285. En tant que notion novatrice, le patrimoine culturel immatériel élargit le concept de patrimoine culturel, qui devient ainsi plus global. Cette notion propose également une nouvelle perspective à la protection du patrimoine culturel immatériel : auparavant envisagés uniquement sous l'angle du droit de la propriété intellectuelle, sous l'appellation de « folklore », ces éléments bénéficiaient d'une considération réduite, tenant compte uniquement de leur valeur économique mais négligeant leur valeur culturelle, qui est pourtant l'essence de ces éléments. La notion de patrimoine culturel immatériel permet au contraire de mettre en avant cette valeur culturelle.

Or, la mise en œuvre du concept de patrimoine culturel immatériel en droit interne s'avère problématique : elle se confronte à divers obstacles normatifs et institutionnels liés, en grande partie, aux difficultés de l'appropriation des éléments du patrimoine culturel immatériel par les communautés qui les créent et les pratiquent.

286. Sur le plan juridique, se révèlent d'abord des difficultés méthodologiques venant de la tradition du droit civil, pour laquelle un grand nombre d'éléments du patrimoine culturel immatériel ne saurait être qualifié de biens juridiques. On constate ainsi l'impossibilité d'appropriation privative par les communautés, en tout cas théorique, de la grande majorité d'éléments du patrimoine culturel immatériel. Parallèlement, même lorsque certains droits peuvent être reconnus sur ces éléments culturels, la détermination des titulaires de droits s'avère difficile en raison des processus de création collectifs, perpétuels et transgénérationnels.

Devant l'inaptitude de la propriété intellectuelle classique à protéger les droits des communautés à l'origine de patrimoine culturel immatériel, certaines tentatives d'adaptation et d'aménagement ont été faites. Parmi elles, le droit moral du droit d'auteur semble être propice pour les communautés : bien que le droit moral ne puisse protéger les droits économiques des communautés, cette reconnaissance leur offre une possibilité de s'opposer à l'utilisation dénaturante et culturellement offensante de leur patrimoine culturel immatériel. C'est également le cas de certaines autres mesures, telles que la marque collective, le système d'indication géographique ou encore la responsabilité civile. Sans procéder à une appropriation, ces méthodes se fondent sur un lien d'attachement entre les éléments du patrimoine culturel immatériel et les communautés, un lien qui se rapproche des droits de la personnalité[912]. Ainsi, le patrimoine culturel immatériel semble pouvoir être considéré comme une sorte de bien extrapatrimonial des communautés qui consiste en la possibilité de s'opposer à l'utilisation par autrui des éléments du patrimoine culturel immatériel. Cette reconnaissance semble être primordiale, car sans cela, l'impossibilité de l'appropriation conduirait à une sorte de dépossession culturelle par les communautés, voire à l'extinction culturelle future[913].

Or, à l'analyse de ces solutions à l'apparence propices, nous sommes amenés à constater que le perpétuel conflit entre l'institution étatique et la notion de communauté reste un des obstacles majeurs, puisque l'absence d'une identité juridique empêche la communauté de devenir le titulaire des droits subjectifs sur son patrimoine culturel immatériel. Si en Chine, la jurisprudence de 2004 sur les Hezhe consacre la capacité juridique des collectivités territoriales d'autonomie ethniques de revendiquer les droits au patrimoine culturel immatériel, étant rappelé que le respect d'une jurisprudence antérieure n'est pas obligatoire en droit chinois, on constate, à travers les travaux de l'inventorisation nationale du patrimoine culturel immatériel, que cette possibilité d'appropriation par une personne juridique locale ne saurait qu'être fortement limitée.

287. Sur le plan des politiques générales, l'acceptation de la notion de patrimoine culturel immatériel en Chine va incontestablement dans le même sens que la consécration par la Révolution des monuments historiques en France, dans un rôle de « mythe mobilisateur et unificateur »[914]. Si cette tendance est aujourd'hui moindre en France[915], l'application réelle de la Convention de 2003 ne peut que rester cantonnée dans le schéma d'une institution étatique fortement encadrée en raison de la présumée opposition entre l'intérêt national et l'intérêt communautaire au regard de l'idéal politique des deux pays[916].

---

912 Bernard Beignier, *Le droit de la personnalité*, PUF, Que sais-je ?, 1992. – Jean Carbonnier, *Droit civil*, t. 1, *Introduction. Les personnes. La famille, l'enfant, le couple*, PUF Quadrige, 2004, n° 274 sqq. – Gérard Cornu, *Droit civil : Introduction. Les personnes. Les biens*, Montchrestien, 2005, n° 496 *sqq*.

913 K. Puri, « Préservation et conservation des expressions du folklore », précité, p. 5-36.

914 J. Morand-Deviller, « Le patrimoine monumental, patrimoine de la nation ? », précité, p. 85.

915 Le transfert de certains monuments historiques aux collectivités territoriales, par exemple, démontre une tendance de distinction entre la Nation et l'État. J. Morand-Deviller, *idem*.

916 Rappelons-nous que l'opposition entre le principe de la République indivisible et les « droits collectifs [reconnus] à quelque groupe que ce soit » est affirmée dans deux déci-

288. Ce sont ces difficultés à trouver une solution juridique *via* l'appropriation des éléments du patrimoine culturel immatériel qui ont, entre autres, conduit l'Unesco à examiner d'autres possibilités d'offrir une protection des éléments culturels immatériels et des droits des communautés détenteurs, vers le milieu des années 1980. Suite à une première expérience de la Recommandation de 1989, l'idée d'une protection hors de la propriété intellectuelle s'affirme davantage dans la préparation du projet de la Convention de 2003. Si l'appropriation reste jusqu'ici indispensable pour la protection des *droits sur* les éléments du patrimoine culturel immatériel[917], la sauvegarde de ces derniers y est-elle nécessairement attachée ?

sions du Conseil constitutionnel en 1999 (n° 99-412 DC du 18 juin 1999 concernant la *Charte européenne des langues régionales ou minoritaires*) et en 2004 (n° 2004-505 DC du 19 novembre 2004 concernant le *Traité établissant une Constitution pour l'Europe*, précité, n° 147).

[917] À ce sujet, le Comité GRTKF de l'OMPI travaille depuis 2005 sur la possibilité de conférer des droits opposables aux communautés sans création des droits patrimoniaux distincts. *V. infra*, n° 206.

Deuxième partie :
La sauvegarde du patrimoine culturel immatériel hors de l'appropriation

289. Les difficultés analysées dans la première partie de cette étude nous démontrent que la protection du patrimoine culturel immatériel est obscurcie par les questions de l'appropriation et du titulariat au sens du droit de la propriété intellectuelle. Savoir « à qui appartient ce patrimoine » est sans nul doute une question primordiale et passionnante ; mais tandis que se tiennent de longs et intenses débats sur ce sujet, de nombreux éléments culturels disparaissent en l'absence de l'intervention nécessaire pour leur sauvegarde.

Afin de procéder à la sauvegarde souvent urgente de certains éléments culturels menacés de disparaître ou victimes de dénaturation importante, une solution pragmatique serait de contourner la question de l'appropriation. Telles sont les méthodes de sauvegarde que propose la Convention de 2003 qui sont appliquées en France et en Chine. Cette sauvegarde se réalise par les pouvoirs discrétionnaires de l'administration et ses moyens réglementaires, à travers, d'une part, un repérage des éléments du patrimoine culturel immatériel et, d'autre part, l'incitation à la transmission de ces derniers. Ces outils, typiquement de droit administratif, ne sont certes pas les seules méthodes qui ne nécessitent pas une appropriation des éléments du patrimoine culturel immatériel. Nous avons vu, par exemple, que le droit moral du droit d'auteur, de même que la responsabilité civile, peuvent offrir des solutions pertinentes. Mais à la différence de ces derniers, les méthodes que propose la Convention de 2003 a l'avantage de ne pas exiger l'existence d'une personnalité morale juridiquement reconnue, ce qui est, nous l'avons vu, l'un des obstacles majeurs pour que les communautés puissent obtenir des droits subjectifs sur leur patrimoine culturel immatériel.

Nous tenterons ainsi de vérifier si les méthodes de sauvegarde proposées par la Convention de 2003 prouvent leur efficacité sur le terrain dans les deux pays (Titre I), après avoir étudié, à titre liminaire, la loi chinoise pour la protection du patrimoine culturel immatériel (adoptée en 2011) élaborée parallèlement à la ratification par la Chine de la Convention de 2003 (Chapitre préliminaire).

En réalité, la solution retenue par la convention était également celle déjà retenue par la Chine à l'occasion d'une expérience particulière : le processus de patrimonialisation de la médecine et de la pharmacopée traditionnelles depuis les années 1950. Cette expérience a commencé largement avant la consécration de la notion de patrimoine culturel immatériel, et avant que l'OMPI ne consacre des débats passionnés et passionnants à la question de la propriété intellectuelle de la médecine traditionnelle. Contrairement au cas de la Convention de 2003 qui, par un choix délibéré, contourne la question de l'appropriation, dans le cas chinois, les techniques de la propriété intellectuelle n'étaient pas utilisées dans la sauvegarde de la médecine et de la pharmacologie chinoises d'abord parce qu'elles n'existaient pas à cette époque en droit chinois. Néanmoins, on constate que les outils du droit administratif ont joué un rôle primordial pour maintenir vivante cette pratique à l'époque sérieusement menacée (Titre II).

Chapitre préliminaire. La loi chinoise pour la protection du patrimoine culturel immatériel

Le projet de loi pour la protection du patrimoine culturel immatériel, après plus de sept ans de réflexions et de discussions, est adopté le 25 février 2011 par l'Assemblée populaire nationale. Selon son exposé des motifs, cette loi vise à compléter le système de protection de l'ensemble du patrimoine culturel national. Le document met l'accent sur la nécessité d'une action législative : les dispositifs d'urgence de sauvegarde n'étant pas suffisants, il est nécessaire de garantir la stabilité de la politique de protection. La lecture du texte de la loi accompagné de son exposé des motifs[918] permettra d'appréhender la nature du droit administratif de cette nouvelle législation, ainsi que la vision de l'administration chinoise dans la mise en œuvre de la Convention de 2003.

Paragraphe I. Origine et objectif du projet de loi

290. La Chine s'inscrit, depuis les années 1990, dans le contexte international d'un intérêt croissant porté aux cultures populaires. Cela est bien entendu en rapport avec la tradition politique de la R.P.C. d'accorder une place importante aux cultures populaires ; mais il faut sans doute y voir aussi l'influence de la Recommandation de 1989 de l'Unesco. Depuis 1993, de nombreuses propositions en faveur d'une loi spécifique ainsi que plusieurs projets de loi ont été déposés par des députés à l'Assemblée populaire nationale, sous des intitulés divers, comme par exemple « loi pour la protection des cultures ethniques et populaires », « loi pour la protection du patrimoine oral et immatériel » (venant du programme de proclamation de l'Unesco), ou encore « loi pour la protection des cultures traditionnelles ».

En août 2002, le projet de loi *pour la protection des cultures nationales et folkloriques* est présenté au comité Éducation, science, culture et santé de l'Assemblée qui donne son approbation en novembre 2003. Le projet de loi entre dans la phase de discussion à l'Assemblée.

---

[918] *Projet de loi pour la protection du patrimoine culturel immatériel et l'exposé des motifs*, version soumise à l'agrément du département de la propagande du Comité central du Parti communiste chinois, annexé in *Demande d'instruction du ministère de la Culture au département de la propagande du Comité central du Parti communiste chinois concernant le Projet de loi pour la protection du patrimoine culturel immatériel* 文化部关于«非物质文化遗产保护法» 立法工作有关问题的请示, n° *wenzhengfahan* 文政法函 [2006] 317, 7 mars 2006.

En avril 2004, l'Assemblée propose, après la première lecture du projet, de revoir ce document conformément aux nouveaux engagements de l'État au regard de la Convention de 2003 que la Chine vient d'adopter. Ainsi, l'intitulé de la loi reprend les termes utilisés par la convention et devient *Loi pour la protection du patrimoine culturel immatériel*[919]. Après avoir consulté largement les différentes administrations nationales, locales et les chercheurs, le nouveau projet de loi est prêt en mars 2006. Depuis, le Conseil des affaires de l'État[920] relance des consultations sur le projet de loi auprès des administrations nationales et régionales, avant de le présenter à l'Assemblée. La loi est finalement adoptée le 25 février 2011 après une période de publication.

Paragraphe II. Délimitation du champ de protection

291. Par l'évolution de son intitulé, de « cultures ethniques et populaires traditionnelles » à « patrimoine culturel immatériel », le champ de protection de cette loi de 2011 a été modifié. En effet, depuis la signature de la Convention de 2003, les avis s'accordent sur le fait que le « patrimoine culturel immatériel » serait un terme plus approprié, tandis que l'expression « cultures ethniques et populaires » reste d'une portée sensible et susceptible de confusions. Il s'agit là d'une évolution conceptuelle de même nature et justifiée par les mêmes raisons que celle qui s'est produite à l'Unesco, avec le passage de la « culture traditionnelle et populaire » (de la Recommandation de 1989) au « patrimoine culturel immatériel ».

292. L'article 2 de la loi a pour fonction de définition. Sa similitude presque totale avec l'article 2-2 de la convention est évidente. Mais comme dans la convention, la délimitation du champ de protection de cette loi ne se

[919] 非物质文化遗产保护法 Il est à noter que la version chinoise faisant foi de la Convention de 2003 utilise le terme « *baohu* 保护 » pour traduire « sauvegarde ». En réalité, ce terme *baohu* correspond plutôt à « protection », mais pas strictement au vocabulaire pourtant volontairement choisi par la convention « sauvegarde ». Ainsi, la loi chinoise reprend le terme « *baohu*/protection » utilisé par la version chinoise de la convention dans son intitulé, tandis que son contenu respecte scrupuleusement les exigences de la convention qui s'appuient notamment sur les actions de sauvegarde.

[920] Le projet de loi est présenté par le Conseil des affaires de l'État. Mais le projet est d'abord examiné par le département de la propagande du Comité central du Parti communiste chinois afin d'obtenir son agrément. Dans la *Loi sur les activités législatives* (précitée), aucune mention n'est faite sur le département de propagande du Comité central du Parti communiste chinois *xuanchuan bu* 宣传部. Pourtant ce département détient un pouvoir de décision *de facto*, particulièrement en matière de culture et de média. Ainsi, dans la pratique, les législations, règlements ou programmes dans ces domaines doivent généralement obtenir l'agrément de ce département avant de se soumettre aux procédures normales. En ce qui concerne le patrimoine culturel immatériel, la portée sensible des affaires ethniques et religieuses fait que l'approbation de ce département est obligatoire.

lit pas uniquement par l'article définissant le patrimoine culturel immatériel. En ce sens, l'article premier et l'article quatre de la loi chinoise méritent d'être examinés de plus près :

Article premier

« Afin de transmettre et de promouvoir les cultures traditionnelles d'excellence de la Nation, de favoriser l'édification de la civilisation spirituelle socialiste, de renforcer la protection et la sauvegarde du patrimoine culturel immatériel, est formulée la présente loi. »

Article quatre

« La protection du patrimoine culturel immatériel doit respecter son authenticité, son intégrité et sa transmissibilité, doit renforcer l'identité culturelle de la Nation chinoise, favoriser l'unité du pays et la cohésion des ethnies nationales, ainsi que le développement harmonieux et durable de la société. »

293. Pour les rédacteurs du projet de loi, l'article 4 représente la ligne directrice de l'ensemble de ce texte et définit les principes généraux à respecter dans toute activité concernant le patrimoine culturel immatériel[921]. En réalité, derrière ce texte, se pose la question de savoir quelle attitude doit-on adopter face aux éléments culturels traditionnels qui ne se conforment pas à l'idéologie officielle ni aux principes moraux de la société contemporaine. Cette question est en partie similaire à la question du « respect des droits de l'homme » discutée lors de l'élaboration de la Convention de 2003. Selon l'exposé des motifs, on doit respecter, outre les principes posés par l'article 4, le principe général fixé pour l'ensemble des affaires culturelles et religieuses depuis la fondation de la République populaire, celui basé sur une formule célèbre de Mao Zedong : « En puiser la quintessence et en éliminer les rebuts »[922].

Dans l'histoire de la République populaire de Chine, durant une très longue période allant jusqu'à la fin des années 1970, la culture traditionnelle était en grande partie considérée comme un « reste féodal » et donc à éliminer, et ce n'est que depuis les années 1990 qu'elle retrouve sa valeur en obtenant une reconnaissance officielle. Ainsi, la protection du patrimoine culturel immatériel se positionne aujourd'hui selon un délicat équilibre entre

---

[921] Exposé des motifs, précité, p. 22.

[922] « 去其糟粕，取其精华 ». MAO Zedong, *La Nouvelle démocratie* 新民主主义论 (titre original *La politique et la culture de la Nouvelle démocratie* 新民主主义的政治与新民主主义的文化), discours du 9 janvier 1940, en parlant de l'orientation que devrait adopter le Parti communiste chinois face à la culture étrangère et la culture traditionnelle chinoise, publié au *Libération* 解放 (hebdomadaire du Comité central du Parti communiste chinois à l'époque de Yan'an), 20 fév. 1940, nº 98-99.

l'idéologie toujours valide de distinction de « quintessence et rebut » et les nouvelles réflexions de plus en plus influentes concernant les cultures traditionnelles. Plus récemment, l'idée de « favoriser la formation de la conscience culturelle et de l'identité culturelle de la Nation chinoise » devient un principe dirigeant dans les affaires culturelles et ethniques en Chine, cette nouveauté est nettement exprimée par l'article 4 de la loi de 2011.

Paragraphe III. Mesures de protection « par le droit administratif »

294. Comme l'affirme son exposé des motifs, cette loi est une loi « de nature de droit administratif » et elle régit le rapport entre l'État et les administrés, mettant en avant l'intérêt général (p. 25) : elle définit notamment les devoirs de l'administration dans la protection du patrimoine culturel immatériel. Les mesures prévues sont de trois ordres : une Liste du patrimoine culturel immatériel au niveau national ; des soutiens à la transmission ; et enfin des mesures de garantie de la protection au niveau du personnel, du financement et du matériel. Ces mesures d'ordre conservatoire, de diffusion et de valorisation sont en droit français assimilées aux activités du service public[923]. On peut dire de manière globale que ce sont des mesures qui configurent les activités administratives dans l'objectif de protection du patrimoine culturel immatériel.

A. Dispositif de listes du patrimoine culturel immatériel aux niveaux national et local

295. Le dispositif de listes du patrimoine culturel immatériel, instauré par les articles 18 à 27 de la loi de 2011, est dans un premier temps avancé par l'*Avis visant à renforcer la protection du patrimoine culturel immatériel national* du Conseil des affaires de l'État du 26 mars 2005[924]. Ce dispositif est en effet une reprise de la Liste représentative du patrimoine culturel immatériel de l'humanité établie par l'article 16 de la Convention de 2003. La nouveauté de l'Avis du 26 mars 2005 est de vouloir établir également des listes locales, dans tous les échelons administratifs et par les autorités locales. Les critères d'inscription comme les procédures pour la Liste de niveau national sont fixés dans un règlement administratif annexé à l'Avis du 26 mars 2005[925].

---

[923] Georges Dupuis *et al.*, *Droit administratif*, Sirey, coll. Université, 10e éd. 2007, p. 527.

[924] *V. supra*, n° 215.

[925] *V.* le chapitre « Recensements, inventaires nationaux et leurs relations avec les deux listes de l'Unesco ».

296. L'exposé des motifs de la loi de 2011 estime que ce dispositif de listes du patrimoine culturel immatériel aux niveaux national et local est le noyau de l'ensemble des dispositifs de protection du patrimoine culturel immatériel fondés par cette loi, et également l'objectif ultime des travaux de recensement et d'archivage (p. 23). Son établissement pose également une base nécessaire pour le second axe de protection, la transmission.

B. Soutiens pour la transmission

297. La loi chinoise traduit fidèlement l'esprit de la Convention de 2003 en mettant la transmission du patrimoine culturel immatériel au centre des actions de sauvegarde. L'exposé des motifs insiste sur le rôle essentiel de l'homme, en déclarant qu'il s'agit là de la différence majeure du patrimoine culturel immatériel avec le patrimoine culturel physique (p. 23).

Les engagements des autorités publiques proclamés par la loi démontrent également la nature administrative de cette loi : l'autorité publique se positionne comme le protecteur du patrimoine culturel immatériel et considère avoir la responsabilité de soutenir les actions de transmission. Les conditions de soutien incluent les engagements des articles 13 et 14 de la Convention de 2003. De multiples méthodes sont déployées : les autorités publiques nationales et locales s'engagent, après avoir identifié des personnes physiques ou morales ayant un rôle majeur dans la transmission d'un élément du patrimoine culturel immatériel, à leur offrir des emplacements destinés aux activités de transmission ; à leur attribuer des aides financières pour la transmission et à promouvoir la communication et les échanges culturels autour des éléments ainsi proclamés patrimoine culturel immatériel (art. 30).

Conclusion du chapitre

298. La loi chinoise pour la protection du patrimoine culturel immatériel, sans être en soi une mesure de mise en œuvre de la Convention de 2003, semble être une traduction fidèle de l'esprit de la convention dans le cadre législatif interne. Elle vise une protection administrative fondée sur l'élaboration du service public et de la police administrative relatifs au patrimoine culturel immatériel. Comme la convention, cette loi s'abstient d'évoquer la question de la propriété, corporelle comme intellectuelle. Bien que certains de ses dispositifs restent peu contraignants, cette loi fait un pas significatif en visant l'élaboration d'un nouveau système de protection autour d'une notion nouvelle.

Parallèlement, les constats que nous avons pu relever du texte de la Convention de 2003 s'observent également dans cette loi chinoise, tels que les ambiguïtés dans les critères de qualification ou la nature de « *soft law* » de leurs dispositifs visant la participation des communautés. L'importance qu'ont accordée les autorités centrales à ce texte démontre un volontarisme politique fort de leur part à mettre en œuvre le concept, ce dernier étant favorable à la nécessité actuelle de la formation de la « conscience et identité nationale » et du renforcement de l'État-Nation. Au demeurant, la réalité de son application après l'adaptation sera aussi intéressante à suivre.

Titre I. Les méthodes de sauvegarde proposées par la Convention et retenues par la France et la Chine

299. La vocation principale de la Convention de 2003, comme le révèle son intitulé, est la sauvegarde du patrimoine culturel immatériel. L'article 2 al. 3 de la Convention de 2003 définit ainsi la sauvegarde :

« On entend par 'sauvegarde' les mesures visant à assurer la viabilité du patrimoine culturel immatériel, y compris l'identification, la documentation, la recherche, la préservation, la protection, la promotion, la mise en valeur, la transmission, essentiellement par l'éducation formelle et non formelle, ainsi que la revitalisation des différents aspects de ce patrimoine ».

Les moyens évoqués dans cet article sont développés dans le texte de la convention. D'une manière synthétique, deux sortes de méthodes de sauvegarde y sont proposées. En premier lieu, il s'agit d'un repérage des éléments du patrimoine culturel immatériel, comme le déclarent plusieurs documents de presse émis par la section du patrimoine culturel immatériel de l'Unesco, « identifier pour sauvegarder »[926]. Cela se réalise, à l'échelle nationale, par les inventaires nationaux des États membres (art. 12), et, à l'échelle internationale par la Liste représentative du patrimoine culturel immatériel de l'humanité (art. 16) et la Liste du patrimoine culturel immatériel nécessitant une sauvegarde urgente (art. 17)[927]. Les deux listes internationales s'établissent avec les candidatures des États membres. Dans la pratique, les méthodes de travail employées par les États sont très différentes pour réaliser les deux missions de l'inventaire national et de la préparation des candidatures aux listes de l'Unesco : en Chine, elles sont fortement associées, tandis qu'en France elles sont traitées comme deux dispositifs entièrement séparés (Chapitre I).

---

926 Cela n'est pas sans rappeler la situation de la préservation des monuments historiques en France : « connaître pour préserver est la formule ». André Chastel, « La notion de patrimoine », in. Nora Pierre (dir.), *Les lieux de mémoire - La nation*, t. 2, 1986, p. 425.

927 Afin d'encourager les États membres à mettre en place la sauvegarde du patrimoine culturel immatériel, l'article 18 de la convention prévoit également un accompagnement et une assistance financière « des programmes, projets et activités de caractère national, sous-régional ou régional de sauvegarde du patrimoine » qui reflète « le mieux les principes et objectifs de la présente Convention, en tenant compte des besoins particuliers des pays en développement ». Ces programmes, projets et activités seront sélectionnés par le Comité intergouvernemental périodiquement. Néanmoins, il est à ce jour difficile d'apprécier la mise en œuvre et l'impact de cet article, car en 2010, seuls trois dossiers de programmes, projets et activités ont été proposés à l'Unesco (tous retenus). Compte tenu que ni la France ni la Chine n'a procédé, actuellement, à la mise en œuvre de cet article, nous nous limitons à l'analyse des méthodes qui sont retenues dans les deux pays.

L'autre orientation de sauvegarde consiste en l'encouragement à la transmission des connaissances et des pratiques. À l'échelle internationale, cela se traduit par l'assistance et l'accompagnement de la convention dans les programmes nationaux de sauvegarde (art. 18). À l'échelle nationale, l'Unesco encourage les États membres à créer le système de « trésor humain vivant » en tant que moyen de transmission et de sauvegarde, bien que ce dispositif ne soit pas inscrit explicitement dans le texte de la convention. Un dispositif similaire existe dans les deux pays, considérés par les autorités publiques comme des mesures d'application de la Convention de 2003 (Chapitre II).

300. En Chine, si ni la Constitution ni la loi ne prévoient aucune procédure particulière pour la mise en œuvre d'un traité international, le gouvernement central accorde une considération importante à la Convention de 2003 en émettant un décret consacré à son application, quatre mois après la ratification (le 2 décembre 2004). Intitulé *Avis visant à renforcer la protection du patrimoine culturel immatériel national* (26 mars 2005)[928], ce document annonce, conformément aux orientations de la convention, deux lignes directrices : l'inventorisation et la transmission. Ces deux orientations sont ensuite concrétisées par trois circulaires ministérielles du 9 juin 2005 sur le recensement national du patrimoine culturel immatériel, du 30 juin 2005 sur l'établissement d'une liste représentative nationale du patrimoine culturel immatériel, et enfin du 6 avril 2007 sur le dispositif de Transmetteur majeur, correspondant du « trésor humain vivant ».

---

[928] *V. supra*, n° 215.

Chapitre I. Le repérage. Recensements, inventaires nationaux et leurs relations avec les deux listes de l'Unesco

301. Le texte de la Convention de 2003 étant le résultat de consensus, la majorité de ses articles sont formulés en termes non prescriptifs, laissant aux États membres une certaine souplesse pour leur application. Cependant, dresser des inventaires est l'une des rares obligations spécifiques définies par la convention (art. 12) et par les Directives opérationnelles pour sa mise en œuvre. La démarche de repérage des éléments du patrimoine culturel immatériel se met en place en deux temps, par l'établissement de l'inventaire national et par les deux listes de l'Unesco.

Les recensements et les inventaires nationaux sont le processus et le résultat d'une même action, mais ils méritent d'être analysés séparément. Car d'une part, les méthodes de recensements employées et les organisations administratives en France et en Chine reflètent la vision des deux pays sur l'interprétation du concept de patrimoine culturel immatériel ; d'autre part, en tant que résultats concrets de l'action de recensement, les inventaires nationaux sont soumis à des régimes très différents dans les deux pays.

Après un aperçu des aspects techniques des recensements dans les deux pays, on constate que malgré les méthodes employées très différentes, la science ethnologique joue un rôle important dans les recensements des deux pays. En outre, on constate que les recensements en Chine sont directement liés à la préparation des candidatures nationales aux deux listes de l'Unesco, ce par l'établissement d'une liste représentative nationale, tandis qu'en France aucun lien ne semble être créé entre les deux missions de recensement national et de candidature aux listes de l'Unesco (Section 1). Les problématiques et difficultés dans l'organisation administrative sont aussi similaires dans les deux pays (Section 2). En revanche, les conséquences juridiques de ces recensements se différencient fortement, elles sont non négligeables en Chine mais restent très modérées en France (Section 3).

Section 1. Aspects techniques : les méthodes de recensements de l'ethnologie

302. Le texte de la convention ne précise pas si les inventaires nationaux doivent se baser sur des nouveaux recensements, mais la France comme la Chine choisit de réaliser de nouvelles enquêtes de terrain. Il convient toutefois de préciser que dans les deux pays, les premiers recensements s'appuient sur des inventaires anciens réalisés en matière de culture populaire et folklorique, dont les éléments sont évoqués aujourd'hui par les autorités publiques comme faisant partie de la notion de patrimoine culturel immatériel. En Chine, les anciens recensements sont représentés par les dix volumes du *Recueil des œuvres d'arts et de littératures ethniques et populaires*[929]; en France, une vingtaine de fonds d'archives sont constitués depuis les années 1980, notamment par les ethnologues et archivistes, dans les domaines des expressions culturelles traditionnelles et des savoir-faire traditionnels, en vue de leur préservation[930]. Ces travaux précédents sont repérés par l'administration française chargée de l'inventaire dans un document de travail préliminaire nommé « l'inventaire des inventaires »[931]. Mais dans les deux pays, il s'agit des travaux partiels limités dans un champ d'objets particuliers.

Du point de vue de l'organisation, les recensements dans les deux pays se distinguent en particulier par le rôle des collectivités territoriales d'une part, et les liens entre les inventaires nationaux et les deux listes de l'Unesco d'autre part (Paragraphe I). En revanche, les méthodes techniques employées sont très similaires dans les recensements des deux pays (Paragraphe II).

---

[929] Le *Recueil des arts et des littératures ethniques et populaires* 中国民族民间文艺集成志书 est le résultat des recensements ethnologiques durant les années 1950-70, complété par les nouvelles enquêtes des années 1980-90. Il est édité sous la co-direction du ministère de la Culture, de la commission nationale pour les affaires des ethnies minoritaires 国家民族事务委员会 et de la confédération nationale des associations d'art et de littérature 中国文学艺术界联合会. Ce recueil fait partie des projets culturels les plus importants depuis la fondation de la R.P.C. Il comprend dix collections portant sur les catégories suivantes : le chant populaire ; partition de théâtres musicaux ; livret de théâtres musicaux ; musique instrumentale ethnique et populaire ; partition de récits musicaux ; livret de récits musicaux ; danse ethnique et populaire ; fable populaire ; ballade populaire ; expression populaire. La publication de ces dix collections est commencée en 1980 et terminée dans l'intégralité en 2006, comprenant 298 volumes.

[930] Ils sont dans la plus grande partie des cas réalisés par ou avec le soutien des autorités publiques nationales ou locales. On cite par exemple les inventaires du patrimoine culinaire de la France (Sénat, 11ème législature, réponse du ministère de la Culture à la question écrite n° 10163 de M. Emmanuel Hamel sur le Conseil national des arts culinaires, publiée dans le *JO* Sénat du 17 sept. 1998, p. 2986), les traditions orales en France (MCC et région Provence-Alpes-Côte d'Azur), ou encore les savoir-faire de la construction traditionnelle en Picardie (Conseil régional de Picardie et Drac Picardie).

[931] Précision donnée par Christian Hottin (département du pilotage de la recherche et de la politique scientifique, MCC, ancien chef de la mission ethnologie), « Enjeux et problématiques du patrimoine culturel immatériel à la mission ethnologie », séminaire dans le cadre de l'*Atelier Patrimoine culturel immatériel*, précité, 6 décembre 2006, inédit. Aujourd'hui cet « inventaire des inventaires » est consultable sur le site Web de la mission ethnologie [http://www.culture.gouv.fr/culture/dp/ethno_spci/invent_invent.htm].

Paragraphe I. L'organisation des recensements et leurs liens avec les deux listes de l'Unesco

L'inventaire étant l'obligation la plus importante de la Convention de 2003, sa mise en œuvre a été relativement rapide dans les deux pays ; en Chine les recensements ont été entamés avant même l'entrée en vigueur de la convention (avril 2006). Dans les deux cas, le lancement des recensements a fait l'objet d'une circulaire ministérielle fixant l'orientation générale (A). Mais comme on peut l'observer par les destinataires de ces deux circulaires, en Chine les recensements sont réalisés essentiellement avec les autorités locales décentralisées, tandis qu'en France ce sont avant tout les organisations déconcentrées du ministère de la Culture (les Drac) qui sont concernées ; le déroulement des recensements est marqué par cette différence (B). En outre, la sélection des candidats nationaux en Chine à la Liste représentative et la Liste de sauvegarde urgente de l'Unesco est étroitement associée aux recensements et il existe même une « liste nationale » chinoise réalisée parallèlement à l'inventaire national qui sert aussi de « fonds de candidats nationaux » pour les deux listes de l'Unesco, ce qui n'est pas le cas en France (C).

A. Orientations générales des recensements : deux circulaires administratives

303. En amont des recensements, on constate que cette opération ne connaît pas la même ampleur administrative dans les deux pays. Si dans les deux cas une circulaire administrative est diffusée pour la mise en place des recensements, on sait que ces documents n'ont pas la même valeur juridique dans les deux pays.

En Chine, une circulaire du 9 juin 2005 du ministère de la Culture aux administrations régionales de la culture[932] met en œuvre l'un des trois projets fixés par l'Avis du Conseil des affaires de l'État du 26 mars 2005 (*supra*) et entame le recensement. Il convient de préciser que si l'on distingue les circulaires impératives et les circulaires dénuées de caractère impératif en droit français[933], en doctrine juridique chinoise, la circulaire administrative

---

[932] 文化部办公厅关于开展非物质文化遗产普查工作的通知, ministère de la Culture, le 9 juin 2005, n° *wenbanshetufa* 文办社图发 [2005]21. Ci-après « circulaire du 9 juin 2005 ».

[933] Ainsi toutes les circulaires ne peuvent pas être déférées devant le juge. *Cf.* : Georges Dupuis ; Marie-José Guédon & Patrice Chrétien, *Droit administratif*, Sirey, Dalloz, Paris, 2008, p. 176-178 ; p. 642-644. – Gilles Lebreton, *Droit administratif général*, Dalloz, Paris, 2009, n° 69. – *Guide pour l'élaboration des textes législatifs et réglementaires (Guide de légistique)*, Secrétariat général du Gouvernement et Conseil d'État, La Documentation française, novembre 2007.

est souvent considérée comme faisant partie des sources du droit[934], notamment lorsqu'elle met en œuvre un règlement émanant du Conseil des affaires de l'État[935].

Cette circulaire du 9 juin 2005 vise l'objectif de « (1) construire une base de données la plus complète possible de tout élément du patrimoine culturel immatériel sur le territoire national, (2) établir une cartographie nationale du patrimoine culturel immatériel ; et (3) dresser des projets régionaux de sauvegarde et de protection du patrimoine culturel immatériel »[936]. Elle donne également un échéancier de trois ans et demi devant se terminer vers fin 2008. Les actions se traduisent notamment par les collectes organisées selon la répartition administrative du territoire passant par les différents échelons. Si l'expression « inventaire national exhaustif » n'est pas explicitement prononcée, cet inventaire se veut, comme le réclame le texte de la circulaire, « authentique, systématique et global ».

304. Contrairement aux autorités chinoises qui font tout de suite du patrimoine culturel immatériel une priorité dans le secteur de la culture, en France, on constate que l'action administrative démarre plus tardivement, précédée par une série de travaux de recherche, d'une part sur la notion même de patrimoine culturel immatériel et sur les champs qu'elle peut couvrir[937], d'autre part sur la mise en place d'une fiche générique d'inventaire et

---

934 Dans la pratique, certaines administrations rendent publiques les circulaires de l'administration supérieure, particulièrement dans les domaines où les contentieux sont nombreux. *V.* SHEN Kui 沈岿, *Administrative Rule's Binding Effect on the Courts in the Administrative Litigation* 解析行政规则对司法的约束力--以行政诉讼为论域, *Peking University Law Journal* 中外法学, n° 2, 2006, p. 170).

935 *V.* : LUO Haocai 罗豪才 (dir.), *Droit mou et gouvernance publique* 软法与公共治理, éd. Peking University Press 北京大学出版社, 2006, notamment la contribution de WANG Guisong 王贵松, « Droit mou et pouvoir discrétionnaire de l'administration » 行政裁量的软法之治, p. 280-290. – SHEN Kui, « Administrative Rule's Binding Effect on the Courts in the Administrative Litigation », *ibid.* – YE Bifeng 叶必丰 & ZHOU Youyong 周佑勇, *Essai sur les actes adminsitratifs* 行政规范研究, éd. Falü chubanshe 法律出版社, 2002, p. 82 ; p. 98-103. – ZHU Mang 朱芒, « Sur la nature des *guiding* en droit administratif » 论行政规定的性质, *China Legal Science* 中国法学 (revue), n° 1, 2003.

936 Circulaire du 9 juin 2005, Titre I - *Objectif et signification de ce recensement.*

937 En 2007, le champ du « patrimoine culturel immatériel » reste largement occupé par ce que l'on peut appeler rapidement le « spectacle vivant traditionnel », c'est-à-dire les expressions culturelles traditionnelles qui se présentent sous forme de musique, danse, théâtre ou spectacles. En effet, un grand nombre d'experts français influents estimaient même que le patrimoine culturel immatériel encore vivant en France concernait presque exclusivement des danses et musiques traditionnelles populaires (entretien avec M. Chérif Khaznadar, au siège de la Maison des cultures du monde, 101 Boulevard Raspail, Paris, le 5 mai 2006). Pour la mission ethnologie, ces manifestations du champ du « spectacle vivant » ne posent pas de problèmes épistémologiques particuliers, mais d'autres éléments, au contraire, vont

sur les orientations des travaux de recensement[938]. Une série de séminaires intitulée *l'Atelier du patrimoine culturel immatériel* est aussi organisée par la mission ethnologie en partenariat avec l'EHESS depuis 2007[939]. Mis à part l'avancement dans la réflexion, cet atelier permet aussi à la mission ethnologie d'entrer en contact avec ces partenaires pour les travaux d'inventaire.

C'est fin 2007 que la mise en œuvre de la convention a fait l'objet d'une circulaire ministérielle aux préfets de région, dans laquelle l'idée d'un inventaire du patrimoine culturel immatériel est clarifiée[940]. À l'analyse de cette circulaire, on constate que le recensement français, contrairement au cas chinois, n'est pas organisé selon la répartition administrative du territoire mais selon les secteurs d'éléments qui, d'après les réflexions de l'administration chargée de l'inventaire (mission ethnologie), entrent dans le cadre du patrimoine culturel immatériel.

En effet, contrairement au cas des administrations territoriales chinoises qui ont des compétences à la fois des organes de décentralisation et des organes de déconcentration[941], l'engagement de l'État français envers la Convention de 2003 ne concerne que les organes de déconcentration administrative, en l'occurrence les préfets (Drac). De plus, la difficile reconnaissance des communautés dans la tradition française ne favorise pas la mise en relation directe de l'administration nationale avec des communautés. La décision est prise par conséquent de s'appuyer, pour la réalisation de l'inventaire, sur les secteurs identifiés comme éléments du patrimoine culturel immatériel par la mission ethnologie, en collaboration avec des établissements publics de recherche et le milieu associatif, et avec des chercheurs missionnés[942].

---

devoir nécessiter une interrogation approfondie, afin d'examiner s'il est possible ou non de les présenter comme du patrimoine culturel immatériel national. (Christian Hottin, chef de l'ancienne mission ethnologie, lors de son intervention « Enjeux et problématiques du patrimoine culturel immatériel à la mission ethnologie », dans le cadre de l'*Atelier Patrimoine culturel immatériel*, précité, 6 décembre 2006, inédit).

[938] Deux rapports sont réalisés, à la demande de mission ethnologie, par Gaetano Ciarcia, intitulés *La perte durable. Rapport d'étude sur la notion de "patrimoine immatériel"* (2006) et *Inventaire du patrimoine immatériel en France. Du recensement à la critique* (2007). Entretien avec G. Ciarcia, Paris, le 17 Juin 2007.

[939] *V.* sa page internet : [http://www.iiac.cnrs.fr/lahic/rubrique.php3?id_rubrique=40].

[940] Circulaire du ministre de la Culture et de la Communication aux préfets de région intitulée Mise en œuvre par la France de la Convention pour la sauvegarde du patrimoine culturel immatériel, SDARCHETIS/ME/CH/CG, annexe II : Note d'orientation générale sur la sauvegarde du patrimoine culturel immatériel, déc. 2007, p. 4. Il s'agit d'un document préparé par la mission ethnologie et contresigné par le ministre.

[941] Tout en ayant une personnalité juridique indépendante.

[942] Circulaire SDARCHETIS/ME/CH/CG, annexe II, précitée, p. 4.

305. Ainsi, une différence fondamentale se dégage de ces deux textes administratifs : si en France l'inventorisation du patrimoine culturel immatériel est appréhendée comme une « action culturelle »[943] par le biais de laquelle se réalise l'objectif de sauvegarde des expressions et manifestations culturelles vivantes, en Chine, il s'agit d'un véritable travail de collecte, de documentation et d'archivage, considéré comme un moyen de sauvegarde en soi. Les résultats ne seront pas les mêmes : en France, il s'agira d'un inventaire sectoriel et en Chine cela s'organisera autour des zones géographiques.

B. Déroulement des recensements

306. Les orientations générales de travail précisées ci-dessus exigent que les recensements se déroulent de manière tout à fait différente dans les deux pays, en Chine avec les administrations locales et en France avec des organismes à vocation de recherches scientifiques et des chercheurs individuels.

Le déroulement du recensement chinois est défini, comme nous l'avons vu, suivant la division administrative territoriale. Dans un premier temps, un document intitulé *Manuel opérationnel de l'inventaire national du patrimoine culturel immatériel* (ci-après *Manuel opérationnel*)[944] est diffusé auprès des Régions avec la circulaire du 9 juin 2005 pour guider les travaux de collecte et de documentation. Ce *Manuel opérationnel* est conçu par une équipe d'experts missionnée par le ministère de la culture, initialement dans le cadre du Projet pour la sauvegarde du patrimoine culturel populaire entamé en janvier 2003[945], avec la participation d'une centaine de chercheurs venant de différents domaines, notamment des muséologues, ethnologues, anthropologues,

---

943 Cette affirmation donnée par la circulaire ministérielle de déc. 2008 est revenue plusieurs fois dans le *Projet de recherche sur l'inventaire du patrimoine culturel immatériel*, document d'orientation que diffuse la mission ethnologie auprès de ses partenaires pour le recensement.

944 中国非物质文化遗产普查手册 Traduction officielle du titre fournie par la délégation chinoise à l'Unesco.

945 中国民间文化遗产抢救工程. Il s'agit d'un des trois piliers du Projet de protection du patrimoine culturel ethnique et populaire national 中国民族民间文化遗产保护工程 lancé en janvier 2003 par le ministère de la Culture en collaboration avec l'Académie de l'art chinois et l'Association nationale des artistes des arts populaires 中国民间文艺家协会, une association semi-publique. L'initiative du projet est prise par FENG Jicai 冯骥才, président de l'association, écrivain, peintre et folkloriste célèbre. L'objectif était de recenser les arts populaires dans l'ensemble du pays en dix ans, c'est-à-dire se terminant en 2013, mais les travaux sont intégrés depuis 2006 dans les recensements nationaux du patrimoine culturel immatériel.

folkloristes et historiens[946]. Ce mode d'orientation par un manuel opérationnel est aussi adopté par d'autres pays, tels que le Brésil[947].

Avant les recensements, une formation est dispensée dans chaque échelon administratif auprès des personnels du service de la culture désignés pour réaliser les enquêtes. Dans les zones rurales, les « Maisons de la culture »[948] sont les premières concernées par les nouvelles missions de recensement et de sauvegarde du patrimoine culturel immatériel ; leurs personnels forment une partie importante de l'équipe d'enquêteurs. Mais des enquêteurs intérimaires sont aussi recrutés, en particulier des retraités des domaines d'action culturelle, des étudiants universitaires. Nombreux sont aussi les experts invités à participer aux recensements : folkloristes, muséologues, chercheurs et experts de divers domaines artistiques et artisanaux.

Il est à noter que ces formations accompagnées du *Manuel opérationnel* permettent d'unifier les méthodes et critères de recensement dans l'ensemble du territoire national, les marges d'interprétation par les enquêteurs locaux sont alors assez restreintes.

307. Parallèlement à cette formation, les services culturels du niveau régional réalisent un projet de recensement avec un échéancier et une carte géographique, basé sur l'étude des archives et les renseignements que fournissent les fonctionnaires locaux de la culture.

Une fois les formations terminées, le recensement se réalise en trois phases. En premier lieu, les fonctionnaires locaux (Districts) de culture et les personnels des maisons de la culture préparent un calendrier de recensement et un organigramme, ainsi que les moyens techniques nécessaires. Avec les documentations existantes, ils élaborent un programme des éléments sur lesquels les enquêtes vont être faites ; ce programme sera ensuite ajusté sur le terrain en fonction des éventuels éléments nouveaux.

La deuxième étape est celle de la collecte auprès des communautés, sur le modèle des questionnaires que propose le *Manuel opérationnel*. Lors de la découverte des nouveaux éléments qui n'ont pas été mentionnés par les do-

[946] L'introduction du *Manuel opérationnel*.

[947] Rapport final, Réunion d'experts sur les inventaires du patrimoine culturel immatériel, précité, p. 12.

[948] *Wenhua guan* 文化馆. C'est un établissement de service culturel, instauré par le département de la culture d'une région dans les différents échelons administratifs de sa circonscription, mais en particulier dans l'échelon District. L'intitulé officiel d'un tel organisme peut varier de « maison de la culture 文化馆 » (parfois traduit « centre culturel ») à « maison de la culture populaire 群众文化馆 » ou encore « maison de l'art et de la culture populaires 群众文化艺术馆 » sans changer de statut.

cumentations existantes, ils doivent être enregistrés et signalés dans le rapport final des recensements[949].

En troisième temps, à la fin des collectes, toute donnée collectée doit être exposée dans un rapport formel par chaque District et Ville-Préfectures à la Région. Devraient être fournis également une carte de répartition géographique des éléments recensés ; des photographies et enregistrements vidéo/audio et éventuellement des objets ou documents collectés en tant que supports de patrimoine culturel immatériel. Les Régions font la synthèse de ces informations et rendent leur rapport régional au ministère de la culture. Les photographies, enregistrements vidéo et audio doivent être déposés dans les établissements spécialisés désignés par l'État ou les Régions, et accessibles à tout public[950]. C'est avec ces rapports régionaux qu'une base de données générale du patrimoine culturel immatériel sera construite[951].

Ainsi, l'inventaire national est en réalité une accumulation des données des inventaires régionaux ; les administrations nationales n'entretiennent pas réellement le recensement mais font un travail d'assemblage et de traitement d'informations. Selon le projet de la circulaire du 9 juin 2005, les recensements régionaux doivent se terminer à la fin de l'année 2008. Mais en novembre 2008, seuls 40 % des Districts ont terminé la phase de collecte[952] et l'ensemble des travaux n'est achevé qu'à la fin 2009. Une série de supervision est effectuée par le ministère de la culture dans les Régions d'octobre à décembre 2009 ; à partir de début 2010, les Régions entament des contrôles dans les Préfectures et Districts.

308. Comparé au recensement chinois, le recensement français connaît une ampleur administrative beaucoup moins importante. En effet, depuis la mise en œuvre de la convention, la mission ethnologie reste le seul service administratif impliqué et ses travaux semblent se limiter à une série de tâtonnements, sans doute en attendant de disposer de davantage de moyens

---

949 Sauf lorsque le *Manuel opérationnel* précise de ne faire des enquêtes que sur les éléments figurés dans les programmes prédéfinis, tel est le cas des théâtres musicaux populaires, ces derniers étant considérés comme un domaine bien étudié dans le passé. *Manuel opérationnel*, précité, Partie III, Chapitre V, *Formulaire d'enregistrement pour les théâtres musicaux populaires* 戏曲调查提纲.

950 *Manuel opérationnel*, précité, p. 8.

951 *V. infra*, n° 322.

952 ZHOU Heping (ministre en charge de la Culture), discours à la Réunion nationale sur les expériences acquises dans les recensements du patrimoine culturel immatériel 全国非物质文化遗产普查工作经验交流会, à Ningbo (Zhejiang), 20-21 nov. 2008.

administratifs et financiers[953]. Il est à souligner que limitée par ses moyens humains et financiers, la mission ethnologie n'a pas pu aller à la rencontre des organismes et chercheurs intéressés par le sujet ; tous ses partenaires actuels sont venus de leur propre initiative et rencontrés à l'occasion de l'Atelier Patrimoine culturel immatériel[954] : cela signifie également que les secteurs actuellement visés par le recensement français du patrimoine culturel immatériel sont limités dans le cadre de ces rencontres, sans qu'il y ait, au moins dans un premier temps, une véritable organisation et un programme en amont sur l'ensemble des travaux à réaliser.

Plus concrètement, pour réaliser le recensement, ce sont des chercheurs missionnés par la mission ethnologie qui travaillent avec ces organismes partenaires des différents secteurs, avec le financement fourni par le ministère de la Culture et un cadre méthodologique général défini par la mission ethnologie (*infra*). Le contact avec les communautés culturelles, ou plutôt des « groupes porteurs de pratiques » selon les termes de la mission ethnologie[955], serait en ce sens plus direct qu'en Chine car entre la mission ethnologie et ces groupes se trouve seulement un ou plusieurs chercheurs missionnés, tandis qu'en Chine entre les communautés et l'administration nationale chargée du patrimoine culturel immatériel il y a plusieurs échelons administratifs.

C. Sélection nationale des candidats aux deux listes de l'Unesco

309. Parallèlement aux inventaires nationaux, la Convention de 2003 prévoit comme mesure de sauvegarde à l'échelle internationale une Liste de sauvegarde urgente et une Liste représentative du patrimoine culturel immatériel de l'humanité. Il convient de rappeler que selon les critères d'inscription sur ces deux listes, un élément doit figurer dans un inventaire national du patrimoine culturel immatériel de l'État partie soumissionnaire[956]. Pour les États, la sélection des candidats nationaux à ces deux listes, notamment à la Liste représentative, est aussi importante que son inventaire

---

[953] Nous avons vu que l'institutionnalisation du patrimoine culturel immatériel reste incertaine en France (*v. supra*, n° 227-234), d'autant plus que la mission ethnologie ne dispose que d'une équipe de deux personnes fonctionnelles pour mettre en place un projet d'ampleur nationale.

[954] Entretien avec Sylvie Grenet, 21 juillet 2008, précité. Sur ces partenaires : *infra*, n° 327.

[955] *Inventaire du patrimoine culturel immatériel de la France – Projet de l'inventaire.* Document de travail élaboré par la mission ethnologie diffusé auprès des préfets de région et des enquêteurs missionnés pour réaliser l'inventaire.

[956] *Directives opérationnelles*, précité, critère R.5 pour inscription sur la Liste représentative, critère U.5 pour la Liste de sauvegarde urgente.

national car la Liste représentative assure la visibilité du patrimoine culturel immatériel de son pays à l'échelle internationale. Il n'est donc pas étonnant de voir qu'en Chine la sélection nationale des candidats aux deux listes de l'Unesco soit étroitement associée aux recensements nationaux. La France, en revanche, n'adopte pas la même stratégie.

1) L'appel à candidatures pour les deux listes de l'Unesco

310. En France, un appel à candidature pour l'inscription sur les deux listes de l'Unesco est diffusé par la circulaire du ministère de la Culture aux préfets de région et en constitue par ailleurs le principal contenu. Ainsi, les Drac sont invitées à diffuser le plus largement possible les informations concernant la Convention de 2003 et la Liste représentative de l'Unesco, et à susciter des projets de candidature dans leurs régions respectives. Pour réaliser ces projets, les Drac sont priées de désigner un correspondant pour la mise en œuvre de la convention dans leur région, par exemple les conseillers à l'ethnologie ou en leur absence les conseillers sectoriels des domaines visés par la convention. Les citoyens, les personnes morales publiques ou privées peuvent déposer leur candidature, directement à la mission ethnologie[957]. Dans la pratique, on constate que les dossiers de candidature sont déposés suite à la sollicitation des préfets auprès des communautés et des praticiens, et même souvent par les régions ou par les Drac[958].

311. En Chine en revanche, la sélection des candidats nationaux s'opère au travers de l'établissement d'une « liste représentative chinoise » dans laquelle l'État choisit les candidats nationaux à l'Unesco, sans un appel particulier pour les listes de l'Unesco. En effet, l'Avis du Conseil des affaires de l'État du 26 mars 2005 prévoit déjà d'établir une liste du patrimoine culturel immatériel au niveau national (paragraphe 3). Sont annexées par ailleurs à cet Avis les *Mesures provisoires concernant la sélection des candidats à la Liste des œuvres représentatives du patrimoine culturel immatériel au niveau national*[959], qui prévoit qu'une nouvelle inscription sera faite tous les deux ans[960]. Suite à la circulaire du 9 juin 2005 pour les recensements, une autre circulaire est diffusée le 30

---

957 La circulaire SDARCHETIS/ME/CH/CG, précitée, p. 2.

958 Par exemple la candidature est déposée par le Conseil régional de la Réunion pour le Maloya ; organisée et soutenue par la Drac de Haute-Normandie pour le trait de charpente ; et par le Conseil régional du Limousin pour la tapisserie d'Aubusson. Les trois éléments sont inscrits en septembre 2009 sur la Liste représentative de l'Unesco (ci-dessous).

959 国家级非物质文化遗产代表作申报评定暂行办法 (banfa), annexe I de l'*Avis visant à renforcer la protection du patrimoine culturel immatériel national* du 26 mars 2005, précité.

960 Article 18 des *Mesures provisoires.*

juin 2005 (ci-après « circulaire du 30 juin 2005 »)[961] appelant à candidatures pour inscription sur la « Liste des œuvres représentatives du patrimoine culturel immatériel au niveau national »[962]. Il convient de souligner que cette liste et l'inventaire national sont deux dispositifs bien distincts. En effet, dans la version chinoise de la convention faisant foi, le terme « inventaire » de son article 12 est traduit en chinois « *qingdan* 清单 », évoquant une idée d'« exhaustivité » ; alors que le terme « liste » de l'article 16 est traduit par « *minglu* 名录 ». Ces deux termes sont par ailleurs repris respectivement par les deux circulaires de juin 2005.

Cette liste chinoise est fortement associée aux travaux de recensements car l'idée est que les candidats régionaux à la liste nationale soient sélectionnés parmi les éléments recensés dans les Régions et qui sont figurés sur les listes du patrimoine culturel immatériel au niveau Région[963]. En effet, les recensements et la sélection des candidats à la Liste nationale sont réalisés avec les mêmes équipes dans les Régions comme au ministère. La sélection des candidats est basée sur les données recensées, mais l'idée, dans la vision d'un ethnologue local effectuant le recensement, qu'un élément puisse éventuellement être inscrit sur la liste régionale voire nationale du patrimoine culturel immatériel, peut aussi orienter les travaux de recensement sur cet élément. Comme la Liste représentative de la Convention de 2003, cette liste chinoise peut être considérée comme un instrument de sauvegarde car elle assure la visibilité des éléments ainsi proclamés ; nous allons voir qu'elle est également étroitement associée aux projets de transmission des éléments qui y sont inscrits. Enfin, cette liste nationale est aussi vue comme une sorte de « réserve » de candidats nationaux à la Liste représentative de l'Unesco car les candidats seront sélectionnés parmi les éléments figurés sur la liste nationale.

---

[961] 文化部关于申报第一批国家级非物质文化遗产代表作的通知, n° *wenshetufa* 文社图发 [2005] 17, le 30 juin 2005.

[962] 国家级非物质文化遗产代表作名录. Comme nous l'avons constaté (*supra*, n° 172), il existait des confusions dans l'interprétation du terme « représentative » au sein des administrations chinoises au début de la mise en application de la Convention. Au départ, le ministère parlait d'une « Liste des œuvres représentatives du patrimoine culturel immatériel au niveau national 国家级非物质文化遗产代表作名录 » à l'image de la Liste représentative de l'Unesco. L'intitulé de la liste est modifié au moment de sa publication et le terme « représentative » disparaît pour devenir « Liste du patrimoine culturel immatériel au niveau national ».

[963] Telle est l'exigence pour la 2ème et la 3ème inscription sur la Liste nationale selon les circulaires du ministère de la Culture appelant à candidature.

2) Procédure de sélection dans les deux pays

312. La procédure de sélection se différencie fortement dans les deux pays. En France, il y a qu'une seule sélection, laquelle constitue les travaux principaux de la réunion du comité interdirectionnel pour le patrimoine culturel immatériel au ministère de la Culture français[964]. En juillet 2008, ce comité s'est réuni pour la première fois autour de 14 dossiers de candidature que la mission ethnologie a reçus suite à son appel à candidatures auprès des régions[965]. En réalité, ce comité effectue non pas une véritable sélection de fond mais une évaluation de la conformité des dossiers de candidature aux critères d'inscription de l'Unesco et oriente éventuellement les candidats pour améliorer leurs dossiers[966].

313. En Chine, la sélection des candidats aux listes de l'Unesco se base sur la Liste du patrimoine culturel immatériel au niveau national. La sélection s'effectue au sein du service chargé du patrimoine culturel immatériel, les procédures exactes et les critères restent obscurs. Ces décisions ne sont pas motivées, et comme pour le cas français, elles sont sans recours. Néanmoins, compte tenu du fait que la Liste du patrimoine culturel immatériel au niveau national est censée être une sorte de « réserve » de candidats nationaux, les conditions de sélection à cette liste peuvent nous révéler la vision de l'administration chinoise sur la notion de patrimoine culturel immatériel et sur ces listes nationales et internationales.

Il convient de souligner que pour établir cette liste nationale, une présélection s'effectue d'abord à l'échelle régionale avant la sélection nationale. Les administrations régionales de la culture organisent un comité d'experts de minimum cinq personnes qui examinent et présélectionnent des dossiers de candidature. Les dossiers sélectionnés accompagnés chacun d'une appréciation écrite du comité d'experts sont d'abord approuvés par le gouverne-

---

[964] Dont la légitimité institutionnelle peut être contestée car sa création n'est validée par aucun texte règlementaire. *V. supra*, n° 214.

[965] Ils sont : le dariolage ; les jours fériés ; Locronan ; la course camarguaise ; la parole sarthoise ; la tapisserie d'Aubusson ; le trait de charpente ; le Maloya (une forme de musique chantée et dansée propre à l'île de Réunion.) ; le fleuve Rhône ; le *Cantu in paghjella ;* le Guignol ; la fête des Lumières ; la haute joaillerie et enfin le Cadre noir. Finalement, six parmi eux sont jugés conformes aux critères d'inscription définis par les *Directives opérationnelles pour la mise en œuvre de la Convention* et sont donc présentés officiellement par la France pour l'inscription sur la Liste représentative de l'Unesco. Le 30 septembre 2009, lors de la quatrième session du Comité intergouvernemental à Abou Dhabi (Émirats arabes unis), trois éléments français sont inscrits sur la Liste représentative : la tapisserie d'Aubusson, la tradition du tracé dans la charpente française et le Maloya ; est inscrit à la Liste de sauvegarde urgente le *Cantu in paghjella* profane et liturgique de Corse de tradition orale.

[966] Entretien avec Sylvie Grenet, 21 juillet 2008, précité.

ment régional ; certaines Régions réalisent à cette occasion leurs listes régionales représentatives du patrimoine culturel immatériel[967].

Les Régions transmettent ensuite les dossiers approuvés à la Réunion interministérielle pour la sauvegarde du patrimoine culturel immatériel[968] qui les soumettra à un comité d'experts constitué qu'elle organisera. Ce comité fonctionne en commissions spécialisées dans différents domaines, tels que la musique, les savoirs techniques ou l'artisanat. Les dossiers sélectionnés seront affichés pour une durée de 30 jours, à l'issue de laquelle la liste provisoire sera examinée par la Réunion interministérielle puis remise au Conseil des affaires de l'État pour son approbation[969]. Les candidats nationaux pour les deux listes de l'Unesco sont sélectionnés par la Réunion interministérielle lors de l'examen des dossiers régionaux pour la liste nationale.

314. De par les procédures de sélection, on constate qu'en Chine les deux dispositifs de recensements nationaux et de sélection de candidats nationaux aux deux listes de l'Unesco sont étroitement associés ; la présélection française des candidats nationaux, en revanche, ne semble pas avoir de rapport certain avec son inventaire du patrimoine culturel immatériel. En effet, les champs concernés par l'inventaire français sont définis par la mission ethnologie en s'appuyant sur ses travaux de recherches, tandis que ses candidatures aux deux listes de l'Unesco viennent des différents secteurs par l'initiative des communautés sans qu'ils se conforment préalablement aux champs définis par l'administration. Cela semble problématique car pour l'Unesco, un dossier n'est acceptable que s'il figure dans un inventaire national de l'État soumissionnaire. Si les éléments proposés à la première inscription sur la liste de l'Unesco en septembre 2009 figuraient dans l'« inventaire des inventaires » du patrimoine culturel immatériel français, il est certain qu'aucun d'eux ne figurait dans le nouvel inventaire du patrimoine culturel immatériel qui était à ce moment encore à l'état embryonnaire. Pour les futures inscriptions, il est également nécessaire de vérifier ou, le cas

---

[967] Entretien avec le professeur WANG Shiyan, conservateur au Musée de la Broderie de *xiang*, qui siège au comité d'experts de la Région de Hunan pour la protection du patrimoine culturel immatériel, Changsha, le 5 juin 2006. Entretien avec M. TIAN Shunxin, folkloriste et chef du Centre pour la protection du patrimoine culturel immatériel de la Région de Hunan, ainsi qu'avec son équipe, Changsha, le 5 juin 2006.

[968] Dont le secrétariat est assuré par la section Culture populaire et bibliothèque du ministère de la Culture jusqu'en mars 2008, ensuite par la nouvelle section du patrimoine culturel immatériel (*supra*, n° 216).

[969] *Mesures provisoires concernant la sélection des candidats à la Liste des œuvres représentatives du patrimoine culturel immatériel au niveau national*, art. 9, 12, 13, 16 et 17. Sur les critères de sélection : *v. infra*.

échéant, de faire en sorte que l'élément se trouve dans un inventaire national.

Paragraphe II. Les outils scientifiques ethnographiques

Un aspect technique commun peut être relevé dans les travaux de recensement en France et en Chine : l'emploi des méthodes scientifiques de l'ethnographie, en particulier des grilles identificatrices des éléments (A) et des formulaires d'enregistrement pour les collectes du terrain (B). Par ailleurs, un outil informatique est spécifiquement développé à cette occasion pour les administrations chinoises (C). Les différences se manifestent en ce que le cadre méthodologique est imposé de manière très précise par les administrations chinoises ; tandis que les administrations françaises ne proposent que quelques outils élémentaires et confient à leurs partenaires de recensement le soin de les adapter à la situation.

A. Grilles d'identification des éléments

315. Dans les deux pays, des « grilles d'identification » sont élaborées par les autorités publiques pour classer les éléments recensés dans différentes catégories. Ce sont des grilles d'enquête préparées dans l'objectif d'orienter et d'organiser les collectes de terrain, et fondées sur les méthodes scientifiques classiques de l'ethnographie.

Les grands principes et les méthodes de recensement sont, en Chine, diffusés par le *Manuel opérationnel de l'inventaire national du patrimoine culturel immatériel* (ci-après *Manuel opérationnel*) auprès des administrations locales. Une partie importante de ce *Manuel opérationnel* est consacrée aux grilles de recensement, qui révèlent la vision des administrations chinoises sur la notion et les classifications du patrimoine culturel immatériel. Il s'agit d'un nouvel outil spécialement élaboré pour le recensement du patrimoine culturel immatériel, se référant aux principes de catégorisation de la convention de l'Unesco et les recherches en matière d'ethnologie et d'anthropologie dans le passé. Le patrimoine culturel immatériel est ainsi divisé en 16 catégories, ensuite en 117 sous-catégories. Chaque sous-catégorie correspond à un numéro identificateur de trois chiffres[970]. Les 16 catégories sont :

01 Langues	09 Technique de fabrication
02 Littérature orale	10 Coutume de production et de commerce

[970] *Manuel opérationnel*, précité, Chapitre II - *Grilles identificatrices pour le recensement du patrimoine culturel immatériel.*

03 Beaux-arts	11 Coutume de consommation
04 Musique	12 Rituel de la vie humaine
05 Danse	13 Concept de temps et calendrier
06 Théâtre et opéra	14 Croyances populaires
07 Récit lyrique	15 Connaissances et savoir-faire
08 Acrobatie	16 Jeux et sports

Prenons l'exemple de la catégorie 05-Danse.

Catégorie	Sous-catégorie	Numéro d'identification
Danse		05
	Danse de la vie quotidienne	051
	Danse liée aux saisons, temps, fêtes	052
	Danse liée aux rites de la vie de l'homme	053
	Danse liée à la croyance	054
	Danse liée aux coutumes de production	055
	Autres	059

Pour chacune des sous-catégories, un code de quatre chiffres vient à distinguer les différents éléments recensés. Parallèlement, chaque Région reçoit un code régional pour le recensement afin de mettre en évidence l'origine des éléments recensés dans l'inventaire final. Les Régions distribuent leur propre code aux Préfectures et Districts dans le même objectif. Dans la pratique, ce sont les codes postaux qui sont utilisés.

316. De même, les administrations françaises adoptent une grille d'identification, fondée sur les grilles de l'ethnologue québécois du Berger utilisées dans les recensements au Québec[971]. Les Grilles de pratiques culturelles dites « grilles du Berger », sont élaborées par l'ethnologue québécois Jean du Berger[972] puis reprises dans le guide technique à l'inventaire du patrimoine immatériel, élaboré sous la direction du ministère de la Culture et de la Communication de Québec[973]. Ce thésaurus est employé par

---

[971] L'Inventaire des ressources ethnologiques du patrimoine immatériel (IREPI) est élaboré sous la responsabilité scientifique de la Chaire de recherche du Canada en patrimoine ethnologique (CRCPE) siégée à l'Université Laval. Financé par le ministère de la Culture et des Communications, le ministère des Affaires municipales et des Régions, la Société québécoise d'ethnologie et le Musée québécois de culture populaire ainsi que la CRCPE, le projet a commencé en automne 2003 et met en ligne les premiers résultats des données recueillies en février 2006 sur le site Internet [http://www.ethnologie.chaire.ulaval.ca].

[972] Jean du Berger, *Grille des pratiques culturelles*, Conseil québécois du patrimoine vivant, Septentrion, Québec, 1997.

[973] Sophie-Laurence Lamontagne, *Le patrimoine immatériel : méthodologie d'inventaire, les savoir-faire et les porteurs de traditions*, ss. dir. Bernard Genest ; ministère de la Culture et des Communications, Québec, éd. Publication du Québec, coll. Patrimoines, série Dossiers, 88,

l'Inventaire des ressources ethnologiques du patrimoine immatériel de Québec réalisé sous la responsabilité scientifique de l'Université Laval depuis 2004, précisément la Chaire de recherche du Canada en patrimoine ethnologique créée en 2003 au sein de cette université. La mission ethnologie a pu découvrir et étudier ces expériences québécoises dans le cadre de l'atelier du patrimoine culturel immatériel.

Les grilles du Berger divisent les « pratiques culturelles » en neuf catégories :

1 Pratiques coutumières	6 Pratiques ludiques et esthétiques
2 Pratiques du corps	7 Pratiques linguistiques
3 Pratiques alimentaires	8 Pratiques ethno-scientifiques
4 Pratiques vestimentaires	9 Pratiques éthiques
5 Pratiques techniques	

Ces grilles, dont l'applicabilité a été prouvée sur les différents terrains envisagés, se trouvent toutefois devant le problème des spécificités du terrain québécois, notamment s'agissant de certaines sous-catégories des pratiques coutumières. Ainsi, sur le terrain français, ce sont les neuf catégories les plus larges qui sont utilisées dans un premier temps ; les essais ultérieurs permettront d'étudier la nécessité d'inclure les sous-catégories[974].

B. Formulaire d'enregistrement de collecte

317. Un formulaire d'enregistrement standardisé facilite le traitement, l'étude et la consultation des données recueillies dans les recensements. Pour l'inscription sur la Liste de sauvegarde urgente et la Liste représentative de l'Unesco par exemple, deux formulaires d'enregistrement sont imposés par l'organisation pour le dépôt de candidatures[975].

318. Intitulé « Fiche type d'inventaire du patrimoine culturel immatériel de la France », le formulaire établi par l'administration française se compose de quatre groupes d'informations sur l'élément recensé : identification et localisation ; description ; historique et généalogie ; enfin intérêt patrimonial et mise en valeur. Cette fiche doit être accompagnée d'un enregistrement vi-

---

1994. Mme Lamontagne considère la grille de Du Berger comme « la plus appropriée » et estime qu'elle « doit être adoptée intégralement, tant pour fin de codification que d'analyse et d'interprétation ». n° 3.4.

974 Sylvie Grenet, « Les inventaires en France », in. *Culture et Recherche*, n° 116-117, 2008, p. 28.

975 Ils sont adoptés par la 2ème session de l'assemblée générale des États parties à la Convention (16-19 juin 2008) et mis en ligne sur le site Web de l'Unesco [http://www.unesco.org/culture/ich/fr/formulaires].

déo ou audio de cinq minutes maximum, dans l'objectif d'une diffusion par Internet auprès du grand public. Il s'agit d'un formulaire unique pour toute catégorie d'éléments présente dans les grilles. Toutefois, les partenaires de l'inventaire (les instituts de recherches) sont habilités à modifier ce formulaire en cas de nécessité, notamment avec la participation des praticiens[976]. Les archives constituées au cours de l'enquête, tels que les fichiers de collecte, enregistrement audio ou vidéo dans leur intégralité, devront être versées à l'administration chargée de l'inventaire, un autre exemplaire donné aux personnes interviewées.

319. Le *Manuel opérationnel* chinois, en revanche, donne un ou plusieurs exemples de formulaires à remplir pour chacune des 16 grandes catégories. Pour certaines catégories comme les arts du spectacle, plusieurs formulaires sont proposés selon les objets de recensement, par exemple pour les différents acteurs (groupes et individus) ; pour les objets associés tels que instruments, partitions et livrets ; ainsi que pour les artisans ou manufactures liés aux spectacles. Pour certaines autres catégories, le formulaire se présente sous forme d'une série de questions ouvertes, comme pour les coutumes de production ou de consommation. Comme dans le cas français, ces formulaires sont fournis à titre de proposition ; les enquêteurs sont habilités à faire des modifications pour s'adapter aux circonstances.

Avec les formulaires, sont fournies également des notices indiquant les principes à respecter lors des enquêtes de recensements pour chaque sous-catégorie, prenant en compte les particularités de chacune d'entre elles. Par exemple, pour l'enregistrement d'une œuvre orale qui se présente habituellement en une langue non sinophone, la note écrite doit être réalisée en cette langue, en plus d'un résumé en chinois standardisé[977]. Toutefois, on constate que pour les ethnies qui ne disposent pas de leur propre système d'écriture, il n'est pas précisé dans quelle langue la note écrite doit être réalisée. Il est à souligner que ce sont ces groupes ethniques n'ayant pas d'écriture qui gardent davantage de tradition orale, puisque cette dernière est le seul mode de transmission de leurs mémoires et savoirs.

320. Sur cette question de la langue utilisée pour les recensements, le *Manuel opérationnel* fait un constat intéressant. Durant les recensements des années 1950, les littératures orales des ethnies minoritaires avaient fait objet d'un enregistrement écrit traduit en chinois standard, parfois accompagné

---

[976] S. Grenet, « Les inventaires en France », précité.

[977] *Manuel opérationnel*, précité, p. 17-19.

d'un enregistrement sonore en langue minoritaire. Le *Manuel opérationnel* révèle que dans ces recensements anciens, certains enregistrements n'ont pas respecté la forme originale des récits : les enquêteurs ont souvent remplacé ou retiré des termes qui leur semblaient vulgaires, ou encore certains récits n'ont pas été relevés dans leur intégralité mais simplement en résumé. Le *Manuel opérationnel* insiste ainsi sur l'exactitude de l'enregistrement des nouveaux recensements. Grâce à des moyens techniques actuels plus élaborés, cela devient plus facile à réaliser et à contrôler.

321. Dans les enquêtes sur les savoir-faire, techniques et beaux-arts, pourraient se poser des questions de secrets techniques ou tabous liés à la croyance. Cependant, en Chine, mis à part les principes d'application qui ordonnent aux recenseurs de « respecter scrupuleusement les coutumes et cultures locales et ethniques » des communautés qui font l'objet de recensement[978], aucune mesure spécifique n'est proposée par le *Manuel opérationnel* traitant cette question sensible. Dans la pratique, il semble que les conflits ou réclamations relevant du droit de la personne dans le cadre des recensements des cultures populaires sont rarissimes en Chine. Cela est sans doute lié au fait que les enquêteurs sont dans la plupart des cas des personnes d'origine locale et qui travaillent depuis longtemps en la matière[979]. Quant aux recensements français, les personnes interviewées doivent signer un document intitulé Formulaire de consentement des participants, dans lequel il est précisé que les données recueillies vont être communiquées au grand public ; ces personnes peuvent également renoncer à leur engagement pour la recherche en tout temps, sans avoir à fournir d'explications[980]. Sans se limiter à la renonciation de droits de propriété intellectuelle, cette déclaration propose tout de même une solution évitant d'éventuels conflits en la matière.

C. Outils informatiques spécifiques des recensements chinois

322. En écho à leur ampleur administrative, les recensements chinois se distinguent par un outil informatique spécialement développé pour ces travaux. Il s'agit d'un logiciel-client sous forme d'un système de transmission et de gestion de données. Il permet aux Régions de déposer les données pro-

---

978 Circulaire du 9 juin 2005, précité, paragraphe VI ; *Manuel opérationnel*, précité, Partie I, chapitre II, paragraphe 5.

979 Entretien avec M. Tian Shunxin, précité.

980 Inventaire du patrimoine culturel immatériel de la France – Formulaire de consentement des participants. Document de travail élaboré par la mission ethnologie diffuse auprès des enquêteurs missionnés pour les recensements.

duites lors des enquêtes de terrain auprès de l'administration nationale *via* Internet, dans une base de données de recensements dont le serveur est géré par l'administration nationale.

La première version de ce logiciel-client, élaboré sous la direction du ministère de la culture et de l'Académie de l'art chinois, est diffusée en septembre 2006. Téléchargeable sur les sites Web officiels du ministère de la culture et des départements régionaux de la culture, ce logiciel-client permet, avec un code d'accès distribué par le ministère, de transmettre des fichiers à la base de données nationale du patrimoine culturel immatériel dans les formats standards prédéfinis. Les champs des formulaires de cette base de données correspondent à ceux proposés par le *Manuel opérationnel* de recensement, pour que les enquêteurs puissent s'adapter facilement aux nouvelles tâches de saisie. En raison des nombreux enregistrements audiovisuels et photographiques réalisés pour les recensements, l'utilisation de ce logiciel-client offre une transmission plus facile, stable et sécurisée. Une formation de trois jours sur l'utilisation de ce logiciel est dispensée par l'Académie de l'art chinois auprès des fonctionnaires régionaux chargés des recensements du patrimoine culturel immatériel.

Ce système de transmission et de gestion est une partie de la future Banque de données générale du patrimoine culturel immatériel chinois 中国非物质文化遗产数据库. Celle-ci comprend une sous-base « données de recensement », un système de gestion de « candidature pour la Liste du patrimoine culturel immatériel au niveau national » et d'autres outils de gestion et de recherche. Enfin, cette base de données de recensement permet également de réaliser une carte géographique informatisée sur laquelle on peut accéder à toute donnée de recensement selon des critères géographiques.

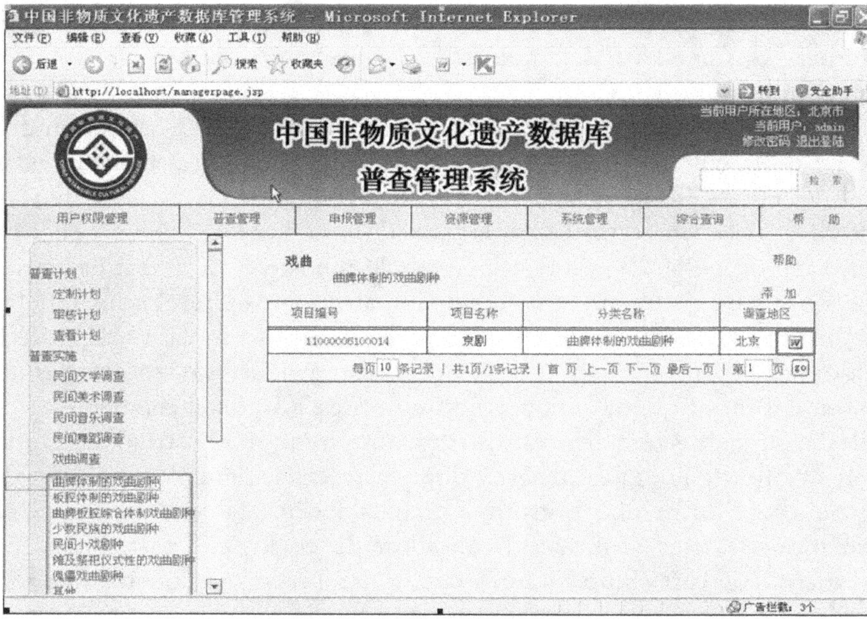

Banque de données générale nationale, page « Opéra de Beijing » sous la rubrique « Données de recensement ». Source : Document « Read-me » du logiciel « Système de Gestion de la Base de données générale du patrimoine culturel immatériel national ».

Conclusion de la section 1

323. Nous avons pu constater que les recensements se déroulent de manières très différentes dans les deux pays, organisés selon les divisions administratives territoriales en Chine et selon les secteurs d'activités en France. Si la méthode chinoise risque de se limiter en des communautés locales et de négliger certains éléments culturels qui ne sont pas particulièrement présents dans une localité précise, la méthode française pourrait créer artificiellement des *corpus* scientifiques regroupant des éléments similaires en ignorant les communautés, car ces dernières ne se forment pas uniquement par un secteur d'activité mais par des liens culturels complexes.

324. En outre, on constate que l'impact de l'ethnologie et des techniques de l'ethnographie s'avère important dans les démarches techniques des deux pays. Cela se manifeste non seulement par les méthodes utilisées dans l'élaboration des grilles et formulaires de travail, mais aussi par la présence de plusieurs domaines d'étude de l'ethnologie qui n'ont jamais été recensés en Chine dans le passé, à savoir les coutumes de production et de consommation, le rituel de la vie humaine, le concept du temps et le calendrier et les savoir-faire techniques[981]. Cette caractéristique démontre encore une fois le lien fort entre le concept du patrimoine culturel immatériel et l'objet de l'ethnologie. Il en ressort toutefois que le maintien de l'équilibre entre les aspects de l'action culturelle de sauvegarde et l'aspect scientifique des travaux de recensement n'est pas évident.

325. Enfin, à l'analyse des formulaires proposés par les administrations des deux pays, on constate l'absence commune d'une problématisation dans les démarches des recensements en France comme en Chine. En effet, les outils utilisés et les résultats ainsi obtenus ne permettent pas de reconstituer la complexité sociale existante, l'interaction et la tension entre les membres d'une communauté et entre les différentes communautés qui cohabitent : ce sont de simples registres des éléments culturels selon des catégories prédéfinies. Pourtant, le patrimoine culturel immatériel est avant tout des phénomènes sociaux ; ils ne vivent que dans la complexité et les tensions de l'organisation sociale. Sans une description des liens entre les différents éléments et une contextualisation, la compréhension de ces phénomènes et pratiques sociaux en tant qu'éléments indépendants s'avèrerait difficile ou risquerait une interprétation folklorisante ou réductrice.

Il s'agit là en effet d'une question de fond : l'inventaire du patrimoine culturel immatériel peut-il être opéré comme pour les patrimoines physiques, c'est-à-dire en suivant la nature de l'objet recensé ? L'idée de retirer les expressions et manifestations culturelles des différentes communautés pour construire un *corpus* d'expressions artistiques ou de savoir-faire, est-elle vraiment pertinente, ou bien faut-il plutôt construire des *corpus* correspondant à chacune des communautés qui pratiquent ces éléments ?

Section 2. Aspects administratifs : des difficultés similaires dans les deux pays

S'agissant des aspects administratifs de l'inventorisation du patrimoine culturel immatériel, les difficultés rencontrées dans les deux pays s'avèrent fort similaires. On relève d'abord l'équilibre difficile entre les différents acteurs de l'inventorisation, avec le rôle majeur des institutions étatiques, la participation limitée des communautés et la position ambiguë et discutable des chercheurs (Paragraphe I). Les difficultés financières et humaines sont aussi communes aux deux pays, bien qu'elles soient moindres dans le cas chinois (Paragraphe II).

---

981 *Manuel opérationnel*, précité, p. 4.

Paragraphe I. Le difficile équilibre entre les différents acteurs : État, communautés et chercheurs

L'équilibre est difficile à maintenir entre les trois acteurs de l'inventorisation. On constate le rôle majeur de l'administration tant dans l'organisation des recensements (A) que dans la sélection des éléments à figurer dans l'inventaire national ou, dans le cas chinois, sur la liste nationale du patrimoine culturel immatériel (B).

A. Les rôles respectifs des acteurs dans les recensements

1) Le rôle majeur des acteurs publics dans les recensements

326. Le rôle des acteurs publics s'avère majeur dans les recensements pour les deux pays : il est en réalité pratiquement exclusif en Chine et majoritaire en France, dans ce dernier cas avec une place importante des chercheurs.

En France, les enquêtes de recensement se réalisent à travers des organismes partenaires de l'administration chargée de l'inventaire, en particulier des établissements publics et des associations reconnues d'utilité publique ou labellisées, tous ayant comme vocation la recherche scientifique et dont les financements sont publics ou majoritairement publics[982].

Nous avons examiné l'aspect politique de la décision de ne pas organiser les recensements selon la répartition administrative en France. Parallèlement, l'organisation systématique de recensements par les Drac sera de toute manière difficile à réaliser : toutes les régions ne sont pas dotées d'un poste d'ethnologue régional ou de conseiller à l'ethnologie, cela dépend de la sensibilité de la région à la question de l'ethnologie. Souvent, les régions

---

[982] En 2008-2009, les sept partenaires de l'administration chargée de l'inventaire sont : la Société d'encouragement des métiers d'art (SEMA : *supra* n° 342) ; l'Institut Occitan (InOC : association loi de 1901 créée à l'initiative du Conseil général des Pyrénées-Atlantiques, gérée communément par la Drac d'Aquitaine, la région Aquitaine, le département des Pyrénées-Atlantiques, la commune de Billère et le Conseil économique et social régional d'Aquitaine) ; le Centre de musiques traditionnelles de Corse (CMTD : association loi de 1901, labellisée et reconnue par le ministère de la Culture depuis 1991) ; le Laboratoire d'anthropologie et d'histoire de l'institution de la Culture (Lahic : unité de recherche mixte CNRS-ministère de la Culture) ; le Centre de recherche bretonne et celtique (rattaché à l'Université Rennes 2, il coordonne les études celtiques en France) ; le 10ème arrondissement de Paris (pour la diversité culturelle et religieuse que représentent ses quartiers, ce projet est initié par la mission ethnologie, le ministère de la Culture français et l'Université Laval) ; la Drac de la Haute et Basse Normandie, pour les cultures régionales. Les quatre premiers sont des partenaires depuis l'année 2008 et les trois derniers ont rejoint les travaux en 2009. Comme la rencontre avec l'Université Laval, le contact avec ces organismes partenaires est né dans le cadre de l'Atelier de patrimoine culturel immatériel.

où les cultures traditionnelles sont plus actives sont aussi les plus sensibilisées à la question du patrimoine culturel immatériel, telles que le Languedoc-Roussillon, Rhône-Alpes ou la Bretagne[983]. En 2008, douze régions parmi les 26 disposent d'un poste de conseiller à l'ethnologie (ou d'ethnologue régional). Ainsi, la participation des chercheurs en dehors des institutions administratives culturelles paraît une solution imposée pour réaliser les recensements.

327. En revanche, en Chine, les services d'ethnologie (et/ou services dits « culture populaire ») existent à tous les échelons administratifs et les recensements sont réalisés exclusivement par le biais de ces services : ce sont des fonctionnaires de la section Culture sociale au département régional de la Culture, et les personnels des maisons de la culture. Les personnels de ces services culturels locaux ne sont généralement pas des chercheurs, mais des professionnels des actions culturelles rurales. Avant les enquêtes de terrain, ces personnels sont chargés de faire la synthèse de la situation générale de la localité et de proposer les éléments les plus emblématiques du patrimoine culturel immatériel local lors de l'élaboration de programmes de recensements au niveau du District. La connaissance de cultures locales de ces personnels est alors cruciale. Est également mise en jeu leur relation personnelle avec les communautés de petites localités rurales. En effet, il s'agit des territoires où la culture populaire et folklorique a subi relativement moins les désastres des années 1960-70 et l'influence de l'industrialisation actuelle. L'avantage d'un service culturel répandu comme le service chinois est que les personnels de ces services dans les petites localités sont dans la majorité des cas issus de la région. Ils connaissent fort bien les cultures locales et entretiennent une relation de complicité avec la population, ce qui permet, en cas de besoin, une ethnologie participative profonde et efficace[984].

2) La participation limitée des communautés

328. Dans la pratique, la participation des communautés dans l'enquête se traduit notamment par une entrevue ou une présentation enregistrée. Comme le *Manuel opérationnel* chinois, le formulaire de recensements français

[983] Il y a généralement deux raisons pour qu'un poste d'ethnologue existe dans une Drac : soit parce que c'est une installation historique (dans ce cas, si la personne part en retraite et que la région n'est pas sensible à la question, le poste peut être supprimé) ; soit parce que la région s'intéresse à la question du patrimoine ethnologique. Il se trouve parfois que la mission ethnologie propose à une Drac de créer un poste d'ethnologue régional et que celle-ci refuse, car elle a d'autres priorités que l'ethnologie. Entretien avec Sylvie Grenet, 18 janv. 2007, précité.

[984] Entretien avec M. TIAN Shunxin, précité.

demande qu'un enregistrement audio ou vidéo soit réalisé avec un praticien ; mais outre cela, aucun autre texte d'application ne garantit le rôle des « communautés » ou de leurs membres dans le recensement, ou dans la constitution des dossiers présentant les éléments recensés.

Ainsi, la participation des communautés est certes réelle, mais elle se limite à la présentation d'informations sur lesquelles les chercheurs enquêteurs les interrogent. Le praticien reste donc simplement, comme le nomment les ethnologues québécois, l'« informateur ». Hormis cela, les communautés participent rarement à la décision, la délimitation et la validation des éléments qui sont considérés par elles-mêmes représentatifs de leurs cultures et identités. L'identification des éléments à inventorier dans une localité ou dans un secteur particulier, nous l'avons vu, est réalisée essentiellement par les chercheurs en France et par les personnels locaux de la culture en Chine. Cette caractéristique est particulièrement présente lorsqu'il s'agit de la culture populaire ; pour les éléments de la culture dite « d'élite », tels que le *Guqin* en Chine[985] ou le Cadre noir en France[986], une littérature scientifique importante est souvent déjà élaborée par la communauté elle-même, leur offrant ainsi une influence active dans la prise de décision lors de l'identification des éléments.

B. *Les rôles respectifs des acteurs dans la sélection des éléments*

Il est ici question d'une diversité et d'une richesse extrêmement larges d'éléments du patrimoine culturel immatériel sur des territoires très étendus, alors que les critères de sélection sont peu précis et que le monopole scientifique des services ethnologiques locaux est discutable[987].

---

985 Ou cithare chinoise. Proclamé chef-d'œuvre du patrimoine oral et immatériel de l'humanité en 2003, l'art du *Guqin* fut l'un des quatre arts que tout érudit lettré chinois d'antan se devait de maîtriser. Présentation sur le site de l'Unesco : [http://www.unesco.org/culture/ich/index.php?RL=00020&topic=video].

986 Le cas du Cadre Noir de Saumur est symptomatique : lorsque le dossier de candidature est déposé à la mission ethnologie pour la liste représentative de l'Unesco, il a été considéré dans un premier temps comme ne pas correspondre à la notion de patrimoine culturel immatériel car représentant une culture d'élite trop particulière et liée à la notion de prestige. Mais finalement, bien qu'il n'ait pas été sélectionné en tant que candidat français à la première inscription en septembre 2009, le Cadre noir entre dans l'inventaire français du patrimoine culturel immatériel, grâce à une documentation riche et bien argumentée, s'appuyant sur une tradition française particulière de dressage de chevaux, tradition qui s'est maintenue au cours des siècles, et sur un fort impact symbolique auprès des populations locales. *V.* fiche d'inventaire du Cadre noir de Saumur : [http://www.culture.gouv.fr/culture/dp/ethno_spci/pdf2/esperey_cadre_noir.pdf].

987 Sans remettre en cause leur compétence scientifique, le monopole dont disposent certains métiers du patrimoine est également controversé en France, tel est le cas de

1) La sélection effectuée dans les recensements

329. Malgré le principe établi par la Convention de 2003 de l'« identification des éléments du patrimoine culturel immatériel par les communautés », une sélection des éléments du patrimoine culturel immatériel est réelle, lors des recensements, par les autorités nationales comme par les chercheurs participant aux travaux de collecte. Elle est présente à la fois en amont et en aval des recensements et se révèle inévitablement arbitraire dans les processus d'établissement d'inventaire, en France comme en Chine.

Un principe commun de travail dans les recensements français et chinois décide l'inéluctable sélection des éléments en amont : c'est la définition des champs de recensements par l'étude des documents de recherches existantes. En effet, en France, la délimitation des champs de recensement est en grande partie fondée sur les éléments recensés dans l'« inventaire des inventaires du patrimoine culturel immatériel »[988]. Il en est de même pour le cas chinois : le *Manuel opérationnel* demande en premier lieu l'étude préliminaire des données fournies par les recensements et recherches précédents, ensuite de définir avec les fonctionnaires locaux et les personnels des maisons de la culture les éléments pouvant entrer dans le champ de recensement, puis de réaliser des enquêtes sur les éléments ainsi repérés. Cette méthode donne une grande responsabilité aux fonctionnaires et personnels locaux de culture et favorise des décisions arbitraires. Pour certaines catégories, par exemple pour les théâtres musicaux populaires, les recensements sont limités aux enquêtes et entrevues sur les éléments choisis parmi les documentations de recherches du passé et se concentrent sur la transmission des éléments choisis, mais il n'y a pas d'enquête sur les éléments non étudiés dans le passé[989].

330. En France, une sélection en amont s'effectue également par le choix des partenaires de recensement par l'administration (la mission ethnologie). En effet, depuis l'adoption de la convention en octobre 2003 et particulièrement depuis son approbation par la France en juillet 2006, de nombreux organismes publics et privés ont contacté la mission ethnologie, exprimant leur volonté de participer aux travaux d'inventaire et de sauvegarde du patrimoine culturel immatériel. Finalement, sont retenus prioritairement les organismes publics ou semi-publics. Le choix est volontaire, car la mis-

---

l'architecte en chef des monuments historiques. *Cf* . analyses du professeur J. Morand-Deviller, « Le patrimoine monumental, patrimoine de la nation ? », précité, p. 93-94.

[988] Projet de recherche sur l'inventaire du patrimoine culturel immatériel, précité, p. 3.

[989] *Manuel opérationnel*, précité, Partie III, Chapitre V, *Formulaire d'enregistrement pour les théâtres musicaux populaires* 戏曲调查提纲.

sion ethnologie considère que les résultats seraient optimisés, plus fiables et exacts avec les organismes publics ; elle se garde aussi de devenir le support des publicités et des intérêts mercantiles pour certaines entreprises[990]. Toutefois, cette méthode aurait aussi comme effet secondaire, au moins dans un premier temps, d'exclure certains secteurs d'activité ou zones géographiques, car ces secteurs ne trouvent pas leur place dans l'institution publique locale.

331. L'inventaire national chinois étant envisagé comme un registre global et exhaustif des éléments du patrimoine culturel immatériel par les autorités publiques, il existe relativement peu de sélection sur le contenu des éléments, outre la détermination des champs d'étude en amont. Deux points sont tout de même à relever. Premièrement, le *Manuel opérationnel* parle des valeurs « historique, culturelle et scientifique »[991] des éléments qui bornent les objets de recensements, sans préciser à qui doit appartenir la compétence pour évaluer ces valeurs. Ces trois critères de « valeurs » sont utilisés également pour qualifier le patrimoine culturel matériel[992]. En deuxième lieu, certains critères objectifs sont aussi établis. Par exemple pour l'artisanat, un élément doit exister depuis plus de 100 ans pour être pris en compte en tant que patrimoine immatériel[993]. D'une manière générale, l'esprit de la circulaire du 9 juin 2005 est d'établir un inventaire exhaustif de tout élément culturel sans sélection, bien que les conditions réelles du terrain n'en facilitent pas la réalisation.

332. Si les sélections en amont des recensements peuvent se justifier par le manque de moyens et de temps, par l'impossibilité de recenser de manière exhaustive un territoire très étendu, les sélections en aval effectuées par les administrations peuvent faire l'objet de contestations. En effet, en France, les éléments recensés doivent être validés par les administrations chargées du patrimoine culturel immatériel avant d'entrer officiellement dans les inventaires nationaux[994]. Dans le cas chinois, il n'y a pas officiellement de procédure de validation des données recueillies durant les recensements par les administrations (outre les contrôles techniques), mais une validation est

[990] Entretien avec S. Grenet, 21 juillet 2008, précité.

[991] *Manuel opérationnel*, précité, 1ère partie, Chapitre I, paragraphe 4.

[992] L'article 3 de la *Loi pour la protection du patrimoine culturel* de 2002, précitée.

[993] *Manuel opérationnel*, précité, 3ème partie, Chapitre VIII : *Artisanat populaire* 民间手工技艺.

[994] Validation par le comité interdirectionnel pour le patrimoine culturel immatériel du ministère de la Culture, *Projet de recherche sur l'inventaire du patrimoine culturel immatériel*, précité, p. 2.

prévue pour les éléments à inscrire sur la Liste du patrimoine culturel immatériel au niveau national. Il convient de noter que les éléments recueillis dans l'inventaire national n'étant pas rendus publics (sauf certains enregistrements vidéo et objets collectés), du point de vue de la communication, la Liste du patrimoine culturel immatériel au niveau national prend la place de l'inventaire national pour le grand public.

2) La sélection pour l'inscription sur la liste chinoise du patrimoine culturel immatériel au niveau national

333. En Chine, la sélection est extrêmement présente dans l'inscription des éléments sur la Liste du patrimoine culturel immatériel au niveau national (*minglu*). Comme la Liste représentative de l'Unesco, la liste nationale chinoise se dit être une liste ouverte – c'est-à-dire dont le nombre d'éléments inscrits n'est pas limité. On aurait pu supposer qu'elle est, comme la Liste représentative de l'Unesco, une sorte de « registre » des éléments du patrimoine culturel immatériel national. Toutefois, l'inscription sur la Liste représentative de l'Unesco ne nécessite qu'une évaluation de la conformité de forme des dossiers de candidatures ; l'inscription sur la Liste nationale chinoise, en revanche, se soumet à une véritable évaluation de fond.

334. Les critères de cette sélection sont prévus dans les Mesures provisoires concernant la sélection des candidats à la Liste des œuvres représentatives du patrimoine culturel immatériel au niveau national du 26 mars 2005, en son article 6 :

« Afin d'être inscrits sur la Liste des œuvres représentatives du patrimoine culturel immatériel au niveau national, les éléments doivent être les manifestations des cultures populaires traditionnelles ou les espaces culturels ayant une valeur exceptionnelle ; ou être emblématiques de l'ensemble du patrimoine culturel immatériel ; ou d'une valeur importante du point de vue d'étude historique, artistique, ethnologique, folklorique, sociologique, anthropologique, linguistique ou littéraire. »

Plus précisément, ils doivent :

1) « être d'une valeur exceptionnelle représentant la créativité de la Nation chinoise ;

2) être enracinés dans les traditions culturelles des communautés concernées et transmis de génération en génération au sein de ces communautés, présentant des caractéristiques locales distinctes ;

3) favoriser la formation de l'identité culturelle de la Nation chinoise, renforcer la cohésion sociale, la fraternité entre les ethnies nationales et la stabilité sociale, former le lien des échanges culturels ;

4) être d'excellents témoins des techniques et savoir-faire traditionnels ;

5) être d'une valeur particulière en tant que témoin de la tradition culturelle vivante de la Nation chinoise ;

6) être d'une valeur importante dans le maintien de la viabilité de la culture nationale mais être en danger de disparition en raison des changements sociaux ou de l'absence de protection. »

335. La lecture des critères imposés par l'article 6 laisse perplexe : si l'aspect idéologique visant à l'édification de l'État-Nation reste inéluctable dans les démarches de qualification du patrimoine culturel immatériel, les références aux valeurs d'excellence et de représentativité ne vont-elles pas à l'encontre de l'esprit de la Convention de 2003 ? Cela est sans doute lié aux confusions, à l'époque de l'élaboration de ce document (2005), relatives à la nature de la Liste représentative à l'Unesco[995]. Aujourd'hui, si les réflexions sur la question de la « valeur exceptionnelle » murissent et si ces critères sont interprétés de manière relativisée, on sait qu'ils ont toujours leurs places dans la sélection des candidatures.

Pour exemple, les 518 premiers éléments inscrits sur la liste nationale ont été sélectionnés sous les critères de l'article 6 précité[996]. Dans cette première liste, les éléments de *nanyin*[997], de *muqam* ouïghour de Xinjiang, de la tradition épique tibétaine de Gesar et de long chant mongol, sont partis de considérations politiques et idéologiques autant que culturelles[998]. En réalité,

---

995 *V. supra*, n° 166.

996 Ces éléments ont été rendus publics en mai 2006 par le Conseil des affaires de l'État, sélectionnés parmi les 1 315 dossiers de candidature présentés dans la grande majorité par les Régions et les administrations de l'échelle nationale. *Circulaire du Conseil des affaires de l'État sur la première inscription sur la Liste du patrimoine culturel immatériel au niveau national* 国务院关于公布第一批国家级非物质文化遗产名录的通知, n° *guofa* 国发 [2006] 18, 20 mai 2006.

997 *V. supra*, n° 169.

998 Le *muqam* 木卡姆 est un mélange de chants, de danses, et de musiques populaires et classiques dans la région ouïghour de Xinjiang, similaire du *maqâm* dans la culture arabophone. Le « chant long » ou l'*urtiin duu* 长调 est l'une des deux formes majeures de chant mongol. Ces deux éléments sont proclamés « chefs-d'œuvre du patrimoine culturel immatériel et oral de l'humanité » de l'Unesco en 2005 (et transféré sur la Liste représentative de la Convention de 2003 en application de son article 31), inscrits dans la Liste du patrimoine culturel immatériel au niveau national chinois en 2006 (n° 034/II-3 pour *urtiin duu* ou n° 101/II-270 pour *muqam*). La tradition épique du Gesar est une épopée tibétaine (mais existe aussi dans la culture mongole) sur le roi Gesar, souvent accompagnée de rites tels que des offrandes et des exercices de méditation. Il est inscrit à la Liste du

au-delà du régime politique actuel, il s'est avéré que la musique, avec les rites, se trouve à la base de la légitimité politique chinoise : le rôle des arts en tant qu'éléments constructeurs de l'État-Nation est en effet enraciné dans l'histoire culturelle du pays[999].

336. Si depuis l'inscription des premiers éléments sur la liste nationale, les critères de valeur « représentative » et « exceptionnelle » disparaissent, d'autres nouveaux critères rejoignent la sélection des éléments. Pour la deuxième inscription en 2006 par exemple, il est demandé aux services culturels régionaux d'orienter les dossiers de candidature dans les quatre domaines suivants : les éléments culturels des ethnies minoritaires, en particulier celles dont aucun élément culturel n'a encore été sélectionné lors la première inscription ; les savoirs et pratiques traditionnels reconnus dans le cadre de labellisation *China Time-honored Brand* du ministère du Commerce[1000] ; les éléments de la médecine et de la pharmacopée traditionnelles ; ainsi que les éléments qui renforceront l'identité culturelle commune des Chinois métropolitains, d'outre-mer et de Taïwan[1001]. Pour la troisième proclamation en 2009, seront privilégiés les éléments des ethnies minoritaires vivant dans les régions frontalières chinoises ; les éléments qui renforceront l'identité culturelle commune des Chinois métropolitains, d'outre-mer et de Taïwan (comme en 2006) ainsi que les éléments transnationaux[1002].

337. Lors la première sélection, afin d'être éligibles, les dossiers de candidatures devaient présenter un projet de sauvegarde pour dix ans[1003]. Cette condition est modifiée lors de la deuxième sélection : le projet de sauvegarde se fait sur cinq ans, mais doit être accompagné d'un financement local

---

que des offrandes et des exercices de méditation. Il est inscrit à la Liste du patrimoine culturel immatériel au niveau national chinois en 2006 (n° 027/I-27) à la Liste représentative de l'Unesco en septembre 2009.

[999] *Cf.* Sabine Trebinjac, *Le Pouvoir en chantant*, tome I, *L'art de fabriquer une musique chinoise*, 412 p. ; tome II, *Une affaire d'État... impériale*, 213 p., Société d'ethnologie, Paris, 2000, 2008.

[1000] *V. supra*, n° 279.

[1001] *Circulaire du ministère de la Culture appelant à candidature à la deuxième inscription sur la Liste du patrimoine culturel immatériel au niveau national*
文化部关于申报第二批国家级非物质文化遗产名录项目有关事项的通知, n° *wenshetuban* 文社图办 [2007] 4, le 26 janv. 2007.

[1002] *Circulaire du ministère de la Culture appelant à candidature à la troisième inscription sur la Liste du patrimoine culturel immatériel au niveau national*
文化部关于申报第三批国家级非物质文化遗产名录项目有关事项的通知, n° *wenfeiyiban* 文非遗办 [2009] 24, le 17 juillet 2009.

[1003] L'article 7 des *Mesures provisoires* du 26 mars 2005.

pour sa réalisation[1004]. Cette nouvelle exigence est en effet la confirmation d'une circulaire du ministère de la culture du 28 juillet 2006 demandant aux départements régionaux de la culture de préciser le budget local prévu pour le patrimoine culturel immatériel de leur circonscription, afin d'obtenir un financement parallèle du gouvernement central pour ces éléments[1005]. D'emblée, ce critère exclut une partie d'éléments culturels qui, pour des raisons diverses, ne réussissent pas à obtenir des financements locaux.

338. Outre ces critères prévus dans les *Mesures provisoires* de mars 2005 par le Conseil des affaires de l'État, il existe un autre critère non dit : le statut juridique de la personne physique ou morale qui se porte candidat. Prenons l'exemple de la broderie de *Xiang* de la Région de Hunan dans la sélection de la première inscription sur la Liste du patrimoine culturel immatériel au niveau national.

Lors de la première sélection, c'est une manufacture publique du District de Laodaohe 捞刀河 (de la Préfecture de Changsha, chef-lieu de la Région) spécialisée et reconnue dans la broderie de *Xiang* qui se porte candidate. Le dossier, retenu lors de la sélection régionale, est écarté lors de la première sélection au niveau national fin 2005. La tradition de broderie étant considérée comme emblématique de la culture populaire régionale, l'échec fait couler beaucoup d'encre dans la presse locale. La Préfecture de Changsha souhaite alors que le dossier soit réexaminé. Le comité d'experts régional rend un rapport spécial en janvier 2006 au ministère de la culture, dans lequel il argumente que la broderie est une tradition emblématique de la région dont la pratique est très répandue à Changsha et non pas seulement dans le District de Laodaohe ; la manufacture publique qui se porte candidate, malgré sa spécialité, ne peut pas être considérée comme le véritable « détenteur » de cette tradition. En conclusion, le comité régional soutient que l'élément devrait être figuré sur la Liste nationale mais le détenteur de la tradition devrait être la Préfecture de Changsha ; il demande que la réunion interministérielle du patrimoine culturel immatériel réexamine le dossier. Ensuite, la broderie

---

[1004] *Circulaire du ministère de la Culture appelant à candidature à la deuxième inscription sur la Liste du patrimoine culturel immatériel au niveau national*, n° *wenshetuban* 文社图办 [2007] 4, précité, paragraphe IV, (4).

[1005] *Circulaire du ministère de la Culture concernant la demande de subvention pour la protection des éléments du patrimoine culturel immatériel de la première inscription sur la Liste du patrimoine culturel immatériel au niveau national*
文化部办公厅关于申报第一批国家级非物质文化遗产项目保护专项经费预算事项的通知,
n° *banshetuban* 办社图函 [2006] 371, le 28 juillet 2006.

de *Xiang* est requise lors de la sélection supplémentaire et finalement inscrite sur la Liste nationale[1006].

L'exemple de la broderie de *Xiang* n'est pas isolé. En effet, parmi les 518 éléments inscrits sur la première Liste du patrimoine culturel immatériel au niveau national, la grande majorité, soit 494 dossiers, est déposée par des collectivités territoriales ou des administrations nationales[1007]. Sur les 24 éléments restant, il y en a 20 dont le demandeur ou l'un des demandeurs sont des personnes morales publiques. Seulement quatre dossiers retenus sont déposés par des personnes morales privées[1008]. Aucun élément inscrit n'est proposé par une personne physique. Plus exactement, dans les fiches d'informations rendues publiques, il est inscrit simplement « demandeur » et non pas « détenteur » de l'élément[1009].

339. En ce sens, on constate que les administrations françaises privilégient également les établissements et institutions publics dans le recensement du patrimoine culturel immatériel pour des raisons similaires (*supra*). Pourtant, cette idée n'est pas acceptée partout : le raisonnement va complètement dans le sens inverse chez les Japonais. Depuis la *Loi sur la protection des biens culturels* en 1950[1010], le Japon commence à dresser son inventaire du patrimoine culturel immatériel. Pour ce faire, les autorités publiques ne sont pas acceptées comme détenteur du patrimoine culturel immatériel, qui doit être soit une personne physique, soit une association, c'est-à-dire le ou les véritables praticiens d'un savoir-faire, d'une pratique ou manifestation culturelle[1011].

1006 Entretien avec WANG Shiyan, le 5 juin 2006, précité. – LIN Jun 林俊, 湘绣"改名" 冲击遗产名录, *Changsha Wanbao* 长沙晚报 (quotidien), le 7 février 2006.

1007 Par exemple la fête du printemps par le ministère de la Culture.

1008 Ils sont : la « sentence symétrique (*yinglian* 楹联) », un jeu littéraire, détenu par l'Association chinoise de *yinglian* 中国楹联学会 créée en 1984 ; la culture médicinale de *Tongrentang* 同仁堂, par une pharmacie traditionnelle du même nom de grande renommée ; les techniques de gravure des sceaux, détenues par la Société des graveurs de sceaux de *Xiling* 西泠印社 située dans la ville de Hangzhou, cet organisme privé à vocation de recherche est aussi une « Unité de protection majeure du patrimoine culturel au niveau national 全国重点文物保护单位 » de l'article 3 de la *Loi pour la protection du patrimoine culturel* de 1982 (précité) ; enfin une technique de reproduction d'images par l'impression xylographique 木版水印技艺, par la manufacture traditionnelle *Rongbaozhai* 荣宝斋 de Beijing qui a inventé sa forme actuelle. Les deux derniers sont inscrits sur la Liste représentative de l'Unesco en septembre 2009.

1009 *V. supra*, n° 256.

1010 Sur cette loi : *infra*, n° 375.

1011 YUAN Li 苑利, « La protection du patrimoine culturel immatériel à l'ère d'"inventaire" » «名录» 时代的非物质文化遗产保护问题, *Jiangxi shehui kexue* 江西社会科学 (revue), n° 3, 2006, p. 16-17.

Cette situation est sans doute liée au fait que les établissements et institutions publics disposent de davantage de moyens pour concourir à cette sélection à la Liste nationale. De même, sans procurer d'effet juridique sur le régime de ces éléments, cela positionne symboliquement l'État à la place de protecteur du patrimoine culturel immatériel comme pour le patrimoine culturel physique. Le terme de « demandeur » est un choix prudent car malgré un certain effet symbolique, cette qualification ne confère aucune prérogative juridique à la personne candidate. C'est une prudence nécessaire devant l'extrême complexité de la question de propriété intellectuelle des éléments du patrimoine culturel immatériel, elle évite ainsi la reconnaissance des droits patrimoniaux. D'un autre point de vue, la volonté forte des autorités publiques de sauvegarder le patrimoine culturel immatériel est certes bienfaisante pour les communautés désirant maintenir et protéger leur patrimoine culturel, mais le risque est que pour les autorités publiques, cette volonté se mélange avec l'idée qu'elles puissent prendre la place des communautés dans leur rôle de détenteur et de « gardien » du patrimoine culturel immatériel.

340. Suite à la première inscription en 2006, l'appel à candidatures de la deuxième inscription est lancé en janvier 2007[1012] ; la deuxième liste est publiée en juin 2008 avec 501 nouveaux éléments et une liste complémentaire de 147 éléments pour la première proclamation[1013]. L'appel à candidature de la troisième proclamation est lancé en juillet 2009[1014].

1012 *Circulaire du ministère de la culture appelant à candidature à la deuxième inscription sur la Liste du patrimoine culturel immatériel au niveau national*, n° *wenshetu* 文社图 [2007]4, précitée.

1013 *Circulaire du Conseil des affaires de l'État sur la deuxième inscription sur la Liste des éléments du patrimoine culturel immatériel au niveau national et sur les éléments supplémentaires à la première inscription*
国务院关于公布第二批国家级非物质文化遗产名录和第一批国家级非物质文化遗产扩展项目名录的通知, n° *guofa* 国发 [2008] 19, le 7 juin 2008.
Il convient de souligner que la première inscription semble doter d'une allure plus politique que scientifique : avec un délai de moins de trois mois pour déposer leurs dossiers de candidats régionaux (la circulaire du 30 juin 2005 demande en effet que les dossiers de candidats régionaux soient déposés à la Réunion interministérielle avant le 20 septembre 2005), il était impossible pour la majorité des Régions de proposer leurs candidats à partir des nouvelles enquêtes – les recensements n'étaient pas encore entamés à l'époque. Les Régions étaient donc contraintes de choisir des éléments traditionnellement considérés comme emblématiques de la localité, c'est-à-dire avec des documents venant des travaux antérieurs en matière de culture traditionnelle populaire (entretien avec M. TIAN Shunxin, précité). C'est la raison pour laquelle une liste complémentaire à la première inscription est publiée plus tard, en prenant en compte des dossiers qui n'ont pas été déposés dans le délai pour la première inscription.

1014 *Circulaire du ministère de la Culture appelant à candidature à la troisième inscription sur la Liste du patrimoine culturel immatériel au niveau national*,n° *wenfeiyifa* 文非遗发 [2009] 24, précitée.

3) Le rôle des chercheurs français dans la sélection des éléments durant les recensements

341. Par opposition au cas chinois, une particularité des recensements français du patrimoine culturel immatériel est le rôle important des chercheurs. En effet, les recensements français, tels qu'ils sont conçus actuellement, et même tels qu'ils semblent évoluer, passent obligatoirement par l'intermédiaire de structures de recherches, qui effectuent un travail préalable d'expertise et de validation. Ce travail de validation a notamment pour objet, selon l'administration chargée de l'inventaire, de « discerner, au sein des pratiques vivantes, celles qui relèvent d'une revitalisation artificielle, et celles qui, sous des dehors parfois commerciaux, ou folklorisants, sont révélatrices de réels espaces d'expression et de production de pratiques anciennes renouvelées »[1015]. Cela est en effet fidèle à l'esprit fondateur de la mission ethnologie qui met en garde l'« illusion pseudo-scientifique d'une ethnologie spontanée qu'individus et groupes pourraient pratiquer sur eux-mêmes »[1016]. Des sélections sont donc opérées par les chercheurs missionnés par l'administration, d'une part dans la définition des secteurs d'activités pouvant être concernés par les recensements du patrimoine culturel immatériel, et d'autre part dans les recensements mêmes.

342. Pour exemple, étudions le premier inventaire sectoriel, l'inventaire français des métiers rares. Les métiers rares sont en effet l'un des premiers éléments dégagés des réflexions de la mission ethnologie sur le champ d'étude de la nouvelle notion de patrimoine culturel immatériel[1017]. Cet inventaire est réalisé en partenariat avec la Société d'encouragement des métiers d'art (ci-après la SEMA)[1018]. Le choix de cet organisme est lié à ses réali-

---

[1015] S. Grenet, « Les inventaires en France », précité, p. 28.

[1016] *V. supra*, n° 112.

[1017] Cela est sans doute en rapport avec le fait que la France a adopté en 1994 un dispositif de « maître d'art » qui est considéré par la commission française à l'Unesco comme correspondre à la notion de patrimoine culturel immatériel de la Convention de 2003 : les métiers d'artisanat d'art seraient donc déjà un patrimoine culturel en France même avant l'adoption de la convention. Toutefois, on constate que l'inventaire des métiers rares se réalise en partenaire avec la Société d'encouragement des métiers d'art (ci-dessous) et non pas avec la mission des métiers d'art (ministère de la Culture) chargée du dispositif « maître d'art » (*infra*, n° 386). À ce jour, plusieurs autres inventaires sectoriels sont en projet ou en cours, sur les pratiques rituelles, les pratiques sportives et les pratiques festives, par exemple l'inventaire du *Cantu in paghjella*, une sorte de chant polyphonique corse traditionnel, inscrit à la Liste représentative de l'Unesco en septembre 2009.

[1018] La SEMA est une association de type loi de 1901, reconnue d'utilité publique, placée sous la tutelle du secrétariat d'État chargé du Commerce, de l'Artisanat, des petites et moyennes entreprises, du Tourisme et des services auprès du ministère de l'Économie, de l'Industrie et de l'Emploi. Le 7 février 2010, est annoncée, par le ministre chargé la Culture

sations antérieures : d'une part l'*Annuaire officiel des métiers d'art de France* qui a pour objectif d'améliorer la visibilité des entreprises et des professionnels des métiers d'art en France et à l'international ; et d'autre part l'inventaire des métiers d'art rares à Paris et en Île-de-France afin d'identifier les entreprises et les savoir-faire à transmettre[1019].

Lorsque la mission ethnologie décide de charger la SEMA de procéder au recensement des métiers rares en France en mars 2008, dans la convention signée entre les deux institutions, ne sont précisées ni la définition de ce que sont les « métiers rares », ni les modalités de recensement. La SEMA charge ensuite une chercheuse de la mission de réaliser l'inventaire, en lui donnant comme seule indication les formulaires d'enregistrement élaborés par la mission ethnologie. Ainsi, une première partie du temps est consacrée à définir les « métiers rares » et à élaborer les méthodes de travail. La personne missionnée effectue ensuite un tri parmi les premières informations obtenues auprès des ethnologues locaux et du réseau local de la SEMA, selon la définition et les critères qu'elle a établis[1020]. Il est à souligner que tous ces travaux sont réalisés essentiellement par une chercheuse missionnée et une personne de la SEMA qui l'assiste[1021]. On constate le rôle essentiel des chercheurs dans l'identification et la délimitation des éléments recensés. En ré-

et de la Communication et le secrétaire d'État chargé du Commerce, de l'artisanat, des petites et moyennes entreprises, du tourisme, des services et de la consommation, la création de l'Institut national des métiers d'art et une série de mesures en faveur de ce secteur. Cet institut, qui sera la structure unique de référence pour les métiers d'art, va naître du rapprochement de l'actuelle SEMA et de la mission des métiers d'art. Comme la SEMA, il s'agira d'une association de type loi de 1901 reconnue d'utilité publique, sous réserve de la reconnaissance par un décret en Conseil d'État (échanges avec Yann Gourio, chef de cabinet d'Hervé Novelli, avril 2010). Placé sous la présidence de Jean-Michel Delisle (précédemment président de la SEMA), et sous la direction de Marie-Hélène Fremont (précédemment directrice générale de la SEMA), le nouvel institut aura quatre missions principales : développer une expertise sur les métiers d'art et leur savoir-faire, afin de favoriser leur développement et leur diffusion auprès des professionnels, du grand public et des scolaires ; animer l'ensemble des réseaux métiers d'art avec tous les acteurs du secteur (professionnels, services) ; développer la promotion des métiers d'art au plan national et international ; explorer de nouveaux champs de développement culturel dans les domaines des arts plastiques, du design et des arts de la mode. Communiqué de presse des deux ministères, Paris, le 8 février 2010. Dans le développement suivant, nous continuons à employer les intitulés de « SEMA » et de « mission des métiers d'art », car à ce jour la création de cet Institut national des métiers d'art n'est pas encore officialisée.

1019 Entretien avec Francesca Cominelli, chargée de réaliser l'inventaire des métiers rares par la SEMA, 7 avril 2009, précité. Le site officiel des métiers rares en Île-de-France : [www.metiersrares.com].

1020 Entretien avec F. Cominelli, 7 avril 2009, précité.

1021 Catherine Virassamy & Francesca Cominelli (SEMA), *Rapport final - Inventaire des Métiers d'Art Rares*, rapport à la mission ethnologie, p. 5.

alité, dans ce cas précis, la place des chercheurs dans la constitution du *corpus* est telle, que finalement les communautés paraissent être dans une position passive de simples « enquêtées » et « informateurs ». Parfois, ces communautés semblent même être constituées artificiellement par le lien du métier pris par les scientifiques comme critère sans qu'un véritable sentiment d'identité culturelle soit perceptible et reconnu par les membres présumés de la communauté : tel est le cas des artisans des arts du feu à Limoge[1022].

343. Cette situation n'est pourtant pas un cas isolé français. Dans la région de Québec[1023], depuis la création de la Chaire de recherche « Patrimoines ethnologiques des francophones d'Amérique » en été 2003, l'Université Laval travaille sur l'établissement d'un *Inventaire de ressources ethnologiques du patrimoine immatériel*, qui est l'un des premiers dans le monde quasi uniquement fondé sur des collectes de terrain. Leur recueil des éléments « représentatifs des régions »[1024] est fait par une dizaine d'étudiants stagiaires-enquêteurs en deuxième à quatrième année universitaire, d'après les informations qu'ils récoltent sur le terrain et en collaboration avec des musées ou associations culturelles locaux. En plus de cela, l'accent est mis sur la valorisation des données recueillies : environ un tiers du temps dispensé est réservé à la « mise en valeur directe », c'est-à-dire par le moyen de la télévision, la radio et la presse, faire connaître les éléments collectés à la population locale qui n'est pas toujours sensibilisée à la protection de leur culture traditionnelle, voire à l'existence même de ces éléments[1025]. Le résultat, comparé aux méthodes française et chinoise, tient davantage compte de la situation réelle du terrain et des avis des membres des communautés locales en question. Toutefois, cette méthode peut sembler un peu hasardeuse, car les informations permettant la décision de prise en compte d'un élément par l'enquêteur sont collectées dans un temps très limité et s'appuient presque uniquement sur des rencontres de qualité très variée d'un cas à l'autre.

[1022] Entretien avec F. Cominelli, 7 avril 2009, précité. C'est Mlle Cominelli qui nous a confié cette impression qu'elle a eue durant les travaux d'inventaire qu'elle dirige.

[1023] Le Canada n'a jusqu'à ce jour (avril 2010) pas signé la Convention de 2003, mais le Québec a commencé les recherches et la sauvegarde du patrimoine dit « ethnologique et folklorique » dès le milieu des années 1990. L'un des principaux fruits de ces travaux scientifiques est l'incontournable ouvrage de J. du Berger, *Grille des pratiques culturelles* (*op. cit.*) avec le concours du Conseil québécois du patrimoine vivant. Cet ouvrage est également une des sources d'inspiration pour la réalisation des inventaires français depuis le printemps 2008.

[1024] Termes utilisés par l'Inventaire de ressources ethnologiques du patrimoine immatériel.

[1025] Séminaire du professeur Laurier Turgeon, titulaire de la Chaire de recherche du Canada en patrimoine ethnologique, responsable de l'Inventaire des ressources ethnologiques du patrimoine immatériel, à l'*Atelier Patrimoine culturel immatériel* (précité), 14 février 2007.

Paragraphe II. Des moyens financiers et humains restreints

344. Les difficultés d'implication des communautés praticiennes dans les recensements sont aussi dues aux moyens financiers et en personnels restreints des administrations chargées du patrimoine culturel immatériel, et cela particulièrement en France.

En effet, en France, les services de l'État concernés par les recensements se limitent à la mission ethnologie, ses douze ethnologues régionaux ou conseillers à l'ethnologie et les quatre *ethnopôles*. Pour ces services, les travaux sur le patrimoine culturel immatériel constituent une nouvelle mission qui s'ajoute à leur mission habituelle sans que les moyens ne soient augmentés. Cela implique que les recensements ne peuvent se réaliser qu'avec des organismes extérieurs à l'administration. En Chine, si une administration nationale dédiée existe depuis 2008 pour le patrimoine culturel immatériel[1026], au niveau local, ce sont toujours les maisons de la culture qui sont chargées du recensement et des actions de sauvegarde. Or, ces équipes, dans la grande majorité des cas se limitant à une dizaine de personnes dans chaque maison de la culture, doivent assurer les recensements dans les circonscriptions d'en moyenne 460 000 habitants[1027]. Parfois, ces équipes ont recours aux personnes extérieures, mais les difficultés de rémunération limitent l'ampleur de cette participation extérieure.

345. S'agissant des moyens financiers, en 2008 par exemple, les financements nationaux français accordés aux quatre partenaires de la mission ethnologie pour réaliser l'inventaire du patrimoine culturel immatériel est de 70 000 euros, dont 30 000 à la SEMA pour l'inventaire des métiers rares. Parfois, les travaux de recensement ou de sauvegarde opérés par ces organismes partenaires de la mission ethnologie peuvent être financés en partie par d'autres ressources, c'est le cas par exemple de l'inventaire des métiers rares en Île-de-France partiellement financé par l'Union européenne (Fonds social européen)[1028].

Pour la Chine, l'investissement financier sur l'ensemble des travaux concernant le patrimoine culturel immatériel peut être impressionnant à première vue : entre 2003 et 2008, 236 milliards de *yuan* chinois (soit environ 23 milliards euros) sont accordés par le budget central au ministère de la

---

[1026] *V*. paragraphe « Éventualité d'une institution permanente ».

[1027] Population moyenne nationale des Districts. *China County-Level Economy Yearbook (2009)* 中国县域经济年鉴 (2009 卷), *China County-level Economy Research Institute* 中郡县域经济研究所, éd. Shehui kexue wenxian chubanshe 社会科学文献出版社 2009.

[1028] Entretien avec F. Cominelli, 7 avril 2009, précité.

culture pour la sauvegarde et la protection du patrimoine culturel immatériel. Cependant, une grande partie de ce financement a pour objet la sauvegarde de certains éléments considérés comme emblématiques par l'État, tels que l'opéra *Kunqu* qui est le premier élément chinois proclamé « chef-d'œuvre du patrimoine oral et immatériel de l'humanité » en 2001. Ainsi, la part d'investissement pour la réalisation de l'inventaire reste minoritaire[1029]. D'autant plus que le calcul étant fait par rapport à la superficie du territoire et aux nombres d'éléments à recenser, le chiffre devient rapidement peu significatif.

Quant aux financements des recensements, à la différence du cas français, les recensements chinois sont réalisés avec le budget régional de la culture, avec des subventions limitées du ministère de la Culture. Ce principe, pris sur le modèle de la protection du patrimoine culturel physique, est fixé par l'Avis du Conseil des affaires de l'État de mars 2005 et rappelé par la circulaire du ministère de la Culture du 9 juin 2005. Ainsi, comme pour la protection du patrimoine culturel physique, l'investissement local pour les recensements du patrimoine culturel immatériel varie selon les Régions : cela dépend de la capacité financière des autorités locales, mais aussi de la place du patrimoine culturel immatériel parmi les priorités régionales. Par exemple, dans la Région de Zhejiang, les budgets pour le recensement, tous échelons administratifs de la Région compris (Région, Préfecture et District), atteignent plus de 64 millions de *yuan*, tandis que pour la Région de Hebei le chiffre reste de moins de quatre millions de *yuan*[1030].

La répercussion de cette insuffisance de moyens financiers et humains se manifeste en premier lieu dans l'impossibilité technique de garantir la participation réelle des communautés dans le recensement du patrimoine culturel immatériel. Les services culturels sont contraints, par manque de moyens, de travailler partiellement sur des archives existantes au lieu de réaliser de véritables enquêtes de terrain au sein des communautés et auprès des praticiens.

[1029] ZHOU Heping 周和平 (ministre en charge la culture), conférence de presse du ministère de la Culture intitulée « La protection du patrimoine culturel immatériel et des manuscrits antiques 非物质文化遗产与古籍保护工作新闻发布 », Beijing, 31 janv. 2008.

[1030] Communiqué de la Réunion nationale sur les expériences acquises dans les recensements du patrimoine culturel immatériel, nov. 2008, précité. – *Bulletin de la protection du patrimoine culturel immatériel de Hebei* 河北省非物质文化遗产保护工作简报, le Centre pour la protection du patrimoine culturel immatériel de Hebei 河北省非物质文化遗产保护中心, n° 2, le 25 mars 2009, consultable sur le site Web du Centre [http://www.hebfwzwhyc.cn].

Section 3. Aspects juridiques : le statut des données et objets collectés et des inventaires

Deux aspects des recensements nationaux du patrimoine culturel immatériel nécessitent un examen juridique : d'une part, le régime des données et objets ainsi collectés (Paragraphe I), et d'autre part, l'accessibilité de ces données (Paragraphe II).

Paragraphe I. Le régime des données et objets collectés

La première question qui se pose est de savoir à qui appartiennent ces données collectées et produites durant les recensements (A). Pour les recensements chinois, la question se pose également sur le régime des objets matériels associés aux éléments du patrimoine culturel immatériel collectés durant les recensements (B). Enfin, on constate que le fait d'être inscrit sur une des listes nationales ou régionales du patrimoine culturel immatériel en Chine peut entraîner quelques conséquences juridiques qui méritent d'être examinées (C).

A. La propriété des données collectées et produites durant les recensements

Dans les deux pays, les données collectées et produites durant les recensements du patrimoine culturel immatériel se présentent sous forme de fiches d'enregistrement, accompagnées des photographies, des enregistrements audio et/ou vidéo. Elles sont organisées sous forme de base de données en Chine et le seront aussi en France, dans les deux cas avec une carte géographique informatisée interactive consultable via Internet.

Autour de ces bases de données, les droits sont multiples et le titulaire de ces droits reste à définir.

1) L'identification des droits

On retient trois types de droits sur ces bases de données : le droit sur le contenu même et la structure de la base de données ; les prérogatives liées à l'action de l'enregistrement textuel, photographique et audiovisuel lors des recensements ; enfin, le droit des personnes dites « informateurs » qui participent aux recensements en exerçant et expliquant.

a) Droit sur le contenu et la structure des bases de données

346. Concernant le contenu des bases de données, compte tenu de ce que les expressions, les pratiques et une partie des savoirs traditionnels déjà dévoilés depuis longtemps sont considérées généralement comme dans le domaine public du droit d'auteur, la question de la propriété intellectuelle ne se pose pas pour ces éléments. Quant aux connaissances et savoir-faire qui ne sont pas dévoilés, les administrations françaises comme chinoises choisissent de ne pas se prononcer sur la question de la propriété intellectuelle. En France, les recensements effectués se contentent de réaliser une description minimale des techniques et savoirs. En Chine, le *Manuel opérationnel* des recensements demande aux enquêteurs d'enregistrer le plus précisément possible les techniques employées. Mais la base de données générale du patrimoine culturel immatériel n'est pas directement accessible au grand public, ce qui, selon l'administration, permet de ne pas dévoiler les secrets que les praticiens souhaitent sauvegarder.

Que les détails techniques soient enregistrés ou pas, il n'est pas toujours évident de parler de la propriété intellectuelle en raison des difficultés, dans la plupart des cas, de l'identification de l'auteur ou du créateur[1031]. Il y a bien entendu l'exemple des artisans qui transmettent leurs savoir-faire traditionnels dans le cadre d'un corps familial (parfois sous forme d'une entreprise), pour lesquels la détermination du détenteur est plus aisée. Cette hypothèse représente, par exemple, une partie considérable des métiers d'art en France. Mais cela reste relativement moins important en Chine pour des raisons historiques (nationalisation durant les années 1950-1970).

347. Malgré la difficulté de définir les droits sur le contenu de ces bases de données, le droit français permet d'accorder au producteur des bases de données le droit de limiter l'utilisation du contenu, même lorsqu'il s'agit des éléments du domaine public, ainsi que le droit d'auteur sur la structure de la base de données. En effet, la directive communautaire du 11 mars 1996 sur la protection juridique des bases de données, transposée dans l'article L. 342-5 du CPI[1032], crée deux sortes de droits sur la base de données. Elle confirme, d'une part, explicitement l'applicabilité du droit d'auteur à la structure des bases de données et d'autre part, institue au bénéfice des producteurs de ces bases un droit *sui generis* sur leurs contenus, d'une durée de quinze ans. Par ce droit *sui generis*, lorsqu'une base est mise à la disposition du public par le titulaire des droits – ce qui sera le cas de la base du patrimoine culturel immatériel française –, le titulaire des droits peut interdire l'extraction et l'utilisation d'une partie substantielle du contenu de la base de données dans un but lucratif, même lorsque ce contenu est normalement de

[1031] *V.* le chapitre « La mise en œuvre dans le cadre juridique ».

[1032] Par la loi n° 98-536 du 1er juillet 1998 portant transposition dans le code de la propriété intellectuelle de la directive 96/9/CE du Parlement européen et du Conseil, du 11 mars 1996, concernant la protection juridique des bases de données, *JORF* le 2 juillet 1998.

libre parcours (art. L. 342-3, CPI). La création de ce droit *sui generis* des bases de données est souvent critiquée par la doctrine, d'autant qu'elle implique une concurrence entre le régime général du droit d'auteur sur une œuvre et le droit *sui generis* du producteur de base de données qui incorpore cette œuvre dans sa base[1033]. Mais pour le patrimoine culturel immatériel, cet outil semble être bénéfique car il peut offrir une protection temporaire de quinze ans en attendant des mesures juridiques plus adéquates pour protéger le droit des communautés sur les éléments du patrimoine culturel immatériel qui sont actuellement considérés comme dans le domaine public.

348. En droit chinois, il n'existe pas de droit *sui generis* sur les bases de données et ces dernières sont protégées par le régime de l'« œuvre de compilation » qui est soumis au régime général du droit d'auteur. Selon l'article 14 de la *Loi sur le droit d'auteur*, que les données utilisées soient protégées par le droit d'auteur ou pas, la base de données peut être qualifiée d'œuvre de compilation lorsqu'elle présente une certaine originalité dans la façon dont les données sont disposées et structurées[1034]. Contrairement au droit français, cette protection ne concerne que la structure de la base de données mais ne crée pas de prérogatives particulières sur les données incorporées. Elle ne permet donc pas de s'opposer à l'utilisation sans autorisation des données si ces dernières sont des expressions ou connaissances dites de libre parcours. C'est seulement la recherche du titulaire de ce droit qui permettra de repérer des solutions plus protectrices.

b) Prérogatives liées à l'action d'enregistrement

349. La deuxième question est de savoir si l'action de réaliser la fiche de recensement et de l'enregistrement audiovisuel crée une nouvelle œuvre indépendamment de l'élément présenté dans cet enregistrement.

Dans le cas des recensements du patrimoine culturel immatériel, les enregistrements audiovisuels doivent être réalisés selon les exigences de l'ethnographie, en restant un observateur neutre et en bannissant toute in-

---

[1033] Nathalie Mallet-Poujol, « La directive concernant la protection juridique des bases de données : la gageure de la protection privative », *Droit de l'informatique et des télécoms*, 1996, n° 1, p. 6. – Philippe Gaudrat, « La loi de transposition de la directive 96/9 du 11 mars 1996 sur les bases de données : dispositions relatives au droit d'auteur », *RTD Com.* 1998, p. 598. – même auteur, « Loi n° 98-536 du 1er juillet 1998 portant transposition de la directive 96/9/CE du Parlement européen sur les bases de données : le champ de la protection par droit *sui generis* », *RTD Com.*, 1999, p. 86.

[1034] Cette notion de compilation 汇编作品 est introduite en 2001 dans la *Loi sur le droit d'auteur*, modifiée pour se conforter à l'article 10-2 (« Programmes d'ordinateur et compilations de données ») de l'Accord ADPIC.

terprétation de la part de l'enquêteur. Il s'agit ainsi, en principe, d'une simple production de phonogramme ou vidéogramme, et non pas d'une création d'œuvre audiovisuelle qui nécessite l'expression de la personnalité du réalisateur. En droit français comme en droit chinois, les producteurs des phonogrammes et vidéogrammes bénéficient des droits voisins sur l'enregistrement audiovisuel mais cette action ne crée pas de nouvelle œuvre de l'esprit, les producteurs ne bénéficient donc pas de droit moral[1035].

Cette possibilité de création de nouvelles prérogatives sur les éléments du patrimoine culturel immatériel par l'action d'enregistrement semble problématique pour une grande partie des éléments du patrimoine culturel immatériel. Ces derniers étant très souvent considérés comme dans le domaine public, ni la communauté praticienne ni la personne interprétant l'élément ne bénéficie de la propriété intellectuelle de l'élément (sauf les droits voisins d'interprétation), tandis que le producteur de phonogramme et de vidéogramme peut se voir verser un droit exclusif de reproduction et de distribution, ainsi qu'un droit à rémunération, sur le fondement de l'investissement financier et de la responsabilité[1036]. Il existe donc un risque important d'exploitation commerciale illégitime et non équitable, sans que les communautés à l'origine de ces éléments puissent bénéficier des retombées économiques.

350. Quant à la réalisation de la fiche d'inventaire, la situation est différente. Il s'agit là de deux sortes de droit, d'une part sur la présentation de la fiche elle-même, d'autre part sur la description textuelle que les enquêteurs vont rédiger afin de remplir les fiches. La qualification en tant qu'œuvre de l'esprit de ces fiches semble évidente. Les grilles « du Berger »[1037] sont en effet protégées par le droit d'auteur au Canada. En Chine, les fiches d'inventaire ainsi que les commentaires qui accompagnent chacune des fi-

---

1035 Gallimard c/ Sté Emen-Les uns par les autres et M. Naïm, CA Paris, 14e ch. B, 5 oct. 2007 [appel sur ordonnance de référé du président du TGI Paris, 2 mai 2007]. Frédéric Pollaud-Dulian, « Producteur de phonogramme », *RTD Com.* 2008, p. 89. – Philippe Gaudrat, « De l'enregistrement au droit moral : chronique d'un essai non transformé », *RTD Com.* 2008, p. 101.

1036 À l'échelon international, on constate l'absence de réglementation du droit voisin des producteurs de vidéogrammes, même si l'article 3 c) de la Convention de Rome (Convention internationale sur la protection des artistes interprètes ou exécutants, des producteurs de phonogrammes et des organismes de radiodiffusion, Rome, le 26 octobre 1961) et de l'article 2 d) du WPPT (*supra* n° 278) traitent les droits des producteurs de phonogramme. Au niveau national français, les producteurs de phonogramme et de vidéogramme sont protégés par les droits voisins (L. 213-1, L. 215-1, CPI), de même dans le droit chinois (art. 41, *Loi sur le droit d'auteur*).

1037 *V. supra*, n° 317.

ches sont rédigés spécialement pour les recensements nationaux du patrimoine culturel immatériel par un groupe d'experts réunis par le ministère de la Culture. Il s'agit d'une création de forme originale initiée par une personne morale.

351. Qu'en est-il du droit sur les textes descriptifs rédigés lors des recensements pour remplir les fiches ? En effet, la fiche type d'inventaire française, comme celle de l'administration chinoise est composée d'un certain nombre de questions ouvertes nécessitant un travail de synthèse pour présenter l'élément en question. Bien que les enquêteurs travaillent souvent avec des archives documentaires existantes pour réaliser la description textuelle de l'élément, cela exige la sélection et le choix des informations existantes dans un fonds d'archives, leur association et leur ordonnancement, de telle sorte qu'ils puissent constituer un ensemble cohérent présentant l'élément en question. Cela semble suffire pour caractériser une œuvre de l'esprit[1038].

c) Droit des informateurs

352. Quant aux droits des personnes « informateurs » pour les expressions et pratiques culturelles traditionnelles, rappelons-nous que le droit français ne protège pas, jusqu'alors, l'interprète d'une expression qui n'est pas elle-même qualifiée d'œuvre de l'esprit[1039]. Dans cette hypothèse, l'informateur n'a aucun droit sur l'enregistrement réalisé sauf les droits liés à la personnalité. C'est la raison pour laquelle dans le consentement de participation au recensement, les informateurs doivent déclarer autoriser l'usage destiné au grand public de l'enregistrement de leurs interprétations. Aucune mention n'apparaît dans ce document concernant la question de la propriété intellectuelle. En revanche, depuis l'entrée en vigueur, le 14 mars 2010, du Traité de l'OMPI sur les interprétations et exécutions et les phonogrammes (WPPT)[1040], cette situation devrait changer puisqu'en vertu de l'article 2 a) du traité, les artistes-interprètes des expressions culturelles traditionnelles peuvent bénéficier, comme les artistes-interprètes des œuvres traditionnellement reconnues d'un droit moral, des divers droits exclusifs de fixation, reproduction, distribution ou location.

[1038] Bernard Edelman, « Un film de montage d'archives constitue une œuvre protégée », *D.* 1997, p. 237 ; « Une exposition peut être une œuvre de l'esprit », *D.* 1998, p. 312.

[1039] *V. supra*, n° 263.

[1040] *Idem.*

353. En droit chinois, cette protection des droits voisins est possible suite à l'entrée en vigueur du WPPT le 9 juin 2007. Bien qu'actuellement, aucune réclamation de ce genre n'ait encore été relevée, compte tenu de l'intérêt croissant de la société civile pour la culture traditionnelle populaire, les conflits ne tarderont pas à se manifester et la nécessité de textes législatifs en la matière devient urgente[1041].

Parmi ces droits identifiés autour des bases de données du patrimoine culturel immatériel, outre le droit des informateurs, reste encore à définir le titulaire des autres prérogatives.

2) Le titulariat des droits

354. Concernant le titulariat de ces droits autour de la base de données du patrimoine culturel immatériel, qu'ils portent sur la structure ou sur le contenu, un élément que l'on doit retenir est que ces bases de données sont initiées et financées par l'administration, en France comme en Chine. Dans la mesure où une administration peut être considérée comme auteur ou producteur d'une base de données et des enregistrements textuels et audiovisuels, rien ne semble s'opposer à ce qu'elle puisse bénéficier des protections ci-dessus décrites en droit français[1042], mais cela demeure plus complexe en droit chinois.

355. Sur cette question, le Conseil d'État français dans un avis « Ofrateme » rendu le 21 novembre 1972 fait de la personne publique l'auteur de l'œuvre « dont la création fait l'objet même du service » et lui attribue par conséquent le droit moral et les droits patrimoniaux attachés à cette qualité de l'auteur[1043]. Cette dernière s'applique à toutes œuvres créées par l'administration dans l'exercice de la mission de service public, et également à la création d'une base de données, dès lors que celle-ci comporte un certain degré d'originalité par rapport aux données « sources » dont elles proviennent[1044]. L'identification du producteur d'une base de données se faisant

[1041] Sur cette question, la loi chinoise sur le patrimoine culturel immatériel énonce qu'une loi ou un règlement spécifique sera mis en place pour la protection de la propriété intellectuelle émanant des éléments du patrimoine culturel immatériel.

[1042] Mathieu Gaudemet, *JCL Communication*, Fasc. 2700 : « Diffusion des données publiques », septembre 2007, n° 84.

[1043] CE, section de l'intérieur, avis n° 309.721, Office français des techniques modernes d'éducation (Ofrateme), 2ème considération.

[1044] M. Gaudemet, « Diffusion des données publiques », précité, n° 80.

notamment sur le critère de l'investissement financier et professionnel[1045], c'est l'administration qui doit être reconnue comme le producteur de la base de données du patrimoine culturel immatériel. Il en va de même pour les enregistrements phonogramme et vidéogramme : l'administration en tant que producteur de ces enregistrements se voit verser des droits voisins. Aux termes de l'avis « Ofrateme », les agents et collaborateurs du service public ne conservent les droits sur leurs œuvres que « dans la mesure où la création de ces œuvres n'est pas liée au service ou s'en détache ». Ils ne bénéficient donc pas du droit d'auteur ou des droits voisins engendrés par les activités de recensements qu'ils exercent pour le compte de l'administration.

On peut en déduire qu'en droit français, c'est l'administration qui détient les droits sur la structure de la base de données du patrimoine culturel immatériel et sur les données recueillies et produites lors des recensements, qu'elles soient des œuvres de l'esprit (les fiches de recensement, cartes géographiques et dans certains cas la traduction de textes et de discours[1046]) ou pas (les enregistrements phonogramme ou vidéogramme). De plus, par le droit *sui generis* des bases de données, ces données communiquées au public sous forme d'une base de données seront protégées contre l'utilisation commerciale sans l'accord de l'administration.

356. En droit chinois, la situation est très différente : non seulement il n'existe pas de droit *sui generis* sur le contenu de la base de données, l'œuvre créée dans l'exercice de mission de l'administration et financée par elle n'appartient pas automatiquement à cette dernière.

En effet, selon les circonstances, les créations initiées par l'administration peuvent être qualifiées d'« œuvre d'une personne morale »[1047] ou d'« œuvre de l'employé 职务作品 ». La doctrine est fortement divisée concernant la portée exacte de ces deux notions. D'une manière générale, l'œuvre d'une personne morale du droit chinois peut être assimilée à l'œuvre collective créée par une personne morale du droit français. Comme cette dernière, l'œuvre doit être créée à l'initiative d'un entrepreneur personne morale, puis éditée, publiée et divulguée sous son nom. L'œuvre doit représenter la volonté de la personne morale ; cette dernière doit aussi subir toute conséquence liée à

[1045] M. Gaudemet, *idem*, n° 80-84. – Antoine Latreille, « Informatique - Numérique (Droit de l') », *Rép. civ.* Dalloz, janv. 2003, n° 60.

[1046] Par exemple le résumé en français dans la fiche d'enregistrement d'un chant populaire en catalan.

[1047] *V. supra*, n° 248.

l'œuvre[1048]. Quant à l'œuvre de l'employé, selon l'article 16 de la *Loi sur le droit d'auteur*, il s'agit de l'œuvre créée par une personne physique dans le cadre de sa mission en tant qu'employé d'une personne morale ou d'un autre organisme. La question se pose sur les conditions matérielles fournies par l'employeur, mais l'expression de la volonté de ce dernier n'est pas une condition nécessaire dans la création.

Concernant le régime juridique, la différence majeure entre les deux notions est que pour l'œuvre d'une personne morale c'est le régime commun qui s'applique, tandis que pour l'œuvre de l'employé, soit l'auteur conserve l'ensemble des prérogatives mais l'employeur a la priorité d'utilisation, l'auteur ne devant permettre à aucune autre personne d'utiliser l'œuvre durant deux années sans l'autorisation de l'employeur ; soit l'auteur conserve le droit de paternité mais le droit de divulgation et les droits patrimoniaux sont versés à l'employeur[1049].

Théoriquement, la différence entre ces deux notions se fait à partir du rôle réel de la personne morale, notamment si sa volonté est décisive dans la création. Toutefois, il est parfois difficile d'apprécier de manière certaine le rôle réel de cette volonté[1050]. En somme, les confusions existantes entre les deux notions de l'œuvre d'une personne morale et l'œuvre de l'employé sont souvent constatées par la doctrine[1051].

357. Toutefois, dans le cas de la base de données des éléments du patrimoine culturel immatériel, on constate que la qualification d'œuvre d'une personne morale pourra offrir une protection plus importante au patri-

---

1048 Art. 11, *Loi sur le droit d'auteur*, précitée.

1049 Article 16-2 de la *Loi sur le droit d'auteur* : « Dans l'une des deux situations ci-dessous, l'auteur conserve le droit de paternité, tandis que les autres prérogatives sont versées à l'employeur, ce dernier peut rémunérer l'auteur : (1) le plan de construction ou mécanique, le design de produit commercial, la carte géographique, le programme d'ordinateur, etc. qui sont élaborés avec les moyens matériels fournis par l'employeur et dont la responsabilité revient à l'employeur ; (2) les œuvres dont les droits sont versés à l'employeur pour des raisons législatives, règlementaires ou contractuelles. »

1050 Sur cette question, voir la célèbre jurisprudence sur la qualification des œuvres photographiques d'un journaliste salarié. Dans l'affaire, le journaliste est envoyé pour photographier le Président de la République. *JIANG Shaowu c/ Sté Shenyang jidian* 蒋少武诉沈阳机电装备工业集团有限责任公司, Tribunal intermédiaire de Shenyang 辽宁省沈阳市中级人民法院, n° [2004] *shenminsizhichuzi* 沈民四知初字 92, 23 nov. 2004.

1051 Notamment : LIU Chuntian 刘春田 & LIU Bolin 刘波林, « La qualification de l'œuvre de l'employé et son titulariat » 论职务作品的界定及其权利归属, *Journal of Renmin University of China* 中国人民大学学报 (revue), n° 6, 1990. – QIU Guoxia 邱国侠 & ZHANG Hongsheng 张红生, « Essai sur les critères de distinction entre l'œuvre d'une personne morale et l'œuvre de l'employé » 试析法人作品与职务作品的区分标准, *Hebei Law Science* 河北法学 (revue), n° 2, vol. 22, 2004.

moine culturel immatériel. D'une part, en termes de durée, lorsque l'œuvre est qualifiée d'œuvre de la personne morale, tant que la personne morale organisant les recensements existe – en l'occurrence le ministère de la Culture –, l'œuvre ne peut tomber dans le domaine public ; et même lorsque l'institution n'existe plus sans qu'aucune autre puisse la remplacer, c'est l'État qui héritera de son droit d'auteur[1052]. D'autre part, en termes de prérogative, aucune possibilité n'est laissée aux enquêteurs et aux autres personnels d'exploiter les données qu'ils recueillent et produisent dans le cadre des recensements. Ainsi, bien que le régime de l'œuvre d'une personne morale fasse l'objet de nombreuses critiques, il semble qu'il peut jouer un rôle positif dans la protection des éléments du patrimoine culturel immatériel.

B. Le régime des objets matériels collectés dans les recensements en Chine

358. Une des particularités du recensement en Chine est que les objets matériels associés aux éléments du patrimoine culturel immatériel doivent être collectés : il s'agit d'une mesure de sauvegarde figurée dans l'Avis du 26 mars 2005. Plus tard, ces objets sont aussi considérés comme faisant partie des champs de protection du patrimoine culturel immatériel d'après la *Loi sur la protection du patrimoine culturel immatériel* (article 2)[1053].

1) Possibilité d'appliquer le régime du patrimoine immobilier

359. La question du régime de protection à appliquer aux objets matériels « associés » collectés lors du recensement a fait l'objet de nombreuses discussions dans la préparation du projet de loi sur le patrimoine culturel immatériel : est-ce le régime juridique du patrimoine culturel mobilier qui s'appliquera à ces objets, ou faut-il développer un régime spécifique ? La version 2006 du projet de loi sur le patrimoine culturel immatériel[1054] propose une qualification, au cas par cas, en tant que patrimoine culturel mobilier (au sens de la Loi pour la protection du patrimoine culturel de 2002) par l'avis d'un comité d'experts. Pour l'administration nationale chargée de la

---

[1052] Art. 19, *Loi sur le droit d'auteur*, précitée. Cela est en effet l'une des raisons pour lesquelles le concept de l'œuvre d'une personne morale est très critiqué car il ne favorise pas le partage de la connaissance. Mais dans notre cas du patrimoine culturel immatériel, la primauté est la protection des droits des communautés praticiennes contre l'utilisation abusive et illégale de leurs savoirs et expressions culturels.

[1053] Dans la version 2006 du projet de loi (article 12-3), tout objet matériel associé aux éléments du patrimoine culturel immatériel collectés dans les recensements officiels par les administrations ou les établissements publics missionnés par l'administration est la propriété de l'État. Mais dans la version finale, cet article est supprimé.

[1054] Par son article 45.

gestion du patrimoine culturel, le bureau national du patrimoine culturel (BNPC), cette solution crée des confusions au regard de ses compétences. Il propose ainsi que tout objet matériel associé aux éléments du patrimoine culturel immatériel, dès qu'il remplit la condition de l'article 2 de la loi de 2002, soit qualifié automatiquement de patrimoine culturel mobilier, sans qu'il soit nécessairement figuré dans un inventaire du patrimoine culturel mobilier ou qu'un comité d'expert statue[1055].

Cette revendication du BNPC semble logique, puisque la qualification de patrimoine culturel au sens de l'article 2 de la loi de 2002 ne se fonde pas sur le lieu ou le moyen de découverte ou d'obtention des objets mais sur les valeurs qu'ils portent. Mais finalement, la version définitive de la Loi sur la protection du patrimoine culturel immatériel choisit de rester muette sur cette question. On peut néanmoins estimer qu'une grande partie des objets collectés pourront être qualifiés de patrimoine culturel mobilier notamment en vertu de l'article 2 al. 5 de la loi de 2002 : « Les objets importants illustrant une époque historique, l'organisation sociale des différentes ethnies nationales, la production et la vie sociale ». De surcroît, l'application du régime du patrimoine culturel mobilier de la loi de 2002 proposerait une protection assez forte, en particulier par ses dispositions de contrôle de la circulation et de sanction pénale[1056].

2) Possibilité d'appliquer le régime des archives

360. Outre le régime du patrimoine culturel mobilier, lorsque l'objet associé à un élément du patrimoine culturel immatériel se présente sous forme d'un document ou un manuscrit, le régime des archives[1057] peut s'appliquer. Prenons l'exemple d'un manuscrit contenant les savoirs techniques d'un artisanat ou d'un art du spectacle. Ce document ou son contenu présente une

---

[1055] Réponse du BNPC à la consultation sur le *Projet de loi pour la protection du patrimoine culturel immatériel*
国家文物局关于对《中华人民共和国非物质文化遗产保护法（草案）》的意见, n° *wenwuzhengbao* 文物政报 [2008] 75, 23 sept. 2008. – Annexe 4 : Extrait de la *Loi pour la protection du patrimoine culturel.*

[1056] Sur cette question, *cf.* Marie Cornu (dir.), *Protection de la propriété culturelle et circulation des biens culturels - Étude de droit comparé Europe/Asie*, *op. cit.*, Rapport Chine, ainsi qu'une traduction intégrale en français de la loi de 2002 sur le patrimoine culturel.

[1057] *Loi de la R.P.C. sur les archives* 中华人民共和国档案法, Comité permanent de l'APN, le 5 sept. 1987, modifiée le 5 juillet 1996. Les « archives » dans cette loi sont les documents de toute époque et sur tout support, produits par les administrations, les organismes civils ou les personnes privées dans leurs activités, dont la conservation représente des intérêts pour l'État et pour la société (art. 2). Cette notion est donc similaire à celle des archives en droit français, dans le sens où elle se fonde sur l'intérêt que porte le document et non pas sur la personne qui produit le document.

valeur particulière pour l'élément du patrimoine culturel immatériel (l'artisanat ou l'art du spectacle), mais il n'est pas collecté durant les recensements officiels en raison du refus de son propriétaire, de la négligence des enquêteurs, ou encore parce qu'il s'agit de fac-similés. Entre les mains privées, ce document est soumis à la libre disposition de son propriétaire, telle que la sortie du territoire national ou la vente ou mise en gage à un étranger. Dans cette hypothèse, la qualification en tant qu'archive peut maintenir le document sur le territoire ou permettre de ne pas dévoiler son contenu.

L'inconvénient est que, d'une part, le contenu du document devra être dévoilé au bout de trente années[1058]. D'autre part, si la vente ou le legs à un étranger est interdit, il n'existe pas de disposition dans les règlements sur les archives qui interdit la mise en gage d'un document dont le propriétaire est une personne privée, à un concitoyen ou à un étranger.

Malgré ces inconvénients, il semble que dans cette hypothèse, l'application du régime des archives est plus avantageuse par rapport au régime du patrimoine culturel mobilier, car pour imposer les mêmes contraintes par ce dernier régime, il faut que l'élément soit frappé de l'interdiction de sortie du territoire par les articles 60 et 61 de la loi de 2002 : selon ces deux articles, un document appartenant à une personne privée qui n'est pas un « patrimoine précieux » n'aurait aucune protection avant la demande de sortie du territoire[1059]. C'est en ce sens que la qualification des archives peut offrir une protection plus avantageuse lorsque l'objet reste sur le territoire.

C. Les conséquences juridiques de l'inscription sur les listes chinoises des éléments du patrimoine culturel immatériel

361. Il est à souligner que dans le cas chinois, l'inscription d'un élément sur l'une des listes au niveau national ou régional entraîne des conséquences juridiques immédiates : c'est ce que prévoient les *Mesures provisoires sur la sauvegarde et la gestion des éléments inscrits sur la Liste du patrimoine culturel immatériel au niveau national*[1060]. Suite à ces mesures du niveau national, plusieurs dispositions régionales sont également élaborées concernant les éléments inscrits

[1058] Article 19, *Loi sur les archives*, précitée.

[1059] Ces deux articles imposent que l'élément doit être soit qualifié de patrimoine culturel mobilier appartenant à l'État, soit appartenant à une personne privée, mais qualifié préalablement de « patrimoine précieux » au sens de l'article 3, soit encore recevoir l'interdiction lors du contrôle de la sortie du territoire suite à la déclaration à la douane.

[1060] 国家级非物质文化遗产保护与管理暂行办法 (*banfa*), ordonnance n° 39 du ministère de la Culture, le 26 nov. 2006.

sur les listes régionales. Actuellement ces règlements sont encore peu précis mais donnent tout de même quelques principes de base de sauvegarde.

En application des mesures du 26 novembre 2006, les objets et documents associés à un élément du patrimoine culturel immatériel inscrit sur la liste nationale peuvent être contraints de rester sur le territoire national lorsqu'un comité d'expert le considère nécessaire. Ils peuvent aussi à cette occasion être qualifiés d'éléments du patrimoine culturel mobilier et être soumis au régime plus contraignant de celui-ci (art. 15)[1061]. La responsabilité de protection des éléments inscrits sur la liste nationale revient à l'administration régionale de la culture où se trouve l'élément. Lorsqu'il existe un espace culturel associé à un élément inscrit, l'administration régionale culturelle doit délimiter une zone géographique de protection de l'espace culturel et le notifier à l'administration centrale (art. 18). Si l'espace culturel ainsi que son environnement direct est détruit ou détérioré, les responsables directs de l'élément à l'administration locale et régionale sont soumis à des sanctions administratives (art. 27-2). Enfin, lorsque le contenu d'un élément inscrit ou les documents qui lui sont associés contiennent des secrets d'État, la *Loi sur la protection des secrets d'État* [1062] s'applique (art. 22). Dans l'histoire de la République populaire, jamais un document ou une information en matière de culture et civilisation traditionnelle n'a été classé secret d'État ; cette disposition ouvre alors une voie discutée[1063].

Paragraphe II. L'accessibilité des données collectées

362. Outre sa fonction de sauvegarde, un autre objectif de l'inventorisation est de promouvoir et de mettre en valeur le patrimoine culturel immatériel. Il importe donc de faciliter l'accès aux documentations et aux résultats de recherche sur le patrimoine culturel immatériel par le

---

[1061] Les critères et procédures d'évaluation seront émis par l'administration centrale de la Culture.

[1062] 中华人民共和国国家保密法, promulguée le 5 sept. 1988. La loi donne une liste non exhaustive des informations considérées comme des secrets d'État mais sa définition reste formelle. Ainsi, constituent les secrets d'État les informations qui sont classées comme telles.

[1063] Par exemple sur l'art de *bianlian* (changement de masque), lorsque les médias révèlent que cet art est présenté en Europe par des Européens sans qu'ils soient des disciples officiels, un grand quotidien déclare que cet art est classé secret d'État durant les années 1960 et reste unique cas en matière de l'art. Cette déclaration est ensuite démentie par le ministère de la Culture qui affirme qu'aucun élément du domaine de la culture et de l'art traditionnel n'a été classé secret d'État. YU Renfei 于任飞, « Le ministère de la Culture dément le classement en tant que secret d'État de l'art de bainlian » 文化部称川剧变脸未经保密法认定, *Xinwen chenbao* 新闻晨报 (quotidien), le 7 juin 2006.

grand public, les chercheurs, ainsi que par les communautés elles-mêmes[1064] : c'est ce que prévoit l'article 13(d) de la Convention de 2003. L'Unesco préconise également des protocoles et des accords qui donnent la possibilité aux communautés de négocier les conditions en ce qui concerne l'accès et l'éventuel partage des bénéfices[1065]. On constate en premier lieu que les possibilités d'accès sont théoriquement garanties par des textes législatifs dans les deux pays (A). Toutefois, ces possibilités d'accès aux informations sont relativisées par le contrôle qui existe dans les deux pays, tout particulièrement en Chine (B).

A. Possibilités d'accès dans les deux pays

363. Les données des recensements sont dans les deux pays recueillies et produites sur les fonds publics par l'administration dans le cadre de sa mission de service public ou par les personnes privées chargées d'une telle mission par l'administration. Dans le cas français, il est clairement annoncé que sa finalité est son accès par tous. Qu'elles soient jugées sur le critère de la détention, de l'origine des fonds de collectes ou encore de la finalité, ces données recueillies et produites durant les recensements du patrimoine culturel immatériel devraient être considérées comme des données publiques[1066]. Elles sont ainsi régies par le régime de l'accès aux documents administratifs et aux informations publiques. Les lois et règlements des deux pays sur les droits d'accès aux informations, notamment aux documents administratifs et aux archives, donnent l'accès aux documents de recensement par le principe de transparence qu'ils établissent et sur le fondement du « droit à l'information ».

364. En France, cet accès est établi depuis la réforme de 1978-1979 sur les documents administratifs et sur les archives publiques, date avant laquelle l'accès aux documents administratifs était exceptionnel. Le cadre social était prêt à cette époque pour que surgisse ce droit nouveau qu'est le

---

[1064] Ce principe est par ailleurs mis en avant dès 1999 lors de la conférence de Washington sur la Recommendation de 1989 (*supra*, n° 72).

[1065] Réunion d'experts sur la documentation et l'archivage du patrimoine culturel immatériel, document de travail de la réunion CLT/CH/ITH/DOCEM0106, Unesco, 12-13 janvier 2006, Paris, p. 12.

[1066] Il n'existe pas de définition unique de la notion de « donnée publique », ni dans la doctrine juridique française ni dans la chinoise. Il existe pourtant certains critères qui sont généralement acceptés par la doctrine française, notamment la détention réelle par l'administration, l'origine publique des fonds de collecte, et la finalité publique de la collecte, c'est-à-dire qu'elles n'ont pas le caractère confidentiel. M. Gaudemet, *JCL :* « Diffusion des données publiques », précité, n° 24.

droit à l'information administrative. Les illustrations les plus nettes de ce droit sont d'abord la loi du 17 juillet 1978 qui traite de la liberté d'accès aux documents administratifs[1067], à laquelle l'on doit ajouter aussi la loi du 6 janvier 1978 relative à l'informatique, aux fichiers et aux libertés qui reconnaît le droit d'accès de chacun aux informations le concernant, ainsi que les deux lois de 1979 sur les archives et sur la motivation des actes administratifs[1068].

365. Le cheminement des réclamations sur ce droit d'accès à l'information administrative a été plus lent et accablant dans le cas chinois. Si durant les réformes des systèmes administratifs des années 1980 il y avait des tentatives d'imposer la transparence des activités administratives au niveau de village *Cun*, il convient de se rappeler que cette unité la plus petite de l'organisation de pouvoir dans les zones rurales est en réalité une organisation de l'autogestion et non pas un représentant du pouvoir étatique.

Le réel aboutissement de ces réclamations ne se fait qu'aux alentours de 1997, l'année où la « transparence des actes administratifs » entre dans le rapport de la quinzième Assemblée générale du Parti communiste chinois[1069]. Cette orientation commence à être appliquée en 2000 au niveau Canton *Xiang*[1070] puis élargie au niveau Préfecture et District en 2005[1071][1072].

1067 Loi n° 78-753 du 17 juillet 1978 portant diverses mesures d'amélioration des relations entre l'administration et le public et diverses dispositions d'ordre administratif, social et fiscal.

1068 Loi n° 79-18 du 3 janvier 1979 sur les archives, codifiée au Code du patrimoine, livre II, Archives. Loi n° 79-587 du 11 juillet 1979 relative à la motivation des actes administratifs et à l'amélioration des relations entre l'administration et le public.

1069 Bien que depuis la 13ème assemblée générale du Parti communiste chinois en 1987, la « séparation du Parti et de l'administration (*dang zheng fenkai*) » devienne le principe conducteur de l'organisation du pouvoir étatique, force est de constater que l'Assemblée générale du Parti reste jusqu'aujourd'hui l'indicateur des politiques générales de l'État chinois.

1070 *Circulaire du Comité central du Parti communiste chinois et du Conseil des affaires de l'État sur la mise en application générale de la transparence des actes administratifs au niveau Commune* 中共中央办公厅, 国务院办公厅关于在全国乡镇政权机关全面推行政务公开制度的通知, n° *zhongbanfa* 中办发 [2000] 25, 6 déc. 2000.

1071 *Avis du Comité central du Parti communiste chinois et du Conseil des affaires de l'État sur le renforcement de l'application de la transparence des actes administratifs*
中共中央办公厅, 国务院办公厅关于进一步推行政务公开的意见, n° *zhongbanfa* 中办发 [2005] 12, 24 mars 2005

1072 Le milieu intellectuel chinois considère généralement que c'est la crise du SARS (*Severe Acute Respiratory Syndrome* ou la pneumonie atypique) en 2003 qui a poussé le gouvernement chinois à amplifier l'application de la transparence des activités administratives et que la pression de la société internationale y a joué un rôle important. En avril 2003, le ministre de la Santé ZHANG Wenkang 张文康 est destitué de ses fonctions pour cause de négligence dans la communication de la situation réelle de l'épidémie.

En avril 2007, le *Règlement sur la transparence des informations administratives* fixe désormais le principe du droit à l'information par le moyen d'un règlement administratif du plus haut niveau[1073]. Selon son article 9(2), les administrations doivent diffuser spontanément et automatiquement les documents et informations des secteurs qui nécessitent la participation des citoyens. Le cas du patrimoine culturel immatériel, des éléments culturels vivants, entre par définition dans cette catégorie.

Cet ensemble de textes règlementaires chinois tranche avec la loi sur les archives de 1987[1074] qui est promulguée dans la logique du « secret » de l'administration comme en France avant 1978. En effet, si la loi française sur les archives de 1979 participait au mouvement d'ouverture et de transparence de l'administration, la loi chinoise de 1987, même avec des dispositions sur la communication des archives, était faite dans une orientation de mieux conserver les documents administratifs et mieux gérer les documents dits confidentiels. L'impact de cette logique du « secret » demeure toujours très fort en Chine y compris dans les secteurs culturels.

B. Restriction d'accès aux données de recensements

366. Bien que l'accès aux données publiques soit garanti par un certain nombre de textes règlementaires, en réalité, la restriction existe. En France, l'accès aux données publiques se heurte parfois à la privatisation légale des données et aux droits des créateurs ; parfois aussi aux droits des personnes sur la vie privée ou les données personnelles[1075]. Si à ce stade où la base de données française du patrimoine culturel immatériel est encore dans un état sommaire, on ne peut donc évaluer réellement son accès, en Chine, il existe bien une restriction d'accès volontaire et arbitraire aux documents de recensements du patrimoine culturel immatériel. Cette restriction est certes justifiée par le souci de préserver les droits des communautés, mais elle est avant tout un héritage de l'époque de l'administration peu ouverte ni transparente. Il est, par exemple, impossible pour le grand public d'obtenir des informations précises sur les éléments recensés mais qui ne sont pas inscrits sur les listes du patrimoine culturel immatériel aux niveaux national et régional ;

1073 中华人民共和国政府信息公开条例 (*tiaoli*), ordonnance du Conseil des affaires de l'État n° 492, le 5 avril 2007, entrée en vigueur le 1er mai 2008.

1074 *Loi sur les archives* 中华人民共和国档案法, précitée.

1075 Bien que l'opposition entre le droit à l'information et le droit d'auteur est considérée comme étant artificielle voire absurde, puisque les deux notions ne couvrent pas les mêmes champs et ne seraient pas antinomiques. Nathalie Mallet-Poujol, « Le double langage du droit à l'information », *D.*, 2002, p. 2420.

seuls sont communiqués les documents sur les éléments inscrits sur une liste régionale ou à la liste nationale. Un évènement en 2005, que les médias chinois nomment « la querelle de *Duanwu* », pourrait donner quelques pistes pour comprendre cette attitude des administrations chinoises.

367. Le *Duanwu* 端午 est une fête traditionnelle chinoise, plus connue en Occident sous l'appellation des « festivités des bateaux-dragon », célébrée le cinquième jour du cinquième mois du calendrier traditionnel chinois. Ces festivités sont par ailleurs inscrites sur la Liste représentative de l'Unesco en septembre 2009[1076]. En Corée, une fête traditionnelle est également célébrée ce jour-là nommée le jour de *Dano*, à savoir que le calendrier traditionnel chinois est également utilisé en Corée classique. Une des spécificités de ce festival de *Danoje* est la coexistence des rites sacrificiels confucéens, chamanistes et bouddhistes[1077].

En mai 2005, la République de Corée présente la candidature des festivités de *Danoje* à la proclamation des chefs-d'œuvre du patrimoine oral et immatériel de l'humanité de l'Unesco. L'information, une fois diffusée par les médias, a créé de grandes polémiques en Chine. Pour la majorité des Chinois qui se sont exprimés, ces festivals seraient d'origine chinoise, la candidature coréenne est ainsi qualifiée de « piratage culturel ». De plus, ils estiment que si la fête *Danoje* est proclamée chef-d'œuvre, cela diminuera largement la possibilité que la fête chinoise *Duanwu* soit reconnue au niveau international à son tour.

Finalement, le *Dano* est proclamé chef-d'œuvre en 2005. C'était cet évènement qui a pour la première fois très largement répondu la notion de « patrimoine culturel immatériel » en Chine et a sensibilisé l'opinion publique. La fête de *Duanwu* est devenue ensuite en 2007 un jour férié national chinois[1078]. Il est à souligner que le *Dano* était depuis 1967 un « Bien culturel immatériel important » en République de Corée[1079]. Cet événement de « que-

---

[1076] Le dossier d'inscription sur le site Web de l'Unesco [http://www.unesco.org/culture/ich/index.php?RL=00225].

[1077] Le dossier d'inscription sur le site Web de l'Unesco [http://www.unesco.org/culture/ich/index.php?RL=00114].

[1078] Trois fêtes traditionnelles sont devenues à cette occasion des jours fériés officiels par l'ordonnance n° 515 du Conseil des affaires de l'État 国务院关于修改《全国年节及纪念日放假办法》的决定 promulguée le 14 déc. 2007 : le *Qingming*, le *Duanwu* et la fête de mi-automne, leurs dates seront fixées chaque année selon le calendrier traditionnel Les discussions sur l'établissement de ces trois fêtes en jours fériés sont entamées depuis 2004 mais la « querelle de *Duanwu* » a vraisemblablement accéléré la décision du gouvernement.

[1079] Le dispositif est créé en République de Corée par la *Loi sur la protection des biens culturels* en 1962. *V. infra*, n° 375.

relle de *Duanwu* » est une des raisons pour lesquelles les autorités chinoises démontrent désormais une prudence extrême au regard du sujet du patrimoine culturel immatériel[1080].

368. La méthode des autorités chinoises de créer des filtres d'informations autour du patrimoine culturel immatériel afin de le protéger semble problématique. Il est vrai que les règlements sur l'accès aux documents administratifs ou sur les archives ne sont pas suffisants et adéquats pour garantir la protection de fonds documentaires sur le patrimoine culturel immatériel, en particulier s'agissant des secrets techniques ou tabous liés à la croyance. La vigilance est nécessaire, mais dans la tradition administrative du secret, cela s'est traduit par une restriction générale à tout document de cette nature. Il semblerait plus adéquat de mettre en place des mesures spéciales sur l'accès aux documents du patrimoine culturel immatériel pour assurer la protection de ces données, au cas par cas, selon les exigences des communautés praticiennes.

369. Enfin, les règles déontologiques des professionnels travaillant dans la collecte des données peuvent participer au contrôle d'accès aux données de recensements. La Fédération internationale des archives du film, par exemple, impose à ses membres de souscrire à son code d'éthique (1998)[1081]. La Chine et la France sont toutes les deux affiliées à cette fédération, respectivement par leurs centres nationaux des archives cinématographiques. Ainsi, leurs instituts d'archives doivent respecter ce code d'éthique en ce qui concerne l'accès des documents audiovisuels collectés durant les recensements, bien que ce document n'ait pas de véritable effet juridique.

Conclusion du chapitre I

370. L'inventorisation est le fondement pour élaborer des mesures de protection adéquates, cette phase est d'une importance indiscutable, la raison pour laquelle l'établissement d'un inventaire est l'une des premières obligations de la Convention de 2003. Toutefois, l'interprétation de cette obligation varie dans chaque État partie : en France, le principe directeur est de faire ce recensement des « actions culturelles », tandis qu'en Chine, il

---

[1080] Entretien avec YANG Zhi, 22 avril 2006, précité.

[1081] Elle serait la seule fédération de l'archivistique audiovisuelle à s'être formellement dotée d'un code éthique. *V.* : Rapport final, Réunion d'experts sur la documentation et l'archivage du patrimoine culturel immatériel, Unesco, 12-13 Janvier 2006, Paris. Réf.: CLT/CH/ITH/DOCEM0106, p. 12. La page officielle du code d'éthique de la Fédération : [http://www.fiafnet.org/fr/members/ethics.cfm].

s'agit d'un véritable travail d'enquête dans l'objectif d'un inventaire exhaustif. Les méthodes différentes employées dans les deux pays sont certes liées aux moyens administratifs reçus fort inégaux des deux administrations chargées du patrimoine culturel immatériel, mais cela est avant tout la manifestation de l'acception du concept de patrimoine culturel immatériel très différente chez les dirigeants des deux pays. En effet, malgré son intérêt certain, des critiques existent aussi sur l'effet négatif que pourrait entraîner l'action de l'inventorisation.

371. D'une part, existe le risque d'une exploitation excessive et de la dénaturation à cause de l'effet de médiatisation des inventaires ou listes du patrimoine culturel immatériel. En réalité, pour de nombreuses collectivités territoriales en Chine, la possibilité d'inscrire un élément local sur la liste nationale du patrimoine culturel immatériel se présente comme une occasion de développer le tourisme et l'économie autour de l'élément. Bien que certaines revitalisations soient révélatrices de réels espaces d'expression et de production de pratiques anciennes, le risque de dénaturation dans l'objectif d'attirer les spectateurs reste très élevé, les phénomènes de « faux folklore » ou « disneylandisation » sont courants. Ces phénomènes ne conduiront qu'à la perte de sens du patrimoine culturel immatériel et cette dégradation de la valeur culturelle est plus dangereuse que la dégradation naturelle. D'autre part, le risque de figer un élément inscrit est souvent présent, ce particulièrement pour les expressions et pratiques culturelles. Un grand nombre d'anthropologues et sociologues, s'appuyant sur le fait que la culture est vivante et évolue, estiment que l'enregistrement par un inventaire risque de créer la « forme standard » d'un élément et ainsi d'empêcher sa diversité interne et son évolution[1082]. Il est cependant à noter également que pour certaines civilisations, la transformation et l'évolution de forme ne sont pas toujours encouragées. Tel est le cas, dans l'Asie orientale, des rites confucéens ou de l'artisanat traditionnel, pour lesquels les caractéristiques classiques et historiques de l'expression culturelle font l'objet d'un grand respect et sont fortement codifiées[1083]. Ces phénomènes ne remettent pas en cause les modifications et les alternances des autres formes du patrimoine culturel

---

[1082] Il a ainsi été proposé que lors de l'enregistrement dans les recensements du patrimoine culturel immatériel, des mentions doivent paraître pour avertir que l'expression enregistrée n'est qu'une des diverses représentations de l'élément en question ; ou encore de refaire régulièrement l'enregistrement, afin de prendre en compte les transformations qui sont produites dans le contexte culturel naturel. *V. Rapport final,* Réunion d'experts sur les inventaires du patrimoine culturel immatériel, précité, p. 20-21.

[1083] *Idem.*

immatériel et d'autres cultures, mais ils nous révèlent encore une fois que les éléments du patrimoine culturel immatériel ont chacun des caractéristiques très particulières et nécessitent des analyses au cas par cas afin de leur réserver une meilleure protection.

372. Au demeurant, on constate que les recensements et les inventaires restent avant tout un outil scientifique de sauvegarde. Si les listes chinoises du patrimoine culturel immatériel aux niveaux national et régional engagent des conséquences juridiques réelles, ces dernières restent très modérées dans le cas français, de même que pour les deux listes de l'Unesco. De surcroît, ces effets juridiques consistent exclusivement en la sauvegarde des éléments du patrimoine culturel immatériel et ne confèrent aucunement des prérogatives particulières aux communautés.

Chapitre II. La transmission. Le système de « trésor humain vivant » et son application

373. La signification véritable du patrimoine immatériel réside dans la chaîne temporelle constituée du passé, du présent et du futur ; le nœud central de cette chaîne est la transmission. Avec le repérage, elle fait partie des deux étapes de la sauvegarde selon la Convention de 2003. Les États y sont appelés à mettre en place des mesures pour la transmission du patrimoine culturel immatériel (art. 14 et 15) mais cela de manière non contraignante. En revanche, en application des Directives opérationnelles pour la mise en œuvre de la Convention[1084] votées par l'Assemblée générale des États parties en juin 2008, les États doivent rapporter des informations concernant non seulement l'inventaire mais également la transmission des éléments du patrimoine culturel immatériel sur leur territoire[1085]. Les projets de transmission constituent également un critère d'évaluation pour l'inscription sur les deux listes de patrimoine culturel immatériel de la convention. La transmission devient ainsi à juste titre l'un des éléments centraux dans la mise en œuvre de la convention, bien qu'il n'y ait toujours aucune véritable obligation juridiquement sanctionnée.

S'agissant des moyens de transmission, la convention ne donne pas non plus de précision ; les moyens formels comme informels sont encouragés. Mais dès le début des travaux préparatoires de la convention, l'Unesco mit en place en 1993 un système de transmission des pratiques culturelles vivantes, le programme de « trésor humain vivant ». Sans qu'il soit explicitement intégré dans le texte de la convention et doté d'un quelconque effet obligatoire, ce programme est mis en avant par l'organisation en tant que moyen de transmission privilégié du patrimoine culturel immatériel. Jusqu'en 2009, l'organisation continue à assister les États parties techniquement et/ou financièrement avec son budget ordinaire et des contributions extrabudgétaires des États parties pour la mise en place de ce programme, dans le cadre de l'application de la Convention de 2003[1086]. On note par ailleurs que le directeur général de l'Unesco qualifie clairement le dispositif de trésor humain vivant d'outil efficace de transmission dans le cadre de la mise en œuvre de

[1084] *V. supra*, n° 136.

[1085] Dans le rapport périodique qu'ils doivent soumettre au Comité intergouvernemental selon l'article 29 de la Convention. Directives opérationnelles, n° 99.

[1086] Programme et budget de l'Unesco 2008-2009, 34 C/5 approuvé, n° 04013.

la Convention de 2003[1087].

Ce programme de trésor humain vivant de l'Unesco est en réalité inspiré d'un système existant au Japon et en République de Corée depuis les années 1950, considéré comme très propice à la transmission des éléments culturels vivants dans les deux pays (Section 1). Le programme est mis en place en France et aussi en Chine, dans les deux cas uniquement au moyen de règlements administratifs. Cependant, à l'analyse de son adaptation dans les deux pays, il semble que l'efficacité d'un tel système reste encore à prouver, particulièrement en raison des différences du contexte culturel (Section 2).

Section 1. Un concept *a priori* propice

Le programme de trésor humain vivant de l'Unesco est inspiré d'un système établi au Japon et en République de Corée depuis les années 1950. Avec quelques détails différents, les deux systèmes japonais et coréen ont pour objectif commun l'affirmation de l'identité culturelle nationale (Paragraphe I). Malgré la réussite de ces deux cas en matière de la préservation des éléments culturels vivants, il s'est avéré que l'adaptation du système dans les autres pays, encouragée par le programme de l'Unesco, ne rencontre pas un grand succès (Paragraphe II).

Paragraphe I. Aperçu des systèmes japonais et coréen du « trésor national vivant »

Malgré les origines et l'existence du système depuis une longue période (B), son instauration officielle au Japon comme en République de Corée durant les années 1950 est incitée par des contextes historiques et idéologiques particuliers et similaires dans les deux pays (A). Néanmoins, les divergences entre les deux systèmes sont non négligeables (C).

A. L'instauration des systèmes japonais et coréen

374. C'est en 1950, vers la fin de l'Occupation, que le gouvernement japonais commence à accorder une reconnaissance particulière aux détenteurs de savoir-faire et de techniques essentiels à la pérennité d'expressions importantes du « bien culturel immatériel » : la première loi au monde explicitant ce concept, la *Loi sur la protection des biens culturels*, est promulguée le 30 mai 1950[1088]. Le dispositif est établi par l'ancien article 56-3, actuel article 71

[1087] Discours de M. Koïchiro Matsuura à l'occasion de la cérémonie de remise des prix aux trésors humains vivants, Nouakchott, Mauritanie, 11 janvier 2007, DG/2007/003, p. 2.

[1088] 文化財保護法, Loi n° 214 du 30 mai 1950 (An 25 de l'ère *Shōwa* 昭和二十五年), dernier amendement par la loi n° 7 du 30 mars 2007 (An 19 de l'ère *Heisei* 平成一九年). Le titre et le

de cette loi de 1950. Les personnes ainsi reconnues sont désignées « Détenteur de bien culturel immatériel important »[1089], aujourd'hui connu sous l'appellation du « trésor national vivant (*Ningen kokuhō* 人間国宝) ». Outre les individus, les groupes peuvent également obtenir une reconnaissance collective, dans les cas où c'est le groupe en tant qu'ensemble qui importe. En général, un détenteur est reconnu en même temps que l'art qu'il maîtrise est distingué comme « Bien culturel immatériel important 重要無形文化財 ». Des critères de classement et de reconnaissance des biens culturels immatériels importants sont établis respectivement pour les arts du spectacle et les arts appliqués[1090]. En mars 2009, le titre de trésor national vivant est décerné à 113 individus et à 25 groupes dans huit catégories des arts du spectacle 芸能 et sept de l'artisanat d'art 工芸技術[1091].

375. D'une manière très intéressante, on retrouve de nombreuses similarités à l'origine de la loi coréenne et de la loi japonaise. Après la Guerre de Corée (1950-1953) et une période d'instabilité politique, l'industrialisation rapide qui débute vers la fin des années 1950 déclenche en République de Corée un exode rural important. Durant cette période, la culture occidentale exerce une influence importante sur le territoire où est installé un grand nombre de soldats américains. Sous l'effet conjugué de l'industrialisation, de l'urbanisation et de l'occidentalisation, les modes de vie traditionnels commencent à disparaître rapidement. C'est dans ce contexte-là que la loi coréenne *sur la protection des biens culturels* a été promulguée le 10 janvier 1962[1092]. Le système du « Bien culturel immatériel important (*The Important Intangible*

---

texte de la loi emploient le terme de « bien culturel 文化財 », cependant le contenu de la loi concerne en réalité la notion d'« héritage culturel », car il ne couvre pas le domaine de la création contemporaine. Texte de loi sur le site gouvernemental des textes législatifs : [http://law.e-gov.go.jp/htmldata/S25/S25HO214.html]. Version anglaise par *Japan Center for International Cooperation in Conservation, National Research Institute for Cultural Properties.* [http://www.wipo.int/tk/en//laws/pdf/japan_cultural.pdf].

1089 重要無形文化財保持者 *Jūyō mukei bunkazai hojisha.* Dans la version anglaise de la loi proposée par le *National Research Institute for Cultural Properties* (ci-dessus), ce titre est traduit « *Holder of the important intanbible cultural property* ».

1090 Ce document est fourni en français par la Commission japonaise à l'Unesco, à l'adresse suivante : [http://www.unesco.org/culture/ich/doc/src/00260-FR.doc].

1091 Pour un aperçu des personnes et groupes distingués et des catégories, voir la page concernée du site Internet de l'Agence pour les affaires culturelles (ministère de l'Éducation, de la Culture, du Sport, de la Science et Technologie du Japon 文部科学省文化庁) [http://www.bunka.go.jp/bunkazai/shurui/mukei.html] ainsi que la rubrique dédiée au trésor national vivant du site web du quotidien *Asahi Shinbun* 朝日新聞 [http://www.asahi.com/culture/kokuhou/].

1092 Loi *Munhwajae bohobeop* n° 961 du 10 janvier 1962, modifiée par l'acte n° 3644 du 31 décembre 1982 et dernièrement par l'acte n° 7365 du 27 janvier 2005.

Cultural Propertie / jung-yo muhyong munhwajae) », inspiré par le dispositif japonais, est mis en place en 1964, dans l'objectif d'inventorier les formes d'expression « précieuses » qui étaient menacées d'extinction par la civilisation moderne, de les protéger et de garantir leur transmission. Baptisées littéralement « détenteurs *boyuja* », les personnes qui perpétuent les accomplissements et savoir-faire des éléments significatifs du bien culturel immatériel sont connues en coréen courant sous le nom d'*in-gan munhwahje*, qui signifie « bien culturel humain » et se traduit en général en français par le terme « trésor humain vivant »[1093]. En 2006, on peut compter un total de 118 éléments du patrimoine culturel immatériel importants détenus par 86 personnes et 103 organisations[1094].

376. Il convient de souligner que l'intitulé officiel du statut japonais est le « Détenteur de bien culturel immatériel important », malgré une plus grande popularité de son nom informel « trésor national vivant ». En effet, ce dernier fut inventé par un journaliste japonais en 1955 pour simplifier et pour mettre en valeur le titre officiel[1095]. Cela est également le cas coréen, où l'expression de « trésor vivant » était utilisée dès le début des années 1960 par la presse au lieu du terme officiellement employé « détenteur *boyuja* »[1096]. Bien qu'elle ne figure pas dans les textes législatifs, le grand public est captivé par cette expression « trésor » ; elle réussit à sensibiliser le public et à susciter son soutien aux biens culturels immatériels. Toutefois, l'expression fourvoie également l'opinion publique sur la question. Par ce terme, on insiste plus que nécessaire sur la qualité de la personne et de ses œuvres, au lieu de s'intéresser à la technique et au savoir-faire qu'elle possède, qui sont pourtant le réel objectif de protection de cette loi.

Pour comprendre le véritable objectif du dispositif de trésor national vivant, il importe de se rappeler le contexte historique particulier du début des années 1950 dans le pays. Au lendemain de la capitulation du Japon en août 1945, le général Douglas MacArthur, commandant en chef des forces alliées dans le Pacifique, devient gouverneur militaire du Japon jusqu'en septembre

---

1093 Jongsung YANG, *Cultural protection policy in Korea: intangible cultural properties and living national treasures*, ed. Edison, Seoul: Jimoondang, 2003. - YIM Dawnhee, « Le système des trésors humains vivants et la protection du patrimoine culturel immatériel : expériences et enjeux », *Les Nouvelles de l'Icom*, 2004, n° 4, p. 10-12.

1094 *Important Intangible Cultural Heritage in Korea*, Cultural Heritage Administration of Korea, avril 2006.

1095 AOYAMA Wahei, *A Critique of the Living National Treasure System, Japanese Pottery Information Center*, Feb. 2004, [http://www.e-yakimono.net/html/lnt-critique-aoyama.html].

1096 Jongsung YANG, *Cultural protection policy in Korea: intangible cultural properties and living national treasures*, précité, p. 40.

1952, période dite de l'Occupation du Japon. Si l'incendie en 1949 qui détruit les peintures murales du *Kondo* (Hall doré 金堂) dans le Temple de *Hōryū-ji* (法隆寺 dans la préfecture de Nara) est l'origine directe de l'adoption de la loi, c'est sans doute également un « sentiment de choc et d'humiliation subi par les Japonais » depuis la capitulation sans condition[1097], poussée par la politique américaine de *Nation-building*, qui amène le Japon à chercher l'affirmation de son identité culturelle par la démarche de reconnaissance de l'héritage culturel[1098]. L'objectif de cette loi est alors de préserver les éléments importants de cet héritage culturel considérés comme le reflet de l'identité culturelle japonaise, qui, sans les interventions publiques, seraient tombés en ruine[1099]. Le trésor national vivant n'est donc pas un prix ou un titre honorifique ; il ne confère pas de statut particulier à un artiste pour ses contributions à une branche d'art, ne désigne pas non plus un artiste lui-même en tant que « trésor ». Le véritable trésor en question est le savoir-faire et la pratique qu'il possède, ce qui est traduit par son intitulé véritable « Détenteur de bien culturel immatériel important ». La loi n'honore pas les personnes, mais tend à protéger les connaissances et les savoir-faire en tant qu'expressions de l'identité japonaise.

B. Origine du système au Japon

377. Le système du trésor national vivant n'est pas une invention *ex nihilo* et est la reprise d'un système très ancien nommé *Iemoto seido* 家元制度, le modèle d'organisation familiale des arts traditionnels japonais. Le terme *iemoto* est composé du mot *ie*, « famille » et de *moto*, « origine, source ». Durant l'époque *Edo* 江戸時代 (1603-1867), l'*iemoto* représente la personne qui transmet les enseignements et les méthodes d'une école d'art traditionnel en tant que chef d'une lignée de maîtres, généralement le fondateur, successeur et chef de lignée ; il est en même temps le « grand Maître » et seul arbitre de la tradition donnée[1100].

1097 Voltaire Garces Cang, "Defining Intangible Cultural Heritage and its Stakeholders : the Case of Japan", *International Journal of Intangible Heritage*, vol. 2, 2007, p. 47.

1098 Cette tendance s'observe également à la fin de l'occupation américaine de l'île d'Okinawa en 1972 : *infra* n° 423.

1099 WATANABE Michihiro, "Background on cultural policies and programs in Japan", in J. Zemans & A. Kleingartner (Eds.), *Comparing cultural policy : A study of Japan and the United States*, London, Walnut Creek & New Delhi: Altamira Press, 1999, p. 61-112.

1100 Le terme de « *Iemoto seido* » (système *Iemoto* 家元制度) a été forgé par l'historien NISHIYAMA Matsunosuke 西山松之助 dans l'après-guerre pour décrire les structures sociales associées au contrôle familial exclusif et aux réseaux d'instructeurs des arts traditionnels. Il a vu dans ce système une caractéristique unique du féodalisme japonais dont l'influence sur

Cette relation maître-disciple fondée sur une autorité suprême et une hiérarchie intergénérationnelle de l'*Iemoto* rappelle l'autorité du *pater familias*, une caractéristique qui se trouve dans tous les aspects de la société japonaise aussi bien traditionnelle que contemporaine[1101]. Selon Nakamura Matazo, fameux acteur et auteur de *Kabuki* (théâtre japonais traditionnel), c'est justement cette harmonie avec l'organisation sociale qui fait de l'*Iemoto* la garantie de la continuité d'une grande partie des traditions culturelles depuis des siècles[1102]. Il est à souligner qu'à la différence d'une association culturelle d'aujourd'hui, dans la tradition, le Maître d'un *Iemoto* est choisi héréditairement. Il n'est donc pas élu par sa communauté. Ainsi, malgré son autorité suprême, il ne peut pas être considéré comme un simple individu, mais représente le symbole de l'école de l'art dont il est issu.

378. Malgré le rôle important de l'*Iemoto* dans la préservation du patrimoine immatériel dans le passé, durant les années 1950, il n'a pu être institutionnalisé mais est remplacé par le système officiel du trésor national vivant. Cela sans doute en raison d'un lien trop étroit de l'*Iemoto* avec l'ancien mode de vie et d'organisation sociale fondée sur une hiérarchie stricte et des relations familiales, alors que le système de trésor national vivant a pour objectif de favoriser au maximum la transmission des savoir-faire rares, et que celle-ci ne doit plus être limitée au cercle de famille.

C. Les différences des deux systèmes japonais et coréen

379. Il est à noter que dans la loi japonaise de 1950, la première loi au monde évoquant le patrimoine culturel immatériel, le bien folklorique 民俗文化財 n'est pas inclus dans la notion de « bien culturel immatériel 無形文化財 » mais fait l'objet d'une catégorie parallèle. En effet, le bien culturel immatériel selon cette loi comprend notamment les arts du spectacle, arts musicaux et artisanat d'art ainsi que les objets qui leur sont liés (art.

---

les arts traditionnels se fait sentir jusqu'à aujourd'hui. Ses deux principaux ouvrages décrivant l'*Iemoto* sont : *Iemoto no kenkyu (Research on iemoto)*, vol. 1, 1982, Tokyo: Yoshikawa Kobunkan ; et *Iemotosei no tenkai (Development of the iemoto system)*, vol. 2, 1982, Tokyo: Yoshikawa Kobunkan. Selon NISHIYAMA, le Maître a le droit monopolistique de l'enseignement, transmission et certification ; de contrôle et révision des techniques et secrets, des répertoires et des formes, styles ; d'expulsion et punition des membres et élèves de l'école et de contrôle sur les revenus venant des performances de l'école, *etc.* (NISHIYAMA, vol. 1, *op. cit.*, p. 16. Cité par Voltaire Garces Cang, "Preserving Intangible Heritage in Japan: the Role of the Iemoto System", *International Journal of Intangible Heritage*, vol. 3, 2008, p. 73.)

1101 Francis L. K. Hsu, *Iemoto : the heart of Japan*, Cambridge, Mass. Schenkman, 1975, p. 69.

1102 NAKAMURA Matazo (M. Oshima, Trans.), *Kabuki backstage, onstage : An actor's life*, 1990, Tokyo : Kodansha International. Cité par V. G. Cang, « Preserving… », précité, p. 75.

2-2), en réalité les arts considérés comme art d'une élite. Le bien folklorique, quant à lui, se divise en bien matériel folklorique et bien immatériel folklorique et comprend l'alimentation, vêtements traditionnels, mode d'habitation, métiers, croyances, cérémonies, us et coutumes, spectacles vivants populaires, techniques et savoir-faire, ainsi que ustensiles, construction et autres objets qui leur sont liés (article 2-3). Ainsi, un « bien immatériel folklorique » n'est pas dans le sens de cette loi un « bien culturel immatériel », son détenteur ne peut en conséquence être désigné trésor national vivant[1103]. Dans le système japonais, le concept du trésor national vivant est alors fortement associé à la notion d'excellence. En revanche, depuis l'adoption de la Convention de 2003, certains changements discrets sont observés, Par exemple dans les descriptions du dispositif de trésor national vivant par les documents officiels japonais auprès de l'Unesco, le « bien folklorique » de la loi est présenté par l'expression « bien immatériel de la culture populaire ».

380. À la différence du dispositif japonais, le folklore coréen prend une place de choix parmi les biens culturels immatériels importants. Dans le contexte de l'occidentalisation durant les années 1960 en République de Corée, nombreux étaient ceux qui jugeaient le folklore inférieur aux arts classiques de l'élite sociale, le trouvant indigne d'être préservé. Par conséquent, très peu de jeunes voulaient apprendre à maîtriser ses formes d'expression symboles des modes de vie anciens et sa disparition paraissait inévitable[1104]. Sa protection par la loi coréenne est alors un véritable geste de sauvegarde.

381. En ce qui concerne la transmission du bien culturel immatériel, le système japonais comme celui coréen se veut en être une garantie. Les deux systèmes prévoient d'abord une aide financière aux détenteurs reconnus. Au Japon, les détenteurs perçoivent des subventions afin de réaliser des projets de formation des apprentis qui vont perpétuer leur art, et de réaliser des représentations publiques ; la somme s'élève à deux millions de *yens* (environ quatorze mille euros) par an pour un détenteur individuel. Le Théâtre national du Japon est mis à disposition pour que les groupes et individus détenteurs du patrimoine culturel immatériel puissent s'entraîner, former les apprentis et faire des représentations publiques[1105]. Dans le système coréen, afin d'encourager les jeunes à apprendre les arts traditionnels, les formations

---

1103 *V.* la classification des biens culturels selon *Administration of Cultural Affairs in Japan*, Chapter 4, september 2007, *Agency for Cultural Affairs* 文化庁

1104 Yim Dawnhee, *Le système des trésors humains vivants et la protection du patrimoine culturel immatériel : expériences et enjeux*, précité, p. 11.

1105 *Administration of Cultural Affairs in Japan*, chapter 4, précité.

sont totalement gratuites. Le gouvernement octroie aux détenteurs reconnus 100 000 *won* (environ 600 euros) par mois, des soins médicaux gratuits et d'autres privilèges[1106].

Le système a joué également un rôle important dans la sensibilisation du grand public à la culture traditionnelle : lors d'une enquête d'opinion menée en 1999, 79 % des Coréens affirment que le système de trésor humain vivant a contribué à la préservation du patrimoine culturel immatériel[1107]. Par ailleurs, autrefois en Corée, les pratiquants de certaines formes d'art notamment folkloriques étaient souvent méprisés par la classe élitaire de la société. Avec le système de trésor humain vivant, ils bénéficient aujourd'hui non seulement d'une aide financière mais aussi d'un plus grand prestige. Bien que l'objectif du système ne soit pas d'honorer les individus, ce titre de détenteur a fait changer le regard que la société portait sur les artistes et artisans, et par conséquent également sur leurs métiers.

Paragraphe II. Programme de « trésor humain vivant » de l'Unesco

382. En 1993, quatre ans après la mise en place de la Recommandation sur la sauvegarde de la culture traditionnelle et populaire, une consultation internationale sur le programme de l'Unesco Patrimoine immatériel - nouvelles perspectives est organisée en juin 1993[1108]. Parmi les recommandations qui y sont retenues, figure l'idée d'accorder une place importante à la reconnaissance des « grands détenteurs de traditions artistiques ou artisanales » ou « trésor vivant »[1109]. La République de Corée, qui a avancé cette proposition de « trésor vivant » à la Consultation, concrétise très rapidement sa recommandation retenue par une lettre adressée au Conseil exécutif de l'Unesco[1110]. Au mois d'octobre, l'Unesco décide de mettre en place le programme de « trésor humain vivant » dans le cadre de la mise en œuvre de la

[1106] Chiffre de Yim Dawnhee (2004), *idem.* Yang Jongsong, en revanche, donne le chiffre de 500 000 *won* par mois dans son ouvrage *Cultural protection policy in Korea : intangible cultural properties and living national treasures*, précité. (2003), p. 42.

[1107] Yim Dawnhee, *idem.*

[1108] *V. supra*, n° 79.

[1109] *Rapport final* de cette consultation, doc. CLT/ACL/93/IH/01, p. 16, recommandation n° 6 : « La création d'un diplôme d'honneur d'un titre international accordé aux grands détenteurs de traditions artistiques ou artisanales (sur proposition des États membres et décision d'un jury international réuni une fois par an). »

[1110] La proposition de la Corée est présentée sous forme d'une lettre datée du 30 juin 1993 adressée à la Présidente du Conseil exécutif de l'Unesco. La note explicative de la lettre est reproduite dans le document 142 EX/18 lors de la 142ème session du Conseil exécutif.

Recommandation de 1989[1111]. Dans le premier document annonçant l'instauration du programme[1112], le « trésor humain vivant » est défini comme une personne qui maîtrise « la pratique de musique, de danses, de jeux, de manifestations théâtrales et de rites ayant une valeur artistique et historique exceptionnelle dans son pays, tels que définis dans la Recommandation sur la sauvegarde de la culture traditionnelle et populaire ». Le titre est toujours accompagné, dans ce document, de l'expression « Bien culturel vivant » entre parenthèses.

383. Dans un premier temps, les projets avancés par l'Unesco est d'établir une liste mondiale, une fois qu'un certain nombre de listes nationales auront été mises en place[1113]. En 1997, au terme de la 29ème Conférence générale, une nouvelle résolution (n° 23) est adoptée pour consolider le projet. En 2002, l'Unesco publie les Directives pour l'établissement de systèmes nationaux de « trésors humains vivants » afin d'encourager et aider les États membres à mettre en place leurs propres systèmes de trésor humain vivant. Il est à noter qu'il s'agit d'un document qui n'a pas d'effet contraignant en termes de droit international. Ces Directives sont mises à jour en juillet 2004 pour inclure les nouvelles orientations que donne la Convention de 2003. En effet, le budget pour le programme de trésor humain vivant est intégré dans le budget pour la sauvegarde du patrimoine culturel immatériel depuis 1996 ; et depuis 2004, bien que ce programme n'ait pas été mentionné dans le texte de la convention, il intègre le budget pour la mise en œuvre de cette dernière en tant qu'exemple de mesures de transmission au sens de son article 2-3[1114].

384. D'après les Directives de 2002, les trésors humains vivants sont des personnes qui « possèdent à un haut niveau les connaissances et les savoir-faire nécessaires pour interpréter ou recréer des éléments spécifiques du patrimoine culturel immatériel ». Le système vise avant tout à préserver les connaissances et les savoir-faire « nécessaires à la représentation, l'exécution ou la recréation » d'éléments du patrimoine culturel immatériel

---

[1111] *V. supra*, n° 80.

[1112] 142 EX/18.

[1113] Pour ce faire, le Secrétariat invite les États membres à établir leurs listes nationales et à les soumettre à l'Unesco. Décision 5.5.5 adoptée par la 142ème session du Conseil exécutif, 142 EX/Décisions, p. 20, paragraphe 5.5.5.

[1114] *V.* le Programme et budget de l'Unesco de 1996-1997, 28 C/5 approuvé, n° 03135 ; de 1998-1999, 29 C/5 approuvé, n° 03013 ; de 2000-2001, 30 C/5 approuvé, n° 03113 ; de 2002-2003, 31 C/5 approuvé, n° 04212 ; de 2004-2005, 32 C/5 approuvé, n° 04222 ; de 2006-2007, 33 C/5 approuvé, n° 04112 ; de 2008-2009, 34 C/5 approuvé, n° 04013.

qui présentent une grande valeur historique, artistique ou culturelle, et ce en assistant les personnes reconnues à poursuivre l'exercice de leur métier et en encourageant les jeunes générations à apprendre ces arts et savoir-faire[1115]. Les Directives instaurent quelques critères principaux de qualification et des mesures de sauvegarde de base telles que l'obligation de transmission et de documentation, des soutiens financiers en vue de garantir la vie quotidienne des personnes reconnues.

À la lecture de ce document, on observe que l'objectif est très clairement de préserver les savoir-faire et connaissance permettant la reproduction des éléments du patrimoine culturel immatériel, que ce soit sous la forme de l'artisanat, de l'expression culturelle, artistique ou d'objets ; pour ce faire, récompenser les personnes qui incarnent ces compétences et ces techniques, que sont les détenteurs ou les « trésors vivants », semble être une méthode adéquate. Pour autant, les détenteurs de ces savoirs ne sont que des supports du patrimoine culturel immatériel et le fait d'« honorer les détenteurs des connaissances et savoir-faire » n'est pas l'objectif du programme.

Conclusion de la section 1

385. *A priori*, le système de trésor humain vivant semble être assez approprié vis-à-vis des problématiques particulières du patrimoine culturel immatériel. En effet, la difficulté majeure et commune partout dans le monde est que les personnes qui maîtrisent les arts et savoir-faire traditionnels disparaissent, tandis que les jeunes générations ne sont pas intéressées par l'apprentissage de ces pratiques, qui deviennent ainsi de plus en plus menacées d'extinction. Pour cause, la sauvegarde du patrimoine culturel immatériel doit commencer par assurer la transmission des pratiques et connaissances traditionnelles. Le fait d'accorder une reconnaissance officielle aux détenteurs d'éléments du patrimoine culturel immatériel importants encourage l'apprentissage et sensibilise le grand public aux patrimoines menacés ; cela s'est avéré efficace dans les exemples japonais et coréen.

Toutefois, le programme de l'Unesco qui invite à établir le système de trésor humain vivant n'a pas obtenu de grand écho depuis son lancement en 1993. À ce jour, outre les trois pays (Japon, République de Corée et Thaïlande) qui ont mis en place leurs systèmes largement avant l'appel de

[1115] Directives pour l'établissement de systèmes nationaux de « Trésors humains vivants », Unesco - Section du patrimoine culturel immatériel, 13 juillet 2004.

l'Unesco, il n'y a que six pays – dont la France – qui disposent d'un système similaire[1116]. Il convient encore une fois de souligner la nature non contraignante de ce programme, les États sont simplement « encouragés » à établir leur dispositif national avec une proposition de soutien financier et humain par l'Unesco.

En France, le système correspondant est intitulé « maître d'art ». Créé en 1994 sur le modèle japonais de trésor national vivant, il s'agit à l'origine d'une disposition visant à encourager la mise en valeur des métiers d'art rares et exceptionnels. Il est reconnu par les autorités françaises comme étant le système correspondant de trésor humain vivant en France depuis la ratification de la Convention de 2003. La Chine également met en place depuis 2007 un système de « transmetteur majeur d'éléments du patrimoine culturel immatériel national », inspiré du trésor humain vivant, dans le cadre de la mise en application de la convention. Si les deux dispositifs sont désignés comme le système correspondant du trésor humain vivant, les recommandations de l'Unesco sont toutefois interprétées de manière très différentes dans les deux pays, le dispositif français s'appuie sur la qualité d'« excellence » de la personne tandis que le dispositif chinois met particulièrement en avant sa fonction de transmission.

Section 2. Une application quelque peu altérée

Par un aperçu des fonctionnements des deux systèmes français et chinois (Paragraphe I), on constate que le système de trésor vivant est fortement refaçonné dans son adaptation française mais est repris fidèlement en Chine. Cela peut sans doute s'expliquer par la nécessité de l'acculturation. Mais au fond, cela reflète les divergences de considération dans les deux pays quant à l'objectif réel de ce dispositif. En France, il s'avère que le dispositif de maître d'art a pour vocation la préservation des métiers plutôt que des savoir-faire de ces métiers ; alors qu'en Chine, il s'agit d'un véritable outil de transmission des pratiques et des savoirs, à tel point que le rôle de l'homme, ce qui fait l'originalité des dispositifs japonais et coréen, semble être délaissé (Paragraphe II).

Paragraphe I. L'adaptation du système en France et en Chine

L'adoption du système en France date largement avant la Convention de 2003, alors qu'il est instauré en Chine seulement en 2007 dans le cadre de la

---

1116 Mise en place dans neuf pays : Japon en 1950, République de Corée en 1964, Thaïlande en 1985, Philippines en 1992, France en 1994, République tchèque en 2001, Sénégal en 2006, Nigeria et Chine en 2007.

mise en œuvre de la convention (A). Si les procédures et critères de sélection des personnes assurant la transmission se différencient largement (B), les mesures de transmission prévues sont en revanche assez similaires (C).

A. L'instauration et les structures de mise en œuvre

386. Il est tout d'abord à noter que le dispositif de maître d'art français est créé dès 1994 avec l'établissement d'une institution administrative dédiée au dispositif. Il n'est pas à l'origine en rapport avec la Convention de 2003 et puise son inspiration dans le système japonais et le programme de l'Unesco de trésor humain vivant. Il est reconnu comme une mise en œuvre du dispositif de trésor humain vivant de l'Unesco par les autorités françaises auprès de l'organisation. En Chine, en revanche, le système équivalent, le « transmetteur majeur du patrimoine culturel immatériel », est érigé en 2007 en tant que mesure d'application de la Convention de 2003 ; il n'y a pas de structure administrative particulière dédiée à cette mission.

387. En France, vers la fin des années 1980, les réclamations des métiers d'art de se voir distribuer une place dans les administrations culturelles sont de plus en plus entendues. Il faut reconnaître les aspects culturels et artistiques des métiers d'art alors que jusqu'à ce moment, ils sont plutôt considérés dans leur aspect industriel : le seul organe assurant sa gestion administrative est la Société d'encouragement des métiers d'art (SEMA). En même temps, il est observé qu'un grand nombre d'ateliers artisanaux disparaissent chaque année et avec eux notamment les techniques et savoir-faire les plus rares, ce qui est considéré comme une perte pour la créativité artistique française. En s'inspirant des expériences japonaises et coréennes, les réflexions sur les métiers d'art ont conduit à la création du conseil des métiers d'art au sein du ministère de la Culture et de la Francophonie, par l'arrêté du 16 mars 1994 portant création du conseil des métiers d'art[1117]. Ce conseil est placé sous la gestion de la délégation aux arts plastiques[1118] et est

---

[1117] L'arrêté du 16 mars 1994 (non publié au *JORF*) a été abrogé par l'arrêté du 28 mars 2002 relatif au conseil des métiers d'art, par l'arrêté du 3 août 2004 relatif au conseil des métiers d'art et à la mission des métiers d'art, par l'arrêté du 2 décembre 2004 complétant l'arrêté du 3 août 2004 relatif au conseil des métiers d'art et à la mission des métiers d'art, puis par l'arrêté du 23 octobre 2006 modifiant l'arrêté du 3 août 2004 relatif au conseil des métiers d'art et à la mission des métiers d'art. Ce conseil est un organisme consultatif ayant pour but de répondre à la demande des professionnels, de disposer au sein du ministère d'un espace de dialogue unique pour traiter de sujets transversaux : en particulier les formations, la valorisation culturelle et la promotion des métiers d'art.

[1118] La délégation aux arts plastiques est intégrée, depuis la réorganisation du ministère de la Culture en novembre 2009, à la nouvelle direction générale de la création artistique. Cette

« destiné à favoriser la concertation entre le ministère de la Culture et de la Communication et les professionnels des métiers d'art »[1119].

Le titre de maître d'art est créé dans le cadre du conseil des métiers d'art. L'initiative de créer une telle institution a pour but de favoriser la transmission des savoir-faire « rares et d'excellence » par la nomination des maîtres d'art, ainsi que de soutenir la création d'objets d'art aux lignes nouvelles en encourageant le travail commun des artistes, des designers et des artisans d'art par la réalisation des commandes publiques[1120]. Le titre de maître d'art a donc pour objectif, comme le déclare M. Renaud Donnedieu de Vabres, alors ministre en charge de la Culture, de « reconnaître un véritable patrimoine : les métiers d'art d'exception alliant la tradition et la création contemporaine »[1121].

388. Quant à la Chine, s'il existait une qualification administrative « Grand maître d'art appliqué traditionnel »[1122], il n'y avait aucun dispositif particulier relatif à la transmission des savoirs traditionnels. Le principe qu'impose la Convention de 2003 joue donc un véritable rôle d'initiateur en Chine pour l'instauration d'un tel système. Les autorités publiques démontrent un fort volontarisme en la matière et décident d'appliquer le dispositif de trésor humain vivant. Cela se traduit tout d'abord dans l'*Avis visant à ren-*

---

dernière continue à suivre les actions concernant les métiers d'art avec les autres administrations représentées dans les instances du conseil des métiers d'art. Décret n° 2009-1393 du 11 novembre 2009 relatif aux missions et à l'organisation de l'administration centrale du ministère de la culture et de la communication ; arrêté du 17 novembre 2009 relatif aux missions et à l'organisation de la direction générale de la création artistique, précités.

[1119] Art. 1er de l'arrêté du 28 mars 2002, repris par l'article 2 de l'arrêté du 3 août 2004 modifié. La perspective future de ce conseil est mise en doute par le décret n° 2006-672 du 8 juin 2006 modifié le 4 juin 2009 relatif à la création, à la composition et au fonctionnement de commissions administratives à caractère consultatif qui régularise la création des commissions administratives à caractère consultatif (une telle commission doit désormais être créée par décret pour une durée maximale de cinq ans). Mais suite au décret n° 2009-633 du 6 juin 2009 relatif à certaines commissions administratives à caractère consultatif relevant du ministère de la Culture et de la Communication, le conseil est prorogé pour une durée de cinq ans.

[1120] Entretien avec Mme Hélène Farnault, responsable des dispositifs du maître d'art, mission des métiers d'art, 16 sept. 2008, site du Mobilier national, Paris.

[1121] Préface du *Guide des maîtres d'art*, mission des métiers d'art, ministère de la Culture et de la Communication, avril 2005, p. 7.

[1122] Les articles 13-14 du *Règlement sur la protection des arts appliqués traditionnels* (传统工艺美术保护条例 *tiaoli*, ordonnance n° 217 du Conseil des affaires de l'État, le 20 mai 1997). Le « Grand maître d'art appliqué traditionnel 工艺美术大师 » n'est pas un titre honorifique mais une qualification administrative dans les métiers d'art traditionnel. Son obtention conduit à une responsabilité plus importante dans le travail et une rémunération plus élevée comparées aux autres postes techniques (art. 13-14). L'effectivité réelle de ce texte est cependant réduite, principalement en raison des difficultés institutionnelles.

forcer la protection du patrimoine culturel immatériel national du Conseil des affaires de l'État. Parallèlement au projet d'un inventaire du patrimoine culturel immatériel, cet avis met en avant l'importance de la transmission : « Afin de garantir la transmission des éléments représentatifs du patrimoine culturel immatériel, il est propice d'encourager les activités de transmission, par des moyens de distinction honorifique, gratification et soutien financier » aux transmetteurs (paragraphe 3-4). Plus tard, un règlement administratif intitulé *Mesures provisoires sur la sauvegarde et la gestion des éléments inscrits sur la Liste du patrimoine culturel immatériel au niveau national*[1123] concrétise l'orientation du gouvernement central en instituant le dispositif de « transmetteur majeur des patrimoines culturels immatériels du niveau national » (art. 11) et ordonne les critères de sélection des candidats (art. 12). Ce dispositif fait l'objet, le 14 mai 2008, d'un règlement spécifique qui en confirme et précise les procédures de désignation[1124].

389. La gestion du dispositif chinois est d'abord confiée à la direction Culture sociale et bibliothèque au ministère de la Culture, qui gère également le recensement du patrimoine culturel immatériel et la Liste du patrimoine culturel immatériel au niveau national[1125]. Conformément à la recommandation de l'Unesco[1126], un comité d'experts chargé de tous travaux scientifiques sur la qualification de transmetteur majeur est mis en place par le ministère de la Culture[1127]. Ce comité de 61 personnes n'est pas un organe permanent mais il se réunit plusieurs fois par an pour examiner les dossiers de candidature. Il n'y a donc pas de structure administrative spécifiquement créée pour la mise en œuvre de cette disposition.

En France, en revanche, un organe de mise en œuvre est créé pour le dispositif de maître d'art, il s'agit dudit conseil des métiers d'art. Ce conseil est composé de trente personnes nommées par le ministre pour une durée de trois ans, renouvelable une fois. La présidence est assurée par le ministre

---

[1123] 国家级非物质文化遗产保护与管理暂行办法 (*banfa*), ordonnance du ministère de la Culture n° 39, le 2 nov. 2006, précité.

[1124] 国家级非物质文化遗产项目代表性传承人. *Mesures provisoires sur la qualification et la gestion des Transmetteurs majeurs des éléments du patrimoine culturel immatériel du niveau national* 国家级非物质文化遗产项目代表性传承人认定与管理暂行办法 (*banfa*), ordonnance du ministère de la culture n° 45, 14 mai 2008.

[1125] Avec la création de la nouvelle direction Patrimoine culturel immatériel au sein du ministère en 2008 (*supra*, n° 216), les travaux concernant le transmetteur majeur sont désormais pris en charge par la nouvelle institution.

[1126] Paragraphe II-3, Directives pour l'établissement de systèmes nationaux de « Trésors humains vivants », précitées.

[1127] Art. 8, *Mesures provisoires* du 14 mai 2008.

de la Culture. Les membres du conseil sont regroupés en commissions[1128]. En 2004, est créée la mission des métiers d'art par un arrêté ministériel du 3 août 2004[1129]. Cette mission coordonne les actions relatives aux métiers d'art conduites par les directions et délégations du ministère de la Culture.

390. Dans les deux pays, la création du dispositif correspondant au trésor humain vivant s'est faite au moyen d'actes règlementaires sectoriels par l'administration concernée, en l'espèce le ministère de la Culture, sur le fondement de la compétence générale attribuée à cette administration par la loi. Il s'agit de l'arrêté ministériel en droit français et de *guizhang* 规章 en droit chinois, dans les deux cas décision règlementaire émanant d'un ministère[1130]. La différence est qu'en droit français, les ministres ne disposent pas, en principe, de pouvoir règlementaire sauf lorsqu'une loi ou un décret les y autorise expressément ou quand il s'agit de l'organisation des services de leurs ministères en tant que chefs de service[1131], alors qu'en droit chinois, ce pouvoir règlementaire est explicitement attribué aux ministères en vertu de l'article 71 de la *Loi sur les procédures législatives*, à condition que le *guizhang* mette en application une loi ou un règlement existant.

Cela explique le fait que les arrêtés français relatifs au dispositif de maître d'art ne concernent que l'organisation de l'institution (le conseil et la mission des métiers d'art) tandis que les *guizhang* chinois contiennent des véritables dispositions normatives. Concernant l'effet de ces textes, les arrêtés

1128 Ils sont au nombre de six. La commission Patrimoine travaille sur l'aspect patrimonial des métiers d'art. La commission Formation collabore à des travaux sur les filières de formation des écoles d'art et écoles d'arts appliqués, en relation avec le ministère de l'Éducation nationale. La commission Matériaux mène des actions pour simplifier les formulaires et les démarches d'autorisation des matériaux réglementés, pour respecter la biodiversité et protéger un certain nombre de métiers d'art comme ceux liés à la facture instrumentale, l'ivoire et l'écaille de tortue. La commission Développement des activités économiques se préoccupe des différents statuts fiscaux. La commission Innovation s'intéresse à la recherche et aux aides à l'innovation.

1129 *V. supra*, n° 387. Depuis la création de l'Institut national des métiers d'art, la mission des métiers d'art n'existe plus.

1130 En droit français, cette compétence est attribuée par l'article 38 de la Constitution de 1958. En droit chinois, la compétence d'élaborer des règlements (行政法规 *xingzheng fagui*) est attribuée au Conseil des affaires de l'État en application de l'article 56 de la *Loi sur les procédures législatives* (précitée).

1131 CE Sect., 7 février 1936, « Jamart », *Rec. Lebon*, p. 172. Mais ce pouvoir ne peut s'exercer que de manière résiduelle, sous la réserve qu'aucun texte n'ait donné compétence à une autre autorité pour la matière considérée. Il convient également de préciser que le Conseil d'État a expressément considéré que la création d'un organisme consultatif constituait une « mesure d'organisation des services » (CE, 11 mai 1979, Syndicat CFDT du ministère des Affaires étrangères, *Rec. Lebon*, p. 204, concl. Galabert) - ce qui justifie donc juridiquement la création du conseil des métiers d'art par l'arrêté ministériel.

ministériels français ne s'appliquent, généralement, qu'au sein de l'administration concernée, alors que les *guizhang* en droit chinois s'appliquent également aux administrations locales du secteur concerné, dans notre exemple aux départements régionaux de la culture. Nous observons ainsi dans les mesures provisoires sur les transmetteurs majeurs que le ministère de la culture désigne les départements régionaux de la culture en tant que responsables du dispositif dans leur région et leur impose certaines charges dont les financements sont pris sur les budgets locaux.

Cette différence sur la nature juridique des textes explique également le fait que les critères de sélection des transmetteurs majeurs en Chine se trouvent dans un texte règlementaire unique (*Mesures provisoires* du 14 mai 2008), alors qu'en France l'on doit s'approcher d'un certain nombre de documents purement administratifs sans aucune valeur juridique pour comprendre son fonctionnement.

B. Les procédures et critères de sélection

1) Procédures de sélection

391. La sélection des maîtres d'art se déroule tous les deux ans depuis 1994 ; à chaque promotion dix maîtres d'art sont sélectionnés. En Chine, si aucun texte n'en précise le rythme, trois sélections ont eu lieu, en juin 2007, janvier 2008 et mai 2009, les calendriers étant décidés par l'ensemble de l'organisation en se combinant avec les programmes de recensement et de la liste du patrimoine culturel immatériel au niveau national. De même, il n'y a pas de limite en ce qui concerne le nombre de personnes proclamées transmetteur majeur. Il est à noter que le titre de transmetteur majeur comme le maître d'art sont seulement décernés aux personnes physiques et non pas aux groupes, à la différence des systèmes japonais et coréen.

392. Les procédures de sélection des deux dispositifs se différencient notamment par le fait qu'il n'y a qu'une seule sélection dans le dispositif français par un groupe de travail, tandis qu'en Chine il existe une présélection au niveau régional. Cela d'une part pour des raisons pratiques, le territoire étant très large et le nombre de dossiers important[1132], et d'autre part en raison des différences de gestion administrative : en Chine la matière

---

1132 Par exemple, pour la sélection de mai 2009, 1 975 dossiers de candidature ont été proposés par les régions.

culturelle connaît une décentralisation administrative plus ample qu'en France. Ainsi, en France, le dossier de candidature est diffusé, environ un an avant chaque sélection, par la mission des métiers d'art par le réseau de la Drac et sur le site Internet de la mission. Le processus de sélection est mis en place par un groupe de travail qui examine les dossiers de candidatures, réalise des enquêtes et propose les futurs maîtres d'art au ministre en charge de la Culture. La liste des maîtres d'art sera publiée par un arrêté ministériel[1133].

393. En Chine, la première désignation d'avril 2007 est entamée par une circulaire du ministère de la Culture[1134] demandant aux administrations culturelles régionales de suggérer des personnes jouant des rôles importants dans la transmission des éléments de leurs circonscriptions inscrits sur la liste du patrimoine culturel immatériel au niveau national. Pour la troisième désignation, la candidature libre devient possible[1135] ; il a été demandé que les dossiers de candidature soient déposés auprès des administrations culturelles de l'échelon Canton et Préfecture, ensuite réunis par les administrations culturelles de l'échelon Région. Ces dernières établissent chacune un comité d'expert régional qui examine les dossiers et propose un avis d'expertise par écrit. La totalité des dossiers avec les avis d'expertise est ensuite transférée au ministère de la Culture.

Deux cercles de sélection sont encore à envisager au sein de l'administration centrale : premièrement les dossiers sont classés par domaine et soumis à l'examen des groupes de travail dans les spécialités différentes[1136] qui donnent leurs avis d'expertise en écartant une partie des dossiers. Ensuite, le comité d'expert pour la désignation des transmetteurs majeurs composé de 61 personnes statue pour valider les dossiers sélectionnés et propose la liste provisoire des transmetteurs majeurs. Les experts sont nominés par un tirage au sort dans une base de données d'experts des domaines concernés par le patrimoine culturel immatériel établie par le ministère

---

[1133] Art. 5, arrêté du 3 août 2004 modifié le 26 oct. 2006.

[1134] *Circulaire sur la suggestion des candidats au titre de « Transmetteur majeur des éléments du patrimoine culturel immatériel du niveau national »*
文化部办公厅关于推荐国家级非物质文化遗产项目代表性传承人的通知, n° 办社图函 *banshetuhan* [2007] 111, 6 avril 2007.

[1135] *V. infra*, n° 416-417.

[1136] Il existe six domaines donc groupes de travail pour la sélection de 2009, qui sont : danse traditionnelle, chant traditionnel, littérature populaire, artisanat d'art, médecine traditionnelle et savoirs techniques.

de la Culture[1137]. Cette liste sera affichée durant 15 jours avant d'être proclamée officiellement suite à la signature du ministre de la culture[1138].

2) Critères de sélection

394. Les différences les plus significatives entre les deux dispositifs français et chinois sont leurs critères de sélection.

Tout d'abord, en ce qui concerne l'éligibilité, les règlements chinois précisent que les chercheurs travaillant dans la collecte, l'archivage et la documentation du patrimoine culturel immatériel ne peuvent pas être désignés[1139]. En France, les personnes relevant de la fonction publique ne peuvent pas prétendre au titre de maître d'art[1140].

Sur ce point également, une condition préalable du transmetteur majeur chinois le différencie de son équivalent français et marque son attachement à la Convention de 2003 : un transmetteur majeur est obligatoirement lié à un élément inscrit sur la liste du patrimoine culturel immatériel au niveau national[1141] : ce sont les transmetteurs majeurs des éléments « majeurs » du patrimoine culturel immatériel national. Les deux systèmes de liste nationale et de transmetteur majeur sont donc inséparables. Au contraire, les maîtres d'art sont des « professionnels des métiers d'art possédant un *savoir-faire remarquable et rare*, qui acceptent de conduire des actions de formation pour transmettre ce savoir-faire à un élève »[1142]. Le dispositif de maître d'art se limite alors au domaine des savoir-faire en artisanat d'art et n'a aucun lien à son origine avec l'inventaire français du patrimoine culturel immatériel[1143].

[1137] La base de données : « 国家非物质文化遗产保护工作专家库 ». On ne sait pas sur quels critères ces experts sont repérés dans la base de données ni leur nombre total. *Circulaire du ministère de la Culture concernant la base de données des experts en matière de patrimoine culturel immatériel et concernant le rapport d'informations sur les événements officiels importants de nature rituelle* 文化部办公厅关于推荐国家非物质文化遗产保护工作专家库专家和报送重大祭典公祭活动情况的通知, n° 办社图函 *banshetuhan* [2007] 372, le 7 août 2007.

[1138] Art. 9, *Mesures provisoires* du 14 mai 2008. L'instauration de cet affichage a pour objectif de permettre aux personnes intéressées de s'opposer à ce que l'élément soit inscrit sur la liste.

[1139] Art. 12, *Mesures provisoires* du 2 nov. 2006 sur la liste nationale et art. 4, *Mesures provisoires* du 14 mai 2008 sur les transmetteurs majeurs.

[1140] Dossier de candidature au titre des maîtres d'art, promotion 2008.

[1141] Art. 2, *Mesures provisoires* du 14 mai 2008.

[1142] Art. 5, arrêté du 3 août 2004 modifié le 26 oct. 2006. Souligné par nous.

[1143] Bien que la mission des métiers d'art fasse partie de la réunion du comité interdirectionnel sur le patrimoine culturel immatériel au ministère de la Culture (*V. supra* n° 213), il convient de noter que la partie sur les métiers d'art de l'inventaire français du patrimoine culturel immatériel est réalisée par la SEMA sans la participation de la mission des métiers d'art (*V. supra* n° 342).

395. En effet, ce critère français de rareté et d'excellence est la deuxième grande distinction entre les deux dispositifs, révélateur qui plus est de sa différence avec le système de trésor humain vivant de l'Unesco. Plus précisément, ne seront sélectionnés que les candidats :

— dont les techniques ou les savoir-faire sont menacés de disparition ;
— dont la qualité, la maîtrise professionnelle et l'excellence des savoir-faire sont reconnues ;
— qui acceptent de transmettre leurs savoir-faire et leur expérience à un élève pendant trois ans dans leur atelier ;
— qui peuvent justifier d'une expérience professionnelle au moins équivalente à dix ans (hors formation) et d'une expérience pédagogique ;
— qui font évoluer leurs pratiques du métier par une conception nouvelle, des sciences et techniques, des créations contemporaines, des partenariats avec des artistes, des designers ;
— qui utilisent de nouveaux matériaux, les nouvelles technologies[1144].

On constate que les critères de sélection pour le maître d'art français se fondent sur les trois termes « rare », « exceptionnel » et « rénovation ». Le fait d'être « menacé de disparition » est bien mis en avant, ce qui correspond à l'origine du projet : préserver les savoir-faire artisanaux d'art les plus vulnérables. En pratique, non seulement les savoir-faire rares, mais aussi les matériaux rares sont pris en compte dans la sélection. Certains maîtres d'art sont sélectionnés sur le fait qu'ils soient parmi les quelques seuls héritiers des arts à travailler une matière particulière en France, tel est le cas d'un écailliste. Pour l'ivoire, l'ébène ou l'écaille de tortue, l'enjeu est de sauvegarder les techniques et savoir-faire du façonnage à notre époque où ces matières se trouvent de plus en plus rares et où les savoir-faire disparaissent. C'est aussi la raison pour laquelle les maîtres d'art font l'objet d'un classement non seulement selon leur savoir-faire, mais également selon les matériaux qu'ils utilisent[1145]. On constate enfin que ces critères évoquent explicitement

---

[1144] Il s'agit des critères pratiqués par le groupe de travail Sélection (Dossier de candidature au titre des maîtres d'art, promotion 2008).

[1145] Entretien avec Hélène Farnault, précité. Sur le site Internet officiel du dispositif ([www.maitresdart.com]), on constate que les maîtres d'art sont classifiés selon les matériaux qu'ils utilisent dans leurs savoir-faire.

la rénovation et l'utilisation de nouveaux matériaux et de nouvelles technologies.

396. Comparé aux critères français, le titre de transmetteur majeur chinois peut sembler moins sélectif. En effet, seuls deux critères de sélection sont fixés : d'une part, la maîtrise des expressions, des connaissances ou des savoir-faire inscrits sur la liste du patrimoine culturel immatériel au niveau national ; d'autre part, la représentativité, éminence et influence de la personne dans son domaine. Toutefois, il est nécessaire de tenir compte du fait que les transmetteurs majeurs sont sélectionnés parmi les candidats venant des Régions et ont subi une voire plusieurs sélections à un niveau local.

397. Enfin, une condition commune aux deux dispositifs est que la personne désignée doit accepter de transmettre ses connaissances, pratiques et savoirs dans des conditions définies par les dispositifs[1146]. Toutefois, depuis 2006, le titre de maître d'art peut également être décerné, à titre honorifique, à des professionnels des métiers d'art reconnus pour l'excellence de leur savoir-faire et « participant à la renommée internationale de grandes entreprises françaises, synonymes de luxe et d'excellence »[1147]. Dans ce cas de figure, les dispositions relatives à l'obligation de formation et à l'allocation correspondante ne sont pas applicables[1148]. Ce nouveau titre de maître d'art honorifique n'affecte pas les dispositifs anciens car le nombre de maîtres d'art à concurrencer reste de dix à chaque promotion. Toutefois, cela renforce l'allure de l'artisanat de luxe des maîtres d'art déjà assez élitiste.

C. Les mesures de transmission

L'aspect commun le plus significatif des deux dispositifs français et chinois est bien entendu les mesures de transmission. Les démarches des deux pays sont en réalité similaires à cet égard, avec pourtant quelques différences assez révélatrices des visions générales de chacun sur leur dispositif.

1) Aspects communs

398. Les transmetteurs majeurs comme les maîtres d'art s'engagent à transmettre leurs pratiques, connaissances et savoirs à l'élève choisi, « tota-

[1146] L'article 4 des *Mesures provisoires* du 14 mai 2008 ; l'article 5, arrêté du 3 août 2004 modifié le 26 oct. 2006.

[1147] Nomination des maîtres d'art 2006, précité. En novembre 2006, pour la première fois, quatre chefs d'atelier (Louis Vuitton, Chanel, Hermès Sellier et Baccarat) sont ainsi désignés maîtres d'art.

[1148] Article 5 bis et 5-1 de l'arrêté du 3 août 2004 modifié par l'arrêté du 26 oct. 2006.

lement » et « sans aucune réserve »[1149]. Il est à noter qu'en France l'élève est choisi en principe par le maître d'art lui-même, ce choix n'étant pas précisé dans le dispositif chinois mais restant toutefois une entente commune des transmetteurs majeurs et des administrations. Comparé à la sélection des maîtres d'art, le choix des élèves se fait de manière beaucoup moins formelle. Il n'y a pas d'instance officielle pour recevoir les candidatures ni pour sélectionner les élèves, ce choix étant fait essentiellement par les maîtres d'art[1150]. La durée de cette période d'apprentissage est fixée à trois ans dans le dispositif français[1151], mais demeure imprécise dans le dispositif chinois.

399. Afin de garantir les activités de transmission, les deux dispositifs prévoient, comme le font les dispositifs japonais et coréens, une aide financière versée aux maîtres sélectionnés. Lors de sa désignation, une convention est signée entre le maître d'art et le ministère de la Culture afin d'engager cette mission de transmission, donnant lieu à une allocation annuelle de 16 000 € au maître sélectionné. Cette aide est prévue également dans les *Mesures provisoires* du 14 mai 2008 (art. 12 al. 1), mais sans précision concernant la somme. On observe toutefois qu'en 2008, le ministère de la Culture a versé une somme de 8 000 *yuan* (soit environ 800 €) par personne aux transmetteurs majeurs nominés et ce depuis son budget annuel dédié à la sauvegarde du patrimoine culturel immatériel.

400. Les deux dispositifs prévoient un système de suivi de la transmission sous forme d'un rapport périodique sur les formations. Les transmetteurs majeurs chinois rendent compte de leurs activités, par écrit ou à l'oral, aux administrations culturelles locales de leur lieu d'habitation[1152]. Un rapport annuel est rendu par les administrations culturelles locales sur les informations des transmetteurs majeurs de leur circonscription au ministère

---

[1149] Pour le dispositif maître d'art : selon l'entretien avec H. Farnault, précité. Pour le dispositif transmetteur majeur : art. 12 al. 2 des *Mesures provisoires* du 14 mai 2008.

[1150] La mission des métiers d'art reçoit tout au long de l'année des demandes et candidatures qu'elle transmet aux maîtres d'art, selon le secteur concerné, pour qu'ils fassent leurs observations et choix. Mais très souvent, les maîtres ont déjà pris leur décision : le dossier de candidature de maître d'art met l'accent sur l'obligation de transmission et les incite à faire des réflexions sur le profil de leur futur élève ; souvent ils cherchent dès lors activement une personne correspondant à leurs attentes.

[1151] Mais « D'autres formations complémentaires peuvent être décidées par le responsable de la mission des métiers d'art en faveur des élèves des maîtres d'art ». Art. 3 de l'arrêté du 3 août 2004.

[1152] Il s'agit généralement des administrations ayant retenu leur dossier de candidature.

de la culture[1153]. En France, une convention est établie entre le maître d'art et son élève, précisant les modalités pédagogiques et pratiques de la formation et l'élève reçoit une rémunération d'apprenti versée par le maître. La formation est suivie de façon régulière par la mission des métiers d'art et fait l'objet d'une mise au point annuelle. En revanche, c'est l'élève et non le maître d'art qui doit rendre ce rapport, dans lequel il décrit ses activités dans le cadre de la formation et le projet pour l'an suivant.

401. Outre l'obligation de transmission, les deux dispositifs prévoient également la participation de la personne désignée à des opérations de promotion de son savoir et de son métier, par exemple dans le cadre de salons, d'expositions ou d'échanges culturels[1154].

402. Enfin, les deux dispositifs français comme chinois prévoient des clauses de sanction en cas de non-respect des obligations. Si le transmetteur majeur ne respecte pas l'obligation de transmission « sans raisons valables », son titre sera destitué par les administrations et une autre personne sera désignée à sa place par la même procédure de désignation. Lorsqu'un transmetteur majeur « perd sa capacité de transmission », c'est-à-dire indépendamment de sa volonté, il sera remplacé par une autre personne désignée elle aussi comme transmetteur majeur tout en gardant son titre (art. 16 al. 2). Il s'agit donc d'un procédé dans l'objectif de garantir une véritable transmission de pratiques et savoirs. Quant au dispositif français, on rappelle que le maître d'art est un titre honorifique à vie. Ainsi, lors du non-respect de l'engagement, du maître ou de l'élève, la mission des métiers d'art peut retirer l'allocation annuelle versée au maître, mais son titre ne sera jamais destitué. Mis à part cela, il n'y a pas d'autres clauses de sanction[1155]. Mais selon la mission, ses relations avec les maîtres d'art incitent plutôt à l'optimisme : depuis le début des dispositifs en 1994 et sur les 74 élèves formés, cela s'est produit deux fois et dans des circonstances tout à fait particulières[1156].

[1153] Art. 13 al. 5 et art. 16 des *Mesures provisoires* du 14 mai 2008. Le rapport doit être rendu à la fin de l'année civile avec les rapports sur les autres activités culturelles de leur circonscription.

[1154] Art. 13 al. 4 des *Mesures provisoires* du 14 mai 2008. Par exemple, quatre maîtres d'art et leurs élèves se sont ainsi exposés à Beijing en 2005 lors des Années croisées culturelles franco-chinoises.

[1155] Cette affirmation est venue de H. Farnault, selon les deux conventions signées entre la mission des métiers d'art, le maître et l'élève.

[1156] Selon H. Farnault qui travaille depuis 1994 sur le suivi pédagogique et administratif des maîtres d'art.

403. Dans les deux pays, des dispositifs parallèles existent aux échelons locaux. À ce jour, six régions françaises ont été ou sont concernées : Bretagne, Aquitaine, Midi-Pyrénées, Rhône-Alpes, Alsace et Lorraine ; une réflexion est menée actuellement pour l'étendre à la région Île-de-France. Pour chacune de ces régions et pour une durée qui varie de un à trois ans, l'État verse 15 000 euros par an ; les conseils régionaux apportent le reste des frais par les secteurs de la culture, de la formation et du développement économique[1157]. En Chine, la grande majorité des Régions ont établi leurs dispositifs régionaux des transmetteurs majeurs régionaux basés sur les éléments des listes du patrimoine culturel immatériel au niveau régional[1158]. Certaines grandes villes proclament également leurs propres transmetteurs majeurs au niveau municipal[1159]. Ces dispositifs locaux sont également liés à une certaine subvention financière, par exemple la Région de Zhejiang distribue depuis 2007 une subvention de 3 000 *yuan* chinois par personne aux transmetteurs majeurs régionaux[1160].

2) Différences des deux dispositifs

404. Malgré leur similitude, on peut relever deux différences de principe entre les deux dispositifs de la transmission. Premièrement, dans les ateliers français, doivent être enseignés non seulement les techniques et savoir-faire artisanaux, mais également les moyens et expériences pour faire fonctionner l'atelier, y compris les réseaux d'approvisionnement des matériaux nécessaires au métier ou les méthodes de gestion, afin que l'élève puisse, après la formation, mettre en place ses propres activités et perpétuer ainsi le métier. Cela révèle la nature du dispositif de maîtres d'art qui se concentre, comme l'indique l'intitulé du conseil des métiers d'art, sur le métier : la sauvegarde

---

1157 Question à l'Assemblée nationale, 13ème législature - QE 1700, question de M. Cinieri Dino (UMP- Loire), publiée au *JORF* le 31 juillet 2007, réponse par le ministère de la Culture et de la Communication, parue le 22/04/2008. Également : Rapport d'information fait au nom de la Commission des Affaires économiques et du Plan sur les actes du colloque Tourisme et Métiers d'art - *La formation initiale : construire l'avenir économique des métiers d'art*, Sénat, session ordinaire de 2003-2004, n° 118, par M. le sénateur Bernard Joly, annexe au procès-verbal de la séance du 17 décembre 2003, p. 69-70, intervention de Mme Hélène Farnault.

1158 Par exemple les Régions Zhejiang, Shanghai et Ningxia. La Rédaction, « Récapitulons la sauvegarde du patrimoine culturel immatériel en 2008 » 盘点 2008 "非遗"保护, *China Cultural Daily* 中国文化报, 25 janv. 2009, la Une.

1159 Par exemple les villes de Shenzhen, Chongqing et Hangzhou.

1160 WU Bing'an 乌丙安, « Le dispositif de « Transmetteur majeur » se régularise progressivement » 中国非物质文化遗产：传承人保护日益规范, *Quotidien du peuple* 人民日报, 31 oct. 2008, p. 16 bis.

des savoir-faire aurait donc pour objectif la sauvegarde des métiers rares et exceptionnels. Alors que le titre de transmetteur majeur, nous l'avons vu, a pour vocation la transmission des savoir-faire et des pratiques. Souvent, ces derniers ne constituent pas des métiers mais sont des éléments culturels pratiqués par des amateurs.

Une autre différence de principe concerne le secret de l'information. Le transmetteur majeur chinois doit respecter une obligation importante qui n'existe pas dans les autres systèmes similaires : celle de « fournir des descriptions complètes sur l'élément du patrimoine culturel immatériel qu'il détient, en particulier le processus d'opération, les méthodes techniques, les exigences concernant le matériel utilisé, les savoir-faire particuliers » aux administrations culturelles locales (art. 13 al. 1). De cette manière, ses savoir-faire ne restent plus secrets mais sont connus par les administrations et les chercheurs qui obtiennent l'accès aux documentations. Cette exigence est discutable dans la mesure où certains praticiens peuvent ne pas vouloir se soumettre à ce régime, contraints par les traditions de leur métier ou de leur famille, ou par crainte de se faire « voler » leurs savoir-faire. Cette mesure est issue en effet de la volonté forte d'assurer la transmission qui règne dans le dispositif de transmetteur majeur. On constate à ce propos la différence de son appellation par rapport aux autres systèmes similaires, traduisant une volonté d'accentuer le rôle de transmission par la personne désignée, ceci est particulièrement évident en comparaison du maître d'art français qui met l'accent sur l'excellence technique de la personne.

Paragraphe II. L'appréciation critique de l'application des systèmes de trésor vivant

La situation d'application du système de trésor vivant en France comme en Chine laisse perplexe. Dans le cas français, on constate que l'application du système a tendance à privilégier la préservation des métiers d'artisanat d'art plutôt que les savoir-faire (A) ; tandis qu'en Chine, le volontarisme des autorités publiques fait craindre l'improductivité de ce dispositif à défaut d'une participation large et réelle des communautés à l'origine du patrimoine culturel immatériel (B). Les deux systèmes et les critiques qui leur sont portées étant de nature très différente et difficilement comparables, nous allons les examiner successivement. Finalement, ce système, malgré des succès, n'est pas à l'abri des réflexions sur le bien-fondé même de son existence (C).

A. Le « maître d'art » français : entre métiers et savoir-faire

Le dispositif de maître d'art ne bénéficie pas d'un statut juridique spécifique. À l'origine créé pour mettre en valeur les aspects culturels et artistiques des métiers d'artisanat d'art, il fait prévaloir la valeur des métiers, la création et l'innovation à l'objectif de préservation des savoir-faire traditionnels.

1) Un statut confus : maître d'art, métiers d'art et artisanat d'art

405. Le dispositif de maître d'art est un titre honorifique créé par des arrêtés ministériels, il ne confère pas de statut juridique particulier aux personnes ainsi désignées. Les maîtres d'art étant des « professionnels des métiers d'art » et le plus souvent des artisans, relèvent-ils du statut de l'artisanat d'art ?

La création d'une section d'artisans d'art au sein du Répertoire des métiers est d'abord inscrite dans le cadre de la loi relative au développement et à la promotion du commerce et de l'artisanat de 1996[1161]. La notion d'artisan d'art est ensuite clarifiée par un décret du 2 avril 1998[1162]. Afin d'être qualifiée d'artisan d'art, une personne physique doit être titulaire d'un certificat d'aptitude professionnelle ou d'un diplôme ou d'un titre de niveau équivalent ou supérieur délivré pour le métier considéré et son métier doit figurer parmi les 217 métiers de la liste des métiers de l'artisanat d'art[1163]. La qualité d'artisan d'art est accordée aux personnes physiques y compris les dirigeants sociaux des personnes morales qui exercent les métiers de l'artisanat d'art de cette liste. Le statut d'artisanat d'art induit certaines particularités en termes de régime social et fiscal ainsi que certaines mesures particulières du droit commercial.

406. Toutefois, en réalité, les maîtres d'art désignés ne relèvent pas nécessairement du statut d'artisan d'art : un grand nombre d'entre eux sont dirigeants ou salariés de sociétés commerciales. On observe par ailleurs dans le dossier de candidature que les personnes et ateliers proposant leur candidature peuvent être de tout statut juridique existant à l'exception des personnes relevant de la fonction publique[1164]. Concernant le statut des entreprises des maîtres d'art désignés, il est à souligner que le statut d'« entreprise

---

[1161] Loi n° 96-603 du 5 juillet 1996, dite loi Raffarin, *JORF*, 6 juillet 1996, p. 10199.

[1162] Décret n° 98-247 du 2 avril 1998 relatif à la qualification artisanale et au répertoire des métiers modifié par le décret n° 2006-80 du 25 janvier 2006.

[1163] Art. 2 du décret du 2 avril 1998 modifié. La liste est établie par l'arrêté du 12 décembre 2003 fixant la liste des métiers de l'artisanat d'art du secrétaire d'État aux petites et moyennes entreprises, au commerce, à l'artisanat, aux professions libérales et à la consommation.

[1164] *V. supra*, n° 394.

artisanale » exclut l'application des règles du droit commercial[1165], ce qui n'est pas le cas d'un grand nombre d'ateliers de maîtres d'art qui sont des sociétés commerciales soumises au droit commun. Enfin, si l'on se reporte à la définition des « métiers de l'artisanat d'art » donnée par l'arrêté du 12 décembre 2003[1166], la seule condition requise pour être qualifié de travailleur des métiers de l'artisanat d'art est simplement d'exercer à titre professionnel un métier relevant de la nomenclature établie par ledit arrêté, quel que soit le statut juridique du professionnel. Par conséquent, le titre de maître d'art n'est pas lié à un statut juridique particulier. Il ne peut encore moins créer de régime particulier, en raison de la nature des textes qui sont des arrêtés ministériels.

407. Si les maîtres d'art ne relèvent pas nécessairement du statut de l'artisanat d'art, avant la mise en place de ce dispositif, il existait déjà un autre titre destiné aux professionnels des métiers d'art qui, lui, est soumis au statut juridique d'artisanat d'art, celui du « maître artisan en métier d'art ». Ce titre est créé par l'article 3 de l'arrêté du 12 décembre 2003. Il s'agit d'une qualification complémentaire pour les artisans d'art qualifiés. Afin d'obtenir ce titre, les candidats doivent soit être titulaires d'un diplôme reconnu et avoir deux années de pratique professionnelle ; soit être immatriculés au répertoire des métiers depuis au moins dix ans et justifier, à défaut de diplôme, d'un savoir-faire reconnu au titre de la promotion de l'artisanat ou de leur participation aux actions de formation[1167]. Lorsque ces conditions sont remplies et suite à une décision d'une commission régionale des qualifications qui statue après avis d'un expert compétent dans le métier considé-

---

[1165] Généralement, on parle d'« entreprise commerciale » lorsqu'elle est immatriculée au registre du commerce et d'« entreprise artisanale » (ou l'« entreprise du secteur des métiers ») lorsqu'elle est immatriculée au répertoire des métiers. Or, l'article 19-II de la loi n° 96-603 du 5 juillet 1996 affirme qu'une même entreprise peut à la fois être commerciale et artisanale car elle peut s'immatriculer dans les deux registres. Si la différence entre l'entreprise artisanale et l'entreprise commerciale reste assez confuse, la jurisprudence révèle toutefois que cette distinction repose sur l'idée de spéculation : alors que le commerçant fait des achats pour revendre et en tire un bénéfice, le chef d'entreprise artisanale ne spécule pas sur la marchandise ou la matière première. Cass. com., 4 oct. 1966, *D.* 1966, jurispr. p. 682, cité par *JCL Commercial*, Fasc. 53 : « Artisanat », n° 80 *sqq.*

[1166] L'arrêté du 12 décembre 2003 fixant la liste des métiers de l'artisanat d'art, précité.

[1167] Diplôme exigé : le brevet de maîtrise, ou un diplôme de niveau de formation au moins équivalent au brevet de maîtrise dans le métier exercé, ou d'un métier connexe (les titulaires du titre équivalent devant justifier de connaissances en gestion et en psychopédagogie identiques à celles exigées pour le brevet de maîtrise). Décret n° 98-247 du 2 avr. 1998, art. 3, al. 1 et 2. ; art. 3, al. 4.

ré, le titre de maître artisan en métier d'art est attribué par le président de la chambre de métiers[1168].

408. Comme le titre de maître artisan en métier d'art, le statut juridique d'artisanat d'art offre certaines protections juridiques aux savoir-faire traditionnels, ce que le titre de maître d'art n'accorde pas. Par exemple, les titulaires des qualités d'artisan d'art (et d'artisan) peuvent utiliser les marques distinctives de qualification artisanale, qui certifient que les produits sont issus du travail d'un artisan[1169]. Les entreprises dont les dirigeants sont titulaires de la qualité d'artisan d'art ou de maître artisan en métier d'art peuvent aussi bénéficier de dérogations en matière sociale et d'aides financières[1170].

409. Un label « Entreprise du patrimoine vivant » peut également accorder des protections des savoir-faire aux entreprises artisanales qui détiennent un patrimoine économique, « composé en particulier d'un savoir-faire rare, renommé ou ancestral, reposant sur la maîtrise de techniques traditionnelles ou de haute technicité et circonscrit à un territoire »[1171]. Les entreprises du patrimoine vivant, telles qu'elles sont définies dans la loi, relèvent *a priori* principalement du champ de l'artisanat et, plus spécifiquement, des activités définies par l'arrêté du 12 décembre 2003, bien qu'elles puissent aussi concerner les entreprises commerciales. Ce label, dont les critères et modalités d'attribution sont définis dans un décret du 23 mai 2006[1172], accorde aux entreprises ainsi qualifiées un crédit d'impôt de 10 % maximum, sans plafond, dès lors qu'elles engagent des dépenses de conception de nouveaux produits[1173]. On constate par ailleurs que dans l'inventaire français du patrimoine culturel immatériel, les entreprises du patrimoine vivant sont recensées en tant que transmetteurs de savoirs traditionnels, alors que le dispositif de maître d'art y est totalement absent.

[1168] Décret n° 98-247 du 2 avril 1998, art. 4, al. 3.

[1169] Décret n° 98-247 du 2 avril 1998, art. 6-2. Des sanctions pénales sont prévues lors de l'utilisation du terme « artisan » sans détenir la qualification requise : loi Raffarin, art. 21, II et III.

[1170] *JCL Commercial*, Fasc. 53 : « Artisanat », n° 98-100.

[1171] Art. 23 de la loi n° 2005-882 du 2 août 2005 en faveur des petites et moyennes entreprises.

[1172] Décret n° 2006-595 du 23 mai 2006 relatif à l'attribution du label « entreprise du patrimoine vivant ».

[1173] Art. 45, loi n° 2005-1720 du 30 décembre 2005 de finances rectificative pour 2005, codifié à l'article 244 quater O du Code général des impôts.

410. Outre leur statut juridique, les différences entre le maître d'art et le maître d'artisanat en métier d'art se manifestent par les critères de sélection : alors que ce dernier est accordé quasi automatiquement lorsque les conditions de forme sont remplies, le maître d'art est soumis à une sélection stricte fondée notamment sur la valeur d'excellence. Son existence permet également d'encourager la transmission des métiers et des savoir-faire au sein des entreprises qui ne sont pas soumises au statut de l'artisanat d'art, en particulier les entreprises représentantes de l'« excellence française ».

2) Des critères de sélection fondés sur la valeur d'excellence

411. En effet, un maître d'art est un « professionnel d'excellence » qui maîtrise des « techniques et des savoir-faire exceptionnels » : cette valeur d'« excellence » et d'« exception » est omniprésente dans le dispositif français de maître d'art, elle se manifeste à la fois pour qualifier l'artisan honoré maître et pour qualifier les savoir-faire et l'art qu'il détient. D'une part, on observe que sont mises en avant les qualités personnelles et l'excellence du travail des maîtres d'art et est rarement évoquée la place des savoir-faire et techniques qu'ils détiennent dans la culture française. Pour la mission des métiers d'art, les critères de rareté et d'excellence technique sont l'un comme l'autre suffisants mais pas obligatoires pour la désignation du maître d'art[1174]. Or, la sélection des systèmes japonais et coréen comme celui de l'Unesco se fonde sur l'enracinement dans les traditions culturelles et sociales, le caractère représentatif pour une communauté donnée et le risque de disparition des connaissances et savoir-faire concernés. La qualification qui repose sur l'excellence du travail d'un artisan sans prendre en compte la place de ses savoir-faire dans la culture dont il est issu s'éloigne ainsi de l'esprit du dispositif japonais ou de l'Unesco.

D'autre part, on aperçoit que dans le dispositif français, la rareté des savoir-faire et métiers ne paraît que comme une expression de son prestige inaccessible à la population, et ne semble pas toujours être soumise à une véritable menace de disparition. Les savoir-faire et métiers ainsi visés sont en grande partie des arts d'élite. Le responsable du dispositif de maître d'art admet également que malgré certains efforts depuis 1996, ce dispositif reste élitiste et ne représente pas toujours la culture traditionnelle et encore moins la culture populaire française[1175]. En effet, se trouvent ici les difficultés que la mission des métiers d'art rencontre dans la conjonction de ses travaux

1174 Entretien avec H. Farnault, précité.

1175 *La formation initiale : construire l'avenir économique des métiers d'art*, Rapport n° 118 du Sénat, précité, p. 50. Ce propos est confirmé par H. Farnault lors de notre entretien.

avec la mise en œuvre de la Convention de 2003 : pour la mission, les savoir-faire préservés par le dispositif de maître d'art ne représentent que très rarement une véritable identité culturelle du pays comme l'évoque la Convention de 2003.

412. Ce critère d'excellence crée aussi le risque d'établir une hiérarchie culturelle des pratiques ou savoir-faire qui pourront être visés. Le *Kadō* 華道 ou « l'art de faire vivre les fleurs » basé sur la composition florale, considéré comme un art rituel au Japon, est honoré « Bien culturel immatériel important » tandis que le fleuriste français, même travaillant avec une grande inspiration, ne verrait jamais reconnue son excellence artisanale : un savoir-faire est un art ou ne l'est pas, cela ne peut se détacher de son contexte culturel.

Cette hiérarchie culturelle, presque perçue comme une évidence dans les systèmes français et japonais, est présentée de manière naturelle dans les processus de ces deux dispositifs en ignorant les éléments de la culture folklorique, tandis que ce dernier prend une place de choix dans le système coréen. Cela est sans doute lié au fait que la culture d'élite coréenne est en réalité en grande partie fondée sur la culture confucéenne tandis que la substance de l'esprit coréen réside dans la culture populaire chamaniste[1176]. Si aujourd'hui pour beaucoup, lorsque l'on évoque l'expression de « trésor vivant », c'est le Japon qui vient d'abord à l'esprit, souvenons-nous toutefois que c'est la République de Corée qui l'a introduit à l'Unesco, en s'appuyant sur la préservation de la *culture populaire*, et cela dans le cadre des réflexions relatives à la Recommandation de 1989.

Certes, l'affectation de l'« excellence » est aussi présente dans les dispositifs de l'Unesco, mais elle ne sert qu'à qualifier l'« excellence dans l'*application* des connaissances et savoir-faire » de la personne ou groupe désigné[1177], pour justifier la sélection de la personne en tant que titulaire de la qualité de trésor humain vivant par rapport aux autres personnes détenant les mêmes savoir-faire. Cette interprétation de l'« excellence » ne permet pas de qualifier les savoir-faire en soi. Ainsi, la qualification de l'*excellence de savoir-faire* que possède le maître d'art français ne paraît guère justifiée, dès lors que le

---

[1176] *V*. Jongsung YANG, *Cultural protection policy in Korea: intangible cultural properties and living national treasures*, *op. cit.* Également les publications de l'ethnologue français spécialiste du chamanisme coréen M. Alexandre Guillemoz, par exemple « Le chamanisme coréen », numéro spécial des *Cahiers d'Extrême-Asie*, n° 6, revue bilingue de l'École française d'Extrême-Orient, Paris, 338 p.

[1177] Directives pour l'établissement de systèmes nationaux de « Trésors humains vivants », précité, p. 7, « Critères de sélection ». Nous soulignons.

dispositif est désormais considéré comme une mesure de sauvegarde du patrimoine culturel immatériel. Ces mesures de sauvegarde visent la préservation de l'ensemble des cultures traditionnelles, qu'elles soient populaires ou savantes, et non pas particulièrement celle de la culture d'élite, chose que le système de maître d'art semble pourtant réellement revendiquer.

413. On constate également que les critères de sélection des maîtres d'art évoquent explicitement la rénovation, la création contemporaine et l'utilisation de nouveaux matériaux et de nouvelles technologies[1178]. En effet, placé à l'origine sous la Délégation aux arts plastiques du ministère de la Culture, le conseil des métiers d'art a également pour objectif de « soutenir la création d'objets d'art aux lignes nouvelles ». Étant placés dans un secteur à la fois industriel et artisanal[1179], les métiers d'art, même chargés de signification culturelle, ne sont que des métiers parmi d'autres, dont des mesures administratives et fiscales garantissent le bon fonctionnement et la continuité. Au regard du secteur de la culture, les métiers d'art représentent une matière de l'art plastique comme tant d'autres qui nécessitent en permanence de se rénover et se recréer[1180]. Toutefois, l'aspect patrimonial des métiers d'art n'est pas, du moins à la création de ces institutions culturelles, pris en compte tel qu'il l'est aujourd'hui. En effet, il n'est pas toujours évident de combiner les deux aspects : un artisan qui maîtrise et respecte parfaitement les techniques traditionnelles (objet de la préservation) n'est peut-être pas un véritable artiste créatif ; inversement, est-il possible d'exiger d'un artiste créatif qu'il respecte parfaitement les traditions anciennes ? Celles-ci ne font clairement pas partie de l'objectif des dispositifs de maître d'art français : la « création » fait, elle, partie des mots clés, contrairement à la « tradition »[1181].

414. Enfin, il convient de souligner que ne sont présentés dans le dispositif français que les éléments artisanaux d'art mais pas les arts du spectacle. La catégorie « arts de la scène » ne contient que des savoir-faire liés aux équipements de la scène et non pas aux arts du spectacle proprement

---

[1178] *V. supra* n° 395.

[1179] N'oublions pas que la gestion administrative des métiers d'art appartient à la SEMA, sous la tutelle du ministère de l'Économie, de l'Industrie et de l'Emploi (le Secrétariat d'État chargé du commerce, de l'artisanat, des petites et moyennes entreprises, du tourisme et des services).

[1180] On constate ainsi que l'une des missions de l'Institut national des métiers d'art est d'« explorer de nouveaux champs de développement culturel dans les domaines des arts plastiques, du design et des arts de la mode ». Communiqué de presse du 8 février 2010, précité.

[1181] La « tradition » ne figure pas non plus dans les missions de l'Institut national des métiers d'art.

dits[1182]. Or, ces derniers représentent une partie importante dans les dispositifs de trésor vivant tant dans le système de l'Unesco que chez les Japonais et Coréens[1183].

415. Le dispositif français de maître d'art semble ne transposer que partiellement les perceptions de ses initiateurs japonais. Cela est sans doute lié à l'institution dont le dispositif dépend : dès la création du dispositif, les métiers d'art sont placés sous la gestion de la délégation aux arts plastiques tandis que les arts du spectacle restent dans le domaine de compétence de la direction de la musique, de la danse, du théâtre et des spectacles (ministère de la Culture). Suite au réaménagement du ministère et à la décision de créer un Institut national des métiers d'art, le dispositif dépendra à la fois du service des arts plastiques de la nouvelle direction générale de la création artistique[1184] et du secrétaire d'État chargé du commerce, de l'artisanat, des petites et moyennes entreprises, du tourisme, des services et de la consommation. Les métiers d'art, malgré ce que leur appellation peut laisser appréhender, ne comprennent que les métiers artisanaux d'art et non pas ceux de l'art de la scène.

Au demeurant, bien que considéré par les autorités françaises comme une mesure de mise en œuvre de la Convention de 2003 – puisqu'il peut assurer la sauvegarde de certains savoir-faire, l'esprit initial du dispositif de maître d'art est loin de correspondre à la préservation de la culture traditionnelle populaire. Il reste aujourd'hui largement un outil de mise en valeur des aspects culturels et artistiques des métiers d'art[1185]. Entre les métiers et les savoir-faire, le penchant est clair : le premier prévaut.

Il semble qu'aucun des deux aspects culturels et artisanaux ne doit être négligé dans la mise en œuvre de la Convention de 2003. En effet, le conseil des métiers d'art comme la SEMA sont convoqués dans le comité interdirec-

---

[1182] Actuellement trois maîtres d'art sont désignés dans ce domaine : une costumière, un créateur de masque et un noteur (personne qui réalise les cartons perforés pour les orgues de Barbarie).

[1183] Sur les 135 individus et groupes reconnus trésor national vivant japonais, 67, soit près de 50 %, sont des artistes de la scène ; en Corée, ce sont les 136 individus et groupes reconnus dans le domaine des arts du spectacle face aux 63 individus dans les techniques et savoir-faire, soit plus de 68 %.

[1184] Suite à la réorganisation du ministère de la Culture en novembre 2009, la direction de la musique, de la danse, du théâtre et des spectacles et la délégation aux arts plastiques sont intégrées à la nouvelle direction générale de la création artistique (*supra*, n° 213). À l'intérieur de cette nouvelle direction, se retrouvent un service du spectacle vivant et un service des arts plastiques. Sur l'Institut national des métiers d'art, *V. supra*, n° 342.

[1185] Ce qu'affirment encore une fois les missions du nouvel Institut national des métiers d'art.

tionnel pour la sauvegarde du patrimoine culturel immatériel au ministère de la Culture[1186]. La mission des métiers d'art a été priée à cette occasion de réfléchir sur la question de la correspondance entre ses missions et la convention, mais aussi de faire une proposition d'éléments pouvant figurer dans l'inventaire du patrimoine culturel immatériel français. Confronté aux nouvelles exigences amenées par l'application de la convention, le dispositif de maître d'art devrait être revu dans ses orientations pour privilégier la mise en valeur des savoir-faire par rapport aux métiers et aux personnes[1187].

B. Le « transmetteur majeur » chinois : le volontarisme des autorités publiques

Le dispositif chinois de transmetteur majeur se veut une adaptation fidèle du système de l'Unesco et se caractérise par une volonté très nette d'assurer la transmission au lieu de mettre en avant la personne proclamée. On constate, en examinant de plus près le processus de désignation, le rôle presque exclusif des personnes publiques dans le choix des candidats d'une part, ainsi qu'une tendance à banaliser le statut de transmetteur majeur d'autre part.

1) Le rôle excessif des personnes publiques dans la candidature des transmetteurs majeurs

416. Depuis l'établissement du titre de transmetteur majeur en avril 2007, trois proclamations ont été réalisées. La première désignation a été marquée par le délai extrêmement court pour le dépôt de candidature – 24 jours calendaires[1188]. Plus concrètement, les personnes sont contactées par les administrations culturelles régionales et donnent leur consentement pour se porter candidates à la désignation. La première liste est ainsi publiée plus ou moins dans la précipitation le 5 juin 2007 et proclame 226 transmetteurs majeurs[1189]. La rigueur scientifique de cette proclamation laisse à désirer : le

[1186] *V. supra* n° 213.

[1187] La création du nouvel Institut national des métiers d'art permettra-t-elle de revoir les orientations ? Il est pour l'heure difficile d'en apprécier les conséquences, compte tenu que l'événement est très récent (intention annoncée le 7 février 2010). Mais à la lecture des missions confiées à cet institut, il semble que les orientations pour les métiers demeurent les mêmes, c'est-à-dire de développer les métiers d'art et mettre en valeur la création artisique de ces métiers.

[1188] Une circulaire du ministère de la Culture est diffusée le 6 avril 2007 (*supra* n° 393) et exige que les dossiers des candidatures régionales soient déposés au ministère avant le 30 avril 2007. L'objectif était de déterminer rapidement la liste afin de concorder avec la deuxième journée nationale du patrimoine culturel le 9 juin 2007.

[1189] *Circulaire du ministère de la Culture sur la publication de la première proclamation des Transmetteurs majeurs des patrimoines culturels immatériels au niveau national*
文化部关于公布第一批国家级非物质文化遗产项目代表性传承人的通知, n° *wenshetufa* 文社图发 [2007]21, 5 juin 2007.

ministère de la Culture n'accorde qu'une quinzaine de jours de travail aux Régions pour préparer leurs dossiers de suggestion.

En raison de ce délai court, le ministère a dû accepter de prendre en considération les dossiers déposés tardivement par les Régions. Ainsi, pour la deuxième proclamation, il n'y a pas eu d'appel à candidature et la proclamation est basée sur les dossiers de suggestion déposés tardivement pour la première proclamation. La deuxième liste est publiée le 26 janvier 2008 en nommant 551 personnes[1190]. L'appel à candidature pour la troisième proclamation est lancé en juillet 2008[1191] et publié en mai 2009, 711 personnes sont proclamées transmetteurs majeurs[1192].

417. On remarque ainsi que les deux premières désignations ne sont pas ouvertes aux citoyens ordinaires ; ce sont uniquement les administrations culturelles régionales, convoquées par le ministère de la Culture, qui prennent l'initiative dans l'identification des personnes susceptibles d'être candidates à la proclamation. La troisième proclamation en revanche respecte les *Mesures provisoires sur la qualification et la gestion des transmetteurs majeurs* du 14 mai 2008[1193] et accepte également la candidature libre des citoyens en dehors des institutions culturelles « détentrices » des éléments du patrimoine culturel immatériel (art. 4).

En parcourant les deux premières listes, on observe qu'il s'agit exclusivement des éléments dont le « détenteur » identifié par la liste du patrimoine culturel immatériel au niveau national est une personne morale publique, plus souvent des collectivités territoriales. On constate ainsi une très forte volonté des autorités publiques de donner davantage de visibilité à ce dispositif ainsi qu'à l'ensemble des mesures relatives au patrimoine culturel immatériel, par exemple en publiant la première liste à l'occasion de la journée nationale du patrimoine culturel. Cependant, actuellement, cette volonté ne semble pas bien coordonner avec la participation des communautés et des

1190 *Circulaire du ministère de la Culture sur la publication de la deuxième proclamation des Transmetteurs majeurs des patrimoines culturels immatériels au niveau national*
文化部关于公布第二批国家级非物质文化遗产项目代表性传承人的通知, n° *wenshetufa* 文社图发 [2008]1, 26 janv. 2008.

1191 *Circulaire sur la suggestion des candidats à la troisième proclamation des Transmetteurs majeurs des patrimoines culturels immatériels au niveau national*
文化部办公厅关于推荐第三批国家级非物质文化遗产项目代表性传承人的通知, ministère de la culture, n° *banshetuhan* 办社图函 [2008] 367, le 28 juillet 2008.

1192 *Circulaire sur la publication de la troisième proclamation des Transmetteurs majeurs des patrimoines culturels immatériels au niveau national*
文化部关于公布第三批国家级非物质文化遗产项目代表性传承人的通知, n° *wenfeiyi* 文非遗 [2009] 6, 26 mai 2009.

1193 *V. supra*, n° 388.

personnes praticiennes des éléments du patrimoine culturel immatériel. La proposition par les administrations des personnes en tant que transmetteurs majeurs n'a pas fait, en tout cas de manière générale, l'objet d'une concertation avec les communautés.

2) Une tendance à banaliser le titre de « transmetteur majeur »

418. En parcourant les listes de transmetteurs majeurs, on constate également une tendance à généraliser le statut de « transmetteur majeur ».

À la fin des trois proclamations, 1 488 personnes sont proclamées transmetteurs majeurs, pour les 1 175 éléments inscrits sur la Liste du patrimoine culturel immatériel au niveau national, à savoir que certains éléments comprennent plusieurs variations dans des zones géographiques différentes, ce qui fait qu'ils peuvent correspondre à des transmetteurs majeurs de plusieurs Régions simultanément. Par définition, tout transmetteur majeur désigné correspond à un élément inscrit sur la liste du patrimoine culturel immatériel au niveau national ; par ailleurs, dans la liste des transmetteurs majeurs publiée, est systématiquement mentionné le numéro correspondant de l'élément dans la liste du patrimoine culturel immatériel au niveau national. La volonté de désigner systématiquement un transmetteur majeur pour chacun des éléments protégés, bien qu'elle ne soit pas exprimée par la recommandation de l'Unesco, est en effet inspirée du système japonais[1194] qui impose, lorsqu'un élément est désigné Bien culturel immatériel important, de désigner parallèlement une personne ou un groupe en tant que Détenteur du bien culturel immatériel important. Bien que pour des raisons pratiques certains éléments ne sont pas représentés par un transmetteur (par exemple les festivités), la volonté de réaliser les deux dispositifs en parallèle est nette dans les démarches du ministère chinois de la culture.

419. Cette tendance à banaliser le statut de transmetteur majeur – au lieu de le réserver aux quelques personnages distingués par leur « excellence technique » souvent détachée de la nature de leurs savoir-faire (le cas du maître d'art français) – rend sans doute ce système plus proche de l'essence du système de l'Unesco. Il a également pour avantage d'être plus efficace, car la désignation n'est plus un titre honorifique mais fonctionnel : l'objectif premier de la liste du patrimoine culturel immatériel au niveau national étant la sauvegarde, la proclamation de transmetteur majeur, favorisant la transmission, entre logiquement dans la mise en place des moyens de sauvegarde.

[1194] Art. 71 al. 2 de la *Loi sur la protection des biens culturels*, précitée.

420. Au demeurant, on constate un volontarisme très fort des autorités publiques dans les actions de transmission du patrimoine culturel immatériel, qui se traduit par le rôle actuellement presque exclusif des personnes publiques dans la mise en place du dispositif de transmetteur majeur. L'intervention importante des administrations peut certes garantir l'effectivité du système, comme imposer la désignation systématique d'un transmetteur majeur parallèlement aux éléments inscrits afin d'assurer la transmission de ces éléments. Toutefois, ce rôle exclusif semble problématique au regard des communautés praticiennes.

Sur ces interrogations, les *Mesures provisoires sur la qualification et la gestion de « Transmetteur majeur du patrimoine culturel immatériel national »* de 2008 semblent, théoriquement, promettre des améliorations de la situation. Nous avons vu que les citoyens ont désormais la faculté de déposer en leur propre nom le dossier de candidature auprès des administrations culturelles locales (art. 5) et que les chercheurs travaillant dans la collecte, le classement et les études du patrimoine culturel immatériel sont exclus de la désignation (art. 4). Il est pourtant nécessaire de souligner la position faible et le manque de moyens des particuliers et des organisations non gouvernementales face aux pouvoirs publics en Chine. L'application réelle de ces dispositions reste encore à prouver.

C. Observations finales sur l'ensemble des systèmes de « trésor humain vivant »

Malgré la reconnaissance par les organismes internationaux, les systèmes de trésor humain vivant, tels que japonais, coréen, français et chinois, font souvent l'objet d'objections, notamment de deux natures : d'une part les critiques sur les défauts inhérents au système ; d'autre part sur l'application de dispositifs avec une orientation trop politisée et/ou commerciale.

1) Les défauts inhérents au système

421. Les interrogations se manifestent tout d'abord sur le fondement même de l'existence du système : nombreux sont les ethnologues ou historiens qui se demandent s'il y a vraiment besoin de préserver artificiellement un élément culturel en voie de disparition naturelle. Cette interrogation n'est pas propre aux systèmes de trésor humain vivant mais concerne l'ensemble des mesures de sauvegarde des traditions culturelles anciennes[1195].

[1195] *V. supra* n° 161 ; n° 186.

La question peut également se poser d'une autre manière : faut-il préserver la forme ancienne d'une expression, d'une pratique ou d'un savoir-faire, ou bien se soumettre à des modifications spontanées (de la part des ceux qui vivent ces traditions) et ce à quel degré ? Quelle forme retenir lorsqu'il y a variation diverse d'un même élément, ou plutôt quelle personne représentante de la variation peut-on choisir ? Ce sont des questions que se posent les chercheurs depuis la préparation de la Convention de 2003. En effet, la désignation d'une personne en tant que trésor humain vivant confère inévitablement une autorité culturelle à la forme ou la variation de l'élément que pratique cette personne ; ainsi, d'autres formes de cet élément pourraient être ignorées, rejetées, voire pourraient disparaître.

En ce sens, le professeur Yang Jongsung constate la tendance du système coréen à avoir « favorisé une certaine uniformité parmi les 'transmetteurs' et découragé le patrimoine immatériel 'non désigné' » ; par conséquent, il arrive que le nom de la forme désignée remplace le nom originel et généraliste de l'élément et devienne désormais le terme « standard » et pourtant artificiel[1196]. Afin de préserver une plus grande diversité naturelle des éléments du patrimoine culturel immatériel, il sera indispensable d'envisager une méthode permettant de transcender la relation entre les formes désignées et non désignées. En d'autres termes, les trésors humains vivants ne doivent pas devenir la seule référence en la matière et ne doivent pas avoir une position monopoliste dans la transmission.

422. En outre, comme dans bien d'autres processus de patrimonialisation d'objets culturels, il existe le risque de remplacer la fonction d'origine de certains éléments, en particulier ceux à fonction rituelle, par leur dimension artistique et spectaculaire. En Corée comme au Japon, les arts du spectacle représentent plus de la moitié des éléments désignés. Une fois le statut reçu, les trésors humains vivants se voient conférés des obligations de représentation devant le public et de transmission. Il peut s'agir souvent d'un élément spécifique lié à une occasion particulière, par exemple les rites chamaniques présentés à l'occasion du nouvel an dans les pays de l'Asie de Nord-Est (Corée, Mongolie, Nord de la Chine, etc.). Le chamanisme vit un grand recul dans les sociétés contemporaines avec la modernisation ; la désignation de ces rites en tant que patrimoine immatériel mettant accent sur la performance artistique et les costumes des personnes présentant les cultes

[1196] Jongsung YANG, *La Loi de protection des biens culturels coréens au regard du patrimoine immatériel coréen*, précité, p. 180.

renforce la tendance à les réduire à un art du spectacle et à omettre leurs origines rituelles.

2) Une orientation politisée et commerciale

423. Les applications du système de trésor humain vivant sont également critiquées pour avoir pris une orientation trop politique ou commerciale.

En réalité, on ne peut négliger que, à l'origine, au Japon et en Corée, les considérations ayant présidé à l'instauration du système de trésor humain vivant sont largement plus politiques que culturelles. Durant les périodes de la colonisation japonaise en Corée et de l'occupation militaire américaine du Japon après guerre, il y a eu un affaiblissement de leur culture nationale. Les deux pays vivent ainsi le même avènement du paradigme occidental dans les domaines de la politique culturelle, sociale et éducative, puis le dédain pour la culture traditionnelle du fait de la modernisation, de l'industrialisation et de la planification urbaine. Dans ce contexte, des changements radicaux tant culturels que sociaux amènent les nationalistes à sonder et protéger la culture nationale. En conséquence, de manière pragmatique, les lois et les instruments institutionnels pour la protection culturelle sont établis dans l'objectif de renforcer le sentiment de l'identité et de la fierté nationales. Non seulement dans l'instauration du système de trésor national vivant, la désignation de ce titre est également souvent dirigée par ces considérations ; tel est le cas du théâtre *Kumi Odori* 組踊 de l'Okinawa (沖縄, Japon).

424. Le *Kumi Odori* est une forme de l'art du spectacle peu connue avant les années 1990. Il fut formé dans une circonstance particulière : l'île d'Okinawa est placée sous le contrôle du Japon vers le début du dix-septième siècle. Mais le Japon tolère l'existence de la famille royale *Ryūkyū* sur l'île et lui permet de continuer d'envoyer ses tributs à l'empire de Chine, depuis longtemps protecteur de l'île. À chaque succession au trône, la Chine envoie un représentant pour légitimer le nouveau prince. Le spectacle *Kumi Odori* est alors créé en mélange des arts du spectacle japonais avec les arts de la scène chinois, afin de faire plaisir aux mandarins chinois venus sur l'île. C'est ce mélange des différentes expressions culturelles qui lui aurait donné une place importante parmi les arts de la scène japonais[1197].

Le *Kumi Odori* est désigné Bien culturel immatériel important le 15 mai 1972. Trois groupes d'artistes sont ensuite désignés comme Détenteur ou

---

[1197] "Modern twist on « kumi odori », Artists update classic Ryukyu dance", *The Japan Times*, 30 janv. 2007.

trésor national vivant de l'art *Kumi Odori*. Cette année, un grand nombre de biens culturels désignés sont de la région Okinawa. Le lien avec le retour de l'île au Japon après vingt ans d'occupation (d'avril 1952 à mai 1972) par les États-Unis d'Amérique semble évident. La nouvelle de l'inscription du *Kumi Odori* est annoncée le jour du retour officiel du territoire ; le directeur du Comité de préservation des biens culturels de l'archipel de Ryūkyū, M. Minamoto Takeo déclare explicitement : « Ces trésors culturels reviennent enfin chez eux et ils sont maintenant consacrés par le plus haut hommage existant ». Ce comité désigne également des biens culturels régionaux durant l'occupation américaine[1198].

En novembre 1996, le gouvernement japonais annonce la construction d'un théâtre national de *Kumi Odori*. À ce moment, la préfecture d'Okinawa est depuis longtemps en relation tendue avec la métropole. D'une part, l'installation sur l'île d'une base militaire américaine, imposée par Tokyo est très mal vécue par les habitants locaux ; d'autre part, les malaises économiques dont les habitants locaux attribuent la cause au statut marginalisé de l'île font que l'aspect politique de ce projet du théâtre national semble assez évident. La décision de Tokyo concorde avec une voix recrudescente réclamant l'indépendance de l'île. Le Théâtre national serait donc un symbole tangible de l'attachement de Tokyo à sa préfecture la plus éloignée[1199].

425. Outre cette caractéristique de politisation, l'aspect commercial des systèmes de trésor humain vivant et de ses « variantes » est également souvent critiqué. En effet, les trésors humains vivants désignés sont très souvent les patrons des grandes manufactures fortement commercialisées, représentant les rapports de force des régions et des fonds de commerce. Pour exemple, au Japon, l'art de la poterie *Bizen* 備前焼 est désigné cinq fois comme Bien culturel immatériel important, ce qui représente la moitié des éléments de l'art de feu désignés. D'après certains auteurs, cela serait la conséquence de la rivalité des deux grandes institutions japonaises de l'art appliqué qui se consacrent l'une comme l'autre particulièrement à la poterie : d'une part l'Exposition de l'artisanat traditionnel japonais (*Dento Kogei-ten*日本伝統工芸展) (de l'Association japonaise de l'artisanat *Nihon Kogei-*

[1198] MINAMOTO Takeo, *Okinawa's nature and culture*, *Cultural properties monthly (Gekkan Bunkazai)*, 1972, n° 104, p. 4.

[1199] Barbara E. Thornbury, "National Treasure/National Theatre: The Interesting Case of Okinawa's Kumi Odori Musical Dance-Drama", *Asian Theatre Journal*, 1999, vol. 16, n° 2, p. 230-247, ainsi que sa bibliographie.

*kai*日本工芸会)[1200] et d'autre part l'Exposition des beaux-arts japonais (*Nihon Bijutsu Tenrankai*, communément « *Nitten* » 日本美術展覧会 ou 日展)[1201].

Par leurs intitulés, on pourrait penser que le *Dento Kogeiten* se consacre à l'artisanat traditionnel et que le *Nitten* aux beaux-arts contemporains. Mais en réalité, les deux institutions couvrent pratiquement les mêmes domaines artistiques (de l'art plastique), avec comme différence majeure la mentalité dans la création : le *Dento Kogeiten* se concentre davantage sur le respect des traditions tandis que le *Nitten* met en valeur la créativité individuelle de l'artiste[1202]. De même dans leur organisation, les deux institutions partagent une caractéristique commune, c'est leur organisation fortement inspirée de la norme sociale traditionnelle de l'*Iemoto seido*[1203], ou d'une structure hiérarchique extrêmement stricte et solide. Afin d'évoluer dans un tel système, les relations sociales (et politiques) d'un artiste compteraient beaucoup plus que la dimension artistique de son travail[1204]. Les deux institutions ont l'une comme l'autre des relations complexes avec les puissants groupes de médias en tant que sponsors et qui en tirent un profit commercial important ; de même avec les grandes enseignes de distribution en tant que lieux traditionnels d'exposition[1205]. Par exemple le *Dento Kegeiten* est parrainé par la Société journal *Asahi*[1206] et s'est tenu au grand magasin *Mitsukoshi* dès son début ; le *Nitten*, si son lieu d'exposition principal est le Musée métropolitain d'art de Tokyo, s'expose aussi fort souvent dans des grands magasins en région.

1200 Le *Dento Kogeiten* a débuté en 1954 juste après l'instauration du système de trésor humain vivant, sa première exposition est organisée en effet dans le cadre de ce dernier par l'Agence des affaires culturelles (administration culturelle nationale).

1201 L'origine de *Nitten* est une exposition officielle des beaux-arts organisée par l'administration culturelle impériale depuis 1907. L'exposition prend sa forme actuelle en 1946 ; mais depuis 1959, l'organisme ne fait plus partie de *Japan Art Academy* et devient une association, tout en gardant une relation privilégiée avec l'Académie (Brian Moeran, « The Art World of Contemporary Japanese Ceramics », *Journal of Japanese Studies*, vol. 13, n° 1, 1987, p. 35). Le *Nitten* n'est donc plus l'exposition officielle mais reste d'une notoriété la plus importante dans le milieu des beaux-arts.

1202 Brian Moeran, "The Art World of Contemporary Japanese Ceramics", *Journal of Japanese Studies*, vol. 13, n° 1, 1987, p. 40.

1203 *V. supra* n° 377.

1204 B. Moeran, précité, p. 32 et 39.

1205 Pour un aperçu du rôle des groupes de presse et des grandes enseignes de distribution dans la promotion de l'art au Japon d'après-guerre, *V.* : Thomas R. H. Havens, *Artist and patron in postwar Japan. Dance, music, theater, and the usual arts: 1955-1980*, Princeton university press, 1982, p. 129-134.

1206 Le quotidien *Asahi Shinbun* consacre une rubrique culturelle importante aux trésors nationaux vivants et dispose d'une présentation précise des trésors nationaux vivants sur leur site Web officiel.

Pour la sélection du trésor national vivant, le *Dento Kogeiten* qui entretient une relation très complexe avec les administrations culturelles nationales dès l'origine du dispositif prend une place primordiale (à ce moment-là le « Comité national pour la préservation des biens culturels »). Il serait une réalité non dite que seuls les artisans adhérant de l'Association japonaise de l'artisanat auraient la possibilité d'être désignés trésor national vivant ; alors que d'autres institutions telles que *Nitten* en seraient exclues ; c'est ainsi que les artistes de *Bizen* auquel s'attache particulièrement le *Dento Kogeiten* ont pris une place si importante dans la désignation de trésor national vivant[1207].

426. La poterie est un exemple révélateur de la situation de l'ensemble des arts pouvant être concernés par le dispositif de trésor national vivant. De cette manière, le statut de trésor national vivant n'aurait pas uniquement pour fonction de protéger et conserver les savoir-faire : il permet par-dessus de tout d'honorer l'artiste en tant que personne, et bien entendu l'institution derrière l'artiste. De surcroît, la dimension artistique du travail d'un artiste serait souvent moins importante que ses relations sociales pour être désigné trésor national vivant[1208]. Or, si le titre de trésor national vivant n'est considéré que comme une sorte de distinction et de décoration, cela va à l'encontre de la raison d'être initiale du système.

427. Si le maître d'art français est beaucoup moins marqué par cette dimension politique, il n'échappe pas aux critiques d'une orientation trop commerciale comme pour le trésor national vivant japonais. Nous avons vu que les maîtres d'art élus sont souvent les dirigeants des grands ateliers prestigieux. Depuis 2006, les chefs d'entreprise faisant partie du comité Colbert peuvent être désignés maître d'art sans responsabilité de transmission : cette désignation n'a en l'occurrence aucune fonction de préservation de savoir-faire (qui ne sont guère par ailleurs en danger) mais plutôt dans l'objectif de « rendre hommage à l'excellence française » et de renforcer une image auparavant très prestigieuse. Par ailleurs, contrairement aux trésors vivants coréens, les maîtres d'art français comme les trésors nationaux vivants japonais ne concernent que l'artisanat d'art d'« exception » et ne récompensent pas les arts populaires.

[1207] WAHEI, Aoyama, *A Critique of the Living National Treasure System*, Japanese Pottery Information Center, [http://www.e-yakimono.net/html/lnt-critique-aoyama.html], 26 fév. 2004. – B. Moeran, *ibid.*

[1208] B. Moeran, *idem*, p. 32.

Conclusion du chapitre II

428. En premier lieu, il est important de se rappeler que le programme de trésor humain vivant de l'Unesco ne fait pas partie intégrante de la Convention de 2003 et n'a réellement aucun effet juridique contraignant pour les États parties à la convention, bien que l'Unesco continue à le promouvoir dans le cadre de la mise en œuvre de la convention. Aujourd'hui, on doit admettre que ce programme ne rencontre qu'un succès très partiel. Cela est peut-être lié au fait que les cultures les plus riches en patrimoine culturel immatériel ont tendance à privilégier la collectivité ou le groupe et à omettre le rôle de l'individu, ce qui conduit à une acceptation difficile du concept de trésor humain vivant qui honore un individu. Les applications réalisées sont aussi souvent critiquées pour s'être éloignées de l'esprit du programme de l'Unesco. En effet, il faut reconnaître que les dispositifs japonais, coréen comme français, avaient à l'origine des fonctions très différentes de celles que l'on essaie de leur attribuer aujourd'hui dans le cadre de la Convention de 2003. Deux questions se posent alors pour comprendre la place, l'impact de ce programme de trésor humain vivant en tant que mesure de transmission du patrimoine culturel immatériel.

429. La première question est relative au lien entre le trésor humain vivant et les éléments du patrimoine culturel immatériel. Dès le début du dispositif à l'Unesco, le concept de trésors humains vivants est fondamentalement lié à la sauvegarde de la culture traditionnelle et populaire. On en déduit que le trésor humain vivant ne peut être qualifié comme tel que sur le fondement d'une reconnaissance officielle de l'élément du patrimoine culturel immatériel qu'il maîtrise et pratique.

Cette orientation est appliquée fidèlement par le dispositif du transmetteur majeur chinois, ce qui se révèle par son intitulé complet « transmetteur majeur du patrimoine culturel immatériel au niveau national ». De même, les dispositifs japonais et coréen annoncent clairement cette interprétation par l'intitulé de leurs dispositifs : la désignation du trésor vivant survient suite à la désignation d'un élément du patrimoine culturel immatériel ou d'un « bien immatériel important ».

En revanche, le maître d'art français n'étant pas créé dans l'esprit de la préservation des cultures traditionnelles, ses actions ne sont pas toujours menées dans la même direction que les trois exemples asiatiques. Contrairement à ces derniers, le dispositif du maître d'art n'a aucun rapport avec la désignation ou la reconnaissance officielle d'un élément culturel immatériel. Par conséquent, les savoir-faire distingués par la désignation des maîtres d'art ne représentent pas toujours, voire très peu l'« identité culturelle » comme l'évoque la convention – parfois, il serait même difficile pour l'ensemble des Français de les reconnaître comme « faisant partie de leur patrimoine culturel »[1209].

Certes, sans effet rétroactif, la Convention de 2003 n'a aucun impact formel sur les processus du passé, la ratification de la convention ne sera en aucun cas une reconnaissance des savoir-faire distingués par le dispositif du maître d'art en tant que patrimoine culturel immatériel de la France. Toutefois, ce dispositif étant aujourd'hui reconnu comme mesure de mise en œuvre de la convention, il serait logique qu'il s'aligne désormais sur le modèle de trésor humain vivant de l'Unesco, c'est-à-dire qu'il relie les maîtres d'art avec la reconnaissance des éléments du patrimoine culturel immatériel du pays, et de ne désigner que les artisans qui représentent les savoir-faire ou pratique reconnus comme tel.

430. La deuxième interrogation concerne le lien entre les pratiques, les savoir-faire et les personnes qui les exercent. Au regard de la Convention de 2003, il semble être clair que les pratiques, les connaissances et savoir-faire constituent l'objet de la préservation, et que les individus n'en sont que les supports et les représentants : souvenons-nous par ailleurs que le trésor vivant est à l'origine le Détenteur de bien culturel. C'est dans cet esprit-là que dans le dispositif chinois, un transmetteur majeur peut se voir destitué de son titre s'il ne remplit pas son obligation de transmission. La personnalité de l'homme est ainsi réduite à l'extrême pour ne prendre en considération que son rôle de support des pratiques et savoirs. Dans une telle interprétation, il n'est pas difficile de comprendre l'inexistence des droits patrimoniaux reconnus aux transmetteurs ou détenteurs de ces savoir-faire et expressions culturelles.

À l'autre extrême de l'interprétation du concept de trésor vivant, le dispositif français place l'individu au centre de la discussion. L'excellence du travail et l'innovation technique et artistique d'un artisan suffisent pour justifier la distinction comme maître d'art, sans nécessairement que son savoir-faire et son métier soient rares ou en danger de disparition, encore moins avec le besoin du constat de son enracinement dans les traditions culturelles et sociales de ses savoir-faire. Dans cette vision également, si l'artiste peut obtenir la propriété intellectuelle sur son œuvre, ce n'est qu'en reconnaissance de sa création personnelle mais n'implique pas les savoir-faire ou expressions traditionnels en tant que tels ; l'artiste n'acquiert donc pas la propriété sur les savoir-faire et expressions qui restent dans le domaine public.

[1209] Nous l'a affirmé H. Farnault, entretien précité.

431. Entre les deux penchants, n'y a-t-il pas la possibilité de trouver un équilibre entre la personne et ses pratiques et savoirs ? Finalement, nos deux interrogations se rejoignent, il s'agit alors de comprendre l'interaction entre l'homme et les éléments culturels immatériels dans la transmission de ces derniers.

En effet, il ne faut pas oublier que le patrimoine culturel immatériel est de la culture vivante, sa transmission ne consiste pas simplement en la maîtrise des techniques, mais il importe aussi de vivre et de faire vivre la culture. Cependant, dans les exemples d'application du dispositif de trésor vivant, il s'avère que cette harmonie interactive nécessaire entre l'homme et sa culture est extrêmement difficile à préserver, et ce lien est souvent interrompu : soit la personne prend le dessus sur les pratiques et savoirs et fait oublier qu'elle est elle-même forgée par ces derniers qui sont les véritables objets de sauvegarde, soit la personne est réduite au minimum pour laisser place aux pratiques et savoirs, ignorant que ces derniers ne vivent que par l'homme et sa créativité. Le dispositif s'est peut-être avéré efficace dans certains contextes culturels tels que la tradition d'*iemoto* au Japon, mais ce mode de transmission ne sera pas accepté partout ; il ne doit surtout pas être unique.

Conclusion du titre I

432. Les principales méthodes de sauvegarde proposées par la Convention de 2003, d'une part le repérage des éléments du patrimoine culturel immatériel, et d'autre part la transmission de ces derniers, se réalisent essentiellement avec la bonne volonté des États membres et des méthodes d'intervention des autorités publiques, par le pouvoir discrétionnaire de l'administration et ses moyens réglementaires. Elles n'évoquent pas la question de propriété intellectuelle ni ne s'appuient sur l'acquisition de cette dernière. En effet, en raison des incompatibilités entre le concept de patrimoine culturel immatériel et la doctrine classique de la propriété intellectuelle, ainsi que des contestations des communautés détentrices de patrimoine culturel immatériel sur les méthodes de la propriété intellectuelle classique que nous avons étudiées dans la première partie, la solution avancée par l'Unesco est sans doute pour l'heure une des plus pertinentes lorsque l'on se situe dans l'objectif de la *sauvegarde* de ces éléments culturels devant les menaces de disparition et de dénaturation. En pratique, on constate que ces méthodes jouent dès lors un rôle actif dans la sauvegarde des éléments culturels menacés. Ayant démontré son efficacité sur le terrain, cette vision – plutôt pragmatique et qui semble peut-être contraire de l'image habituelle de l'Unesco –, voit son impact s'élargir. Ainsi, depuis 2005, devant les difficultés d'accorder la protection de la propriété intellectuelle aux savoirs traditionnels et aux expressions culturelles traditionnelles, les Projets d'objectifs et de principes pour la protection de ces derniers, élaborés par le Comité GRTKF de l'OMPI[1210], visent également une solution qui évite la création de droits patrimoniaux distincts, mais qui règlent seulement les droits d'usage de ces éléments culturels.

433. Malgré leur efficacité, certains constats peuvent être relevés sur ces deux grandes orientations de sauvegarde : des risques de décontextualisation et de fossilisation artificielle des éléments culturels d'une part et, des risques de mettre accent sur l'excellence d'une personne plutôt que sur l'élément en soi d'autre part.

434. Outre ces constats évoqués, le risque d'une telle démarche, c'est la récupération des prérogatives sur le patrimoine culturel immatériel par les institutions étatiques en l'absence d'une reconnaissance des droits des détenteurs ou praticiens du patrimoine culturel immatériel. Il s'agit là en particulier des communautés autochtones au sein de certains États dont le statut n'est pas accepté ou clairement défini en droit interne, par ailleurs raison pour laquelle elles ne peuvent pas être titulaires collectifs des droits sur leur patrimoine culturel.

En réalité, des méthodes de sauvegarde similaires, sans création des droits patrimoniaux, sont employées en Chine dès les années 1950, pour un élément aujourd'hui considéré par nombreux pays comme faisant partie du patrimoine culturel immatériel mais qui vit à l'époque une menace importante d'extinction : la médecine traditionnelle.

[1210] *V. supra*, n° 193-206.

Titre II. Une expérience en matière de protection du patrimoine culturel immatériel : la patrimonialisation controversée de la médecine traditionnelle chinoise

435. Si la notion de patrimoine culturel immatériel n'est affirmée en droit international que par la Convention de 2003, le concept existe déjà en Asie depuis longtemps. On observe en Chine, comme au Japon ou en Corée, la patrimonialisation d'éléments immatériels depuis les années 1950. L'exemple chinois le plus significatif est sans doute celui de la médecine et de la pharmacologie traditionnelles chinoises. La médecine traditionnelle est explicitement évoquée dans la liste représentative du patrimoine culturel immatériel de l'Unesco dans la catégorie de « connaissance sur l'univers »[1211], et les savoir-faire en matière de pharmacologie sur la liste chinoise du patrimoine culturel immatériel. En parcourant les actions des autorités publiques en faveur de la médecine et de la pharmacologie chinoises, on constate qu'elles prennent la forme de protection administrative et que la question de la propriété intellectuelle n'est point évoquée. Cela s'explique sans doute par le fait que la notion de propriété intellectuelle n'arrive dans le droit positif chinois qu'en 1982 avec la promulgation de la première *Loi sur les marques*, suite à l'adhésion de la Chine à l'OMPI en 1980[1212]. Mais depuis, les textes législatifs et réglementaires sur la médecine et la pharmacologie chinoises continuent à se limiter au domaine de la protection administrative, y compris pour les remèdes de la pharmacologie traditionnelle.

Plus précisément, cette protection administrative consiste en une institutionnalisation de la médecine et de la pharmacologie traditionnelles (Chapi-

---

[1211] Par exemple la médecine dans « la cosmovision andine des Kallawaya » (Bolivie) est proclamée en 2003 chef-d'œuvre du patrimoine culturel oral et immatériel de l'humanité (dispositif transféré en 2008 à la liste représentative, *supra*). La Chine prépare actuellement sa candidature d'inscription de la médecine chinoise à la liste représentative.

[1212] *Livre blanc. La protection de la propriété intellectuelle en Chine* 中国知识产权保护状况白皮书, Office d'information du Conseil des affaires de l'État, juin 1996. Le *Livre Blanc* considère la promulgation de la Loi sur les marques comme « le point de départ de l'édification d'un système de protection de la propriété intellectuelle en Chine », Titre I. – *V.* également : Anne-Marie Pecoraro & Elisa Sadakhom, « Droit d'auteur et droit de l'audiovisuel en Chine », *Propriétés Intellectuelles (PI)*, n° 29, 2008, p. 413-418. – ZHAO Bingzhi & ZHANG Yuanhuang, « La contrefaçon en droit chinois de la propriété intellectuelle », *RIDC*, n° 2, 2007, p. 361-382. – William P. Alford, *To steal a book is an elegant offense : intellectual property law in Chinese civilization*, Studies in East Asian law, Stanford, Calif., Stanford University Press, 1995, 222 p. (*cf.* notamment l'analyse philosophique de l'« incompatibilité entre la notion de propriété intellectuelle et la culture traditionnelle chinoise »).

tre I) et en de multiples actions administratives de « modernisation » de cette dernière (Chapitre II).

Il convient toutefois de commencer par retracer l'histoire de la patrimonialisation de la médecine et de la pharmacologie chinoises depuis la fondation de la République populaire de Chine (R.P.C.) pour comprendre dans quelles mesures elle doit être vue comme un élément du patrimoine culturel autant, si ce n'est plus, qu'un outil de soin. En effet, contrairement à l'Europe où la médecine traditionnelle, qualifiée de médecine « parallèle » ou « non conventionnelle » relève de la problématique de santé publique[1213], ou parfois aussi de la recherche de la spiritualité en tant que « thérapie transpersonnelle » au sein des mouvements de *New age*[1214], la médecine et la pharmacologie traditionnelles en Chine contemporaine doivent d'abord s'observer dans leur dimension culturelle et patrimoniale (Chapitre préliminaire).

436. Enfin, il importe de préciser que nous choisissons d'utiliser l'expression « médecine traditionnelle chinoise » (désormais MTC)[1215] par opposition à la « médecine chinoise (*zhongyi* 中医) » utilisée en Chine contemporaine, car cette dernière désigne en réalité la MTC standardisée et modernisée depuis les années 1950. Dans la perspective d'étudier comment la MTC est devenue un objet patrimonial, il nous semble plus adéquat de parler de la MTC en tant que forme originale pour prendre en compte le fait, d'une part que cette médecine est issue de la tradition culturelle chinoise, et d'autre part, qu'elle a subi une transformation importante. La « MTC » comprend la médecine et la pharmacologie traditionnelles, tandis que la « médecine chinoise » dans son sens contemporain est détachée de la pharmacologie. Par souci de clarté, nous utilisons l'expression de « médecine occidentale (*xiyi* 西医) » employée par les Chinois pour désigner la médecine moderne qui, évidemment, n'est plus la médecine des Occidentaux à notre époque.

[1213] *V.* Isabelle Robard, *Médecines non conventionnelles et droit*, Litec, Paris, 2002. En mars 2011, la transposition d'une directive européenne concernant les médicaments traditionnels à base de plantes en droit français a suscité de vifs débats également autour de la question de santé publique (Directive 2004/24/CE du Parlement européen et du Conseil du 31 mars 2004 *modifiant, en ce qui concerne les médicaments traditionnels à base de plantes, la directive 2001/83/CE instituant un code communautaire relatif aux médicaments à usage humain*, transposée en législation française par la loi n° 2011-302 du 22 mars 2011 *portant diverses dispositions d'adaptation de la législation au droit de l'Union européenne en matière de santé, de travail et de communications électroniques*).

[1214] Pierre Pelletier, *Au-delà du moi : les thérapies transpersonnelles*, Montréal : Liber, 2008.

[1215] Le sigle « MTC » est couramment utilisé par la sinologie francophone pour désigner la « médecine traditionnelle chinoise ».

Chapitre préliminaire. Justification théorique de la patrimonialisation de la médecine traditionnelle chinoise

La patrimonialisation de la MTC est en réalité une réaction défensive devant la menace de sa disparition : elle n'émane pas d'une spéculation intellectuelle sur la valeur patrimoniale de la MTC, mais d'une nécessité de résistance. La justification théorique de sa préservation est étonnement similaire à celle du patrimoine culturel immatériel à savoir son rôle dans l'identité culturelle chinoise (Section 1). Mais la justification de sa valeur patrimoniale est insuffisante, la MTC devait également se conformer à l'idéologie officielle de cette période. Ainsi se mettent en place une série de constructions doctrinales afin de prouver la scientificité de la MTC (Section 2).

Section 1. La nécessité pour la médecine traditionnelle chinoise de s'imposer par son aspect patrimonial

Dès les années 1920, la MTC est exposée à une série de tentatives de répression. Ces dernières s'inscrivent dans les mouvements de modernisation du pays dans un contexte de tensions et d'agressions vis-à-vis des puissances occidentales : la MTC est déjà le symbole de la culture traditionnelle (Paragraphe I). Devant ces menaces de disparition, le seul moyen de survie pour la MTC est de s'imposer en tant qu'héritage culturel à préserver. C'est ainsi qu'à partir de 1954 la MTC commence à acquérir un statut d'élément patrimonial (Paragraphe II).

Paragraphe I. Avant 1954. La médecine traditionnelle chinoise liée à l'irrationalité

437. À l'aube du XXe siècle, deux grands courants de pensées s'opposent sur le destin de la Chine mis en danger par les menaces des puissances occidentales d'une part et les soulèvements populaires internes d'autre part. L'un considère que la situation précaire de la Chine est due notamment au retard en matière des sciences modernes dites « exactes ». Représentés par Chen Duxiu et Hu Shi, ces intellectuels patriotiques réclament « Monsieur *De* et Monsieur *Sai* », la Démocratie et la Science[1216]. L'autre courant, représenté par Liang Qichao, estime que si la Chine est si perméable à l'invasion

[1216] Marie-Claire Bergère (dir.), *La Chine au XXe siècle. D'une révolution à l'autre (1895-1949)*, Fayard, 1989, p. 114.

étrangère, c'est parce que son peuple manque d'une conscience nationale[1217]. Liang appelle ainsi à la nouvelle vision d'un État-Nation qui deviendra l'assise idéologique des mouvements intellectuels et politiques amenant à la République de 1911[1218]. La notion de « patrimoine » est née dans ce courant de pensée. Les premières mesures de protection des monuments historiques s'inscrivent ainsi dans une volonté d'établir un lien entre la Nation chinoise et son patrimoine historique[1219], comme en France au XVIIIe siècle.

Dans ce contexte, la MTC fait l'objet de critiques acharnées comme étant irrationnelle. En réalité, à cette époque, la MTC ne connaît pas encore de système doctrinal élaboré comme aujourd'hui. Dans la pratique courante, la MTC est souvent confondue avec d'autres procédés thérapeutiques populaires, tels que la divination ou la sorcellerie[1220]. Aucun effort n'est fait pour prouver l'efficacité ou l'innocuité de la MTC, ou pour expliquer ses théories dans un langage interprétable par les méthodes des sciences modernes. La MTC prend alors une dimension idéologique, représentant la vieille culture par opposition à la science et à la modernité. En 1929, les partisans d'un système de santé publique moderne contenant seulement la médecine occidentale proposent un projet de loi visant à proscrire entièrement l'enseignement et l'exercice de la MTC[1221]. Le projet n'aboutit pas, mais il incite les défenseurs de la MTC à redéfinir sa place dans un contexte sociopolitique particulier. La réponse apportée consiste à accentuer le lien entre la MTC et le présumé « esprit culturel fondamental » chinois. Les personnages clés de ce mouvement des années 1920-1930 soutiennent l'idée d'une Médecine nationale 国医 fondée sur une « Étude nationale 国学 »[1222]. Ils devien-

---

[1217] Joseph R. Levenson, *Liang Ch'i-ch'ao and the mind of modern China*, London: Thames and Hudson, 1959, p. 109-111. Liang est généralement considéré comme l'un des penseurs les plus lucides et influents de son époque.

[1218] Sur cette question, *V.* par exemple : Joseph R. Levenson, *ibid.* – ZHANG Liang, *La naissance du concept de patrimoine en Chine. XIXe-XXe siècle*, *op. cit.*, p. 41-43. – ZHAO Zhiyan 赵志研, 梁启超: 提出"中华民族"概念第一人, 中国民族报 (journal), 16 janv. 2009.

[1219] ZHANG Liang, *ibid.* – Jocelyne Fresnais, *La Protection du patrimoine en République populaire de Chine (1949-1999)*, *op. cit.*.

[1220] Volker Scheid, *Chinese medicine in contemporary China. Plurality and synthesis*, Durham & London Duke University press, 2002, p. 16-17.

[1221] « 废止旧医以扫除医事卫生之障碍 ». DENG Tietao 邓铁涛, *Histoire contemporaine de la médecine chinoise* 中医近代史, éd. 广东高等教育出版社, 1999, p. 280-290. – HAO Xianzhong 郝先中, "Résistance des praticiens de la médecine chinoise contre le projet de loi interdisant la médecine chinoise en 1929" 年上海中医界反对废止中医案的抗争, *Revue des archives de la medicine chinoise* 中医文献杂志 (Revue), n° 4, 2006, p. 46-48.

[1222] Sur cette question, *V.* LEI Sean Hsiang-Lin, *When Chinese medicine encountered the state : 1910-1949*, Ph. D. dissertation, University of Chicago, 1999, cité par Kim Taylor, *Chinese*

nent, lors de la fondation de la République populaire, les partisans majeurs de la MTC systématisée et modernisée[1223].

438. En 1949, la Chine populaire est confrontée à la nécessité de s'imposer dans le monde par ses nouvelles cultures et institutions révolutionnées représentatives de l'idéologie communiste. En matière de santé, les « quatre grands principes » sont définis par la première et la seconde conférence nationale de l'hygiène et de la santé publique tenues en 1950 et 1952. Ainsi, la médecine doit servir le peuple (littéralement « orienter vers les ouvriers, les paysans et les soldats ») ; la médecine préventive doit être prioritaire par rapport à la médecine curative ; la MTC et la médecine occidentale doivent coopérer et enfin, le programme de santé doit être intégré dans les mouvements de masse[1224].

439. Pourtant, l'acceptation de la MTC dans le système de santé publique n'est pas aussi évidente qu'annoncée. En effet, il existe, comme au début du siècle, une opposition à propos de la MTC : d'un côté elle est considérée comme irrationnelle et devant être rejetée, et de l'autre elle représente l'héritage culturel national à sauvegarder. Durant les années 1950 à 1954, la MTC est qualifiée par les responsables du ministère des Affaires sanitaires de « médecine féodale représentative de la société féodale »[1225]. En avril 1951, un *Règlement provisoire sur le statut des praticiens en médecine chinoise*[1226] présenté par ce même ministère définit les conditions du droit d'exercer la médecine chinoise. Elles sont basées uniquement sur les formations de la médecine occidentale, ce qui exclut les praticiens de la MTC, sauf s'ils suivent une formation en médecine occidentale.

---

medicine in early communist China, 1945-1963. A medicine of revolution, RoutledgeCurzon, 2005, p. 8.

1223 Tel que REN Yingqiu 任应秋, QIN Bowei 秦伯未, XIE Guan 谢观. *V.* également V. Scheid, *op. cit.*, p. 66-67. *Cf.* son importante bibliographie (en chinois) sur cette question, p. 297.

1224 Les « quatre grands principes 四大方针 » :
« 面向工农兵、预防为主、团结中西医、卫生工作与群众运动相结合 ». Les trois premiers principes sont définis à la première conférence d'août 1950 et le dernier à la seconde conférence de décembre 1952.

1225 « 封建社会封建医 ». Propos du ministre adjoint de la Santé WANG Bin 王斌 en 1950. WANG préconise l'abolition de la MTC et organise des formations de médecine occidentale pour les praticiens de la MTC. Il est ensuite fortement critiqué par MAO Zedong et a été destitué de ses fonctions en 1953. *V. infra.*

1226 中医师暂行条例 (*tiaoli*) 18 avril 1951.

Paragraphe II. Après 1954. La médecine traditionnelle chinoise comme un héritage culturel

440. La politique menée par le ministère des Affaires sanitaires, en tant que gestionnaire de bon ordre social, ne semble pas insensée. Cependant, à cette époque occupé essentiellement par des praticiens formés à l'Occident ou au Japon, ce ministère est fortement critiqué par Mao Zedong en 1954 pour sa politique « discriminatoire » au regard de la MTC[1227].

En novembre 1954, à la demande de Mao, le Comité pour la culture et l'éducation du gouvernement central émet un rapport sur la MTC[1228] dans lequel il préconise de renforcer et de développer la MTC, ainsi que d'instaurer une académie de médecine chinoise et d'intégrer la MTC dans les hôpitaux publics, en tant que moyen d'expansion de celle-ci[1229]. Suite à ce rapport, une section Médecine chinoise est crée au sein du ministère des Affaires sanitaires 卫生部中医司. En mars 1955, est établie, sous la tutelle du ministère du Commerce, une entreprise étatique Société chinoise de produits pharmaceutiques traditionnels 中国药材公司. En décembre, le Premier ministre Zhou Enlai célèbre la fondation de l'Académie de médecine chinoise 中医研究院 par une calligraphie : « Valoriser l'héritage médicinal de notre patrie pour servir la construction du socialisme 发扬祖国的医药遗产为社会主义建设服务 ». Entre août et septembre 1956, sont établies les quatre premières universités en médecine chinoise à Chengdu, Beijing, Shanghai et Guangzhou. Puis en novembre, le *Règlement provisoire sur le statut des praticiens en médecine chinoise* de 1951 est abrogé car il empêcherait le développement de la MTC[1230].

441. La politique de valorisation de la médecine chinoise va encore plus loin dans l'idée de l'expansion de la civilisation chinoise dans le monde. En effet, la réhabilitation de la MTC à cette période doit être replacée dans le contexte général de reconnaissance de certains éléments de la culture traditionnelle, tels que l'opéra de Beijing ou les grands classiques littéraires. Tout

---

[1227] K. Taylor, *Chinese medicine in early communist China ...*, *op. cit.*, p. 96-98. – ZHANG Qi 章琦, « Réhabilitation de la médecine chinoise » 为中医药平反正名, *Nanfang Weekend* 南方周末, 5 oct. 2006.

[1228] *Rapport sur l'amélioration de l'orientation sur la médecine chinoise* 关于改进中医工作问题的报告, Comité pour la culture et l'éducation du Gouvernement central 中央人民政府政务院文化教育委员会.

[1229] La Rédaction, *Chronique :* "Cinquante dernières années de la médecine et de la pharmacologie chinoise" 大事要闻 – 中国中医药50年, *Management of Chinese Medicine* 中医药管理杂志 (revue), n° 5, vol. 9, 1999, p. 16-30.

[1230] « 卫生部关于废除中医师暂行条例的通令 », *Gazette of the State Council of the People's Republic of China* 中华人民共和国国务院公报, n° 44, 1956.

cela manifeste le désir de s'imposer par le rayonnement culturel d'une Nation dans le monde[1231]. Cette idée était déjà mise en avant durant des années 1930 par les partisans de la MTC qui la nomment « médecine nationale ». Elle est reprise par Mao qui propose de « supprimer la barrière entre la médecine chinoise et la médecine occidentale ». La politique d'association des deux médecines 中西医结合 est ainsi née dans le but de former une « médecine chinoise unie » qui deviendrait « médecine universelle »[1232].

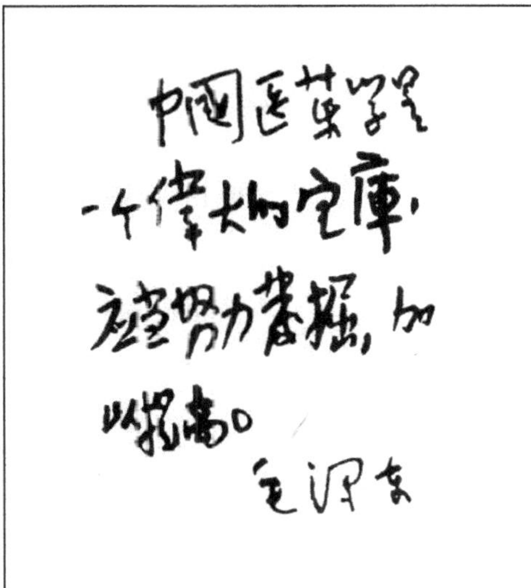	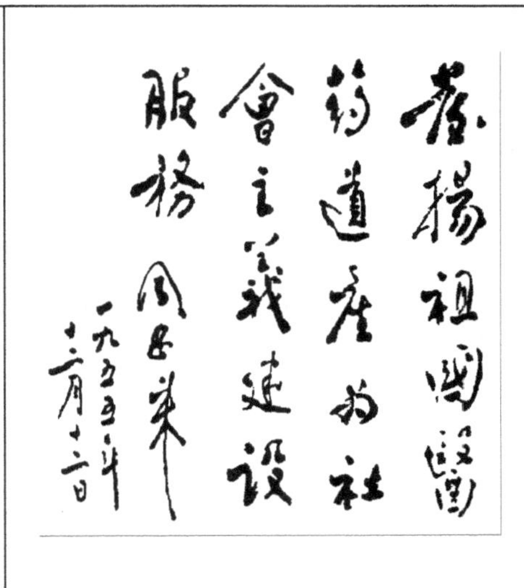
Mao Zedong, 1958.	Zhou Enlai, 1955.

442. Dans cette perspective, une formation expérimentale de « l'apprentissage de la MTC par les praticiens de la médecine occidentale 西医学习中医研究班 » débute dans la toute nouvelle Académie de la médecine chinoise en décembre 1955 et s'étend ensuite dans tout le pays. En octobre 1958, après avoir lu le rapport rendu par le ministère des affaires sanitaires sur la première session de ladite formation, Mao publie une instruction devenue le slogan des partisans de la MTC : « La médecine et la pharmacologie chinoises sont un trésor extraordinaire, elles doivent être diligemment explorées et améliorées 中国医药学是一个伟大的宝库，应当努力发掘，加以提高 ».

[1231] V. par exemple: K. Taylor, *Chinese medicine in early communist China ..., op. cit.*, p. 66-67.

[1232] MAO Zedong, *Directives sur la médecine chinoise* 对中医工作的指示, 30 juillet 1954. V. K. Taylor, *idem.*, p. 40 ; p. 66 ; p.111 *sqq.*

443. Le passage de la « superstition » et de l'« élément représentatif du régime féodal » à l'héritage culturel de la MTC entre 1949 et 1954, peut paraître radical à première vue. Mais la vision sera plus claire si l'on replace ces événements dans leur contexte historique. L'histoire de la République populaire se confond dès sa fondation avec la Guerre froide et elle est dès alors confrontée à la question de sa légitimité politique. Après dix ans d'existence, soit fin 1959, hormis les États du camp soviétique et les pays dits du tiers-monde, seulement six pays occidentaux ont établi des relations diplomatiques avec la République populaire[1233], alors que la République de Chine (Taïwan) continue à siéger à l'ONU en tant que représentant légitime de la Chine, cela jusqu'en 1971[1234]. En 1951, suite à son intervention dans la Guerre de Corée, la Chine est frappée d'un embargo économique par l'ONU en 1951 sans être membre de l'organisation[1235]. En 1954, la première crise du détroit de Taïwan aggrave la tension entre la Chine et les États-Unis d'Amérique[1236]. Enfin, en 1958, les relations sino-soviétiques se dégradent avant que la rupture ne soit officielle en 1960.

Dans un tel contexte, on doit admettre que l'insertion de la MTC dans le système de soin n'est pas issue uniquement de préoccupations de santé publique. Il est bien entendu nécessaire de tenir compte du manque de ressources en matière de santé à cette période d'après-guerre. L'embargo à partir de 1951 force la Chine à éviter toute dépendance à l'importation de tech-

---

[1233] La Grande-Bretagne en janvier 1950 (premier pays occidental à établir des relations diplomatiques avec la R.P.C.), la Suède et le Danemark en mai 1950, la Suisse et le Liechtenstein en septembre 1950, la Finlande en octobre 1950 et la Norvège en octobre 1954.

[1234] La Chine est membre originaire des Nations unies, la Charte constitutive de l'ONU ayant été signée et ratifiée en son nom, les 26 juin et 28 septembre 1945, par le Gouvernement de la République de Chine qui a continuellement représenté la Chine aux Nations unies jusqu'au 25 octobre 1971. À cette date, la Résolution 2758 de l'Assemblée générale des Nations unies reconnaît les représentants du Gouvernement de la République populaire de Chine en tant que seuls représentants légitimes de la Chine et l'un des cinq membres permanents du Conseil de sécurité, et demande « l'expulsion immédiate des représentants de TCHANG Kaï-chek du siège qu'ils occupent illégalement à l'Organisation des Nations unies et dans tous les organismes qui s'y rattachent ». *V.* archives de l'ONU : [http://www.un.org/documents/ga/res/26/ares26.htm].

[1235] La sanction est votée le 18 mai 1951 par la résolution A/1800 de l'ONU. *V.* Louis Dubouis, « L'embargo dans la pratique contemporaine », *AFDI*, vol. 13, 1967, p. 99-152, notamment p. 122.

[1236] La première crise du détroit de Taïwan est un conflit armé de courte durée entre la R.P.C. et Taïwan en 1954-1955. Suite à ce conflit, les États-Unis d'Amérique ont signé un traité d'alliance avec Taïwan intitulé *Sino-American Mutual Defense Treaty* 中美共同防御条约 en décembre 1955. Ce traité, aboli en 1979 suite à l'établissement des relations diplomatiques entre les USA et la R.P.C., fait partie de la politique américaine d'endiguement en Asie de l'Est avec la Corée du Sud et le Japon contre la propagation du communisme.

nologies médicales et de médicaments : la MTC présente alors une alternative importante[1237]. Parallèlement, la tendance idéologique des médecins chinois formés par les sciences occidentales paraît inquiétante et la MTC semble être un moyen de contrebalancer leur propension dangereuse[1238]. Dans ce contexte historique, la nécessité paraît pour la République populaire de s'imposer en tant que représentant légitime de la Chine, à la fois héritier de l'Empire de Chine et l'allié de la Seconde Guerre mondiale. Dès lors, l'idée d'un héritage culturel transformé tel que celui de la MTC serait une manière de démontrer la contribution unique de la Chine au monde[1239] et ainsi d'acquérir un pouvoir de parole dans la société internationale. La proposition des partisans de la MTC d'accentuer le lien entre cette dernière et la culture nationale rejoint l'émergence d'un soutien étatique à son existence. La MTC s'impose dès lors en tant qu'héritage culturel qui doit être sauvegardé, dans le double objectif, pour renforcer l'identité nationale et l'intérêt de la santé publique.

Néanmoins, l'acceptation du double statut de la MTC, à la fois patrimoine culturel et facteur de santé publique, n'est pas sans condition. Elle doit désormais, comme les autres éléments culturels de la société ancienne, vivre une transformation radicale afin de s'adapter à la nouvelle idéologie officielle et au désir de modernité[1240].

Section 2. « Scientisation » de la médecine traditionnelle chinoise

Afin d'être acceptée, la MTC doit contrer les critiques relatives à son irrationalité et prouver sa scientificité. Elle va devoir subir un tri à travers un processus de construction doctrinale : c'est le rejet de certains éléments – particulièrement ceux philosophiques – comme « rebuts *zaopo* 糟粕 » et des autres comme « quintessences *jinghua* 精华 » pour justifier sa scientificité[1241].

[1237] Sur cette question : K. Taylor, *Chinese medicine in early communist China*, *op. cit.*

[1238] LIU Shaoqi 刘少奇, alors vice-président de la République, a ainsi estimé que « mépriser la médecine chinoise n'est autre chose que de la pensée servile et soumise de la bourgeoisie [à l'Occident] 看不起中医是奴颜婢膝奴才式的资产阶级思想 ». Dans un discours du 9 juillet 1954, cité par WANG Zhipu 王致谱 & Cai Jingfeng 蔡景峰, *Les cinq dernières décennies de la médecine et de la pharmacologie chinoises* 中国中医药五十年, éd. Fujian kexue jishu chubanshe 福建科学技术出版社, 1999, p. 9.

[1239] Sur cette question, une des citations les plus fameuses est sans doute celle de MAO : « Parmi les contributions de la Chine au monde, la médecine chinoise doit compter. 中国对世界有大贡献的，我看中医是一项 ».

[1240] Le désir de la modernité est vu par certains chercheurs comme une force antagonique de la notion de patrimoine en Chine contemporaine. ZHANG Liang, *La naissance du concept de patrimoine en Chine*, *op. cit.*, p. 146 *sqq.*

[1241] Sur la doctrine de « quintessence et rebut » : *supra*, n° 293.

Le *bianzheng lunzhi* devient ainsi le présumé fondement doctrinal de la MTC (Paragraphe I). Cependant, la conciliation entre l'aspect patrimonial et l'aspect scientifique est difficile, car sans fondement philosophique, la MTC ne se justifie plus et perd sa valeur patrimoniale (Paragraphe II).

Paragraphe I. *Bianzheng lunzhi*, le présumé fondement de la scientificité de la médecine traditionnelle chinoise

444. Dans le contexte historique des années 1950, la MTC se doit être conforme à l'idéologie communiste du matérialisme. Cela semble intrinsèquement étranger à la MTC qui se fonde sur des théories philosophiques très différentes, telles que les concepts du *Qi*, du *Ying* et du *Yang*. La solution trouvée pour rendre la MTC scientifique – c'est-à-dire objectivement vérifiable – sera la théorie de *bianzheng lunzhi* 辨证论治. Cette méthode de différenciation, considérée comme la méthode classique primordiale de la MTC pour certains et comme construite artificiellement pour d'autres, est située au centre de la transformation de la MTC.

L'expression *bianzheng lunzhi* signifie littéralement « différenciation des syndromes et détermination des traitements (fondés sur la première) »[1242]. Ce processus de différenciation des syndromes constitue le moment central de l'acte clinique. Il est considéré par la doctrine actuelle comme la caractéristique essentielle de la MTC : alors que la médecine occidentale différencie et traite la maladie, la médecine chinoise différencie les syndromes et en traite les causes[1243]. Aujourd'hui, les historiens de la MTC évoquent généralement le *bianzheng lunzhi* en tant que continuité et développement progressif des théories et méthodes cliniques existantes depuis l'Antiquité. Plusieurs auteurs très influents estiment explicitement que la différentiation des syndromes constitue l'élément clé des pratiques médicales chinoises[1244].

445. Malgré ces arguments, certains chercheurs considèrent qu'avant la République populaire, le concept de *bianzheng lunzhi* n'a jamais eu la place cruciale qu'il occupe aujourd'hui dans la pratique médicale. Pour M. Zhang

---

1242 Selon les auteurs, *Bianzheng* est traduit par « distinction des syndromes » (Ottino Hiria, *Dictionnaire de médecine chinoise*, Larousse, 22 éd. 2006) ou par « différenciation des symptômes et des signes » (NGUYEN TRAN Huan, *Dictionnaire chinois-français des termes usuels de la médecine chinoise traditionnelle*, Maloine, 1986).

1243 « 中医辨证，西医辨病 ». La conséquence de cette différence est que la médecine occidentale ne traiterait que les manifestations de la maladie tandis que la médecine chinoise traiterait sa « racine » (西医治标，中医治本). Sur les différences en matière de diagnostic en MTC et en médecine occidentale : Ottino, *ibid.*

1244 *V.* la synthèse des arguments de ces auteurs : V. Scheid, *Chinese medicine in contemporary China*, *op. cit.*, p. 206.

Weiyao, antérieurement à 1950, le syndrome n'a jamais été pris comme notion fondamentale de la doctrine de la MTC et le *bianzheng lunzhi* n'était pas établi en tant que système doctrinal[1245]. La nature « construite » de *bianzheng lunzhi* en médecine chinoise contemporaine est également soutenue et analysée par plusieurs autres auteurs, avec sans doute davantage de recul à l'aube du XXIe siècle[1246].

446. Les contestations ne changent pas la réalité qu'un grand nombre de praticiens célèbres du XXe siècle accordent au *bianzheng lunzhi* une place centrale dans la MTC. En effet, *bianzheng lunzhi* permet de démontrer l'existence d'un système doctrinal, donnant ainsi une réponse à ceux qui considèrent la MTC comme irrationnelle et à ceux qui l'estiment comme une simple combinaison de données empiriques de traitements et de médicaments. Qin Bowei, l'un des leaders de l'architecture de la MTC modernisée, a établi une analogie entre le terme médical traditionnel *bianzheng* 辨证 (différenciation des syndromes) et le terme philosophique politisé *bianzheng* 辩证 (dialectique) issu du « dialectique naturel » d'Engel[1247]. Cette similitude à la fois phonétique et idéographique était d'une évidence telle que les praticiens de la MTC ne peuvent l'ignorer. Ils y voient sans doute une opportunité de démontrer que la MTC n'est ni « féodale » ni démodée, mais éclairée et civilisée, et qu'elle s'enracine dans le « matérialisme natif »[1248] de la philosophie classique chinoise. Cela correspond au désir politique de l'époque de maintenir l'indépendance de la République toute récente et rend la MTC « idéologiquement inattaquable »[1249]. C'est donc par la construction de la théorie de *bianzheng lunzhi* que la MTC devient une science – bien que cette qualification

---

1245 Il démontre qu'avant Qing, le syndrome, la maladie et le symptôme n'étaient pas des constructions terminologiques intrinsèquement différentes. Bien que pendant une période, ces termes se soient dotés d'un sens particulier, plus tard, ils seraient à nouveau utilisés de manière confondue et aucune distinction ne serait acceptée de manière large. ZHANG Weiyao 张维耀, *The present and future of Chinese medicine* 中医的现在与未来, éd. Tianjin kexue jishu chubanshe 天津科学技术出版社, 1994, p. 352.

1246 CAI Jingfeng 蔡景峰 *et al.*, *Histoire de la médecine chinoise. La partie contemporaine* 中国医学通史. 现代卷, éd. Beijing renmin weisheng chubanshe 北京人民卫生出版社, 2000, p. 287 sqq. – MENG Qingyun 孟庆云, *Le développement de la médecine et de la pharmacologie chinoises durant les cinq dernières décennies* 中国中医药发展五十年: 1949-1999, éd. Henan yike daxue chubanshe 河南医科大学出版社, 2000, p. 81 *sqq.*.

1247 QIN Bowei *et al.*, « Grandes lignes de *bianzheng lunzhi* dans la médecine chinoise » 中医辨证论治纲要, *Revue de la médecine chinoise* 中医杂志 (revue), n°1, 1961, p. 5 sqq..

1248 « 朴素唯物主义 », terme utilisé par QIN Bowei dans son article, également repris par de nombreux auteurs de cette époque.

1249 Judith Farquhar, *Knowing practice: The clinical encounter in Chinese medicine.* Boulder : Westview press, 1996, p. 171. - V. Scheid, *Chinese medicine in contemporary China*, *op. cit.*, p. 207.

soit à ce jour toujours fort contestée –, condition préalable à sa patrimonialisation et en réalité à sa survie.

Paragraphe II. La difficile conciliation entre les aspects patrimonial et scientifique

447. Malgré l'affirmation plus ou moins arbitraire de la scientificité de la MTC, certains éléments fondamentaux de sa dimension culturelle et patrimoniale semblent problématiques pour sa reconnaissance en tant que matière scientifique.

À l'origine, le fondement théorique de la MTC est très largement philosophique. Le *Neijing*, considéré unanimement comme l'élément fondateur du cadre doctrinal de la MTC, introduit de nombreux termes de la philosophie taoïste au lieu de développer des notions substantielles et concrètes. Au-delà de la terminologie, la pensée taoïste est aussi très présente dans la doctrine de la MTC[1250]. Il existe donc un usage commun des concepts philosophiques et des concepts médicaux, ce qui fait que ces derniers paraissent flous et ambigus pour les non-initiés ; objectivement, ils restent invérifiables.

Au-delà de son rôle dans le maintien de la santé, la MTC se présente comme un élément important de la culture traditionnelle chinoise. Dans la tradition confucéenne, l'étude de la médecine est réservée aux lettrés : un médecin doit d'abord être un lettré et les lettrés étudient souvent la médecine. Un aphorisme classique résume ainsi la place de la médecine dans l'idéal lettré : « Ne pouvant pas être bon ministre, il convient d'être bon médecin 不为良相, 即为良医 ». Nombreuses œuvres de la littérature classique démontrent les connaissances médicales de leurs auteurs[1251], de même, beaucoup de médecins sont aussi des artistes peintres, des calligraphes ou des poètes reconnus[1252].

[1250] Les deux caractéristiques principales de la doctrine de la MTC, le concept de « holisme » et le concept de « mouvement perpétuel » viennent directement de la philosophie taoïste. *V.* ZHOU Zhibin 周志彬, *Essai sur la médecine chinoise et le patrimoine culturel immatériel* 关于中医药与非物质文化遗产若干问题的探讨, thèse de doctorat, ss. dir. de XIE Keqin 谢克庆, Université de médecine et pharmacologie chinoises de Chengdu 成都中医药大学, 2008, p. 12-13.

[1251] ZHANG Yingqiang et al. 张英强, « La médecine et la pharmacologie chinoises dans la littérature classique » 古典诗词散曲中的祖国医药学内容研究, *Journal of Chengdu University of Traditional Chinese Medicine* 成都中医药大学学报 (revue), vol. 22, n° 4, 1999, p. 39-40.

[1252] Li Yongqian 李永谦, « L'écriture et la calligraphie dans la diffusion de la médecine chinoise » 文字书法对中医药传播的相关作用, *Histoire de la médecine chinoise* 中华医史杂志 (revue), vol. 33, n° 3, 2003, p. 17-19, cité par Zhou Zhibin, *Essai sur la médecine chinoise et le patrimoine culturel immatériel*, *op. cit.*, p. 48.

448. Ces dimensions philosophique et culturelle de la MTC sont pour beaucoup incompatibles avec sa qualification en tant que science naturelle car les notions philosophiques utilisées par la MTC ne sont pas vérifiables par la science moderne. Son attachement à la culture traditionnelle fait qu'elle peut au mieux acquérir le statut de science sociale mais ne peut être reconnue comme une science naturelle. Pour d'autres, la MTC est d'abord une science naturelle, elle fait partie de la civilisation chinoise mais n'est pas de la « culture » proprement dite. Dès lors, le fait de la qualifier de patrimoine culturel serait une erreur de principe et empêcherait sa reconnaissance en tant que matière scientifique par la société internationale[1253]. Un débat public passionné est entamé sur cette question en 2006 avec l'article du professeur Zhang Gongyao qui prône l'abolition de la médecine chinoise. Le sujet demeure jusqu'à ce jour très présent dans les médias. Ce débat ne se porte évidemment pas uniquement sur les questions de santé publique ; il s'agit avant tout d'un débat idéologique, autour de la question « comment envisager l'héritage culturel ». Très vite, on aperçoit que le débat « pour ou contre la médecine chinoise » devient celui du « libéralisme contre le conservatisme ».

Conclusion du chapitre préliminaire

449. L'émergence d'un soutien étatique à la MTC depuis 1949 a été le produit d'un processus hésitant et parcellaire, qui doit plus à une manipulation minutieuse de la valeur de la MTC comme un héritage culturel, qu'à toute considération de sa valeur thérapeutique réelle[1254]. Si aujourd'hui la MTC est reconnue comme un élément du système de santé publique visant à l'« association des deux médecines », elle est toujours marquée par un double statut, celui de patrimoine culturel et de système thérapeutique institutionnalisé.

Ainsi l'existence de la MTC en Chine contemporaine se trouve devant un dilemme de deux identités qui semblent incompatibles, pour ses défenseurs comme pour ses opposants, à savoir d'une part, sa reconnaissance en tant qu'objet patrimonial, plus précisément immatériel, et d'autre part, sa reconnaissance en tant que science naturelle. Si la MTC prétend être un objet patrimonial, les éléments philosophiques semblent lui être essentiels et ne doi-

[1253] LI Yushan 李玉山, « L'inscription de la médecine chinoise sur la liste du patrimoine culturel immatériel : une grave erreur théorique » 中医药申遗：一个严重的理论误区, *Science Times* 科学时报 (journal), 4 juillet 2006.

[1254] Telle est également l'affirmation de K. Taylor, *Chinese medicine in early communist China …*, *op. cit.*, p. 151

vent pas être détachés de son existence, sous peine de perdre tout son sens et de devenir inexplicable et purement empirique. Toutefois, si elle veut acquérir le statut d'une science naturelle, il faut que son vocabulaire et ses dogmes soient compatibles avec le langage des sciences modernes. Ce dilemme est en effet présent dans toutes les tentatives de transformation de la MTC depuis 1954 et en particulier depuis 1982, année où elle est inscrite dans la Constitution de la République. Ainsi on constate, à travers l'observation de son institutionnalisation (Chapitre I), que la MTC subit une transformation importante et se trouve dès lors devant un danger considérable de dénaturation (Chapitre II). Sa patrimonialisation n'en serait-elle pas la cause directe ?

Chapitre I. Un cadre institutionnalisé dans l'idée de l'« association des deux médecines »

Si l'évolution de la MTC connaît une rupture durant la Révolution culturelle, la politique d'association des deux médecines définie depuis 1954 est reprise dès 1978. Un cadre administratif spécifique est créé pour la médecine et la pharmacologie chinoises parallèlement à l'administration de la médecine dite occidentale (Section I). La recherche est également institutionnalisée, notamment sur le modèle de la recherche en médecine occidentale (Section II).

Section 1. Une administration spécifique pour la médecine chinoise

À partir de 1978, la médecine chinoise réintègre l'administration sanitaire, puis elle acquiert une indépendance administrative en 1986 avec la création du bureau national de la médecine chinoise (Paragraphe I). Toutefois, malgré ces orientations politiques, les statistiques montrent que la médecine chinoise est encore loin d'obtenir une place égale à celle de la médecine occidentale au sein des établissements de santé (Paragraphe II).

Paragraphe I. L'établissement d'une administration spécifique pour la médecine chinoise

450. Durant la Révolution culturelle (1966-1976), la MTC est confrontée aux politiques de rejet des cultures traditionnelles en tant qu'élément de ces dernières[1255]. Après cette période tourmentée, la situation commence à se stabiliser lentement. Une circulaire du 7 septembre 1978 du Comité central du Parti communiste chinois est généralement considérée comme le signe du rétablissement de la MTC[1256], mais cette dernière va désormais subir des transformations importantes. La médecine chinoise est ensuite, au même titre que la médecine moderne, inscrite dans le nouvel article 21 de la Constitution de 1982 relatif au système de santé.

[1255] N. Sivin résume l'histoire de la MTC durant cette période dans son ouvrage *Traditional medicine in contemporary China* (*op. cit.*). Également : V. Scheid, *Chinese medicine in contemporary China*, *op. cit.*, p. 76-81.

[1256] Circulaire du Comité central du Parti communiste chinois n° [1978]56, 7 septembre 1978. Cette circulaire transmet le rapport du ministère des affaires sanitaires intitulé *Mettre en place la politique du Parti sur la médecine chinoise, résoudre le problème du renouvellement des praticiens* 关于认真贯彻党的中医政策，解决中医队伍后继乏人问题的报告.

En octobre 1978, la section Médecine chinoise qui avait été supprimée durant la Révolution culturelle, retrouve sa place au sein du ministère des Affaires sanitaires. La médecine chinoise acquiert dès lors une nouvelle légitimité et se voit attribuer une autonomie administrative et scientifique. Cette section est par la suite devenue le bureau national de la médecine chinoise en 1986[1257] puis est rebaptisé le bureau national de la médecine et de la pharmacologie chinoises (*zhong yi yao guanli ju* 中医药管理局, désormais BNMPC) en 1988. À cette occasion, la pharmacologie chinoise qui était gérée par le bureau national des produits pharmaceutiques est intégrée au BNMPC. Cela signifie que la rédaction de la Pharmacopée et les recherches en matière de pharmacologie chinoise sont désormais sous la responsabilité des praticiens de la médecine chinoise, ce qui est conforme à la tradition de la MTC. Le BNMPC est placé sous la tutelle du ministère des Affaires sanitaires qui est l'administration nationale de la médecine dite occidentale. L'Académie de médecine chinoise relève aussi de la responsabilité du BNMPC depuis 1986[1258].

La création d'une administration spécifique pour la médecine et la pharmacologie chinoises est un geste hautement symbolique. Désormais, la médecine chinoise ne se présente plus uniquement dans la perspective d'une association avec la médecine occidentale, mais en tant que matière indépendante.

Paragraphe II. Place limitée de la médecine chinoise dans le système de santé

451. Malgré sa reconnaissance institutionnelle, la médecine chinoise garde une place limitée dans le système de santé. L'objectif politique fixé dans les années 1950 était de construire dans chaque District deux hôpitaux, l'un spécialisé en médecine occidentale et l'autre en médecine chinoise. Mais fin 2002, seulement 66 % des Districts disposent d'un hôpital en médecine chinoise tandis que chaque District dispose en moyenne de 4,45 hôpitaux en médecine occidentale[1259]. En effet, la politique d'association des deux médecines n'est pas appliquée pleinement dans de nombreuses collectivités

---

[1257] *Circulaire portant sur l'établissement du Bureau national de la médecine chinoise* 关于成立国家中医管理局的通知, Conseil des affaires de l'État, 20 juillet 1986.

[1258] La Rédaction, Événements : « Cinquante ans de la médecine et la pharmacologie chinoises en Chine » 大事要闻 - 中国中医药50年, *Management of Chinese Medicine* 中医药管理杂志 (revue), n° 5, vol. 9, 1999, p. 16-30.

[1259] Li Yang 李杨 & Liang Jing 梁晶, « Enquête sur la situation actuelle de la médecine chinoise : à nouveau devant un challenge » 中医现状调查：再次面临考验, *China News Week* 中国新闻周刊, 22 janv. 2007.

territoriales. Certaines d'entre elles ne financent pas suffisamment la médecine chinoise et la création d'établissements locaux en médecine chinoise[1260].

452. Le déséquilibre se manifeste également dans le domaine des médicaments utilisés. En effet, la majorité des hôpitaux de médecine chinoise sont marqués par un taux peu élevé d'utilisation des médicaments traditionnels. En 2006, dans les hôpitaux publics de médecine chinoise, 60 % des revenus pharmaceutiques viennent des produits de médecine occidentale[1261]. Bien que le ministère des Affaires sanitaires prévoie que le taux d'utilisation de médicaments chinois doit dépasser 85 % dans le cas des consultations et 70 % dans l'hospitalisation pour les hôpitaux de médecine chinoise[1262], une grande partie des établissements ne remplissent pas ce critère[1263].

Section 2. La prédominance des sciences dites exactes dans les recherches en médecine chinoise

Comme dans l'administration, la médecine chinoise semble être limitée par la médecine occidentale dans le domaine de la recherche scientifique. Cela se manifeste dans l'institution et le financement de la recherche de la médecine chinoise (Paragraphe I). Plus particulièrement, la recherche en médecine chinoise se concentre, depuis les années 1990, pour apporter des preuves sur l'innocuité et l'efficacité des médicaments traditionnels chinois, en raison des accusations sur ces derniers, et cela avec les méthodes et critères des sciences naturelles modernes dites exactes telles que la biochimie (Paragraphe II). Entre son aspect culturel, philosophique et son rôle dans le système de santé publique, la question se pose de savoir si la médecine chinoise est une science naturelle ou une science sociale (Paragraphe III).

1260 *Dixième plan quinquennal pour le développement de la médecine et de la pharmacologie chinoises* 中医药事业"十五"计划, BNMPC, 2000.

1261 Il est à noter qu'en Chine, les hôpitaux disposent de leur propre pharmacie. Les patients, d'une manière générale, se procurent leur traitement dans la pharmacie de l'hôpital où ils consultent. En cas d'hospitalisation, le traitement est fourni par l'hôpital.

1262 *Mesures provisoires sur les critères basiques des établissements de santé* 医疗机构基本标准(试行), ministère des affaires sanitaires, n° *yiweifa* 卫医发 [1994] 30, 1994, modifiés 2004 (le critère cité reste inchangé).

1263 LI Yang & LIANG Jing, « Enquête sur la situation actuelle de la médecine chinoise : à nouveau devant un challenge », précité.

Paragraphe I. Institution et financement de la recherche en médecine chinoise

453. En matière de recherche scientifique en médecine chinoise, l'établissement central est l'Académie de médecine chinoise placée sous tutelle du BNMPC. En novembre 2005, à l'occasion de son 50ème anniversaire, l'établissement devient l'Académie des sciences médicales chinoises 中国中医科学院. L'ajout du terme « sciences » n'est pas anodin. En effet, les accusations relatives au caractère non scientifique de la médecine chinoise ont toujours été son talon d'Achille. Les discussions sur la légitimité de la médecine chinoise dans le système de santé se concentrent aussi sur sa scientificité.

Les programmes de recherches de financement public sont marqués par deux caractéristiques. Dans un premier temps, on constate que plus de la moitié des projets de recherches de l'Académie des sciences médicales chinoises ainsi que des académies régionales se portent « sur la médecine chinoise » qu'« en médecine chinoise ». La recherche s'appuie fortement sur les déterminants chimiques et biologiques et sur l'association avec la médecine occidentale, mais très rarement sur la mise en application *in vivo* des théories de la MTC[1264]. En second lieu, le financement public des projets de recherche en médecine chinoise n'est accordé qu'aux laboratoires labellisés et classés conformément aux critères qu'impose un règlement administratif de 1998[1265].

454. En effet, il s'avère que ces dix dernières années, parmi les projets de recherche fondamentale financés par le budget public, notamment le *National Natural Science Foundation of China*[1266], plus de 95 % utilisent principale-

---

1264 Informations sur le site Internet de *School of Postgraduates in China Academy of Chinese Medical Sciences* [www.yyycm.com].

1265 *Mesures provisoires sur la classification des laboratoires en médecine et pharmacologie chinoises* 中医药科研实验室分级登记管理办法(试行) (*banfa*). Ce texte est modifié en 2005 par les *Critères de classification des laboratoires en médecine et pharmacologie chinoises* 中医药科研实验室分级标准, n° *guozhongyifa* 国中医药发 [2005] 82. L'objectif de ce règlement est de rendre la recherche en matière de médecine chinoise évaluable et vérifiable par des critères des sciences exactes modernes.

1266 *National Natural Science Foundation of China* 国家自然科学基金 est un établissement public sous la direction du Conseil des affaires de l'État. Il est créé le 14 février 1986 par un décret du Conseil des affaires de l'État avec pour mission de gérer le fonds national pour la recherche en sciences naturelles. Ce fonds représente la part de financement de recherche la plus importante de l'Académie des sciences médicinales chinoise. *V.* SU Lianfang *et al.* 苏连芳, « Review of the research projects from NSFC in CAMS between 2000-2004 » 中国医学科学院 2000-2004 年国家自然科学基金资助项目情况分析, *Bulletin of National Natural Science Foundation of China* 中国科学基金, 2005, vol. 19, n° 2, p. 111-114.

ment les méthodes des sciences naturelles modernes dites sciences exactes. La grande majorité des cas se concentre sur deux matières, la pharmacologie moléculaire et l'extraction des substances actives des formules pharmaceutiques par les méthodes chimiques. En réalité, il semble que les critères de sélection des candidats aux financements publics limitent les directions des projets, car sans l'utilisation des méthodes des sciences naturelles modernes, les projets de recherche sur la médecine chinoise auraient peu de possibilités d'obtenir des financements[1267].

455. Même en se conformant au critère de scientificité, les projets de recherche en médecine chinoise (ou « sur la médecine chinoise ») représentent une part mineure de l'ensemble des investissements publics. Entre 1995 et 2000, le taux de financement de l'État dans les recherches en médecine chinoise et en médecine occidentale est un sur 10,5[1268]. Entre 2000 et 2004, l'État a investi huit milliards *yuan* (soit environ 0,8 milliard d'euros) pour la recherche, la préservation et l'enseignement de la médecine chinoise. Une grande partie de ces investissements est utilisée dans des recherches de laboratoire en vue d'identifier ou d'isoler une substance active dans des formules pharmaceutiques existantes. Par exemple le *National Natural Science Foundation of China* a financé 173 projets en médecine et pharmacologie chinoises en 2005, parmi lesquels 24 % sont consacrés aux recherches théoriques, 57 % à l'expérience clinique du traitement d'une maladie particulière par une formule donnée, 18 % à l'identification et à l'isolement des principes actifs. Pour beaucoup d'auteurs, les deux derniers cas, soit 75 % des projets, ne respectent pas les théories de la MTC et ne sont que des recherches biochimiques sur les éléments de la MTC décontextualisés[1269].

[1267] JIA Qian, *Stratégies de la médecine chinoise*, précité, p. 104 *sqq.*. Chercheur au Centre d'information du ministère de la Science et de la Technologie 国家科技部信息中心, JIA travaille depuis 1992 sur le sujet des politiques et stratégies de la médecine chinoise et en est l'un des spécialistes les plus réputés.

[1268] *Rapport général sur la position stratégique de la médecine et de la pharmacologie chinoises*, précité, 2003.

[1269] *Rapport général sur la position stratégique de la médecine et de la pharmacologie chinoises*, précité, Titre III. – JIA Qian, *Stratégies de la médecine chinoise*, *ibid.* – ZHOU Zhibin, *Essai sur la médecine chinoise et le patrimoine culturel immatériel*, *op. cit.*, p. 74. – XU Yajing 徐亚静, « Le tournant des recherches en médecine chinoise » 中医科研方向转航, *China Pharmaceutical News* 中国医药报 (journal), n° 3173, 25 avril 2006, p. A7.

Paragraphe II. Concentration des recherches sur l'innocuité et l'efficacité des médicaments traditionnels chinois

456. Parallèlement aux observations précédentes relatives à l'institution et au financement de la recherche en médecine chinoise, on constate également que cette dernière a tendance à se concentrer sur les questions d'innocuité et d'efficacité des médicaments traditionnels chinois. Cette concentration découle principalement des discussions au plan international sur la toxicité de certains produits pharmaceutiques traditionnels chinois, suite à plusieurs « scandales des plantes chinoises » qui sont devenues le déclencheur de contestations. Dès alors, la recherche s'attache à recueillir, par des méthodes de sciences naturelles modernes, les preuves de l'innocuité des thérapies traditionnelles chinoises.

En 1993, plusieurs médecins-chercheurs belges révèlent des cas d'insuffisance rénale, selon eux à cause d'une plante chinoise l'*Aristolochia fangchi* (*guang fangji* 广防己) qui a remplacé accidentellement le *Stephania tetrandra* (*fen fangji* 粉防己 ou *han fangji* 汉防己) prescrit aux patients, en raison de leurs noms chinois voisins. Ils nomment alors cette forme d'affection « néphropathie aux herbes chinoises »[1270]. Cette terminologie fait l'objet d'un large débat, en Europe comme en Chine. Selon des recherches menées depuis, la toxicité de *Aristolochia fangchi* est due à l'acide aristolochique qui est néphrotoxique et carcinogène[1271]. En France, ces deux plantes sont retirées temporairement du marché en 1995 puis sont interdites définitivement en 1998[1272]. Les plantes de cette famille avaient également été interdites au Royaume-Uni en 1999 et aux États-Unis en 2000.

1270 Il s'agit des patients ayant suivi un régime amaigrissant contenant certains extraits pulvérisés de plantes chinoises à l'hôpital Erasme de l'Université libre de Bruxelles. Jean-Louis Vanherweghem *et al.*, "Rapidly progressive interstitial renal fibrosis in young women: association with slimming regimen including Chinese herbs", *The Lancet*, 1993, vol. 341, n° 8842, p. 387-391. – Maurice Vanhaelen *et al.*, „Identification of aristolochic acid in Chinese herbs", *The Lancet*, vol. 343, n° 8890, p. 174.

1271 Courriers d'information (intitulé *Néphropathies et plantes chinoises*) adressés à l'ensemble des néphrologues et urologues français par l'Agence française de sécurité sanitaire des produits de santé, le 23 août 2000 et le 27 octobre 2000.

1272 Arrêté du 9 août 1995 portant suspension de l'importation, de l'exportation, de la fabrication, de la mise sur le marché, et ordonnant le retrait des plantes *Stephania tetrandra* et *Aristolochia fangchi* et des produits en contenant, le ministre de l'Économie et des Finances et le ministre de la Santé publique et de l'assurance maladie, *JO*, n° 201 du 30 août 1995, p. 12836. - Décret n° 98-397 du 20 mai 1998 relatif aux interdictions concernant les plantes dénommées *Stephania tetrandra* et *Aristolochia fangchi* (*JORF* le 23 mai 1998), modifié par le décret n° 2003-1048 du 3 nov. 2003 (*JORF* le 5 nov. 2003). - Décision du 29 janvier 2001 portant interdiction de la préparation, la prescription, la délivrance et l'administration de préparations magistrales, hospitalières, officinales, y compris de préparations homéopathi-

457. Ces évènements ont bousculé l'idée des Chinois sur l'innocuité des médicaments traditionnels. En février 2003, un reportage de l'Agence de presse étatique Xinhua révèle que la fameuse préparation pharmaceutique « *Longdan xie gan wan* 龙胆泻肝丸 (Pilule de gentiane pour drainer le foie) », vieille de 900 ans, aurait été responsable de nombreux cas d'insuffisance rénale et d'urémie. Cette préparation utilise une plante *Aristolochia manshuriensis* (*guan mutong* 关木通) qui contient également de l'acide aristolochique. Suite aux interdictions d'usage de certaines plantes en Europe et en Amérique, ce reportage introduit dans la société chinoise une remise en cause générale de la pharmacologie traditionnelle. Très vite, une première demande en dommages et intérêts contre le groupe *Tongren tang* qui est le plus grand producteur de la pilule est déposée par une patiente atteinte d'urémie. La demande est rejetée au motif que la patiente ne peut prouver le lien de causalité entre la prise de *Longdan xie gan wan* produit par le groupe *Tongren tang* et l'urémie dont elle est atteinte[1273]. Pendant un an, environ 170 victimes de l'urémie font une demande[1274], la plupart est rejetée pour le même motif[1275].

Dans ce contexte, le Bureau national de l'alimentation et des produits pharmaceutiques annonce l'interdiction de l'*Aristolochia manshuriensis* en avril 2003[1276] puis des autres plantes de la famille *Aristolochiaceae* en août 2004[1277].

---

ques à des dilutions inférieures ou *égales* à la 12e dilution centésimale hahnemannienne, et contenant des plantes de la famille des *Aristolochiaceae*, d'autres plantes contenant des acides aristolochiques ou des aristolactames ainsi que des plantes pouvant être substituées par des espèces contenant des acides aristolochiques, notamment du fait de leur dénomination chinoise voisine, *Mutong* ou *Fangji*, *JO*, p. 1927 du 4 février 2001.

1273 LI Ling c/ groupe *Tongren tang Beijing* 李玲诉北京同仁堂(集团)有限责任公司人身损害赔偿纠纷案, au Tribunal de juridiction basique de l'arrondissement Chongwen de Beijing 北京市崇文区人民法院 en mars 2003, décision rendue le 6 fév. 2004. En effet, en droit chinois, la question de la responsabilité du fait des produits pharmaceutiques relève de la responsabilité civile du fait des produits. Il appartient en conséquence au consommateur d'apporter la preuve permettant d'établir le lien de causalité. Certains auteurs proposent toutefois, suite aux nombreux cas de rejet des demandes sur cette pilule, que la responsabilité des produits pharmaceutiques adopte le régime particulier de la responsabilité de l'acte médical où la charge de la preuve est renversée, c'est-à-dire qu'il appartient aux fabricants des produits pharmaceutiques de prouver l'absence de lien de causalité. ZHANG Jianping, « How to prove causality of adverse drug reaction in law » 法律上如何证明药品不良反应的因果关系, *Chinese Journal of Pharamacovigilance* 药物警戒 (revue), vol. 3, n° 3, mai 2006, p. 131-134.

1274 XIONG Xiong 熊雄, « Enquête sur la toxicité de *Longdan xie gan wan* » 龙胆泻肝丸毒性事件调查, *Fangyuan - Journal du Parquet Suprême Populaire de la R.P.C.* 方圆, 6 juillet 2004, n° 113.

1275 WANG Jialin 王佳琳, « Dilemme de preuves dans l'affaire *Longdan xie gan wan* » 龙胆泻肝丸案举证悖论: 患者无法自证病因, *Guangming Daily* 光明日报 (journal), 19 janvier 2005.

1276 *Circulaire relative à la suppression des normes médicales de l'Aristolochia manshuriensis* 关于取消关木通药用标准的通知, n° *guoyaojianzhu* 国药监注 [2003] 121, 1er avril 2003. Le Bureau

458. En France, deux jugements ont été rendus sur l'*Aristolochia* dont l'un de la Cour de cassation (2006 et 2008). Dans les deux affaires, des personnes sont décédées ou sont atteintes d'une maladie rénale ou des voies urinaires. Ces personnes ont toutes absorbé un produit amaigrissant qui contient la plante *Aristolochia fangchi*, qui, comme dans le cas belge, a été confondue avec la *Stephania tetrandra*. L'arrêt de la Cour de cassation note que la société pharmaceutique attaquée n'a pas effectué les contrôles prévus par la monographie de la pharmacopée chinoise qui met pourtant en garde sur la ressemblance des deux plantes, contrôles d'autant plus nécessaires que les dénominations chinoises de ces deux plantes sont voisines[1278]. Cela nous conduit à poser la question suivante : l'utilisation des substances de la pharmacologie chinoise sans respecter les règles intrinsèques de cette dernière doit-elle toujours être considérée comme de la pharmacologie chinoise ?

459. Sur cette question, d'une manière générale, les chercheurs chinois contestent fortement la décontextualisation dans l'utilisation de ces plantes. Dès 1993, de nombreuses études sont consacrées en Chine sur ce sujet, à l'issue desquelles la toxicité de l'acide aristolochique a été confirmée par les scientifiques chinois comme en Europe et en Amérique. Néanmoins, ces plantes étant aussi clairement identifiées comme toxiques par la pharmacopée traditionnelle, leur utilisation et leur posologie doivent normalement être soumises au contrôle vigilant d'un praticien qualifié. Ainsi, il semble que la nocivité de la pharmacologie chinoise ne peut être déduite des préjudices causés par l'utilisation de ces plantes hors respect des règles de la pharmacologie chinoise[1279]. De surcroît, comme partout ailleurs, le lien de

---

national de l'alimentation et des produits pharmaceutiques 国家食品药品监督管理局, traduction officielle en anglais *State Food and Drug Administration*, ci-après SFDA.

[1277] *Circulaire relative au renforcement de gestion des matériels et produits pharmaceutiques contenant les 6 plantes mentionnées* 关于加强广防己等6种药材及其制剂监督管理的通知, n° *guoshiyaojianzhu* 国食药监注 [2004] 379, 5 août 2004.

[1278] CA Aix-en-Provence, 13 novembre 2006 ; Cass. crim., 1er avril 2008, n° 06-88.948 (cassation partielle), *Bull. Crim.* 2008, n° 88. – Max R., Tribunal correctionnel de Toulouse, 5 juillet 2006, inédit. La Cour de cassation a confirmé la partie pénale de la décision de la juridiction du second degré qui a condamné Max R. (ancien PDG d'Arkopharma) et Jean-Paul G. (pharmacien) pour homicides involontaires.

[1279] *V.* notamment : LIU Yongye 刘永晔 et al., "Analyses comparatives entre les plantes médicinales du genre *Aristolochia* et ses plantes remplaçantes" 马兜铃属植物与其替代药材的对比分析, *Chinese Journal of Clinical Pharmacology and Therapeutics* 中国临床药理学与治疗学 (revue), n° 11-8, août 2006, p. 841-846. – MA Hongmei 马红梅 & ZHANG Boli 张伯礼, « Safety of *Radix Stephaniae Tetrandrae* and its substitute, *Radix Aristolochiae Fangchi* » 粉防己及其替代广防己的安全性质疑, *Tianjin Journal of TCM* 天津中药杂志 (revue), vol. 22, n° 3, juin 2005, p. 248. – HU Shilin 胡世林 *et al.*, « A Discussion on Cancellation and

causalité n'est pas établi entre la prise de ces plantes dans les trois cas français, belge et chinois et les insuffisances rénales[1280].

Ces événements, qui remettent en cause l'idée de la sécurité de la médecine traditionnelle (par ailleurs nommé « médecine douce » en Europe), incitent le milieu de la médecine chinoise à se consacrer davantage à prouver sa scientificité et son innocuité, et ce par l'utilisation des méthodes des sciences naturelles modernes qui seules semblent pouvoir convaincre à l'inter-national.

Paragraphe III. La médecine traditionnelle chinoise : science naturelle, science sociale

460. Depuis le milieu des années 1990, de plus en plus d'auteurs constatent la prédominance des méthodes des sciences « dures » modernes dans l'évaluation de l'efficacité et l'innocuité de la médecine et de la pharmacologie traditionnelles chinoises[1281]. Selon eux, les sciences « dures » modernes, telles que la chimie et la biologie, étudient la substance active principale d'une formule pharmaceutique de manière individuelle sans tenir compte des interactions entre les différents composants d'une formule, ni les autres actes thérapeutiques utilisées par la médecine chinoise parallèlement aux médicaments, notamment un régime alimentaire adapté[1282].

Substitution of *Caulis Aristolochiae Manshuriensis* » 取消和取代关木通的商榷, *World Science and Technology-Modernization of Traditional Chinese Medicine* 世界科学技术-中医现代化 (revue), vol. 5, n° 3, 2003, p. 69-71.

[1280] Quelques expérimentations sur les souris blanches démontrent que la prise d'une certaine quantité d'acide aristolochique peut effectivement causer des infections rénales, mais cette quantité employée sur les souris est environ 25 fois plus importante que le seuil de sécurité préconisé pour un être humain adulte inscrit dans la Pharmacopée nationale de la R.P.C. 中华人民共和国药典. Toutefois, il n'existe à ce jour aucun élément pour affirmer que l'utilisation respectant le dosage inscrit dans la Pharmacopée soit dangereuse. MEI Quanxi 梅全喜 *et al.*, « Rational use of Aristolochic acids in Chinese herbal medicine » 应理性对待含马兜铃酸类中药, *China Pharmacy* 中国药房 (revue), 2006, vol. 17, n° 7, p. 554-556. Le Tribunal correctionnel de Toulouse estime, en se fondant sur les nombreuses études d'experts qu'il cite, que le lien de causalité entre les néphropathies et la plante litigieuse n'est pas établi avec certitude.

[1281] Par exemple : *Rapport général sur la position stratégique de la médecine et de la pharmacologie chinoises*, précité, Titre III. – WANG Xiaotao et al. 王孝涛, « Réflexion et recommandation sur la modernisation de la pharmacologie chinoise » 实现中药现代化相关问题的思考和建议, *Chinese Journal of Information on Traditional Chinese Medicine* 中国中医药信息杂志, vol. 11, n° 2, 2004, p. 95-97. – ZHOU Chengming *et al.* 周成明, « Réflexion et recommandation sur la situation actuelle et le développement de l'industrie des matières pharmaceutiques traditionnelles chinoises » 对中药材产业现状和发展的思考与建议, *Chinese Journal of Information on Traditional Chinese Medicine* 中国中医药信息杂志, vol. 11, n° 8, 2004, p. 659-663. – ZHOU Zhibin, *Essai sur la médecine chinoise et le patrimoine culturel immatériel*, *op. cit.*, p. 48 sqq.

[1282] ZHOU Zhibin, *ibid.*

461. Plus encore, la médecine et la pharmacologie traditionnelles chinoises doivent être considérées comme relevant d'une même matière. Dès le septième siècle, la pharmacologie et la médecine sont réglementées et institutionnalisées comme une seule et même matière[1283]. Ainsi, un médecin emploie rarement une formule pharmaceutique classique telle qu'elle est. Sa composition est toujours remaniée afin de l'adapter au patient selon son âge, son sexe, son état physique et psychologique et de déterminer la posologie appropriée. Il s'agit d'un aspect essentiel de la formation d'un médecin[1284]. Dès lors, les recherches réalisées selon les méthodes des sciences modernes à partir d'une même formule pharmaceutique appliquée aux différents patients semblent extraire la formule de son contexte culturel et thérapeutique. Pour une grande partie des praticiens chinois, cela semble fondamentalement contraire à l'esprit même de la MTC qui évoquerait un traitement individualisé du patient, contrairement à la vision de la médecine occidentale qui viserait à traiter la maladie ou l'affection[1285].

462. En somme, la recherche en matière de médecine chinoise est alignée sur le modèle de la recherche en sciences naturelles et se concentre sur la pharmacologie. Même au sein de l'Académie des sciences médicinales chinoises, la recherche sur son aspect culturel et philosophique est fort limitée, ce qui paraît contradictoire avec son statut de patrimoine culturel.

Cette absence de considération retient l'attention des chercheurs en sciences sociales depuis la ratification chinoise de la Convention de 2003 et davantage depuis les débats sur la scientificité de la médecine chinoise en 2006. En mars 2008, un Comité pour l'étude philosophique de la médecine chinoise 中医哲学专业委员会 est organisé au sein de l'Institut de la philosophie de l'Académie chinoise des sciences sociales. Étudiée pour la première fois en tant que matière philosophique dans un institut national, la médecine chinoise est pour ce groupe de travail une partie importante de la culture

---

[1283] Ce qui représente le plus ancien exemple connu de contrôle par l'État de l'enseignement de la médecine. Georges Beau, *La Médecine Chinoise*, éd. Seuil, coll. Le rayon de la science, 1965, p. 25.

[1284] Sur cette question : le récit anthropologique de V. Scheid en tant qu'étudiant en médecine chinoise, *Chinese medicine in contemporary China*, *op. cit.*, p. 140 *sqq.*. Les textes classiques sur ce sujet : ZHOU Zhibin, *Essai sur la médecine chinoise et le patrimoine culturel immatériel*, *op. cit.*, p. 49-50.

[1285] Il s'agit d'une idée généralement acceptée par les Chinois sur les deux médecines. On la retrouve par exemple dans divers dictons médicaux tels que « Médecine chinoise distingue le syndrome, médecine occidentale distingue la maladie 中医辨证, 西医辨病 », « Médecine occidentale traite les manifestations (de la maladie), médecine chinoise (en) traite la racine 西医治标, 中医治本 ». V. Scheid, *Chinese medicine in contemporary China*, *op. cit.*, p. 202.

traditionnelle chinoise à transmettre aux générations futures ; son fondement philosophique et ses capacités thérapeutiques sont deux aspects indivisibles[1286]. Tel serait le début d'une orientation nouvelle pour la recherche en MTC qui jusqu'alors se consacre presque exclusivement à son aspect technique en utilisant des méthodes de sciences naturelles modernes.

Conclusion du chapitre I

463. L'institutionnalisation de la médecine et de la pharmacologie chinoises montre sa reconnaissance officielle. Face aux critiques sur le caractère irrationnel de la médecine chinoise, le fait de placer cette dernière à côté de la médecine moderne, non pas en tant que « médecine non conventionnelle » ou « médecine complémentaire » mais en tant que système alternatif officiel, donne à la médecine chinoise, patrimoine vivant, une perspective d'évolution favorable.

Néanmoins, en observant l'insertion de la médecine chinoise dans l'institution de la santé, on constate que la médecine chinoise n'a pas réellement une place égale à celle de la médecine occidentale. Elle se trouve dans la nécessité permanente de justifier son innocuité et son efficacité face à la supériorité, aussi idéologique que substantielle, de la médecine occidentale. En effet, cette institutionnalisation semble représenter avant tout un moyen de procéder à la transformation de la MTC sur le modèle de la médecine occidentale. Dès lors, la politique de « l'association des deux médecines » ne semble pas présenter une véritable reconnaissance de la MTC en tant que telle mais plutôt une sorte d'assimilation. Étant un objet patrimonial, la MTC ne pourrait s'insérer dans la société chinoise contemporaine que par un processus de transformation ou plutôt de « modernisation ».

[1286] CHEN Qiguang 陈其广, "Médecine et pharmacologie chinoises doivent entrer dans les champs de recherche des sciences sociales 中医药应进入社会科学研究的视野, *Chinese Academy of Social Sciences Review* 中国社会科学院报, n° 18, 9 déc. 2008. CHEN est le responsable dudit comité.

Chapitre II. Des traditions culturelles « transformées » mais dénaturées

Bien que reconnues en tant que patrimoine culturel de la Nation, la médecine et la pharmacologie traditionnelles chinoises ne sont pas préservées telles qu'elles étaient, mais se soumettent à une transformation définie par son cadre institutionnel. Cette transformation se réalise dans la logique de la médecine occidentale moderne en séparant la médecine et la pharmacologie en deux matières distinctes. Le statut du praticien de la médecine chinoise est règlementé sur le modèle du statut de praticien de la médecine occidentale moderne (Section 1), et la production en pharmacologie traditionnelle est standardisée, sur le modèle de la pharmacologie biochimique (Section 2).

Section 1. La transformation de la médecine traditionnelle

La transformation de la médecine traditionnelle se dessine autour de deux axes. D'abord, la standardisation du système de formation des futurs praticiens bouleverse totalement les méthodes traditionnelles d'enseignement et impose une formation calquée sur le modèle de la médecine occidentale (Paragraphe I). Parallèlement, la création d'un statut spécial du praticien de la médecine chinoise entraîne certaines exigences pour la qualification d'un praticien en médecine chinoise (Paragraphe II).

Paragraphe I. Un système de formation standardisé et occidentalisé

Depuis 1956, l'enseignement institutionnalisé de la médecine chinoise calqué sur le modèle de l'enseignement en médecine occidentale ne cesse d'être contesté mais demeure l'orientation générale (A). Parallèlement, les méthodes traditionnelles d'enseignement ou le modèle « maître-disciple » continuent à être utilisées pour former des praticiens. Vers la fin des années 1990, le succès recrudescent de ce modèle traditionnel est tel, que les autorités sanitaires décident enfin de le régulariser (B).

A. Transformation contestée des méthodes de formation en médecine chinoise

464. L'idée d'un enseignement modernisé de la médecine chinoise est mise en place dès les années 1950 lors de sa première institutionnalisation. Le début de cette transformation date de 1956, époque où sont instaurés les premiers enseignements universitaires en médecine chinoise. Si l'enseignement traditionnel, le modèle maître-disciple (*infra*) n'est pas prohibé, l'objectif est de le remplacer progressivement par l'enseignement institutionnalisé. L'État décide à cette occasion d'élaborer une série de manuels utilisant un vocabulaire moderne issu des sciences naturelles afin de « rendre scientifique » la médecine chinoise. En même temps, les grands classiques de la MTC sont de moins en moins étudiés dans le cadre universitaire[1287]. Cela rejoint la politique générale de « quintessence et rebut » sur la culture traditionnelle[1288] : il faut préserver le patrimoine médical tout en le transformant ; préserver la « quintessence », la valeur thérapeutique ainsi que les éléments conformes à l'idéologie officielle de l'époque et éliminer le « rebut », c'est-à-dire rejeter les éléments culturels qui ne correspondent pas à cette idéologie. Il s'agit, d'une manière générale, de tout élément philosophique et qui n'est pas interprétable par les méthodes des sciences naturelles modernes.

465. Certains chercheurs pressentent très tôt le danger d'une telle transformation des méthodes d'enseignement qui peut menacer la continuité de la MTC en tant que tradition vivante. Ils préconisent alors de favoriser l'étude des classiques médicaux chinois et de réintroduire les méthodes d'apprentissage traditionnelles[1289]. Suite à cette réclamation, l'étude des classiques augmente, mais la politique générale ne change pas. Les manuels utilisés dans les facultés restent ceux utilisant les vocabulaires modernes[1290]. Au cours des cinq dernières décennies, cette politique n'est pas changée substantiellement. D'après une statistique de 2008, les cours de médecine chinoise ne représenteraient en moyenne que 50 % des heures dans la préparation du diplôme de médecine chinoise, l'autre moitié étant la médecine occidentale et les matières dites communes[1291]. Même lorsque les classiques

[1287] Sur cette question : K. Taylor, *Chinese medicine in early communist China*, *op. cit.*, p. 127 *sqq.*. V. Scheid, *Chinese medicine in contemporary China*, *op. cit.*, p. 74.

[1288] *V. supra* n° 293.

[1289] En juin 1962, cinq chercheurs-praticiens éminents de médecine chinoise adressent une lettre au ministère des Affaires sanitaires dans laquelle ils expriment leurs inquiétudes. La lettre est reproduite dans l'ouvrage de l'un d'eux en 1984 sous le titre de « Quelques propositions sur la révision des programmes de l'enseignement des facultés de médecine chinoise » 对修订中医学院教学计划的几点意见, in. *Recueil de* REN *Yingqiu sur la médecine* 任应秋论医集, éd. Renmin junyi chubanzhe人民军医出版社, 1984, 2008, p. 3-6.

[1290] K. Taylor, *Chinese medicine in early communist China*, *op. cit.*, p. 226 *sqq.*

[1291] C'est-à-dire le chinois, les langues étrangères (généralement l'anglais), la philosophie et l'informatique. *V.* WANG Tao 王韬 *et al.*, « Discussion sur les programmes de l'enseignement universitaire en médecine chinoise » 浅议中医院校中医本科专业的课程设置, *Chinese Journal of Management in Chinese Medicine* 中医药管理杂志 (revue), n° 12, déc. 2008, p. 918-920. – WANG Zishou 王子寿, « Thoughts on the Restraining Factors of Education

médicaux sont enseignés, les exigences relatives aux connaissances de ces derniers baissent fortement en comparaison à l'enseignement traditionnel[1292].

466. Depuis le début des années 2000, cette organisation déséquilibrée de l'enseignement est de plus en plus contestée par de nombreux praticiens et chercheurs de la médecine chinoise. Ces derniers considèrent presque unanimement que le manque d'enseignement classique et la surreprésentation des méthodes des sciences « dures » dégradent de manière significative la maîtrise des connaissances des étudiants en médecine traditionnelle et, par conséquent, la qualité des praticiens[1293]. Selon une étude de 2001, seulement 10 % des praticiens des hôpitaux en médecine chinoise sont capables de rédiger des remèdes avec des plantes et minéraux à l'état brut, les autres prescrivent uniquement des médicaments préparés sous forme de prêt-à-l'emploi[1294]. Pour de nombreux chercheurs et praticiens en médecine chinoise, ces médicaments prêt-à-l'emploi ne respectent pas les principes de la MTC qui individualise les remèdes selon les caractéristiques de chaque patient, ils ne sont donc plus de véritables médicaments issus de la MTC[1295].

467. Le manque d'exercice clinique des étudiants dans le mode d'enseignement universitaire actuel est également contesté par les praticiens et chercheurs de la médecine chinoise. L'apprentissage traditionnel de la MTC s'appuyant fortement sur l'observation clinique, l'élève assiste à toutes les consultations et recopie systématiquement les notes et ordonnances du maître[1296]. Dans l'enseignement universitaire actuel, en revanche, le stage clinique ne s'effectue qu'en cinquième et dernière année, ce qui paraît insuf-

---

Developmem in Local Colleges of TCM » 制约地方高等中医药院校教育发展的问题与思考, *Chinese Health Service Management* 中国卫生事业管理 (revue), n° 10, 2008, p. 692-695.

1292 Par exemple le diplôme universitaire en médecine chinoise n'exige de mémoriser que 200 remèdes classiques et 100 points d'acupuncture en moyenne, tandis que dans l'enseignement traditionnel il en faut à 3 à 4 fois plus. ZHOU Zhibin, *Essai sur la médecine chinoise et le patrimoine culturel immatériel*, *op. cit.*, p. 73.

1293 Les articles de revues scientifiques sur cette question se comptent par centaine. Nous avons cité les plus représentatifs dans les notes précédentes.

1294 Ou « *Zhongchengyao* » : *infra*, n° 481.

1295 WANG Zishou, "Thoughts on the Restraining Factors of Education Developmem in Local Colleges of TCM", précité, p. 693. - *infra*. « Transformation de la pharmacologie ».

1296 Les notes médicales ou *yi'an* 医案 contiennent des informations similaires aux dossiers médicaux contemporains mais portent en particulier sur l'examen du pouls. Traditionnellement, ces notes sont souvent recueillies à des fins pédagogiques, elles sont aussi souvent publiées. Certaines notes de médecins-lettrés, considérées comme œuvres calligraphiques, deviennent également pièces de collection, donc un élément du patrimoine culturel matériel. *Cf.* V. Scheid, *Chinese medicine in contemporary China*, *op. cit.*, p. 101-102.

fisant. Certains auteurs recommandent de rallonger l'enseignement afin de combler cette insuffisance de stage clinique[1297].

468. D'une manière générale, les auteurs considèrent que les praticiens formés par l'enseignement universitaire actuel de la médecine chinoise ne maîtrisent pas réellement le mode de réflexion de la MTC. Cette dernière se trouve alors devant une menace réelle et importante. Les revendications relatives aux modes d'enseignement traditionnels prennent une dimension considérable depuis l'entrée en vigueur de la Convention de 2003 en Chine. En effet, la médecine traditionnelle est considérée par les autorités étatiques comme le patrimoine culturel immatériel de la Nation par excellence. Ainsi, le ministère de l'Éducation et le BNMPC, suite à un programme d'études commun, promulguent pour la première fois en juin 2008 les critères fondamentaux de l'enseignement supérieur de la médecine chinoise[1298]. Sans remettre en cause l'apprentissage de la médecine occidentale, ces documents précisent les éléments fondamentaux à maîtriser par les étudiants, particulièrement les grands classiques, le vocabulaire médical traditionnel et les méthodes traditionnelles de diagnostic.

Parallèlement, depuis 1990, la méthode traditionnelle de transmission « maître-disciple » se voit revalorisée. Plus adaptée à la MTC, elle est prônée par les chercheurs comme pouvant résoudre les difficultés de l'enseignement standard. Cette vision est toutefois compromise en pratique.

1297 LIU Chunling 刘春玲, "Réflexions sur la réforme de l'enseignement supérieur de la médecine chinoise" 关于高等中医教育改革的几点思考, *Journal Of Nanjing University Of TCM (Social Science)* 南京中医药大学学报 (revue), vol. 5, n° 2, juin 2004, p. 113-115. – TU Ya 图雅, "Considerations on Course Setup in Higher Education of Chinese Medicine" 高等中医教育改革中课程设置的思考, *Researches in Medical Education* 医学教育探索 (revue), vol. 7, n° 3, 2008, p. 234-235. – WANG Zishou, "Thoughts on the Restraining Factors of Education Developmem in Local Colleges of TCM", précité, p. 693.

1298 Par deux documents : *Conditions fondamentales sur les programmes d'enseignement supérieur de la médecine chinoise (provisoire)* 高等学校本科教育中医学专业设置基本要求(试行), et *Critères fondamentaux sur les connaissances et compétences à maîtriser pour l'enseignement supérieur de la médecine chinoise (provisoire)* 本科教育中医学专业中医药理论知识与技能基本标准(试行), annexes 1 et 6, de la *Circulaire conjointe du ministère de l'Éducation et du BNMPC sur la diffusion des mesures administratives concernant les programmes d'enseignement universitaire de la médecine chinoise* 教育部办公厅，国家中医药管理局办公室关于印发《高等学校本科教育中医学专业设置基本要求（试行）》等文件的通知, n° *jiaogaoting* 教高厅 [2008] 3, 26 juin 2008.

B. *Reconsidération de la tradition maître-disciple : le « contrat de transmission »*

1) La tradition maître-disciple : entre continuité et remaniement

469. Traditionnellement, le métier de médecin est souvent transmis de père en fils. Le mode d'enseignement maître-disciple 师徒传承 s'inscrit ainsi dans une relation particulière assimilée à la relation de père-fils : en chinois, le « maître » se dit *shifu* 师父, « enseignant-père ». Ce mode de transmission semble remonter au VIe siècle[1299]. Aujourd'hui, un praticien-enseignant distingue généralement ses « étudiants 学生 » en université et ses « disciples 徒弟 ». Il a très peu de contact personnel avec les premiers, et au contraire est censé veiller sur les seconds comme sur ses propres fils[1300]. Dans la Chine antique comme aujourd'hui, cette méthode d'apprentissage est également utilisée pour les métiers d'art et d'artisanat. C'est par ailleurs sur cette tradition qu'est fondé le système de Transmetteur majeur pour les éléments du patrimoine culturel immatériel nationaux[1301]. La relation maître-disciple reflète ainsi une hiérarchie sociale : le disciple, en tant qu'élément inférieur dans la structure, se soumet à une série de « règles de bonne conduite (*li* 礼) » devant son maître[1302].

470. En réalité, malgré la période tourmentée de la deuxième moitié du XXe siècle, le mode de transmission maître-disciple n'a jamais vraiment cédé sa place contrairement à bien d'autres éléments culturels traditionnels. Toutefois, sa frontière avec l'enseignement standardisé n'est pas clairement définie. À la fin de la Révolution culturelle, la médecine chinoise retrouve sa place dans le système de santé publique. Le mode d'apprentissage maître-disciple continue à exister, mais avec le développement de l'enseignement standardisé, il devient de moins en moins fréquent et ne s'effectue généralement qu'après l'accomplissement du parcours universitaire[1303].

471. Toutefois, l'État tente d'intégrer ce mode d'apprentissage dans l'enseignement standardisé. En octobre 1990, le ministère des Affaires sanitaires, en coopération avec le BNMPC et le ministère des Ressources humai-

---

[1299] Nathan Sivin, "Text and experience in classical Chinese medicine", in. *Knowledge and the scholarly medical traditions*, ed. Don Bates, Cambridge University Press, 1995, p. 177-204.

[1300] Sur cette question, *v.* le récit anthropologique de V. Scheid, *Chinese medicine in contemporary China*, *op. cit.*, p. 168 *sqq*..

[1301] *V. supra*, chapitre « Système de trésor humain vivant et son application ».

[1302] L'ouvrage de V. Scheid propose une perspective anthropologique et sociologique de ce sujet avec un passage élaboré sur la structure sociale de *shitu chuancheng* en médecine chinoise : p. 168-184.

[1303] V. Scheid, *Chinese medicine in contemporary China*, *op. cit.*, p. 170.

nes, désigne et finance 462 praticiens « célèbres et âgés » et 725 disciples comme exemples d'apprentissage maître-disciple soutenus par l'État[1304]. Ce programme se poursuit jusqu'en 2005, près de 2 200 élèves sont ainsi formés[1305]. Ce mode de transmission est aussi revalorisé par les collectivités territoriales dans le cadre de leurs compétences de gestion des affaires éducatives. Ainsi, la ville de Shanghai ouvre trois sessions de formation entre 1990-2000 à destination de 122 élèves[1306].

472. Néanmoins, une caractéristique commune de ces formations semble être étrangère à l'idée fondamentale du mode d'enseignement maître-disciple : les élèves choisis ont tous déjà suivi l'enseignement universitaire en médecine chinoise et la grande majorité d'entre eux est déjà médecin. Or, pour le mode maître-disciple, il importe que l'élève entre en contact avec les connaissances en ayant une vision de base philosophique construite sur les classiques médicaux et non sur les notions des sciences naturelles modernes qui sont à la base de l'enseignement universitaire en médecine chinoise.

2) « Contrat de transmission » maître-disciple

473. Dans le contexte de revalorisation du mode d'apprentissage maître-disciple, la nécessité de régulariser cette pratique se fait sentir. En 1999, un décret du ministère des Affaires sanitaires relatif aux praticiens n'ayant pas suivi l'enseignement universitaire (modifié en 2006)[1307] élabore un outil

---

1304 Le projet était de désigner 500 praticiens. WANG Zhipu & CAI Jingfeng, *Les cinq dernières décennies de la médecine et de la pharmacologie chinoises* (1999), *op. cit.*, p. 41.

1305 ZHOU Ying 周颖, « Formation des praticiens célèbres par le mode de transmission maître-disciple » 师承模式打造名医, *Journal of Chinese Traditional Medicine* 中国中医药报 (journal), 17 sept. 2004.

1306 HUANG Suying 黄素英, « An investigation of master-disciple education of Chinese medicine: Follow-up study of three classes of students in Shanghai » 中医师承教育调查研究报告 – 上海地区三届名老中医师承班学术继承人资料分析, *Education of Chinese Medicine* 中医教育 (revue), vol. 24, n° 1, 2005, p. 17-21.

1307 *Mesures provisoires sur l'examen qualificatif en vue d'obtenir le titre de médecin de la médecine traditionnelle pour les personnes dont la formation est poursuivie dans la tradition maître-disciple ou les personnes maîtrisant réellement les connaissances suffisantes* 传统医学师承和确有专长人员医师资格考核考试暂行办法 (*banfa*), ministère des Affaires sanitaires, ordonnance n° 6, 23 juillet 1999, remplacées par *Mesures sur l'examen qualificatif en vue d'obtenir le titre de médecin de la médecine traditionnelle pour les personnes dont la formation est poursuivie dans la tradition maître-disciple ou les personnes maîtrisant réellement les connaissances suffisantes* 传统医学师承和确有专长人员医师资格考核考试办法 (*banfa*), ministère des Affaires sanitaires, ordonnance n° 52, 21 déc. 2006. Ci-après « décret du 23 juillet 1999 » et « décret du 21 décembre 2006 ». Ces décrets ministériels sont émis par le ministère des Affaires sanitaires car selon la loi de la R.P.C. relative à la qualification de médecin 中华人民共和国执业医师法 (ordonnance du Président de la République n° 5, 26 juin 1998), la compétence d'organisation

original : le contrat de transmission maître-disciple 师承关系合同. L'apprentissage effectué dans le cadre de ce contrat peut, après un contrôle de connaissances, équivaloir à l'enseignement universitaire.

Si le décret initial donne les conditions d'admissibilité pour devenir maître enseignant ou son élève[1308], il n'apporte aucune précision sur le contenu du contrat de transmission. Le décret du 21 décembre 2006 impose en revanche un contrat type. Après avoir été signé par le maître et l'élève, ce contrat doit encore faire l'objet d'un acte notarié (art. 9)[1309]. Une fois la durée de l'apprentissage de trois ans terminée, afin que cette formation soit officiellement reconnue, l'apprenti doit se soumettre au contrôle annuel organisé par l'administration régionale chargée de la gestion de la médecine chinoise. Si l'évaluation s'avère positive, l'apprenti reçoit un « Certificat d'aptitude en médecine traditionnelle *via* méthode maître-disciple »[1310].

474. La nature et la valeur juridique de ce contrat nécessitent des éclaircissements. La première question qui se pose est de savoir quel est l'objet de ce contrat. La doctrine chinoise distingue généralement trois catégories d'objet pour un contrat : le bien, l'activité (prestation ou abstention) et la propriété intellectuelle. Quelle est ici la catégorie concernée ? Pour répondre à cette question, il est nécessaire de qualifier le contenu de l'enseignement. Il apparaît d'abord que le maître n'a pas le monopole des connaissances et des savoir-faire qu'il enseigne : la propriété intellectuelle n'est donc pas l'objet du contrat. Ce contrat semble donc porter sur une prestation. Le contrat de prestation vise normalement un résultat[1311]. Toutefois, ce contrat type de

---

de la qualification de médecin, y compris en MTC, est attribuée au ministère et non au BNMPC.

1308 Pour être admissible en tant que maître enseignant, un praticien doit avoir soit le titre de médecin et une expérience clinique de plus de 15 ans, soit un titre technique égal ou supérieur à celui de médecin chef-adjoint 副主任医师. En outre, il doit continuer à exercer en clinique et ne doit pas diriger plus de deux élèves en même temps. Enfin, il doit être reconnu par les patients comme par ses pairs (art. 8). De son côté, l'élève doit avoir suivi l'enseignement général jusqu'à la fin du lycée avant de commencer son apprentissage en médecine chinoise (art. 7).

1309 Le contrat type est émis dans une circulaire du BNMPC du 2 novembre 2007 国家中医药管理局办公室关于印发《传统医学师承关系合同书》等式样的通知, n° *guozhongyiyaobanfa* 国中医药办发 [2007]57, 2 nov. 2007, annexe I.

1310 Ce certificat « 传统医学师承出师证书 » n'équivaut pas à la qualification en tant que praticien en médecine chinoise et n'accorde pas la faculté d'exercer en tant que médecin. *V. infra.*

1311 Sur le droit des contrats en droit chinois, *V.* par exemple : WANG Liming 王利明, *Essai sur le droit des contrats* 合同法研究, éd. Renmin daxue chubanshe 中国人民大学出版社, Beijing, 2003. – WANG Jiafu 王家福, *Droit civil chinois. Les obligations* 中国民法学 - 民法债权, éd. Falü chubanshe, Beijing, 2001.

transmission maître-disciple ne définit que de manière très sommaire l'objectif de la transmission.

Le contrat type établit plusieurs éléments. Une clause précise la durée de l'apprentissage – minimum 1 500 heures – et exige l'établissement d'un registre. Ensuite, le contrat type fixe les engagements respectifs des deux parties. Cette clause emploie un langage peu juridique, évoquant essentiellement des obligations morales, telles que l'éthique médicale, la rigueur scientifique et le dévouement au travail. Le respect des horaires et programmes définis figure également dans cette clause sans toutefois préciser les sanctions en cas d'inobservation.

Le contrat type laisse aux deux parties de préciser le contenu de l'enseignement qui s'articule autour des éléments suivants : objectif à atteindre ; connaissances et techniques basiques à maîtriser ; spécialités du maître à transmettre à l'élève et enfin méthodes de transmission. Aucune sanction n'est prévue, ni en cas d'inobservation des obligations, ni en cas de rupture du contrat. Enfin, le contrat ne précise pas le diplôme préparé, ce dernier étant soumis à un examen à l'aboutissement des trois ans d'enseignement. Notons aussi que bien que le contrat type n'évoque pas la question, cette formation est payante.

En somme, ce document relève davantage d'un engagement moral plutôt que d'un véritable contrat, dans le sens où il n'engendre pas de véritable obligation juridique, ainsi ce document n'est pas opposable entre les parties. Il indique les moyens de la transmission mais ne vise pas un résultat précis.

475. Actuellement, l'étude juridique de ce genre de contrat de transmission est rarissime[1312]. Cependant, le BNMPC envisage d'élaborer un règlement administratif sur ce sujet et a entamé une mission d'étude juridique depuis 2008[1313].

En définitive, la place de ce mode traditionnel de transmission reste limitée, l'orientation générale étant l'enseignement standardisé. Si depuis

---

1312 À notre connaissance, seul un mémoire de master (2007) évoque de manière elliptique ce type de contrat, de plus, l'analyse proposée nécessite d'être approfondie (TENG Xiaohui 滕晓慧, *La définition de la propriété et la protection des ressources en matière du patrimoine culturel immatériel de l'État* 资源性国有非物质文化遗产权界定与保护, ss. dir. LI Shuguang 李曙光, China University of Political Science and Law 中国政法大学). Notre source documentaire est la base de données scientifiques CNKI (*cf.* Introduction générale).

1313 Projet « Étude sur la préparation d'une législation concernant la formation des praticiens cliniques de la médecine et la pharmacologie chinoises par la méthode maître-disciple 中医药临床人才师承制培养立法研究 » financé par le BNMPC, entrepris par le Centre de recherche sur le développement et la politique de la médecine et de la pharmacologie chinoises (Bureau régional de la médecine et de la pharmacologie chinoises de Jilin).

l'introduction de la notion de patrimoine culturel immatériel par la Convention de 2003, l'étude des grands classiques regagne du terrain, force est de constater que l'enseignement universitaire actuel de la médecine chinoise reste détaché de son origine culturelle et philosophique. Cet enseignement universitaire, dont un tiers des heures est consacré à l'étude de la médecine occidentale, est en effet la condition d'accès pour obtenir le titre de médecin pour les praticiens de la médecine chinoise.

Paragraphe II. Statut des praticiens de la médecine chinoise

D'une manière générale, la qualification de médecin en médecine chinoise se base, comme pour les médecins « occidentaux », sur une formation institutionnalisée et un examen organisé par l'État. Cet examen se distingue de celui pour la qualification des praticiens en médecine occidentale et repose sur des critères différents (A). Mais en raison de la création récente du régime de qualification de médecin, un certain nombre de praticiens ont suivi l'enseignement traditionnel et non pas l'enseignement universitaire institutionnalisé. Ainsi, un régime dérogatoire de qualification est prévu (B).

A. Régime général de la qualification de praticien en médecine chinoise

476. Depuis l'abolition du *Règlement provisoire sur le statut des praticiens en médecine chinoise* en 1956[1314], la qualification demandée aux praticiens en médecine chinoise s'organise selon les diplômes obtenus sans critère et procédure officiels. Il a fallu attendre juin 1998, avec la *Loi relative à la qualification de médecin*, pour que les modalités de qualification des praticiens en médecine chinoise soient officialisées. La loi est complétée par les *Mesures provisoires sur l'examen qualificatif de médecin* du 17 juillet 1999 qui réglementent les procédures de qualification[1315].

L'article 9 de la loi prévoit les conditions d'admissibilité pour s'inscrire à cet examen qualificatif[1316]. Ce dernier est organisé une fois par an par un

---

1314 *V. supra*, n° 439-440.

1315 *Loi de la R.P.C. relative à la qualification de médecin* 中华人民共和国执业医师法, publiée par l'ordonnance du Président de la République n° 5, 26 juin 1998. – *Mesures provisoires sur l'examen qualificatif de médecin* 医师资格考试暂行办法 (*banfa*), ordonnance n°4 du ministère des Affaires sanitaires, 17 juillet 1999.

1316 Selon cette nouvelle loi, les titulaires d'un diplôme universitaire en médecine occidentale ou chinoise, ayant suivi un stage d'un an dans un établissement de santé reconnu par l'administration ; les titulaires d'un diplôme d'école spéciale en médecine occidentale ou chinoise, ayant travaillé cinq ans dans un établissement de santé reconnu par l'administration, peuvent participer à l'examen qualificatif en vue d'obtenir le titre de médecin (article 9).

comité au sein du ministère des Affaires sanitaires[1317]. Les épreuves s'organisent selon quatre catégories de praticiens : praticien en médecine occidentale, praticien en médecine chinoise (y compris la médecine chinoise, les médecines ethniques et l'association de la médecine chinoise et de la médecine occidentale), stomatologue et enfin personnels du service sanitaire public. Ainsi, du point de vue institutionnel, les praticiens en médecine chinoise sont soumis au même régime que les praticiens de la médecine occidentale, même si les connaissances qu'ils doivent maîtriser pour l'examen sont différentes.

477. Pour cette raison, la loi du 26 juin 1998 est fortement contestée par les praticiens en médecine chinoise. Ces derniers estiment généralement que l'examen qualificatif pour eux s'appuie de manière excessive sur les critères de médecine occidentale et conduit à la perte des particularités de la médecine chinoise. Pour mieux comprendre leur point de vue, la lecture d'une *Ligne directrice de l'examen qualificatif pour les praticiens en médecine chinoise* nous apportera quelque éclaircissement[1318]. Pour 2005, seize matières sont au programme des épreuves, dont quinze relèvent de la médecine et une concerne la législation relative à la médecine et à la santé. Parmi elles, neuf sont des matières classiques de la médecine chinoise, six autres relèvent de la médecine dite « occidentale »[1319]. En même temps, on constate que parmi les neuf matières relevant de la médecine chinoise, certaines sont évaluées selon les critères de la médecine occidentale[1320].

Ces six matières sont toutes obligatoires dans les parcours universitaires en médecine chinoise ; l'objectif est de donner une ouverture de connaissance et d'esprit dans le cadre la politique de l'« association des deux médecines ». Mais le fait qu'elles occupent près de moitié des matières dans

---

1317 卫生部医师资格考试委员会. *V. Mesures provisoires*, art. 3.

1318 « 中医医师资格考试大纲 ». Il s'agit d'un programme d'examen dans lequel sont précisés les socles de connaissances à maîtriser afin d'obtenir la qualification. Élaboré par le comité d'examen qualificatif, il est publié chaque année par le ministère des Affaires sanitaires.

1319 Elles sont : diagnostic en médecine occidentale ; médecine interne occidentale ; pathologie en médecine occidentale ; pharmacologie occidentale ; anatomie ; et physiologie.

1320 Dans les descriptions des connaissances à maîtriser des *Lignes directrices* de 2005, la matière « médecine interne chinoise » emploie notamment des termes de médecine interne occidentale et établit toujours une correspondance entre les deux médecines pour chaque symptôme. La gynécologie et la pédiatrie en médecine chinoise sont également étudiées selon les logiques de la physiologie occidentale en dehors du vocabulaire d'origine philosophique de la MTC.

l'examen qualificatif, cela depuis l'instauration du système, est fortement contesté par les praticiens et chercheurs de la médecine chinoise[1321].

478. Dans le contexte de la mise en valeur de l'aspect culturel de la médecine chinoise suite à la ratification de la Convention de 2003, ces contestations ont conduit à une légère réforme des matières de l'examen en 2006. La pathologie en médecine occidentale, la pharmacologie occidentale, l'anatomie et la physiologie sont supprimées. Sont rajoutées deux matières : l'épidémiologie et la déontologie médicale[1322]. En 2009, la réforme est approfondie bien que les matières d'examen restent identiques. Désormais, dans la matière diagnostic en médecine chinoise, le critère de « capacité de faire correspondre les deux diagnostics en médecine chinoise et en médecine occidentale » disparaît. Enfin, concernant l'acupuncture et la moxibustion, le domaine de connaissances est élargi et les critères d'évaluation plus précis[1323].

B. Régime dérogatoire de la qualification des praticiens en médecine chinoise n'ayant pas suivi l'enseignement universitaire

479. À côté de ce régime général de qualification, est instauré un régime dérogatoire pour les praticiens n'ayant pas suivi de formation universitaire. En réalité, malgré l'institutionnalisation de l'enseignement en médecine chinoise depuis les années 1950, la pratique de l'apprentissage selon le mode maître-disciple était toujours fréquente, en particulier dans les zones rurales. De même, les praticiens des zones rurales qui ne disposent pas du titre de médecin, c'est-à-dire qui exercent *de facto* dans le statut de « médecin de village »[1324] sont également nombreux. L'article 11 de la *Loi relative à la qualifica-*

1321 Par exemple : ZHENG Lanying 郑兰英 & ZHOU Xiaoling 周小玲, « L'orientation moderne de l'enseignement supérieur de la médecine chinoise et sa réforme » 不失其所在，其命维新 – 高等中医教育的现代定位及其改革, *Journal of Nanjing University of Traditional Chinese Medicine* 南京中医药大学学报 (revue), 2001, vol. 2, n° 2, p. 110-112. – TANG Xiuzhi 汤秀芝, « Discussion sur les matières de l'examen qualificatif pour les praticiens de la médecine chinoise » 对中医执业医师资格考试科目的商榷, *Education Of Chinese Medicine* 中医教育 (revue), vol. 22, n° 2, 2003. – *Rapport général sur la position stratégique de la médecine et de la pharmacologie chinoises*, précité, Titre III. – ZHOU Zhibin, *Essai sur la médecine chinoise et le patrimoine culturel immatériel*, *op. cit.*, p. 72.

1322 *Lignes directrices de l'examen qualificatif en vue d'obtenir le titre de médecin en médecine chinoise*, version 2006. 2006 年中医执业医师资格考试大纲.

1323 *Lignes directrices de l'examen qualificatif en vue d'obtenir le titre de médecin en médecine chinoise*, version 2009. 2009 年中医执业医师资格考试大纲.

1324 Le « médecin de village 乡村医生 » est un héritage des années 1950 où est né le système de « médecin aux pieds nus 赤脚医生 » ou « moitié agriculteur moitié médecin 半农半医 ». Ce sont des agriculteurs qui reçoivent une formation basique médicale et paramédicale afin de

tion de médecin instaure un régime particulier de qualification pour ces praticiens. Le décret du 23 juillet 1999 modifié le 21 décembre 2006 précise les modalités de qualification. Les praticiens ayant suivi les formations dans la tradition « maître-disciple » depuis plus de trois ans ou ayant exercé *de facto* le métier depuis plus de cinq ans (dix ans selon le décret du 23 juillet 1999), peuvent demander une évaluation de leurs connaissances par l'administration chargée de la médecine chinoise du niveau District. Lorsque cette évaluation s'avère positive, ils peuvent participer à l'examen qualificatif en vue d'obtenir le titre de médecin en médecine chinoise. Cette mesure est introduite ensuite à l'article 11 du *Règlement sur la médecine et la pharmacologie chinoises* d'avril 2003[1325].

Jusqu'en 2009, il s'agit du même examen que leurs confrères ayant suivi l'enseignement universitaire, mais la note acquise pour l'obtention du titre est moins stricte et sera revue chaque année par le comité d'organisation de l'examen qualificatif[1326]. La version 2009 des *Lignes directrices de l'examen qualificatif en vue d'obtenir le titre de médecin* vient à élargir les différences entre le régime général et le régime dérogatoire, en précisant que les praticiens n'ayant pas suivi l'enseignement universitaire institutionnalisé sont dispensés de toutes les matières de médecine occidentale. En revanche, les exigences de compétences en matière de pratiques traditionnelles, telles que les techniques de *bianzhen* ou de l'acupuncture, deviennent plus strictes. Ces nouvelles orientations s'inscrivent dans la volonté de reconnaissance de la médecine chinoise en tant que patrimoine culturel immatériel.

480. Il convient cependant de souligner que l'examen de médecine chinoise est organisé par le même comité que l'examen de médecine occidentale. Il y a donc absence d'indépendance institutionnelle de la qualification des

---

combler les besoins de santé publique dans les zones rurales. En 1975, ces praticiens « aux pieds nus » sont 1,56 million dans la campagne chinoise (*Rapport général sur la position stratégique de la médecine et de la pharmacologie chinoises*, précité, Titre IV-2). Au début des années 1980, les autorités publiques s'efforcent de réformer ce système en imposant une qualification de ces praticiens. Ces derniers, dès lors évalués comme ayant des connaissances et techniques suffisantes et une expérience professionnelle de plus de 20 ans, deviennent désormais « médecins de village », ce qui n'est pas le titre de médecin (par une circulaire du Conseil des affaires de l'État 国务院批转卫生部关于合理解决赤脚医生补助问题的报告的通知, 27 fév. 1981). En 2003, leur statut est officialisé par le *Règlement sur la gestion des médecins de village* 乡村医生从业管理条例 (*tiaoli*, ordonnance du Conseil des affaires de l'État n° 386, 5 août 2003). Suite à ce règlement, le statut des praticiens en médecine est théoriquement structuré en deux catégories, le statut de médecin et le statut de médecin de village. Sans une qualification dans l'une de ces deux catégories, la pratique de la médecine est désormais illégale.

[1325] 中华人民共和国中医药条例 (*tiaoli*), ordonnance du Conseil des affaires de l'État n°374, 7 avril 2003.

[1326] Article 31, décret du 21 décembre 2006, précité.

praticiens en médecine chinoise[1327]. Cela semble problématique car le BNMPC chargé de la gestion de la médecine chinoise n'a, selon les textes législatifs et administratifs, aucune compétence dans la qualification des praticiens en médecine chinoise.

Conclusion de la section 1

L'idée initiale d'une telle transformation, passant par la normalisation du statut de praticien et la standardisation du système de formation, est de maintenir vivante la pratique de la médecine traditionnelle tout en la rendant conforme aux critères des sciences naturelles modernes. Or, les programmes d'institutionnalisation du mode maître-disciple font disparaître peu à peu les différences entre l'enseignement standardisé et l'apprentissage en tant que processus personnel qui caractéristique le mode traditionnel d'enseignement. De même, la qualification de praticiens en médecine chinoise en grande partie fondée sur les connaissances de la médecine occidentale résulte que la transmission des connaissances en médecine chinoise dans le cadre universitaire ne peut qu'être partielle, particulièrement au détriment de la part philosophique de la médecine chinoise. Pour certains auteurs, l'institutionnalisation du mode traditionnel d'enseignement serait même devenue un instrument de régularisation de la MTC mis en avant par l'État chinois[1328]. Il s'agit plus, à notre sens, d'un processus de transformation de la MTC dans la volonté de la rendre « moderne » et scientifiquement évaluable. L'héritage culturel devant rester une pratique vivante, pour les autorités chinoises, ce tri distinguant les éléments de « quintessence » et de « rebut » en elle se présente comme une nécessité. Ces processus de transformation s'observent également dans les tentatives de modernisation de la pharmacologie chinoise.

Section 2. La transformation de la pharmacologie traditionnelle

La transformation de la pharmacologie traditionnelle peut s'analyser selon deux tendances. D'une part, on constate la standardisation de la production des médicaments traditionnels menaçant les savoir-faire traditionnels de production (Paragraphe I). D'autre part, les médicaments dits « prêts à consommer » basés sur les remèdes traditionnels sont protégés, non au titre de la propriété intellectuelle mais par intervention administrative (Paragra-

[1327] LIU Chunxiang 刘春香, « Considerations on reforming and developing the work of Chinese Medical Qualification Examination » 中医医师资格考试工作改革与发展的思考, *Chinese Medicine Modern Distance Education of China* 中国中医药现代远程教育 (revue), 2005, n° 9, p. 6-9.

[1328] V. Scheid, *Chinese medicine in contemporary China*, *op. cit.*, p. 171.

phe II). Afin de comprendre les différences entre les médicaments traditionnels et ceux « prêts à consommer », il est nécessaire d'apporter quelques précisions sur les notions de pharmacologie chinoise (Paragraphe préliminaire).

Paragraphe préliminaire. Précisions terminologiques nécessaires

481. Pour comprendre la pharmacologie chinoise contemporaine, il est nécessaire de distinguer deux sortes de « médicaments chinois » : d'une part le *yinpian*, le « médicament chinois » dans le sens strict et traditionnel, et d'autre part le *zhongchengyao*, le produit prêt à consommer préparé sous forme de médicaments chimiques.

Le *yinpian* 饮片, littéralement « tranche (pour préparer le) breuvage », est la matière médicale première préparée selon la théorie et la tradition de la MTC. « Tranche » car les matières premières, notamment les plantes, mais aussi les matières animales et les minéraux, sont présentées sous forme tranchée (ou en morceau). Une formule prescrite par un médecin contient généralement plusieurs *yinpian* différents. Le patient, ayant obtenu ces *yinpian* dans une pharmacie, termine la préparation chez lui, le plus souvent par décoction qui peut durer d'une à plusieurs heures, puis boit le liquide obtenu ou l'utilise comme une lotion.

La préparation des matières premières avant de les couper en tranche est appelée *paozhi* 炮制, « conditionnement à feu ». Cela désigne les différentes méthodes de conditionnement des matières premières par une transformation chimique, essentiellement par la cuisson (mijoter à l'eau, à l'alcool ou au vinaigre, cuire à la vapeur, torréfier…), mais aussi par la simple macération à l'eau. L'objectif est d'enlever la toxicité des matières premières et de les rendre plus efficaces. Parfois, une matière première peut avoir des effets différents selon qu'elle est « crue » ou conditionnée et selon les méthodes de conditionnement. Parmi les 534 matières premières indexées dans la *Pharmacologie nationale de la R.P.C.* (version 2000), 379 ne peuvent être utilisées en tant que médicament qu'après le *paozhi*.

Quant aux médicaments chinois prêts à consommer « *zhongchengyao* 中成药 », ce sont des produits transformés sous forme de comprimé, de gélule ou de poudre, à partir des principes actifs chimiquement définis et isolés des matières premières traditionnellement utilisées. Ces produits portent généralement les noms des remèdes traditionnels dont ils sont issus. Comparés aux *yinpian* qui nécessitent une deuxième préparation, les *zhongchengyao* gagnent de plus en plus de parts de marché en raison de leur simplicité d'utilisation. Épargnant au patient la préparation et devenant ainsi plus adaptée au rythme de vie contemporain, la production des *zhongchengyao* peut être considérée comme une véritable révolution pour la MTC. Il est tout de même à noter la différence fondamentale du *zhongchengyao* avec une formule prescrite par un médecin à un patient : cette dernière est un traitement individualisé adapté au cas particulier du patient selon la philosophie de la MTC.

Paragraphe I. Standardisation de la production et menace sur les savoir-faire traditionnels

La standardisation de la production en pharmacologie chinoise se réalise notamment par l'imposition des normes de production, d'une part sur la production des matières premières (A), et d'autre part sur le conditionnement du *yinpian* (B). Dans les deux cas, les normes internationales de qualité sont introduites par les administrations chinoises.

A. Règlementation de la production des matières premières médicinales de la pharmacologie chinoise

1) Modernisation et standardisation des conditions de production

482. Traditionnellement, la production des matières premières médicinales fait l'objet de protocoles précis dans des classiques médicaux[1329]. Mais depuis les années 1990, il y a une forte volonté politique d'imposer des normes de production, afin que la qualité soit évaluable selon les critères des sciences naturelles modernes. En réalité, cette politique s'inscrit non seulement dans la modernisation de la pharmacologie traditionnelle, mais également dans la préparation de l'accession de la Chine à l'Organisation mondiale du commerce, dont les premières négociations démarrent dès 1986 lors du Cycle d'Uruguay. Se conformer aux standards internationaux devient peu à peu une obligation pour exporter des produits pharmaceutiques issus de l'agriculture comme de tout autre produit agricole[1330].

[1329] La littérature scientifique antique comme contemporaine est abondante en la matière. Les exemples les plus cités par les praticiens chinois sont : *Taipinghuimin hejiju fang* 太平惠民合剂局方 (1078) qui fait des descriptions précises de préparation, de fabrication et d'utilisation des substances médicinales et des médicaments ; *Bencao pinghui jingyao* 本草品汇精要 (1505) qui fait un catalogue illustré des plantes et d'autres substances médicinales.

[1330] Nombreux sont les reportages de presse durant les années 1990-2009 qui affirment cette idée. En avril 2009, le Dr. WANG Daning 王大宁, directeur adjoint de la *Certification and Accreditation Administration of the People's Republic of China* 中国国家认证认可监督管理委员会 l'affirme lors de l'évaluation de critères *Good Agricultural Practices* (ci-dessous GAP) chinois par le GLOBALGAP (ci-dessous). *V.* [http://www.globalgap.org].

S'inspirant des mesures proposées par la société internationale sur les « bonnes pratiques agricoles » telles que celles de l'Union européenne, de l'OMC et de la FAO[1331], un document intitulé *Good Agricultural Practices for Chinese Crude Drugs* (ci-après GAP chinois) est élaboré en 2003 par le SFDA[1332]. L'article premier de ce règlement se réfère explicitement au concept de *Good Agricultural Practices* en conservant les termes anglais et définit ainsi le sigle « GAP » qui sera employé dans l'ensemble du texte. Il s'agit d'une sorte de certificat de la qualité de production accordé par l'administration aux producteurs des matières premières médicinales. Cette certification n'est pas une condition règlementaire d'entrée sur le marché, mais elle devient à ce jour imposée par la concurrence du marché international.

483. Le GAP chinois donne une série de 104 critères d'évaluation sur la production des matières premières médicinales issues de l'agriculture. Ils concernent les domaines suivants : l'environnement de l'exploitation (qualité de l'air, de l'eau, du sol) ; la qualité des produits organiques ou chimiques utilisés sur les plantes comme sur les animaux (engrais, nourritures, médicaments) ; les méthodes de production (jachère) et d'élevage (alimentation particulière) ; le cadre de vie et le traitement des animaux d'usage médicinal ; les conditions d'hygiène et de conservation correspondant aux nécessités de la production médicinale ; le conditionnement et l'emballage des produits ; la qualification des personnels et la documentation des processus de production[1333]. Parmi les 104 critères, 19 sont éliminatoires. Le certificat de qua-

---

[1331] Notamment de la directive n° 91/676/CEE du 12 déc. 1991 concernant la protection des eaux contre la pollution par les nitrates à partir de sources agricoles (dite directive nitrate) qui introduit le concept de bonnes pratiques agricoles. Cette directive est mise en œuvre en droit français par un Code national des bonnes pratiques agricoles (arrêté ministériel du 22 nov. 1993 relatif au Code des bonnes pratiques agricoles, *JORF* n° 3 du 5 janvier 1994), d'application volontaire en dehors des zones vulnérables. Également le cadre Bonnes pratiques agricoles (*Good Agricultural Practices* - GAP) de l'Organisation des Nations unies pour l'alimentation et pour l'agriculture (FAO) depuis 2003 (présentation sur le site officiel [http://www.fao.org/prods/gap/index_ fr.htm]), et des travaux de préparation des Directives OMS sur les bonnes pratiques agricoles et les bonnes pratiques de récolte (BPAR) relatives aux plantes médicinales, Genève, oct. 2003.

[1332] 中药材生产质量管理规范认证管理办法(试行) (*banfa*), n° *guoshiyaojian'an* 国食药监安 [2003] 251, 19 sept. 2003. Il s'agit de la traduction anglaise officielle. Traduction littéraire :
« Mesures sur la gestion de la certification de conformité au standard de qualité pour les matières premières en pharmacologie chinoise (provisoires) ». Il s'agit d'un règlement administratif sectoriel *guizhang* au sens de l'article 71 de la *Loi sur les activités législatives*, précité.

[1333] *Critères d'évaluation pour la certification GAP des matières premières médicinales en pharmacologie chinoise (provisoires)* 中药材 GAP 认证检查评定标准(试行), promulgué en même temps que *Good Agricultural Practices for Chinese Crude Drugs*, n° *guoshiyaojian'an* 国食药监安 [2003] 251, 19 sept. 2003.

lité n'est délivré que si les 19 critères du premier degré et 80 % des critères du second degré, soit 68, sont remplis. Ceci est vérifié par une équipe d'experts qui se rend sur place pour effectuer les prélèvements et l'inspection. Le certificat est délivré sur une espèce de plante ou d'animal produit par une exploitation et non pas à l'ensemble de l'exploitation, puisque les critères peuvent être interprétés différemment selon les espèces.

2) Exclusion des petits producteurs et perte de savoir-faire traditionnels

484. Si ce document est d'une application volontaire, on constate qu'en réalité, le certificat de qualité devient de plus en plus imposé par le marché. Néanmoins, il s'avère que les conditions d'accès à ce certificat défavorisent fortement les petits producteurs paysans des matières premières médicinales. Ces derniers sont contraints, petit à petit, de se retirer du marché. C'est la raison pour laquelle cette mesure du GAP chinois fait l'objet de nombreuses critiques par le milieu professionnel de la pharmacologie chinoise dès les travaux de préparation. Pour eux, les conditions requises pour la certification révèlent un déséquilibre politique entre les petits producteurs paysans et les grandes entreprises pharmaceutiques.

485. Tout d'abord, afin de déposer une demande de certification GAP, une copie de certification du registre commercial est obligatoire, de même qu'une étude démontrant la conformité du produit en question à un certain nombre de critères, notamment les analyses sur la qualité de l'eau, de l'air et du sol, ainsi que sur la traçabilité de l'espèce en question[1334]. Cela signifie que seules les personnes morales spécialisées dans le domaine de la production des matières premières médicinales peuvent obtenir la certification GAP. Or, selon une enquête de 2004, 80 % des plantes médicinales sur le marché sont issus d'agriculteurs particuliers ne disposant pas du statut de commerçant. Ces 80 % de matières premières sont souvent cultivées par des agriculteurs disposant d'un terrain de moins de 1 000 m² et cultivant des plantes médicinales parallèlement à d'autres produits notamment alimentaires. Mais elles sont aussi souvent d'origine sauvage ou semi-sauvage et cueillies par des petits producteurs particuliers qui détiennent des savoir-faire traditionnels en matière de conditionnement[1335]. Ces petits producteurs seraient ainsi peu à peu exclus du système.

[1334] Certification de registre commercial 营业执照. Art. 4, *Good Agricultural Practices for Chinese Crude Drugs*.

[1335] ZHOU Chengming 周成明 *et al.*, « Réflexions et propositions sur la situation actuelle et le développement de l'industrie de produits pharmacologiques » 对中药材产业现状和发展的思考与建议, *Chinese Journal of Information on Traditional Chinese Medi-*

Les moyennes entreprises, quant à elles, n'auraient pas les ressources financières suffisantes pour se conformer aux exigences des études et analyses préalables onéreuses. Pour la certification proprement dite, les frais administratifs pour une espèce s'élèvent à 8 000 *yuan*, les frais de service pour l'équipe d'experts à 3 000 *yuan*/personne/jour, sachant que l'équipe est composée de 3-5 personnes pour une durée de 3-5 jours (art. 7-8 GAP chinois), auxquels s'ajoutent les frais de transport et d'hébergement de ces personnes à la charge de l'entreprise demandeuse. De surcroît, il ne faut pas oublier les frais des analyses de laboratoire, ainsi que les frais annuels de gestion (7 000 *yuan*/espèce)[1336]. Finalement, seul un petit nombre d'entreprises pharmaceutiques semble bénéficier de ces mesures.

486. Les critiques se concentrent également sur le mode d'évaluation de la qualité du terrain de l'exploitation. Afin d'obtenir la certification, un terrain doit subir des analyses chimiques et biologiques pour prouver qu'il est apte à produire des plantes ou animaux à usage médical. Or, un grand nombre des plantes médicinales exigent des conditions de plantation particulières et ne peuvent être cultivées sur un même terrain plusieurs années de suite au détriment de leur qualité médicinale. Ainsi, traditionnellement, les cultivateurs particuliers alternent généralement les espèces sur le même terrain afin d'obtenir une meilleure rente[1337]. En revanche, les entreprises pharmaceutiques, lorsqu'elles obtiennent la certification pour une espèce en faisant un investissement financier important, ne peuvent se permettre de procéder à des jachères importantes. Cela conduit à une baisse de qualité sur ces terrains au bout de quelques années[1338].

Dans ces conditions, bien que la certification GAP ne soit pas obligatoire pour entrer sur le marché, les petits cultivateurs paysans qui détiennent les

---

cine 中国中医药信息杂志 (revue), n° 8, 2004, p. 659-663. – WANG Ting 汪挺, « Certification GAP : cassera-t-elle le bol de riz des paysans cultivateurs des matières premières médicinales ? » GAP 认证:要砸部分药农的饭碗?, *China Business Herald* 中国商报 (journal), 24 août 2004.

[1336] Le tarif de la certification GAP s'aligne sur le tarif de certification de la qualité des produits fixé par la Commission nationale du développement et de réforme (ancienne Commission nationale de la planification) et l'Administration générale pour la supervision de la qualité, l'inspection et la quarantaine, 国家计委、国家质量技术监督局关于印发产品质量认证收费管理办法和收费标准的通知, n° *jijiage* 计价格 [1999]1610, 14 oct. 1999.

[1337] Souvent, les agriculteurs d'une même localité s'organisent pour qu'il y ait une production continuelle des matières premières, ce qui présente, à côté des savoir-faire agricoles, un mode de production qui est aussi un élément important du patrimoine culturel immatériel.

[1338] ZHOU Chengming *et al.*, *ibid.* – WEI Jianhe 魏建和 *et al.*, « L'état de l'application de GAP et sa perspective » 中国实施 GAP 现状及发展探析, *Research & Information on Traditional Chinese Medicine* 中药研究与信息 (revue), vol. 6, n° 9, 2004, p. 4-8.

savoir-faire traditionnels de culture et de traitement des matières premières médicinales sont défavorisés[1339]. Ces savoir-faire et méthodes sont certes conservés par le milieu scientifique, mais la pratique vivante de la cueillette, de la production et du conditionnement de ces matières premières perpétuée dans les traditions familiales est sérieusement menacée.

B. Règlements sur le conditionnement du yinpian

487. Comme la production des matières premières, le conditionnement de *yinpian* (ou le *paozhi*), doit aussi se soumettre à une série de normes puisque ces processus sont décisifs au regard de la sécurité, de l'innocuité et de l'efficacité du *yinpian*. Des normes de conditionnement existent depuis l'Antiquité ; les autorités publiques en élaborent aussi depuis les années 1950, mais le contrôle de leurs applications réelles était problématique (1). Cela se poursuit jusqu'en 2003 où les normes en matière de fabrication des produits pharmaceutiques chimiques, la « bonne pratique de fabrication » ou le « *Good Manufacturing Practices* » commencent à s'appliquer également aux *yinpian*, pour lesquels le contrôle est systématisé. Devenant obligatoire pour accéder au marché en 2008, elle acquiert une réelle valeur normative. Ces normes forment cependant une véritable menace aux savoir-faire traditionnels de *paozhi*, aujourd'hui inscrit sur la liste nationale du patrimoine culturel immatériel (2).

1) Normes existantes et difficulté d'application face aux méthodes traditionnelles

488. Si le processus de *paozhi* fait l'objet des normes administratives depuis 1984, l'application réelle de ces dernières demeurait incertaine pendant longtemps. En réalité, il existe trois sortes de normes parallèles qui s'appliquent de manière complémentaire.

Les normes de *paozhi* se trouvent premièrement dans la *Loi sur la gestion administrative des produits pharmaceutiques* qui énonce que le *paozhi* doit respecter la *Pharmacopée nationale de la R.P.C.* et, à défaut de normes précises dans cette dernière, doit respecter les normes promulguées par l'administration

---

[1339] Sur les savoir-faire traditionnels de la production des matières premières médicinales : XUE Wenli 薛文礼, *On Industry History of Chinese Herbal Medicine and Discuss the Relation between Chinese Traditional Culture and Traditional Medicine Industry* 中国传统药业史论.兼论中国传统文化与传统药业的关系, thèse de doctorat, Heilongjiang University of Chinese medicine 黑龙江中医药大学, ss. dir. de CHANG Cunku 常存库, 2006, notamment p. 77-88. – LIN Jiang 林江, *Industrialization Development to Chinese Traditional Medicine* 中华民族传统医药产业化发展问题研究, thèse de doctorat, Minzu university of China 中央民族大学, ss. dir. de SHI Zhengyi 施正一, 2005, notamment p. 80-89.

des affaires sanitaires au niveau régional (art. 10)[1340]. Elle précise que la *Pharmacopée nationale*, éditée par une commission spéciale[1341], présente les normes officielles pour les produits pharmaceutiques (art. 32). Par conséquent, la *Pharmacopée nationale* dispose d'une valeur normative quant à la formulation des produits qui y sont définis. Cette *Pharmacopée nationale* est par ailleurs reconnue par l'OMS en tant que pharmacopée officielle de la R.P.C.[1342]

Si dès 1958 la pharmacologie traditionnelle entre dans la *Pharmacopée nationale*, ce n'est que dans sa version de 1985 que l'on trouve les premières normes sur le *paozhi*. Ces normes restent élémentaires comparées au nombre de *yinpian* existant : si cette version de *Pharmacopée nationale* indexe plus de 500 matières premières, seulement une vingtaine fait l'objet de précisions de norme de conditionnement[1343].

Face à cette lacune, une deuxième norme de *paozhi* est publiée par le ministère des Affaires sanitaires en 1988. Intitulé *Normes nationales de conditionnement de yinpian en pharmacologie chinoise*[1344], il s'agit d'un document de référence qui n'a pas de valeur normative. Par ailleurs, il n'a pas fait l'objet d'une diffusion administrative mais est publié par une maison d'édition dépendant du ministère des Affaires sanitaires et est recommandé aux professionnels.

Les troisièmes normes sont régionales. En effet, avant que les normes de *paozhi* n'entrent dans la *Pharmacopée nationale*, certaines Régions avaient déjà élaboré leurs propres normes, tel est le cas de Hunan qui a publié ses normes régionales en 1983. Ces dernières continuent à s'appliquer jusqu'à ce

1340 *Loi sur la gestion administrative des produits pharmaceutiques* 中华人民共和国药品管理法, promulguée le 20 septembre 1984, mise en application le 1er juillet 1985, modifiée le 28 février 2001, mise en application le 1er décembre 2001. Ancien art. 6 al. 2, actuel article 10.

1341 La Commission pour la Pharmacopée nationale 药典委员会 est instaurée dès 1950 au sein du ministère des affaires sanitaires, puis transférée en 1998 au Bureau national pour la supervision et l'administration des produits pharmaceutiques 国家药品监督管理局 fondé cette année-là (ce bureau devient en avril 2003 le *State Food and Drug Administration*). *V.* le site Internet officiel de cette Commission : [http://www.chp.org.cn].

1342 *Index of Pharmacopoeias*, OMS, 2001, 2004.

1343 YAO Hongwu 姚洪武, « Study of the Processing of Chinese Herbal Medicine :Status Quo and Development Strategy » 中药炮制研究的现状与思路, *China Pharmacy* 中国药房 (revue), vol. 19, n° 30, 2008, p. 2394-2396. – BA Guoji 巴国际 *et al.*, « La nécessité d'élaborer rapidement des nouvelles normes de conditionnement de *yinpian* » 应尽快制订新的中药饮片标准及炮制规范, *China Pharmaceuticals* 中国药业 (revue), vol.12, n° 2, 2003, p. 20.

1344 *Normes nationales de* paozhi *en pharmacologie chinoise* 全国中药炮制规范, par le Bureau de la gestion des médicaments, ministère des Affaires sanitaires 卫生部药政管理局, éd. Renmin weisheng chubanshe 人民卫生出版社, 1988. Ce document contient 933 normes différentes pour 551 matières premières.

jour dans la Région, puisque les normes de la *Pharmacopée nationale* sont toujours incomplètes et celles publiées par le ministère ne sont pas obligatoires. Depuis 1985, en application de la *Loi sur la gestion administrative des produits pharmaceutiques* (art. 10 précité), d'autres Régions élaborent également leurs propres normes, parfois sur la base des modèles proposés par le ministère des Affaires sanitaires. Ainsi, la municipalité de Beijing qui a publié ses normes en 1986[1345].

489. On se trouve donc devant des normes établies à trois niveaux, dont deux ont une valeur normative. Cependant, la sanction du non-respect de ces normes prévue par le *Décret d'application de la Loi sur la gestion administrative des produits pharmaceutiques*[1346] semble difficile à mettre en œuvre. L'article 71 de ce décret assimile à des médicaments défectueux les *yinpian* qui ne sont pas conditionnés selon les normes obligatoires. Toutefois, les normes élaborées par la *Pharmacopée nationale* et par les Régions ne couvrent pas l'ensemble des *yinpian* produits et en vente sur le marché. Une partie importante des *yinpian* se trouvent ainsi dans une zone « grise » entre la légalité et l'illégalité en raison de l'absence de normes et ce, bien que la matière première, utilisée traditionnellement, soit indexée dans la *Pharmacopée nationale*. De surcroît, la compétence de contrôle de qualité de *yinpian* est attribuée à l'administration régionale de supervision de la qualité[1347] qui applique généralement les normes régionales de conditionnement. Or, il existe souvent des différences importantes voire des contradictions entre les différentes normes régionales[1348], tandis que le marché national est unifié. Ainsi, plusieurs échantillons du même *yinpian* produits dans des Régions différentes et se trouvant sur le même marché peuvent présenter une variation de qualité et d'effectivité.

490. La difficulté d'élaboration des normes nationales de *paozhi* n'est pas simplement administrative, elle trouve son origine dans la nature même de la pharmacologie chinoise.

En effet, traditionnellement, les méthodes de *paozhi* employées sont très diverses selon les régions. Prenons l'exemple de la préparation du *Rehmannia glutinosa* (*dihuang* 地黄) : la plante est bouillie avec de l'alcool de riz dans le

---

[1345] XU Lin 许琳, « Enquête sur les normes de conditionnement de *yinpian* » 规范炮制标准提高饮片质量: 关于中药饮片炮制规范的调查, *China Pharmaceutical News* 中国医药报 (journal), 7 juillet 2005, p. A03.

[1346] 中华人民共和国药品管理法实施条例 (*tiaoli*), ordonnance du Conseil des affaires de l'État n° 360, 4 août 2002.

[1347] Art. 2 du décret d'application du 4 août 2002.

[1348] Dont les raisons sont exposées ci-après.

Nord tandis qu'elle est cuite à la vapeur d'eau dans le Sud de la Chine[1349]. Cela est sans doute lié aux différences entre les espèces d'une même plante dans les différentes zones géographiques. Les méthodes de conditionnement seraient adaptées aux différentes espèces afin d'ôter leur toxicité ou de les rendre plus efficaces[1350]. De nombreux examens *in vitro* effectués depuis les « scandales de l'acide aristolochique » ont prouvé ces différences régionales substantielles[1351]. Ces dernières semblent attirer l'attention des chercheurs dans leurs études de la normalisation des méthodes de *paozhi*, mais toute la difficulté réside encore dans la manière de prendre en compte ces variations techniques dans une norme définie[1352].

En même temps, la transmission familiale de génération en génération des méthodes traditionnelles de conditionnement joue aussi un rôle dans les difficultés d'adaptation des normes. Si dans les entreprises publiques le conditionnement respecte généralement les normes locales, dans les petits ateliers familiaux, les artisans appliquent souvent les méthodes traditionnelles qui leur sont transmises par leur père ou maître. Dans ces cadres, ce sont presque toujours les méthodes traditionnelles qui sont employées lorsqu'elles sont en conflit avec les normes officielles, les administrations peinent à imposer les standards[1353].

[1349] Les deux méthodes sont mentionnées sous la fiche de la plante dans la *Pharmacopée nationale* version 2005. Sur cette question, *v.* par exemple YANG Zhonglin 杨中林 (éd.), *Paozhi dans la pharmacologie chinoise* 中药炮制学, éd. Zhongguo yiyao keji chubanshe 中国医药科技出版社, 2008. – YAO Hongwu, *Study of the Processing of Chinese Herbal Medicine*, précité.

[1350] YANG Yanchun 杨彦春, « Réflexions sur le conditionnement de *yinpian* » 对中药炮制现状的几点思考, *China Medical Herald* 中国医药导报 (revue), vol. 6, n° 10, 2009, p. 161-162.

[1351] *Cf.* par exemple LIU Yongye 刘永晔 *et al.*, « Analyses comparatives entre les plantes médicinales de la famille *Aristolochia* et les plantes remplaçantes » 马兜铃属植物与其替代药材的对比分析, *Chinese Journal of Clinical Pharmacology and Therapeutics* 中国临床药理学与治疗学, vol. 11, n° 8, août 2006. p. 841-846, ainsi que sa bibliographie.

[1352] Par exemple il existe plus de 50 méthodes de *paozhi* pour l'*Atractylodes macrocephala* (*baizhu* 白术) qui est une plante très utilisée ; la plante peut ainsi changer de nature et d'effet médical selon les méthodes de préparation. La difficulté reste à savoir laquelle choisir parmi ces différentes méthodes, et aussi comment les intituler dans la *Pharmacopée nationale.* Ceci devient encore plus problématique si l'on mentionne que la Commission de la Pharmacopée nationale a décidé de donner un nom latin à chacun de *yinpian* (généralement le nom latin de la plante suivi de *præparatus*), il est donc aussi question de distinguer les méthodes de *paozhi* dans leurs noms latins. CAO Hui 曹晖, « Sur la certification GMP de *yinpian* et le système de numéro d'autorisation » 谈我国实施的中药炮制GMP认证及饮片批准文号制度, in. Acte de colloque, 4ème conférence de la section *paozhi* de l'Association nationale de la médecine et de la pharmacologie chinoises 中华中医药学会第四届中药炮制分会学术会议论文集, Nanchang (Jiangxi), 2004, p. 3.

[1353] YANG Yanchun, « Réflexions sur le conditionnement de *yinpian* », précité, p. 161.

2) Le modèle *Good Manufacturing Practices*

491. Devant les difficultés d'application des normes de conditionnement et compte tenu de la qualité de plus en plus problématique de *yinpian*[1354], la solution avancée par le SFDA est d'imposer une certification pour les entreprises fabricantes de *yinpian*. Le modèle de certification utilisé est celui de « GMP », *Good Manufacturing Practices*. Comme pour le GAP, le GMP est une notion empruntée des normes internationales existantes[1355]. Pour la certification de produits pharmaceutiques chimiques, les *Procédures de certification GMP pour les produits pharmaceutiques* sont établies en 1999[1356]. Depuis juillet 2004, les entreprises fabriquant des produits pharmaceutiques chimiques ne peuvent plus fonctionner sans avoir obtenu la certification GMP[1357].

À partir de juin 2003, des expérimentations se mettent en place également pour la certification GMP des entreprises fabricantes de *yinpian*. En octobre 2004, le SFDA décide de généraliser la certification et annonce qu'à partir de janvier 2008 toute entreprise ne disposant pas du certificat GMP ne sera plus autorisée à produire des *yinpian*[1358]. Le SFDA établit à cet effet un

---

[1354] En 2002, selon les contrôles effectués par les administrations nationales et régionales de produits pharmaceutiques, seulement 70 % de *yinpian* sur le marché seraient conformes aux exigences de qualité. LIU Shuduo 刘树铎, « Dilemme de la certification GMP de *yinpian* » 中药饮片 GMP 认证之困境: "死结"究竟在哪里?, *China Economic Times* 中国经济时报 (journal), 3 janvier 2008.

[1355] Par exemple à l'OMS, le premier projet de texte sur le GMP (en français « Bonnes pratiques de fabrication ») a vu le jour en 1967 (résolution WHA20.34). Pour l'Union européenne, suite au *EU Guidelines to Good Manufacturing Practice Medicinal Products for Human and Veterinary Use* publié en 1989, la directive 91/356/CEE du 13 juin 1991 établissant les principes et lignes directrices des bonnes pratiques de fabrication concernant les médicaments à usage humain est adoptée par la Commission en 1991 puis abrogée et remplacée par la directive 2003/94/CE du 8 octobre 2003 établissant les principes et lignes directrices de bonnes pratiques de fabrication concernant les médicaments à usage humain et les médicaments expérimentaux à usage humain. En France, la notion est d'abord introduite par l'arrêté du 10 mai 1995 relatif aux bonnes pratiques de fabrication (*JORF* du 13 mai 1995), plusieurs fois modifié pour transposer les règlements européens, sa version en vigueur est publiée dans le Bulletin officiel n° 2007/1 *bis* de l'Agence française de sécurité sanitaire des produits de santé.

[1356] 药品 GMP 认证工作程序, circulaire n° *guoyaoguan'an* 国药管安 [1999]105, abrogé par *Mesures sur la certification de conformité aux normes de la qualité de fabrication des produits pharmaceutiques* 药品生产质量管理规范认证管理办法 (banfa), n° *guo yaojian'an* 国药监安 [2002]442, 11 déc. 2002, puis modifié le 7 septembre 2005, n° *guoshiyaojian'an* 国食药监安 [2005]437. À noter que le terme GMP est utilisé tel quel dans le titre officiel de la circulaire administrative, alors que le chinois est légalement la seule langue officielle de l'administration centrale.

[1357] *Circulaire sur la supervision de l'application de GMP de certains produits pharmaceutiques notamment en matière de* yinpian 关于推进中药饮片等类别药品监督实施 GMP 工作的通知, n° *guoshiyaojian'an* 国食药监安 [2004]514, SFDA, 26 octobre 2004.

[1358] *Idem.*

document d'évaluation de 111 critères. Parmi eux, on trouve un critère n° 6603, éliminatoire, qui se réfère à l'article 10 de la *Loi sur la gestion administrative des produits pharmaceutiques* qui impose les normes de conditionnement de la *Pharmacopée nationale* ou élaborées par les administrations régionales[1359]. Le critère n° 6603 constitue ainsi une application forcée de cet article.

D'après les statistiques du SFDA de début 2008, parmi les 1 100 sociétés fabricantes de *yinpian* enregistrées, seulement 200 ont obtenu la certification GMP, les autres sont par conséquent obligées de se retirer du marché de *yinpian*[1360]. De plus, désormais, plus aucune entreprise ne fabriquera les *yinpian* dont les normes de conditionnement ne sont pas définies par la *Pharmacopée nationale* ou par les administrations régionales.

492. Ainsi, le contrôle de qualité de *yinpian* est renforcé, mais cela avec une répercussion importante sur la disparition de *paozhi* en tant que pratique vivante de la médecine traditionnelle. Les grandes entreprises qui obtiennent la certification GMP très onéreuse utilisent de plus en plus les méthodes de production industrialisées, alors que les méthodes artisanales traditionnelles employées dans les petits ateliers familiaux se perdent rapidement. En 2006, lorsque les savoir-faire de *paozhi* sont inscrits sur la Liste de patrimoine culturel immatériel au niveau national, il ne reste plus qu'une centaine de personnes qui exercent le métier dans la tradition ; un grand nombre de techniques spécifiques est en voie de disparition[1361]. Quant aux recherches scientifiques en la matière, comme pour la médecine chinoise, elles se concentrent dans le domaine de la biologie moléculaire, généralement en vue d'adapter et d'améliorer la production industrielle assimilée aux méthodes traditionnelles de *paozhi*[1362].

493. Depuis l'introduction de la notion de patrimoine culturel immatériel en Chine et en particulier l'inscription de *paozhi* sur la Liste du patrimoine culturel immatériel au niveau national en 2006, ces méthodes antiques se trouvent devant un dilemme : d'une part l'obligation de se conformer aux normes internationales de fabrication, d'autre part la nécessité de

---

[1359] Circulaire n° *guoshiyaojian'an* [2004]514, annexe I : *Critères d'évaluation pour la certification GMP de* yinpian 中药饮片GMP 认证检查项目.

[1360] LIU Shuduo, *Dilemme de la certification GMP de* yinpian, précité.

[1361] La fiche de description de *paozhi*, la Liste du patrimoine culturel immatériel au niveau national, 2006 IX-3/442.

[1362] YAO Hongwu, *Study of the Processing of Chinese Herbal Medicine*, précité. – XIAO Yongqing 肖永庆 *et al.*, « The renew and prospect of processing Chinese materia medica » 中药炮制研究回顾与展望, *World Science and Technology-Modernization of Traditional Chinese Medicine* 世界科学技术-中医现代化 (revue), vol. 11, n° 4, p. 536-541.

sauvegarder les savoir-faire traditionnels reconnus en tant que patrimoine culturel immatériel. Si deux Transmetteurs majeurs[1363] sont désignés pour perpétuer leurs savoir-faire, la pratique vivante de conditionnement est menacée par la réalité du monde contemporain. Les méthodes traditionnelles artisanales de *paozhi* deviennent trop peu efficaces face à la demande du marché ; cette pratique ne peut plus se perpétuer dans le cadre administratif actuel du conditionnement de *yinpian*. En réalité, la situation contradictoire de la pharmacologie traditionnelle doit s'interpréter dans la politique bidimensionnelle de la médecine chinoise : la patrimonialisation et la modernisation d'un même objet. Cette situation s'observe également pour la protection des variétés de remèdes.

Paragraphe II. Protection administrative des variétés de remèdes

494. La protection des variétés de remèdes est instaurée depuis 1992 par le *Règlement sur la protection des variétés des préparations pharmaceutiques de la médecine traditionnelle* (ci-après règlement de 1992)[1364]. Il s'agit notamment de la protection des préparations prêtes à consommer *zhongchengyao* 中成药, mais aussi des principes actifs obtenus des substances traditionnellement utilisées à des fins médicinales tels que les plantes ou les minéraux, et des produits simples basés sur ces principes actifs (art. 2)[1365]. Les préparations prêtes à consommer concernées sont généralement produites selon des remèdes célèbres approuvés par le temps et se retrouvent dans des ouvrages médicinaux qui remontent à plusieurs siècles. Parfois ils sont aussi adoptés ou améliorés pour des syndromes différents par les médecins, d'où les « variétés » ; mais le contenu de ces variétés est souvent connu car aussi anciennes.

Ce dispositif laisserait supposer une sorte de propriété intellectuelle sur le remède, mais l'analyse de son contenu révèle sa véritable nature de protection administrative de la pharmacologie chinoise face à la concurrence des produits pharmaceutiques chimiques (A). Malgré un rôle important dans la décennie passée, ce dispositif est à ce jour de plus en plus critiqué car il aurait pour conséquence d'empêcher une concurrence saine dans le milieu de la pharmacologie traditionnelle (B).

1363 *V. supra* chapitre « Système de trésor humain vivant ».

1364 中药品种保护条例 (*tiaoli*), ordonnance du Conseil des affaires de l'État n° 106, le 14 oct. 1992, entrée en vigueur le 1er janvier 1993.

1365 Les modifications du règlement sont en cours de préparation, le SFDA a publié le projet du nouveau règlement le 10 juillet 2006 pour collecter les commentaires 征求意见稿. Dans ce projet, seuls les *zhongchengyao* peuvent obtenir la protection.

A. La finalité de la protection de la pharmacologie chinoise

1) Mesures de protection fondées sur une autorisation exclusive de production

495. Il convient en premier lieu de noter qu'un remède doit être inscrit à la *Pharmacopée nationale* afin de pouvoir bénéficier de la protection du règlement. Cette protection ne remplace donc pas l'autorisation de mise sur le marché du médicament. La protection consiste plus précisément en une autorisation exclusive de produire le remède en question, accordée à une société, durant une période allant de 7 à 30 ans selon le degré de protection[1366].

Un Comité national de l'évaluation pour la protection de variétés de remèdes 国家中药品种保护审评委员会, habilité par le SFDA, prend en charge l'organisation du dispositif. Le SFDA délivre la décision de protection sur la recommandation du comité ainsi que l'avis consultatif du BNMPC[1367].

496. Selon l'article 17 du règlement, un *zhongchengyao* protégé ne doit être produit que par la société qui procède à la demande et qui obtient la protection. La fabrication d'un remède protégé sans obtenir une licence est assimilée à une contrefaçon de médicaments, même si le remède est dans le domaine public (art. 23). *A priori*, il s'agit d'un droit exclusif de fabrication.

Cependant, la plupart des *zhongchengyao* étant basés sur des remèdes traditionnels, ils sont souvent produits par plusieurs entreprises depuis longtemps avant l'instauration du régime en 1992. C'est la raison pour laquelle l'article 18 du règlement précise que, si le remède était produit par plusieurs entreprises avant qu'il ne soit protégé, toutes ces entreprises peuvent obtenir une licence de production dès lors qu'elles effectuent les démarches de

---

[1366] Deux niveaux de protection sont prévus. Un *zhongchengyao* peut être classé au niveau I lorsqu'il remplit l'une des conditions suivantes : avoir un effet particulièrement efficace contre une maladie définie ; avoir un effet équivalent d'une matière naturelle première protégée au niveau I national (« 国家一级保护野生药材物种 », en application du *Règlement sur la protection des matières médicinales premières naturelles* 野生药材资源保护管理条例 (*tiaoli*), ordonnance du Conseil des affaires de l'État n° *guofa* 国发 [1987]96, 30 oct. 1987); soit être utilisé pour prévenir et traiter une maladie rare (art. 6). La durée de protection est de 30, 20 et 10 ans pour chacun des trois critères. Pour obtenir une protection au niveau II, un *zhongchengyao* doit : soit avoir bénéficié d'une protection du niveau I dont la durée est expirée ; soit avoir un effet efficace contre une maladie définie ; soit être des principes actifs extraits des matières premières naturelles. La durée de protection est de 7 ans pour ce niveau. Afin de prouver l'efficacité de son produit, des études biochimiques sont exigées, de même que des études cliniques sur au minimum 300 patients (*Précision sur les documents à fournir pour la demande de la protection des variétés de remède en pharmacologie chinoise* 中药保护品种申报资料项目要求及说明, Comité national de l'évaluation pour la protection de variétés de remède en pharmacologie chinoise 国家中药品种保护审评委员会, n° *zhongbaobanfa* 中保办发 [2003]013, 8 février 2003).

[1367] La procédure précise de l'autorisation est décrite sur le site Web officiel du SFDA : [http://www.sda.gov.cn/WS01/CL0371/24112.html].

demande dans les six mois qui suivent la publication de la protection du remède et que la qualité de leurs produits est satisfaisante. Toutefois, afin d'éviter les abus, le comité d'accréditation se donne une limite de dix entreprises maximum pour un même remède protégé. Mais dans la pratique, l'excès est fréquent, la licence de production de certains remèdes est accordée à plus de 17 entreprises[1368].

Bien que la formule de la plupart des remèdes anciens soit connue, certains remèdes sont restés secrets, qu'ils soient anciens ou récemment modifiés. Dans cette hypothèse, le secret du remède doit être gardé par l'entreprise ainsi que par l'administration durant la période de protection, faute de quoi la personne responsable risque une sanction administrative ou pénale, cela dans l'objectif de protéger les remèdes traditionnels considérés comme faisant partie du patrimoine culturel de la Nation[1369].

2) Nature de protection administrative

497. Il semble que l'autorisation de production instaurée par ce règlement soit par nature une sorte d'autorisation administrative d'accès au marché plutôt qu'un véritable droit exclusif d'exploitation. En réalité, à l'origine, l'objectif du règlement était de soutenir l'industrialisation de la pharmacologie traditionnelle et le développement des entreprises pharmaceutiques nationales, et non pas la protection des droits sur les remèdes en soi.

Jusqu'en 1985, la compétence d'autorisation de production de médicaments est attribuée à la fois à l'État et aux Régions[1370]. Ainsi, à l'époque, nombreuses sont les entreprises locales qui produisent des médicaments sur le modèle du même remède, d'autant que ces produits gardent généralement l'appellation du remède qui devient le nom générique du produit[1371]. Les critères d'autorisation régionaux différents conduisaient à un problème important de production répétitive à qualité médiocre, nuisant à la réputation de la pharmacologie traditionnelle. Le règlement de 1992 avait l'ambition, après la

---

1368 Selon ZHOU Chaofan 周超凡, membre du Comité national d'accréditation pour la protection des variérés de remède, interview par LIU Yanling 刘燕玲, « Quelle orientation pour la protection des variétés de remède dans la pharmacologie chinoise » 中药品种保护之路该怎么走, *Journal de la Santé* 健康报 (journal), 29 sept. 2005, la Une.

1369 Articles 13 et 22 du règlement de 1992.

1370 La compétence est centralisée à l'État par les *Mesures sur l'autorisation de production des nouveaux médicaments* 新药审批办法 (*banfa*), ministère des Affaires sanitaires, 1er juillet 1985.

1371 Parmi les plus célèbres et couramment utilisés, par exemple *yunnan baiyao* 云南白药, *angong niuhuang wan* 安宫牛黄丸 ou *liushen wan* 六神丸, ils étaient produits par une dizaine d'entreprises régionales, avec le même nom mentionné sur l'emballage.

centralisation de l'autorisation de médicament et en même temps que le réaménagement du marché de *yinpian*, de renforcer le contrôle de qualité des *zhongchengyao*, en concentrant la production dans les mains de quelques grandes entreprises, généralement publiques[1372].

498. La nature de cette protection a fait l'objet de débats pour déterminer s'il s'agit d'un droit de propriété intellectuelle. Une décision de justice de 2004 reflète plusieurs points de vue sur la question. Dans cette affaire, la société *Jiangsu Pengyao Pharmaceutique* (ci-dessous J. P.) produit depuis 1979 une pilule traitant le cancer (*Kang'ai ping wan*) qu'elle a développée avec des financements publics durant les années 1970. En 1995, la société *Hainan Hengxin Pharmaceutique* (ci-dessous H. H.) commence également à produire la pilule avec l'autorisation de l'administration régionale. En 2000, la société H. H. fait la demande de protection du remède et en obtient la licence pour sept ans en avril 2002. En même temps, la société J. P. continue à produire la pilule sans en demander la licence. En avril 2003, la société H. H. attaque la société J. P. en justice pour contrefaçon et concurrence déloyale. Le juge donne raison à la société H. H. mais la société J. P. fait appel. Le juge d'appel, au contraire, estime que la protection instaurée par le règlement sur les variétés des remèdes est en réalité un système d'accès au marché. Cette protection ne crée pas de droit opposable de propriété intellectuelle et constitue des prérogatives de droit administratif. Les conflits entre les deux sociétés pharmaceutiques ne relèvent pas du droit civil et doivent être soumis aux autorités administratives compétentes[1373].

À propos de ces deux décisions, un grand nombre d'auteurs se sont exprimés et la majorité s'accorde à dire que l'autorisation de production d'un remède protégé est une autorisation administrative d'accès au marché et qu'elle ne crée pas un droit de propriété intellectuelle pour deux raisons. Premièrement, l'entreprise détenant la licence n'a pas le droit de s'opposer à

[1372] ZHANG Jianping 张建平, « La modification du Règlement sur la protection des variétés des préparations pharmaceutiques de la médecine traditionnelle chinoise et le repositionnement du régime » « 中药品种保护条例 » 的修订与制度定位, *Chinese Journal of Information on TCM* 中国中医药信息杂志 (revue), vol. 14, n° 8, 2007, p. 11-13. – WEI Xiaoyun 韦晓云, « Analysis of the Nature of Intellectual Property Protection on Chinese Traditional Medicine Variety » 中药品种知识产权保护实质探析, *Science-Technology and Law* 科技与法律 (revue), vol. 4, n° 4, 2005, p. 60-66.

[1373] 海南亨新药业有限公司 *Sté Hainan Hengxin pharmaceutique* c/ 江苏鹏鹞药业有限公司 *Sté Jiangsu Pengyao pharmaceutique*, Tribunal d'instance supérieure de la Région de Guangxi 广西壮族自治区高级人民法院 (appel et dernier recours), décision n° *guiminsanzhongzi* 桂民三终字 [2004]11, 28 sept. 2004. Première instance : Tribunal d'instance intermédiaire de Guilin 广西壮族自治区桂林市中级人民法院, jugement n° *guishiminchuzi* 桂市民初字 [2003]70, 30 déc. 2003.

ce qu'une autre personne produise le même médicament si elle obtient aussi une licence. Ensuite, cette autorisation de production ne peut être cédée, contrairement aux droits de propriété intellectuelle[1374].

499. En revanche, lorsque le remède est tenu secret, la protection instaurée par l'article 13 du règlement de 1992 pourrait être assimilée à celle d'un secret industriel. En droit chinois, les secrets industriels sont définis comme les secrets techniques, les informations et renseignements commerciaux que le commerçant détient et ne veut pas diffuser, tels que les savoir-faire, formules de fabrication, réseaux de contacts et de vente[1375]. En droit positif, le détenteur de ces informations et renseignements doit prouver ses efforts pour tenir le secret afin de bénéficier de la protection, notamment par l'article 10 al. 3 de la *Loi sur la lutte contre la concurrence déloyale*[1376]. Actuellement, la plupart des remèdes nouvellement développés par les entreprises pharmaceutiques bénéficient d'une telle protection[1377]. Sans créer un droit spécifique, l'article 13 du règlement de 1992 utilise les outils de la propriété industrielle pour réaliser la protection administrative des secrets en matière des remèdes médicaux. Par ailleurs, le secret commercial fait partie de la propriété industrielle selon la définition de l'article 39 de l'Accord ADPIC.

500. Malgré cet aspect, le règlement de 1992 doit être vu dans son ensemble comme une protection administrative de la pharmacologie chinoise par le biais de la réglementation du marché des *zhongchengyao* basés sur les

---

1374 WEI Xiaoyun, *Analysis of the Nature of Intellectual Property Protection on Chinese Traditional Medicine Variety*, précité. – ZHANG Qingku 张清奎, « Les lois et règlements sur la propriété intellectuelle des produits pharmaceutiques devraient être réaménagés rapidement » 我国药品知识产权保护法规急需调整, *Études de la loi sur les brevets* 专利法研究, Bureau national de la propriété intellectuel 国家知识产权局条法司, éd. Zhishi chanquan chubanshe 知识产权出版社, 2002, p. 154. – HUANG Shuiqing 黄水清, « Present protection condition of traditional secret recipes of Chinese medicine and countermeasure research » 传统中医秘方保护的现状与对策研究, *Administration of Chinese Medicine* 中医药管理杂志 (revue), vol. 13, n° 6, 2003, p. 11-13.

1375 Commission des affaires législatives de l'APN, section droit civil 全国人大法工委民法室, *Loi sur la procédure civile : Question et réponse* 中华人民共和国民事诉讼法问题解答, éd. Falü chubanshe 法律出版社, juin 1991, p. 137. - Commission des affaires législatives de l'APN, section droit civil 全国人大法工委民法室, *Loi sur la lutte contre la concurrence déloyale de la R.P.C. : Interprétation* 中华人民共和国反不正当竞争法释义, éd. Falü chubanshe 法律出版社, décembre 1993, p. 28.

1376 *Loi sur la lutte contre la concurrence déloyale de la R.P.C.* 中华人民共和国反不正当竞争法, ordonnance du Président de la R.P.C. n° 10, 2 septembre 1993, version anglaise officielle sur le site Web de la Cour populaire suprême de la R.P.C. : [http://en.chinacourt.org].

1377 Selon une enquête du BNMPC en 2003 sur 401 remèdes de *zhongchengyao* développés par 120 entreprises en pharmacologie chinoise, 62 % sont couverts par des procédés particuliers afin de garder leur secret.

remèdes traditionnels. Il s'inscrit par-dessus tout dans une logique de gestion administrative, c'est-à-dire une autorisation administrative de faire certaines choses particulières accordées à une personne définie. En réalité, cette protection doit s'analyser comme celle de la pharmacologie chinoise « contre les médicaments chimiques », puisque la concurrence malsaine et la qualité médiocre des produits durant les années 1980-1990 conduisaient au déclin de la pharmacologie chinoise. L'article premier du règlement explicite cette idée : « Le présent règlement est élaboré dans l'objectif d'améliorer la qualité des produits pharmaceutiques basés sur les variétés de remèdes de la pharmacologie chinoise, de protéger les droits des entreprises pharmaceutiques et de soutenir la cause de la pharmacologie chinoise ».

B. La nécessité d'un repositionnement

501. Le règlement de 1992 a joué un rôle important dans l'industrialisation de la pharmacologie chinoise. Les ressources sont réattribuées et le marché auparavant très partagé devient concentré dans quelques grandes sociétés publiques, ce qui a, paradoxalement, permis l'amélioration de la qualité des produits prêts à consommer basés sur les remèdes traditionnels[1378]. Face à la concurrence des produits pharmaceutiques chimiques, il s'agissait d'une mesure de renforcement de capacité de la pharmacologie chinoise considérée comme patrimoine culturel vivant.

Toutefois, dans le nouveau contexte du marché libéral, ce règlement ne pourrait se soustraire à des critiques en raison d'une protection étatique instaurée en faveur des grandes sociétés pharmaceutiques publiques. En effet, le règlement favorise clairement les grandes entreprises ayant des moyens financiers et humains plus importants. La licence de production de remède protégé n'est pas ouverte à tous mais est réservée à moins de dix entreprises en même temps par remède. Dans l'hypothèse – très fréquente –, où le remède est ancien et est produit par plusieurs entreprises en même temps, ce sont les grandes entreprises qui, ayant le moyen de réaliser au plus vite les études sur la qualité de leur produit, obtiendront la licence, sans parler des frais administratifs de la licence[1379]. Une concurrence inégale est alors imposée car les petites entreprises n'ont pas ces moyens et sont obligées de se re-

---

[1378] C'est aussi l'idée de nombreux auteurs, par exemple ZHANG Jianping et WEI Xiaoyun, précité.

[1379] Frais de dossier 15 000 yuan pour chaque produit ; frais annuels 7 500 yuan/an/produit. *Circulaire sur les frais administratifs pour la demande de la protection des variétés de remède en pharmacologie chinoise* 关于中药品种保护审评收费的通知, Bureau national du contrôle des prix, ministère de la finance, n° *jiafeizi* 价费字 [1993]178.

tirer du marché même si leurs produits sont de qualité satisfaisante. De surcroît, cette situation de quasi-monopole[1380] ne favorise pas l'innovation des nouveaux remèdes basés sur les traditionnels.

Ainsi, depuis la diffusion du projet de modification du règlement en 2006, les chercheurs réclament un repositionnement du dispositif dans l'optique d'encourager l'innovation et la concurrence saine[1381].

502. Malgré les éventuels ajustements, on constate que ce règlement demeure une protection administrative ayant pour finalité de protéger la pharmacologie chinoise contre les produits pharmaceutiques occidentaux. Elle n'est pas, comme ce que l'on aurait pu penser à première vue, une protection du droit de la propriété intellectuelle des entreprises fabricantes sur leurs remèdes, mais la protection d'un patrimoine culturel dont on s'efforce de maintenir la viabilité.

Conclusion de la section 2

503. Les mesures spécifiques sur la pharmacologie chinoise, qu'elles soient sur la production des matières premières, sur leur conditionnement ou sur la protection des produits prêts à consommer, ont un objectif commun : maintenir la viabilité de la pharmacologie chinoise. Avec la mondialisation, les médicaments traditionnels chinois sont de plus en plus menacés par les produits pharmaceutiques chimiques qui ne sont pas, dans l'idée des Chinois, nécessairement plus efficaces mais beaucoup plus commodes. Les dispositifs étudiés ci-dessus s'inscrivent donc dans la perspective de transformation de la pharmacologie chinoise afin qu'elle puisse survivre à la pression de la modernité. On constate que ces dispositifs sur la pharmacologie chinoise, qu'ils concernent les matières premières, les *yinpian* ou les remèdes traditionnels, sont gérés par le SFDA, tandis que le BNMPC n'a aucun rôle actif ni responsabilité administrative dans ces travaux. Cela témoigne encore une fois de la séparation arbitraire de la pharmacologie traditionnelle et de la médecine traditionnelle. Cette dernière est donc entièrement détachée de son contexte culturel et philosophique d'origine pour se soumettre aux mêmes critères que les produits pharmaceutiques dits « occidentaux ».

[1380] Parlant de l'autorisation administrative, les professeurs Zénati-Castaing et Revet considèrent que cette situation est « voisine du monopole, dont elle constitue une variété en réduction ». Zénati-Castaing & Revet, *Les biens*, *op. cit.*, n° 51.

[1381] ZHANG Jianping, *La modification du Règlement sur la protection des variétés des préparations pharmaceutiques de la médecine traditionnelle chinoise et le repositionnement du régime*, précité.

Conclusion du chapitre II et du titre II

504. Les processus de transformation de la pharmacologie chinoise ont en effet la même origine que la transformation de la médecine chinoise. Pour les autorités publiques, la médecine et la pharmacologie chinoises – sans oublier que traditionnellement il n'y a pas de distinction entre les deux matières – sont certes des éléments du patrimoine culturel, mais doivent par-dessus tout demeurer une pratique vivante. Elle doit, de par sa capacité d'adaptation et de transformation, représenter la grandeur de la civilisation chinoise et le rayonnement d'une Nation dans le monde.

Mais la transformation d'une telle ampleur ne peut être sans risque. En regardant de plus près, cette transformation de la MTC représente en effet le rejet des éléments qui ne sont pas conformes à la science moderne, considérés comme les « rebuts ». L'occidentalisation de la formation des praticiens et de la production des médicaments fait oublier peu à peu les dimensions socioculturelle et philosophique de la médecine et de la pharmacologie chinoises, ces dernières deviennent ainsi progressivement un simple outil de santé publique parallèle à la médecine occidentale. Ce déracinement culturel n'est pas anodin lorsque l'on se souvient que la préservation de la médecine et de la pharmacologie chinoises se fonde premièrement sur la reconnaissance de son caractère patrimonial.

De la même manière, l'expérience doit être appréhendée avec beaucoup de nuances. En effet, si la MTC est sauvegardée, par l'institutionnalisation et l'extraction de l'élément de son contexte culturel et de son fondement philosophique, elle est aussi incontestablement dénaturée.

505. Au demeurant, avec l'introduction de la notion de patrimoine culturel immatériel, on observe une reconsidération de la dimension culturelle de la MTC. Cela se traduit par de nombreuses actions dans l'enseigne-ment de la médecine chinoise comme dans la revalorisation des méthodes traditionnelles de production en pharmacologie.

506. Finalement, dans le contexte particulier de la MTC, tout débat sur la scientificité de cette dernière semble être hors sujet, car la question de la MTC n'est pas simplement une question de santé publique mais aussi, voire avant tout une question de patrimoine culturel. Elle n'aurait pas pu survivre aux tentatives de répressions à maintes reprises tout au long du XXe siècle sans la volonté politique de sa patrimonialisation. Sa continuité ne saurait alors que s'inscrire dans cette dimension. Aujourd'hui rebaptisé patrimoine culturel immatériel de la Nation, la médecine chinoise est clairement rapprochée de la notion d'identité culturelle. Cela engage par conséquent une reconsidération de sa valeur culturelle, sociale et philosophique dans son état original et intégral, au-delà de sa valeur thérapeutique en tant qu'outil de santé publique. Sur cet objet bidimensionnel, les difficultés d'une éventuelle conciliation seront encore extrêmement importantes entre la tentative de sa transformation dans une catégorie conceptuelle stable et de la sauvegarde de la pratique culturelle vivante.

Conclusion de la deuxième partie

507. Si les concepts classiques du droit de la propriété intellectuelle s'avèrent inadaptés pour protéger le patrimoine culturel immatériel, à la question de savoir s'il est possible d'offrir une protection efficace aux éléments du patrimoine culturel immatériel sans passer par l'appropriation, une réponse peut être apportée en deux temps.

En premier lieu, en observant la mise en œuvre de la Convention de 2003 en France et en Chine, force est de constater que les moyens employés dans les deux pays restent, comme dans l'esprit de la convention, avant tout des moyens réglementaires qui évitent minutieusement la création ou l'affirmation du droit de propriété intellectuelle sur les éléments du patrimoine culturel immatériel. Ce constat se confirme à la lecture de la loi chinoise sur le patrimoine culturel immatériel.

Dans un deuxième temps, et d'une manière très intéressante, les expériences de la patrimonialisation de la médecine traditionnelle chinoise dès les années 1950 démontrent le caractère visionnaire de l'approche des autorités chinoises qui se révèle très similaire à celle que retiendra ultérieurement l'Unesco et qui consiste à n'employer que des moyens du droit administratif pour maintenir la viabilité de la médecine traditionnelle chinoise, sans évoquer la question de la propriété intellectuelle. Mais contrairement au choix volontaire de l'Unesco, cette situation chinoise est due plutôt à l'absence de la notion de propriété intellectuelle en droit chinois jusqu'en 1982 et depuis cette date, à son impact fort limité dans la mentalité sociale[1382].

À l'analyse de ces deux types d'expérience, on est amené à constater que malgré certains défauts inhérents à chacun des systèmes, ces solutions de sauvegarde par les méthodes de droit administratif semblent avoir un impact positif sur la viabilité des éléments concernés, cela sans conférer des droits exclusifs et opposables aux communautés détentrices de ces éléments.

508. Ces expériences de sauvegarde illustrent encore une fois le contraste entre les notions de « patrimoine culturel » et de « bien culturel », la première fondée sur l'intérêt culturel et la deuxième s'attachant à la valeur éco-

---

1382 Sur cette question, *v.* par exemple : SHUJIE Feng, *L'intégration du droit de l'OMC touchant à la propriété intellectuelle dans l'ordre juridique interne : étude comparée franco-chinoise concernant le droit des brevets*, thèse de doctorat, ss. dir. Hélène Ruiz-Fabri H., Université Panthéon-Sorbonne, 2007. – ZHAO Bingzhi & ZHANG Yuanhuang, « La contrefaçon en droit chinois de la propriété intellectuelle », *RIDC*, précité.

nomique. Dans le cas du patrimoine culturel immatériel, la Convention de 2003 évoque un intérêt pour l'ensemble de l'humanité (« le respect de la diversité culturelle et la créativité humaine ») et pour les générations futures (le « développement durable »). En effet, à l'heure actuelle, en l'absence des activités de secteur privé suffisamment denses et étendues, les actions publiques, disposant d'un moyen plus important et par nature désintéressées, semblent plus adaptées à la défense de cet intérêt culturel et à la protection de ce patrimoine culturel.

509. Cependant, on doit aussi relever les dangers d'une intervention publique trop importante. Le fait d'inscrire un élément sur une liste censée être représentative du patrimoine culturel immatériel d'un pays voire de l'humanité, d'instaurer une personne comme représentant d'une expression ou pratique culturelle, ainsi que d'institutionnaliser un élément culturel vivant, expose aux risques de fossilisation artificielle et de perte d'originalité, parfois même de dénaturation. La patrimonialisation de la médecine traditionnelle chinoise représente, en ce qui concerne le dernier point, un exemple symptomatique. La présence trop importante de l'État peut empêcher les communautés, pourtant véritables protagonistes du patrimoine culturel immatériel, de s'exprimer et de faire évoluer leur patrimoine culturel immatériel naturellement.

510. En somme, comme le préconise la convention, les communautés doivent tenir une place essentielle dans la sauvegarde et la transmission du patrimoine culturel immatériel comme dans sa qualification, même si elles ne peuvent pas devenir titulaires des droits pour des raisons techniques ou politiques. La pleine implication des communautés est sans nul doute la meilleure solution pour éviter une récupération de la notion de patrimoine culturel immatériel par les pouvoirs étatiques dans l'optique de l'édification de l'État-Nation.

Conclusion générale

511. La Convention de 2003 complète la notion de patrimoine mondial pour constituer une notion globale de patrimoine culturel en droit international. Sur l'encouragement de la convention, plusieurs États et régions du monde sont prêts à intégrer le concept de patrimoine culturel immatériel dans leur droit interne par le biais d'un texte législatif, tels que la Chine ou la Suisse[1383]. Cette convention ouvre également une nouvelle perspective dans l'évolution du champ de travail de l'Unesco, en élargissant, de manière explicite, le domaine d'intervention de l'organisation. Ainsi, l'Unesco dispose aujourd'hui d'un vaste ensemble d'instruments juridiques qui protègeraient « tous les aspects de la diversité culturelle de l'humanité », qui se renforcent et se complètent les uns les autres[1384].

512. Mais il n'a pas été aisé d'aboutir à ce résultat : 30 années de réflexions ont été nécessaires pour la maturation de ce concept aujourd'hui affirmé en droit international grâce aux actions de l'Unesco et de nombreux autres organismes internationaux, nationaux et non gouvernementaux. Il convient de rappeler la double origine de la problématique du patrimoine culturel immatériel, originellement le « folklore », sur lesquelles l'Unesco a partagé une longue collaboration avec l'OMPI : d'une part, la question de la

[1383] Un avant-projet de loi sur le patrimoine mobilier et immatériel est préparé par l'État de Vaud et mis en consultation en janvier 2010.

[1384] Discours de M. Koïchiro Matsuura, lors de la 4ème session du Comité intergouvernemental pour le patrimoine culturel immatériel, Abou Dhabi (Émirats arabes unis), 2 octobre, 2009DG/2009/124. Les conventions en question sont : la Convention pour la protection des biens culturels en cas de conflit armé (1954) et ses deux protocoles (1954 et 1999) ; la Convention concernant les mesures à prendre pour interdire et empêcher l'importation, l'exportation et le transfert de propriété illicites des biens culturels (1970) ; la Convention sur la protection du patrimoine culturel subaquatique (2001) ; la Convention de 2003 sur le patrimoine culturel immatériel et la Convention sur la protection et la promotion de la diversité des expressions culturelles (2005).

propriété intellectuelle et d'autre part, la revendication de l'identité culturelle. La Convention de 2003, volontairement, met en avant le deuxième aspect, mais contourne le premier : c'est aussi ce choix qui lui a permis d'élaborer une notion dynamique et innovante du « patrimoine culturel immatériel ».

Le patrimoine culturel immatériel, entre valeur économique et valeur culturelle

513. À l'origine de la notion de patrimoine culturel immatériel, les revendications sur l'identité culturelle et celles sur la propriété intellectuelle des expressions et savoirs traditionnels reflètent la double dimension du patrimoine culturel immatériel : il enferme à la fois une valeur économique et une valeur culturelle. C'est également ce que l'on découvre pour le patrimoine culturel physique, les objets culturels ou les monuments. Mais pour ces derniers, les valeurs culturelles justifient la patrimonialisation des objets et édifices qui sont eux protégés juridiquement, tandis que pour le patrimoine culturel immatériel, ce sont les valeurs culturelles elles-mêmes qui doivent être l'objet de la protection. L'intégrité culturelle comme la viabilité de ces éléments sont cruciales aux yeux des communautés désirant les sauvegarder et les transmettre en raison de leur valeur culturelle et en tant que support de mémoire, ou selon les termes du professeur Pierre Nora, « lieux de mémoire ».

Les analyses relatives à la notion et l'identification des besoins de chacun de ces éléments permettent de dégager deux types d'actions qui devraient englober les deux aspects du patrimoine culturel immatériel : d'une part la sauvegarde des éléments du patrimoine culturel immatériel en tant que tels, et d'autre part la protection des droits que peuvent engendrer ces éléments, dont les communautés doivent être titulaires.

514. C'était à partir de cette double dimension ou double objectif que se fondait la vision partagée par l'Unesco et l'OMPI pour trouver une solution unique qui résoudrait les deux aspects de la problématique. Mais cette tentative a échoué. L'appropriation des éléments du patrimoine culturel immatériel étant impossible par les communautés qui les pratiquent et les vivent, le droit de propriété intellectuelle classique demeure impuissant devant les utilisations illégitimes, dénaturantes et culturellement offensantes de ces éléments culturels.

515. Devant ces constats, la Convention de 2003 choisit de contourner la question de la propriété et de n'aborder que l'aspect idéologique et culturel de la notion de patrimoine culturel immatériel par les actions de sauvegarde des éléments du patrimoine culturel immatériel, laissant de côté la question de la protection défensive des droits sur ces éléments. La perplexité est néanmoins légitime devant ce choix, dès lors que l'on reconnaît que, traditionnellement, la propriété se trouve au cœur de la protection juridique du patrimoine culturel et y est considérée comme l'outil le plus puissant. Est-il possible alors d'apporter une protection juridique efficace au patrimoine culturel immatériel en s'appuyant principalement sur les actions publiques et sans que les communautés praticiennes ne jouissent des prérogatives de propriétaire ?

516. À l'observation de la mise en œuvre de la convention en France comme en Chine, ainsi qu'à l'analyse de l'expérience chinoise de la patrimonialisation de la médecine traditionnelle, la réponse semble être positive. Dans l'application de la Convention de 2003 dans les deux pays, la notion de patrimoine culturel immatériel reste avant tout une notion politique et administrative qui prend le relais du « patrimoine ethnologique » en France et de la « culture nationale traditionnelle » en Chine, mais ne forme pas encore une véritable notion juridique, en l'absence d'un régime juridique aux contours clairement définis. Cela ne semble toutefois pas être un obstacle insurmontable. Dans le cas chinois par exemple, on constate que le volontarisme des autorités publiques a un impact positif sur la sauvegarde du patrimoine culturel immatériel, bien que l'on ne soit pas à l'abri des risques de dénaturation ou de fossilisation artificielle.

517. La principale contribution de la Convention de 2003 serait donc avant tout de conférer une protection aux éléments culturels qui ne pouvaient pas bénéficier d'une protection juridique selon le droit commun, notamment de la propriété intellectuelle, en leur conférant le statut de patrimoine culturel dont la viabilité doit être garantie par les États parties. Les éléments du patrimoine culturel immatériel, sans comporter nécessairement de valeur économique directe ou sans que l'on puisse identifier un titulaire de droits exclusifs sur ces valeurs économiques, manifestent leur intérêt avant tout dans le maintien de la diversité culturelle et de la créativité humaine, qui sont des valeurs de plus en plus considérées par l'ensemble des sociétés humaines[1385]. Cette différence est sans doute également ce qui diffè-

[1385] Cette considération se traduit, par exemple, par le grand nombre de pays (105 en mai 2010) qui ont adhéré rapidement à la Convention sur la protection et la promotion de la diversité des expressions culturelles d'octobre 2005 qui est entrée en vigueur à une vitesse record en mars 2007 (trois mois après la date du dépôt du 30ème instrument de ratification).

re dans les visions de l'Unesco et de l'OMPI. Comme le professeur Lyndel Prott l'a justement souligné, quelle que soit la nature de sa propriété, cela ne doit pas être le préalable de la protection d'un élément du patrimoine culturel[1386].

Mais la solution des actions publiques n'est évidemment pas la seule qui soit utile et pertinente. D'autres méthodes juridiques qui ne nécessitent pas une appropriation juridique sont utilisées. Nous avons vu que le droit moral du droit d'auteur s'avère un outil fort intéressant, de même que la responsabilité civile, évoquée pour offrir une protection de la réputation des communautés ou pour interdire la diffusion de certains éléments considérés comme secrets par les communautés. Néanmoins, l'applicabilité de ces méthodes du droit commun demeure limitée par les droits positifs, en raison d'un préalable requis, la reconnaissance juridique de « communauté ». La Convention de 2003 quant à elle reste muette sur la question sensible du statut juridique des communautés, ce qui a permis une large acceptation de son texte par les États, et par conséquent une protection du patrimoine culturel immatériel.

Le patrimoine culturel immatériel, l'identité culturelle et les droits culturels

518. La définition dynamique et innovante du patrimoine culturel immatériel donnée par la Convention de 2003 permet d'apporter une protection juridique par la sauvegarde des éléments culturels en tant que tels et cela peut assurer la viabilité de ces éléments sans leur appropriation, ni nécessairement sans que ces éléments soient commercialisés ou commercialisables. La grande originalité de cette définition est de conférer aux communautés la prérogative de qualifier ce qu'est pour elles leur patrimoine culturel immatériel, alors que, jusque-là, ce sont les chercheurs, les professionnels du patrimoine culturel et les juges qui effectuent cette qualification pour le patrimoine culturel physique.

519. Néanmoins, l'affirmation de la valeur de l'identité culturelle dans la qualification du patrimoine culturel immatériel par les communautés pose la question sensible des droits culturels.

En effet, en raison des relations étroites entre les notions de « communauté », de « population autochtone » et de « minorité », la convention est dès son élaboration confrontée aux controverses des droits culturels et de l'identité culturelle. Ce texte n'a cependant pas comme vocation

[1386] L. Prott & P. J. O'Keffe, “"Cultural heritage" or "cultural property"?”, précité, p. 317

l'affirmation des droits culturels ou du « droit au patrimoine culturel » des communautés, ni l'affirmation d'un droit à l'autodétermination culturelle ou des droits des groupes minoritaires.

À ce jour, la notion de droits culturels ainsi que ses contenus demeurent encore indéterminés[1387], sans doute car les potentialités d'expansion sont difficilement contrôlables. Pour ces motifs sans doute, les « droits culturels » définis par le *Pacte international relatif aux droits économiques, sociaux et culturels* se limitent en réalité au droit d'accès à la culture. En revanche, selon le professeur Patrice Meyer-Bisch, les droits culturels sont « l'ensemble des droits qui visent, d'une part, à assurer le droit à conserver, à entretenir et à développer un patrimoine particulier et, d'autre part, le droit de bénéficier des fruits de la culture de communication en y incluant les droits à l'identification »[1388]. Cette définition comprend en effet à la fois l'aspect idéologique et l'aspect de propriété intellectuelle de la problématique de patrimoine culturel immatériel ; il s'agit d'une véritable affirmation de droits subjectifs conférés aux communautés culturelles.

Or, dans les pays partageant la conception de l'État-Nation, tels que la France et la Chine, reconnaître les droits culturels des communautés ou groupes c'est, d'une manière ou d'une autre, remettre en cause le rôle de l'État qui s'est construit et affirmé avec pour seule identité publiquement et juridiquement acceptable l'identité nationale[1389]. En France plus particulièrement, la vision de la culture comme force « autonome, indépendante, et universelle » amène à vouer les politiques publiques de la culture au « renforcement symbolique et concret de l'unité d'un peuple, non à sa diversification »[1390]. En ce sens, l'intérêt communautaire est considéré comme à l'opposé de l'intérêt général. Cette approche conduit alors à un rejet global des droits à l'identité culturelle, manifestée par exemple par le refus de ratification de la *Charte européenne des langues régionales et minoritaires* de 1992.

[1387] David Szymczak, *JCL Libertés*, Fasc. 1220 : « Droits culturels », LexisNexis, Paris, 20 juin 2007, n° 1-8. Cela malgré l'effort du groupe de Fribourg, un groupe interdisciplinaire travaillant en lien avec l'Unesco et le Conseil de l'Europe, sur le sujet des droits culturels depuis 1991.

[1388] « Les droits culturels forment-ils une catégorie spécifique de droit de l'Homme ? » : in. Patrice Meyer-Bisch (dir.), *Les droits culturels, une catégorie sous-développée des droits de l'Homme*, Actes du 8ème colloque interdisciplinaire sur les droits de l'Homme, Paris, PUF, 1999, p. 26. Le professeur Meyer-Bisch est membre du groupe de Fribourg.

[1389] J.-M. Pontier, *Entre le local, le national et le supranational : les droits culturels*, précité. Le débat public lancé en France fin 2009 sur la question de l'identité nationale ainsi que les objections sur le danger de l'instrumentalisation politique de la notion démontrent encore une fois la portée extrêmement sensible de la notion de l'identité culturelle.

[1390] D. Szymczak, *JCL Libertés*, Fasc. 1220 : « Droits culturels », précité, n° 40.

520. Par ailleurs, nombreux sont les auteurs qui n'hésitent pas à souligner le caractère subjectif, artificiel et instrumentalisé de l'identité culturelle. Selon une grande partie des auteurs[1391], celle-ci correspondrait à des « réinterprétations du passé, aux sélections de séquences chronologiques opérées à l'époque présente en vue d'objectifs futurs ».

Mais à notre sens, la notion d'identité culturelle ne peut pas être une construction entièrement *ex nihilo*. Elle est certes instrumentalisée, mais n'est pas entièrement artificielle ; ou plutôt, elle est artificielle en tant que notion politique, mais ne l'est pas en tant que fait social. Il serait au contraire artificiel de ne pas vouloir admettre que les peuples se distinguent et se reconnaissent par leurs mentalités collectives et par leurs visions du monde, alors que les modes de vie deviennent de plus en plus uniformisés.

En réalité, l'hostilité envers la notion d'identité culturelle se fonde généralement sur le danger du relativisme culturel voire de la dérive ethnocentriste. Mais il s'agit là de l'identité construite dans l'objectif de s'imposer aux autres. Or, pour le patrimoine culturel immatériel, sont concernées des identités culturelles qui luttent pour ne pas être écrasées par une autre culture imposante. Si le risque de repli sur soi existe effectivement, l'identité culturelle peut également évoluer d'une manière équilibrée, avec une capacité d'opérer des croisements et « intermariages » qui permettront sa viabilité et l'intercompréhension des différentes cultures. C'est là que devrait se trouver la fonction des droits culturels : aider à trouver cet équilibre difficile mais nécessaire.

521. Malgré le caractère innovant de la Convention de 2003 dans l'évocation du rôle des communautés dans la qualification de leur patrimoine culturel immatériel, force est de constater qu'en pratique, l'État occupe le plus souvent une place centrale dans cette démarche de qualification ; son rôle est alors fort ambivalent.

Dans bon nombre de cas, le rôle de l'État par son intervention au travers des services publics ou lors de la mise en place des règles d'ordre public, comme dans le cas du patrimoine physique, constitue une résistance aux effets de domination du marché économique mondial. Toutefois, dans certaines hypothèses, les revendications des droits culturels sont davantage cons-

---

[1391] Norbert Rouland *et al.*, *Droit des minorités et des peuples autochtones*, PUF, Paris, 1996. *V.* notamment : Claude Lévi-Strauss (dir.), *L'Identité*, séminaire interdisciplinaire, Laboratoire d'anthropologie sociale, Collège de France (1974-1975) dirigé par Lévi-Strauss, Grasset, Paris, 1977. – Fredrik Barth, « Les groupes ethniques et leurs frontières », in. Philippe Poutignat & Jocelyne Streiff-Fenart, *Théories de l'ethnicité*, PUF, 2008. – Anne-Marie Thiesse, *La création des identités nationales : Europe XVIIIe-XXe siècle*, Seuil, Paris, 1999.

tituées elles-mêmes comme une résistance à l'État centralisateur qui réduit voire opprime les particularismes culturels, qu'ils soient locaux, ethniques, religieux ou linguistiques.

Ces divergences font ressortir la nécessité et la difficulté d'une mise en œuvre effective des droits culturels, qui ne peut être laissée à la seule discrétion des États. En ce sens, des dispositifs contraignants semblent nécessaires au niveau international, ce qui manque par ailleurs à la Convention de 2003. L'acceptation, en droit interne, du droit au patrimoine culturel immatériel détenu par les communautés permettra l'application des méthodes juridiques relatives aux droits de la personnalité, telles que le droit moral ou la responsabilité civile. Ces dernières ouvriront une voie alternative et complémentaire à côté de la protection administrative fondée sur la sauvegarde des éléments du patrimoine culturel immatériel ; elles permettront aussi d'éviter les défauts inhérents à la protection administrative que nous avons pu relever dans notre étude.

Quelles perspectives pour la Convention de 2003 ?

522. La convention, adoptée en octobre 2003, est entrée en vigueur le 20 avril 2006 avec une exceptionnelle rapidité constatée par l'assemblée générale des États parties[1392]. En mai 2011, elle compte déjà 136 États parties. La première inscription aux deux listes du patrimoine culturel immatériel représentative et de sauvegarde urgente est rendue publique fin septembre 2009, ce qui représente les premières étapes importantes de la sauvegarde réalisée par la convention. Le Fonds pour la sauvegarde du patrimoine culturel immatériel est également devenu opérationnel en octobre 2009.

523. Cependant, force est de constater un certain nombre d'obstructions suite à cette première étape.

Dans un premier temps, on remarque un déséquilibre numérique entre les éléments inscrits sur les deux listes de l'Unesco. Pour la première inscription de septembre 2009, les candidats à la Liste représentative atteignent le nombre de 111 dossiers, alors que seuls quinze dossiers de candidature sont présentés pour la Liste de sauvegarde urgente. Ce déséquilibre est d'autant plus surprenant que, lors de la première session extraordinaire du Comité intergouvernemental de la convention à Chengdu[1393] et de l'adoption des *Directives opérationnelles* en juin 2008[1394], de nombreux pays ont souligné avec in-

[1392] Première session, Paris, 27-29 juin 2006, ITH/06/1.GA/CONF.201/7A, 2 juin 2006.

[1393] *V. supra* n° 163.

[1394] *V. supra* n° 164.

sistance qu'une importance primordiale devrait être accordée à la Liste de sauvegarde urgente. Quant aux éléments proposés aux programmes, projets ou activités de sauvegarde (art. 18 de la convention), il n'y en a que trois (tous acceptés)[1395].

Il convient de noter que le fait de se porter candidat à la liste de sauvegarde urgente donne la possibilité d'obtenir une assistance préparatoire financière par le Fonds pour la sauvegarde du patrimoine culturel immatériel pour l'élaboration du dossier de candidature[1396]. Une fois inscrit sur la liste, l'élément peut aussi bénéficier d'une assistance pour mettre en œuvre le projet de sauvegarde. Il serait compréhensible que certains États, par manque de moyens financiers, aient voulu attendre que le Fonds de la convention soit opérationnel avant d'entamer la préparation de dossiers pour la liste de sauvegarde urgente. Ce constat vaut de même pour la sélection des programmes, projets et activités relatifs à la sauvegarde du patrimoine culturel immatériel.

524. Parallèlement, on observe un déséquilibre entre les groupes (régions géographiques) dans les premiers candidats retenus. La Liste représentative est, après la première inscription, très peu « représentative » d'un point de vue mondial. Sur les 76 inscriptions effectuées et les 90 éléments de « chefs-d'œuvre du patrimoine oral et immatériel de l'humanité » incorporés dans la liste en novembre 2008, 44 % proviennent de la même région – États d'Asie et du Pacifique (Groupe IV)[1397], 16,9 % viennent des États d'Europe orientale (Groupe II) ; 13,3 % des États d'Amérique latine et des Caraïbes (Groupe III) ; 10,8 % des États d'Europe occidentale et autres (Groupe I) ; 10,2 % des États d'Afrique (Groupe V(a)) et 4,2 % seulement des États arabes (Groupe V(b)). Pourtant la répartition géographique des États parties à la convention est plutôt équilibrée. Ce déséquilibre géographique des éléments inscrits est susceptible de s'aggraver à l'avenir : sur les 147 dossiers de candidature reçus en vue d'une inscription en 2010, 98 – soit 66 % – proviennent des États d'Asie et du Pacifique[1398].

[1395] Il s'agit de : la sauvegarde du patrimoine culturel immatériel des communautés Aymara de la Bolivie, du Chili et du Pérou (dossier multinational) ; le Centre pour la culture traditionnelle – musée-école du projet pédagogique de Pusol (Espagne) ; et l'éducation et formation au patrimoine culturel du batik indonésien à destination des étudiants des écoles élémentaires, secondaires, supérieures, professionnelles et polytechniques en collaboration avec le Musée du Batik de Pekalongan.

[1396] Chapitre 2 des Directions opérationnelles, n° 64.

[1397] Il s'agit de la répartition des groupes électoraux de l'Unesco.

[1398] Discours de M. Koïchiro Matsuura, Abou Dhabi, 2 octobre 2009, précité, p. 4.

525. La Convention de 2003 avait pour objectif de rétablir un équilibre devant la répartition disproportionnée des sites du patrimoine mondial de la convention de 1972, mais la première inscription aux deux listes de septembre 2009 semble plutôt accentuer ce déséquilibre. Ceci est qualifié par certains d'« échec de la convention », en tout cas temporaire, si aucune mesure n'est adoptée pour améliorer la situation[1399]. Cette critique est faite notamment par rapport à la présence trop timide des États d'Afrique et arabes, pourtant « censés être les premiers bénéficiaires » de la convention[1400]. D'un autre côté, la Chine, par le nombre de ses candidatures aux deux listes (33 candidatures présentées et 25 retenues), montre combien elle est préparée depuis longtemps à la sauvegarde et la mise en valeur de ce patrimoine culturel. La France, avec quatre éléments inscrits (six candidatures), se place également parmi les pays les mieux représentés[1401].

526. Si cette inégale réaction des États aux deux listes de l'Unesco peut en partie s'expliquer par des difficultés techniques, financières et matérielles, le véritable enjeu dans le futur résidera dans la participation large et réelle des communautés qui doivent être les principaux protagonistes de cette convention. Cela, nous l'avons vu, est loin d'être acquis dans les pays comme la France et la Chine.

Dans le cas chinois, les expériences de terrain démontrent une intégration réelle du concept de patrimoine culturel immatériel ; le volontarisme des autorités publiques semble être bénéfique à la sauvegarde de certains éléments du patrimoine culturel immatériel en danger. Toutefois, cette intervention trop massive présente un risque important de dénaturation des éléments du patrimoine culturel immatériel et, surtout, d'une sorte de récupération de la notion dans la continuité de la consolidation de l'État-Nation.

Dans le cas français en revanche, les autorités publiques paraissent beaucoup moins réceptives à la notion de patrimoine culturel immatériel. Néanmoins, si l'absence d'une intervention de grande ampleur entrave la sauvegarde des éléments en danger, l'orientation retenue de réaliser des actions culturelles au lieu des opérations de sauvegarde laisse peut-être davantage d'espace d'évolution aux éléments qui sont encore actifs. Par ailleurs, si la reconnaissance juridique des communautés semble impossible en France,

---

1399 Discours de M. Chérif Khaznadar, Abou Dhabi, 28 septembre 2009.

1400 Discours de Mme Françoise Rivière, Abou Dhabi, 28 septembre 2009, Discours ADG 4COM.

1401 Les pays les mieux représentés après la Chine sont : le Japon (13 inscrits), la Croatie (7) et la République de Corée (5).

d'autres moyens peuvent être explorés, tels que l'outil de l'association dont la multitude forme aussi une particularité française.

Devant les nécessités d'amélioration de la sauvegarde du patrimoine culturel immatériel dans les deux pays, la Convention de 2003, qui a déjà fait ses preuves dans l'art du consensus, représentera sans nul doute une influence positive. En revanche, la question de la protection des droits sur les éléments du patrimoine culturel immatériel – dont les communautés doivent être le titulaire – demeure à étudier, car les interventions publiques sont loin d'être le seul et meilleur moyen pour la protection du patrimoine culturel immatériel.

Bibliographie sélective

Sources juridiques

Ouvrages – Thèses

- ALLIOT, Michel. *Le droit et le service public au miroir de l'anthropologie*, textes choisis et édités par Camille Kuyu, Karthala, Paris, 2003.
- ARNAUD, André-Jean (dir.). *Dictionnaire encyclopédique de théorie et de sociologie du droit*, LGDJ, Paris, 2ème éd. 1993.
- AUDRERIE, Dominique. *La notion et la protection du patrimoine*, PUF, Que sais-je ?, Paris, 1997.
- BADY, Jean-Pierre. *Les monuments historiques en France*, PUF, Que sais-je ?, Paris, 1998.
- BÉRARD, Laurence & MARCHENAY, Philippe. *Les produits de terroirs : entre cultures et règlements*, CNRS, 2004.
- BIGOT, Grégoire. *Introduction historique au droit administratif depuis 1789*, PUF, coll. Droit fondamental, Paris, 2002.
- BOUQUET-ELKAÏM, Jérôme. *La construction du droit des peuples autochtones : Droit international et pluralisme juridique*, Thèse de doctorat en droit public, ss. dir. Dominique Rosenberg, Université de Tours, 2001.
- CARBONNIER, Jean.
  - *Droit civil - Les biens*, t. 3, PUF, Paris, 2000.
  - *Flexible droit*, LGDJ, Paris, 1992.
- CHAMARD, Caroline. *La distinction des biens publics et des biens privés - Contribution à la définition de biens publics*, Dalloz, Nouvelles Bibliothèques de Thèses, Paris, 2004.
- CHATELAIN, Jean et Françoise. *Œuvres d'art et objets de collection en droit français*, Berger-Levrault, Paris, 2000.
- CHAUDENSON, Françoise. *À qui appartient l'œuvre d'art ?*, Armand Colin, Paris, 2007.
- CHEVALLIER, Jacques. *Le service public*, PUF, Que sais-je?, Paris, 2005.
- CLUZEL, Jean. *Les pouvoirs publics et la transmission de la culture*, LGDJ, Paris, 1984.

- COMBACAU, Jean & SUR, Serge. *Droit international public*, Montchrestien, Paris, 2008.
- *Commentaire de la Loi pour la protection du patrimoine culturel* 中华人民共和国文物保护法条文释义, Bureau de législation du comité permanent de l'Assemblée populaire nationale, in. *Guide de législation sur la protection du patrimoine culturel* 文物保护法律指南, éd. Zhongguo chengshi chubanshe 中国城市出版社, Beijing, 2003.
- Commission des affaires législatives de l'Assemblée populaire nationale de la R.P.C., section droit civil 全国人大法工委民法室. *Loi sur la lutte contre la concurrence déloyale de la R.P.C. : Interprétation* 中华人民共和国反不正当竞争法释义, éd. Falü chubanshe 法律出版社, Beijing, 1993.
- Commission des affaires législatives de l'Assemblée populaire nationale de la R.P.C., section droit civil 全国人大法工委民法室. *Loi sur la procédure civile : Question et réponse* 中华人民共和国民事诉讼法问题解答, éd. Falü chubanshe, Beijing, 1991.
- CONSTANTINESCO, Léontin Jean. *Traité de droit comparé,* t. I, *Introduction au droit comparé ;* t. II, *La Méthode comparative*, LGDJ, 1972, 1974 ; t. III, *La science des droits comparés*, Economica, Paris, 1983.
- CORNU, Gérard.
  - *Droit civil - Les biens*, Montchrestien, Domat, Paris, 13ème éd., 2007.
  - *Vocabulaire juridique*, PUF & Association Henri Capitant, Paris, 7ème éd. 2005.
- CORNU, Marie & MALLET-POUJOL, Nathalie. *Droit, œuvres d'art et musées, protection et valorisation des collections*, CNRS Droit, Paris, 2006.
- CORNU, Marie. *Le Droit culturel des biens - Intérêt culturel juridiquement protégé*, Bruylant, Bruxelles, 1996.
- DAVID, René & JAUFFRET-SPINOSI, Camille.
  - *Les grands systèmes de droit contemporains*, Précis Dalloz, Paris, 2002.
  - *Droit comparé, droit d'hier, droit de demain*, Economica, Paris, 1982.
- DE BARY, Wm. Theodore & TU, Weiming (eds.). *Confucianism and Human Rights*, New York: Columbia University Press, 1998.
- DECAUX, Emmanuel. *Droit international public*, Dalloz, Paris, 2008.
- DELMAS-MARTY, Mireille.
  - *Trois défis pour un droit mondial*, Seuil, Paris, 1998.

- *Critique de l'intégration normative : L'apport du droit comparé à l'harmonisation des droits*, PUF, Paris, 2004.
- *Les forces imaginantes du droit : le relatif et l'universel*, leçon d'inauguration au Collège de France pour la chaire Études juridiques comparatives et internationalisation du droit le 20 mars 2003, Fayard, Paris, 2004

- DUPUIS, Georges ; GUÉDON, Marie-José & CHRÉTIEN, Patrice. *Droit administratif*, Sirey, Dalloz, Paris, 2008.
- DUPUY, Pierre-Marie. *Droit international public*, Précis Dalloz, Paris, 2008.
- DUSOLLIER, Séverine. *Droit d'auteur et protection des œuvres dans l'univers numérique*, Larcier, Bruxelles, 2005.
- EBERHARD, Christoph & VERNICOS, Genviève (dir.). *La quête anthropologique du droit : autour de la démarche d'Étienne Le Roy*, Karthala, Paris, 2006.
- FABERON, Jean-Yves & GAUTIER, Yves (dir.). *Identité, nationalité, citoyenneté outre-mer*, actes du colloque des 9-10 novembre 1999, éd. Cheam et La Documentation française, Paris, 1999.
- FRESNAIS, Jocelyne. *La protection du patrimoine en République populaire de Chine (1949-1999)*, éd. du CTHS, Paris, 2001.
- FRIER, Pierre-Laurent. *Droit du patrimoine culturel*, PUF, Droit fondamental, Paris, 1997.
- GAUDEMET, Yves. *Traité de droit administratif. Droit administratif général*, tome I, LGDJ, Paris, 2001.
- GAUTIER, Pierre-Yves. *Propriété littéraire et artistique*, PUF, coll. Droit fondamental, Paris, 2007.
- GERSTENBLITH, Patty. *Art, cultural heritage, and the law*, Carolina Academic Press, Durham, N.C., 2004, 2008.
- *Guide pour l'élaboration des textes législatifs et réglementaires (Guide de légistique)*, Secrétariat général du Gouvernement, Conseil d'État, La Documentation française, Paris, novembre 2007.
- HÉRITIER, Annie. *Genèse de la notion juridique du patrimoine culturel (1750-1816)*, L'Harmattan, coll. « Droit du patrimoine culturel et naturel », Paris, 2003.
- HAURIOU, Maurice. *Précis de droit administratif et de droit public*, Dalloz, Paris, 2002.

- JEGOUZO, Yves (dir.). *Droit du patrimoine culturel immobilier*, Economica, Paris, 1985.
- JIANG Ming'an (dir.) 姜明安, *Le droit administratif et le contentieux administratif* 行政法与行政诉讼法, éd. Peking University Press, 2005.
- KOWOUVIH, Sitsofé Serge. *Le savoir-faire traditionnel : Contribution à l'analyse objective des savoirs traditionnels*, thèse de doctorat, sous dir. Jean-Pierre Marguenaud, Université de Limoges, avril 2007.
- MORAND-DEVILLER, Jacqueline. *Cours de droit administratif*, Montchrestien, Paris, 2009.
- LEBRETON, Gilles. *Droit administratif général*, Dalloz, Paris, 2009.
- *La Charte européenne des langues régionales ou minoritaires et la France : quelle(s) langue(s) pour la république ? Le dilemme diversité-unicité*, Colloque organisé par le Conseil de l'Europe et l'Université Robert Schuman, Strasbourg, avril 2002, éd. Conseil de l'Europe, 2003.
- LEGRAND, Pierre. *Le droit comparé*, PUF, Que sais-je ?, Paris, 1999.
- LE ROY, Étienne. *Le jeu des lois : Une anthropologie dynamique du droit*, LGDJ, Paris, 1999.
- LE ROY, Étienne et Jacqueline (dir.). *Un passeur entre les mondes : le livre des anthropologues du droit disciples et amis du recteur Michel Alliot*, textes réunis et présentés par Étienne et Jacqueline Le Roy, avec la collab. de Haoua Lamine et Christoph Eberhard, Publications de la Sorbonne, Paris, 2000.
- LI-KOTOVTCHIKHINE, Xiao-Ying (dir.). *Les sources du droit et la réforme juridique en Chine*, actes du colloque international des 7 et 8 octobre 2002, Palais du Luxembourg, Paris (bilingue français-anglais), Litec, Paris, 2003.
- LUO, Haocai 罗豪才 (dir.).
  - *Le droit administratif* 行政法学, éd. Peking University Press 北京大学出版社, Beijing, 2006.
  - (dir.) *Droit mou et la gouvernance publique* 软法与公共治理, éd. Peking University Press, 2006.
- MALAURIE, Philippe & AYNÈS, Laurent. *Les biens*, Defrénois, coll. Droit civil, Paris, 3ème éd. 2007.
- MESNARD, André-Hubert. *Droit et politique de la culture*, PUF, coll. Droit fondamental, Paris, 1990.

- MEZGHANI, Nébila & CORNU, Marie (dir.).
  - *Intérêt culturel et mondialisation. Tome I : Les protections nationales*, L'Harmattan, coll. « Droit du patrimoine culturel et naturel », Paris, 2004.
  - *Intérêt culturel et mondialisation. Tome II : Les aspects internationaux*, L'Harmattan, coll. « Droit du patrimoine culturel et naturel », Paris, 2004.
- MONTESQUIEU. *Esprit des lois*, textes réunis par Catherine Volpilhac-Auger, Presses universitaires de Paris-Sorbonne, Paris, 2003.
- PARANCE, Béatrice. *La possession des biens incorporels*, LGDJ, Bibliothèque de l'Institut André Tunc, Tome 15, Paris, 2008.
- PARISOT, Véronique. *Essai sur la notion juridique de bien culturel*, thèse, Philippe Kahn, Université de Bourgogne, Faculté de droit et de science politique de Dijon, 1993.
- PIQUET, Hélène. *La Chine au carrefour des traditions juridiques*, Bruylant, Bruxelles, 2005.
- POLI, Jean-François. *La protection des biens culturels meubles*, LGDJ, Coll. Bibliothèque de droit de l'urbanisme et de l'environnement, Tome 3, Paris, 1996.
- PONTIER, Jean-Marie ; RICCI, Jean-Claude & BOURBON, Jacques. *Le droit de la culture*, Dalloz, Paris, 1990, 2ème éd. 1996.
- RABAGNY-LAGOA, Agnès. *Le communautarisme : la République divisible ?*, Ellipses, Paris, 2007.
- RECHT, Pierre. *Le droit d'auteur : une nouvelle forme de propriété. Histoire et théorie*, LGDJ, J. Duculot, Paris, 1969.
- RIALS, Stéphane. *La Déclaration des droits de l'homme et du citoyen*, Hachette, Paris, 1988.
- RINGELHEIM, Julie. *Diversité culturelle et droits de l'homme. L'émergence de la problématique des minorités dans le droit de la convention européenne des droits de l'homme*, Bruylant, Bruxelles, 2006.
- RICU, Alain. *Le droit de la culture et le droit à la culture*, ESF, Paris, 2ème éd. 1996.
- RIVERO, Jean & WALINE, Jean. *Droit administratif*, Précis Dalloz, Paris, 21ème éd. 2006.
- RODIÈRE, René. *Introduction au droit comparé*, Dalloz, Paris, 1979.
- ROULAND, Norbert.
  - *Anthropologie juridique*, PUF, coll. Droit fondamental, Paris, 1988.

- *Anthropologie juridique*, PUF, Que sais-je ?, Paris, 1995.

- ROULAND, Norbert et al. *Droit des minorités et des peuples autochtones*, PUF, Paris, 1996.

- ROUSSEAU, Jean-Jacques. *Du contrat social. Écrits politiques*. Œuvres complètes, Gallimard, Paris, 1991.

- RUZIÉ, David. *Droit international public*, Dalloz, Paris, 2008.

- SALMON, Jean (dir.). *Dictionnaire de droit international public*, Bruylant Bruxelles, 2001

- SÉRIAUX, Alain. *Rép. civ. D.*, v. « Propriété », 2003.

- TERRÉ, François.
  - *Esquisse d'une sociologie du droit de propriété*, Publications de la Faculté de droit de Paris, Paris, 1977.
  - *Le droit et l'immatériel*, Sirey, coll. Archives de philosophie du droit, Tome 43, Paris, 1999.

- TERRÉ, François & SIMLER, Philippe. *Droit civil. Les biens*, Dalloz Précis, Paris, 2006.

- TOUZEAU, Line. *Architecture contemporaine et patrimoine. Intérêt public et propriété en droit de la culture*, thèse de doctorat en droit public, ss. dir. Fromageau, Jérôme, Université Paris Sud-XI, soutenue novembre 2009.

- VON LEWINSKI, Silke (dir.). *Indigenous heritage and intellectual property: genetic resources, traditional knowledge, and folklore*, Kluwer Law International, Austin; Boston; Chicago, 2003, 2ème éd., 2008.

- WEIL, Prosper. *Le droit administratif*, PUF, Que sais-je ?, Paris, 22ème éd., 2008.

- YANG, Jongsung. *Cultural protection policy in Korea: intangible cultural properties and living national treasures*, ed. Edison, Seoul: Jimoondang, 2003.

- YANG, Zewei 杨泽伟. *Droit international* 国际法析论, éd. Renmin University Press 人民大学出版社, Beijing, 2ème éd., 2007.

- YE Bifeng 叶必丰 & ZHOU Youyong 周佑勇, *Essai sur les actes adminsitratifs* 行政规范研究, éd. Falü chubanshe, 2002.

- ZÉNATI-CASTAING, Frédéric & REVET, Thierry. *Les biens*, PUF, Paris, 2008.

Articles

- ALCARAS, Robert. « La protection des droits de propriété peut-elle favoriser la création culturelle ? », in. Jean-Michel Bruguière (dir.), *Droit d'auteur et culture*, Dalloz, Paris, 2007, p. 55-74.
- ALLIOT, Michel.
  - « La coutume dans les droits originellement africains », in. *Le droit et le service public au miroir de l'anthropologie*, textes choisis et édités par Camille Kuyu, Karthala, Paris, 2003, p. 53-72, édition antérieure : Bulletin de liaison du LAJP, Laboratoire d'Anthropologie Juridique de Paris, n° 78, 1985, p. 79-100.
  - « La Méditerranée et le Droit », in. *Le droit et le service public au miroir de l'anthropologie*, textes choisis et édités par Camille Kuyu, Karthala, Paris, 2003, p. 87-94, édition antérieure : *Bulletin de liaison du LAJP*, 1989, n° 15, p. 31-36.
- ALFORD, William P. "A Second Great Wall? China's Post-Cultural Revolution Project of Legal Construction", in. *Cultural Dynamics*, 1999, vol. 11, n° 2, p. 193-213.
- AMATO, Salvator. « "Rien qui soit", présences juridiques de l'immatériel », in. François Terré (dir.), *Le droit et l'immatériel*, Sirey, Archives de philosophie du droit, T. 43, Paris, 1999, p. 45-59.
- AUBY, Jean-Bernard. « L'immatériel dans l'État », in. *JurisClasseur - Droit administratif*, n° 6, LexisNexis, juin 2007, Repère 6.
- BENABOU, Valérie-Laure. « Propriété intellectuelle et diversité culturelle ? Approche juridique », in. Jean-Michel Bruguière (dir.), *Droit d'auteur et culture*, Dalloz, Paris, 2007, p. 75-91.
- BÉNOIT, Francis-Paul. « Notions et concepts, instruments de la connaissance juridique. Les leçons de la philosophie du droit de Hegel », in. *Mélanges Peiser*, Presses universitaires de Grenoble, Grenoble, 1995, p. 23-38.
- BERNS, Thomas. « Droit, collectif et spécificité », in. T. Berns (dir.), *Le droit saisi par le collectif*, Bruylant, Bruxelles, 2004, p. 385.
- BIOY, Xavier. « La propriété éminente de l'État », in. *RFDA*, 2006, p. 963.
- BLAKE, Janet. "On Defining the Cultural Heritage", in. *The International and Comparative Law Quarterly*, vol. 49, n° 1, Jan., 2000, p. 61-85.

- BOURDIN, Alain. « Le patrimoine culturel et les systèmes de valeurs », in Y. Jegouzo (dir.), *Droit du patrimoine culturel immobilier,* Economica, Paris, 1985, p. 9-16.
- BRENNER, Corrine. "Cultural Property Law: Reflecting on the Bamiyan Buddha's Destruction", in. *Suffolk transnational law journal*, issue 2, vol. 29, 2006, p. 237-269.
- BROWN, Michael F.. "Heritage Trouble: Recent Work on the Protection of Intangible Cultural Property", in. *International journal of cultural property*, vol. 12, issue 1, 2005, p. 40-61.
- BRUGUIÈRE, Jean-Michel. « Le rapprochement des notions de bien et de produit culturel », in. *Légicom*, n° 36, 2006/2, p. 9-17.
- CARDUCCI, Guido. « Complémentarité entre les Conventions de l'Unesco de 1970 et d'Unidroit de 1995 sur les biens culturels », in. *Uniform law review*, vol. 11, issue 4, 2006, p. 93-102.
- CARON, Christophe. « La propriété intellectuelle au panthéon des droits fondamentaux européens », *CCE*, mai 2007, p. 31-34.
- CHATELAIN, Jean. « Objet d'art, objet de droit », in. *Études Jacques Flour*, Defrénois, Repertoire du notariat 1979, p. 63 *et sq*.
- CHEVALLIER, Jacques. « La régulation juridique en question », in. *Droit et société*, n° 49, 2001, p. 827-846.
- CHOISY, Stéphanie. « L'appropriation de la culture », in. J.-M. Bruguière (dir.), *Droit d'auteur et culture*, Dalloz, Paris, 2007, p. 95-101.
- COLOMBET, Claude.
  - « Des chansons, contes ou expressions populaires, "extraits du patrimoine culturel d'un peuple", relèvent du domaine public et ne peuvent faire l'objet d'une appropriation », in. *D.*, 1992, p. 11.
  - « La mise hors commerce des biens culturels comme mode de protection », in. *Légicom*, n° 36, 2006, p. 75-89.
- DE WERRA, Jacques. « Droit de l'art et des biens culturels et droit d'auteur : quel(s) lien(s) ? », in. *Propriétés Intellectuelles*, n° 19, avril 2006, p. 166-172.
- DIETZ, Adolf. « Le droit de la communauté des auteurs : un concept moderne de domaine public payant », in. *Bulletin du droit d'auteur,* Unesco, vol. XXIV, n° 4, 1990, p. 14-25.

- DUTFIELD, Graham. « The Public and Private Domains: Intellectual Property Rights in Traditional Knowledge", in. *Science Communication*, vol. 21, march 2000, p. 274-295.

- EISENMANN, Charles. « Quelques problèmes de méthodologie des définitions et des classifications en science juridique », in. *Archives de Philosophie du Droit, La logique du droit*, t. 11, Sirey, Paris, 1966, p. 25-43.

- FICSOR, Mihály. "Attempts to Provide International Protection for Folklore by Intellectual Property Rights", in. *Acte du colloque Forum mondial Unesco-OMPI sur la protection du folklore*, Phuket (Thaïlande), avril 1997, publication 1998, 2ème éd., 2001, p. 214-226.

- FORREST, Craig. "Cultural Heritage as the Common Heritage of Humankind: a Critical Re-Evaluation", in. *The comparative and international law journal of Southern Africa*, vol. 40, issue 1, 2007, p. 124-151.

- FRANCIONI, Francesco. "A Dynamic Evolution of Concept and Scope: From Cultural Property to Cultural Heritage", in. Abdulqawi A Yusuf (ed.), Standard-setting in Unesco, Normative Action in Education, Science and Culture, *Essays in Commemoration of the 60th Anniversary of Unesco*, vol. 1, 2007, p. 221-236.

- FRIER, Pierre-Laurent. « Propriété privée et protection du patrimoine culturel », *AJDA*, 1992, p. 404-409.

- FRIGO, Manlio. "Cultural Property v. Cultural Heritage: a "Battle of Concepts" in International Law?", in. *International review of the Red Cross*, vol. 86, issue 854, 2004, p. 367-378.

- GARCIA, Thierry & HÉRITIER, Anne. "La diversité culturelle à l'aune de la Convention de l'Unesco sur la protection et la promotion de la diversité des expressions culturelles », in. *Légicom*, n° 36, 2006, p. 35-47.

- GAUTIER, Pierre-Yves. « La protection du folklore par le droit de la propriété industrielle et celui des obligations », in. *Acte du colloque Forum mondial Unesco-OMPI sur la protection du folklore*, Phuket (Thaïlande), avril 1997, publication 1998, 2ème éd., 2001, p. 113-127.

- GENDREAU, Ysolde. « Pour un renouveau du droit moral à travers les revendications des autochtones », in. *Propriétés intellectuelles*, Institut Henri Desbois, n° 14, Janv. 2005, p. 15-21.

- GOBIN, Alain. « Le folklore musical », in. *Les cahiers du droit*, t. IV, 1984, p. 33-88.

- GUTMANN, Daniel. « Du matériel à l'immatériel dans le droit des biens. Les ressources du langage juridique », in. François Terré, *Le droit et l'immatériel*, Sirey, coll. Archives de philosophie du droit, T. 43, 1999, p. 65-78.

- JANKE, Terri. "The Application of Copyright and other Intellectual Property Laws to Aboriginal and Torres Strait Islander Cultural and Intellectual Property", in. *Art Antiquity and the Law*, vol 2(1), 1997, p. 13-26.

- JIN, Banggui. « La répartition des compétences normatives nationales en France et en Chine », in. *Revue internationale de droit comparé*, n° 4, 1er oct. 2001, p. 945-964.

- KARPE, Philippe.
  - « L'illégalité du statut juridique français des savoirs traditionnels », in. *Revue juridique de l'environnement*, n° 2, 2007, p. 173-186.
  - « Les patrimoines communs de l'humanité : quelques réflexions », in. M. Prieur et C. Lambrechts (dir.), *Les hommes et l'environnement, Mélanges Alexandre Kiss*, Editions Frison-Roche, Paris, 1998, p. 307.

- KISS, Alexandre. « La notion de patrimoine commun de l'humanité », *Rec. Cours de l'Académie de droit international 1982*, II, t. 175, Pédone 1989, p. 99-256.

- KURIN, Richard.
  - « La sauvegarde du patrimoine culturel immatériel selon la Convention de l'Unesco de 2003 : une évaluation critique », in. *Museum international,* vol. 56, n° 221-222, 2004, p. 68-78.
  - "The UNESCO Questionnaire on the Application of the 1989 Recommendation on the Safeguarding of Traditional Culture and Folklore: Preliminary Results", in. Seitel, Peter (ed.), *Safeguarding Traditional Cultures: A Global Assessment of the 1989 Unesco Recommendation on the Safeguarding of Traditional Culture and Folklore*, Washington DC, juin 1999, ed. Smithsonian Institution/Unesco, Oct. 2001, p. 21-33.

- KURUK, Paul.
  - "Cultural heritage, Traditional Knowledge and Indigenous Rights: an Analysis of the Convention for the Safeguarding of Intangible Cultural Heritage", in. *Macquarie journal of International and comparative environmental law*, vol. 1, issue 1, 2004. p. 111-134.
  - "Protecting Folklore under Modern Intellectual Property Regimes: A Reappraisal of the Tensions between Individual and Communal Rights in Africa and the United States", in. *American University Law Review*, vol. 48, 1999, p. 769-849.

- LANKARANI, Leila. « L'Avant-projet de Convention de l'Unesco pour la sauvegarde du patrimoine culturel immatériel - évolution et interrogations », in. *Annuaire français de droit international*, CNRS, Vol. XLVIII, 2002, p. 624-656.

- LAVIALLE, Christian. « Du nominalisme juridique. Le nouvel article 75-1 de la Constitution du 4 octobre 1958 », *RFDA*, 2008, p. 1110.

- LÉONETTI, Raphaël. « La protection de l'affectation au service public des biens incorporels », *AJDA*, 2009, p. 1689.

- LE ROY, Étienne. « L'universalité des droits humains peut-elle être fondée sur le principe de la complémentarité des différences ? » , in. *Recueil des cours* - Institut international des droits de l'homme de Strasbourg, 28ème session, 1997, p. 13-30.

- LIBCHABER, Rémy. *Rép. civ. Dalloz*, v. « Biens », 2002.

- LOCHAK, Danièle. « La race, une catégorie juridique ? », in. *Revue Mots*, vol. 33, n° 1, décembre 1992, p. 291-303.

- LUCAS-SCHLOETTER, Agnès.
  - Fasc. 1962 : « Protection juridique du folklore », in. *JurisClasseur Propriété littéraire et artistique*, LexisNexis, Paris, avril 2003.
  - « Folklore », in. Silke von Lewinski (dir.), *Indigenous heritage and intellectual property: genetic resources, traditional knowledge, and folklore*, Kluwer Law International, 2003, p. 259-368.

- MALLET-POUJOL, Nathalie. « Appropriation de l'information : l'éternelle chimère », *Dalloz*, chron., 1997, p. 330-336.

- MARCOU, Gérard. « Les paradoxes de la région », *AJDA*, 2008, p. 1634.

- MARTINEZ, Carole. « La question des connaissances autochtones en droit international. Contenu ou fonction ? Une problématique juridique de qualification et de protection », in. Nébila Mezghani & Marie Cornu (dir.), *Intérêt culturel et mondialisation - Tome II : Les aspects internationaux*, L'Harmattan, coll. « Droit du patrimoine culturel et naturel », Paris, 2004, p. 11-76.

- MCCANN, Anthony et al. "The 1989 Recommendation Ten Years On: Towards a Critical Analysis", in. Peter Seitel (ed.), *Safeguarding Traditional Cultures: A Global Assessment of the 1989 Unesco Recommendation on the Safeguarding of Traditional Culture and Folklore*, Washington DC, juin 1999, ed. Smithsonian Institution/Unesco, Oct. 2001.

- MELIN-SOUCRAMANIEN, Ferdinand. « Le statut des langues régionales ou minoritaires : la "tolérance constitutionnelle" française », in. Anne-Marie Le Pourhiet (dir.), *Langue(s) et constitution(s),* colloque des 7-8 décembre 2000 à la Faculté de droit et de science politique de l'université Rennes 1, Economica, Presses universitaires d'Aix-Marseille, 2004.

- MEYER-BISCH, Patrice.
  - « Le droit à la propriété culturelle : un droit individuel et commun », in. *Mélanges offerts à Silvio Marcus Helmons : avancées et confins actuels des droits de l'homme aux niveaux international, européen et national*, Bruylant, 2003, p. 243-257.
  - « Le sujet des droits de l'homme est individuel, mais l'objet est commun. Analyse à partir des droits culturels », in T. Berns (dir.), *Le droit saisi par le collectif*, Bruylant, Bruxelles, 2004, p. 15-44.

- MEZGHANI, Nébila. « La protection des créations traditionnelles et populaires au Maghreb (Algrie, Maroc, Tunisie) », in. Nébila Mezghani & Marie Cornu (dir.), *Intérêt culturel et mondialisation - Tome I : Les protections nationales*, L'Harmattan, coll. « Droit du patrimoine culturel et naturel », Paris, 2004, p. 223-246.

- MORAND-DEVILLER, Jacqueline.
  - « Le patrimoine monumental, patrimoine de la nation ? », in. Nébila Mezghani & Marie Cornu (dir.), *Intérêt culturel et mondialisation - Tome I : Les protections nationales*, L'Harmattan, coll. « Droit du patrimoine culturel et naturel », Paris, 2004, p. 85-99.
  - « L'identification des sites protégés », *AJDA*, 2006, p. 1986.

- NOYES, Dorothy. "The Judgment of Solomon: Global Protections for Tradition and the Problem of Community Ownership", in. *Cultural Analysis*, University of California, n° 5, 2006, p. 27-56.

- PIÉDELIÈVRE, Alain. « Le matériel et l'immatériel. Essai d'approche de la notion de bien », in. *Les aspects du droit privé en fin du XXe siècle (Etudes M. de Juglart)*, 1986, p. 55-62.

- POLLAUD-DULIAN, Frédéric.
  - « Droits des auteurs : droits patrimoniaux, droit de reproduction », *JCL Propriété littéraire et artistique*, fasc. n° 1246, 1995.
  - « L'esprit de l'œuvre et le droit moral de l'auteur », *RIDA*, n° 215, 2008, p. 103-153
  - « La durée du droit d'auteur », *RIDA*, n° 176, 1998, p. 83-163.

▪ PONTIER, Jean-Marie.
- « Les régions et la culture », *RFDA*, 1986, p. 555-567.
- « Le contentieux culturel devant le juge administratif », *RDP*, 1989, p. 1607-1633.
- « Entre le local, le national et le supranational : les droits culturels », *AJDA*, 2000, p. 50.
- « La notion d'œuvre d'art », *RDP*, 1990, p. 1403-1437.
- « L'Etat doit-il protéger la culture française ? », *D.*, 1994, 1, p. 186-190.
- « Ministère de la culture : inutilité, nécessité ? », *AJDA*, 2009, p. 634-636.

▪ PROTT, Lyndel V. & O'KEFFE, Patrick J. ""Cultural heritage" or "cultural property"?", in. *International Journal of Cultural Property*, vol. 1, 1992, p. 307-320.

▪ PROTT, Lyndel V.
- "Cultural rights as peoples' rights in international law", in. James Crawford (dir.), *The Rights of Peoples*, Clarendon Press, Oxford, 1992, p. 93-107.
- « Droits individuels ou collectifs pour le patrimoine culturel dans la société de l'information ? », in. *Museum international*, n° 216, 2004, p. 7-12.
- « S'entendre sur les droits culturels », in. Halina Niec, *Pour ou contre les droits culturels ?*, Unesco, Paris, 2000, p. 265-288.

▪ PURI, Kamal. « Préservation et conservation des expressions du folklore », in. *Bulletin du droit d'auteur*, Unesco, vol. XXXII, n° 4, 1998, p. 5-36.

▪ REGOURD, Serge.
- « Le projet de Convention Unesco sur la diversité culturelle : Vers une victoire à la Pyrrhus ... » , in. *Légipresse*, n° 226, nov. 2005, II, p. 115.
- « Les droits de propriété intellectuelle sont des droits de propriété », *RTD civ.*, 2006, p. 791.

▪ RIGAUX, François. « Mission impossible : La définition de la minorité », in. *Revue trimestrielle des droits de l'homme (RTDH)*, n° 30, avril 1997, p. 155-175.

▪ RODRIGUEZ, Yves. « La protection administrative de l'esthétique », in. *Droit et ville*, n° 14, 1982, p. 139-169.

▪ ROULAND, Norbert.
- « La tradition juridique française et la diversité culturelle », in. *Droit et société*, n° 27, 1994, p. 381-419.
- « Note d'anthropologie juridique : l'inscription juridique des identités », in. *RTD Civ.*, 1994, p. 287.

- SAVARIT, Isabelle. « Le patrimoine commun de la nation, déclaration de principe ou notion juridique à part entière ? », *RFDA*, 1998, p. 305-316.
- SEITEL, Peter. "Safeguarding Traditional Cultures: A Global Assessment of the 1989 UNESCO Recommendation on the Safeguarding of Traditional Culture and Folklore", in. Peter Seitel (ed.), *Safeguarding Traditional Cultures: A Global Assessment of the 1989 UNESCO Recommendation on the Safeguarding of Traditional Culture and Folklore*, Washington DC, juin 1999, ed. Smithsonian Institution/UNESCO, oct. 2001.
- SÉRIAUX, Alain.
  - « La notion de choses communes, nouvelles considérations juridiques sur le verbe "avoir" », in. Laboratoire de Théorie juridique Faculté de droit et de science politique d'Aix-Marseille (dir.), *Droit et environnement, propos pluridisciplinaires sur un droit en construction*, Presses universitaires d'Aix-Marseille, Aix, 1995, p. 23-38.
  - « La notion juridique de patrimoine. Brèves notations civilistes sur le verbe "avoir" », *RTD civ.*, 1994, p. 801-813.
- SÈVE, René. « Déterminations philosophiques d'une théorie juridique : La Théorie du patrimoine d'Aubry et Rau », in. *Les biens et les choses*, Archives de Philosophie du droit, t. 24, Sirey, 1979, p. 247-257.
- SUCHARITKUL, Sompong. « L'évolution continue d'une notion nouvelle le patrimoine commun de l'humanité », in. *Le Droit et la Mer, Mélanges à la mémoire de Jean Carroz*, Organisation des Nations unies pour l'alimentation et l'agriculture (FAO), Rome, 1987.
- SZYMCZAK, David. « Droits culturels », in. *JCL Libertés*, fasc. 1220, 20 juin 2007.
- UNTERMAIER, Jean. « La qualification des biens culturels en droit français », in. Yves Jegouzo (dir.), *Droit du patrimoine culturel immobilier*, Economica, 1985, p. 17-55.
- VANDERLINDEN, Jacques. « Vers une nouvelle conception du pluralisme juridique », in. *Revue de la recherche juridique - Droit prospectif*, Université Paul Cézanne, n° 2, 1993, p. 573-583.
- VON LEWINSKI, Silke. « Le Folklore, les savoirs traditionnels et les ressources génétiques : sujet débattu dans le contexte de la propriété intellectuelle », in. *Propriétés Intellectuelles*, n° 14, janv. 2005, p. 22-30.

- WENDLAND, Wend. « Le patrimoine immatériel et la propriété intellectuelle : défis et perspectives d'avenir », in. *Museum international,* vol. 56, n° 221-222, 2004, p. 99-109.

- ZÉNATI-CASTAING, Frédéric.
  - « La propriété, mécanisme fondamental du droit », *RTD civ*, n° 3, 2006, p. 445-466.
  - « Le service public culturel existe-t-il ? », *AJDA*, numéro spécial, 2000, p. 8-21.

Rapports - Études

- BLAKE, Janet. *Élaboration d'un nouvel instrument normatif pour la sauvegarde du patrimoine culturel immatériel : éléments de réflexion*, Unesco, 2001, révisé en 2002, CLT.2001/WS/8 Rev.

- DAES, Erica-Irene.
  - *Discrimination against indigenous peoples. Study on the protection of the cultural and intellectual property of indigenous peoples,* Commission on human rights, Sub-Commission on Prevention of Discrimination and Protection of Minorities and Chairperson of the Working Group on Indigenous Populations, United Nations, E/CN.4/Sub.2/1993/28, 1993.
  - *Study on the protection of the cultural and intellectual property of indigenous peoples*, Commission on human rights, Sub-Commission on Prevention of Discrimination and Protection of Minorities, E/CN.4/Sub.2/1993/28, 1993.

- « Étude préliminaire sur les aspects techniques, juridiques et administratifs d'une règlementation internationale générale concernant la sauvegarde du folklore », in. *Opportunité d'adopter une réglementation internationale générale concernant la sauvegarde du folklore*, Unesco, Conférence générale, 23ème session, 23 C/32, Annexe II, Sofia, 1985.

- EYSSERIC, Violaine. *Le corpus juridique des langues de France*, étude réalisée pour la Délégation générale à la langue française et aux langues de France (DGLF), ministère de la Culture et de la Communication, Paris, avril 2005.

- GRUZINSKI, Serge. « Sauvegarde du patrimoine immatériel : bilan et nouvelles perspectives », in. *Consultation internationale sur le programme de l'Unesco patrimoine immatériel - nouvelles perspectives*, Unesco, Paris, 16-17 juin 1993.

▪ JANKE, Terri.
- *Minding culture. Case studies on intellectual property and traditional cultural expressions*, prepared for WIPO, Geneva, 2003.
- *Our Culture: Our Future*. Report on Australian Indigenous Cultural and Intellectual Property Rights, 1998.

▪ LÉVY, Maurice & JOUYET, Jean-Pierre.
- *L'économie de l'immatériel. La croissance de demain*, ministère de l'Économie, des Finances et de l'Industrie, rapport de la Commission sur l'économie de l'immatériel, Paris, nov. 2006.
- *L'intérêt général*, Rapport public du Conseil d'État, La Documentation française, Paris, 1999.

▪ OMPI, *Savoirs traditionnels : Besoins et attentes en matière de propriété intellectuelle*, rapport sur les missions d'enquête consacrées à la propriété intellectuelle et aux savoirs traditionnels (1998-1999), Genève, 2001.

▪ PALETHORPE, Stephen & VERHULST, Stefaan. *Report on the International Protection of Expressions of Folklore under Intellectual Property Law*, Programme in Comparative Media Law and Policy - University of Oxford, study commissioned by the European Commission, Oct. 2000.

Textes législatifs et règlementaires – Textes déclaratoires

- Avis du Conseil des affaires de l'État visant à renforcer la protection du patrimoine culturel immatériel national
国务院办公厅关于加强我国非物质文化遗产保护工作的意见(yijian), n° guoban 国办 [2005]18, 26 mars 2005.
- Circulaire du ministère de la culture sur la candidature à la première proclamation des œuvres représentatives du patrimoine culturel immatériel au niveau national
文化部关于申报第一批国家级非物质文化遗产代表作的通知 (tongzhi), n° wenshetufa 文社图发 [2005]17, 30 juin 2005.
- Circulaire du Conseil des affaires de l'État sur le renforcement de la protection du patrimoine culturel 国务院关于加强文化遗产保护的通知, n° guofa 国发 [2005]42, 22 déc. 2005.
- Circulaire du Conseil des affaires de l'État sur la première proclamation d'éléments à la Liste du patrimoine culturel immatériel au niveau national 国务院关于公布第一批国家级非物质文化遗产名录的通知, n° guofa 国发 [2006]18, 20 mai 2006.
- Circulaire du ministère de la Culture concernant la demande de subvention pour la protection des éléments du patrimoine culturel imma-

tériel de la première proclamation à la Liste du patrimoine culturel immatériel au niveau national
文化部办公厅关于申报第一批国家级非物质文化遗产项目保护专项经费预算事项的通知, n° banshetuhan 办社图函 [2006]371, 28 juillet 2006.

- Circulaire du ministère de la Culture appelant à candidature à la deuxième proclamation à la Liste du patrimoine culturel immatériel au niveau national
文化部关于申报第二批国家级非物质文化遗产名录项目有关事项的通知, n° wenshetufa 文社图发 [2007]4, 26 janv. 2007.
- Circulaire du ministère de la Culture sur la suggestion des candidats au titre de « Transmetteur majeur des patrimoines culturels immatériels au niveau national »
文化部办公厅关于推荐国家级非物质文化遗产项目代表性传承人的通知, n° banshetuhan 办社图函 [2007]111, 6 avril 2007.
- Circulaire du ministère de la Culture sur la publication de la première proclamation des Transmetteurs majeurs des patrimoines culturels immatériels au niveau national
文化部关于公布第一批国家级非物质文化遗产项目代表性传承人的通知, n° wenshetufa 文社图发 [2007]21, 5 juin 2007.
- Circulaire du ministère de la culture concernant la base de données des experts en matière de patrimoine culturel immatériel et concernant le rapport d'informations sur les événements officiels importants de nature rituelle
文化部办公厅关于推荐国家非物质文化遗产保护工作专家库专家和报送重大祭典公祭活动情况的通知, n° banshetuhan 办社图函 [2007]372, le 7 août 2007.
- Circulaire du ministère de la Culture sur la publication de la deuxième proclamation des Transmetteurs majeurs des patrimoines culturels immatériels au niveau national
文化部关于公布第二批国家级非物质文化遗产项目代表性传承人的通知, n° wenshetufa 文社图发 [2008]1, 26 janv. 2008.
- Circulaire du Conseil des affaires de l'État sur la deuxième proclamation à la Liste des éléments du patrimoine culturel immatériel au niveau national et sur les éléments supplémentaires à la première proclamation
国务院关于公布第二批国家级非物质文化遗产名录和第一批国家级非物质文化遗产扩展项目名录的通知, n° guofa 国发 [2008]19, 7 juin 2008.
- Circulaire du ministère de la Culture sur la suggestion des candidats à la troisième proclamation des Transmetteurs majeurs des patrimoines

culturels immatériels au niveau national
文化部办公厅关于推荐第三批国家级非物质文化遗产项目代表性传承人的通知, n° banshetuhan 办社图函 [2008]367, 28 juillet 2008.

- Circulaire du ministère de la Culture sur la publication de la troisième proclamation des Transmetteurs majeurs des patrimoines culturels immatériels au niveau national
文化部关于公布第三批国家级非物质文化遗产项目代表性传承人的通知, n° wenfeiyi 文非遗[2009]6, 26 mai 2009.
- Circulaire du ministère de la Culture appelant à candidature à la troisième proclamation à la Liste du patrimoine culturel immatériel au niveau national
文化部关于申报第三批国家级非物质文化遗产名录项目有关事项的通知, n° wenfeiyifa 文非遗发 [2009]24, 17 juillet 2009.
- *Loi organique des assemblées populaires locales et des gouvernements populaires locaux de la R.P.C.*
中华人民共和国地方各级人民代表大会和地方各级人民政府组织法 (fa), APN, 1er juillet 1979, dernière modification 27 octobre 2004.
- *Loi de la R.P.C. sur la protection du patrimoine culturel*
中华人民共和国文物保护法, comité permanent de l'APN, le 19 novembre 1982, modifiée le 28 octobre 2002, le 29 décembre 2007.
- *Loi de la R.P.C. sur les marques* 中华人民共和国商标法, comité permanent de l'APN, promulguée août 1982, modifiée février 1993, octobre 2001.
- *Loi de la R.P.C. sur les brevets* 中华人民共和国专利法, comité permanent de l'APN, promulguée mars 1984, modifiée septembre 1992, août 2000, décembre 2008.
- *Loi de la R.P.C. sur l'autonomie des ethnies minoritaires*
中华人民共和国民族区域自治法, APN, 31 mai 1984, modifiée le 28 février 2001.
- *Loi de la R.P.C. sur l'administration des produits pharmaceutiques*
中华人民共和国药品管理法, comité permanent de l'APN, le 20 septembre 1984, modifiée le 28 février 2001.
- *Principes généraux du droit civil* 中华人民共和国民法通则, APN, 12 avril 1986.
- *Loi de la R.P.C. sur les archives* 中华人民共和国档案法, comité permanent de l'APN, le 5 septembre 1987, modifiée le 5 juillet 1996.

- *Loi sur la procédure de conclusion des traités internationaux* 中华人民共和国缔结条约程序法, comité permanent de l'APN, le 28 décembre 1990.
- *Loi de la R.P.C. sur les activités législatives* 中华人民共和国立法法, APN, 15 mars 2000.
- *Loi de la R.P.C. sur la langue et l'écriture communes nationales* 中华人民共和国国家通用语言文字法, comité permanent de l'APN., 31 octobre 2000.
- Mesures provisoires concernant l'évaluation des candidats à la Liste des œuvres représentatives du patrimoine culturel immatériel au niveau national 国家级非物质文化遗产代表作申报评定暂行办法(banfa), Annexe I de l'Avis du Conseil des affaires de l'État, n° guoban国办[2005]18, 26 mars 2005.
- Mesures provisoires sur la sauvegarde et la gestion des éléments inscrits sur la Liste du patrimoine culturel immatériel au niveau national 国家级非物质文化遗产保护与管理暂行办法, ordonnance du ministère de la Culture n° 39, 2 novembre 2006.
- Mesures provisoires sur la qualification et la gestion du label « Transmetteurs majeurs des patrimoines culturels immatériels du niveau national » 国家级非物质文化遗产项目代表性传承人认定与管理暂行办法, ordonnance du ministère de la culture n° 45, 14 mai 2008.
- Mesures sur l'examen qualificatif en vue d'obtenir le titre de médecin de la médecine traditionnelle pour les personnes dont l'apprentissage est poursuivi dans la tradition Maître-disciple ou les personnes maîtrisant réellement les connaissances suffisantes 传统医学师承和确有专长人员医师资格考核考试办法, ordonnance du ministère des affaires sanitaires n°52, 21 décembre 2006.
- *Règlement sur la protection des variétés des préparations pharmaceutiques de la médecine traditionnelle chinoise* 中药品种保护条例 (tiaoli), ordonnance du Conseil des affaires de l'État n° 106, le 14 octobre 1992.
- *Règlement sur la protection des arts appliqués traditionnels* 传统工艺美术保护条例, ordonnance n° 217 du Conseil des affaires de l'État, le 20 mai 1997.
- *Règlement régional de Yunnan sur la protection des cultures ethniques et populaires traditionnelles* 云南省民族民间传统文化保护条例, comité permanent de l'Assemblée populaire régionale de Yunnan, le 26 mai 2000.

- *Règlement de la R.P.C. sur la médecine et la pharmacologie chinoises* 中华人民共和国中医药条例, ordonnance du Conseil des affaires de l'État n° 374, 7 avril 2003.
- *Règlement sur les affaires religieuses* 宗教事务条例, ordonnance n° 426 du Conseil des affaires de l'État, le 7 juillet 2004.
- *Règlements sur la protection du patrimoine culturel immatériel de la Région de Zhejiang* 浙江省非物质文化遗产保护条例, comité permanent de l'Assemblée populaire régionale de Zhejiang, 25 mai 2007.
- *Déclaration de Mexico sur les politiques culturelles*, Conférence mondiale sur les politiques culturelles (*Mondiacult*), Unesco, Mexico City, août 1982.
- *Déclaration d'Istanbul*, Communiqué final de la IIIème table ronde des ministres de la Culture « Le patrimoine culturel immatériel, miroir de la diversité culturelle », 17 septembre 2002, Istanbul, Turquie.
- *Charte de Shanghai*, Atelier sur les musées et le patrimoine immatériel - Approches adoptées en Asie-Pacifique, 7ème Assemblée régionale de l'Organisation Asie-Pacifique du Conseil international des musées (Icom Asie-Pacifique), Shanghai, Chine, 20-25 octobre 2002.
- *Yamato Declaration on Integrated Approaches for Safeguarding Tangible and Intangible Cultural Heritage*, International Conference on The Safeguarding of Tangible and Intangible Heritage (Nara Conference), organized by the Japanese Agency for Cultural Affairs and Unesco, Nara, Japan, 20-23 October 2004, 平成16年10月27日, 27 Oct. 2004.
- *Déclaration de Fribourg sur les droits culturels*, Observatoire de la diversité et des droits culturels, Chaire Unesco sur les droits de l'homme et la démocratie, Université de Fribourg, Suisse, le 7 mai 2007.

Sources non juridiques

Ouvrages - Thèses

- BABELON, Jean-Pierre & CHASTEL, André. *La notion de patrimoine*, éd. L. Levi, coll. Opinion art, Paris, 2008.
- BEAULIEU, Bernard & DARDY, Michèle. *Histoire administrative du ministère de la Culture, 1959-2002*, Comité d'histoire du ministère de la Culture, La Documentation française, Paris, 2002.
- CAI, Jingfeng 蔡景峰 *et al. Histoire de la médecine chinoise. La partie contemporaine* 中国医学通史. 现代卷, éd. Beijing renmin weisheng chubanshe 北京人民卫生出版社, Beijing, 2000.

- CHANG, Wan-Chen. *La Chine a-t-elle une approche de la notion de Patrimoine ?*, thèse en muséologie, ss. dir. de Michel van Praët, Museum national d'histoire naturelle, Paris, soutenue mars 2000.
- CHEN, Baoliang 陳寶良. *La communauté et la société en Chine* 中國的社与會, éd. Nantian shuju 臺北南天書局, Taibei, 1998.
- CHENG, Anne. *Histoire de la pensée chinoise*, Seuil, Paris, 1997.
- CHOAY, Françoise. *L'allégorie du patrimoine*, Seuil, Paris, 1999.
- CUISENIER, Jean & SEGALEN, Martine. *Ethnologie de la France*, PUF, Que sais-je ?, 2ème éd. 1993.
- CUISENIER, Jean. *Tradition populaire*, PUF, Que sais-je ?, Paris, 1995.
- CUNHA, Manuela Carneiro da (traduit de l'anglais par Sophie Renaut). *Savoir traditionnel, droits intellectuels et dialectique de la culture*, éd. de L'éclat, Paris, 2010.
- MAURAIS J. (dir.), *Politique et aménagement linguistiques*, Les publications du Québec, 1997.
- DUVIGNAUD, Jean, PEREZ DE CUELLAR, Javier & LE SCOUARNEC, François-Pierre. *Le patrimoine culturel immatériel : les enjeux, les problématiques, les pratiques*, Maison des cultures du monde, Paris, 2004.
- DEBRAY, Régis (dir.). *L'abus monumental ?*, Actes des entretiens du patrimoine, Fayard - éd. du Patrimoine, Paris, 1999.
- DU BERGER, Jean. *Grille des pratiques culturelles*, Conseil québécois du patrimoine vivant, Septentrion, Québec, 1997.
- DURKHEIM, Émile. *Communauté et société selon Tönnies*, in. Textes I, Éléments d'une théorie sociale, éd. de Minuit, 1975.
- FABRE, Daniel (dir.). *Domestiquer l'histoire : ethnologie des monuments historiques*, éd. de la Maison des sciences de l'homme, Paris, 2000.
- FEI, Xiaotong 费孝通. *Unité et pluralité dans la configuration de la Nation chinoise* 中华民族多元一体格局, éd. Zhongyang minzu chubanshe 中央民族出版社, Beijing, 1989.
- FOURCADE, Marie-Blanche (éd.). *Patrimoine et patrimonialisation. Entre le matériel et l'immatériel*, Presses Université Laval, Québec, 2007.
- GERSTENBLITH, Patty. *Art, cultural heritage, and the law*, Carolina Academic Press, Durham, N.C., 2004, 2ème éd. 2008.

- GREFFE, Xavier (dir). *La valorisation économique du patrimoine*, La Documentation française, Paris, 2003.
- GRENOT-WANG, Françoise. *Chine du Sud. La mosaïque des minorités*, Les Indes savantes, Paris, 2001, 2ème édition 2005.
- HAVENS, Thomas R. H. *Artist and patron in postwar Japan. Dance, music, theater, and the usual arts: 1955-1980*, Princeton University Press, Princeton, N.J., 1982.
- HEIDEGGER, Martin. *De l'origine de l'œuvre d'art*, traduit par Emmanuel Martineau, Authentica, 1987.
- HEINICH, Nathalie. *La fabrique du patrimoine. De la cathédrale à la petite cuillère*, MSH, Paris, 2009.
- HEGEL, Georg Wilhelm Friedrich. *Cours d'esthétique*, version française par Charles Magloire Bénard, 5 vol., Ladrange, 1840-1852 ; version chinoise par ZHU Guangqian 朱光潜, 4 vol., éd. Shangwu 商务印书馆, 1996.
- HILDEGARD K. VIEREGG, Ann Davis (dir.).
  - *Museology and the intangible heritage I*, International symposium, ICOFOM Study Series 32, München: Museums-Pädagogisches Zentrum, 2000.
  - (dir.). *Museology and intangible heritage II*, International symposium, ICOFOM Study Series 33, Supplement, München: Museums-Pädagogisches Zentrum, 2004.
- HONG, Jing 洪净 (éd.). *Protection de la pharmacologie chinoise par la propriété intellectuelle* 中药知识产权保护, éd. Zhongguo zhongyiyao chubanshe 中国中医药出版社, Beijing, 2003.
- HOR, Ting. *La médecine chinoise en France observée par un Chinois entre 1993 et 2003*, ss dir. de Cartier, Michel, EHESS, soutenue 2004.
- JADÉ, Mariannick. *Patrimoine immatériel, Perspectives d'interprétation du concept de patrimoine*, L'Harmattan, Paris, 2006.
- JULLIEN, François. *De l'universel, de l'uniforme, du commun et du dialogue entre les cultures*, Fayard, Paris, 2008.
- LABORATOIRE D'ANTHROPOLOGIE SOCIALE, COLLÈGE DE FRANCE. *L'Identité*, séminaire interdisciplinaire, 1974-1975, dirigé par Claude Lévi-Strauss, Grasset, Paris, 1977.
- LAMONTAGNE, Sophie-Laurence. *Le patrimoine immatériel : méthodologie d'inventaire, les savoir-faire et les porteurs de traditions*, ss. dir. Bernard Genest ;

ministère de la Culture et des Communications (Québec), Publication du Québec, Coll. Patrimoines, série Dossiers 88, Québec, 1994.

- LAMY, Yvon (dir.). *L'alchimie du patrimoine, Discours et politiques*, éd. de la Maison des sciences de l'homme d'Aquitaine, Paris, 1996.
- LAMY, Yvon. « Patrimoine et culture : l'institutionnalisation », in. *Pour une histoire des politiques du patrimoine*, Vadelorge, Loïc (dir.), Comité d'histoire du ministère de la culture, Fondation Maison des sciences de l'homme, 2003, p. 45-63.
- LANDFRIED, Julien. *Contre le communautarisme*, Armand Colin, Paris, 2007.
- LENIAUD, Jean-Michel. *L'utopie française. Essai sur le patrimoine*, Mengés, Paris, 1992.
- LEVENSON, Joseph R. *Liang Ch'i-ch'ao and the mind of modern China*, Thames and Hudson, London, 1959.
- LÉVI-STRAUSS, Claude. *Le regard éloigné*, Plon, Paris, 1983.
- LÉVY, Laurent. *Le spectre du communautarisme*, Amsterdam, Paris, 2005.
- LEYS, Simon. *L'Humeur, l'Honneur, l'Horreur. Essais sur la culture et politique chinoises*, Robert Laffont, 1991, Paris,
- MACKERRAS, Colin. *China's minority cultures: identities and integration since 1912*, New York : St Martin's press ; Singapore : Longman, 1996.
- MENG, Qingyun 孟庆云. *Le développement de la médecine et de la pharmacologie chinoises durant les cinquante dernières années* 中国中医药发展五十年: 1949-1999, éd. Henan yike daxue chubanshe 河南医科大学出版社, Zhengzhou, 2000.
- MOERAN, Brian. *Folk art potters of Japan: beyond an anthropology of aesthetics,* Richmond : Curzon, 1997.
- NORA, Pierre (dir.). *Science et conscience du patrimoine*, Actes des entretiens du patrimoine, Editions du patrimoine, Fayard, Paris, 1997.
- OWEN, Stephen. *Remembrances: The Experience of the Past in Classical Chinese Literature*, Harvard University Press, Cambridge, Mass., 1986.
- POUTIGNAT, Philippe & STREIFF-FENART, Jocelyne. *Théories de l'ethnicité.* Suivi de *Les groupes ethniques et leurs frontières de Fredrik Barth*, PUF, Paris, 1995, 2ème éd. 2008.

- SCHEID, Volker. *Chinese medicine in contemporary China. Plurality and synthesis*, Duke University Press, Durham & London, 2002.
- SCHNAPPER, Dominique. *La Communauté des citoyens*, Gallimard, Paris, 2003.
- SIVIN, Nathan. *Traditional medecine in contemporary China*, Ann Arbor : Center for chinese studies - The University of Michigan, 1987.
- TAGUIEFF, Pierre-André. *La République enlisée. Pluralisme, communautarisme et citoyenneté*, éd. des Syrtes, Paris, 2005.
- TAYLOR, Kim. *Chinese medicine in early communist China, 1945-1963. A medicine of revolution*, RoutledgeCurzon, London; New York, 2005.
- THIESSE, Anne-Marie. *La création des identités nationales : Europe XVIIIe-XXe siècle*, Seuil, Paris, 1999.
- TÖNNIES, Ferdinand (introduction et traduction de J. Leif). *Communauté et société : Catégories fondamentales de la sociologie pure* (Titre allemand original : *Gemeinschaft und Gesellschaft*), PUF, coll. Les Classiques des Sciences Humaines, Paris, 1922, 1977.
- TREBINJAC, Sabine. *Le Pouvoir en chantant, tome I, L'art de fabriquer une musique chinoise ; tome II, Une affaire d'État... impériale*, Société d'ethnologie, Paris, 2000 (tome I), 2008 (tome II).
- VADELORGE Loïc (dir.), *Pour une histoire des politiques du patrimoine*, Comité d'histoire du ministère de la Culture, Fondation Maison des sciences de l'homme, Paris, 2003.
- VALIÈRE, Michel. *Ethnographie de la France. Histoire et enjeux contemporains des approches du patrimoine ethnologique*, Armand Colin, Paris, 2002
- WALZER, Michael (traduit par Fort-Cantoni, Camille). *Raison et passion. Pour une critique du libéralisme (*titre original en anglais *: Reason, Politics, and Passion)*, Belval : Circé, (publication en anglais : Fischer Taschenbuch Verlag, 1999- The Horkheimer Lectures, in German), 2003.
- WANG, Jianmin 王建民. *The History of Ethnology in China* 中国民族学史, éd. Yunnan jiaoyu chubanshe 云南教育出版社, Kunming, 1997.
- WANG, Zhipu 王致谱 & CAI, Jingfeng 蔡景峰. *Les cinq dernières décennies de la médecine et de la pharmacologie chinoises* 中国中医药五十年, éd. Fujian kexue jishu chubanshe 福建科学技术出版社, Fuzhou, 1999.

- ZHANG, Liang. *La naissance du concept de patrimoine en Chine. XIXe-XXe siècle*, éd. Recherches/Ipraus, Paris, 2003.
- ZHANG, Weiyao 张维耀. *The present and future of Chinese medicine* 中医的现在与未来, éd. Tianjin kexue jishu chubanshe 天津科学技术出版社, Tianjin, 1994.

Articles

- AIKAWA, Noriko. « Panorama historique de la préparation de la Convention internationale pour la sauvegarde du patrimoine culturel immatériel de l'Unesco », in. *Museum international*, vol. 56, n° 221-222, p. 137-149.
- BORTOLOTTO, Chiara. « Les enjeux de l'institution du patrimoine culturel immatériel », in. *Culture et recherche*, MCC, n° 116-117, 2008, p. 32-34.
- CHASTEL, André. « La notion de patrimoine », in Nora Pierre (dir.), *Les lieux de mémoire - La nation*, t. 2, 1986, p. 424.
- CHEVALLIER, Denis. « Ethnologie et patrimonialisation. Nouveaux enjeux, nouveaux objets d'une ethnologie du patrimoine », in. *Acte du colloque Réinventer un musée*. Le musée national des arts et traditions populaires, Centre d'ethnologie française, mars 1997, éd. École du Louvre, Paris, 1999, p. 82-85.
- CHOAY Françoise. « Sept propositions sur le concept d'authenticité et son usage dans les pratiques du patrimoine historique », in. *Compte rendu : Conférence Nara sur l'Authenticité*, conférence 1er-6 novembre 1994 à Nara, Japon, éd. Unesco-Iccrom-Icomos, Paris, 1995, p. 156-178.
- DESVALLÉES, André. « La muséologie et les catégories de patrimoine immatériel », provocative paper, Ann Davis Hildegard K. Vieregg *et al.* (dir.), *Museology and intangible heritage II*, International symposium, ICOFOM Study Series 33, Supplement, München: Museums-Pädagogisches Zentrum, 2004, p. 7.
- DU BERGER, Jean. « Le patrimoine vivant, le concept et l'action », in. *Ethnologie*, vol. 13, n° 2, juin 1990, Annuel de l'Ethnologie 1989, p. 23-43.
- FABRE, Daniel.
  - « La politique de l'ethnologie du ministère de la Culture depuis les années 1970 », in. Loïc Vaderloge et Philipp Poirrier (dir.), *Pour une histoire des po-*

litiques du patrimoine, Comité d'histoire du ministère de la Culture, La Documentation française, Paris, 2003.

- « Le patrimoine, l'ethnologie », in. Nora Pierre (dir.) *Science et conscience du patrimoine* - 7ème Entretien du patrimoine, Fayard, Paris, 1997.
- « L'institution de la culture : naissance d'un laboratoire », in. *Culture et Recherche*, n° 87, oct. - nov. 2001. p. 6.

- JADÉ, Mariannick. « Le patrimoine immatériel : nouveaux paradigmes, nouveaux enjeux », in. *La Lettre de l'OCIM*, n° 93, mai - juin 2004, p. 27-37.
- JULLIEN, François. « Universels, les droits de l'homme ? », in. *Le Monde diplomatique*, février 2008, p. 24-25.
- LEBOVICS, Herman. "On the origins of the Mission du patrimoine ethnologique", in. *Ethnologies comparées*, Université Paul-Valéry, CERCE, Montpellier, n° 8, printemps 2005.
- LUXEN, Jean-Louis. « La dimension immatérielle des monuments et des sites avec références à la Liste du Patrimoine Mondial de l'Unesco », in. *Nouvelles de l'Icom-Icomos*, vol. 10, n° 2, juillet 2000.
- MARAINI, Fosco. « The Living Treasures of Japan », in. *Monumenta Nipponica*, Sophia University, vol. 29, n° 4, Winter 1974, p. 495-496.
- NAS, Peter J. M. "Masterpieces of Oral and Intangible Culture. Reflections on the Unesco World Heritage List", in. *Current Anthropology*, vol. 43, n° 1, February 2002, p. 139-148.
- NORA, Pierre. « La ruée vers le passé », in. *Magazine littéraire*, hors série, La passion des idées, 1996, p. 70.
- PANIKKAR, Raimundo. « La notion des Droits de l'Homme est-elle un concept occidental ? », in. *Diogène*, Unesco, n° 120, 1982, p. 87-115.
- PRATS, Michèle & THIBAULT, Jean-Pierre. « L'esprit du lieu », in. *Bulletin de liaison*, Icomos France, n° 50-51, 2002, p. 5-8.
- PRESSOUYRE, Léon. « La mémoire n'est pas que de pierres », in. *Le Courrier de l'Unesco*, déc. 2000, p. 18-19.
- RAUTENBERG, Michel. « L'intervention ethnologique. Témoignage et éléments de réflexion sur les relations entre recherche et action culturelle dans une direction régionale des affaires culturelles », in. Loïc Vadelorge (dir.), *Pour une histoire des politiques du patrimoine*, Comité d'histoire du ministère de la culture, Fondation Maison des sciences de l'homme, Paris, 2003, p. 469.

- REGOURD, Serge. « Le projet de Convention Unesco sur la diversité culturelle : Vers une victoire à la Pyrrhus ... » , in. *Légipresse*, n° 226, nov. 2005, II, p. 115.
- TORNATORE, Jean-Louis. « La difficile politisation du patrimoine ethnologique », in. *Terrain*, n° 42, mars 2004, p. 149-160.
- WAHEI, Aoyama. "A Critique of the Living National Treasure System", in. *Japanese Pottery Information Center*, 26 fév. 2004, [http://www.e-yakimono.net/html/lnt-critique-aoyama.html].
- WEBER, Florence. « Politique du folklore en France (1930-1960) », in. Philipp Poirrier & Loïc Vadelorge (dir.), *Pour une histoire des politiques du patrimoine*, Comité d'histoire du ministère de la Culture, Fondation Maison des sciences de l'homme, Paris, 2003, p. 269-300.

Rapports - Études

- *Compte rendu : Conférence Nara sur l'Authenticité*, 1-6 novembre 1994, Nara, Japon, éd. Unesco-Iccrom-Icomos, Paris, 1995.
- BENZAÏD, Redjem. *Rapport sur l'ethnologie de la France, Besoins et projets*, dit « Rapport Benzaïd », mission ethnologie, ministère de la Culture, La Documentation française, Paris, 1980.
- BOURG-BROC, Bruno. *Rapport n° 2875 au nom de la commission des affaires étrangères de l'Assemblée nationale, sur le projet de loi n° 2605 autorisant l'approbation de la convention internationale pour la sauvegarde du patrimoine culturel immatériel*, déposé le 21 février 2006.
- CHIVA, Isac. « Le Domaine et les moyens d'une politique du patrimoine ethnologique de la France : quelques propositions », in. Dossier Secrétariat du conseil du patrimoine ethnologique, mission ethnologie, ministère de la Culture, 1979.
- DUMAS, Catherine. *Les métiers d'art, d'excellence et du luxe et les savoir-faire traditionnels : L'avenir entre nos mains*, Rapport à monsieur le Premier ministre, de madame Catherine Dumas, Sénatrice de Paris, Septembre 2009.
- *Étude préliminaire sur les aspects techniques, juridiques et administratifs d'une règlementation internationale générale concernant la sauvegarde du folklore, Annexe II de Opportunité d'adopter une règlementation internationale générale concernant la sauvegarde du folklore,* Conférence générale de l'Unesco, 23ème session, 1985, Sofia, 23 C/32.

- GARRIAUD-MAYLAM, Joëlle. Rapport n° 369 (2005-2006) fait au nom de la Commission des affaires étrangères, de la défense et des forces armées, Sénat, *sur le projet de loi autorisant l'approbation de la Convention pour la sauvegarde du patrimoine culturel immatériel*, déposé le 31 mai 2006.
- *La mémoire des lieux : préserver le sens et les valeurs immatérielles des monuments et sites*, Actes du Symposium scientifique international, 14ème Assemblée générale de l'Icomos, Zimbabwe, octobre 2003.
- PÉREZ DE CUÉLLAR, Javier *et al. Notre diversité créatrice*, Commission mondiale de la culture et du développement, Unesco, 1996.
- *Rapport final,* Conférence mondiale sur les politiques culturelles, organisée par l'Unesco, Mexico City, du 26 juillet au 6 août 1982.
- *Rapport d'information n° 307 (2005-2006) fait au nom de la commission des Affaires économiques du Sénat à la suite d'une mission effectuée en Chine du 10 au 22 septembre 2005*, avril 2006.

Principaux documents de l'Unesco et de l'OMPI cités

Note : Les dates de documents mentionnées derrière les documents sont celles figurées dans le document avec le numéro de cote. Il s'agit généralement de leur date d'édition, souvent différente de la date de réunion ou conférence qui les produit.

Unesco

- UNESCO/FOLK/I/4. Rapport du comité d'experts sur la protection juridique du folklore, Tunis. Juillet 1977.
- WHC 2/Révisé, 1980 Comm.. *Orientations devant guider la mise en œuvre de la Convention du patrimoine mondial*, comité intergouvernemental pour la protection du patrimoine mondial culturel et naturel. Octobre 1980.
- CPY-84/CONF.603/COL.2. Rapport du comité d'experts gouvernementaux convoqué conjointement par l'Unesco et l'OMPI pour les *Dispositions types de législation nationale sur la protection des expressions du folklore*, Genève. Juillet 1982.
- UNESCO/OMPI/FOLK/AR/2. Réunion du comité régional d'experts sur les modalités d'application dans les États arabes des *dispositions types sur les aspects « propriété intellectuelle » de la protection des expressions du folklore*, Doha. Octobre 1984.
- CLT-84/CONF.603. Réunion internationale d'experts pour définir le patrimoine non physique, Unesco, Paris. Septembre 1984.

- UNESCO/PRS/CLT/TPC/II.5. Rapport du deuxième comité d'experts gouvernementaux sur la préservation du folklore organisé par l'Unesco, Paris. 1er mars 1985.
- 23 C/COM.I/2. Rapport de la Commission du programme I de la Conférence générale de l'Unesco (23ème session), Partie II - Opportunité d'adopter une réglementation internationale générale concernant la sauvegarde du folklore, Paris. Octobre 1985.
- CLT/ACL/93/IH/01. Rapport final, consultation internationale sur le programme de l'Unesco *Patrimoine immatériel - Nouvelles perspectives*, Paris. Juin 1993.
- CLT-2002/CONF.203/5. Rapport de la première session de la réunion intergouvernementale d'experts sur l'avant-projet de Convention internationale pour la sauvegarde du patrimoine immatériel, Paris. Décembre 2002.
- GRR2/CH/2002/WD/6. Rapport final de la deuxième réunion du groupe de rédaction restreint sur l'avant-projet de convention internationale pour le patrimoine culturel immatériel, Paris. 10 juin 2002.
- CLT-2002/CONF.203/5. Première session de la réunion intergouvernementale d'experts sur l'avant-projet de Convention pour la sauvegarde du patrimoine culturel immatériel, Paris. Décembre 2002.
- CLT-2003/CONF.205/6. Deuxième session de la réunion intergouvernementale d'experts sur l'avant-projet de Convention pour la sauvegarde du patrimoine culturel immatériel, Paris. Avril 2003.
- CLT-2003/CONF.206/4. Rapport de la troisième session de la réunion intergouvernementale d'experts sur l'avant-projet de Convention pour la sauvegarde du patrimoine culturel immatériel, Paris. 31 juillet 2003.
- WHC.05/2. *Orientations devant guider la mise en œuvre de la Convention du patrimoine mondial*, comité intergouvernemental pour la protection du patrimoine mondial culturel et naturel. 2 février 2005.
- ITH/06/1.EXT.GA/CONF.203/3. Répartition entre les groupes électoraux des sièges au Comité intergouvernemental de sauvegarde du patrimoine culturel immatériel, Assemblée générale des États parties à la convention pour la sauvegarde du patrimoine culturel imma-

tériel, première session extraordinaire, Paris. 9 novembre 2006, point 3 de l'ordre du jour provisoire (adopté).

- ITH/07/1.EXT.COM/CONF.207/INF.2 Rev. *Synthèse des commentaires reçus des États parties comme suite aux décisions 1.COM 5, 1.COM 6 et 1.COM 7*, Comité intergouvernemental, 1ère session extraordinaire, Chengdu (Chine). 20 avril 2007.
- ITH/08/2.EXT.COM/CONF.201/4. *Compte rendu analytique de la 2ème session du Comité intergouvernemental*, adopté par la 2ème session extraordinaire, Sofia, Bulgarie, février 2008. 9 décembre 2007.
- ITH/08/2.GA/CONF.202/5. *Directives opérationnelles pour la mise en œuvre de la convention pour la sauvegarde du patrimoine culturel immatériel*, adaptées par l'Assemblée générale des États parties de la Convention à sa seconde session ordinaire. 19 juin 2008.
- 35 C/REP/23. Rapport du comité intergouvernemental de sauvegarde du patrimoine culturel immatériel sur ses activités (2006-2008), Unesco, Paris. 24 juillet 2009.

OMPI (notamment du Comité GRTKF) :

- UNESCO/OMPI/WG.I/FOLK/2 et 2 Add. Dispositions types de législation nationale sur la protection des créations du folklore et commentaire de ces dispositions types, groupe de travail réuni par l'OMPI et l'Unesco, Genève. 7-9 janvier 1980.
- WIPO/GRTKF/IC/2/7. Questionnaire relatif à l'expérience acquise au niveau national en ce qui concerne la protection juridique des expressions du folklore, Comité GRTKF, Genève. 22 juin 2001.
- WIPO/GRTKF/IC/3/7. Examen des systèmes actuels de protection des savoirs traditionnels par la propriété intellectuelle, Comité GRTKF, Genève. 6 mai 2001.
- WIPO/GRTKF/IC/3/9. *Savoirs traditionnels - terminologie et définitions*, Comité GRTKF, Genève. 20 mai 2002.
- WIPO/GRTKF/IC/3/10. Rapport final sur l'expérience acquise au niveau national en ce qui concerne la protection juridique des expressions du folklore, Comité GRTKF, Genève. 25 mars 2002.
- WIPO/GRTKF/IC/3/14. *Folklore national en Chine : Protection et législation – État d'avancement actuel*, document présenté par la délégation de la Chine au Comité GRTKF, Genève. 14 juin 2002.

- WIPO/GRTKF/IC/4/3. Analyse systématique préliminaire de l'expérience acquise au niveau national en ce qui concerne la protection juridique des expressions du folklore, Comité GRTKF, Genève. 20 octobre 2002.
- WIPO/GRTKF/IC/4/8. Éléments constitutifs d'un système *sui generis* de protection des savoirs traditionnels, Comité GRTKF, Genève. 30 septembre 2002.
- WIPO/GRTKF/IC/5/3. Analyse globale de la protection juridique des expressions culturelles traditionnelles, Comité GRTKF, Genève, 2 mai 2003.
- WIPO/GRTKF/IC/5/7. Étude d'ensemble de la protection des savoirs traditionnels au titre de la propriété intellectuelle, Comité GRTKF, Genève, 4 avril 2003.
- WIPO/GRTKF/IC/5/8. Étude mixte relative à la protection des savoirs traditionnels, Comité GRTKF, Genève, 28 avril 2003.
- WIPO/GRTKF/IC/5/INF/3. Synthèse comparative des législations *sui generis* pour la protection des expressions culturelles traditionnelles, Comité GRTKF, Genève, 28 avril 2003.
- WIPO/GRTKF/IC/5/INF/4. Synthèse comparative des mesures et lois nationales *sui generis* existantes pour la protection des savoirs traditionnels, Comité GRTKF, Genève, 20 juin 2003.
- WIPO/GRTKF/IC/5/15. Rapport de la cinquième session du Comité GRTKF, Genève, 4 août 2003.
- WIPO/GRTKF/IC/6/3. Les expressions culturelles traditionnelles ou expressions du folklore : options juridiques et de politique, Comité GRTKF, Genève, 1er décembre 2003.
- WIPO/GRTKF/IC/6/4. Savoirs traditionnels : options juridiques et de politique générale en matière de protection, Comité GRTKF, Genève, 12 décembre 2003.
- WIPO/GRTKF/IC/7/4. La protection des expressions culturelles traditionnelles ou expressions du folklore : synthèse des options de politique générale et des mécanismes juridiques, Comité GRTKF, Genève, 27 août 2004.
- WIPO/GRTKF/IC/9/4. La protection des expressions culturelles traditionnelles ou expressions du folklore : Objectifs et principes révisés, Comité GRTKF, Genève, 9 janvier 2006.

- WIPO/GRTKF/IC/9/5. La protection des savoirs traditionnels : Objectifs et principes révisés, Comité GRTKF, Genève, 9 janvier 2006.
- WIPO/GRTKF/IC/9/INF/4. La protection des expressions culturelles traditionnelles ou expressions du folklore : projet actualisé de synthèse des options de politique générale et des mécanismes juridiques, Comité GRTKF, Genève, 27 mars 2006.
- WIPO/GRTKF/IC/10/4. La protection des savoirs traditionnels: projet d'objectifs et de principes, Comité GRTKF, Genève, 2 octobre 2006.
- WIPO/GRTKF/IC/10/5. La protection des savoirs traditionnels : projet d'objectifs et de principes, Comité GRTKF, Genève, 2 octobre 2006.
- WIPO/GRTKF/IC/12/4(B). La protection des expressions culturelles traditionnelles ou expresssions du folklore : Projet de recapitulatif d'extraits factuels, Comité GRTKF, Genève, 31 janvier 2008.
- WIPO/GRTKF/IC/13/4(B) REV. Projet d'analyse des lacunes en matière de protection des expressions culturelles traditionnelles, Comité GRTKF, Genève, 11 octobre 2008.
- WIPO/GRTKF/IC/13/5(B) REV. Protection des savoirs traditionnels : projet d'analyse des lacunes y relatives : version révisée, Comité GRTKF, Genève, 11 octobre 2008.

Annexes

Annexe 1 : Division administrative de la République populaire de Chine

ANNEXE 1 : Division administrative de la République populaire de Chine

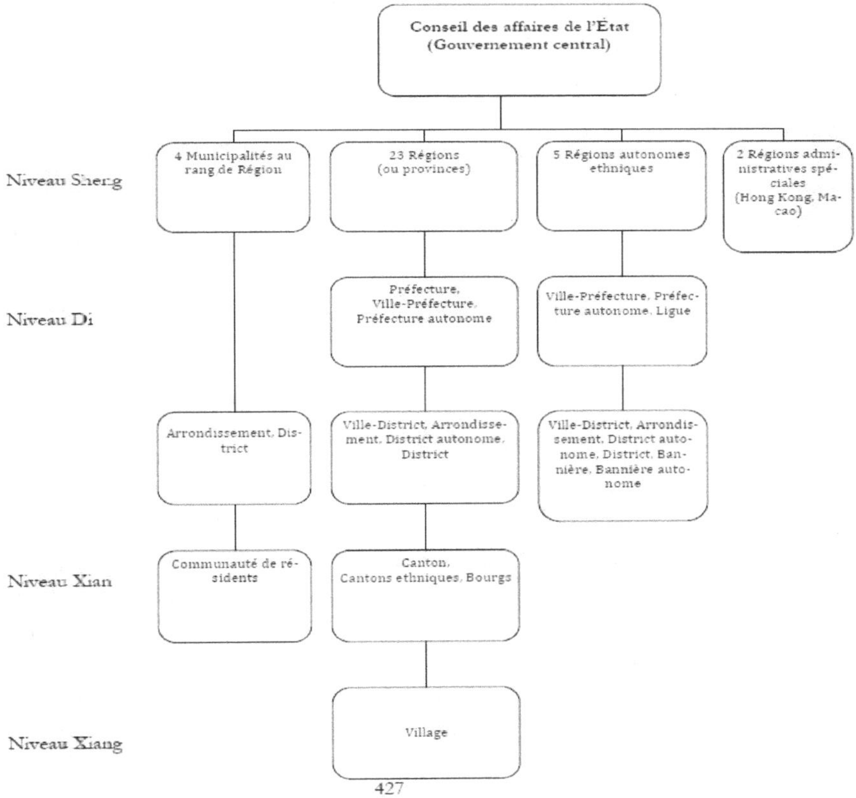

Nota :

L'article 30 de la Constitution de la République populaire de Chine de 1982 (art. 53 dans la version 1954 ; art. 33 dans la version 1978) instaure une division administrative territoriale de trois échelons : la Région (省 *sheng*)[1402], le District (县 *xian*) et le Canton (乡 *xiang*).

Constitution de la R.P.C., 1982

Article trente

La division administrative du territoire national de la République populaire de Chine est la suivante :

(1) le pays est divisé en Régions, Régions autonomes et Municipalités relevant de l'autorité centrale ;

(2) les Régions et Régions autonomes sont divisées en Préfectures autonomes, Cantons, Cantons autonomes et Ville-Cantons ;

(3) les Cantons et Cantons autonomes sont divisés en Communes, Communes ethniques et Bourgs.

Les Municipalités relevant de l'autorité centrale et les grandes villes sont divisées en arrondissements et Cantons ; les Préfectures autonomes sont divisées en Cantons, Cantons autonomes et Ville-Cantons.

Les Régions autonomes, Préfectures autonomes, Cantons autonomes sont les administrations locales de l'autonomie des groupes ethniques.

Mais dans la pratique administrative, un autre échelon existe, celui de Préfecture (地 *di*), entre la Région et le District. En effet, la Préfecture est une division qui existe dans la pratique administrative depuis la fondation de la République. La Constitution de 1975 (art. 21) a créé les Assemblées populaires à l'échelon préfectoral, officialisant ainsi son statut de l'administration territoriale. Mais la Constitution de 1978 requalifie la Préfecture en tant que représentant du gouvernement régional dans les localités (*xingzheng gongshu* 行政公署, art. 34). La Préfecture perd alors son statut de di-

[1402] Le terme *sheng* est plus souvent traduit en français par « province ». Nous préfèrerons le terme « Région », car en tant que notion du droit administratif, « Région » correspond à la réalité de ce *sheng* qui est une collectivité territoriale, organisation décentralisée possédant une personnalité juridique propre ; tandis que « province » correspond plutôt à une division culturelle et ethnique. Le terme est écrit avec la première lettre en majuscule afin de distinguer son sens générique « portion de territoire » et l'utilisation en droit administratif désignant une institution administrative décentralisée. C'est aussi la raison pour laquelle nous écrivons les termes « Ville », « Préfecture » et « Canton » avec la première lettre en majuscule.

vision administrative pour devenir un outil de déconcentration administrative.

En 1983, la réforme de division administrative de l'échelon préfectoral se met en place, elle a notamment pour objectif de remplacer les divisions administratives de l'échelon préfectoral par les Ville-Préfectures (littéralement « ville au rang de Préfecture » 地级市 *diji shi*) et d'amplifier les impacts de l'urbanisation. Une grande majorité des Préfectures devient ainsi des Ville-Préfectures disposant d'une assemblée populaire. La Ville-Préfecture est généralement composée d'une ville-siège où se trouve le gouvernement de la Ville-Préfecture, et de plusieurs Districts sous sa direction. Ainsi, la grande majorité des Districts est en réalité sous le contrôle administratif et budgétaire des Préfectures et non des Régions comme le prévoit la Constitution.

Les critiques sont nombreuses sur cet échelon Préfecture et se résument à deux interrogations. D'abord, l'existence de l'échelon Préfecture serait une des causes des difficultés de l'application des orientations du gouvernement central dans les collectivités territoriales. Ensuite, en raison de l'existence de la Préfecture, la Région investirait davantage dans le développement du centre de l'agglomération et ignorerait les Districts (zones rurales), ce qui serait à l'origine des difficultés budgétaires actuelles de l'échelon District.

En raison de ces controverses, depuis 2002, plusieurs Régions entament des expérimentations d'un modèle de « gestion directe de District par Région (省直管县) ». Le onzième plan quinquénaire national du développement économique et social (2006) prévoit la continuation de ces expérimentations.

Annexe 2 :
Termes sur la division administrative territoriale en Chine

Niveau *Sheng*		省级 ***sheng ji***
	Région	省 *sheng*
	Région autonome ethnique	民族自治区 *minzu zizhiqu*
	Municipalité au rang de Région	直辖市 *zhixia shi*
	Région administrative spéciale	特别行政区 *tebie xingzheng qu*
Niveau *Di*		地级 ***di ji***
	Préfecture	地区*diqu*
	Préfecture autonome	自治州 *zizhizhou*
	Ville-Préfecture	地级市 *dijishi* (littéralement « ville au rang de Préfecture »)
	Ligue	盟 *meng* (équivalent de la Préfecture autonome dans la Région autonome de Mongolie intérieure)
Niveau *Xian*		县级 ***xian ji***
	District	县 *xian*
	District autonome	自治县 *zizhi xian*
	Ville-District	县级市 *xianji shi* (littéralement « ville au rang de District »)
	Arrondissement	区 *qu*
	Bannière	旗 *qi* (équivalent du District dans la Région autonome de Mongolie intérieure)
	Bannière autonome	自治旗 *zizhi qi* (équivalent du District autonome dans la Région autonome de Mongolie intérieure)
Niveau *Xiang*		乡级 ***xiang ji***
	Canton	乡 *xiang*
	Canton ethnique	民族乡 *minzu xiang*
	Bourg	镇 *zhen*
	Quartier	街道 *jiedao* *

* Les Quartiers ne disposent pas de personnalité juridique et sont des représentants du gouvernement à l'échelon supérieur.

Annexe 3 :
Liste récapitulative des réunions et conférences importantes sur la question du folklore et du patrimoine culturel immatériel

— **Janvier 1980, Genève.** Premier groupe de travail chargé d'étudier le projet de *Dispositions types de législation nationale sur la protection des créations du folklore* et le commentaire de ces dispositions types (établis par le Bureau international de l'OMPI).

— **Février 1981, Paris.** Deuxième réunion du groupe de travail, a adopté le projet des *Dispositions types révisées de législation nationale sur la protection des expressions du folklore* et son commentaire.

— **Février 1982, Paris.** Premier comité d'experts gouvernementaux sur la sauvegarde du folklore par l'Unesco en vue de définir les mesures à prendre pour préserver le folklore et la culture populaire traditionnelle.

— **28 juin-2 juillet 1982, Genève.** Comité d'experts gouvernementaux convoqué conjointement par l'Unesco et l'OMPI pour les *Dispositions types.*

— **1981-1983.** Trois groupes de travail sont réunis conjointement par l'Unesco et l'OMPI, en Amérique latine et aux Caraïbes (1981, Bogota), en Asie et au Pacifique (1982, New Delhi) et en Afrique (1983, Dakar), afin de rechercher les modalités d'application sur le plan régional d'une réglementation de l'aspect « propriété intellectuelle » de la protection du folklore, compte tenu des particularités propres à chaque région.

— **27-30 novembre 1984, Paris.** Réunion internationale d'experts pour définir le patrimoine non physique, Unesco.

— **Décembre 1984, Paris.** Réunion du groupe d'experts sur la protection internationale des expressions du folklore par la propriété intellectuelle, organisée conjointement par l'Unesco et l'OMPI, notamment sur le projet de traité international basé sur les *Dispositions types.*

— **Janvier 1985.** Deuxième comité d'experts gouvernementaux sur la sauvegarde du folklore organisé par l'Unesco. Pour élaborer des propositions de réglementation des aspects « propriété intellectuelle » de la protection.

— **Juin 1987, Paris.** Comité spécial de techniciens et de juristes chargé d'examiner la question d'une réglementation internationale générale concernant la sauvegarde du folklore, Unesco.

— **16-17 juin 1993, Paris.** Conférence internationale sur les nouvelles perspectives du programme du patrimoine immatériel de l'Unesco.

— **Novembre 1994, Nara (Japon).** Conférence sur le critère d'authenticité dans le cadre de la Convention du patrimoine mondial, organisée sur l'invitation de l'Agence des affaires culturelles du gouvernement japonais et la Préfecture de Nara et avec la coopération de l'Unesco, a adopté le *Document de Nara sur l'Authenticité.*

— **1995-1999.** Huit séminaires régionaux sont organisés par l'Unesco pour procéder à une évaluation systématique de l'application de la *Recommandation* de 1989 par région : Europe centrale et de l'Est (1995), Amérique latine et Caraïbes (1997), Asie (1998), Europe occidentale (1998), Asie centrale et Caucase (1998), Afrique (1999), Pacifique (1999) et enfin États arabes (1999).

— **Juin 1999, Washington DC.** Conférence internationale « Évaluation globale de la Recommandation de 1989 relative à la sauvegarde de la culture traditionnelle et du folklore ». Unesco, Fonds-en-dépôt japonais et Smithsonian institutions.

— **14-17 mars 2001, Turin.** Table ronde internationale : Le patrimoine culturel immatériel, définitions opérationnelles, Unesco.

— **20-22 mars 2002, Paris.** Première réunion du groupe de rédaction restreint sur l'avant-projet de convention internationale pour le patrimoine culturel immatériel, Unesco.

— **13-15 juin 2002, Paris.** Seconde réunion du groupe de rédaction restreint sur l'avant-projet de convention internationale pour le patrimoine culturel immatériel, Unesco.

— **10 au 12 juin 2002, Paris.** Réunion d'experts intitulé « Établissement d'un glossaire du patrimoine culturel immatériel », Unesco.

— **23-27 septembre 2002 Paris.** Première session de la réunion intergouvernementale d'experts sur l'avant-projet de Convention pour la sauvegarde du patrimoine culturel immatériel, Unesco.

— **24 février-1er mars 2003, Paris.** Deuxième session de la réunion intergouvernementale d'experts sur l'avant-projet de Convention pour la sauvegarde du patrimoine culturel immatériel, Unesco.

— **2-14 juin 2003, Paris.** Troisième session de la réunion intergouvernementale d'experts sur l'avant-projet de Convention pour la sauvegarde du patrimoine culturel immatériel, Unesco.

— **20-23 oct. 2004, Nara (Japon).** Conférence intitulée « La sauvegarde du patrimoine culturel matériel et immatériel : vers une approche intégrée », l'Unesco et l'Agence japonaise pour les affaires culturelles (ministère de l'éducation, de la culture, du sport, de la science et technologie).

Annexe 4 : Extrait de la Loi pour la protection du patrimoine culturel de la République populaire de Chine

(Promulguée par la vingt-cinquième session du Comité permanent de la cinquième Assemblée populaire nationale le 19 novembre 1982, amendée le 29 juin 1991, révisée le 28 octobre 2002, amendée le 29 décembre 2007)

Article deux

Sur le territoire de la République populaire de Chine, la protection d'État s'exerce sur les biens culturels suivants :

1) les vestiges culturels, tombeaux, édifices antiques, grotte-sanctuaires, inscriptions lapidaires ainsi que les fresques présentant un intérêt historique, artistique ou scientifique ;
2) les sites, monuments commémoratifs modernes et contemporains, objets et bâtiments de valeur représentative, qui évoquent ou enseignent la signification ou l'histoire d'un événement historique important, d'un mouvement révolutionnaire ou d'un personnage célèbre ;
3) toute création artistique précieuse, quelle que soit son époque ;
4) les documents historiques importants de toute époque, les manuscrits et les livres présentant un intérêt historique, artistique ou scientifique ;
5) les objets importants illustrant une époque historique, l'organisation sociale des nationalités, la production et la vie sociale.

Les critères et les procédés d'évaluation du patrimoine culturel sont établis par l'administration chargée du patrimoine culturel du Conseil des affaires de l'État. Ces critères et procédés d'évaluation doivent être présentés au Conseil des affaires de l'État afin d'être approuvés.

Les fossiles des animaux vertébrés et les ossements humains qui présentent un intérêt scientifique sont également protégés par l'État au même titre que le patrimoine culturel.

Article trois

Les patrimoines immobiliers, tels que les vestiges culturels, tombeaux, édifices antiques, grottes-sanctuaires, inscriptions lapidaires, fresques, ainsi que les sites et bâtiments modernes ou contemporains représentant une valeur commémorative importante, selon leur valeur historique, artistique ou scientifique, peuvent être déterminés en tant qu'unité de protection majeure du patrimoine culturel de l'échelon national, unité de protection du patrimoine culturel de l'échelon de région, et unité de protection du patrimoine culturel de l'échelon de Préfecture ou de District. Les patrimoines culturels mobiliers, tels que les objets importants, créations artistiques, documents, manuscrits, livres, matériels typiques, sont divisés en « Patrimoine culturel précieux » et « Patrimoine culturel » ; le « Patrimoine culturel précieux » se partage en catégorie I, catégorie II et catégorie III.

Pour une traduction intégrale en français de cette loi : Rapport Chine, Annexe 1 (traduction Wang Li) in. Marie Cornu (dir.), *Protection de la propriété culturelle et circulation des biens culturels – Étude de droit comparé Europe/Asie*, Cecoji-CNRS / mission de recherche « Droit et justice », 2008.

Index

Les chiffres renvoient aux numéros de paragraphes

- S -

- T -

- V -

- W -

Table des matières

L'HARMATTAN, ITALIA
Via Degli Artisti 15; 10124 Torino

L'HARMATTAN HONGRIE
Könyvesbolt ; Kossuth L. u. 14-16
1053 Budapest

ESPACE L'HARMATTAN KINSHASA
Faculté des Sciences sociales,
politiques et administratives
BP243, KIN XI
Université de Kinshasa

L'HARMATTAN CONGO
67, av. E. P. Lumumba
Bât. – Congo Pharmacie (Bib. Nat.)
BP2874 Brazzaville
harmattan.congo@yahoo.fr

L'HARMATTAN GUINÉE
Almamya Rue KA 028, en face du restaurant Le Cèdre
OKB agency BP 3470 Conakry
(00224) 60 20 85 08
harmattanguinee@yahoo.fr

L'HARMATTAN CAMEROUN
BP 11486
Face à la SNI, immeuble Don Bosco
Yaoundé
(00237) 99 76 61 66
harmattancam@yahoo.fr

L'HARMATTAN CÔTE D'IVOIRE
Résidence Karl / cité des arts
Abidjan-Cocody 03 BP 1588 Abidjan 03
(00225) 05 77 87 31
etien_nda@yahoo.fr

L'HARMATTAN MAURITANIE
Espace El Kettab du livre francophone
N° 472 avenue du Palais des Congrès
BP 316 Nouakchott
(00222) 63 25 980

L'HARMATTAN SÉNÉGAL
« Villa Rose », rue de Diourbel X G, Point E
BP 45034 Dakar FANN
(00221) 33 825 98 58 / 77 242 25 08
senharmattan@gmail.com

L'HARMATTAN TOGO
1771, Bd du 13 janvier
BP 414 Lomé
Tél : 00 228 2201792
gerry@taama.net

Achevé d'imprimer par Corlet Numérique - 14110 Condé-sur-Noireau
N° d'Imprimeur : 96135 - Dépôt légal : mars 2013 - *Imprimé en France*